재미한인의 독립운동

방선주 저작집 1

재미한인의 독립운동

초판 1쇄 발행   2018년 9월 28일

엮은이 ㅣ 방선주선생님저작집간행위원회
발행인 ㅣ 윤관백
발행처 ㅣ 도서출판선인

등록 ㅣ 제5-77호(1998.11.4)
주소 ㅣ 서울시 마포구 마포대로 4다길 4 곳마루 B/D 1층
전화 ㅣ 02)718-6252 / 6257   팩스 ㅣ 02)718-6253
E-mail ㅣ sunin72@chol.com

정가(세트)   96,000원

ISBN   979-11-6068-209-0   94900
ISBN   979-11-6068-208-3   (전3권)

방선주 저작집 1

재미한인의 독립운동

방선주선생님저작집간행위원회 편

▌ 간행사 ▌

이 책은 방선주 선생님의 학문적 업적을 기념하고 그가 한국현대사 연구에 기여한 공로를 기념하기 위한 목적으로 상재하는 것이다. 재미역사학자 혹은 미국국립문서기록관리청(NARA)의 터줏대감으로 유명한 선생님은 한국 근현대 관련 미국자료의 최고 전문가이자 중요 자료의 최초 발굴자로 널리 알려져 왔다. 한국 근현대사 관련 자료를 찾아 "나라(NARA)"를 방문해본 연구자라면 누구든 깡마른 체구에 도수 높은 안경을 쓰고 자료 더미를 뒤지거나 복사를 하며 진실 너머를 찾고 있는 노학자를 기억할 것이다. 선생님은 학위논문이나 연구논문을 준비하는 연구자들은 물론 중요 자료를 수집하고 간행함으로써 위상을 정립한 연구기관들과 역사의 진실을 규명할 수 있는 결정적 자료들에 목말라하던 개인·단체·국가기관에게 언제나 큰 도움을 주었다. 미군정기 이래 한국전쟁기에 이르는 한국현대사 관련 미국 자료들은 거의 대부분 그의 손을 거쳐서 국내에 소개되었거나 입수되었다고 해도 과언이 아니다.

한국현대사 연구와 현대사 관련 자료 발굴의 국보적 존재라고 할 수 있는 선생님은 국사편찬위원회, 군사편찬연구소, 한림대 아시아문화연구소 등을 위해 한국현대사 관련 중요 자료들을 수집했고, 이들 기관들을 통해 방대한 분량의 한국현대사 관련 자료집이 간행되었다. 이 자료집들은 1990년대 이래 한국현대사 연구가 발전할 수 있는 자료적 초석이 되었다. 나아가 선생님의 작업을 목격한 한국의 연구자, 언론인 등의 지적 계몽을 거쳐

'문서관 연구(archives research)'가 현대사 연구의 주요 방법론으로 등장하는 계기가 마련되었다. 1990년대 이래 사실과 자료에 근거한 현대사 연구는 선생님의 노고로부터 출발했다고 해도 과언이 아니다. 새롭고 중요한 자료의 발굴과 그 해석을 통해서 선생님은 특정한 이론, 가설, 추정, 당파적 주장에도 흔들리지 않는 현대사 연구의 무궁무진한 가능성과 실례를 펼쳐보였다. 사실 수많은 후학들이 선생님의 선행 연구를 본받았고, 그가 발굴하고 해석한 자료들을 활용했으나, 정확한 출처를 밝히지 않은 경우도 많았다.

선생님의 원래 전공은 중국 고대사이다. 중국 고대사로 한국에서 석사학위를 마친 후, 미국과 캐나다에서 박사과정을 이수한 정통 역사학자이다. 중국 고대사 전공자가 한국현대사 연구의 개척자이자 한국 관련 미국 자료의 최고 전문가가 된 것은 한국현대사 학계와 연구자들에겐 행운이지만, 당사자에겐 파란과 우여곡절의 한국현대사를 몸에 새긴 결과이기도 했다.

선생님은 1933년 7월 15일 평안북도 선천에서 독실한 기독교 목회자의 집안에서 태어났다. 그의 조부 방효원 목사와 부친 방지일 목사는 한국 기독교사를 빛낸 중국 산동 선교사였다. 아버지와 아들이 모두 산동 선교사를 지낸 한국 기독교계의 유력 가문인 셈이다. 선생님은 부친 방지일 목사를 따라 5살 되던 해 중국으로 건너가 산동성 청도(靑島)에서 성장했다. 방지일 목사는 숭실전문학교를 나온 후 중국 청도에서 중국인을 상대로 선교를 하며 진정한 기독교 선교사의 전범이 되었다. 빈민굴의 신자를 위해 기꺼이 수혈을 마다하지 않았고, 정성으로 돌보는 일이 다반사였다. 선생님의 가족은 방지일 목사, 어머니, 누나, 남동생으로 구성되어 있었다. 방지일 목사는 중국인 교회에서 시무하며, 가난한 중국인 교인들의 존경을 받았고, 성인으로 취급받을 정도였다. 청도는 1차 세계대전 이후 일본의 점령지이자 일본의 세력권이었다. 중국인 교인들의 존경과 사랑을 받던 방지일 목사는 일제 강점기는 물론 국공내전과 공산화 이후에도 청도에 남아 목회활동을 지속했다. 지역민들의 존경을 잘 알고 있던 중국공산당은 대륙 공산화 이후에도 방지일 목사를 탄압하지 못했고, 옛 교인들은 곤궁에 처한 방지일 목사 가족을 위해 담장 너머로 쌀자루며 곡식부대를 던져 놓고 가곤했다. 방지일 목사와 가족들은 1957년 홍콩을 거쳐 한국으로 귀국했다. 평양 출신으로 북한이 고향이던 방지일 목사 가족은 중국공산당의 회유와 협박이 있었지만, 국제 기독교계의 호소와 도움 덕에 남한으로 귀환할 수 있었다. 냉전의 극단기에 중국에서 남한으로 귀환한 이 가족의 사례는 매우 희귀한 경우였다. 서울 주재 미국대사관 직원은 중국 대륙에서 귀환한 방지일 목사를 인터뷰(1957. 12. 2)했고, 관련 기록은 서울 주재 미국대사관 문서철에 남았다. 생전에 이 자료를 살펴본 방지일 목사는 자신의 기억과 문서내용에 차이가 있다며 갸우뚱하는 모습을 보였다.

중국 시절 선생님은 일본인학교에서 초등·중등학교 교육을 받았고, 양명학과 고증학에 관심을 갖게 되었다. 유명한 중국학자들의 글을 읽고 이들을 찾아다니며 공부하며 산동대학에서 청강했다. 집에서는 한글 성경을 읽으며 매일같이 한국어로 가족예배를 드렸다. 이런 연유로 20대 중반의 선생님은 한국어, 일본어, 중국어를 유창하게 말하고 읽고 쓸 수 있는 어학능력을 갖게 되었다. 귀국할 당시 언어감각은 중국어 글쓰기가 가장 유려한 상태였다.

처음 선생님의 관심사는 중국 고대사 혹은 한중관계사였다. 한국으로 귀국한 뒤 선생님은 숭실대학에 편입할 수 있었다. 중국에서 학력을 증명할 수 없어 어려움을 겪었으나, 부친 방지일 목사가 졸업한 숭실대학이 북한 출신에 대해 호의를 베풀었다. 선생님은 1960년 숭실대학 사학과를 졸업하며 「문헌상으로 비교 고찰한 한중언어관계(韓中言語關係)」라는 제목의 졸업논문을 제출했다. 한국어와 중국어의 언어적 연관성을 다양한 문헌과 자료를 통해 설명하려는 시도였으며, 그가 학문세계에 호기심을 갖고 진입하게 된 배경을 보여주는 글이었다. 이 글에 대한 애착은 남달라 36년 뒤 「문헌상으로 고찰한 한중언어관계(韓中 言語關係)」(『아시아문화』 제12호, 한림대학교 아시아문화연구소, 1996)라는 제목으로 간행하기까지 했다. 선생님은 자신의 학문적 좌표와 정신적 위치가 중국고대사에서 발원한 것임을 늘 잊지 않고 있었던 것이다. 학부 졸업 후 평양 출신이던 최영희 교수의 인도로 고려대 사학과에 진학했다. 선생님은 본격적으로 중국고대사를 연구하며 1960~70년대 한국, 일본, 대만, 미국 등에서 다양한 중국고대사 관련 논문을 발표하기 시작했다. 1962년에 쓴 석사학위논문 「고구려상대(高句麗上代) 전설(傳說)의 연구(研究) -특(特)히 맥족원류(貉族源流)와 관련(關聯)하여-」는 학계의 주목을 받았다. 저작목록에 나타나듯이 선생님은 1960년부터 박사학위를 받은 1977년까지 수십 편의 논문을 발표했다. 1977년 선생님의 박사학위논문에 첨부된 논저목록에 따르면 중국어 논문 10편, 일본어 논문 3편(번역 2편 포함), 한국어 논문 10편 등 총 23편의 논문을 발표한 것으로 나타나 있다. 물론 여기에 포함되지 않은 글들도 있어, 전체 글의 숫자는 더 늘어난다. 1960~70년대 한국학계의 상황을 돌이켜 보자면 선생님은 한국어, 중국어, 일본어, 영어로 논문을 작성할 수 있었던 매우 특출하고 국제적인 소장학자였음을 알 수 있다.

대학원 졸업 후 선생님은 1962~64년간 대전대학교(현 한남대학)에서 전임강사로 중국사와 중국문학을, 1962~63년간 숭실대학교에서 중국어를 강의하며 후학을 양성했다. 계속 대학에 몸담고 있었다면 선생님은 저명한 중국고대사학자로 굴곡 없는 인생을 사셨을 것이다. 그런데 1964년 연구년 기회를 얻은 선생님은 시애틀의 워싱턴주립대학(University of Washington)에 진학하기로 결심했다. 몇 년 만에 간단히 끝날 것으로 예상했던 도미유학으로 인생의 경로가 바뀌게 될 줄은 알지 못했다. 미국에 건너와서도 여전히 연구 주제는 언어고증적 중국고대사였다. 선생님은 1963~66년간 「독서영지록(讀書零知錄)」이라는 글을 『중국학보(中國學報)』에 4편 실었는데,

1964년 제2호 말미의 저자의 글에 1964년 10월 27일 시애틀 워싱턴 호숫가에서 글을 쓴다고 적고 있다.

선생님은 1971년 시애틀의 워싱턴주립대학(University of Washington)에서 동이족(東夷族) 연구로 두 번째 석사학위를 받았는데, 이 논문은 상(商)·주(周)시대 갑골문에 기초한 것이었다. 1970년대 초중반은 선생님에게 시련의 시기였다. 로스앤젤레스에서 택시운전사를 하는 한편 일본영화관의 영사기사 조수 노릇을 하며 생계를 유지해야 했다. 한국은 유신으로 대표되는 공포정치의 상황이 본격화되는 시점이었다. 반(反)유신운동에 관련되었다는 혐의를 받은 선생님은 미국을 떠나 캐나다 토론토대학 동아시아과 박사과정에 입학했다. 1973년부터 1977년까지 토론토 생활이 시작된 것이다.

토론토대학의 지도교수는 중국계였는데, 박사학위가 시급했던 40대 초반의 학생에게 학위논문 대신 자신의 프로젝트 뒷수발을 들게 했다. 박사학위논문에 첨부된 박사과정 중 연구목록에 지도교수 등과 진행한 3건의 연구 프로젝트 제목이 나타나있다. 지도교수가 진행한 프로젝트는 중국사와 관련된 중국자료 원문 및 참고문헌 작성 작업으로 언제 끝날지 예상할 수 없는 일이었다. 중국어와 영어, 일본어까지 자유자재로 구사하는 선생님은 가장 최상의 연구보조원이자 최저 임금의 노동력이었다. 선생님에게는 갓 결혼한 정금영 여사와 갓난 아들이 있는 상황이었다. 부인은 미국 나이아가라폭포 쪽에 취직했고 선생님은 캐나다 나이아가라폭포 쪽에서 학업을 지속하며 수도 없이 나이아가라폭포를 오고가는 생활을 해야 했다. 결국 지도교수에게 박사학위문제로 항의했고, 일이 커져 워싱턴대학의 지도교수가 자비로 토론토로 건너와 심사위원회를 꾸려 가까스로 박사학위를 받을 수 있었다. 박사학위논문은 중국 서주(西周)시대 연구로 선생님은 당시 갑골문을 해독할 줄 아는 몇 안 되는 미주지역 중국고대사 연구자로 인정받았다. 그러나 토론토대학의 지도교수는 자신이 있는 한 북미대륙의 학계에서 발붙이는.일은 없게 될 것이라는 악담을 서슴지 않았다.

박사학위를 받았지만, 북미 역사학계에서 자리를 얻을 수 없게 된 선생님은 가족들을 이끌고 승용차에 트레일러를 매달고 워싱턴 디씨로 내려왔다. 워싱턴 디씨에서 신원조회를 하지 않던 전화번호부 배달, 막노동일 등을 하며 생계를 꾸렸다. 그러던 중 당시 미국립문서기록관리청(NARA)에서 한국관련 자료가 공개되고 있다는 것을 알게 되었다. 마침 대학시절 은사이던 최영희 교수가 국사편찬위원회 위원장으로 자리를 옮긴 때였다. 선생님은 이들 문서들을 수집해 국사편찬위원회에 보내겠다는 제안을 했고, 최영희 위원장은 흔쾌히 승낙했다. 1979년의 일이었다.

이후로 선생님은 미국 국립문서기록관리청에서 한국 근현대사 관련 자료 조사·수집에 전념했고, 최영희 위원장이 재임하던 시절부터 국사편찬위원회에 미국 자료를 제공하기 시작했다. 선생님은 1983년 국사편찬위원회 국외사료조사위원이라는 공식 직함을 얻어 활동을 시작했다. 1979년부터 선생님의 저작목록에 한국 근현대사 글들이 본격적으로 등장하기 시작한다.

선생님이 한국현대사 연구자이자 자료 전문가로 이름을 얻게 된 계기는 1986년과 1987년에 쓴 2편의 자료 해제 겸 소개였다. 첫째는 한국전쟁기 미군이 북한에서 노획한 소위 '북한노획문서'에 대한 해제 및 소개였다. 외국학자가 쓴 한국현대사·한국전쟁에 관한 저서가 대학가와 학계에 막강한 영향력을 행사할 때 나온 북한노획문서 소개는 그 어떤 말로도 표현할 수 없을 정도의 지적 충격과 자극을 한국 역사학계에 주었다. 300만 페이지에 달하는 북한 노획문서 전체 분량을 2차례 이상 통람한 이후 쓴 이 글은 한국전쟁의 개전 책임이 북한에 있다는 점을 북한 문서를 통해 완벽하게 증명했다. 뿐만 아니라 한국전쟁기 전장에서 노획된 다양한 북한 문서들이 어떤 연구의 가능성을 열어놓을 수 있는지를 구체적으로 입증해 주었다. 이 해제 뒤에 부록으로 실린 다양한 북한 노획문서 실물들은 한국전쟁기 연구의 핵심자료로 부각되었고, 국내외 연구자들에 의해 반복적으로 활용되었다. 선생님의 해제 발표 이후 한국 학계에서는 북한 노획문서를 다 통람했느니 수십만 장을 열람했느니 주장하는 연구자가 종종 나타나곤 했다. 대부분의 한국 학자들은 선생님이 국사편찬위원회와 군사편찬연구소에 선별·수집해 보낸 문서들을 손쉽게 보았을 뿐이다. 선생님은 북한 노획문서 연구과정에서 중요한 노획문서들이 비공개된 상태인 것을 발견했다. 선생님의 지속적 노력을 통해 미군이 중요하게 선별해 놓은 중요 북한 노획문서, 일명 신노획문서 180상자가 새로 공개될 수 있었다. 이를 통해 지금 한국현대사 연구자들이 보배처럼 생각하는 구노획문서와 신노획문서가 연구자와 대중들에게 공개될 수 있게 된 것이다.

둘째는 미군정기 주한 미24군 정보참모부(G-2) 예하에 있던 군사실(軍史室) 자료에 대한 해제 및 소개였다. 주한미군사·점령사를 쓰기 위해 군사관들이 수집하고 편찬한 자료들은 해방직후 한국현대사에 관한 내밀한 비밀들을 가감 없이 보여주는 것들이었다. 미군 정보당국이 수집한 다양한 정보보고들은 한국 측 자료로는 다가설 수 없는 현대사의 깊이와 진실들을 보여주는 것들이었다. 이승만, 김구, 여운형, 김규식, 박헌영 등의 중요 인물은 물론 주요 정당, 사회단체, 주요 사건 등에 대해서 전혀 상상하지 못했던 정보들을 전해주었다. 민간인의 전화·편지·전보를 감청하던 민간통신검열단(CCIG-K)의 정보보고서, 주한미군 정보참모부의 일일보고서·주간보고서(G-2 Periodic Report, Weekly Summary), 방첩대(CIC)의 보고서, 군사관의 인터뷰, 하지 장군의 정치고문 버치 중위의 내밀한 한국정치 비사 등 최고급 정보와 감춰진 진실들이 이 해제를 통해 알려졌다. 여운형을 암살하려 한 극우 테러리스트가 극우 친일파 이종형에게 보낸 편지사본, 이승만의 정치자금 모금에 대한 미군정의 태도, 여운형이 암살 당시 소지하고 있던 다양한 메모와 편지들도 부록으로 덧붙여졌다. 당시 한국은 물론 세계 어디에서도 찾을 수 없는 최고급 정보와 흥미로운 이야기들이 그의 손을 통해 한국에 알려졌다. 이 글을 보고 한국의 연구자들과 언론인들은 미국 국립문서기록관리청이라는 곳에 주목하게 되었고, 귀중한 문서를 찾기 위해 이곳을 방문해야겠다는 동기를 부여받았다. 이는 새로운 문화운동의 일환으로 한국 지성계에 영향을 주었다. 한국의 국가기록원 역시 정부기록보존소에서 국가기록원(The National Archives of Korea)으로 거듭나게 되는데 이러한 문화운동의 혜택을 입었다.

국사편찬위원회 위원장이던 최영희 교수는 이번에는 한림대로 옮겼고, 한림대 아시아문화연구소를 통해 선생님을 지원했다. 선생님은 한림대 윤덕선 이사장의 배려로 한림대 객원교수 겸 한림대 아시아문화연구소 특별연구원으로 오랫동안 자료수집 작업에 전념할 수 있었다. 한림대 아시아문화연구소는 선생님이 선별 수집한 자료들을 1980년대 중반부터 집중적으로 간행하기 시작했고, 국사편찬위원회와 군사편찬연구소 역시 북한 노획문서를 비롯한 중요 문서들을 간행하기 시작했다. 주한미군 정보참모부 일일정보요약(G-2 Periodic Report)·주간정보요약(G-2 Weekly Summary) 등 주한미군정보일지, 미군사고문단(KMAG)정보일지, 주한미군북한정보요약, 주한미군 시민소요·여론조사 보고서, 주한미군 방첩대(CIC) 보고서, 하지(John R. Hodge)문서집, 노동관련보고서, 법무국 사법부 보고서, 전범대재판기록, 맥아더사령부 주한연락사무소(KLO)·TLO문서, 한국전쟁기 빨치산 자료집, 한국전쟁기 중공군 문서, 한국전쟁기 삐라, 북한경제관련문서집, 북한경제통계자료집, 조선공산당문건자료집, 북한노획문서 자료집 등 300책 이상의 자료집이 간행되었다. 선생님의 손을 통해 국내에 수집·공개된 미국립문서관리기록청 등의 문서는 150만 장 이상이다. 이로써 1990년대 초반부터 한국현대사 연구의 대폭발이 일어날 수 있게 되었다.

선생님은 워싱턴 디씨에 Amerasian Data Research라는 개인 연구소를 운영하면서 새로 발굴한 자료를 토대로 다양한 글을 쓰기 시작했다. 선생님의 연구주제는 다양하고 방대한데 그중 대표적인 것으로 재미한인 독립운동, 해방직후 한국현대사, 한국전쟁, 일본군위안부 등을 들 수 있다. 선생님을 통해 박용만, 이승만, 서광범, 변수 등 재미한인 주요 인물연구는 물론 재미한인 독립운동사에 관해서 새로운 자료의 발굴과 신선한 조명작업이 이루어졌다. 선생님의 작업의 가장 큰 특징은 놀랍도록 새로운 자료를 찾아내고, 이를 토대로 새롭게 인물과 역사를 조명하는데 있는데 이는 인물연구에서 큰 빛을 발한다. 재미한인독립운동에 대한 선생님의 애정은 첫 저작인 『재미한인의 독립운동』에 집약되어 있다.

일본군 위안부에 관한 선생님의 선구적 연구와 자료 발굴도 빼놓을 수 없는 일이다. 현재 한국에 알려져 있는 미국 국립문서기록관리청에서 발굴된 일본군위안부 관련 자료의 첫 출발점은 모두 선생님이 출처이다. 이 저작집에 수록된 일본군위안부 관련 글들을 일별한다면 그 애정과 자료 발굴의 중요성을 모두 절감하게 될 것이다. 선생님의 선구적 연구와 자료 발굴은 한국현대사 연구에 큰 학문지남(學文之南)이 되었다.

선생님은 한국현대사와 관련해 수많은 원한을 해소하고 묻혀진 영웅들의 이야기를 발굴하는데 큰 공로를 세웠다. 태평양전쟁기 미국 전략첩보국(OSS)의 한반도 침투작전인 냅코 프로젝트(Napko Project)를 발굴했고, 이에 기초해 참가했던 일본군 학병탈출자 박순동, 이종실은 물론 미군에서 복무했던 박기벽 등이 대한민국 독립유공자로 포상받았다. 이분들은 2만 리 장정으로 유명한 장준하 · 김준엽 지사에 못지 않은 애국지사였지만 그간 역사에서 전혀 주목을 받지 못했던 분들이었다. 또한 선생님은 한국전쟁기 노근리사건과 관련된 미군 제1기병사단의 기록 및 북한노획문서 등을 찾아냄으로써 불행했던 진실의 실체에 다가설 수 있는 획기적 계기를 제공했다. 한국전쟁 직전 벌어진 경북 문경 석달리사건의 경우에도 수십 년간 맺혔던 유족들의 한을 풀어줄 수 있는 결정적 문서를 발굴 · 제공하기도 했다. 2001년 백범 김구의 암살범 안두희가 미군 방첩대의 정보원 · 요원이었으며, 백의사의 암살단 조장이었음을 증명하는 유명한 문건을 발굴한 것도 선생님이었다. 미국에서 최초의 농학사 학위를 받은 구한말 망명객 변수의 묘지, 서광범의 사망증명서와 관련 기록, 이승만의 아들 이태산의 묘지와 관련기록, 박에스더의 남편 박여선의 묘지, 김규식이 미군 수송함 토마스호로 밀항하다가 남긴 독립운동관련 문서 등을 찾은 것도 모두 선생님이었다. 자신이 부평초처럼 흘러와 뿌리를 내린 미국사회에 대한 애정이 남달랐던 선생님은 재미한인 독립운동사와 이민사에 깊은 관심을 가지고 주요 인물들과 그 흔적들을 찾아 전 미주를 찾아다녔다. 그러나 이러한 '최초'의 발견이 자기과시나 과장으로 이어지지 않았고, 언론과 학계의 무관심과 무지 속에 종종 잊혀져 갔다. 그 후 문서나 유적에 대한 선생님의 최초 발견을 자신이 처음 했다고 주장하는 우극이 끊이지 않았다.

선생님은 1999년 10월 11일 한국국가기록연구원이 제정한 제1회 '한림기록문화상' 수상했고, 2007년 3월 7일 국민교육발전에 기여한 공로로 '국민훈장 동백장'을 수여받았다. 부친 방지일 목사도 1998년 기독교계 대표 지도자 중 한 사람으로 '국민훈장 모란장'을 받았으니, 부자가 모두 국민훈장을 받은 대한민국의 공로자인 것이다. 국사편찬위원회는 2016년 3월 23일 창립 70주년에 맞춰 선생님에게 공로상을 수여했다.

선생님의 직계가족은 간호인류학을 전공하고 하워드대학(Howard University) 교수로 오래 봉직한 정금영(Keum-young Chung Pang) 여사와 아들 방수호(David S. Pang) 판사, 며느리, 3명의 손주가 있다. 이제 노경에 접어든 선생님은 국립문서기록관리청의 작업을 더 이상 진행하지 않지만, 선생님으로부터 그 가치와 중요성, 방법을 배운 후학들이 여전히 그 작업을 계승하고 있다.

저작집간행위원회는 선생님의 학문적 가르침과 자료적 도움에 은혜를 받은 사람들로 구성되었다. 김광운, 박진희, 이현진, 정병준, 정용욱, 홍석률이 실무를 맡았다. 여러 차례의 논의를 거쳐 선생님의 저작 중 한국 근현대사와 관련된 중요 연구 성과들을 추려서 그 중요한 대강을 밝히고자 했다. 오래된 자료의 입력을 위해서 이화여자대학교 대학원의 조혜정, 이희재가 노고를 아끼지 않았고, 제1차 교정작업에는 안정인, 김서연 등이 수고했다. 국사편찬위원회 박진희, 이동헌, 이상록, 김소남, 고지훈, 정대훈 등이 2차 교정 작업에 도움을 주었다. 이분들의 도움과 노고에 특별한 감사의 인사를 드린다.

어려운 출판계의 상황에도 불구하고 이 책의 간행을 흔쾌히 맡아준 선인출판사의 윤관백 사장님과 편집진에게도 감사의 말씀을 드린다. 모쪼록 이 저작집이 한국현대사 연구의 길잡이로서 아직도 유효하게 기능할 것을 기대한다.

이 저작집의 저자이자 한국근현대사 연구의 개척자이신 방선주 선생님의 건강과 평안을 기원한다.

2018년 9월

방선주선생님저작집간행위원회

일러두기

1. 인명, 지명은 외래어 표기법에 따른 것도 있고, 한자를 우리말로 그대로 옮긴 것도 있다. 또한 우리말 표기 없이 외국어만 노출되어 있는 경우도 있는데, 원 문을 최대한 반영한 것이다.

2. 맞춤법, 띄어쓰기 등은 현행과 다른 경우가 많으나, 원문대로 표기해두었다.

3. 본문의 '부록 참조', '자료 참조', '사진 참조', '부도 참조' 등의 경우 참조 내용을 수록하지 않은 경우도 있다. 이런 경우 원 출처에 수록된 내용을 참조하여야 하며, 각각의 글 뒤에 원 출처를 수록하였다.

4. 본문의 '?', 'ㅁ' 등은 필자가 재확인을 위하거나, 판독이 어려운 경우 원문에 표 시해 둔 것으로 그대로 두었다.

▌차례 ▌

제1부 재미한인독립운동 · 대한민국임시정부

제2부 재미한인독립운동 인물열전

방선주 저작집 2
미국 국립문서보관소의 한국현대사자료

제1부 미국 국립문서보관소의 한국현대사 중요자료 해제

- 노획 북한필사문서 해제 (1)
- 미국 국립공문서관 국무부문서 개요
- 미국 국립공문서관 소장 RG 242 내 '선별노획문서' 조사연구
- 미국 제24군 G-2 군사실(軍史室) 자료 해제
- 해설: G-2 Periodic Report
- 해설: 한국전쟁기 중공군 문서
- 해설: 한국전쟁기삐라
- KLO문서 해제
- 미국 OSS의 한국독립운동 관련 자료 연구
- 미군정기의 정보자료 : 유형 및 의미

제2부 기타 발굴자료

- 고종(高宗)의 1905년 밀서(密書)
- 재상해일본총영사관(在上海日本總領事館) 경찰부(警察部), 1930년대 상해(上海) 거주 한국인의 실태
- 미국의 한국관계 현대사 자료
- 미국 내 자료를 통하여 본 한국 근·현대사의 의문점
- 해설: 상해공동조계(上海共同租界) 공부국(工部局) 경무처(警務處), 한인독립운동관계문서
- 일본의 한반도 대책 관련 문서 자료집: 8·15시기 편 해설

방선주 저작집 3
한국현대사 쟁점 연구

▌ 방선주(方善柱) 선생님 약력 ▌

1933년 7월 15일 평양북도 선천에서 방지일 목사의 아들로 출생. 조부
　　　 는 중국 산동선교사로 활동했던 방효원 목사.

1937년 산동선교사로 파견된 부친을 따라 중국으로 건너가, 산동성 청
　　　 도(靑島)에서 초·중등학교 졸업, 산동대학교에서 청강.

1957년 국내 귀국, 숭실대학교에 편입.

1960년 숭실대학교 사학과 졸업, 졸업논문「문헌상으로 비교고찰한 한
　　　 중(韓中)언어관계」.

1960년 고려대학교 대학원 사학과에 진학.

1961년 고려대학교 대학원 사학과 졸업, 석사학위논문『고구려 상대전
　　　 설(上代傳說)의 연구 : 특히 맥족원류(貊族源流)와 관련하여』.

1962~64년 대전대학교(현 한남대학) 전임강사로 중국사와 중국문학 강의.

1962~63년 숭실대학교 중국어 강의.

1964년 渡美 하버드옌칭 방문연구자.

1971년 워싱턴주립대학에서 동이족 연구로 문학석사 취득, 석사학위논
　　　 문 Sunjoo Pang, "Tung-I peoples according to the Shang-Chou
　　　 bronze inscriptions," 1971 Thesis (M.A) University of Washington.

1972년 정금영 여사(Keum Young Chung Pang)와 결혼. 1962년 연세대학
　　　 교, 간호학과 BSN; 1965-1966년 Royal College of Nursing, London,
　　　 England. Ward Administration and Teaching. Certificate; 1970~1972년
　　　 University of Washington, Psychosocial Nursing and Anthropology,

MA; Catholic University of America, Medical Anthropology, Ph.D.;
Professor Emerita, Howard University, Washington, DC. Retired in
2010.

1973년 아들 방수호(David S. Pang) 출생. United States Administrative Law
Judge, National Hearing Center.

1973년 캐나다 토론토대학 동아시아과 박사과정 진학.

1977년 토론토대학에서 중국 서주(西周)시대 연구로 박사학위 취득.
Sunjoo Pang, A Study of Western Chou Chronology, Thesis (Ph.D.).
University of Toronto, Published. 당시 갑골문을 해독할 줄 아는
몇 안 되는 미주지역 중국고대사 연구가로 인정받음.

1979년 미국 국립문서기록관리청(NARA)에서 한국근현대사 관련 자료 조
사·수집에 전념, 국사편찬위원회 최영희 위원장 재임시, 국사
편찬위원회에 미국 자료 제공 시작.

1983년 국사편찬위원회 국외사료조사위원 활동.

1980~90년대 한림대학교 아시아문화연구소 객원연구원, 객원교수 역임.

1999년 10월 11일, 한국국가기록연구원이 제정한 제1회 '한림기록문화
상' 수상.

2007년 3월 7일 국민교육발전에 기여한 공로로 '국민훈장 동백장' 수여.

2016년 3월 23일 국사편찬위원회 창립 70주년에 맞춰 공로상 수여.

▌ 방선주(方善柱) 선생님 저작목록 ▌

I. 저서

· 『在美韓人의 獨立運動』, 한림대 출판부, 1989
· 『북한경제통계자료집(1946·1947·1948년도)』 한림대 아시아문화연구소, 1994
· 『미국소재 한국사자료 조사보고Ⅲ : NARA 소장 RG242 〈선별노획문서」외』, 국사편찬위원회, 2002
· 『북한논저목록』, 한림대학교 출판부, 2003

II. 학위논문

· 「문헌상으로 비교고찰한 韓中言語關係」, 숭실대학교 사학과 졸업논문, 1960(方善柱, 「문헌상으로 고찰한 韓·中 言語關係」, 『아시아文化』제12호, 한림대학교 아시아문화연구소 재수록, 1996)
· 「高句麗上代 傳說의 研究-特히 貊族源流와 關聯하여-」, 고려대학교 대학원 사학과 석사학위논문, 1962
· Sunjoo Pang, "Tung-I peoples according to the Shang-Chou bronze inscriptions," Thesis (M.A.), University of Washington, 1971
· Sunjoo Pang, A Study of Western Chou Chronology, Thesis (Ph.D.) University

of Toronto, Published [Toronto : s.n.], c1977

III. 논문

· 「詩 桑柔 「誰能執熱逝不以濯」 解」, 『大陸雜誌』 Vol.16, No.8, 臺灣, 1958
· 「論語 「觚不觚 觚哉 觚哉」 解」, 『大陸雜誌』 Vol.16, No.8, 臺灣, 1958
· 「說 「文」」, 『大陸雜誌』 Vol.19, No.9, 臺灣, 1959
· 「詩 「生民」 新釋 : 周祖卵生 論」, 『史學硏究』 8호, 한국사학회, 1960
· 「子産考」, 『崇大』 5집, 崇實大學學藝部, 1960
· 「崑崙山名義考」, 『史叢』 5집, 역사학연구회, 1960
· 「鄭國刑鼎考」, 『史叢』 7집, 역사학연구회, 1962
· 「新唐書 新羅傳所載 長人記事에 對하여」, 『史叢』 8집, 역사학연구회, 1963
· 「讀書零知錄 (1) : 東方文化 交流關係 雜考之屬凡14篇」, 『中國學報』 1권, 韓國中國學會, 1963
· 「讀書零知錄 (2) : 詩經雜考之屬凡2篇 金石銘文解讀之屬1編」, 『中國學報』 2권, 韓國中國學會, 1964
· 「古新羅의 靈魂 및 他界觀念-宗敎 文化史的 考察」, 『合同 論文集』 第1輯, 서울 啓明基督大學校·大田大學校·서울女子大學校·崇實大學校, 1964(번역수록, 『朝鮮硏究年報』 19, 朝鮮硏究會, 京都, 1965)
· 「讀書零知錄 (3) : 故書銘文雜考之屬凡2篇」, 『中國學報』 3권, 韓國中國學會, 1965
· 「讀書零知錄 (4) : 始祖神話雜考之屬凡2篇」, 『中國學報』 4권, 韓國中國學會, 1965
· パング ソンジュウ(方善柱), 「ワシントンの最初に踏んた日本人」, 『北米報知』 1967年 10月 6日, 10月 10日, 1967

· 「韓國 巨石制의 諸問題」, 『史學研究(梅山金良善教授華甲紀念史學論叢)』 20집, 韓國史學, 1968會

· 「江淮下流地域의 先史諸文化 : 韓國의 南方文化傳來說과 關聯하여」, 『史叢』 15 · 16합집, 高大史學會, 1971

· 「百濟軍의 華北 進出과 그 背景」, 『白山學報』 第11號, 白山學會, 1971 (國防軍史研究所 편, 『韓國軍事史論文選集(古代篇)』, 1996 재수록)

· 江畑武抄 譯, 「百濟軍の華北進出とその背景」, 『朝鮮研究年報』 21, 朝鮮研究會, 京都, 1972

· パング ソンジュウ(方善柱), 「寶順丸の米洲漂着とその意義」, 『日本歴史』 12月號, 1972

· 「蔵 · 百濟關係 虎符에 대하여」, 『史叢』(金成樺博士 華甲紀念論叢) 第17 · 18合輯, 고려대학교 사학회, 1973

· 「崑崙天山與太陽神舜」, 『大陸雜誌』 Vol.49, No.4, 臺灣, 1974

· 「西周年代學上的幾個問題」, 『大陸雜誌』 Vol.51, No.1, 臺灣, 1975

· Sunjoo Pang, "The Consorts of King Wu and King Wen in the Bronze Inscriptions of Early Chou," *Monumenta Serica*, Vol.33(1), 1 January 1977.

· 「권말부록② 미공개자료:1930년대 상해 거주 한국인의 실태」, 『신동아』 8월, 1979

· 「回顧와 展望 : 美洲篇」, 국사편찬위원회, 『韓國史研究彙報』 제51호, 1984

· 「鹵獲 北韓筆寫文書 解題 (1)」, 한림대 아시아문화연구소, 『아시아문화』 창간호, 1986

· 「미국의 한국관계 현대사 자료」, 한국사학회, 『한국현대사론』, 을유문화사, 1986

· 「高宗의 1905년 密書 : 美 · 英 · 佛 등 在外공관에 보내는 암호電文」, 『월간경향』 3월호, 1987

· 「美國內 資料를 통하여 본 韓國 近 · 現代史의 의문점」, 한림대 아시

아문화연구소, 『아시아문화』 제2호, 1987
· 「徐光範과 李範晋」, 『崔永禧先生華甲紀念韓國史學論叢』, 탐구당, 1987
· 「韓·中 古代紀年의 諸問題」, 『아시아文化』 제2호, 한림대학 아시아
  문화연구소, 1987(方善柱, 「檀君紀年의 考察」, 李基白 편, 『檀君神話
  論集』, 새문사, 1988 재수록)
· 「美國 第24軍 G-2 軍史室 資料 解題」, 한림대 아시아문화연구소, 『아
  시아문화』 제3호, 1987
· 「해설」 『G-2 Periodic Report 1: 주한미군정보일지(1)』 한림대 아시아
  문화연구소, 1988
· 「檀君紀年의 考察」, 李基白 편, 『檀君神話論集』, 새문사, 1988
· 「3·1운동과 재미한인」, 국사편찬위원회, 『한민족독립운동사3 : 3·1
  운동』, 1988
· 「臨時政府/光復軍支援 在美韓人團體에 對한 美國情報機關의 査察」,
  韓國獨立有功者協會, 『韓國武裝獨立運動에 關한 國際學術大會 論文
  集』, 1988
· 「1921~22년의 워싱톤회의와 재미한인의 독립청원운동」, 『한민족독립
  운동사6 : 열강과 한국독립운동』, 1989
· 「1930년대 재미한인독립운동」, 국사편찬위원회, 『한민족독립운동사8
  : 3·1운동 이후의 민족운동1』, 1990
· 「아시아文化의 美洲傳播－윷놀이型 遊戲의 전파와 '寶順丸'의 漂着
  을 중심으로」, 『아시아文化』 제7호, 한림대 아시아문화연구소, 1991
· 「美 軍政期의 情報資料 : 類型 및 意味」, 方善柱·존메릴·李庭植·
  徐仲錫·和田春樹·徐大肅, 『한국현대사와 美軍政』, 한림대 아시아
  문화연구소, 1991
· 「美國 資料에 나타난 韓人 '從軍慰安婦'의 考察」, 국사편찬위원회, 『國
  史館論叢』 제79집, 1992
· 「1946년 북한 경제통계의 일 연구」, 한림대학 아시아문화연구소, 『아

시아문화』제8호, 1992

· 「1930~40년대 歐美에서의 獨立運動과 列强의 反應」, 梅軒尹奉吉義士
義擧 第60周年紀念國際學術會議, 『韓國獨立運動과 尹奉吉義士』, 4월
24일~25일 세종문화회관, 1992

· 「在美 3·1運動 總司令官 白一圭의 鬪爭一生」, 『水村朴永錫敎授華甲
紀念韓民族獨立運動史論叢』, 탐구당, 1992

· 「美洲地域에서 韓國獨立運動의 特性(OSS NAPKO)」, 독립기념관 한국
독립운동사연구소 제7회 독립운동사 학술심포지움, 『한국독립운동
사연구』제7집, 1993

· 「'1946年度 北朝鮮人民經濟統計集' 등 북한경제통계문서의 해제」, 『북
한경제통계자료집(1946·1947·1948년도)』, 한림대 아시아문화연구소,
1994

· 「미주지역에서 한국독립운동의 특성」, 『한국독립운동의 이해와 평
가; 광복 50주년기념 4개년 학술대회 논문집』, 독립기념관 한국독립
운동사연구소, 1995

· 「아이프러機關과 在美韓人의 復國運動」, 仁荷大學校 韓國學硏究所,
『第二回 韓國學國際學術會議論文集 - 解放 50주년, 세계 속의 韓國
學 - 』, 1995

· 「韓半島에 있어서의 美·蘇軍政의 比較」, 『미군정기 한국의 사회변
동과 사회사』Ⅰ, 한림대학교 아시아문화연구소, 1996

· 「문헌상으로 고찰한 韓·中 言語關係」, 『아시아文化』제12호 한림대
학교 아시아문화연구소, 1996

· 「일본군 '위안부'의 귀환 : 중간보고」, 한국정신대문제대책협의회 진
상조사연구위원회, 『일본군 '위안부' 문제의 진상』, 역사비평사, 1997

· 「임정의 광복활동과 미주 한인의 독립운동 - 제2차 대전 종반기 국제
정세와 관련하여」, 백범김구선생 탄신 120주년기념 국제학술대회, 『白
凡 金九의 民族 獨立·統一運動』, 세종문화회관, 백범김구선생기념

사업협회, 1997

· 「韓吉洙와 李承晚」, 연세대학교 국제대학원 부설 현대한국학연구소 제2차 국제학술회의,『이승만의 독립운동과 대한민국 건국』, 1998(유 영익 편,『이승만 연구』, 연세대출판부, 2000 재수록)

· 「美國 國立公文書館 國務部文書槪要」, 國史編纂委員會,『國史館論叢』 第79輯, 1998

· 「대한민국임시정부와 미국」, 대한민국임시정부 수립 80주년 기념 국제 학술회의,『대한민국임시정부와 독립운동』, 1999년 4월 8일~9일 세종 문화회관 대회의실, 1999(한국근현대사연구회 주최, 국가보훈처·동 아일보사 후원)

· 「韓半島에 있어서의 美·蘇軍政의 比較」,『미군정기 한국의 사회변 동과 사회사Ⅰ』, 한림대학교 아시아문화연구소, 1999

· 「해설」, 한림대학교 아시아문화연구소,『한국전쟁기 중공군문서』(자 료총서 30), 2000

· 「해설」, 한림대학교 아시아문화연구소,『한국전쟁기삐라』(자료총서 29), 2000

· 「KLO문서 해제」, 한림대학교 아시아문화연구소,『KLO·TLO문서집 (미극동군사령부 주한연락사무소)』(자료총서 28), 2000

· 「한국전쟁 당시 북한 자료로 본 '노근리' 사건」,『精神文化硏究』통권 79호, 한국정신문화연구원, 2000

· 「한국인의 미주이주 : 그 애환의 역사와 전망」,『한국사시민강좌』28집, 일조각, 2001

· 「미국 OSS의 한국 독립운동 관련자료 연구」, 한국정신문화연구원 편, 『해방 전후사 사료 연구 1』, 선인, 2002

· 「한인 미국이주의 시작-1903년 공식이민 이전의 상황진단-」,『한국 사론39(미주지역 한인이민사)』, 국사편찬위원회, 2003

· 方善柱 撰,『初周靑銅器銘文中的文武王后』, 香港: 香港明石文化國際

出版有限公司, 2004

Amerasian Data Research Services, Data & Research Series

· K-1. Su Pyon (1861～1891)

· K-2. Kwang Pom Soh: The Life of An Exile in the United States (1859～1897)

· K-3. Yousan Chairu Pak (1868～1900)

· K-4. The Katura-Taft Memorandum and the Kennan Connection

· J-1. The Life of Otokichi Yamamoto

제1부

재미한인독립운동 · 대한민국임시정부

3·1운동과 재미한인

1. 3·1운동 발발에 대한 미주 한인의 역할

제41회 제국의회중의원(帝國議會衆議院) 1919년 2월 19일의 예산위(豫算委)에서의 질의와 답변

마사끼 데루조오(憲政會 소속의원) : 「2·8독립선언」에 대한 대책과 이 「선언」
    이 조선 내에서 일으킬 영향에 대해서 알고 싶다.

스즈끼(拓殖局長官) : 이 「선언」의 주모자들은 적절히 처치하겠다. 이번의 학생
    들의 운동은 조선을 포함한 외부의 선동이기보다 자발적으로 일어난 것
    같다.

마사끼 : 「선언」에 서명한 학생들의 평균 연령과 이 「선언」이 조선 내부로 발
    송되었는지 알고 싶다.

스즈끼 : 평균 연령은 23세이고 「선언」은 조선에 보내진 것 같다. 몇 부 보내
    졌는지는 모르겠다.[1]

---

[1] 한인사회당 대표자회의에서는 대한국민의회의 노선에 명백히 대립되는 노선으로 파리강화
회의 파견대표 소환을 위한 선전활동의 강화, 코민테른에의 대표파견, 소비에트적 정부형
태의 지향을 결의하고 당원들의 대한국민의회로부터의 탈퇴를 권고하는 안을 결의하고 그
결정권을 중앙집행위원회에 위임하였다. 그러나 결과적으로 한인사회 당원들의 대한국민
의회로부터의 탈퇴는 곧바로 실현되지 않고, 1919년 8월 30일의 대한국민의회 해산결의 때
까지 보류된다(Pak Chin-sun, "The Socialist Movement in Korea," Dae-Sook Suh, *Documents of
Korean Communism 1918~1948*, Princeton: Princeton University Press, 1970, 49~51쪽 참조).

마사끼 의원이 걱정하여 거듭 알고자 했던 것은 2·8독립선언이 한국내부에 과연 보내졌는가, 보내졌으면 큰일이 터질 것이 아닌가 하는 점에 있었다. 사실상 2월 27일자의 『저팬 위크리 크로니클(Japan Weekly Chronicle)』지(紙)는 그가 스스로 7분의 1가량 삭제한 논설에서[2] 방금 고종(高宗)의 죽음으로 조선의 민심이 동요하고 있다고 전제하고 언론자유를 주지 않으면 온건 대신 지하운동과 폭력이 판을 칠 것이며 이러한 언론자유를 줄 수 있는 정당과 정치가가 출현하지 않는다면 "조선은 아일랜드가 걸어온 똑같은 길을 걸을 것이며 거의 해결할 수 없는 문제거리가 될 것이다"라고 결말을 지었다.[3]

과연 시국을 내다볼 수 있는 사람들은 도화선이 타는 소리를 들으려고 열심히 귀를 기울이고 있었던 것이었다. 미국의 주(駐)서울 총영사관도 1월에 이미 무슨 사태가 일어날 수 있을 것으로 내다보고 미국의 국익에 손상이 없도록 예방조치를 취하기 시작하였던 것이다.

1919년 1월 10일 커어티스 영사는 「조선독립을 위한 선동보도에 대하여」라는 기밀취급통신 제325호를 국무부에 보냈다.[4] 이 통신문에서 커어티스는 『저팬 애드버타이저(Japan Advertiser)』지 1918년 12월 15일자와 1919년 1월 7일자 보도들을 그대로 인용하였는데, 전자는 『보지신문(報知新聞)』이 12월 12일 샌프란시스코에서 발신한 것으로 미국 내의 한인들이 미국정부에게 한국독립을 청원하였는데 국무부에서는 상원 외교분과위원회로 보내라고 지시하였다는 기사였다.[5]

---

[2] The Japan Weekly Chronicle February 26th, 1919, p.314, "Question about Foreign Missionaries/ Some Searching Criticism/Unifying thought in Korea" 이 질의 내용은 『大日本帝國議會誌』第十一卷에서나 大日本帝國議會衆議院議事速記錄(第四一回)에서는 볼 수 없는 것이다.

[3] 이 주간지의 자매지인 『저팬 크로니클(Japan Chronicle)』은 일간(日刊)으로 이 논설을 게재하려다 검열에 걸려 나오지 못하였다. 따라서 이 신문사에서는 자체검열과 삭제를 단행하고 주간지에 게재하였다.

[4] 국무부문서번호 762.72119/3716 American Consulate General, Seoul, Chosen to the Secretary of State No.325(Confidential) (January 10, 1919). Subject: Reported Agitation for Korean Independence

[5] 이 원문은 윤병석·신용하·안병직 편, 「3·1독립운동·발발의 경위」, 『한국근대사론Ⅱ』, 지

후자는『도쿄일일신문(東京日日新聞)』의 보도를 인용한 것으로『일일신문』은 미국방문에서 돌아온 중도(中島; 나까지마) 교수의 담화를 게재하였는데 중도는 "윌슨 대통령의 민족자결주의에 자극을 받아 미국 내 폴란드인들이나 아일랜드인들이 맹운동을 전개하고 있다. 한인들도 1918년 11월 말경부터 움직이기 시작하였는데 그들의 본거지는 샌프란시스코이고 윌슨 대통령에 청원하고 또 상원 외교분과위원회에도 청원하였고, 이들 뒤에 미국 선교사들이 있음은 의심할 여지가 없다."고 하는 내용이었다. 커어티스 영사는 다음 한국 국내의 정세를 분석하였다. 그에 의하면 제1차 세계대전이 일어났을 때 한인들은 일본이 독일에 선전포고를 하였으므로 자연히 독일편을 드는 분위기였으나,[6] 전쟁이 종국에 이르자 새로운 희망에 부풀어 오르기 시작하였다는 것이다. 따라서 국내의 한인들이 미국 내 한인의 활동에 동조하고 있는 것은 의심할 수 없다는 것이나, 문제는 정말로 미국선교사가 이 운동에 동참하고 있는가에 대하여 커어티스의 견해는 극소수만이 그럴 수 있다는 것이었다. 그는 자신의 분석을 지원하려고 한국에 25년 이상 거주하였다는 미국선교사의 의견을 인용하였다. 이 선교사는 또 다음과 같은 정보를 커어티스에게 전달하였다. 즉 국내의 독립운동 선동자들은 유능한 한 사람을 미국에 파견하려고 노력하고 있는데, 출국하는 데 곤란이 많겠으나 끝내 보낼 방법을 찾아낼 것으로 본다는 것이었다. 다음 1월 17일의 통신문에서 커어티스는 1월 17일자 영문지『서울프레스(The Seoul Press)』중의「조선내에서의 미국선교사」라는 논설을 오려 붙였다. 이 반관방(半官方)신문의 논설은 역시『일일신문』에 게재된 중도

식산업사, 1977, 60쪽.
6) 이러한 경향은 국외의 한인에서도 볼 수 있었다. 김헌식이 영도하는 뉴욕 한인애국회에서는 뉴욕주재 독일영사관을 찾아가 병기 구매에 써달라고 20불을 기탁하였었고(『신한민보』, 1914년 9월 10일 보도) 영국유학생 장택상(張澤相)은 연합국 측에서는 독일의 벨기에 침략을 국제법에 위반되는 행동이라고 규탄하나 벨기에는 콩고에서 어떤 행동을 하였으며 영국은 어떤가 하고 성토문을 썼다(『신한민보』, 1914년 11월 26일).

교수 귀국담에 논평을 가한 것이었고(여기서는 선교사들이 독립운동지원을 삼가고 있다고 논하였다), 그중의 약 반은 미국에 거주하는 한인의 반일운동에 대하여 썼는데 요는 우매한 재미한인들은 자기들이 떠난 후의 고향의 발전상은 모르고 직업운동가의 밥벌이만 시켜준다는 비방이었다. 커어티스는 이 신문논평을 인용하면서도 "외국 민족의 지배에 대한 큰 불만이 존재하고 있으며, 그것이 널리 퍼지고 있음을 부인하지 못한다"라고 보고하였다. 1월 29일 총영사 레오 버그홀즈(Leo Bergholz)는 「조선독립을 위한 선동」이란 제목의 통신문에서 전 황제의 죽음은 심대한 영향을 민심에 주고 있다고 말하면서 미국인은 조선내부사정에 개입함을 금한다는 구한국시대 주한공사 씰의 경고문을 다시 찍어 선교사들에게 배포하였다고 보고했다.[7] 이것은 방금 터질듯이 보이는 독립거사가 일어났을 때 미국인 선교사가 뒤에서 지원했다는 말을 듣지 않기 위한 예방조치이었는데, 국무부는 곧 이 조치를 평가한다고 통고하였다.[8]

이미 윌슨 대통령의 민족자결주의로 기대감에 부풀어 올라 있던 한국민중은 고종의 죽음이라는 사건을 통하여 다년간의 이민족의 압제에 대한 울분이 언제든지 터질 수 있다고 보는 외국인이 더러 있었다. 그들은 무엇보다도 재미한인의 청원운동이 결정적인 기폭제가 되지 않을까 주목하였다. 신용하(愼鏞廈) 교수가 지적한 바와 같이 상해(上海) 여운형(呂運亨)의 신한청년당(新韓青年黨, Korean Revolutionary Party)이 가장 먼저 준비한 단체였는지 모르나,[9] 상해에는 또 신규식(申圭植)의 독립공화당(獨立共和黨)의 흐름도 있었고,[10] 이 활동의 연장선상에서 손문(孫文)의 한국독립 토의

7) 국무부문서번호 763.72119/4013. Consul General Bergholz to the Secretary of State (January 29, 1919) Subject: Agitation for Korean Independence.
8) 국무부문서번호 763.72119/4013. Carr to Bergholz (March 8, 1919) Foreign Relations of the United States, 1919, Vol. Ⅱ, 459~460 ; United States Policy Regarding Korea 1834~1941, Foreign Policy Studies Branch, Division of Historical Policy Research, Office of Public Affairs, Department of State (May 1947), p.35(한림대학 아시아문화연구소, 자료총서 1).
9) 신용하, 『한국근대민족운동사연구』, 일조각, 1988, 48~54쪽.

요청11)이 있었던 것 같다. 더욱 주목할 만한 것은 신규식 등이 1919년 2월 초에 대민족회의(大民族會議, Korean National Convention)를 3월에 상해에서 개최하여 독립 선언을 발표하자고 미주의 3 국민회(國民會)와 박용만(朴容萬)에게 취지서를 보내고 있어12) 그가 거시적으로 국내외를 망라한 독립선언과 임시정부를 생각하고 있었음을 쉽게 짐작할 수 있을 것이다.

그러나 2월 9일에 발송한 편지들이 각지에 무사히 도착하였다 해도 이 계획을 승인하고 대표를 파송하는데 한 달 가지고는 도저히 불가능한 것이었다. 블라디보스톡에서는 2월 하순경 백관수(白寬洙), 이종근(李琮根), 최근우(崔謹愚), 김도연(金度演), 김철수(金喆壽), 윤창석(尹昌錫), 송계백(宋繼白), 김상덕(金尙德)의 이름으로 조선청년독립단(朝鮮靑年獨立團)의 선언서를 '2천만 조선민족을 대표하여' 발표하였는데 도쿄(東京) 유학생들도 '시베리아에 있어서의 배일선인(排日鮮人)과 서로 호응하여 거사하려고 기도하여 각 위원 등은 비밀리에 조선청년독립단이라는 결사(結社) 모양의 것을 조직'하였다니 시베리아와의 관련도 만만치 아니하였다.13) 그러나

---

10) 국무부문서번호 895.00/2. 미국대통령에게 보낸 Independent Republican Party 당수 신성(申檉)(申télé植)과 서기장 KIM SHUNG(金成)의 청원서는 1월 25일 상해에서 부친 것으로 되어 있다. 영문번역은 895.00/8호이다.

11) 손문(孫文)은 1919년 2월 18일 주(駐)상해미국총영사와 만나 국제연맹에 한국독립을 제기하는 문제에 대한 미국의 생각을 타진하였다. 이 이전에도 중국정계의 요인들이 미국에 한국의 독립을 위하여 청원하고 있는 것으로 보아 중국정계에 지인이 많은 신규식의 공작으로 짐작된다. 국무부문서번호 895.00/582. Political Relations · Dr. Sun Yat-Sen on the Independence of Korea (Feb. 19, 1919).

12) 미국립문서관 소장 미육군정보국정보문서 1766—918은 상해에서 2월 9일자 소인의 우편물의 검열 결과를 다루고 있다. 10매에 이르는 취지문은 오래 기다리던 절호의 기회를 맞이하여 각지에서 자연발생적으로 독립운동이 일어나고 있는데 각지의 힘을 모아 공동의 힘으로 단일 평화회의사절단을 파견하고 전 민족적으로 독립을 선언하기 위하여 국내의 청년회, 기독교·천도교·유교 단체들, 미주의 하와이국민회, 북미국민회, 남미국민회 및 동아의 전로한족회(全露韓族會), 북간도, 남간도, 북경, 남경, 상해의 한족회와 동경 유학생회가 각기 대표 2~3명을 상해로 파견하여 독립을 선포하고 최고의정원을 설립하여 한국 초유의 공화정부를 수립하자고 주장하였다. 이 취지서에서는 동아의 각지 단체가 모두 이 취지에 응하였으니 미주에서도 속히 대표들을 파송하라고 독촉한 모양이지만 전후 사정으로 보아서 각지에 취지문이 모두 전달되었는지는 확실하지 않다.

13) 金正明 編, 『朝鮮獨立運動』Ⅰ, 東京: 原書房, 1967, 300쪽 ; 신용하, 앞의 글, 1988, 56쪽에 시

노령·만주·상해 또는 일본을 통틀어서 하나의 지역권을 형성한다고 보면 미주 특히 미국 내의 한인운동의 특수한 위치가 가져오는 영향이 훨씬 컸던 것으로 생각된다. 그것은 미국이 국제정치의 한 중심지였고 언론전파의 자유가 있어 이곳에서의 활동은 국제적으로 주목되고 보도되기 쉬운데다 세계 최대강국인 미국의 여론을 움직일 가능성을 가졌다고 인식되었기 때문이다. 또 노령이나 상해에서 파리에 대표를 파견한다는 보도는 구미신문에 나지 않을 수 있으나 미주 한인의 같은 활동은 그 지역성 때문에 보도 전파되기 쉬운 것이다. 이러한 전략적인 요충지역에 거주하는 한인들의 한국독립청원운동은 어떻게 시작되었는가?

주지하는 바와 같이 미국의 한인사회는 1918년 11월 말경에는 박용만·안창호(安昌浩)·이승만(李承晩)의 3대 세력과 뉴욕에 김헌식(金憲植, 1869~1951)의 소조직이 있었는데, 이들과 서재필(徐載弼)의 활동상황은 다음과 같다.

(1) 김헌식의 신한회 활동

김헌식은 원래 일본유학생 출신으로 1896년 미국에 건너와 몇 해 동안 워싱턴의 흑인 대학인 하워드대학(Howard University)에서 사범과를 택하고 있다가 뉴욕에 정착하여 뉴욕한인공제회·뉴욕한인애국회 등을 인도하였고, 연방수사국(FBI)의 정보원으로 있으면서 아시아인의 마약밀매와 편지검열 등을 주로 다루었다.[14] 그는 1918년 11월 하순경 18인의 동지와 함

베리아와 동경유학생과의 관계를 언급하였고, 시베리아 조선청년독립단선언서에 대하여는 미육군정보국정보문서 1766-1004호 번역을 참조. 이 선언서는 하와이 『국민보』에 보낸 것을 검열한 것이다.

[14] 『신한민보』, 12월 5일 호외, 여기서는 이원익(李源益)과 김헌식이 외무원이 되었다고 하였으며 결의선언문에 신성구(申聲求)가 회장이라고 하였으니 회원은 1907년부터 뉴욕시에 거주하던 소위 올드－타이머(old-timer)들로서 조직하였음이 확실하다. 자세한 것은 필자가 한림대학에서 출판할 예정으로 있는 가제 『재미한인의 독립운동』 중 「구한말 유학생 金憲植의

께 신한회를 조직하고 11월 30일 비밀리에 총회를 열고 미대통령, 국무부 그리고 상·하원에 제출할 결의선언문을 작성하였다.[15] 그는 먼저 국무부를 찾아갔으나 결의선언문을 접수하지 않으므로 국무부의 지시에 따라 상원 외교위원회에 제출하였다. 여기서도 사본만 작성하고 원문을 되돌려주므로 결국 12월 2일 파리에 체재 중인 랜싱(Lansing) 국무장관에게 우송한 것만이 원본으로 남게 되었다. 이 일련의 활동은『어쏘시에이티드 프레스 (Associated Press)』에 의하여 세계 언론기관에 배포되었고,[16] 이 소식을 일본에서는 12월 15일자 일간지와 영자지에서 같이 다루었다.『요로즈조보 (萬朝報)』는 다음과 같이 썼다.

선인독립운동설

미국에 사는 일부 조선인으로써 독립운동을 기도하는 자 있다고 한다. 이것을 소위 민족독립의 풍조에 공명한 계획이라 하기에는 아직 진상에 가깝지 않고 적어도 조선인을 위하여 하는 지려있는 운동이 아니라……

도쿄에서 미국인의 손에 의해 출판되던『저팬 애드버타이저』도 연합통신이 전하는 내용과 대동소이하게 보도하여 이 뉴스가 재일유학생에게 최초의 충격과 희망을 안겨주었다고 보여진다. 1918년 12월 14일 오후 뉴욕 맥알파인 호텔(Hotel Mcalpin New York)에서 열린 제2차 소약속국동맹회의 (小弱屬國同盟會議)에는 신한회에서 김헌식과 국민회에서 민찬호(閔讚

滯美五十年史』를 참조할 것.

15) 국회도서관편,『韓國民族運動史料第二輯』(中國篇), 1976, 5~7쪽. 전문은 미국 국립공문서관 국회과 소장 RG 46 ENTRY 79 상원외교위원회 잡문서철에 사본이 있고, 국무성과에는 신성구·김헌식이 서명한 원문이 있다.

16) 주뉴욕일본총영사의 보고에 의하면 12월 4일 전무술(全武述)이라는 한인이 나타나 자칭 밀정행위를 하겠다 하고 신한회의 활동을 밀고한 모양이지만(국회도서관 편, 앞의 책, 8쪽) 그날『연합통신』은 한국독립청원문의 제출이 국무부를 거쳐 상원외교위원회로 돌려졌다고 보도하였다(『신한민보』, 12월 12일 참조).

鎬) · 정한경(鄭翰景) 2인이 참가하였다. 김헌식은 인도 · 폴란드 · 유태계
러시아 · 라트비아 · 체코슬로바키아 · 아일랜드의 대표와 같이 집행위원회
의 임원으로 선출되었다.[17] 회의는 12월 15일 밤에 끝났으나 김헌식은 정
한경 등이 정식대표가 아니라고 선전하였던 모양이었다.[18] 이 회의는 사
실상 당시 우후죽순격으로 일어난 소약속국인회의 하나에 불과하였지
만,[19] 『저팬 애드버타이저』 12월 18일자에 한국대표를 포함한 이 회의의
각국 대표가 윌슨 대통령에게 청원서를 보냈다는 보도를 게재하여[20] 이
보도도 재일유학생의 눈에 띄었을 것으로 짐작된다.

(2) 안창호 영도하의 국민회 중앙총회의 활동

대한인국민회(大韓人國民會)는 그 전성시대였던 1912년에는 북미 · 하와
이 · 시베리아 · 만주 등 지방총회 아래에 116개소의 지방회가 조직되고 있
었고, 멕시코 · 남경(南京) · 페테르부르크 등에까지 그 영향을 미치고 있었
던 해외한인의 유일한 전 세계적인 조직체였다. 그러나 동아시아 정세의
변화와 더불어 노령과 만주의 국민회가 쇠약해졌으며, 더욱이 하와이에서
는 박용만 · 이승만 양파의 쟁투가 날로 첨예화되어 갔고 중앙 총회장의
영도역량에도 문제가 있어 3 · 1운동 이전의 국민회 중앙총회의 실질적인
기반은 미국 서해안과 멕시코에 지나지 않았다. 중앙총회장은 1915년부터
안창호가 맡아왔고, 부회장은 박용만이었는데, 1918년 11월 제1차 세계대

---

17) 이 회의에 대하여서는 『New York World』지(12월 16일), 『New York Herald』지(12월 16일)가
비교적 자세하게 보도하였고, 『Survey』잡지(12월 21일)에 「Constant Association and Cooperation
of Friends」라는 제하에 토의사항이 다루어지고 있다.

18) 姜德相 編, 「在美鮮人獨立運動의 內情」, 『現代史資料』 제25권, みすず書房, 1977, 443~446쪽
참조.

19) 『뉴욕타임즈』의 보도를 기준으로 하면, 유태인 전미회의(全美會議), 미국 흑인의 대표권청
원 기타 구라파계 각 민족의 회의나 청원은 지면을 할애하였으나 이 소약속국회의에 관한
보도는 없었다.

20) 원문은 신용하, 앞의 글에 인용되어 있다.

전이 끝날 때까지 북미대륙에 있어서의 두드러진 반일운동은 『신한민보(新韓民報)』의 유지가 고작이었다. 뉴욕에서 열린 소약속국동맹회의의 초대장도 받았으나 재정문제로 대표를 파견할 것인지를 고민할 정도였다. 안 총장은 11월 25일 마침내 북미지방총회 임원과 유지 20여 명을 소집하여 이승만·정한경·민찬호를 이 회의에 참석시키기로 결단을 내렸고, 평화회의에 대표를 파견하게 된다면 정한경을 보내기로 하고 경비는 북미와 하와이 양 지방총회에서 부담하기로 하였다. 이에 따라 민찬호는 11월 30일 로스앤젤레스를 떠나 정한경이 있는 시카고로 떠났고, 이승만도 12월 2일 대표로 갈 것을 승인한다는 회전을 보내왔다.[21] 이승만은 본토행(本土行) 비자문제로 다음 해(1919년) 1월 6일에야 하와이를 떠나 1월 15일에 샌프란시스코에 도착하였으므로 12월 중순경 국민회 3대표명으로 윌슨 대통령께 청원한 문서는 실질적으로 민찬호와 정한경이 의논하여 정한경이 작성한 것으로 보인다.[22] 이 청원서는 11월 25일자로 되어 있지만 당시의 상황으로 보아 도저히 납득이 안 되고, 신한회의 결의선언문을 의식하여 날짜를 앞당기고 이승만의 서명을 모방한 것 같다. 정한경·민찬호 두 대표는 다시 파리에 체재중인 윌슨 대통령에게 청원서를 선편으로 부쳤다는 전보를 12월 22일에 쳤다. 한편 국민회 중앙총회에서는 미주교포를 상대로 대대적인 모금운동을 전개하였다. 북미대륙에는 미국에 2천 명 미만, 멕시코에 천여 명 있는 것으로 추측되었는데, 멕시코 교포는 경제적 여유가 없어 모금대상은 주로 미국 각지에 산재해 있는 한인들에게 호소하는 길 밖에는 없었다. 이 미국한인의 국민회 회비(의무금) 납부상황으로 국민회의 핵심회세(核心會勢)를 판단하여 보면 다음과 같다.[23]

---

21) 『신한민보』, 1918년 11월 28일과 12월 5일의 「호외」 참조.
22) 미국회도서관 Manuscript Division 소장 월슨문서 중에 남아 있다. 자세한 것은 필자가 출판할 예정인 앞의 책, 「이승만박사 委任統治案의 배경과 전개」 장을 볼 것.
23) 『신한민보』 매년 1월이나 2월에 보도되는 재정결산표를 볼 것.

1915년 1,523불(1인당 5불)
1916년 1,729불
1917년 2,645불
1918년 3,775불

즉 국민회 회비 납부회원은 1915년의 300명에서 1918년의 700여 명으로 늘어났고, 평균 500명의 중견회원으로 국민회를 운영하였다고 보는 것이 타당한 것 같다. 미국과 하와이의 교포사회를 비교하여 보면 하와이는 섬이라는 폐쇄사회인데다가 교포의 다수가 사탕수수밭의 한인감독 보스 밑에 묶여 살았기 때문에 그 경제력은 다소 약하였으나 의무금과 기타 연조를 받아들이기는 광막한 미국에 사는 한인을 상대로 하기보다 훨씬 편하고 효율적이었다. 안창호가 북미 각지를 상대로 특별의연금을 걷기로 결정하였을 때 3인의 수금위원을 파견하여 미작(米作) 지방인 다뉴바지방회에서 3천 불, 탄광이 있고 한인이 광부로 많이 일하고 있던 와이오밍주 슈퍼리오를 중심으로 한 와이오밍지방회에서 천 불을 비롯하여,[24] 1918년 연말까지 총 8천9백24불 27전을 독립청원운동 기부금으로 받아들였다.[25] 이것은 이 시점까지는 재미교포사회사에서 볼 수 없었던 기록적인 단시일 내의 헌금액으로 조국의 독립을 갈망하는 교포사회의 충정을 보인 것이었다. 이러한 국민회의 활동은 곧 미국이나 일본의 신문에 반영되었다. 1918년 12월 25일자『뉴욕 · 헤럴드』지는 정한경 등이 작성한 국민회 청원문의 내용을 간략히 소개하였고, 11월 27일의『샌프란시스코 엑제미너(The San Francisco Examiner)』지는 대표 3인을 파리로 파견하여 청원운동을 한다는 뉴스, 또 10만 불을 모집하였고(사실이 아니다) 필요에 따라 몇만 불 더 모집할 것이라고 보도하였으며, 28일의 샌프란시스코『일미보(日美報)』는 자

[24] 『신한민보』, 1918년 12월 5일, 「호외」 참조.
[25] 『신한민보』, 1919년 1월 9일, 「상년도 재정결산서」 참조.

치능력도 없이 독립운동을 한다고 비방기사를 실었다. 일본 도쿄의 『요로 즈조보』는 1919년 1월 3일 제2면에서 어떤 국제 법학자의 담화를 게재하였 는데, 그 내용은 다음과 같다.

민족자결의 의의

소위 민족자결의 의의를 전연 이민족의 분리해체로 해석하고 이를 전세계에 적용할 것으로 예상하는 자가 있다면 이것은 전연 오해로서 그 뜻을 광의(廣 義)로 해석할 것이 아니다. 즉 현재 문제가 되고 있는 민족의 자결 또는 자재 (自裁)라는 것은 단지 구라파 제민족간에 한하여 말하는 것으로 해석하여야 되 고 또 자결의 범위는 문명정도가 같은 이민족이 부자연하게 한국민으로 단결 된 국가에 대하여 말하는 데 그친다. 현실상 가령 이민족의 결합이라 하더라도 소민족이 대민족하에서 국민적 행복을 누리고 있는 경우에는 그 자결자체가 도리어 유해무익할 수 있다. 강화회의 문제가 될 민족 간의 문제는 발칸과 폴란드 주민에 국한될 것이다.

이 논평은 한인의 기대감에 물을 끼얹으려는 의도에서 나온 것이 분명 하며, 이 자유주의 색채가 강한 신문조차 이러한 논조이니 이를 미루어서 기타 신문의 논조를 헤아릴 수 있겠다. 이 신문은 이어 1월 18일에 「선인 진정(鮮人陳情)」이라는 기사하에 「국민회」의 활동을 신고 "3일자의 신문 논평에 적은 대로" 자결주의란 "제국과 조선의 관계에 적용한다는 의미가 아니다"라고 촌평을 달았다. 또 동 신문 1월 24일 석간에는 "조선에서 위원 (委員)"이라는 보도가 있었는데 "샌프란시스코재류의 조선인은 조선의 독 립을 희망하여 3인의 위원을 강화회의에 파견할 것을 결정하고 이미 20만 불의 자금을 모집 하였다고 한다"고 보도하고, "이것은 필리핀이나 하와이 에서 토민(土民)을 강화회의에 파견하는 것과 같이 전혀 무의미한 것이다" 라고 촌평을 가하고 있다.

2·8독립선언의 전주곡으로 일어난 1·7유학생회의는 바로 미주에서 전해진 보도가 큰 자극이 되었음은 다음의 『저팬·위크리·크로니클』의 1월 16일 기사로 쉽게 짐작된다.

조선의 자결을 위하여

—재미한인운동의 메아리—

『도쿄시사(東京時事)』에 의하면 본월(本月) 7일 도쿄에서 공부하는 조선인 학생 다수는 간다(神田)에 있는 YMCA 회관에서 집회를 가졌다. 이들은 재미조선인들이 미국의 지지하에 조선의 독립을 회복하기 위하여 평화회의에 청원한다는 운동에 동참하는 하나의 제안을 토의하였다. 조선인학생들은 강도높은 말들을 썼으므로 간다경찰서에서는 이 집회를 중지할 것을 명령하였다 한다. 이 경찰의 결정은 일을 복잡하게 만든 것 같다. 도쿄경시청에서 경찰들이 두 대의 차로 도착하여 이들은 흥분한 회중을 진정시켰고 12명을 연행하였다.

여운홍(呂運弘)은 로스앤젤레스에서 안창호를 만나고 샌프란시스코에서 국민회 북미총회장 이대위(李大爲) 목사를 만나 여비보조를 받고, 1919년 1월 14일 미국을 떠나 2월 1일 요꼬하마(橫濱)에 도착하였다고 쓰고 있다.[26] 따라서 국민회의 청원운동을 도쿄유학생들에게 전하였으나 도쿄에서는 이미 그 전에 대략을 알고 있었던 것이다. 또 전영택(田榮澤)의 회고에 의하면 1·7회동(會同)무렵 미국유학생 지용은(池鎔殷)의 귀국길에 미주의 소식을 들었다고 하였는데,[27] 지용은은 1918년 시카고지방의 대학 1학년생으로서,[28] 여운홍보다 좀 더 자극도가 강한 충격을 주었을 것으로 짐작된다.

---

26) 呂運弘, 『夢陽 呂運亨』, 청하각, 1967, 28~35쪽.
27) 田榮澤, 「東京留學生의 獨立運動」, 『新天地』 제1권 제2호, 서울신문사, 1946 참조.
28) 『신한민보』, 1918년 1월 24일, 「재미한인학생조사표」.

요컨대 미주의 독립청원운동의 소식은 상해 방면의 신규식 · 여운형의 운동 소식보다 일찍 도쿄에 도착하여 일본유학생의 2 · 8독립선언에 큰 영향을 미쳤으며, 연쇄적으로 3 · 1운동 폭발의 발화점이 되었던 것으로 볼 수 있다.

(3) 박용만과 하와이연합회의 독립운동

박용만은 1911년 『신한민보』 주필로 있으면서 또 국민회헌장 개수위원으로서 국민회의 발전에 지대한 공헌을 하였던 무투파(武鬪派)인물이다. 1912년 말에 하와이로 옮겨가서 『신한국보』(국민보)의 주필을 맡아 보며 '산 넘어 병학교(兵學校)'를 경영하고 하와이 국민회의 후견인격으로 있었으나 1915년 이승만지지파의 쿠데타에 의해 밀려나 박용만지지파들은 연합회를 조직하고 『태평양시사(太平洋時事)』라는 주간지를 경영하였다.

그의 노선은 어디까지나 무장투쟁 노선에 있었으므로 안창호 · 이승만과 달리 당국의 주목을 받았다. 1915년 이승만 대 박용만지지파들의 상쟁의 소용돌이 중에서 주미일본대사관이 국무장관에게 불평을 하였기 때문에 국무부는 내무부에 엄한 지시를 내려 하와이총독에게 박용만파가 무기를 소유하였는지, 또 외국 국내사정에 개입하여 반란을 선동하고 있는지의 여부를 알아보게 하였다.[29] 1918년 2월 27일 박용만파 4인을 '살인미수' 혐의로 재판할 때 증인으로 나온 이승만은 이들이 박용만의 패당이며 "미국 영토에 한국국민군단을 설립하고 위험한 배일행동으로 일본군함 출운호(出雲號)가 호놀룰루에 도착하면 파괴하려고 음모하고 있으며, 이것은 미국과 일본 사이에 중대사건을 일으켜 평화를 방해하려는 것"이라고 규탄하였다는 김원용의 서술은[30] 당시의 영자신문에 검사가 피고들에게 군사

---

[29] Records of the Dept, of State Relating to Internal Affairs of Korea, 1910~1929, R112. 895.00/ 537~624.

학교의 조직목적이 일본과 싸우는 것이 아니었는가를 묻고 있는 것으로
보도되고 있어,[31] 박용만이 무투노선(武鬪路線)을 고수하였음을 알 수 있
다. 그리고 그 사실여부가 어떠하든 하나의 상징적인 이야기로 인식될 수
있다.

1917년 여름 박용만·이일(李逸)은 상해의 신규식·조소앙(趙素昂)·김
성(金成)·신석우(申錫雨)·신채호(申采浩)·조성환(曹成煥)·박은식(朴殷
植) 등과 연명하여 「해외한인대동단결선언서」를 반포하였는데, 그 강령을
보면 다음과 같다.[32]

1. 해외각지의 현존한 단체의 대소은현(大小隱顯)을 막론하고 규합 통일하여
   유일무이의 최고기관을 조직할 것.
2. 중앙총본부를 상당(相當)한 지점에 두어 일체 한족을 통치하고, 각 지부로
   관할구역을 명정(明定)할 것.
3. 대헌장을 제정하여 민정에 합당한 법치를 실행할 것.
4. 독립평등의 성권(聖權)을 주장하여 동화의 마력(魔力)과 자치의 열근(劣根)
   을 방제(防除)할 것.
5. 국정(國情)을 세계에 공개하여 국민외교를 실행할 것.
6. 영구히 통일적 유기체의 존립을 공고히 하기 위하여 동지간에 애정을 수양
   할 것.
7. 이상의 실행방법은 기성단체의 각 대표와 덕망이 있는 개인의 회의로 결정
   할 것.

선언서의 분량은 모두 12페이지였는데, 그 골자는 '우리의 단결이 하루
일찍 되면 신한의 부활이 하루 일찍 되고, 우리의 단결이 하루 늦어지면

---

30) 김원용, 『재미한인 50년사』, 1959, 151쪽. 이 재판기록을 얻을 수 있었지만 많은 부분이 산일
   되어 이승만의 증언 등이 빠졌다.
31) *Honolulu Star Bulletin* 1918. 3. 5. "Korean Strife Aired in Court" 기사 참조.
32) 『신한민보』, 1917년 9월 20일 ; 조동걸, 「임시정부 수립을 위한 1917년의 대동단결선언」, 『한
   국학논총』 제9집, 국민대학교 한국학연구소, 1987 참조.

신한의 건설이 하루 늦어진다'는 호소였다. 이 강령의 1~3항은 박용만이 국민회 중앙총회로써 세계 각처 한인의 임시정부로 개조하려고 노력하였을 때 거듭 주장한 것이고,[33] 제6항은 1908년 박용만이 덴버에서 소집한 애국동지대표회의에서 이미 강조되었던 점이다. 박용만은 하와이의 분규와 국민회의 지도력에 환멸을 느끼고 상해의 신규식과 상의하여 새로이 효율적인 임시정부의 설립을 기도한 것으로 보여진다. 이 조직이 이때 설립될 수 있었더라면 3 · 1운동에 보다 강력한 뒷받침이 되었을 것은 의심의 여지가 없다.

박용만과 그 지지파는 3 · 1운동 발발이 아직 미주에 알려지지 않았던 3월 3일 대조선독립단(大朝鮮獨立團) 하와이지부를 창설하였는데, 이때의 단원은 350여 명이었고 그 약장에는 다음과 같은 조항이 들어 있었다.[34]

1. 본 조직체는 국내와 원동의 각 단체로 조직된 대조선독립단 하와이지부라 함.
2. 본 단의 목적은 조선민족의 독립운동을 위하여 모든 역량을 사용할 것이며, 원동의 각 단체와 더불어 대동단결을 도모하되 조선국가의 독립이 달성될 때까지 정신과 물질을 이것에 희생하기로 함.

즉 3월 3일에는 아직 3 · 1운동 폭발 소식이 하와이에 공식적으로 도착하지 않았다. 하와이에는 3월 9일에야 이 소식이 전보로 도착하였다. 따라서 이 약장이 "원동의 각 단체와 더불어", "국내와 원동의 각 단체로 조직된"이라고 선포하였을 때 그것은 과장이 아니라 어떤 근거에서 이야기하였던 것으로 생각된다. 우선 박용만의 영향하에 평양(平壤)의 숭실(崇實)대 · 숭실중 · 평양신학교 학생들이 주축이 되어 조직하였던 조선국민회(朝鮮國民

33) 필자 집필 중의 『재미한인의 독립운동』, 「박용만의 桑港 假政府 설립 추진」 참조.
34) 김원용, 앞의 책, 187~189쪽 참조.

會)사건이 1918년 2월 발각된 것이 그 일례이고, 상해방면과의 연락은 1917년 있었던 「해외한인대동단결선언서」 반포로써 알 수 있고 또 박용만의 처는 한인인 모친과 강서성(江西省) 출신의 웅성(熊姓)인 부친 사이에 태어나서 1917년경에 상해에서 결혼하였다는 중국신문의 보도를 고려한다면35) 박용만은 결혼을 위해 상해를 다녀갔고, 신규식과의 연결이 생겼다고 볼 수 있다. 따라서 상해방면의 3·1운동 직전의 국내잠입 등 여러 활동을 알고 있었으므로 여기에 발을 맞추어 독립단을 창립하였다고 생각할 수 있다.

3·1운동 발발의 소식이 3월 9일 하와이에 도착하자 『스타·불리틴』지는 3월 10일자에서 "『태평양시사』의 주필 박용만 씨는 지난 주 한 장의 편지를 받았는데 그것은 한국독립에 관한 이 전보를 확인하는 것이었다"라고 적고 있었고, 상해 현순(玄楯) 목사의 3·1운동 발발 통지 전보 원문은 코리안 내셔날 인디펜던스 유니온(Korean National Independence Union)의 대표들이 독립선언을 하였다고 적었는데, 『신한민보』는 이것을 '대한독립단'이라고 번역한 것을 기억할 필요가 있다. 박용만은 원래 '한국'이라는 칭호보다 '조선'이라는 칭호를 써야 한다고 누누이 주장해왔으므로 '대한독립단'은 즉 '대조선독립단'이고, 3월 3일 "본 조직체는 국내와 원동의 각 단체로 조직된 대조선독립단의 한 분자로서 이름을 대조선독립단 하와이지부라 함"을 음미하여 보면 박용만은 상해와 밀접한 관계를 가지고 3·1운동의 폭발을 어느 정도 예지하고 있었다는 것이 논리적인 귀결이다. 박용만은 김헌식과도 밀접한 관계를 가지고 있었고, 이승만은 김헌식을 선동·조종하는 배후인물로 박용만을 지목하였다.36) 이렇게 본다면 박용만은 3·1운동과 밀접한 관계를 가졌다고 할 수 있다. 1928년의 박용만의 피살

---

35) 『北京實報』, 1929년 2월 22일과 北京의 『世界日報』, 1929년 2월 22~23일 참조. 자세한 것은 방선주, 『재미한인의 독립운동』, 「박용만」 참조.
36) 주 18)에 인용한 「在美鮮人獨立運動의 內情」 참조.

은 독립운동자 간의 오해에서 일어났던 비극이었다는 것도 첨부한다.

(4) 이승만 박사의 활동

이승만은 1912년 미네아폴리스에서 열린 국제감리교대회에 참석차 도미하고부터 1918년 연말까지 적극적인 애국 또는 독립운동은 펴지 않았다. 그는 기독교 교육자의 자세를 유지하였고, 청소년교육을 통한 간접적인 애국활동에 몰두하였다. 이미 알려진 바와 같이 이승만은 1912년 11월『워싱턴·포스트』지의 기자와 만나서 '합병 후의 조선의 눈부신 발전상'을 칭찬도 하였고,[37] 1915년에는『호놀룰루 애드버타이저(Honolulu Advertiser)』지에 "나는 조선국 내에서나 하와이에서 혁명을 획책할 생각조차 한 적이 없다(I have never ever dreamed of starting revolution either in Korea or in Hawaii)"고 하였고,[38] 이런 종류의 태도 표명이 종종 있었던 것으로 보도되었다.

1918년 11월 25일 국민회 중앙총회장 안창호는 임원을 소집하여 이승만·민찬호·정한경을 소약속국동맹회의의 참석자로 지명하고 정한경을 파리행 대표로 명하였는데, 이승만지지파의 불평으로 그를 추가하였다.[39] 이승만은 정한경과 같이 파리행 여권을 얻으려고 노력하였으나 되지 않자[40] 정한경이 작성한 청원서에 자치 청원을 첨가하여 3월 3일 다시 제출하였는데,[41] 그 자치청원 대목은 다음과 같다.

---

[37]『워싱턴·포스트』, 1919년 11월 18일,「수도에 온 방문자의 잡담」참조.

[38]『호놀룰루 애드버타이저』, 1915년 6월 17일, "Letter From the People" 참조.

[39]『신한민보』, 1919년 1월 18일,「우리의 평화회의에 대한 여론이 동일한가?」참조.

[40]『신한민보』, 1919년 3월 13일,「중앙총회의 독립선언전보를 받은 후 활동」참조. 국무부문서번호 763.72119/3963a를 보면 대리국무장관 포크는 3월 1일 파리에 전보를 치고 허가만 내려지면 여권을 주겠다고 하였지만 회답은 "조선의 합병은 이 전쟁의 결과로 일어난 문제가 아니다"라는 이유로 거부를 지시하였다.

[41] 국무성문서번호 763.72119/4188, 763.72119/4187 동 4069 참조. 이 청원서의 청원일자는 2월 25일로 되어 있으나, 이는 문서 작성시일이다.

한국의 장래의 완전한 독립을 보장하는 조건하에 한국을 국제연맹의 위임
통치하에 두고 현 일본의 통치하에서 해방하는 조치를 취할 수 있도록 저희들
의 자유원망을 평화회의의 탁상에서 지지하여 주시기를 간절히 청원하는 바입
니다.

이 편지내용을 안 김헌식은 3월 14일 국무부에 가서 이승만의 견해를 따
르는 것은 죽으라는 것이라고 노기를 참지 못하여 신한회의 입장을 설명
하였다 한다. 그래서 국무부 담당자는 내부메모에서 이렇게 내부의견을
통일하지 못한다는 것은 저들 모두 개인적인 이해관계로 움직이는 것으로
생각할 수밖에 없으니 양쪽 모두 조심하여 상대하여야 될 것이라는 요지
의 촌평을 남기고 여행허가를 내주지 않는 데 대한 쑥스러움을 경감시키
려 하였다.[42]

정한경은 3·1운동 폭발소식이 미주 한인을 흥분시키고 있던 3월 중순
에서 4월 중순까지 적어도 2회 이상 '자치론(自治論)'을 폈는데,[43] 이 자치
론은 미국에서 국제정치학을 공부하고 국제정치의 동향을 정확히 파악할
수 있는 위치에 있는 사람의 시각으로서는 일가견을 갖춘 주장으로 제2의
이완용 운운하며 매도당해도 될 것인가 하는 의문이 있다.

첫째로 당시 미국과 일본은 시베리아에 공동 출병하고 있었다. 러시아
과격파의 대두는 열강의 신경을 곤두세웠다. 미국 육군참모본부의 「매주
정보요약(Weekly Intelligence Summary)」을 보면 3·1운동의 진행에 대해서
는 따로 지면을 할애하지 않고, 볼셰비즘이 어떻게 일본이나 독일 사병들
에게 영향을 주었는지 등의 사상오염(思想汚染)에 더 관심을 가졌다. 일본
의 시베리아출병도 사전에 미국여론이 강력히 주장하였던 것이다.

둘째로 당시 일본은 욱일지세(旭日之勢)에 있었으므로 적수공권(赤手空

---

42) 국무성문서번호 763.72119/4187.
43) 『뉴욕타임즈』, 1919년 3월 17일, 정한경의 「소피어선교사 주장 반박」과 『아세아』 5월호의
「Korea Today」, 467쪽 참조.

拳)으로는 도저히 대항할 수 없다는 비관적인 견해를 가질 수 있다.

셋째로 외교적 호소로 한국의 독립을 쟁취한다는 관점은 너무 비약적이고 환상적인 발상이라고 간주될 수 있다. 왜냐하면 일본은 당시 전승국이었고 평화회의는 기본적으로 패전국의 영토재산을 처리하는 회의였다. 그런데 한국의 망명객들이 일본은 한국의 독립을 되돌려주어야 한다고 발언해도 미국에는 필리핀, 영국에는 인도·버마, 프랑스에는 인도차이나 등등 식민지가 있는 처지에 무슨 소용이 있겠는가라고 생각할 수 있다.

그러므로 우선 자치만이라도 주장하여 길을 열어보자는 것이 이승만과 정한경의 의도라 생각된다. 이 시각은 무투노선의 박용만파나 만주·노령에서 고통에 허덕이는 한인으로서는 도저히 용납할 수 없는 것이었으나 이 관점 역시 애국충정에서 출발하였다는 데 인색할 이유는 없다고 본다. 그러나 이승만이 이 사명을 맡았으되 매우 소극적이었다는 사실을 고려하여야 한다.[44]

(5) 서재필의 활동

서재필은 1918년 12월 19일 영어로 안창호에게 편지를 쓰고 다음과 같이 제의하였다. 즉 외국인이 한인을 돕고 싶어도 한인이 그 원통한 사정을 이야기 하지 않으니 동정을 표시하지 못하고 있다. 내가 미주에서 가장 '고등한 영문잡지'를 시작하고 싶으나 여기에는 적어도 50만 불이 필요하다. 이 50만 불을 투자하여 이자로 매년 2만 5천 불이 나오면 잡지를 유지하여

---

[44] 주 13)에 인용된 자료는 이승만이 2월 6일자로 하와이 국민회 심복들에게 쓴 밀서였는데 이승만은 이 편지에서 安총장이 이번 평화회의 파견을 위한 경비조달 차 하와이를 가는데 본토에서 만 불 나왔는데 인구가 더 많은 하와이에서 천 불밖에 모금되지 않았다는 것은 말이 아니다라고 말하였다고 전하고, 동지들은 이 모금행각에 협조하지 말라. 될 가능성도 희박한 일이므로 자기도 그만두려 한다고 썼다. 이승만은 거듭 이 편지를 함부로 돌리지 말라고 요구하였으나 몰지각한 추종자들이 국내에 있는 이승만 지지자들에게까지 이 편지를 돌려 탄로났다.

일본의 포학정치를 고발할 수 있다. 그렇게 하기 위해서는 한 주(一株)당 50불로 정하여 만 명에게서 모금하면 된다. 2~3년만 이렇게 나가면 자립할 수 있을 것이며 투자가들도 이자를 받을 수 있을 것이라며 도와달라는 취지의 제안을 하였다.[45] 이 제안은 국민회 재정상 통과되지 못하였지만 서재필은 꾸준히 잡지경영방침을 밀고나가 3·1운동의 소식이 미주에 들어오기 전에 뉴욕에서 2천여 불을 모금하였다. 때마침 오하이오주의 한인학생들도 미국의 여론에 호소할 필요성을 절실히 느껴 전미·하와이한인학생회의 이름으로 2월 말경 제1호를 내고 제4호(6월)부터 서재필이 맡아 이름을 『코리아 리뷰(Korea Review)』로 정하여 잡지다운 잡지를 내게 되었다. 서재필은 12월부터 영문잡지의 필요성을 꾸준히 강조하였고 여운홍은 1919년 1월 귀국 전에 서재필을 만나고 있으므로 여운홍이 일본에 들렀을 때 또 그 이전에 그의 활동은 도쿄유학생들에게 알려졌을 가능성이 크다.

2. 미주 한인의 3·1운동 지원활동(1919년 3월 9일~6월 30일)

종전의 미주에서의 독립운동 지원활동 연구는 『신한민보』를 이용하지 못했다.[46] 그래서 본고에서는 종전의 연구성과에 대해서는 언급하지 않고 시기별로 신한민보의 기사를 주로 하여 미주에서의 전개상황을 기록한다.

· 3월 9일 샌프란시스코 오전 11시. 국민회 중앙총회장 안창호는 상해 현순 목사로부터 독립운동 폭발의 전보를 받고 곧 회전을 치고 이승만과 정한경에게 타전, 또 각 지방회와 서재필에게 타전하였으며 샌프란시스코의 영자신문들에게도 전보복사문을 돌렸다. 오후 7시 30분 중앙총회협의회를 옥스트리트 한

45) 『신한민보』, 1919년 2월 20일, 「서재필박사의 편지」 참조.
46) 『신한민보』, 1919년 3월 13일, 「서박사의 영문잡지경영」 참조.

인교회에서 소집하니 "재류동포 남녀노유 전체가 모두 출석하였는데 미친 듯 만세를 부르는 소리는 천지를 진동하고 기쁨에 겨워 눈물을 뿌리는 자가 많더라." 중앙총회장은 겨우 좌석을 정돈하고 여섯 가지 큰 의안을 제출하여 통과하였으니,

1. 평화회의 파견대표자 이승만, 정한경 양씨가 여행권을 얻지 못하는 경우에는 서재필을 파견할 것. 만일 여행권 3장을 얻을 수 있을 경우에는 3씨를 파송할 것.
2. 미국 각 교계 및 단체와 교섭하여 대한독립에 대한 동정을 얻을 것
3. 전항에 기록한 교섭위원은 윤병구(尹炳求), 정인과(鄭仁果) 양씨로 선정할 것.
4~5. 〈게재하지 않음〉
6. 중앙총회로서 국기를 만들어 전부 동포로 하여금 사두게 하였다가 이러한 좋은 일이 있을 때 각각 하나씩 들고 나오게 할 것.
(3월 13일 보도, 중앙총회의 전보를 받은 후 활동)

·3월 9일 호놀룰루, 현순은 같은 내용의 전보를 하와이국민회에도 보내어 하와이에서도 9일 일요일 오전에 받았다. 하와이는 샌프란시스코보다 시차가 일러 하와이에서 받은 시간은 오전 8시경이라고 추측된다. 따라서 교회집회를 통하여 소식의 전파가 쉬웠고, 오후에는 600여 명이 모여 감격의 만세를 불렀다.[47] 하와이지방총회의 이종관(李鍾官) 총회장은 안창호에게

오늘 한국독립선언의 소식을 받으셨습니까? 이번 외교의 전권은 중앙총회장에게 맡기나이다.

라고 타전하였는데[48] 이것은 다년간의 하와이지방총회의 독주가 일시적

---

47) 국내에서 이용할 수 있었던 『신한민보』 축쇄판은 1918년 12월까지로 끝나고 1942년부터 다시 연속되고 있다. 필자는 이 글을 쓰기 위하여 마이크로필름에서 1919년도 신문을 모두 복사하여 사용하였다. 『신한민보』 축쇄판에 없는 것은 로스앤젤레스 신한민보사, USC, 뉴욕 공립도서관 등에서 볼 수 있다.

으로나마 정지되는 역사적인 순간이었다.

　3·1 독립운동 발발의 소식을 3월 4일 일본에 있는 영자지들은 이미 발표하였으나 독립선언 자체는 없었고, 미국과 하와이는 현순 목사의 전보로 10일 샌프란시스코와 호놀룰루의 영자신문들이 미국에서 처음으로 보도하였다. 『뉴욕타임즈』는 13일에야 취급하였고, 여타의 신문들도 모두 비슷하였다. 실로 현순을 통한 국민회에서의 소식전파가 미국 모든 보도의 원천이었다. 「3·1독립선언문」 자체의 도착은 퍽 늦어 4월 14일의 『신한민보』에 처음으로 소개되었는데 국내에서 미주로 독립선언문을 밀송한 것으로, 미국의 편지검열에 걸린 것이 있어 그 일단을 규지(窺知)할 수 있다. 즉 미국 육군정보국 문서 1766~1004호에 의하면 동아(東亞)에서 샌프란시스코로 향하는 여객선 콜롬비아호 내에서 2월 29일에 부쳤는데 발신인은 익명이고 수신인은 파아크대학 학생 이용직(William J. Lee)이며, 동봉한 「독립선언문」을 토론토대학의 생물학교수 로버트 디프리스(Robert Defries)에게 전송해달라고 부탁만 하였다. 이 편지는 하와이에서 사진판이 만들어지고 배달된 모양인데 필자가 조사한 바에 의하면 콜롬비아호는 2월 26일 홍콩(香港)을 출발하여 3월 1일 상해에 도착, 고베(神戸)를 거쳐 3월 6일 요꼬하마(橫濱)에 도착하였으며, 다음 날 출범하여 3월 18일 호놀룰루에 도착하였으며 3월 26일 샌프란시스코에 닿았다. 그러므로 이 독립선언문은 서울에 있는 독립운동 관계자가 미국선교사에게 부탁하여 29일 부친 것을 미국당국이 짐작한대로 3월 1일 상해에서 승선한 선객이 선내의 우체통에 투함한 것으로 생각된다. 이 「독립선언문」이 검열에 걸려 하와이에서 며칠 지났고, 미국 본토에의 도착이 4월 1일경이고 이용직이 이 선언문을 받고 복사하여 『신한민보』에 보냈다면 4월 14일경이 충분히 될 것으로 생각된다.

---

48) *Honolulu Star Bulletin*, 1919. 3. 10 ; *The Pacific Commercial Advertiser*, 1919. 3. 10. 헤드라인 참조.

·3월 13일 안창호는 중앙총회 석상에서 ① 피를 흘릴 각오를 하며 ② 미국에 있으므로 담부한 특별책임은 미국의 여론을 일으키는 것이며 ③ 또 미주 한인의 최대책임은 재정공급에 있다. 수입의 20분의 1을 납부하도록 조치할 것이다라고 선포하였다. 이에 따라 총회는 포고서를 선포하여 하와이·멕시코·미국본토의 한인은 전체가 '독립의연(獨立義捐)'의 의무를 지고 3월에는 10불 이상, 4월부터는 매월, 매주 또는 매년 수입의 20분의 1을 내야 한다고 하였다(3월 20일자 보도).

·백산태호(白山太虎)라는 필명을 가진 사람은 3월 23일호에 「자치설 그 무슨 무서운 말인고」라는 논문을 발표.

·북미한인교회공의회(北美韓人敎會共議會)는 회장 민찬호의 이름으로 모든 한인들이 하루에 세 번 즉 6시, 12시, 19시에 조국의 독립을 위하여 기도할 것을 요구하다(3월 20일).

·국민회 뉴욕지방회 설립 인준장을 천세헌(千世憲)에게 송달(3월 22일).

·국민회에서 한국독립원조 호소문을 안총장의 이름으로 미국 내 1만 처 교회에 우송(3월 27일).[49]

·평화회 대표원 이승만이 국민회 중앙총회에 보고한 편지의 마지막 부분은 다음과 같다.

여기서 힘자라는 대로 주선하여 뉴욕에 큰 연회를 열고 각국 신문기자를 초대하여 우리 두 사람과 서재필 박사와 함께 연설로 한번 크게 반포하여 등장을 일으키려 하오니 무슨 급한 소문이 있거든 전보로 보내주시오. 여행권은 지금도 연속하여 달라고 조르는 중이외다. 3월 20일(3월 29일)

·이승만·정한경·서재필 3인의 이름으로 3월 24일 북미대한인연합대회를

---

49) (원주 결락: 편집자 주)

4월 14일부터 16일까지 필라델피아에서 열기를 요청하고 청첩장 발송(4월 3일자 보도).

· 국민회 중앙총회장 안창호 이름으로 미국, 중국, 영국, 이태리, 프랑스 평화회의 대사에게 독립후원을 요청함(4월 3일 보도).

· 샌프란시스코 거주 김승길(金承吉) 독립의연으로 천불 기부(4월 8일 보도).

· 중앙총회장 대리 백일규(白一圭)는 4월 5일 미국대통령, 국무경대리, 영국수상, 이태리수상, 프랑스수상에게 한국의 독립을 호소함(4월 8일 보도).

· 『신한민보』 주필 이살음(李薩音)이 「대한공화국임시정부 대통령 손병희」라는 논설에 썼듯이 '공화국'이라는 칭호를 사용하였다(4월 12일).

· 4월 16일 중앙총회는 제16차 의사회(議事會)를 열고 대한공화국신정부 조직을 경축하기 위하여 4월 15일 각처 국민회는 일제히 축하회를 열기로 하였다. 그리고 또 중국 화교(華僑)를 상대로 의연금을 모집하기로 하고 홍언(洪焉) · 김영훈(金永勳) · 강영각(姜永珏) · 임정구(任正九) 등 4인을 선정하였다(4월 12일 보도).

· 멕시코 한인들은 일반적으로 생활고가 심하였음에도 불구하고 소노라에 거주하는 황두용은 60노인으로 그 평생저축 400폐소(200불)를 중앙총회에 보내고 "상제는 우리 창생을 도우사 나라의 위권이 한양에 떨치게 하소서!"라고 쓴 편지를 첨부하였다(4월 15일자).

· 『신한민보』는 왜놈물화배척, 왜놈간장안먹기운동을 제기(4월 15일자).

· 하와이국민회는 4월 14일을 독립경축일로 정하고 축하하였는데 호놀룰루에서는 하와이한인 4분의 1인 1천 200여 명이 회집하여 시위를 벌였다 하였다(4월 15일자).

· 국민회 시카고지방회에서는 3월 10일부터 부근 교회와 기관을 상대로 독립지원호소문 1200여 통을 발송하여 다대한 성과를 얻고 있는 중이라고 하였다(4월 17일).

· 북미 대한인국민자유대회(연합대회)는 약 150여 명의 한인과 백인목사 · 신부 · 유태교 랍비(Rabbi) · 대학총장 등이 참석하였는데 국민회에서는 민찬호 · 윤병구 2인을 파견하였다. 이 회의에는 민찬호 · 윤병구 외에도 서재필 · 이승만 · 김현구(金鉉九) · 장기한 · 유일한(柳一韓) · 임초(林超) · 조병옥(趙炳玉) · 서태권 · 임병직(林炳稷) · 김노디 등이 발언을 하였다. 이 회의의 의사록인 「제1차 한국의사록(First Korean Congress)」을 보면50) 논란 끝에 '대한공화국 임시정부'라는 가공의 정부를 실존단체로 규정하고 이에 대한 충성선언을 발표하고, 이 임시정부의 승인을 각국에 요청하고 있는 것이 주목된다. 즉 노령에서 손병희를 대통령으로 하여 각료명단을 발표하였던 것과 33인의 독립선언소식을 전한 현순의 대한독립단을 의식적으로 동질화(同質化) 해버렸다.51)

이 회의에서는 또 국민회 중앙총회에서 서재필에게 외교고문을 맡아 달라는 요구를 승인하고 서재필은 '대한공화국 통신부'라는 이름을 처음 사용하였다(4월 19일자 보도).

· 일본을 옹호하기 위한 순회 강연 중이던 꿀럭 목사와 정한경과의 필라델피아에서의 논전을 필라델피아 신문들이 크게 취급하였다(4월 19일자).

· 중앙총회장대리 백일규는 공문 제25호로 일본물화배척령(日本物貨排斥令)을 공포하였다. 이에 의하면 일본인과는 매매 · 노동관계 · 사업 · 친밀교제 등이 금지되었다(4월 25일).

50) The Korean National Association, (Signed) C. H. AHN, "To The Christian Churches In America".
51) 의사록인 「First Korean Congress」는 깨끗하게 인쇄 · 제본된 총 82페이지의 간행물로 이 회의 효과는 토론의 여지가 많으나 주최 측의 사명의식과 역사적 대회를 치루고 있다는 자부심에서 돈을 많이 들인 의사록을 만들게 하였다.

· 중앙총회의 중국인교재위원 김영훈(金永勳)은 4월 30일자 샌프란시스코 『중서일보(中西日報)』에 한국의 독립지원 요청 논문을 발표하였다(5월 3일).

· 장리욱(張利郁) · 곽림대(郭林大) 등 학생들과 뚜북대학 교수들은 미국평화회의대표단에게 한국독립을 청원(5월 3일).

· 웨스리안대학에서도 총장을 위시하여 교수 19인, 목사 9인 등 총 100여 명이 미국정부에 한국독립을 청원(5월 3일).

· 이승만은 임시정부 국무경의 이름으로 파리에 가 있는 윌슨 대통령에게 독립을 청원(5월 8일자).

· 서재필은 한국을 위한 여론공작의 한 수단으로 한국친우회를 조직할 구상이었는데, 그 첫 모임이 필라델피아 시티크럽에서 5월 2일[52] 있었다(5월 13일).

· 『신한민보』 5월 15일자는 미국 각처 영자지의 한국독립운동 지지논설을 인용.

· 켄터키주 버리아대학 학생 조정환이 운동하여 이 대학 교직원 · 학생들은 윌슨 대통령에게 한국지지를 요청(5월 15일).

· 『뉴욕 · 썬』 · 『크리스챤 · 헤랄드』 · 『스탁턴 · 인디펜던스』지 등의 호의적 논설을 소개(5월 17일).

· 서재필의 부인은 한국의 기독교인을 압정하에서 도와달라는 기도문을 인쇄하여 각 교회에 돌렸다(5월 22일).

---

52) 김원용, 앞의 책, 2004, 373쪽. "중국 상해에 건설한 대한민국임시정부를 지지하며 후원하기를 결의함"이라고 서술하였으나 미주에서는 상해에서 거의 같은 시기에 진행되던 상해임시정부조직에 관한 소식은 아직 못받고 있었다.

· 버지니아주의 100여 명 저명인사가 한국독립을 위하여 미국 국회에 청원(5월 22일).

· 5월 3일 열린 중앙총회 위원회에서는 ○○와 ○○에 있는 독립단에 500불을 보내고 ○○동포의 참상을 구휼하기 위하여 500불을 보내기로 결정. 또 김규식(金奎植) 대사에게 천 불을 보내기로 결정(5월 22일).

· 『크리스챤·사이언스·모니터』지에 일본의 한국학정에 대한 기사 나옴(5월 22일).

· 5월 26일 중앙총회에서 발표한 수지(收支)상황은 다음과 같다.

수입	$30,389.35
1. 20의 1례(例)	866.99
2. 독립의연	17,718.84
3. 대표의연	12,603.52
지출	21,414.51
1. 봉급(총회사무월)	355.10
2. 운동비53)	9,128.82
3. 전보비	511.77
4. 통신비	157.95
5. 여비54)	7,781.38
6. 영업부	152.23
7. 임시고용	195.08
8. 사무실	82.83
9. 외교부	500.00

---

53) 김원용, 앞의 책에서는 5월 5일로 되어 있다.
54) 내용은 원동동지를 위한 지원. 평화회의대표의 여비, 원동특파원의 운동비, 책자제작비, 인쇄비 등이라 함.

10. 의회비	22.49
11. 출판비	266.91
12. 환비	75.02
13. 유세비	545.00
14. 문방비	252.53
15. 서적비	68.40
16. 비존품	267.76
17. 가족경비	235.00
18. 파출소비	21.39
19. 등록부	146.73
20. 화교부(華交部)[55]	168.75
21. 조각비	56.00
22. 잡비	8.50
23. 운반비	52.35
24. 대차부	362.23
25. 여재금(餘在金)	8,974.84

·5월 30일 이승만은 상해임시정부에서 국무총리 임명통지서를 받았다고 보도되었다(5월 31일).

·『리터러리 다이제스트』5월 31일호『뉴욕 콜(New York Call)』5월 14일에 게재된 한국에 관한 논설이 전재되었다(6월 5일).

· 재미 한인학생회에서 출판하던 영문월보는 서재필이 주관하는 외교통신부에 이양되었다. 그 동안의 결산표를 보면

수입	1,250.18
국민회의 지원금	300

---

55) 이승만·정한경·민찬호가 뉴욕, 워싱턴, 필라델피아에서 쓴 돈이라 함.

의연금	935.37
구독금	14.81
지출	1,158.01
출판비	415.32
주필(김현구) 봉급(5개월)	281.80
통신비	61.04
발송비	73.55
기 타	
(6월 12일자)	

이 통계표는 당시 이런 종류의 잡지의 자체유지가 얼마나 힘든 것인지를 말해준다.

· 재미한인 총등록 중간발표가 있었는데 멕시코를 제외하고 900명가량이 등록하였다. 이들 중 많은 성씨(姓氏)를 들면 이(李)성이 174인, 박(朴)성이 68인, 한(韓)성이 35인, 정(鄭)성이 30인, 임(林)성이 27인, 장(張)성이 27인, 오(吳)성이 25인, 최(崔)성이 24인, 강(姜)성이 22인, 신(申)성이 22인, 안(安)성이 17인, 구(具)성이 15인이었다(6월 14일).

· 이승만 주최로 대한자유공동대회가 6월 6일 워싱턴에서 열려 그리피스와 서재필의 강연으로 성황을 이루었다고 한다(6월 14일).

· 5월 1일 상해로 떠난 안창호는 5월 24일 도착하여 6월 16일 전보 2통을 중앙총회 앞으로 보내왔다. 그 하나는 "…임시정부는 반드시 첫째 재정을 가져야 하겠노라. 그 이유는 당장 활동비로 재정을 필요로 함이라. 1만 달러를 곧 보내시오. 위급합니다. 도산." 여기에 대하여 중앙총회는 '있는 힘을 다하여' 5천 불을 부쳤다. 또 다른 한 장의 전보는 "6월 16일 오전 10시 일본은 자치를 고취하오! 우리는 이 제의에 대하여 절대적으로 반대하노라. 우리는 도무지 금전이

없소. 정한경씨의 『아시아』잡지 논문으로 말미암아 크게 분노가 일어났노라. 도산"(6월 17일자).

· 중앙총회는 김규식 대사에게 4월 1일부터 6월 6일까지 3천 불을 부쳤다고 보도.(6월 21일)

· 중앙총회장대리 백일규는 6월 24일자 『신한민보』에서 「독립성공의 세 가지 필요한 것」이란 장문의 논설을 발표하고 독립을 위한 세 가지 조건은 ① 임정의 완전한 조직화 ② 외교사업은 계속 진행하되 김규식 · 서재필에 국한하고 ③ 군사에 대한 준비가 필수조건이라고 논하였다. 또 임시정부의 재정이 통일되지 않아 돈줄 있는 내각각료는 쓰고, 없는 각료는 아무 것도 못하여서야 되겠는가라고 신랄하게 비판하였다.

3. 3 · 1운동을 통한 미주 한인의 공헌

이상에서 3 · 1운동 발발 이후 3개월 동안의 운동상황을 대강 살펴보았다. 이 몇 개월 동안의 경과만 보아도 3 · 1 운동 발발 이후 한국의 전도(前途)에 대하여 미주 한인이 끼친 영향이 정치 · 경제면에 있어서 적지 않았음을 알 수 있는데 다음에서 약간 더 살펴보겠다.

(1) 경제면

하와이한인이 10월 말까지 모금한 독립의연금이 3만 5천34불 5센트였으며, 출연인(出捐人)은 2천907인이었다 한다.[56] 하와이한인 공공단체 즉 학교 · 국민회 · 군단 등이 1년에 필요로 하는 돈이 2만 불로 간주되고[57] 사탕

---

56) 화교들에게서 의연금을 받기 위하여 각지에 여행한 비용.
57) 盧載淵, 『在美韓人史略』, 로스앤젤레스, 1965, 155쪽.

〈표 1〉 1919년 국민회 중앙총회 결산표

	종류	1919(12월 15일까지)
수입	대표의연(代表義捐)	13,458불 52센트
	독립의연(獨立義捐)	42,625 39
	이십일례(二十一例)	11,590 29
	애국금(愛國金)	18,686 23
	공채금(公債金)	350 00
	인구세(人口稅)	1,122 00
	영업부(營業部)	181 07
	합 계	88,013 50
지출	임시정부	30,600 00
	원동 대표 휴대금 안·정·황씨	4,000 00
	김규식 대사	4,000 00
	이승만·민찬호·정한경·여비 기타	11,255 09
	운동비	3,489 78
	친우회 보조(서재필)	1,585 86
	사회당 대회위원 조소앙 대표	509 00
	구미위원부	2,000 00
	외교비(서재필)	2,425 53
	화교부(華交部)	2,212 01
	내지참상 구휼비	500 00
	유세비	2,936 83
	출판비	1,272 06
	전보비	1,171 00
	통신비	537 36
	봉 급	2,373 10
	대차부	682 52
	기 타	계산을 생략함
	합 계	84,045 52
	남은돈	3,968 08

수수밭 노동자 임금이 월 26불(주택제공) 생활비 월 20불을 떼고도 1919년
에 하와이한인들이 낸 액수는 6만 불 정도가 된다면 3천 명이 1인당 20불
즉 거의 한 달 수입을 한인공공사업과 독립의연에 사용한 것이 된다.

미주본토의 사정을 보면 〈표 1〉에서 보듯이 총수입이 9만 불 정도인데
인구는 미국·멕시코 합하여 약 3천5백 명 정도의 인구이며, 한인들은 광
막한 땅에 널리 분산되어 자발적인 헌금에 의지하는 경향을 보였다. 또 멕
시코교포는 거의 먹고 살기에만도 힘들어 미국 내 한인의 헌금원은 주로
서부에 산재해 있는 교포를 방문하거나 신문을 통하여 헌금을 모집하였
다. 와이오밍주의 슈퍼리어 석탄광 같은 곳에서는 한 달 수입이 최소 150
불은 되었지만 기타 지방은 50불 정도가 아닌가 하며 매년 7~8천 불 미만
으로 국민회를 간신히 유지해 나갔던 과거와는 달리 그 헌금액이 10배에
달하였다는 것은 이들의 애국정신의 단적인 표현이라 할 수 있다.[58]

여기에서 지출상황을 보면 우선 임시정부에 3만 불, 김규식 대사에 4천
불, 이승만·민찬호·정한경 등의 활동비 1만 1천 불, 서재필의 외교통신
부 약 4천 불, 구미위원부에 2천 불, 운동비, 유세비, 안창호의 상해행 휴대
금 등 도합 약 1만 불 가량이었다. 이러한 미주국민회 주도의 경제적 지원
활동은 초기 임시정부의 생존활동이나 미주 그리고 파리에서의 선전활동
에 있어서 필수불가결의 것이었음은 의심할 여지가 없다. 즉 미주 한인은
초기 해외독립운동의 전개에도 절대적인 공헌이 있었던 것이다.

---

58) 『신한민보』, 1918년 6월 3일의 백일규의 「하와이 시국에 대하여」에서는 하와이한인에게서
    모금한 기부금의 한도에 대하여 논한 곳이 있고, 同紙 1916년 3월 9일 일우의 「하와이 한인
    의 현상과 장래」, 또 日本外務省 亞細亞局, 「布哇朝鮮人事情」(1925년 12월) 등의 자료를 종
    합하였다. 서재필은 하와이에 600여 한인아동들을 위하여 28개 학교가 있으며 매년 1만 2천
    불을 사용하고 공공단체에 연 2만 5천 불을 사용한다고 소개하였으나(『자유대회의사록』, 15
    쪽), 이 숫자들이 정확한 것이라면 선교단체의 보조까지 합한 숫자일 것이다.

(2) 정치면

이러한 경제지원하에서 전개된 미주에서의 여론환기 공작은 실로 성공이었다 할 수 있다. 한인학생이 있는 대학마다 거의 청원서를 상·하원이나 대통령에게 보냈고 한인학생들이 나가는 교회마다 같은 종류의 호소문을 썼다. 특히 서재필의 한국친우회를 통한 여론공작은 교회를 통해 전 미국으로 확산되어 나갔다. 미국 국립공문서관 상·하원과에서 찾으면 이러한 미국 교회의 호소문과 호소서명자 명단이 줄을 잇고 있음을 볼 수 있다.59)

따라서 미국 상원에서 한국문제에 관한 토의는 있을 수밖에 없었고,60) 비록 미국의 국익이 미국의 행동을 제한할 수밖에 없는 처지였으나 미국의 여론은 일본에 압박감을 주었다. 특히 하와이국민회가 존재하는 호놀룰루의 『퍼시픽 커머셜 애드버타이저(The Pacific Commercial Advertiser)』지의 한국독립운동보도와 반일적 태도는 괄목할 만 했다. 이 운동 발발 후 1주일에 2~3회는 한국독립운동으로 제1면의 '헤드라인' 신문은 3·1을 장식하였고 국민회 인사의 투고를 크게 연재하였다. 이러한 미국 내의 여론추세는 일본정부의 골치거리가 되었으며 일본수상 원경(原敬: 하라게이)의 일기에 의하면 장곡천(長谷川: 하세가와) 조선총독을 만나 3·1운동이 미국여론의 비판의 대상이 되고 이것은 일본에 불리하다는 이야기를 하였으며,61) 제44회 의회중의원(議會衆議院)의 「조선통치에 관한 결의안」토론

---

59) 여기에는 화교(華僑)로부터의 의연금도 만 불 단위로 있지 않았나 생각된다. 한시(漢詩)에 능한 문사(文士) 홍언(洪焉) 등은 중국인 사회를 두루 다니면서 의연금모집을 하였고, 〈표 1〉에 의하면 여비 등으로 2천212불을 썼다. 홍언은 1921년까지 페루·칠레·아르헨티나의 화교들까지 찾아다녔고 구미위원부 1920년 결산을 보면(노재연, 앞 책, 163쪽), 이 해의 중국인 의연이 1만 5천 불을 넘었다. 따라서 1919년의 수입 중 화교로부터의 의연금은 최소 2만 불은 되는 것으로 짐작된다. 정확한 수자를 알기 위해 화교신문들과 『신한민보』를 들추었으나 구체적인 수자는 없었다.

60) 주로 RG 46. SENATE FOREIGN RELATION FILES 등에 있다.

61) 미국의회에서의 3·1 운동과 한인탄압의 토의는 손보기, 「3·1운동과 미국」, 국제역사학회

에서도 이러한 발언이 서슴지 않고 나오고 있다.[62] 일본조선총독부가 소위 '무단통치'에서 문화통치'로 전환하게 된 것은 그들 나름대로의 계산이 있었겠지만, 이 전환에 미국 여론이 영향을 끼쳤고 이 통치정책의 전환에 따라 '민족'지가 생겨나고 한글·문예운동이 활발하게 일어나 장래의 해방 후 독립을 위한 하나의 토대가 되었다는 견해가 충분한 토론분석을 거쳐 성립될 수 있다면 미주 한인 특히 서재필의 여론환기공작 등이 가져온 효과를 부인할 수 없을 것이다.

미주에 사는 한인학생·지도자·종교인들이 적극적인 활동은 하지 않고 방관만 하였었다면 미국의 여론이 그 정도로 일어날 수 있었겠는가 하는 문제는 한번 철저히 연구해 볼 필요가 있다.

이상에서 살펴본 바와 같이 재미한인이 3·1운동 폭발의 가장 중요한 기폭도화선(起爆導火線)이 되었음을 확인하였고, 안창호·김헌식·박용만의 활동이 합하여 하나의 역할을 다하였음을 보았다.

그리고 재미한인의 여론공작은 나름대로 성공적이었으며, 이것이 일본의 한국통치정책에 간접적으로나마 영향을 끼쳤음도 알게 되었다. 이러한 일제의 문화통치정책이 새로운 지식인의 성장에 필요한 문화적 기반을 제공하였고, 이러한 지식인의 역할이 긍정적인 평가를 받는다면 재미한인의 여론공작도 평가의 대상이 될 것이다.

이승만·정한경의 자치론은 정치학도의 서구적 시각에서 오는 자연스러운 추세이며, 이것도 우국충정의 소산물이었다고 보아진다. 그들의 외교 제일주의가 비록 돈을 많이 써서 욕을 먹은 점이 있으나 그들이 시도하지 않았다면 다른 누군가가 하였을 노선이라고 보아진다. 또 당시의 사정으로 보아 누구에게나 가장 먼저 택하고 싶었을 노선이었다.

결국 모든 지도자들이 나라 사랑하는 마음으로 행동하였으며 3·1운동

의 한국위원회편, 『한미수교 100년사』, 1982에 자세하다.
[62] 『原敬日記』, 1919년 7월 10일.

과 재미한인은 불가분의 관계에 있었다.[63]

❖ 『한민족독립운동사3 : 3·1운동』, 국사편찬위원회, 1988

[63] 『大日本帝國議會誌』에 수록.

1921~22년의 워싱톤회의와 재미한인의
독립청원운동

1. 워싱톤회의의 성격

1921년 11월 12일에서 1922년 2월 6일까지 워싱톤에서 열린 국제회의에는 미국·영국·일본을 비롯하여 프랑스·이탈리아·네덜란드·벨기에·포르투갈·중국 등 9개국이 참석하였다. 이 회의는 '워싱톤 군축회의' 또는 '태평양회의' 등의 명칭으로 불리워지기도 했지만 토의된 의제는 해군 군비제한 문제와 태평양 및 극동에 관한 문제로 크게 나누어졌다. 이때부터 반세기 이상 경과한 오늘날 이 회의의 성격과 의미를 관계 제국에서 어떻게 파악하고 있는가 알아보려면 그 나라의 대표적 백과사전을 보는 것이 간편하고 지름길이 되리라고 생각된다. 우선 미국의 『아메리카나대백과사전』은 다음과 같이 서술하고 있다.

중국문제에 있어서 여론을 등진 국회는 일본과의 전쟁이나 해군군비확장 경쟁을 원하지 않고 있었고 미국과의 해군군비 경쟁을 피하려하는 영국의 소원을 고려하여 국무장관 휴우즈는 군축문제와 극동문제를 다루는 국제회의를 제창하였다. 이 회의는 이때까지 미국땅에서 열린 외교회의 중에서도 가장 중요한 것이었다. 워싱톤 제조약의 결과로 영일동맹이 해소되고 일본이 중국의 국가 완정(完整)과 문호개방을 보장하는 대가로 극동수역(極東水域)에 있어서의

일본의 독점을 인정하여 주었다.[1]

다음 일본의 『평범사대백과사전(平凡社大百科事典)』에서 발췌하면 다음과 같다.

　워싱톤 체제: 제1차 대전 후 서방에 있어서의 베르사이유 체제와 대응하여 동아·태평양지역에 수립된 국제질서. 제1차 대전은 동아시아 국제관계에 큰 변화를 몰고와 특히 일본의 대륙진출은 현저하였다. 일본은 전후에도 이 지위를 유지하려 하는 동시에 유럽열강은 세력회복을 지향하였고 전승국의 일원이 된 중국은 민족자결주의의 대두에 격려되어 대전중 일본에 잃었던 권익을 회복하려 하였고, 또 미국은 문호개방정책을 중심으로 하는 신질서를 동아에 수립하려 하고 있었다. 아울러 미·일간에는 대전말기 이래 해군군비확장 경쟁이 진행 중이었고 각국의 전후부흥에 큰 부담이 되고 있었다. …… 미국은 일본의 중국 진출의 일 지주가 되었던 영일동맹이 1921년 만기가 되는 것에 착목하여 이것을 종료시키고 새로운 열국관계를 만들 의도로서 회의를 제창한 것이었다.…… 동아·태평양문제에서는 태평양에 관한 4개국조약과 중국에 관한 9개국조약이 주요 성과이었다 전자에 의하여 영일동맹의 종료 미·일·영·프 협조체제의 수립이 약속되었고 후자에 의하여 군사력을 배경으로 한 '구외교'에서 문호개방정책을 중심으로 한 평화적 경제주의적 '신외교'에의 전환이 약속되었다. 이에 대응하여 일본은 산동(山東)의 권익을 중국에 돌려주고 만몽차관(滿蒙借款)에서의 우선권 방기 21개조 요구 중 유보항목의 방기 시베리아철수성명 또 미국이 중국에 있어서의 일본의 특수지위를 승인하는 「석정(石井 : 이시이)·랜싱 협정」을 폐기하기로 하였다. 그러나 여기에서도 일본이 가장 중시한 만몽권익(滿蒙權益)의 주요부분에서는 암묵의 지지를 주는 등 미국은 예상 밖에 타협적이었다. 즉 미국은 대일억제뿐만 아니라 일본을 포함한 열국협조체제의 수립을 중시한 것이었고 미국의 이 태도와 일본에 있어서의 대미협조 평화적 경제주의적 외교론자의 정치지도가 워싱톤체제를 가능케 하였다.[2]

---

1) *Encyclopaedia Americana*, Vol.27, p.756.
2) 『平凡社大百科事典』 제15권, 1346~1347쪽.

한편『소련대백과사전』은 다음과 같이 말한다.

중국과 태평양에 있어서의 제국주의열강 간의 새로운 상관관계를 설정하고 자기에게 유리한 해군의 군비관계를 취득하고자 하는 미국의 제창으로 회의가 열렸다. 이 회의는 식민지와 속국의 민족해방운동과 소비에트국가를 대처하기 위한 것이었다. …… 9개국 조약은 일본에 의한 중국독식을 반대하고 중국을 착취의 공동대상으로 보려는 것이었고 이것은 경쟁상대를 중국에서 내몰려는 미국의 문호개방정책과 연결되는 것이었다.[3]

『대영백과사전』에 의하면 이 회의에서 타결된 조약 또는 협정의 총수는 7개인데 일·미·영·프 간의 태평양에서의 영토적 권리의 상호존중을 다룬 4개국 조약, 태평양신탁통치도서(太平洋信託統治島嶼)에 관한 4개국 선언, 4국과 이탈리아 간에 주력함의 비율을 5·5·3·1.7·1.7로 규정한 5개국 해군군축조약, 잠수함과 독가스사용문제에 관한 5개국결의, 태평양에 있어서의 일본의 영유도서에 관한 4개국 결의, 상기 5국에다 벨기에·네덜란드·포르투갈·중국 간에 체결된 중국에 관한 9개국 조약 그리고 9개국 간에 성립한 중국 관세문제에 관한 조약 등이었다.[4]

위에서 보는 평가와 기술을 종합하여 보면 당시의 국제여건과 이 회의의 성격은 도저히 한국을 비롯한 필리핀·인도네시아·베트남 등의 독립이 토론될 만한 것이 안되었다고 보여진다. 1929년 조선의열단 중앙집행위원회의 「3·1운동 10주년 선언」은 간단명료하게 이 회의가 '제국주의자의 분장회의(分贓會議)'이었다고 규정하였다. 그런데 당시의 한국독립운동자들은 이 회의를 목표로 하여 당시의 한국이 내어 놓을 수 있었던 가장 국제감각에 뛰어난 지식인들을 워싱톤에 집결시켰고, 또 국내의 각계 유

---

[3] *Great Soviet Encyclopaedia*, Vol.4, MacMilan, Inc. 1974, p.674.
[4] *Encyclopaedia Britanica*, Vol.23, p.263 ; 東亞同文會調査編纂部, 「華府會議け於るに極東問題」, 『支那年鑑』(昭和 2年版), 275~280쪽 참조.

지들의 모험적인 연판장의 지지 위에 호소운동을 전개하였다가 뜻을 이루지 못하였던 것이다.

이 글에서는 왜, 누가, 이 회의에 주목하였으며, 어떻게 청원운동이 전개되었으며, 얻은 것과 잃은 것은 무엇이었던가 등등의 문제에 대하여 새로운 자료로써 조명해 보려고 한다.

2. 구미 위원부의 초기활동

모름지기 하나의 '운동'이나 '활동'을 평가할 때 가장 기본적인 것에 숫자상으로 본 분석이 있다. 미주교포들의 독립운동에 있어서 매우 다행인 것은 『신한민보』가 완전히 남아있기 때문에 이 신문을 통하여 국민회 북미총회의 재정상태는 꽤 분명히 알 수 있으며, 구미위원부의 초기 재정운영모습도 비교적 소상하게 알 수 있다.

파리강화회의에서 3·1운동 지원활동으로 이어지는 1918년 12월부터 1919년 12월 15일까지의 대한인국민회 중앙총회 재정결산서를 보면5) 이 기간의 총수입이 88,013.50달러에 총지출이 84,045.52달러이었다. 이 중에서 임시정부에 지출한 금액이 3만 6백 달러이었으니6) 약 37%의 지출에 해당되었다. 또 이승만·정한경·민찬호 3씨의 평화회의 참가운동비, 서재필 필라델피아 통신부의 선전출판비용, 김규식의 파리활동비(4,000), 안창호·정인과(鄭仁果)·황진남(黃鎭南)의 상해 휴대금(4,000), 조소앙의 사회당대

---

5) 『신한민보』, 1920년 1월 6일 기재.

6) 이 중의 1만 달러를 보냈다는 보도는 있었으나 2만여 달러를 더 보냈다는 보도는 없었다는 사실도 적어둔다. 북가주 Willows 근처 농장에서 한인 118명이 애국금 4만 2천 달러를 냈다는 『신한민보』, 8월 20일의 기사보도는 국민회의 1919년도 수입이 8만여 달러라는 결산보고가 과장이 없는 것으로 느껴지며, 따라서 2만 달러의 임정 송금도 사실인 것으로 생각되나 어떠한 경로로 보냈고 어떻게 소비한 것인지의 기록의 뒷받침이 필요하다. 1919년의 하와이 교포의 재정헌금활동은 당시의 문헌이 거의 산일하였기 때문에 분명히 알 수 없다.

회 참석비(509) 등에 약 37%의 지출이 포함되는 것 같고 나머지는 국민회
중앙총회 자체의 유지비와 독립운동 제비용으로 구분할 수 있는 것 같다.
국민회의 설립시부터 1919년까지 이 단체의 매년 수입이 약 5천 달러 선상
에 있었고 그 후에도 평균 7~8천 달러 선을 유지하였던 것을 생각하면,
1919년은 국민회의 절정시기이었고 1919년을 넘기려 할 때에는 이미 그 쇠
퇴상이 분명히 나타나게 되는 것이었다. 그 이유는 강력한 지도자의 부재,
하와이지방총회의 독자노선 등을 꼽을 수 있지만 중요한 것은 이승만 박
사가 국민회의 일대표에서 일약 독립운동의 정상인물로 부상된 점과 그가
구미위원부를 설립한 결과 자연적으로 국민회를 잠식하게 되는 상황전개
에 있었다. 1919년 4월 말경에 그는 국무총리의 직함을 사용한 모양이지
만[7] 6월에 이르러서는 '한성정부(漢城政府)'의 성립을 미국에 통고하고 그
대통령(집정관총재)의 취임과 그 본거지(Headquarters)를 워싱톤에 설립한
다[8]고 하였다. 8월 25일 「임시정부행정령」 제2호를 발포하였는데, 그 내용
은 '한국위원회'의 조직에 관한 것이었다.[9]

임시정부행정령(제2호)

한국위원회

이에 공포하는바 나－이승만－대한민국 집정관 총재는 나에게 부여한 직권

---

[7] 『신한민보』, 1919년 5월 8일자는 임시정부 국무경 이승만의 이름으로 파리에 체재중인 윌슨
대통령에 4월 30일 편지를 썼다고 하였으며, 또 4월 12일에도 미·불·중·이 4개국 원수에
게 국무경의 이름으로 공함을 보낸 것으로 보도되고 있다.

[8] 국무부문서번호 895.01 참조. 6월 14일 이 박사는 대리국무장관 포크에게 편지하여 4월 23
일 한국의 각도 대표회의에서 자기를 대통령에 추대하였다는 점과 워싱톤 Continental Trust
Building 908호실에 사무실을 차렸다는 사실을 통고하였다. 또 6월 미상일에 일본황제에게
쓴 정중한 국서에서도 4월 23일 한국정부가 완전히 조직되었고 자신을 대통령에 선출하였
다는 점을 들고 일본은 외교사절과 고문관을 제하고는 한국에서 완전히 철수할 것을 촉구
한 바 있었다. 이상의 편지들을 쓴 용지는 Republic of Korea와 대통령 이승만이라는 영자
(英字)가 인쇄된 것을 사용하였지만 다른 통신문에서는 '임시정부'라는 영문자가 인쇄된 용
지도 사용하였다(895.01/8).

[9] 『신한민보』, 1919년 9월 18일 보도.

의 실행으로 이에 조항과 절차로 성립되고 좌와 같은 권리와 의무와 직분이 있
는 한국위원회를 설립하노라.

제1조 위원회 조직

제1항 집정관 총재는 한 위원회를 자벽하되 그 위원회는 3인 이상의 위원으로
　　　조직하고 위원들은 원칙을 가지고 행위가 정당한 자로 선택케 함.

제2항 그 위원회의 의무는 아메리카와 유럽에서 대한민국 임시정부의 사무를
　　　대표하고 임시정부의 지휘를 따름이 마땅함.

제3항 그 위원회의 직권은 재정을 수입하고 지출하되 임시정부의 승인을 의지
　　　하여 일반재정수입 지출의 명확한 통계를 수정하여 임시정부에 3개월 1
　　　차식 보고케 함.

제4항 그 위원회 회원의 임기는 집정관 총재의 의사에 맡기게 함.

제5항 그 위원회의 회장과 다른 직원과 특별위원은 그 임원회에서 스스로 공선
　　　케 함.

제6항 그 위원회는 시기의 필요를 따라 예산안을 만들고 금액을 정케 함.

제2조 위원회 규칙

제1항 이 위원회의 절차는 보통 의회규칙을 부합케 함.

제2항 그 위원회는 현금 아메리카와 유럽에서 진행되는 바 일반사무에 관한 재
　　　정지출에 대하여 정기예산안을 제정하여 집정관 총재의 승인을 얻게 함.

제3항 일반재정을 의연이나 공채 혹 국채나 조세를 물론하고 다 그 위원회에서
　　　수합하여 한국위원회의 이름으로 한 은행이나 혹 몇 은행에 임치케 함.

제4항 여러 가지 재정을 지출할 때에 2인 이상의 서명한 기명 은행권(칙)을 쓰
　　　게 함.

제5항 완비한 부기서류를 분명히 수정하여 일반 수입지출을 다 일일이 기록하
　　　게 함. 어느 때든지 국회나 집정관 총재가 필요로 인정하는 때에는 이
　　　부기서류는 전문대가들의 검열과 조사를 받게 함.

제6항 그 위원회는 이 사무를 임시정부에 향하여 매 3개월 1차식 보고케 함.

제7항 집정관 총재는 이 위원회의 직무상(엑스오피시오) 회원이 되게 함.

제3조 부칙

제1항 이 행정령의 본문은 집정관총재의 관행에 두게 함.

본령의 등본은 집정관 총재의 서기의 증서와 인장 증명하에 집정관 총재가 선택한 위원회 각 회원에게 그들의 위임증서와 함께 전케 함.

대한민국 원년

서력 1919년 $\Big\}$ 8월 25일

조선기원 4252년.

대한민국 집정관총재 이승만(서명)

이 한국위원회는 9월중으로 구미주차위원부(歐美駐紮委員部)라고 정식 명명되고 약칭 '구미위원부'로 불리웠는데, 그 설립 주목적은 제1조 제3항, 제2조 제3항에 명기한 대로 미주에서의 청재권(請財權) 또는 징세권(徵稅權)을 독점하자는 데 있었다. 원래 예산을 매달 6,500달러로 잡았는데,[10] 9월부터 11월까지의 결산내용을 보면 수입이 9월에 5,931달러, 10월에 5,120달러, 11월에 4,961달러이었고 여재금이 1,918달러이었으며 국민회 중앙총회는 이 석달에 5,400달러 송금한 것으로 되어 있다.[11] 이 박사는 하와이에서의 경험에서 교포사회의 여러 활동을 관제하려면 우선 재정권을 손에 넣어야 된다는 것을 믿고 있었던 것 같다. 그는 3·1운동 발발 후 4월 5·11일, 5월 6일 연속하여 임시정부에 전보를 치고 자기에게 청재권을 위

---

[10] 1. 공관경비 900달러(내역: 이 박사 월급 200, 비서 100, 공관 임대료 250, 문방구·전화 등 잡비 200, 물품 공급 150). 2. 사무소 경비 1,500달러(내역: 위원 3인의 월급 450, 변호사 200, 사무원 150, 사무소임대료 125, 스테노그라프 112, 문방구 185, 우송비·전보·전화 300, 잡비 28). 3. 각처 통신부 운동비 1,500달러(내역: 필라델피아의 서재필 의사 700, 시카고 100, 교수 200, 목사 200, 워싱톤 신문사 운동비 200, 잡비 100). 4. 기타 경비 2,550달러(내역: 사무소의 가구와 기구 100, 예비금 950, 파리 외교부 1,500)로 이 예산은 워싱톤 주재의 작은 나라의 유지비에 비교하여 크게 떨어질 것이 없는 내용이다. 『신한민보』, 1919년 10월 9일 참조.

[11] 『신한민보』, 1920년 2월 19일, 「구미위원부비용결산보고」; 『신한민보』, 1920년 3월 4일, 「구미위원부결산안 후문」 참조.

임한다는 증서를 발부하여 줄 것을 요청하였었다. 이것이 발전하여 공채 발행안이 이 박사와 상해임정 간을 왕래하다가 7월 26일 이 박사는 국민회 중앙총회에 전보를 쳐서 임정에서부터 국채발행의 전권을 위임받았다고 선포하였다. 한편 국민회 중앙총회에서는 6월 21일 임시정부 재무총장 최재형의 재발(財發) 제57호에 의하여 애국금을 모집하게 되었는데, 즉 미주 본토에서 15만 달러, 하와이에서 15만 달러, 합계 30만 달러를 수합한다는 내용이었다. 이것은 이 박사의 재정장악 구상과 정면충돌되는 것으로 그는 애국금 징수 반대 발언을 자주하다가 급기야 「구미위원회통신」 제2호에서

애국금으로 말하면 원동의 재정곤란을 인연하여 그시 재정총장의 명의로 최재형씨가 미국에 재류하는 한인에게 애국금을 보내라고(총리나 집정관총재의 인준없이) 반포한 것이오. 공채표로 말하면 임시 집정관총재가 원동 의정원의 인준을 얻은 후에 이 공채표를 발행한 것이며 동시에 본 위원부가 성립되어 우리 임시정부를 대표하여 유럽과 아메리카 우리 인민에게 행정하는 일이나 외국으로 교섭하는 일이나 본 위원회가 임시정부 밑에서 지휘를 받아 집행하기로 하였으니 재정에 관한 방침까지도 본 위원부에서 주관함이라…… 본 위원부에서 원동 의정원에 보고하여 애국금을 물시하기로 작정하고 국민중앙회와 각 지방인민에게 공채표를 사라 반포한 바이며(9월 12일경으로 추정)

라는 말이 나오고 이어서 9월 12일 집정관총재 이승만, 주차위원 김규식·송헌주·이대위 4인의 연명으로 "집정관총재의 발송한 행정령 제2호에 공표한 바와 같이…… 애국금을 정지하고 공채표를 발행하기로 결정하였으니 이대로 준행할 지어다"라는 공고문을 선포하였다.[12] 국민회 간부들로

---

12) 이상 『신한민보』, 10월 4일, 「주차구미위원통신 제2호」 ; 10월 7일, 백일규, 「공채표와 애국금」 참조. 특히 후자는 2면 이상을 소모하여 이 문제로 이 박사나 구미위원부와 주고받은 전보 통신류를 모두 공표한 호자료(好資料)이다. 또 김현구, 「원동정부와 워싱톤외교부」, 9월 23일 참조.

서는 임시정부에 대한 청재권을 빼앗긴다는 것은 국민회의 사활(死活) 문제로 간주될 수 있었다. 망막한 이 대륙(멕시코 포함)에 분포한 2~3천 명의 교포들은 임시정부 유지비는 구미위원부에 내고 따로 국민회 유지비인 의무금, 1년 5달러를 자진하여 송금하리라고 생각되기 힘들었을 것이다.

그래서 미주의 국민회에서는 거듭 상해 임시정부와 절충하여 애국금·인구세 수봉위임을 교섭하여 1919년은 무사히 넘겼으나,[13] 드디어 임시정부 재무부 포고 제1호에 의하여 국민회 중앙총회에 위임하였던 애국금 수봉사무가 폐지되었다.[14] 국민회는 이때부터 구미위원부에 협조하였고, 더욱이 『신한민보』의 사설들이 그러하였으나 국민회는 점차 쇠퇴의 길을 걷기 시작하고, 드디어 재정난으로 1922년 『신한민보』까지 일시 정간하게 되었다.

구미위원부의 설립시부터 현순 대 서재필·정한경 간의 분규가 일어난 1921년 봄까지의 소상한 구미위원부의 재정보고가 때를 따라 『신한민보』에 게재되고 있어 연구자에 도움이 많다. 1919년 9~11월은 약식결산보고를 게재하였으나 12월부터 소상한 결산보고가 보도되어 동년 12월분의 보고를 소개한다〈표 1〉.

---

13) 『신한민보』, 1919년 9~12월 신문지상 도처에서 이러한 교섭보도를 볼 수 있다. 특히 하와이 총독부 정보담당부처에서 입수한 주차구미위원부 통신 제3호에는 9월 중에 중앙총회 간부들이 항의한 전보원문들이 수록되어 있어 참고가 된다. 임정구는 24일 "물시하면 큰 분쟁이 날 터이오. 또 내국금이나 공채표가 다 희망이 없을 터이요." 한치만 등은 25일 "공채표로 고집하시면 두 가지가 다 성공치 못하겠소. 애국금을 계속하시오." 이대위도 같은 날 "공채표로 대신하기를 절대적으로 반항하는 사람들이 낸다는 10만 원을 우리는 일체 원하지 않소" 등등 항의가 잇따르고 있었다(국립공문서관소장 육군정보국문서 1766~1004 No.36 참조).

14) 김원용, 『재미한인 50년사』, 386쪽 ; 『신한민보』, 1920년 4월 16일의 보도. 또 이승만 대통령 4월 10일 「교령」 제2호와 김규식 위원장 4월 27일 「공문」 제20호(『신한민보』, 1920년 4월 16일) 참조.

〈표 1〉 구미위원부 재정보고(1919년 12월분)

(단위: 달러)

수입총액	12563.90	빽씨(2개월분)	400.00
시재금(12월 1일)	1818.15	헐버트씨	180.00
공채표발매(내역하와이6천원)	6530.00	파리	1000.00
중앙총회에서 차입	1500.00	불항비	1336.49
중앙총회 매월예납급	1100.00	사무소	227.92
의연금	1600.00	인쇄비	80.59
불항비 중 환입된 것	15.75	율사비	31.50
비용한 것	5082.66	위원여비	24.13
대통령관사	300.00	철귀조	46.67
대통령	200.00	잡비	45.03
비서	100.00	대통령관사경비	347.87
총사무소	1066.17	노백린씨 여비와 잡비	240.00
위원(2인)	300.00	전보비	47.00
법률사	150.00	전등비	8.00
사무원(2인)	210.00	잡비	52.87
타자인	125.00	통신비	760.70
사무소 임대료	95.00	대통령순행비	211.95
필묵(筆墨)비	45.00	인쇄비(대한정형60권)	96.25
통신비(전보·전화·우표)	143.92	쉽씨에게 미급조	177.25
통신부	1380.00	예수 성탄시 특별경비(외국인에게 예물)	254.25
필라델피아	800.00	잡비	21.00

〈표 1〉의 명세서에 나타나는 액수나 봉급 기준을 부각시키기 위하여 당시 일반 미국인의 소득·봉급과 비교하여 보면 1920년도에 있어서 학교 교사 연봉이 평균 970달러, 지방공무원이 1,164달러, 연방·정부 공무원이 1,707달러, 농어업종사자의 1년 수입이 528달러, 상하원 의원의 연봉이 7,500달러이었고 1940년까지도 미국인의 평균적인 1년 수입이 592달러이었다.[15] 이에 준하여 고찰한다면 이승만 박사의 연봉 2,400달러 그리고 여기

따르는 전기·가옥·여행비 등 수당의 첨가는 이 박사의 월급이 적어도 미국인 중류 이상의 것으로 평가될 것이라고 추정된다〈표 2〉. 구미위원회 봉급 및 해외 각 기관 지출표는 『신한민보』에 의하여 필자가 재구성한 것이다. 오식이나 보도 미급(未及)이 있었겠지만[16] 대략 큰 착오는 없으리라고 보는데 워싱톤에 8인의 고정 직원을 배치하고 필라델피아 지부에 고정적으로 800달러 이상을 지급하고, 또 파리나 런던 사무소를 유지하였던 것을 보면 이것은 미국에 주재하던 구한국 공사관과는 비교가 안되게 큰 규모의 외교사절단이라고 할 수 있다. 원래 상해 임시정부에서 구미위원부에게 미주교포의 세수권(稅收權)을 맡겼을 때에는 그렇게 됨으로써 임시정부 재정에 좀 더 보탬이 될까 하는 기대로 국민회 중앙총회의 거듭된 의의(異議)를 물리치고 허락한 것이었는데, 결과적으로 보면 1921년 8월까지 임정에 들어간 돈이 1만 6천 달러 정도 밖에 되지 못했다. 그것도 이 박사가 상해를 방문할 때를 맞추어 집중적으로 보내어진 데 불과하였다. 〈표 3〉은 구미위원부 수지개요도 역시 필자가 구성한 것인데 1921년 8월까지 총수입이 113,000달러 정도이며, 그중에 공채표를 판 돈이 약 절반인 55,400달러 정도이었다. 그것도 하와이에서 집중적으로 공채표가 소화되었다는 것을 말해 주며 임시정부에 보내어진 돈은 전체 수입의 14% 밖에 되지 않았다는 것을 나타내고 있다. 1920년 8~9월에 지출이 갑자기 많아지는 것은 이승만과 그 비서 임병직·김규식 그리고 노백린 등이 전부 상해로 떠나게 되어 그렇게 된 것이다. 이들은 하와이 외딴 곳에 숨을 죽이고 적당한 선편을 물색하다가 11월 이승만과 임병직은 상해로 직행하는 화물선에 밀

---

15) U. S, Department of Commerce, Bureau of the Census, Historical Statistics of the United States, Colonial Time to 1970 Washington D.C. 1975. 또 Congressional Quarterly's Guide to Congress, 1982 참조.
16) 朝鮮總督府警務局,『大正3年 米國及布哇地方に於ける不逞鮮人の狀況』에는 1920년 3, 4, 5월 분의 구미위원부 수자결산과 간략한 소개가 있는데『신한민보』의 것과 약간 출입이 있다. 金正明,『朝鮮獨立運動』제1卷 分册, 751~754쪽 참조.

〈표 2〉 구미위원부 봉급 및 해외 각 기관 지출표

(단위: 달러)

		이승만	비서	위원 2인	변호사	사무원 2인	타자원	필라델피아 통신부	파리 대표부	임시정부	기타
1919	12	200	100	200	150	210	125	860	1000		빽 400 헐버트 180
1920	1	200	100	300	200	1인 100	100	860	700		헐버트 100
	2	200	100	300	200	100	100	900+	703.50		헐버트 200
	3	200	100	300	200	100	100	1300+	511.50		
	4	200	130	300	200	152.50		800+			빽 400 헐버트 200
	5	200	70	298.16	200	282.00	132.15	700+			
	6	369	100	300	200	164.90	115	800+	14	1000	논돈 326.50
	7	200	100	300	200	100	115	800+	500	18.60	논돈 330.80
	8	200	100	300	200	50	115	800+	500	4021.10	논돈 307.80
	9	200	100	3인 450	200	150	115	800+	500	4536.20 (이승만2500)	이승만 경비 100
	10			450	200	100	115	800+	500		
	11			450	200	100		800+	500	3500 (이승만1500)	논돈 127.78
	12			450	200	100	115	800+	500	3020.99	논돈 205
1921	1			450	200	100	115	800+	500	2011.10	이승만 500
	2			450	200	100	115	800+	500	1011.10	
		도합 2037.50							합계 1452.21		

* +부호는 기본 지출에다 상당수의 인쇄출판비용 가상.

항하는 형식으로 떠났고,[17] 김규식은 박용만이 택하였다는 블라디보스톡행 미국 수송함편을 이용하려 하였는지 수송함 토마스호를 몰래 탔다가 발각되었고,[18] 노백린은 아마 안창호 일행 3인이 택했던 마닐라 경유로 상해에 갔을 성 싶다. 이러한 여러 형식을 취하는 가장 큰 원인은 우선 일본

17) 임병직, 『임병직회고록－근대 한국외교의 이면사』, 여원사, 1964, 79쪽 참조.
18) 미국립공문서관소장 육군정보국문서 제1166~1391 No.49. Confidential Korean Papers(1921년 1월 19일). No.51. Korean Activities in Hawaii(1921년 9월 14일)를 볼 것.

을 거쳐가는 객선을 타다가는 체포당한다는 생각과 일본 밀정의 감시를
가능한 한 피해보려는 의도가 작용한 것으로 생각된다. 구미위원부는 미
주에 있어서의 한인운동의 대세를 장악하였다. 그 수지상황을 보아도 꾸
준한 수지를 유지하게끔 되었다. 따라서 이제는 상해로 가서 임정을 정
리·정돈하면 한인독립운동을 거의 장악하는 것이 된다고 생각하였는지
모른다. 그러나 그의 부재 중 의외의 복병이 도사리고 일을 저질렀다. 그
것은 김규식의 위원장직을 대체한 현순과 서재필·정한경과의 충돌이었
다.[19] 현순의 공사관 설립이라는 결정적 착오를 계기로 서재필이 직접 위
원부 관리에 나섰으나 경제부진과 위원부의 내분은 곧 그 수입에 영향을
주게 되는 것은 〈표 3〉이 잘 보여주고 있다. 여기에 있어서 이승만은 미국
으로 돌아와서 일을 수습하지 않을 수 없었고,[20] 서재필·이승만은 구미위
원부 존립의 명분과시와 저하된 교민의 독립운동열을 부활시키기 위하여
큰 운동의 발동을 필요로 하였다고 보여진다.

3. 서재필과 워싱톤회의

미주에서 가장 먼저 워싱톤회의와 한민족의 자주독립문제를 결합하여
생각하고 여기에 강력한 한인대표단의 파견을 역설한 사람은 다름 아닌
서재필이었다. 1920년 늦은 가을의 선거에서 공화당의 하딩(Harding) 후보
가 민주당을 누르고 당선되자 하딩은 일본의 팽창저지와 중국에 있어서의
미국이권 보호, 대전후의 열강협력체제의 확립과 군축합의 등의 시급한
문제를 해결하기 위하여 국제회의를 구상하고 있었다. 벌써 1921년 1월 7일

---

[19] 이 충돌에 관한 자료는 많은 편이지만 그것만으로도 한 편의 글이 성립될 수 있다. 이 글의
　　전개와 큰 관련이 없을 것 같아 생략한다.
[20] 현순이나 정한경은 1921년 4월에 이 박사의 재차 도미를 촉구하는 전보들을 상해에 보냈다.
　　「구미위원부통신」 제29호 등 참조(『신한민보』, 1921년 6월 16일).

〈표 3〉 구미위원부 수지개요

(단위: 달러)

연도		수입(달러)	공채표 (H는 하와이)	지출	신한민보 기재일자
1919	9	5931		4863	20/2/19
	10	5120		5396	20/2/19
	11	4961		936	20/2/19
	12	12563.90	6530(H 6000)	5082.88	20/6/4
1920	1	6530.75	3505(3500)	4718.31	20/6/4
	2	1965*	405	4770.93	20/6/4
	3	12164.53 J. 12163.78	1614(H 1000) J. 12163.78	4948.14 J. 6456.54	20/7/15
	4	1982.61 J. 7688.85	1325(H 1000)	4789.74 J. 6602.14	20/7/15
	5	2150.19 J. 3240.90	345(H 345)	3946.82 J. 4290.92	20/7/15
	6	6086.74	2894(H 1000)	4994.94	20/10/21
	7	4582.35	4076.25	3484.09	
	8	7952.97	2987	8804.13	
	9	11343.53	11219.81(H 8798.56)	8854.71	21/1/13
	10	2734.79	2107(H 135)	4380.20	21/1/21
	11	5855.90	3895.90(H 2170)	6455.82	21/1/21
	12	6041.21	5730(H 3120)	6153.85	21/5/19
1921	1	7148.77	6177.40(5215)	5181.90	21/5/19
	2	2055.25	1845(H 1530)	3864.70	21/5/19
	3	-	-	-	
	4-8	5265.85	1172.68	8854.71	21/10/21
	9-11**	20519.18	7859(H 7088)	12660.16	21/11/24

비고: J는 일제기록
　　*는 착오가 있을 것 같은 숫자
　　**는 워싱톤회의 특별 모금

에 그가 군축회의를 열지 모른다는 기사가 미국신문들을 장식하고 연달아
군축문제 국제회의의 필요성에 대한 미국의 언론이 움직이기 시작하였다.
3월부터는 미국 종교계에서 또 여성단체들이 여기 호응하기 시작하였고,
서명운동들이 활발히 전개되었다. 7월 1일에 미국정부는 영·프·이·일
정부에 초청장을 발송하였고, 14일까지는 모두 참석을 승인하여 이로써 워
싱톤회의가 확정적으로 열리게 된다는 것을 7월 14일의 미국신문들은 보
도하였다. 같은 날 서재필은 임시정부 재무총장 이시영에게 답장을 쓰면
서 이 워싱톤회의 청원운동문제를 제기하게 되는 것이다.[21] 재무총장 이
시영이 구미위원부 임시위원장 서재필에게 편지를 쓴 이유는 "6개월 동안
에 겨우 5백 달러를 보내니 참 답답하고 민망"하다는 이유로 새 제의를 한
것인데, 그것은 재무부가 임명하는 재무관을 하와이와 미국 본토에 2명 임
명하여 임시정부 재무부로 직접 송금케 하면 성적이 더 좋지 않겠는가 하
는 취지의 제안이었다. 이시영은 재무부 포고 제1호로 청재권을 구미위원
부로 집중한 '잘못'을 늦게나마 깨달은 것이었다. 여기에 대하여 서재필은
"위원부가 지난 5월까지 부지한 금전의 과반수가 다 중국사람에게서 영수
한 것이었으며, 만일 중국 사람의 보조가 아니었다면 위원부는 오늘까지
부지하기 어려웠겠나이다. 지난 3·4월에 현순씨의 유아적(唯我的) 행동으
로 백성들이 위원부에 대한 여간 남은 신용까지 소멸시켰나이다. 이러한
형편으로 인하여 위원부는 부지하기 어려웠으며 보낼 돈은 더욱이 없었으
며, 또한 위원부가 얼마 더 유지할 수 있을지 나는 소망을 두지 못하나이
다. 위원부가 현재 3천 원가량의 부채가 있는데 한인에게서 속히 보조를
얻을 희망도 저는 두지 못하나이다"라고 쓰고 재무총장의 제의에 관해서
는 직접 이 대통령에 의논해 보는 것이 좋겠다고 자기의견은 회피하였다.
이어서 그는 다음과 같이 쓰고 있다.

---

21) 『신한민보』, 1921년 7월 25일, 「재무부와 위원부간 내왕공문」 참조.

연하여 교하는 귀하께 미국에서 만국평의회를 소집하여 영·프·이·일 및 중국까지 청한 것을 말씀코저 하나이다. 그 주의는 만일 태평양에 대하여 관계 있는 열강이 현재 형편을 계속하면 불구(不久)에 위험함이 미국과 태평양과 관계되는 나라 사이에 있겠음으로 각국 대표자를 모아 각종 문제를 토의하고 공평한 결국을 지어 장래 전쟁을 면하고저 함이외다. 이 평의회에서 한국의 생사도 작정할 터인데 어떠한 정책을 한국에 대하여 쓰기로 작정 하든지 6대 강국은 그대로 시행할 터인즉 만일 한국에게 독립을 주기로 작정하면 6대 강국이 보증할 것이며 불행히 한국을 일본 밑에 여전히 두면 그 정책도 또한 6대 강국에서 직행할 터이 올시다. 그런즉 귀하께서는 이 기회가 우리에게 긴요하고도 긴급한 경각인 것을 확신할 줄 믿나이다. 만일 국내에나 해외에 유하는 동포들이 이 기회가 어떻게 긴급한 것을 깨닫고 구국하기를 위하여 힘쓰면 좋은 결과를 얻을 수 있거니와 과거에 행한 바와 같이 어린아이의 행동을 하거나 입을 봉하고 가만히 있으면 후일에는 이같은 기회를 다시 만나지 못하겠나이다. 성불성은 알 수가 없으며 만일 이 평화회의에서 한국의 독립을 작정하면 주미위원부를 더 유지할 필요가 없고 정식공사관을 와싱톤에 설치할 것이며 또한 불행히 한국을 일본에 붙여도 위원부를 이곳에 두는 것이 필요함이 없다 하나이다. 이는 미국정부가 한번 어떠한 정책을 작정하면 백성들은 그 정책에 복종함으로 백성의 도리상 원조를 구하는 것이 소용이 없을 것이외다. 이러한 경우는 위원부를 모스크바에나 5대 강국 밖의 다른 나라 도성에 설치하는 것이 나을 줄 믿나이다. 만일 이 평의회에서 한국을 찬성하여 공평하게 작정이 되면 통신부와 잡지는 사실을 전하며 미국의 큰 동정을 더 얻기 위하여 계속하려니와 우리에게 불행하게 작정이 되면 경비와 시간과 재정을 허비하여도 효력을 얻지 못할지니 통신부와 잡지를 유지하는 것이 요긴치 아니한 줄로 아나이다.[22]

미국에 오래 살아 미국적인 사고에 젖어 있었고 부지불식간에 미국 민주주의 즉 정의라는 단순 산술에 중독되고 있었던 서재필 의사는 이 회의

---

[22] 신한민보사에서는 이 공문을 서재필 박사의 요청에 의하여 기재하는 것이라고 주를 달았다. 서 박사는 영문으로 편지를 썼을 것인데 번역이 구미위원부 직원의 손에 됐는지 또는 신한민보사에서 한 것인지 분명하지 않다. 철자법은 필자가 현대문으로 고쳤다.

에서 강력히 밀고 나가면 미국을 움직일 수 있다고 믿고 있었던 모양이다.
또 실패하면 구미위원부도 자기가 경영하는 필라델피아 통신부도 철폐되
어 마땅하다는 태도를 분명히 하여, 여기에 이 박사와 결별하게 되는 요소
가 내재하였던 것이다. 이 박사로서도 상해임정과의 반목관계와 불투명한
국제정세의 전개로 보아서 지금까지 밀고 나갔던 대통령으로서의 권위로
구미위원부를 유지한다는 구도에 차질이 생길 가능성이 보이기 시작하니
서둘러 사조직인 동지회를 결성하게 되었다고 생각된다. 하여튼 서재필은
이 청원운동의 창시자이었으며, 이 운동의 성공을 위하여 10만 불의 모금
이 필요하다고 이시영 총장에게 알렸던 것이다.

　서재필에 대하여 감정을 가지고 있었던,[23] 김현구가 1960년대에 들어와
서 회고록을 쓰면서 서재필에 대하여 몹시 좋지 않은 이야기들을 하였는
데 그 내용은 전쟁 후에 불황으로 그의 출판·인쇄업이 파산하는 이야기,
구미위원부의 보조를 받아 짭짤한 재미를 보았을 것이라는 이야기, 얼굴
에 정형융비술(整形隆鼻術)까지 받아 완벽한 미국인이 되려던 이야기, 또
가정불화와 도박으로 돈을 잃는 이야기 등이 그 골자이었다.[24] 김현구의
기억에 혼란이 많았고 자신의 적에 대하여는 매우 각박한 공격을 서슴지
않았던 김현구의 회고록이 얼마만큼 역사적 가치를 지녔는가에 대하여는
검토할 여지가 많겠으나 구미위원부의 재정보고로 보건대 그는 현순파면
사건 때까지는 독립운동을 한다고 손해를 보지는 않은 것 같다. 그렇지만
이 당시의 서재필은 독립운동에 매우 열성적이었다. 이 박사는 현실정치

---

23) 그 원초적인 적대관계의 시작은 1919년 2월부터 김현구가 편집을 맡고 있던 학생회 잡지를
　　 서재필이 빼앗아 가서 *Korea Review*로 이름을 고치고 출판하는데 대하여 감정을 가진 것이
　　 아닌가 한다.
24) 서대숙(徐大肅) 역술, 『The Writings of Henry Cu Kim』, 하와이대학 한국학연구소, 1987,
　　 166~170쪽. 김현구는 구미위원부에 1927년과 28년에 재직하였으므로 20년대 초기의 이야기
　　 는 김헌식에게서 많이 들었다. 김헌식은 한때 연방정부 주재 미정보원이었으며 김헌식의
　　 보고에 의하였는지 서재필의 조수 김장호는 일본의 밀정이라고 FBI의 Investigative Case File,
　　 1908~22, BSF No.211700~130는 말한다.

추세에 감각이 뛰어난 사람이었으나 서재필에게는 비젼(vision)이 있었다. 그가 김규식의 상해행에 부탁하여 임시정부에 보낸 대한민국의 미래상에 관한 소신을 담은 문장은 그의 이러한 일면을 잘 보여준다.[25] 그는 그의 청사진(靑寫眞) 제1항에서 국민의 민주의식이 제고(提高)될 때까지 약 10년간 거의 독재적인 중앙집권정부 형태가 바람직하다고 단언하였으며, 제2항에서는 국민의 교육이 향상됨에 따라서 헌법을 10년에 한번씩 고쳐 나갈 것이며 고정시키면 안된다는 등 16항에 걸쳐 자신의 소신을 적고, 마지막으로 자기를 임시정부 고문으로 임명하여 주고 구미 각국과 교섭할 수 있는 권한을 부여하여 주면 좋겠다고 제안하였다.[26] 즉 그는 이 박사·김규식·노백린의 상해행에 있어서 자신이 구미위원부를 맡고 싶은 생각을 은근히 비쳤던 것이며, 자연히 현순 위원장과의 불편한 관계를 예고한 셈이었다. 현순이 파면되자 「한인동포들에게」라는 글을 미국과 하와이 교포 신문들에게 보냈는데,[27] 그 주요내용은 지금까지의 필라델피아 통신부의 공적 열거[28]와 구미위원부의 축소문제 그리고 교포의 직접지원(3~4천 명이 1년 4달러씩 분담)으로 통신부를 구미위원부에서 독립시키는 문제를 제기하였다. 구미위원부의 축소제안은 월 3천 달러 예산으로 임정의 최소 유지비 매달 1천 달러에 워싱톤대표부에 2천 달러(한인 직원 3인에 미국변호사 1인)로 축소하겠으니 협조하라는 당부였다. 이 글을 부친 지 3주만에 그는 최후의 도박을 감행하는 것이다. 즉 위에서 인용한 바와 같이 워싱톤회의를 상대로 하는 청원운동에서 실패하면 통신부도 폐지하고 잡지도 집

---

25) 원문은 영어로 타자되었고, 제목은 "Outline of Policy and Organization of Government"이다. 전술한 대로 김규식이 미국 수송함으로 밀항하려다 잡혔을 때 이 문서도 촬영되어 국립공문서관 육군정보국문서(1766~1391 No.43)로 보관되고 있다.

26) 위의 자료.

27) 『신한민보』, 1921년 6월 23일 게재.

28) 서재필 의사는 동년 4월 18일에도 필라델피아 통신부의 6가지 공헌을 열거하였는데(『신한민보』, 6월 9일 게재), 그 골자는 자신이 선전을 하지 않으면 미국인들은 일본인의 선전만 믿게 된다. 통신부와 위원부의 존재로 인하여 미국인의 동정이 날로 커지고 공평하게 양쪽의 견해를 판단할 수 있다는 것이었다.

어 치우고 독립운동도 실질적으로 포기한다는 공개선포였다.[29] 그래서 그
는 1922년 여름에는 독립운동의 지평선에서 사라져 간 것이었다.

하여간 임시정부 외무 겸 법무총장 신규식은 다음과 같이 서재필에게
타전하였다.

> 금번 미국 대통령 하딩씨가 제창한 태평양회의에 우리나라는 참석할 것과
> 우리나라에 대한 제반 중요사항에 대하여 처치와 행동을 취함을 귀 위원부에
> 일체 위임하기로 국무회의에서 결정되었기에 이에 통지함. 대한민국 3년 7월
> 20일[30]

이어서 임정은 9월 9일[31]에는 특파단장에 이승만, 부단장에 서재필, 서
기에 정한경, 고문에 돌프 변호사, 특별고문에 전직국회의원 토마스를 임
명하게 된 것이다.

4. 한인들의 호응활동

서재필의 호소는 미국이나 중국에 거주하는 한인은 물론 국내에까지도
연쇄반응을 일으켰다.

『신한민보』는 7월 21일자 사설 「세계대세의 변천과 우리의 기회」에서

---

29) 서재필은 7월 25일 다시 장문의 호소문을 썼다. 이곳에서 그는 "이 회의에서 한국문제가 옳
   게 가결되지 아니하면 한인들은 한가지 밖에 할 것이 없으니 이는 한일전쟁이올시다. 그런
   데 우리에게는 재정·무기·조직체가 없으니 피를 더 흘리지 않고 얻을 수가 있으면 우리
   는 그런 방침으로 얻는 것이 낫다 하겠나이다" 하고 이 천재일우의 기회에 총력을 집중하여
   야 된다고 강조하였다(『신한민보』, 8월 11일 게재).
30) 『신한민보』, 1921년 10월 27일 게재, 「구미위원부통신」 제32호 참조.
31) 『신한민보』, 1921년 11월 3일, 「구미위원통신」 제34호에 "8월 2일에 정부에서 태평양회의에
   관하여 대통령 각하와 구미위원부에 중요한 전보를 발하다"라는 기사가 보이나, 대표선
   정은 9월 9일이었다(『신한민보』, 1921년 9월 22일 보도).

재미교포는 재정적으로 최대한 돕고 외교당사자는 사전준비를 잘 하여야
되겠다고 썼고, 8월 18일 「특별외교에 대한 재정수합」에서는 재정공황 중
에서도 교민의 최대한의 노력을 당부하였고, 9월 7일의 「열강회의순서의
강령과 우리문제」에서는 이번 회의의 토의사항에 한국문제가 들어가지 않
은데 대하여 일말의 우려를 표시하면서도 "만일 이런 시기에 우리가 아무
활동이 없고 보면 안남인(安南人)의 상체를 면치 못할지며 내지동포들이
우리 재외동포들을 믿는 희망을 저버리는 것이니" 각자가 최선을 다 하여
야 된다고 썼다. 또 김현구·최진하(崔鎭河) 등 국민회 간부들도 거듭 논
설을 발표하여 모금운동의 중요성을 두루 인식시키려 하였고, 뉴욕 유학
생 조병옥(趙炳玉)은 "우리가 기회라 하는 물건에 많이 속아도 보았고 기
회를 많이 기다려도 보다가 정말 기회가 왔는데 이용치 못하면 우리는 원
수의 노예를 영원토록 면치 못할지며"라고도 논하였다.[32] 구미위원부에서
는 특별헌금 독촉차 미국 각지에 임초(林超)를 보냈고 8월 16일 상항(桑港)
에 상륙한 이승만 대통령은 환영회 석상에서 워싱톤회의 지원에 더욱 분
발하여 줄 것을 호소하였다.[33] 구미위원부통신 제36호는 미주각지에서의
특연호응열기를 대대적으로 보도하였는데,[34] 제38호에 의하면 9월부터
11월 8일까지 모집된 특연금은 다음과 같았다.

---

32) 『신한민보』, 1921년 8월 11일, 조병옥, 「임박한 군비제한대회와 한국문제」.
33) 『신한민보』, 1921년 8월 25일에 게재한 「리대통령의 연설」에서 흥미있는 발언을 발췌 인용
한다. "(상해임정의) 일반 당국자들은 참으로 경제상 곤란이 극도에 달하여 숙식비를 감당
하기도 어려운 지경에 있지만은 나는 대통령이라 하여 거처와 출입이 편하게 하여줌으로
나는 별곤란을 당하지 아니하였소. …… 여러분들이 고집함으로 필경 환영회가 되였소. 처
음으로 나는 말하되 돈은 가져온 것이 없다 하였소…… 그러한데 그곳 동포들은 내가 돈을
많이 가져오기를 바라셨던 바 마침 풍설이 내가 40만원을 가지고 나온다고 나를 고대하던
차에 돈을 못가지고 나왔다 하매 그들은 심히 서오히 역이였소…… 여러 달 전부터 안도산
이 각의에 출석지 아니하다가 내가 나아간 후에 일을 의논한 즉 안도산이 다시 정부 각의
에 참가하여 화합에 힘쓴 고로…… 북경에서 처음부터 무정부주의 행동을 하는 박용만파
의 소수는 입족할 따이 없으니"…… 등등이 눈에 띤다.
34) 『신한민보』, 1921년 11월 10일.

미주 공채 ……………………	771.00
특연금 ……………………	10767.57
하와이 공채 …………………	7088.00
멕시코 특연금 ……………	484.15
쿠바 특연금 ………………	225.00
중국인 ……………………………	1883.46

이상의 통계를 보면 미주교포의 헌금이 하와이의 2배가 됐으므로『신한민보』는 인구 1천여 명의 미주교포가 단연 하와이를 앞지른 것은 항간의 불미한 풍설을 일소하는 것이라는 취지의 논설을 발표하고 자위(自慰)하였다.[35] 하와이에서의 수입이 부진하였던 이유는 1921년 하와이 정보당국의 2건의 보고가 잘 설명할 것으로 생각된다.[36] 이 보고들은 7월 8일 이 박사가 마닐라를 경유하여 하와이에 돌아오자 박용만파의『태평양시사』지가 상해 한인의 편지를 인용하여 상해에서 '도망'하였다고 보도한 것이 원인이 되어, 이 박사 지지자들이 신문사를 습격하여 중상자들을 내고 인

---

[35] 『신한민보』, 1921년 11월 24일 사설,「특별의연과 미주동포」,「구미위원회통신」제38호 참조.
[36] FBI 하와이 지국 9월 7~8일.「박용만파에 대한 음모」또 Acting Assistant Chief of Staff for Military Intelligence 발신, 워싱톤의 Director, Military Intelligence General Staff 수신(9월 14일).「하와이에서의 한인활동」, 국립공문서관 육군정보국문서 1766~1391의 51번 문서와 56번 문서 참조. 부록의 한글등사문서「통첩」을 보면 영문번역과 차이점들이 발견된다.「통첩」: "우리가 이번에 거사한 일은 3년 동안을 두고 참고 견더오던 것이 헛것이오. 점점 해만 더 받게 될 뿐만아니라 우리 임시정부의 운명과 대한독립이 점차 퇴보되는 영향을 받게 되는 것을 들여다 보고 엇지 더 참고 견딜 수 잇사오리오. 그럼으로 저 대역부도 박용만의 당류를 박멸하여(영문으로는 Annihilate로 씀) 우흐로 정부를 보호하여 아래로 민심을 안돈식혀 놓아야 우리의 정무 곳 내치·외교에 차서를 따라 진행할 수 있을 것을 깨닫고, 물질과 몸과 정력을 다받쳐 왜적을 박멸하기 전에 저 왜적보다 더 해를 주는 박용만의 당류들을 진압" 云云하고, "하와이의 유력한 백인들을 포섭하였음으로 조금도 두려워할 것 없다. 공작금을 열심히 보내라" 등등의 이야기가 있고, 최후에 "이 글빨을 저쪽 사람들에게 가지 않도록 조심하시와 비밀을 주장하시고 말로나 힘으로나 능력이 자라는 대로 저자들을 뼈가 저리고 마음이 앞으도록 위협을 보이시는 것이 상책이올시다. 농장에서는 漁港보다 더욱 좋지 안습니까". 마지막 문장의 영어번역은(Do not simply threaten those fellows, but give them an actual lesson, not only hurt their feelings, but break their bones it necessary. The plantation is much better than in town, owing to the fact that it is isolated from the police station).

쇄기계를 파괴한 후로 양파의 대결양상이 더 첨예화하여 드디어 8월 30일 이승만 추종자들은 비밀히 '암살' 또는 신체적 폭력행위를 쓰라는 '통첩'을 돌렸다는 것이다. 설상가상으로 정보원이 면담한 현순은 이 박사를 좋게 말하지 않았다.[37] 하와이에는 박용만파 이외에 새로 현순 추종자들이 생기고 신문사 습격사건으로 인한 재판과 감정대립에 얽혀 정신이 없었던 것이다. 멕시코와 쿠바의 한인들이 700여 달러를 내었다는 것은 그들이 처하고 있는 경제적 곤란을 생각하면 매우 경탄할 만한 정성이었고, 중국인에서의 연조(捐助)는 주로 국민회 화교(華僑) 위원인 홍언(洪焉)의 공로가 컸다. 그는 한시에 능하여 캐나다·미국 서부·멕시코·페루 그리고 미주 남단의 칠레까지 화교들을 찾아가 모금하였다.[38]

상해임시정부의 지원활동에 관하여서는 이미 신재홍(申載洪) 박사의 연구가 있어 생략하지만[39] 특기할 것은 "본국 내지에는 언론·출판·집회의 자유가 없고 각처 교통기관이 불편한 중 13도 대표들과 51단체 제공이 연명날인하여 열강대회에 보내는 청원서를 임시정부를 경유하여 이곳 우리 대표단에게 보냈는데, 그 청원서를 보낸 자로 하여금 큰 감동을 주게 하였더라"[40] 하는 「한국인민치태평양회의서(韓國人民致太平洋會議書)」의 출현이다.[41]

이 청원서에는 국민공회(國民公會) 이상재(李商在) 대표를 필두로 윤치호(尹致昊)·김윤식(金允植)·박영효(朴泳孝)·홍순형(洪淳馨) 등 구한국 정계 저명인사, 황족인 이강공(李堈公) 그리고 장덕수(張德秀)·이능화(李能和)·김달현(金達鉉)·허헌(許憲)·김병로(金炳魯) 등 인사의 이름이 보

---

37) 위의 자료.
38) 『신한민보』, 1921년 9월 29일, 「홍언위원의 대활동」 참조. 화교사회에 대한 의연금 모집 활동은 협잡꾼들의 활동으로 한때 큰 손해도 보았었다.
39) 신재홍, 「대한민국임시정부와 구미와의 관계」, 국사편찬위원회편, 『한국사론』 10, 1975, 314~323쪽 참조.
40) 『신한민보』, 1921년 12월 22일, 「구미위원부통신」 제42호 참조.
41) 서명자는 경기도 대표 홍순형 외 180명이었다. 서명자 명단은 필자가 소장하고 있다.

인다. 어떻게 이 명단이 만들어졌는지 또 어떤 경로로 상해에 전달되었는지 규명될 점이 많은데, 조선총독부 경무국 『대정십일년조선치안상황(大正十一年朝鮮治安狀況)』(國外)은 이것이 위조된 것이라 주장한다. 그 이유는 서명 필적이 2~3인의 것이고 날인한 도장과 본인이 실제 가지고 있는 것과 다르고, 서명할 수 있는 인물의 동정을 내사하여 보았지만 이런 기미가 없었고, 이러한 운동에는 꼭 참여하려는 자들의 이름이 도리어 없고 몇 해 전에 죽은 자의 이름이 들어가 있고, 이강공의 서명이 있는 데에는 '분반(噴飯)' 거리에 지나지 않는다 등등을 들었다. 사실상 인감은 제조자가 같은 사람인 혐의가 있고 필적도 2~3인의 것으로 인정될 수 있지만 이강공은 국외탈출까지 하려던 인물이었고, 국내인사들은 그 생명안전상 은밀히 청원서에 이름을 올릴 것을 허락하면서도 도장을 주지 않을 수도 있으니 국내 인사들의 청원이 아니라고 단정하는 것은 재고의 여지가 있다고 생각된다. 당시의 국내 신문들은 꽤 자유스럽게 한인독립운동자들의 청원운동을 보도할 수 있었는데, 그것은 일본신문들이 크게 보도하였기 때문이라고 보여진다. 『동경조일신문(東京朝日新聞)』을 예를 들면 8월 12일 「태평양회의를 기하여 우복(又復) 조선독립운동」이라 제목하여 다음과 같이 쓰고 있다.

　　다가오는 태평양회의를 기하여 조선인의 독립을 요망하는 자들은 여하한 방법에 의해서라도 그 기세를 올리려고 작금(昨今) 각 곳에 여러 운동을 일으키고 있는데 상해가정부(上海假政府) 대총통 이승만은 독립선언서 제출의 목적으로 이미 상항에 건너가 그곳 재주(在住)의 불령선인(不逞鮮人) 현순(玄楯)·황기환(黃杞煥)등과 책응(策應)하여 운동중인데 한쪽으로 조선내지에서도 작금 영·미 각국의 신문기자 도래가 빈번하고 기독교 전도 상황시찰이라 칭하여 다수의 선교사의 출입왕래가 있음에 인하여, 이들 인사들로 하여금 조선독립 요망의 표시를 하고 태평양회의에 있어서의 의사표시를 고조하려고 선내 각 기독교청년회원 등은 선년(先年)의 독립만세 이상의 표시를 행하려고 밤과 낮으

로 협의중에 있다. ……청년 기독교도들의 의기는 전선(全鮮)에 걸쳐 크게 번
지는 중이다.

라는 기사가 보여 이상재 등이 획책중인 것을 짐작하게 한다. 생각컨대 기
독교청년회는 천도교 모모 인사들과 연락하여 명단을 만들어 상해로 밀송
한 것이 아닌가 한다. 위에서 인용한 『조선치안상황』은 국내에서 태평양
회의를 위하여 특별 의연금을 구미위원부에 밀송한 것이 1922년 1월에서
3월까지 6,217달러였다는 「구미위원부 재정부 보고 제11호」를 소개까지 하
고 있지 않은가? 『동경조일신문』은 또 「조선가정부(朝鮮假政府) 화부회의
(華府會議)에 대표」(8월 24일), 「조선독립선전(朝鮮獨立宣傳) 이종반(李鐘
蟠) 와싱톤 도착」(8월 31일 석간 제1면 톱기사), 「선지인제안결의(鮮支人提
案決議)」(동일 기사) 등이 보이며, 9월 4일에 「총독부 갑자기 천도교에 경
고 : 독립운동가담설」, 9월 5일 「미국은 조선을 문제로 하고 있지 않다 : 감
리교 선교사 스미드씨담」, 10월 3일 「조선의 독립같은 것은 문제가 되지
않는다 : 미당국 일소에 부치다」, 10월 12일 「선인(鮮人)의 청원서, 미국위
원에 독립운동」, 12월 30일 「선인과 인도인 화부(華府)에서 운동」 등의 기
사가 실렸다. 일본 신문의 논조가 이러한 중에서도 다른 자세를 미국인에
게 보이려는 일본인도 없지 않았다. 즉 일본 국회의원 전천(田川 : 다가와)
은 동시에 워싱톤에서 열린 '민중정부연맹'회의에서 "일본에서도 조선에
자치를 주어야 한다는 사람들이 많다. 모 제국대학의 법과학생들의 90%가
조선에 독립을 주어야 된다는 생각을 가졌다고 그 대학교수에게 들었다"
라는 발언을 하여 신문에 크게 실리기도 하였었다.[42]

---

42) 『The New York Times』, 1921년 11월 26일, 「Korea Query Startles」 기사 참조.

5. 한인대표들의 활동과 반응

일본정부는 그 전권대표단이 미국으로 출발하기 앞서 10월 14일 「총괄
훈령(總括訓令)」을 수교(手交)하였는데 그 중에는

　　금회(今回)의 회의를 기회로 하여 조선인 중 독립의 기세를 올리려 하여 망
　동(妄動)을 시도하고 있으며 이런 까닭에 경우에 따라서는 소위 '조선문제'가
　회의에 상정되지 않을 보장이 없다. 이러한 경우에는 본 문제같은 것은 의논될
　것이 못된다고 곧장 거척(拒斥)할 것이다.

라는 훈령이 들어 있다.[43] 즉 일본 측의 입장은 당연히 한국문제 상정을
미연에 막는데 있었고, 미국 측의 태도도 비슷하였다. 즉 9월 24일 서재필
은 하딩 대통령에게 편지를 썼는데, 그 내용은 "지난 새해 초하루날 제가
귀하를 오하이오주 마리온시의 자택으로 방문하였을 때 한국문제를 좀더
주의깊게 생각하여 보겠다고 약속하셨는데 저는 한국의 일대표로서 또 미
국시민으로서 자기의 대통령에게 부탁합니다. 우리는 워싱톤회의 대표로
인정하여 달라는 것이 아니라, 청원자로서 우리의 견해를 진술할 수 있는
기회를 주십사하는 것뿐입니다. 회답을 주십시요"라는 요지의 편지이었다.
이 편지를 백악관 비서실장 크리스챤은 대통령에게 전달하지 않았고 국무
부에 보냈으며, 국무부에서는 "현하 코리아는 아무런 국제상 지위를 가지
고 있지 않기 때문에 이 요구를 들을 수 없다(The president, in view of the
fact that Korea is without international status, is not in position to comply with
the request)"라고 회답할 것을 지시하였던 것이다.[44] 또 10월 1일 '군축회
의 한국사절단'의 명칭으로 이승만 · 서재필 · 정한경 · 돌프 · 토마스가 연

---

43) 『日本外交文書』, 「クシントン會議極東問題」: 大正期 第三十二册(昭51年) 收 第二部 「太平
　　洋及極東ニ關スル問題」, 8쪽.
44) 국무부문서번호 500A4/201호 참조.

명하여 국무장관 휴즈가 인솔하는 미국대표단에게 보낸 청원서(10매)에서
도 미국이 한국에 가지는 조약상 의무와 일본의 온갖 포학정치를 상기시
키면서 "궁극적으로 귀대표단이 이 회의에 의안으로 상정하거나 우리에게
발표할 기회를 주선하여 줄 것을 희망하면서, 우리의 견해를 충분히 귀대
표단 앞에서 발표할 수 있게끔 하여 주기를 호소합니다"라고 썼다. 여기에
대하여 국무부 극동문제 담당관이 국무장관에게 상신한 메모에는 "코리아
는 국제상의 지위를 보유하고 있지 않으며, 또 1905년부터 이 나라와 외교
관계가 없기 때문에 이 편지에 아무런 촌평을 달지 않고 보관하라"고 진언
하였다.[45]

물론 미국으로서는 일본의 태도변화를 읽는데 게을리 하지 않은 것으로
짐작된다. 7월 5일 미국의 북경공관에서 하나의 정보가 들어왔다. 그것은
일본에 무슨 단체가 생겨 이왕가를 주체로 한 한국의 자치를 주창한다는
종류의 것이었다. 여기에 국무부는 곧 동경과 북경주재 대사관에 좀 더 알
아보라고 훈령을 내렸다. 그 결과 이 단체는 동광회(同光會)라는 것으로
흑룡회(黑龍會) 조종단체이며 자치가 아니라 일선융화론(日鮮融和論)을 주
장하는 것으로 보고들이 들어온 경우가 있었다.[46] 또 감리교의 웰취 감독
이 서울에서 워싱톤의 맥도웰 목사에게 한국내정과 총독부고관 면담에 대
하여 장문의 편지를 썼을 때 그는 이 편지가 국무부 손에 들어가기를 희망
한 것 같으며 또 그렇게 되었다. 이 편지에서 웰취는 "한국의 독립이라는
문제는 해외한인들의 주장이며 국내한인들은 교육을 통한 점진적 권리이
양의 길을 걷고 있을 뿐이다"라고 주장하였다.[47] 또 미국 해군정보국(ONI)
에 육군정보국에 분양한 일 정보에서는 아마도 "김규식이라고 짐작되는
인물이 친한 미국인에게 워싱톤회의에 맞추어 한국 내에 폭동이 준비 중

---

45) 국무부문서번호 895.01 참조.

46) 국무부문서번호 895.00/694와 697, 699.

47) 국무부문서번호 895.00/695 Herbert Welch to Bishop McDowell (1921. 7. 16) 참조.

에 있고 11월 31일경 큰 유혈사태를 일으킬 준비를 하고 있지만 여기는 일
본이 몰래 자금을 대고 있으며, 그 목적은 워싱톤회의장에서 군비축소를
하기 힘든 이유와 구실을 만들기 위함이다"라는 이야기를 하였다고 적고
있다.[48]

이상에서 열거한 여러 가지 정보수집은 정보수집 차원의 것이고 미국대
표단의 입장은 한국사절단이 어떻게 노력하여도 움직일 수 없는 것이었
다. 한국사절단은 또 한국단체나 미국인들에 대한 호소작전도 폈다.[49] 한
인 사절단은 1921년 12월 1일에는 『군축회의에 드리는 한국의 호소』라는
62면의 책자를 준비하여 반포하였는데 그 내용은 사절단의 호소문, 미국대
표단에 보낸 호소문, 구한국과 여러 나라 사이의 조약문 발췌와 각국 성명
서 등, 한국 내에서의 일본의 포학행위, 대한민국 임시정부의 수립 등을
다루었고, 1922년 1월 25일에는 『한국의 호소 속편(Supplementary Appeal to
the Conference on Limitation of Armament and Pacific and Far East)』 총 5면
을 돌렸다. 이들 문헌은 호의적인 미국 국회의원들의 발의에 의하여 미국
국회록에 수용되기는 하였으나[50] 그 정도로 끝나는 것이었다. 물론 한인
사절단은 국내에서 보내온 호소문과 서명을 번역하고 사진판으로 인쇄하
여 100여 권을 회의 비서실에 넘겼고 미국 대표단에는 원문을 준 모양이었
다. 그러나 2월 22일 갑자기 특별고문 토마스는 원문을 회수할 것을 요구
하였다.[51]

---

[48] 육군정보국문서 1766~1004 제40호. 1921년 11월 12일 ONI 발신. 발설자가 김규식이라는 추
측은 "베르사이유에 대표로 간 적이 있는 나의 친구 김"이라고 되어 있기 때문이다.

[49] 국무부문서번호 "310 Korea"와 "500 a4p81" 등은 군축회의 관계 문서들로서 한국을 위한 호
소가 많이 들어 있다. 예를 들면 하와이 국민회 총회장 민찬호(11/13), 상해 청년독립당의
전보(11/7), 한국친우회 통킨스회장의 편지(11/11), 한국친우회 시카고분회의 편지(11/21), 한
국친우회 주최 필라델피아 시민대회 결의문(11/23), 上海韓中互助社의 전보(12/4), 워싱톤시
템플장로교회의 호소문(12/16), 애트랜틱시 첼시아 장로교회 여전도회원의 연명청원서(1922
1/15), 기타 서해안 한인사회 전보 등이 있다.

[50] 67th Congressional Record and Session. Senate Document 109, 1921. 12. 14와 1922. 1. 26. 『한
국의 호소』는 또한 미국정부 인쇄소에서 재판되었다(1921. 12. 21).

이 워싱톤회의의 한인사절단의 사실상 주역 서재필은 1922년 1월 22일 대통령에게 재차 편지를 써서 한인이 호소할 수 있는 기회를 만들어 달라고 최종 청원을 하였으나 이 편지도 대통령의 손에 들어가지 못한 것으로 짐작된다.[52] 워싱톤회의는 2월 초순에 그 막을 내렸다. 한국에 호의적이었던 미국 국회의원들은 마지막 화풀이로 전 미국 국무장관이요 태평양회의의 미국대표이었던 루트(Root)에게 공격의 화살을 집중하였다. 1912년 '노벨 평화상'을 받은 그를 한국불행의 장본인이라고 낙인을 찍고 그의 이력을 들면서 사사건건 비난하였다. 3월 21일의 상원토론장은 몹시 열기에 차 있었고 큰 소리가 왔다 갔다 하였으나 이 또한 일시적인 에피소드에 지나지 않았다.[53]

워싱톤회의는 끝났다. 박영로는 "이후 우리가 운동할 곳은 파리도 아니고 워싱톤도 아니다. 곧 시베리아와 만주이다.……우리의 모든 돈도 거기다 던져야 한다.……이 대통령께서는 근일에 와서 우리의 일은 우리가 하여야 한다 하시면서 워싱톤에 오래 계실 양으로 예산서를 꾸며 발표한 것은 아무리 생각하여도 해석할 수 없는 정책이다"라고 이 박사를 비난했는데[54] 이 박사는 1922년도 예산으로 대통령사무소 4,200(달러), 위원부사무소 12,444, 필라델피아 『한국평론』 출판비 5,400, 재무관 2,540, 임시정부 12,000을 책정하고 미국 본토에 20,300, 하와이 14,160, 멕시코 1,200, 쿠바 900, 유럽 195달러씩 배당 징수토록 하였다. 그는 워싱톤회의 청원운동 실패 후에 "우리의 열성과 재능과 재력으로 이만치 세워놓은 정부기관을 일

---

51) 국무부문서 "310 Korea" 1월 2일 정한경이 군축회의 비서장에게 쓴 편지, 1월 3일 미국대표단의 영수메모, 2월 27일 토마스 전 상원위원 요구건에 관한 내부메모, 3월 1일 토마스의 친필 편지 등 참조.

52) 국무부문서번호 500A4/356 참조.

53) 67th Congressional Record and Session, pp.4182~4190 참조. 루트는 러일전쟁을 전후하여 한국을 일본에 넘길 것을 주장하였고 일관하여 친일파였다. 루트가 미국대표단에 들어갈 것을 안 일본은 그를 국제재판소 임원으로 추천운동을 하였다(미국립도서관 필사문서부 소장, 「루트문서」 내, 시데하라 남작과의 왕복문서 참조(1921. 8. 9)).

54) 『신한민보』, 1922년 2월 4일, 박영로, 「워싱톤회의 후의 우리는 엇지할가」 참조.

조에 해쳐 버리면 내지 동포는 낙망하며, 적국은 의기양양하여 세상에 광포하며 열국은 우리의 불완전한 형편을 비소할지니 어떻게 해서도 현상을 유지하는 것이 재외한인의 큰 의무라 하노다"라고 강조하기도 하였다.[55] 한편 서재필은 약속한 대로 2월 9일 자로 장문의 성명을 발표하고 교포들의 노고와 통신부의 공적을 말하면서 『한국평론』 잡지의 폐간과 '한국친우회' 조직의 해체를 선포한 것이다.[56] 『신한민보』는 재정곤란으로 4월에 무기정간으로 들어갔으며(결국은 8월에 재간), 6월 17일 상해 의정원은 대통령과 각원(閣員)의 불신임안을 가결하고 북미 독립운동은 침체기로 빠져들어간 것이다.

이 워싱톤회의 청원운동은 다음 몇 가지 생각해 볼 점을 남겼다. 즉 서재필·이승만·정한경 등 공부를 많이 하고 국제정치에 식견이 있었다고 보여지는 인물들이 어떻게 미국의 선의를 그렇게 믿을 수 있었던가, 즉 외교에 도덕·선악을 강조하는 어리석음을 범하였는가 하는 점이요, 이들이 미국 기독교문명에 순치되지 않았는가 하는 점, 구미위원부가 2년 반 동안 쓴 10만 달러의 반만이라도 미국 국회의원 상대의 '로비' 활동에 썼더라면, 또는 만주의 무장독립전쟁에 투자하였더라면 어떠했을가 하는 점들이다.

---

55) 『신한민보』, 1922년 3월 2일, 「리통령의 선언」.
56) 『신한민보』, 1922년 2월 24일, 「서재필 박사의 편지; 이번 회의는 장래 성공의 기초, 관계하였던 모든 사업은 정지」. 그런데 前引한 『大正十一年 朝鮮治安狀況』에는 주(駐) 각국 외교대표원 즉, 미국의 서재필·영국의 김교헌(金敎獻)·불국(佛國)의 조동호(趙東鎬)·노국(露國)의 고상운(高祥雲)·중국의 정인과(鄭仁果)·일본의 여운복(呂運復)·독일의 유식(柳湜)·이태이의 김석철(金奭鐵)이 연명(連名)하여 재중국 동포들에게 성명을 발표한 것이 수록되어 있다. 즉 "세계 각국의 동정을 얻을 필요상 각국의 국어를 통하는 다음의 8명을 외교대표원으로 선발 파견하여 막대한 비용을 썼지만 하날이 아직 우리의 노력과 분투를 참작하여 주지 않아 불행히 한국독립 승인은 의제로 상정되지 못하여 여기에 만가지 책이 다하였으나 그러나 낙담하지 말지어다. 지난번 재아지사(在俄志士)들은 아국공산당(俄國共産黨)과 제휴하게 되고 '치타' 정부는 성의껏 한국의 독립을 승인하고 원조하게 되었도다. 자세한 훈령은 불일(不日) 발송할 것이지만 중국 재주(在住) 일반민에 대하여 분려노력(奮勵努力) 일치단결(一致團結)에 힘쓰고 단원(團員)의 확장 내용의 충실을 기할지어다." 前引 마이크로필름 SP/SO pp.211~212 참조. 그런데 여러 가지 상황을 참작하면 이 통신은 미국의 서재필에서 나왔다고 생각하기 힘든 점이 있다.

이 외교노선의 실패로 의열전쟁론(義烈戰爭論) · 군사우선론(軍事優先論) 또는 박용만의 둔전양병론(屯田養兵論)이 대안으로 검토될 단계에 이르며, 또 소련연방에 대한 뜨거운 기대감이 그 강도를 높여 갔던 것이다. 김동성(金東成)『동아일보』기자는 미국에서 귀국 후 "외국인이 조선독립에 찬조 · 동정하는 것 같은 태도는 결코 성의에서 나온 것이 아니다. 필경 종교선포의 일 수단이었고, 오히려 많은 군비와 무기의 공급에 인색하지 않는 러시아 공당(共黨)과 손을 잡음이 더 낫다"고 말하게 되는 것이며(大正 11年 朝鮮治安狀況追加 SP. 150 : 326~327), 김규식은 극동노력자회의(極東勞力者會議) 참석차 모스크바로 향하게 되는 것이었다.

이 태평양회의 외교활동에서 가장 빛나고 돋보이는 사람들은 특연 호소에 열심히 동참한 미주교포와 국내인사들이었으며, 특히 국내에서 보내왔다는 청원서의 출현은 해외 독립운동에 심대한 마력(馬力)을 제공한 것이었다.

❖ 『한민족독립운동사6 : 열강과 한국독립운동』, 1989

1930년대의 재미한인독립운동

1. 후지무라 · 덜레스 전쟁종식 교섭극의 의미

1945년 3월초 패망 직전의 독일에서 스위스로 전근 간 해군무관 등촌의 랑(藤村義朗 : 후지무라 요시로오) 중좌는 조국의 패망을 눈앞에 두고 조금이라도 일본에 유리한 조건하에 전쟁을 끝나게 하려고 독자적인 행동을 개시하였다. 그것은 미국의 비밀정보기관인 OSS와의 접촉이었으며, OSS의 스위스주재 대표이었던 덜레스와의 면담으로 이어지는 것이었다. 등촌의 랑 중좌는 일본이 양보할 수 없는 최후의 것으로 세 가지 조건을 제시하였다. 즉 국체의 유지, 상선대(商船隊)의 유지, 그리고 조선 · 대만의 계속유지였다. 이에 관하여 OSS의 대리장관이 국무장관을 위하여 쓴 메모에는 다음과 같은 내용이 있다.

6월 2일 베른(Bern)주재 전략국(OSS) 대표가 전달한 다음 정보는 1945년 5월 12일 일본의 소위 평화교섭에 관한 메모의 뒷 전개상황이다. 이 정보의 원천은 나치를 반대하나 친일적인 극동문제의 권위인 그 독일인과 동일인이다. 그는 후지무라와 접촉하고 있는 바 …… 후지무라는 해군대신과 무선으로 직접적인 비밀연락을 취하고 있다는 것이며 일본정부의 신임을 받고 있다고 믿어지고 있다. 후지무라는 일본 정부를 움직이고 있는 해군은 항복을 생각하고 있으나 가능하다면 현하의 파멸상황에서 체면을 조금이라도 세워주면 한다는 것이다. 해군 측에서는 특히 혼란과 공산주의를 방지하기 위하여 천황제의 보존의 필요성을 강조한다는 것이다. 후지무라는 일본은 근본적으로 식량의 자급자족이 불가능함으로 한국에 설탕과 쌀을 의존할 필요가 있다고 강조했으며 그는 또 식량의 수입을 위하여 수송선박을 남겨주면 좋겠다고 주장하였다는 것이다.[1]

그런데 후지무라가 보낸 암호전보와 전후 그에게서 직접 인터뷰하여 얻은 서술들에는 다음과 같은 것이 있다.

1. 일본의 주권[국체]을 그대로 보존하는 것에 관하여 미국측의 의견을 듣고 싶다.
2. 상선대(商船隊)를 그대로 남겨 줄 것.
3. 대만과 조선을 그대로 남겨 줄 것(대만과 조선은 일본영토가 된 후 문화적으로나 경제적으로 비상한 진보를 보았다. 이것은 마치 뉴멕시코주가 미국에 편입된 후 발전된 것과 같다. 또 양자는 일본의 식량자원으로 필수 불가결하다. 즉 일본이 생존하기 위해서는 필요하기 때문에 남겨 주기 바란다).

물론 이상의 제시에 대하여 미국 측의 대답이 있을 수 없는 것이다. 그러나 극히 비공식으로 여러 개인의 사사로운 견해라는 형태로 하크 씨가 모아 들인 바에 의하면 1·2항은 크게 가능성이 있으나 제3항은 힘들 것으로 안다는 것이다. 특히 조선은 카이로·얄타 등의 수뇌회담에서 결정되었기 때문에 불가능할 것이라는 것이었다. 우리는 여기에 대하여 다시 일본과 조선의 지리관계를 설명하고 고려를 청했다.[2]

---

[1] 국무부문서번호 740.00119 P.W./6-445.이 문서는 스위스 베른 소재 OSS대표부에서 본부에 보낸 보고를 요약한 것인데 대만이라는 글자가 빠져 있다.
[2] "조선과 대만의 처분문제에 대해 언급하여 이것을 일본에서 빼앗는 것은 상당한 고려의 여지가 있다고 생각한다. 조선과 대만에 있어 과거 40~50년에 걸친 일본의 치적은 참으로 훌륭한 것으로 일본이 아니고는 도저히 있을 수 없는 것이 아닌가 말해 보니 존슨 공사는… 만일 조선인에 독립능력이 없다고 말하는 자 있다면 미국이 원조를 주어 기필코 훌륭하게 독립시켜 보일 것이라는 대단한 의기를 보였다"(124쪽)는 기록이 있으며, 이에 대응되는 미

하크가 가져온 여기에 대한 덜레스의 회담은 제3의 조선은 안되지만 대만에 관하여서는 장개석과의 교섭여하로 되어질 가능성이 있을 것이다. 단 이상은 곧 전쟁을 종결시킴을 조건으로 하는 것이다라는 것이었다.[3]

> 만일 6월 이내로 휴전이 성립될 수 있다면 …… 덜레스씨는 일본이 대만을 보유하는 문제에 영향력을 행사해 보기로 했다.[4]

덜레스가 전략정보국에 보낸 편지 원문을 아직 발견하지 못해 그 교섭 경과가 반드시 일본 측 자료가 이야기하는 것과 전적으로 같다고 확언하지는 못하겠지만 최소한 그 대략의 줄거리는 전개상황으로 보아 무난한 것으로 생각된다. 이 교섭극에서 주목되는 점은 알렌 덜레스의 사고 가운데 한국이 점하는 위치가 대만보다 높았다는데 있다. 대만도 한국도 카이로선언 등으로 그 귀추가 이미 결정되었는데도 불구하고 한국의 장래는 흥정불능인데 대만은 중국의 지위에도 불구하고 흥정가능한 것처럼 거래되었다. 이것은 한반도 문제는 소련의 눈치를 보아야 되는 이유도 있겠지만 오히려 미국에 있어서의 한인들의 독립운동이 치열했고, 미국 조야에 동조세력이 침투해 있어 한국을 계속적으로 일본에게 예속시키겠다고 발설했다가 큰일이 발생할 것으로 생각했을 가능성이 있다. 1940년대의 미국에서의 독립운동이 매우 치열했던 것은 잘 알려진 것이며, 그 토대는 1930년대에 구축된 것이기에 이 시대를 살펴보는 것이 매우 중요하다. 특히 재미독립운동에 있어 이승만의 지명도와 백인들 사이에 퍼진 지지세력이 만만치 않아 이런 시각으로 볼 때 그의 공적은 높이 평가되어야 할 것

국기록으로는 국무부문서번호 740.00119 P.W./5-1545가 있다.
[3] 요미우리신문사 편, 『日本終戰史』 中卷, 1965, 78쪽.
[4] Toshikazu Kase, *Journey to the Missouri*, Yale University Press, 1950, p.222. 가세 씨는 전쟁 중의 일본외무성 관료였다. 1950년 9월 26일 덜레스는 그의 한 편지에서 이 가세의 각주를 인용하면서 자신의 기록은 우리 정부의 기록보존소에 있다고 촌평을 달았다. Dulles to Per Jacobson, Allen Dulles Papers, Princeton University Archives.

이다. 따라서 우선 그의 행적을 추적해 보기로 한다.

2. 이승만의 제네바여행과 독립운동

이승만 박사가 1919년 8월에 미국의 수도에 한국위원부(Korean Commission)를 창립한 목적은 첫째, 재미교포로부터의 통일적인 징세제도 확립. 둘째, 미국조야에 대한선전과 홍보. 셋째, 교민응집 중심체로서의 기능발휘 등으로 생각할 수 있겠다.[5] 그런데 1921년에서 1922년 초에 걸친 워싱톤 국제회의를 겨냥한 독립청원운동의 실패를 고비로 한국위원부는 거의 유명무실한 단체로 변하였지만 이 박사는 집념을 가지고 이 기관을 유지하려고 노력하였고 또 유지했었다. 제2차 대전 중 소연방에 합병된 발틱 3개국들은 미국에 공사관건물 등 재산과 은행저금이 있었기 때문에 그들의 유명무실한 공관을 계속 유지하여 왔지만 한국의 경우에는 공사관을 일본정부가 빼앗아 갔고 재미재산 무일푼의 경지에서 그래도 이 박사가 독자적인 힘으로 다년간 한국위원부를 유지한 것은 대단히 높이 평가할만한 것이었다. 워싱톤시 주소록과 전화부에 의하여 엮어 본 역년 한국위원부의 존재여부와 그 주소는 다음과 같다.

1919년 1314 H Street N.W. Continental Trust building #908.
1920년 위와 같음 #905-907.
　　　김규식　주소 Portland Hotel.
1921년 위와 같음. 김규식(주석), 현순(회계), 정헨리(직원)
1922년 Korean Commission to America&Europe, chairman; Philip Jaisohn. 주소 같음.

---

[5] 방선주, 「1921·22년의 워싱톤회의와 재미한인의 독립청원운동」, 『한민족독립운동사』 6, 국사편찬위원회, 1988, 199~200쪽.

1923년 주소 위와 같고 소장(Director); Syngman Rhee.

1924년 주소 같으나 건물이름이 People's Life Insurance Building으로 됨.

1925년 주소는 위와 같으나 이승만 이름 없음.

1926년 위와 같음.

1927년 1310 Park Road NW, Commissioner; Henry Kim. 헨리 김은 김현구이고 주
    소는 개인주택이다.

1928년~1929년 위와 같음.

1930년 주소는 위와 같고 Commissioner 즉 위원은 윤치영.

1931년 주소는 위와 같으나 운영위원의 이름 없음.

1932년 주소록에 기재되지 않음.

1933년 1343 H Street N.W. Room 1010. Chairman; Syngman Rhee. 이승만하에서
    는 주소 : 623 Pennsylvania Ave N.W.

1934년 416 5th N.W. Room 312. Chairman; Dr. Syngman Rhee. 이승만하에서도
    주소는 위와 같음.

1935년~1939년 위와 같음.

1940년 주소는 1934년과 같고 단 이승만과 이 프란체스카의 주소는 1766 Hobert
    N.W. 직업; 교장.

1941년 개인주택 동상. 단 직업란은 설명 무.

1942년 Korean American Council. 1341 G Street N.W. Room 377. Chairman;
    Syngman Rhee. 개인주소 같음.

1943년 Korean Commission 416 5th Ave. N.W. Room 416. Chairman; Syngman
    Rhee.

1944~1945년 한국위원부는 존재했으나 주소록 열람불능으로 생략.

이상의 일람표로 보건데 3·1운동이 시작된 후 한국위원부는 줄곧 워싱
턴시에 존재했지만 1932년과 1936~1941년 도합 7년간 중단되어 있음을 알
수 있다. 1932년의 단절은 하와이정쟁(政爭)과 재판사태로 만신창이가 되
어 운영할 힘이 없었던 까닭인 것 같고, 1936년부터 태평양전쟁이 터지는
1941년까지는 가히 일본의 전성시대로 이승만은 비교적 조용히 지내고 있

었다. 그러나 유심히 1930년대 초기의 이승만의 행적을 쫓아보면 그가 의외로 미국언론계 인사나 정부관리들과 넓게 교제하고 있음을 본다. 이런 것이 후일 미국의 대한국관(對韓國觀)에 기여했음을 의심하지 않으며, 이런 면에서 이승만의 공적은 실로 크다고 할 수 있다. 이승만은 1929년 동지회식산회사의 도산과 기타 이승만 주변 제 사건의 영향으로 의기저하한 동지회원의 사기를 북돋는 한편, 박용만이 죽고 안창호가 부재 중인 미주에서 모든 정치단체를 자신을 정점으로 동지회의 영향하에 두어보려는 원대한 꿈을 가지고 전미동지회대표회를 호놀룰루에서 1930년 7월 16일 개최하여 보았으나 김원용·김현구·이용직 목사 등과 충돌하여 하와이 교포사회는 분열되고 거금을 들인 재판사태에 패배하자 1931년 11월 21일 로스앤젤레스호(City of Los Angeles)로 하와이를 떠나게 되었다.[6] 1932년도의 워싱턴 주소록에 한국위원부가 게재되지 못한 것은 1931년도의 하와이재판싸움이 투영된 것이었다. 일년 동안 이승만은 객지를 돌아다니면서 이후 취하여야 될 행동을 구상하고 있었다.

　때는 바야흐로 일본이 만주사변을 일으켜 만주를 점령하고 상해사변까지 일으킨 때였다. 미국인의 대일감정은 점차로 악화하기 시작한다. 이승만은 1931년 12월 16일 미국 국무부를 방문하고 국무부장관에 드리는 석장의 편지를 놓고 갔다.[7] 이 편지에서 이 박사는 한국 내의 2000만 동포, 시베리아의 200만, 만주의 60만, 하와이의 7000명, 미주와 쿠바의 4500명 동포를 대표하여 청원드린다고 전제하고, 일본의 만주 점령은 그 풍부한 자원을 손에 넣게 되어 더 강대해지고 더욱 침략행위로 나가게 될 것이니

---

[6] 정두옥, 원고본 『在美韓族獨立運動實記』 18장, 「국민회의 최후와 리승만의 일을 꾀하는 전모」, 한국학연구소 소장본 참조 ; 김현구, *Unam, Syngman Rhee, A Short Biography The Writing of Henry Cu Kim*, Edited by Dae-Sook Suh, Paper No.13, Center for Korean Studies, University of Hawaii, 1987, pp.212~213 등 참조 ; 김원용, 『재미한인 50년사』에도 소상하나 김원용은 자신이 동지회 시카고 대표였다는 기술을 못 하고 있다.

[7] 국무부문서번호 793.94 P.C./42 참조.

세계문명의 적으로 간주하여야 된다고 논하고, 더욱이 미국의 안녕을 위협하게 되리라고 내다보고 새로운 세계대전이 일어나기 전에 미국이 강경한 행동을 취할 단계에 이르렀다고 논한다. 일본의 계속적인 팽창은 한국의 독립을 보다 멀리 하는 것이고, 또 일본의 만주점령이 재만 한인에게 심대한 고통을 주고 있기 때문에 후버대통령께서는 국회에서의 연두교서에서 강하게 이야기하여 주는 것이 한국을 비롯한 아세아인에게 힘을 주는 것이라는 취지의 글이었다. 국무부 극동문제담당관은 그의 메모에서 "이 편지는 한국 독립운동의 지도자들이 아직 활동하고 있는 증거로서 또 만주사변에 있어서의 그들의 입장을 보여주고 있어 읽을 가치가 있다"고 지적하였다.

약 일 년 후 1932년 11월 29일 그는 노동부 이민국에 나타나서 미국 재입국허가증을 신청했고, 당일로 허가증 번호 #879329를 받고 동년 12월 23일 S.S. Laconia호로 뉴욕을 출발, 제네바로 향하였다.[8] 이승만은 1933년 1월 2일 영국의 리버풀에 도착, 1월 4일에 비행기로 런던을 출발하여 파리를 거쳐 프랑스의 리옹에서 비행기를 갈아타고 오후에 제네바에 도착, 러시아 호텔(Hotel de Russie)에 숙소를 잡았다.[9] 그는 곧 언론계를 상대로 움직이기 시작한다. 1월 26일자 프랑스어 신문『제네바일보(Journal de Geneve)』는 다시 일본의 구속하에 들어간 만주한인의 참상을 대대적으로 보도하였고, 2월 16일에는 국제연맹의 방송시설을 통하여「극동의 분쟁과 한국」이라는 제목으로 영어연설을 했고, 22일자『라 뜨리분느 도리앙(La Tribune D'Orient)』은 제1면에 이승만의 사진과 더불어 그와의 면담기를 크게 실었으며, 23일에는 독일계신문『델 분드(Del Bund)』도 비슷한 기사를 게재하였다.[10]

---

[8] 미 연방수사국,「Korean National Association」1933/4/24 reported by R.P. Burruss. p.2 ; 미국 육군정보문서 1766-S-146호 참조.

[9] p.460.

[10] Robert T. Oliver, *Syngman Rhee : The Man Behind the Myth*, Dodd Mead & Co. New York,

한편 이승만은 대한민국임시정부 대통령이라는 직함을 내걸고 국제연맹 미국 국무부 등에 편지쓰기 작전을 수행하였다. 1933년 2월 8일 이승만은 국제연맹 사무총장 에릭 드럼먼드 경(Sir Eric Drummund)에게 대한민국임시정부 대통령의 이름으로 석장의 편지를 썼다. 그는 릿튼(Lytton)보고서에서 지적되고 있는 만주에 사는 한국인의 문제 즉 '이중국적', '토지소유', '특유한 민족전통'과 만주분쟁과의 연관성에 주의를 환기시키면서 국제사회가 일본의 한국병탄을 묵인하였기에 지금과 같은 만주침략문제가 생기는 것이며, 그러기에 한국민의 호소를 귀담아 듣고 귀하가 취하려는 해결책에 도움이 되어주기를 바란다는 취지의 편지였다.

그는 곧 『만주에 사는 한국인』이라는 책자를 저술하기 시작하였다. 릿튼보고서의 전문이 필요하였기 때문에 파리까지 여행하여 트리아농 빠라스 호텔(Trianon Palace)에 3월 6일부터 9일까지 묵고 자료를 찾아 총 35면의 책자를 인쇄하였다(The Koreans in Manchuria - Extracts from the Lytton Report with Comments by Dr. Syngman Rhee(Geneva; 1933), Published by AGENCE KOREA, Main Office 7, Rue Mallebranche, Paris. Price; 2 Swiss Francs). 이 책자의 목차내용은 글쓴이의 목적, 현 사태의 원인, 한국문제와 만주문제는 불가분리의 것이며, 만주의 한인 인구, 초기이주자들, 근래의 대량 이주(移住)의 원인, 쌀의 재배, 일본에 대한 한국인의 증오감, 한국인에 대한 중국인의 태도, 충돌의 시작, 일본을 유화하려는 중국(한인의 탄압과 한인귀화정책), 조약상의 권리, 이중국적, 만보산(萬寶山) 사건, 한중우호, 일본에 불가결인 만주, 일본의 보호, 러시아의 한인, 한국의 민족주의, 인도(人道)를 위한 호소, 부록 : 일인의 잔학행위, 훈춘(琿春)사건, 동경대학살 등이다. 종횡으로 릿튼보고서를 인용하면서 적절하게 만주한인의 곤경과 일인의 비인도적행위, 한국독립의 필요성을 설파하였다. 실로 이

1954, pp.160~161 참조.

승만의 여러 저술 중 가장 훌륭하고 당시의 독립운동에 적절한 문장이었
다.11)

　당시의 세계정세로 말하면 1931년 7월 만보산사건, 동년 9월 만주사변,
일본의 중립적 조사단파견 제의로 1932년 2월 국제연합 릿튼조사단의 파
견, 3월 만주국건설 선언, 동년 10월 조사보고서의 공포, 1933년 2월 24일
국제연합이 이 보고서를 42 대 1로 채택한 후 일본퇴장, 3월 27일 일본 국
제연명에서 탈퇴선언 등등으로 이어지는 것이었다. 이 릿튼보고서는 일
본·중국 간의 분쟁원인과 만주사변의 경과를 분석하고 만주사변을 일본
의 침략으로 규정하면서도 일본이 만주에서 가지는 이권을 인정하며 양자
간의 경제협력을 주장하는 등 매우 타협적인 것이었다. 이승만은 일본이
아직 공식탈퇴하기 전에 이 책자를 수백 부 각 회원국에게 살포한 것이니
이 전술은 매우 타당한 것으로 평가받을 만하다. 당시의 제네바 각국대표
들의 대일감정이 좋지 않았던 관계로 이승만은 신문 등에 더욱 크게 소개
되었다. 이승만은 3월 20일 다시 국제연맹사무총장에게 편지를 쓰며 ① 릿
튼보고서는 한국문제가 이번 사태의 한 원인이라고 지적하였다. ② 지금
우리는 한국문제는 잠시 제쳐놓고 만주의 한인문제만 다루고 싶다. ③ 만
주의 한인들에게 자신들의 주거국가에 귀화할 수 있는 고유권한이 있음을
인정해달라고 주장하였다. 다음 5월 6일자 편지에서는 일본이 국제연맹을
탈퇴했은 즉 어떠한 제재가 있어야 될 줄로 믿는다. 연맹규약 제16항의
1조에 의거하여 무역·금융 기타 교류를 금지하게 하지 않으면 세계평화
에 큰 파탄을 초래할 우려가 있다. 연맹의 이러한 제재는 한국의 권리회복
문제에 있어서도 좋은 결과를 가져올 것을 믿는다고 썼다.

　그는 또 분주히 미국영사관·중국공사관과 접촉하면서 의견을 교환하였
다.12) 1933년 2월 8일 그는 제네바에서 미국무장관 스팀슨(Stimson)에게 직

---

11) 국무부문서번호 F/HS 793.94 Commission/858, F/G793. 94 Commission/919.

12) 국무부문서번호 F/HS 793.94 Commission/932 ; Oliver, 앞의 책, 161~163쪽.

접 글을 쓰고 한국문제는 만주문제의 일부분으로 취급되어야 되는데 1882년의 한미우호조약 중의 거중조정(居中調停)항목을 미국이 실천해 줄 날이 오는 것을 믿는다고 강조하였고,[13] 3월 20일자 새 국무장관 헐(Hull)에게 쓴 편지에도 이 점을 강조하였다.[14] 4월 13일에서 17일까지의 부활절 주말에 그는 취리히에 사는 이한호(李漢浩)를 방문하였다. 이한호는 옛날 서울시절 그의 제자였으며 최근 시베리아를 방문하고 돌아와 이승만에게 강하게 시베리아행을 권면하였다. 그는 마음이 움직였고 이 기회에 시베리아 동포들과 관계를 맺고 돌아오는 것이 조국의 독립운동에 유익할 것으로 생각하였다. 그런데 그와 동지회에서는 오래 전부터 박용만·김규식 또 안창호가 소련을 방문하였다고 해서 공산주의자로 몰았던 경력이 있었기 때문에 이 점에 있어서 미국의 양해가 필요하다고 느꼈던 모양이다. 그는 4월 25일 미국영사 프렌티스 길버트와 점심을 나누고 그의 시베리아행 계획에 대하여 이야기 하였다. 길버트는 곧 본국에 보고서를 작성하였는데[15] 이승만이 극비에 부쳐 달라면서 이야기한 내용을 다음과 같이 적었다.

한국인들은 현하 극동의 정세전개에 큰 관심을 가지고 있으며 일본이 열강과 충돌사태로 가게 될 상황이 일어나기를 희망하고 있다. 그렇게 되면 한국의 독립을 되찾을 기회가 생기기 때문이다. 이러한 관점에 의하여 시베리아에 거주하는 백만 한인은 비밀히 러시아인 사관 밑에서 군사훈련을 받고 있다. 이승만은 전에 블라디보스톡에 오래 살았고, 현재 츄리히에 사는 한인을 수반하여 시베리아에 가겠다고 말했으며 시베리아의 한인지도자들과 만나 재정원조문제를 토의하려 한다. 주소중국대사 옌씨가 소련관리들을 설득하여 협조와 보호받기를 희망한다. 소련은 일본을 반대하고 있으니 이승만 자신의 이러한 행동에

---

13) 주 11)과 같음. 그는 국무부에 쓸 때마다 자신의 다른 외교기관에 쓴 글을 첨부하였다.
14) 주 13)과 같음.
15) 육군부정보문서 51-370,「Alleged Project of Dr. Syngman Rhee Respecting Siberia」; Oliver, 앞의 책, 162~163쪽.

호의적일 것으로 생각한다.

이승만은 중국 외교기관과 계속 접촉을 유지하면서 파리의 소련대사관에 사증을 신청하러 갔으나 오스트리아 비엔나로 가서 얻어 보라고 거절당했으며 비엔나의 중국대사를 찾아가 소련대사와 임페리얼호텔에서 식사를 같이하며 양해를 받고 입국사증을 얻는데 성공, 7월 4일 제네바의 미국영사관에 들려 "시베리아로 떠난다. 돌아와서 한번 만나보고 미국으로 돌아가겠다"는 편지를 영사 부재중 써 놓고 런던으로 떠났다. 당시 런던에서는 국제경제회의가 개최 중이었다. 여기서 파리로 가서 기차로 폴란드를 거쳐 소련에 입국하여 모스크바에 도착하였으나 소련관원들은 이승만에게 곧장 소련을 떠나달라, 사증의 발급은 착오였다고 말하였다는 것이다. 이승만은 중국대사관을 찾아갔으나 중국 측의 설명은 동 만주철도의 소유권문제로 중국과 소련 간이 불편한 관계에 있으며 일본이 오히려 소련을 두둔하고 있기에 이번 소련의 반응이 나타나는 것이라는 설명이었다고 한다.16) 하는 수 없이 이승만은 모스크바에서 일박 후 소련을 떠나야 했다. 이승만이 다시 제네바에 들렀는지 아닌지는 분명하지 않다. 소련행에서 돌아온 이승만에 관한 미영사관의 보고가 보이지 않기 때문이다.

그러나 그동안 제네바 미국영사관과 국무부 사이에는 이승만의 요구와 관련하여 한 차례 서신왕래가 있었다. 즉 이승만은 5월 8일 국무장관에 직접 편지를 쓰고 1882년의 한미우호조약원문의 복사본 두 통을 요구한 것이다. 국무부 극동과의 혼벡 박사는 주 제네바영사에게 편지를 쓰고 일국의 정식대표도 아닌 이승만에게 직접 송부할 수 없으나 영사관에서 간접적으로 수교하는 것은 무방하게 보이니 그렇게 해달라는 것이었다. 혼벡은 이승만과 구면이었고 당시 미국무부는 이승만의 구라파활동에 호감을 가졌던 것 같다.17) 여기에 대하여 길버트 영사는 반대하고 나섰다. 그 이

---

16) Oliver, 앞의 책, 162쪽.

유는 이승만이 우호조약복사본을 원하는 진심을 캐보아야 된다는 것이었다. 그에 따르면 이승만은 복사본을 받으면 자기한테 수교증명을 써달라든가 하여 미국정부가 공식적으로 소위 대한민국임시정부 대통령에게 거래한 증거로 삼으며 중국대사관의 도움을 받아서 이것을 국제연합에 등록시킬 꿍꿍이속이 있는 것이 아닌가 하는 것이었다. 이 편지를 받은 혼벡은 크게 깨달은 듯이 길버트에 감사하고 복사본을 주지 말아달라고 부탁하고 이승만의 시베리아행에 관한 보고는 이곳 부처직원의 흥미를 모았다고 첨부하였다.18) 이승만은 위에서 살펴본 바와 같이 매우 열심히 또 성실히 조국의 독립을 위하여 노구를 무릅쓰고 활동한 것이었다. 이승만의 활동은 당장 열매를 맺지는 못했으나 미국국무부에 한국인의 독립운동을 다시금 인식시켜 후일의 한국독립에 관한 미국의 태도에 영향을 준 것으로 생각된다. 이승만은 프랑스의 니이스에서 8월 10일 S.S. Rex호를 타고 16일 뉴욕에 돌아왔다. 이 배의 승객명부에는 이승만 항목에 58세, 국적: 코리아, 직업: 박사(교수), 주소: 워싱톤 파아크 호텔 등이 기재되어 있다.19)

이승만의 제네바행을 서술하면서 빼 놓을 수 없는 것은 이승만의 연애와 재혼이다. 이승만의 약혼녀 미국초청문제로 국무부와 설왕설래가 있었고 이를 통하여 다시금 미국사회에 퍼진 이승만의 저력을 엿볼 수 있기에, 또 이승만이 결혼 후 교포사회에서 큰 사건을 일으킴 없이 묵묵히 일을 행했기 때문에 독립운동에 간접적인 도움이 많았다고 보여져서이다.

올리버에 따르면 프란체스카 도너 양은 구라파계의 오스트리아 강철상

---

17) 주 8)과 같음. 3면에 Burruss는 국무부의 Chief Special Agent인 R. Bannerman을 만났는데 "Bannerman stated that about three months ago Mr. Rhee left the United States for Geneva with the view of presenting the Korean situation to the League of Nations. Mr. Rhee's activities and movements with respect to the liberation of the Koreans from the Japanese is well known to the Department of State, and his activities have not been considered objectionable"이라고 적고 있다. 혼백의 편지는 국무부문서 F/ESP 711.952/2를 참조.

18) 국무부문서 F/G 711.952/3 참조.

19) National Archives, RG 85, Passengers and Crew List of Vessels Arriving at N.Y., 1897~1942. Volume 11568. Italian S.S. Rex 참조.

인의 장녀였고, 그녀의 미국입국의 목적이 동양인과의 결혼에 있다고 해서 입국에 문제가 있었다는 것이었다.[20] 이것은 미국 국무부문서로 실증된다. 미국에 귀환한 이승만은 뉴욕화교들의 출자약속을 믿고 뉴욕에『뉴 오리엔트』라는 잡지를 창간할 만반의 준비를 다 하였다. 우선 미국 언론계의 원로이며 온건사회주의자로서 필리핀 독립부여의 기수인 럿셀(Charles Edward Russell)을 편집국장에 올려 놓고 대학교수 몇 명을 편집자로 정해 놓은 후 사무실을 정하고(110 East 42nd Street, New York City) 사방에 광고를 하였다. 이승만은 이 잡지의 이름이 달린 편지용지를 쓰면서 자기 약혼녀의 조속한 입국사증발급을 운동하게 된다. 그는 저명한 언론인 피어슨(Drew Pearson)을 앞에 세우고 나섰다. 피어슨은 미국 각처의 유력지에 자신의 고정란인 워싱톤 메리고 라운드(Washington Merry-Go-Round)를 배급하여 폭로내막기·가십 등으로 워싱톤의 정계를 전전긍긍하게 만들 수 있는 위인이었다. 이런 사람이 이승만 편에 서서 교섭한다는 것은 대단한 것임이 틀림없었다. 국무부에 보낸 이승만 자신이 쓴 재정보증서를 보면 다음과 같다.

　　한국위원부의 창시자이며 영구적인 주석, 호놀룰루 한인기독학원의 창시자요 교장, 한인중앙기독교회의 창시자요 12지교회의 총 감독, 뉴욕『오리엔트』잡지의 경영자로서 한주일의 수입이 최소 40달러가 되며 여행수당 기타수당은 별도로 계산된다. 가족이 생기면 수입이 늘어나도록 되어 있다. 개인 재산은 약 3만 2천 달러인데 그중 1만 7천 달러 재산은 다달이 물고 있고 부채는 없다. 도너양이 본인과 결혼하고 싶어하는 것은 첨부한 그녀의 편지로 명료하다.[21]

국무부 사증과에 따르면 그녀는 이민수속을 하지 않고 결혼을 위한 초

---

20) Oliver, 앞의 책, 163쪽 참조. 미군정문서에는 헝가리계라는 것이 있기도 하다.
21) 국무부문서번호 811.111 Donner, Fanny 철.

청입국을 기다리고 있었기에 지연되고 있다는 것이고, 오스트리아의 이민 할당 인원수가 차지 않았기 때문에 이민수속만 한다면 문제없을 것이란 설명이었다. 1934년 8월 9일 도너 양은 다음과 같은 짤막한 전보를 이승만에게 쳤다.

거절됨. 노동부 1905호 용지필요. 수입과 하와이의 재산증명. 은행보고 최단 시일. 사랑을 담아.[22]

이승만 친구들과 비엔나주재 미국영사와의 전보가 그 동안 여러 통 왔다 갔다 하였다. 8월 29일에는 이승만의 첫 결혼에서 적법적으로 해방되었다라는 증명이 필요하다는 영사의 전보가 오고, 9월 17일에도 이것이 해결되면 사증을 내주겠다는 전보가 왔다. 이 증명은 얻을 수 없는 것이었다. 그래서 최후수단으로 피어슨은 그의 고정칼럼에 이승만 약혼녀 문제를 들고 나와 신랄히 국무부의 관료주의적 작풍을 공격하였다(9.23). 비자는 나오고 프란체스카 양은 10월 4일 뉴욕에 도착했다.[23] 이 박사의 약혼녀 도미교섭에서 보이는 국무부문서에는 저명언론인들과 학자들이 많이 나오고 있는 것을 볼 수 있으며, 이 사람들이 이승만 개인의 자산이 될 뿐만 아니라 한국 독립운동의 자산도 된다는데 큰 의미를 찾을 수 있으며, 이러한 인사들의 집합적인 역량에 힘입어 미국의 한국독립에 대한 인식이 더욱 확고해진 것으로 생각된다.

---

22) 주 21)과 같음.

23) 주 19)와 같음. Volume 11962. Misc. Copy No.T-715를 보면 가족 상황이 적혔고 목적지는 뉴욕시 소지금은 $350, 누구를 만나러 가는가의 항목에 "Dr. S. Rhee, 돌아갈 생각여부 : No" 등의 기재가 눈에 뜨인다.

3. 한길수의 대두

1940년대의 재미한인 독립운동을 다룰 때 빼어 놓을 수 없는 존재는 한 길수(韓吉洙 ; Kilsoo Haan)라는 인물이다. 1940년대 초기 미국 수도 워싱 톤의 정계에 뛰어 들어 일약 이승만의 경쟁자로 부상되고 치열한 경쟁과 정에서 한국독립운동에 공헌 또는 손실을 입혔다고 상이하게 평가되기 때 문이다. 지금까지 한길수에 관한 연구는 거의 없는 형편이지만 독립운동 계에 있어서 그의 위상으로 보아 다루지 않을 수 없는 존재이다. 사실상 한길수가 쓰고, 또 한길수를 조사한, 미국국무부나 미국정보기관에 존재하 는 '한길수철'의 두께는 이승만과 모든 한인지도자와 그것들보다 많다. 그 를 칭찬하여 아끼지 않은 한 대표적 사례로서는 곽림대(郭林大)의 저술이 있다. 여기서 묘사된 한길수는 다음과 같다. 개성출신으로 어려서 하와이 에 건너간 한의 독립운동은 우선 미국 해군정보부의 이중정탐으로 호놀룰 루 일본영사관을 위하여 일을 해주며 정보를 빼낸다. 그리고 자주 미국정 부에 글을 써서 일본의 대미침략을 경고한다. 제일 마지막 경고는 1941년 12월 5일 즉 진주만 기습 2일 전으로 이 예언이 맞아 떨어짐에 인하여 미 국조야의 칭찬이 자자하였다는 것이다.[24] 그 반면 그는 미국의 요시찰 인 물이었고[25] 이승만은 그를 공산주의자라고 공격하였고, 이 박사의 연락을 받은 백범 김구 선생도 그를 '국제적 제5열'이라고 규탄하였다.[26]

한길수는 1900년 5월 31일 한국 'Changkow'[長串]이라는 곳에서 출생하였 다고 자칭한다. 1905년 부모를 따라 호놀룰루 도착(5월 29일), 와이파후 사

---

[24] 곽림대,『못 잊어 화려강산: 재미독립투쟁 반세기 비사』, 대성문화사, 1973, 185~208쪽.

[25] 1930년대의 한길수철들은 다음과 같다. 국무부 : 894.20211, 711.95/7 육군부 육군정보국문서 1766-S-146, 2657-H-392 해군부 해군정보부문서 01847516 연방수사국 Survey of Korean Activities in the Honolulu Field Division, reported by J.S. Adams, 3/20/43. 육군정보국문서 에서.

[26] 이 박사가 한길수를 공산주의자라고 공격한 기록은 주 25)에 제시한 문헌에 많이 보이며 김 구 발언은『대한민국임시정부 의정원문서』, 285쪽 참조.

탕수수농장에서 10살부터 일하기 시작, 14살에 이 박사가 경영하는 한인중앙학원에 입학했고, 17살 때에 카리히와이나 소학교를 졸업, 호놀룰루사범학교에 들어갔다가 사탕수수농장의 청부업자로 일을 보았고, 21세에 샌프란시스코의 구세군훈련소에 들어갔다는 것이다. 26세까지 구세군에서 일하였고, 정두옥이 설립한 국민회선전부(Korean National Information Bureau)에 교섭위원으로 있다가(1932년) 1935년 중한민중동맹 하와이지부를 창설하고 1938년에 워싱톤 주재대표로 갔다는 것이다.[27] 대략 그의 이력이 맞을 것으로 간주되는데 중학교도 제대로 나오지 못한 그가 세상을 떠들썩하게 하였다는데 놀라지 않을 수 없다. 한길수의 이름 석자가 세상에 알려지기 시작한 것은 1931년 즉 만주사변이 일어난 후인 것으로 짐작된다. 1931년 11월 3일자 『호놀룰루 스타 블레틴』지에 국민회 선전부의 호소문이 게재되고 있는데, 회장 정두옥, 구미부위원 한길수, 한국부위원 승용환, 원동부위원 김현구의 이름으로 일본의 만주침략을 규탄하고 있었다.

1933년 4월 20일 한길수와 이용직 목사는 40매에 달하는 호소문(Korea's Appeal)을 미국 육군부장관에게 부송하였는데, 여기서는 리한(W. K. Lyhan)이라는 필명을 사용하였고(즉 William Lee와 Kenneth Haan을 복합한 것), 이것은 한동안 한길수의 필명으로 계속되었다. 이 논문의 요지는 미일전쟁은 불가피한 것이니 한인을 이용할 줄 알아야 된다는 것이었으며 특기할 것은 '중한민중동맹'의 창시자 김규식의 미국 방문에 맞추어 중국 국민정부의 글을 인쇄하였고, 이것을 미 육군부에 보낸 문장의 말미에 첨부한데 있다.[28] 미국정보문서에 의하면 한길수는 한중민중동맹 하와이지부의 이름을 김규식의 하와이방문 이후 사용했지만 조직착수는 1938년 후의 일이었다고 한다.[29]

---

[27] 1766-S-146철 안의 제5문서 "A Survey of Public Opinion Among the Japanese in the Territory of Hawaii" FBI Honolulu Field Report by J.P. MacFarland, 5/6/33. p.22.

[28] MID 2657-H-392철 제2번 문서 참조.

[29] 연방수사국 상기문서 21쪽 등 참조.

1933년 3월 초 한길수는 큰 소동을 미국 정보당국에 일으켰는데 그 사유는 다음과 같았다. 하와이국민회 회장 이정근과 하와이 한인홍보국(국민회 선전부라고도 했다. 그러나 완전한 독립기관), 정두옥 국장의 공동명의로 하와이 육군정보당국에 「하와이 일본인 여론조사」라는 보고서를 제공하였다. 제출자는 한길수로 곧 미국신문에 게재하겠다는 이야기였다. 당국에서는 안에 담긴 문장의 성격상 공표불가를 종용하고 중앙각처에 긴급보고하였다. 이 조사보고의 내용은 다음과 같다.[30]

1. 하와이 일본인들은 일미전쟁이 불가피하다고 생각하며 일본의 필승을 믿고 있다.
2. 하와이 일본인은 남자 50%, 여자 80%가 일본제국에 충성하고 있다.
3. 일본해군은 선전포고 없이 기습으로 하와이와 필리핀의 미국기지에 대타격을 가하려 하고 있다.
4. 하와이에는 특공대를 포함한 3종의 일본 지하조직이 있다.
5. 한인은 일본인이 아니다.

이 문장 중 세 종류의 첩보공작조가 있다는 단언은 미국당국을 몹시 긴장시켰고 하와이당국은 지금까지 없던 연방수사국 하와이 상주요원(常駐要員)의 파견을 요청하였고, 이 요원은 조사 끝에 한길수가 이용직 목사의 도움을 받아 만들었음을 캐내었다.[31] 또 이 요원은 정두옥·한길수·이용직·최영기 등을 핵으로 하는 13~15명 회원의 동생회(同生會)라는 단체의 존재도 확인했으며, 동생회의 뜻이 동산회(同産會) 즉 공산주의를 의미하는 것일 수 있다고 주장하였다. 이 요원은 한길수를 만나 문장 중의 정보원천을 말하라고 다그쳤고 한은 처음에는 자기가 쓰고 있는 첩자들이 모아들인 정보라고 우기다가 이 문장과 비슷한 주장을 담은 책자를 도서관

에서 한길수 등이 대출한 증거를 대자 전의 주장을 철회하고 일본과 미국
이 전쟁을 시작할 경우 법적으로 일본인의 범주에 들어가는 한인을 보호
하기 위하여 취한 행동이었다고 고백하였다.[32] 미국정보당국에서는 이 대
규모의 조사과정의 한 고리로 제네바에 체재 중인 이승만에게도 조사의
손길을 뻗었으며 이승만에게 이정근과 정두옥의 위인에 대하여 문의했었
고, 이승만은 호놀룰루의 태평양잡지 주필 이원순(李元淳)을 시켜 이 두 사
람은 인망없는 무식자들이며 이들을 조종하는 배후의 분란조성자들은 김
현구와 김원용이라고 공격한 바도 있었다.[33] 일본의 만주병탄을 계기로
미국인의 일본감정이 악화하고 미일전쟁의 가능성을 발설하는 자가 하나
둘이 아닌 때라 전쟁이 일어나면 교포의 안전을 보호하고 한국인의 독립
원망을 주지시킬 목적으로 일을 시작한 것이겠지만 이번 사건으로 손해를
본 사람은 다름아닌 한길수와 이용직이었다. 많은 미국정보당국자는 이들
을 상상에 의해 이목을 현혹시키는 조작분자로 간주하고 이 두 사람의 배
경을 조사하고 나섰다. 이용직 목사는 1935년에 귀국하여 4번 체포당했으
며, 마지막으로 1945년 8월 초에 체포되어 8월 16일 석방됐었다. 그는 미군
정당국자들과 회견 시 특히 이 사건을 길게 설명하면서 "당시 많은 미국인
들은 친일적이었으며, 전쟁이 올 줄을 꿈에도 생각 못했었는데 우리는 알
고 있었다"고 자랑한 바 있었다.[34]

그런데 한길수는 1933년도 조사보고 작성 시 보이기 시작한 과장벽(誇
張癖)과 허언벽(虛言癖)이 그의 애국정신과 같이 자라기 시작하였다. 사실
상 한길수는 툭 하면 미 요로(要路)에 자기가 쓰는 첩자가 입수한 것이라
고 칭하면서 애매한 정보를 보내곤 하였다. 이 버릇은 6·25전쟁 당시까지
계속되었으며, 단지 미래에 일어날지 모르는 사변에 대하여 경종(警鍾)을

---

32) 주 27)과 같음. 23쪽 참조.

33) MID1766-S-146철 제7번 문서 참조.

34) "Meeting between 'Representatives of Korean People's Civil Mobilization Union' and Members of
Joint Commission", Minutes of Meeting April 4, 1947. pp.5~6. RG 338. USAFIK Unit 11071. Box 1.

울리는 자(Alarmist) 또는 자기선전자(Self-Publicist)라고 선의로 해석하는 사람에서부터 거짓말쟁이·공산주의자·이중첩자 등등으로 평가받기도 하였다. 한길수는 1935년 3월 29일에도 장문의 논문(13매)을 미 육군정보당국에 보내면서 하와이 일본인을 황민화(皇民化)하려는 일본의 의도를 조사하여야 된다고 역설하였고, 일본영사관에서 정보를 캐내어 미국 측에 넘겨준다고 1936년에는 일본영사관에서 잡일을 맡고 때때로 정보를 보내곤 하였다. 전쟁 발발 후 압수한 일본영사관 장부에 의하면 그는 1936년 5월 25일 $60, 8월 15일 $40, 8월 25일 $10을 받았다는 기록이 발견되기도 하여[35] 하찮은 심부름일을 시킨 것으로 생각된다. 이런 면에서 그는 이중첩자라고 간주되었던 것이나 그의 의도는 선의였으며, 이런 형태의 독립운동도 있었다는데 유의하여야 될 것이다. 1938년 그는 워싱톤에 나타나 한중민중동맹의 대표자 격으로 신진활동을 시작하였으며, 그의 활동비를 염출할 목적으로 정두옥에 연락하여 정식으로 한중민중동맹이 하와이에 생기게 되었다고 미정보문서들은 밝히고 있다. 즉 한중민중동맹이라는 단체가 문서상으로서만 존재하여 오다가 처음으로 한길수 지원활동을 위하여 1938년도에 10명이 모여 만들어졌다는 것이다. 한길수의 워싱톤 유세행(遊說行)은 4년가량 하와이에서 비교적 조용히 신혼생활을 하던 이승만을 다시 워싱톤으로 돌아가게 하는데 일조(一助)가 되었다고 보여진다. 이승만도 1939년 봄에 워싱톤에 이주하게 되는 것이다.

전술하였듯이 한길수는 자주 일본의 불의의 기습공격에 대하여 경종을 울렸다. 가장 마지막 두 건을 든다면 다음과 같다. 1941년 10월 스팀슨 육군장관에 일본은 마아샬군도와 카로리나군도에 11월까지 탄약 및 무기의 보충을 완료시키도록 명령하였는데 미국에 대하여 전쟁을 시작할 최적기를 1941년 12월 또는 1942년 2월로 보고 있다고 썼다. 또 12월 5일 국무부

---

35) 위의 문서 p.3 참조.

를 찾아간 한길수는 하와이 호놀룰루의 일본신문 『닙부지지』 신문에 게재된(11월 22일) 11월달과 12월달의 미공군의 훈련은 공휴일과 일요일을 빼고 매일 있다는 기사의 게재위치에 주목하여 이것이 일본이 일요일에 하와이를 공격하려는 암시라고 혼벡에게 알렸다는 것이었다.[36) 이래서 진주만의 기습공격이 있자 한길수는 보란 듯이 자기선전을 했고 미국의 일부 언론과 일부 국회의원들에게 영웅처럼 취급된 바 있었다. 한길수는 이제는 이 박사의 경쟁자가 되었고 전쟁개시 후의 한인운동과 미국의 한인독립운동인식에 ─ 나쁜 의미에서 ─ 큰 영향을 끼친 것이었다.

4. 하와이애국단의 비밀독립운동

1932년 4월 29일 일왕의 생일날, 상해 홍구공원에서 거행되었던 전승기념대회에서 애국단원 윤봉길 의사가 백범 김구의 지시로 폭탄을 던져 다대한 성과를 얻은 것은 잘 알려진 바와 같다. 또 여기에 자금을 제공한 단체가 하와이애국단이었다는 것도 알려지고 있다. 그러면 이 하와이애국단은 어떠한 단체였던가, 유감스럽게도 이 단체에 대한 미국 측의 문서는 거의 없는 형편이다. 이 단체와 김구 애국단과의 관계 또는 윤봉길 의사의 의거와의 관계는 미국이 탐지하지 못하였다. 1943년도의 연방수사국의 90면에 달하는 하와이 한인의 동정보고에도 이러한 역사가 나오지 않는다. 이것은 이 회의 각자회원들이 얼마나 조심했는지를 이야기하는 것이다. 김원용에 따르면 다음과 같다.

---

36) 국무부문서번호 795B.00/12-3154 부록. 한길수가 올리버 저작에서 자기의 사적을 왜곡했다고 Dodd and Mead Company의 사장 Edward H. Dodd Jr.에 항의한 1954년 11월 8일의 편지, 20~21쪽.

1932년 2월 14일에 하와이·오아후·와히아와·자벙에서 림성우·김경옥·
김예준·김성옥·현도명·김태정·김형기·김기순 등의 발기로 하와이애국단
을 설립하였으며 이것이 원동의 특무공작을 후원하던 비밀결사이다. 1930년 하
와이 사회 풍파의 시비가 각 방면에 파급되어서 임시정부 재정후원이 박약하
여지던 때에 와히아와 지방에 있던 동포 중에 유지인사들이 파쟁에 중립태도
를 가지고 임시정부후원에 노력하며 김구와 연락하고 있다가 1931년 9월에 특
무공작의 계획을 찬성하고 동년 11월 15일에 1000달러를 보냈으니 이것이 리봉
창·윤봉길 두 의사의 운동경비였다. 1932년 1월에 리봉창 의사의 일황폭격과
동년 4월에 윤봉길 의사의 홍구폭격사건들이 있은 후에야 애국단 존재가 민중
에 알려지고 단체를 조직하게 되는데 이때 단장 림성우의 공로가 많았다. 1934
년 4월 10일에 조병요·안창호·리대진·최찬영·유진석·리봉수·김예윤·박
이조·림영택·안영호·양성학·김현구·김원용 들의 참가하여 단의 사업을 확
장하였는데 단원을 극히 주의하여 선택한 까닭에 단원이 45명에 불과하고 부담
이 중하었나. 원동에서 애국단이 광복전선 통일운동에 참가하여 자체를 해소하
고 한국독립당을 결성함에 따라서 1940년 5월 9일에 애국단을 변경하여 한국독
립당 하와이지부를 설립하였다.[37]

김원용은 또 1931년 4월 9일에 가와이 섬 가파아와 리휘 두 지방에 거류
하던 동포들이 조직한 단합회가 1939년 4월 29일에 하와이애국단에 합동
하였다고 했으며, 이 회의 창시자들은 현순 목사·전녹영·김상호·정호
영·정준영·리홍기·박근실·최건하·김태하·한경택·정원현이라고 하
였다.[38] 김원용의 서술이 믿을만한 것으로 보이는데 우선 날짜·인물들이
소상하게 적혔고 또 위에서 인용한 1943년 연방수사국 하와이지방보고 한
국독립당 하와이지부의 임원명단에 김현구(서기)와 김원용(부회장)이 들
어가 있기 때문이다. 그러나 『신한민보』 1932년 6월 2일의 「임시정부 와히
아와후원회」라는 기사를 보면 약간 다른 내용이 적혀 있는데 이 단체의

---

37) 김원용, 『재미한인 50년사』, California, 1959, 215~216쪽.
38) 김원용, 위의 책, 216~217쪽.

역사가 중요하기 때문에 참고로 제시하고자 한다.

실업이 풍부한 와히아와지방에 거류하는 동포들은 본래 우리 임시정부를 잘 받들어 오던 바 이번 홍구 폭발탄 터지는 소리에 애국심이 더욱 폭발되어 상해 임시정부를 더욱 물질과 마음으로 돕기 위하여 5월 22일에 당지 미감리교당에 40명 동지가 모여 가와이에서 건너온 현순목사의 「상해진상」이라는 연설을 들은 후 곧 정부후원회를 조직하고 이사원 7인을 선정하여 재정모집 등 여러 긴요사 건 처리를 실행케 하였는데 이사장은 김기순, 서기는 김성옥, 재무는 현도명·김려준·김태형·김형기·김경옥 제씨더라. 당석에서 회원을 명록할 새 37인이 자원하였으며 궐석한 분 가운데도 입회할 이가 많겠다하며 우리의 임시정부를 말로만 돕노라고 하지 말고 실지로 금전으로 후원하되 인구세로 1년에 1원 씩 내 가지고는 큰 일을 할 수 없으니 맹약하고 1년에 적어도 매명 12원 이상 내기로 굳게 가결하였는데……1년에 24원 씩 내기로 약속한 이가 선우혁·현도명·김태정·김려준·최성찬·김성옥·림성우·김경옥(36원씩) 제씨이며, 1년에 12원 씩 내기로 허락한 이가 최승범·전병찬·안창호·김한근·최찬영·김기순·최정호·류진석·강영각 박복수·박인규·리석조·김상원·림창진·문형식·고선신부인·송선옥·맹정호·손학선·김인덕부인·림영태·장금환·양기준·안치운·김월녀부인·리엘리사부인·김낙형부인 제씨라더라. 이상 허락하신 여러분 말이 "우리가 이돈을 내되 1년이나 혹 2년 기한할 것이 아니라 우리 임시정부가 한양으로 옮기게 되는 날까지 우리 생명이 끝나는 날까지 의무실행 합시다"하고 일제히 박장하고 폐회하였다더라.

5. 대한인국민회의 독립운동

대한인국민회는 원래 미주와 하와이 유일의 한인정치단체였지만 시간 이 가면서 미주 여러 단체의 하나로 전락하고 말았다. 1930년 초에는 동지 회가 단연 우세하였고 그 여세를 몰고 고(故) 박용만의 대조선독립단 유력

인사들을 흡수하고[39] 교민단(하와이국민회)을 합병하려 하였다. 또한 미주 국민회의 아성인 로스앤젤레스에까지 지부를 설치하는 등 그 기세는 가히 미주 천하의 통일이 가까운 것으로 생각되게 하였다. 그러나 호사다마라고 할까, 1931년부터 동지회도 내부의 자중지란으로 내리막길로 가고 있었다. 국민회의 쇠퇴상을 보자. 1930년 4월 10일자의『신한민보』를 보면 캘리포니아 각지마다 공동회 또는 연합공동회가 생겨 중앙기관의 권위를 인정하지 않는 경향이 있었다고 믿어진다.[40] 그래서 국민회에서는「재미한인 통일촉진의견서」라는 것을 작성하고 기선을 잡아보려고도 하였다.[41] 1931년 11월 9일 국민회는「미주한인연합회 발기문」이라는 것을 발표하고 중가주공동회(中加州共同會)와 연합하여 미주 한인단체들을 묶어서 만주사변으로 다사다난해진 한국독립운동의 힘을 결집하려 하였다.[42] 그 발기문의 일부 내용은 다음과 같다.

> 상해 한교연합회는 임시정부지휘에 동맹군을 조직하고 중국인과 공동분투를 선언하였으니 그 동구적개의 의기는 하늘에 닿았고 구름에 사무쳤읍니다. 아 우리 형님! 누님 강자의 더운 피가 끓습니까? 머리끝이 일어납니까?……우리 미주 한인의 총역량을 집중하여 임시정부를 받들어 우리 동맹군의 전투를 후원하고 우리의 능력이 미치는 대로 일본의 죄악을 선전합시다.

12월 5일 대한인국민회대표 백일규·홍언, 나성공동회대표 송헌주·한재명, 중가주공동회대표 김정진·이살음, 멕시코 자성단대표대리 장수영이 모여 "임시정부를 중심하여 집중하자"라는 표어로 연합을 모색하게 되었고 드디어「미주한인연합회선언서」를 내놓게 되었다.[43] 여기에 나성동

---

39) 이원순·박상하·김윤배 등이었으나 결국 얼마 가지 않아 이원순을 제외하고 다시 돌아섰다. 1930~1931년도『신한민보』와 정두옥의 앞의 책 참조.
40)「재미한인 사회통일의 실현이 가능한가」기사 참조.
41)『신한민보』, 1931년 4월 9일.
42)『신한민보』, 1931년 11월 12일.

지회까지 참여하니[44] 이제 대한인국민회는 군소당파의 하나가 되었다. 1933년 2월 22일의 『신한민보』의 보고를 보면 그동안 인구세로 5단체가 합하여 397원 18전을 모았다고 했은즉 이것은 약 400명이 인구세를 냈다는 이야기가 된다. 즉 3·1운동 당시에 비하면 몹시 뒤떨어졌다. 그런데 3월에 국민회는 아래와 같은 이유를 내세워 이 연합회를 탈퇴했고, 중가주공동회와 나성공동회가 '대한독립당'으로 명칭을 변경하고 여기에 나성동지회와 묵경자성단을 합하여 여전히 '미주한인연합회'를 구성하였다.[45] 국민회가 탈퇴한 이유는 '한국대일전선통일동맹'에 가맹하려는데 목적이 있다고 하였다. 당시 국민회는 10개 지방회를 가지고 있어 역시 군소단체와 동일 처우를 받기 힘들었던 면이 있었지 않았나 생각되지만 이것은 추측에 불과하다. 지금까지의 어떤 미주 한인인사도 이 연합회에 대한 서술을 하지 않았다는 것을 부기(附記)해 둔다.

국민회총회장 백일규(白一圭)는 침체된 국민회에 대한 수혈로서 유학생 사회주의운동을 이용하려고 하였던 것 같으나[46] 실패하고 1935년 중앙무대에서 사라졌다. 차후 국민회는 평안도 및 경상도인맥을 주로 하는 옛날부터의 국민회파와 신도(新到) 신학유학생·흥사단원으로 주축을 이루었다. 1936년에서 1939년까지 국민회의 특기할 사항은 안익태 애국가 작곡의 지원, 나성으로의 이전, 국민회관 신축, 항공공학 전공의 조종철 청년을 중국에 파견한 것 따위에 불과하다.[47] 마지막으로 국민회 회세를 엿보기 위하여 일년 예산과 임정후원사업의 비율을 살펴보면 다음과 같다.

---

43) 『신한민보』, 1931년 12월 10일, 「4단체가 한인련합회에 출석」, 12월 17일 「련합회선언서 및 규측」 참조.

44) 『신한민보』, 1932년 2월 16일, 「미주한인련합회 대표회 인구세를 1차수봉」 참조.

45) 『신한민보』, 1932년 4월 20일, 「련합회에 대한 설명」, 「공동회가 독립당으로」 참조.

46) 방선주, 「김호철과 사회과학연구회; 경제공황기의 미 유학생 사회주의운동」, 『재미한인의 독립운동』, 한림대학교, 1989 참조.

47) 방선주, 위의 글 참조.

1936년

총수입	$5,890,00
인구세	$141,47(1년에 1인당 1달러씩 임정에 바치는 세금)

1937년

총수입	$9,480,86
인구세	$276,81
임정후원금	$1,769,51
국민부담금	$270,57
중국동정금	$874,32

1938년

총수입	$7,970,40
인구세	$303,22
임정후원금	$1,650,00

1939년

총수입	$8,467,12
인구세	$170,44
국민부담금	$651,96

이 해에 임정 송금이 떨어지는 이유는 로스앤젤레스에 '조선의용대 후원회'가 생겨 국민회 소장파들이 이쪽으로 몰렸기 때문이었다. 미주 국민회의 자매기관인 하와이국민회로 말한다면 당시의 신문이 남아 있지 않아 김원용의 저서나 미국정보문서에서 그 편린을 엿볼 수 있는 정도이다. 하와이국민회가 이승만 영향하의 교민단으로 있었을 때와 1934년 4월 교민단을 국민회로 재개명하고 날로 부흥하던 때로 구분할 수 있겠는데, 1930년대 후반기에 들어가서는 국민회의 세력이 동지회를 능가하게 되는 것은 여러 정보문서들이 말해주고 있다. 이 시기의 공로자는 림성우 총회장(하

와이애국단 창시자), 조병요 총회장, 안원규 총회장 등이라고 한다.[48]

6. 기타

1930년대의 미주 한인운동에 있어서의 큰 손실은 도산 안창호의 피체와 죽음이었지만 또 조용하(趙鏞夏) 씨의 피체사건도 큰 것이었다. 조용하는 조소앙(趙素昻)의 형으로 구한국시대의 외교관이었으며 구라파에 주재하다가 조국이 병탄당한 후 해외에 유랑하였고, 중국에서 하와이로 옮겨와 오랫동안 박용만의 참모 일을 보았다. 1927년도에는 박용만과 이승만 간의 화해를 위해 노력하였고 1932년에는 비밀사명을 띠고 10월 미국기선 후버호를 타고 상해로 가던 중 신호(神戸)에 기항했을 때(10월 12일) 왜경에게 체포, 고국에 압송되어 국제문제가 된 일이 있었다. 당시 51세로 하와이에서 임시정부 지원활동에 공이 많았고 생활이 검소하여 20년 동안 넥타이 하나로 지내왔다고 보도되었다.[49] 미국에서 독립운동을 하던 지사들이 중국으로 향할 때나 돌아올 때 체포를 피하려고 구라파를 돌던가, 필리핀으로 돌아가던가 또는 중국인으로 가장하여 왕래했었던 것은 잘 알려져있다.

1930년대의 미주독립운동을 다룰 때 빼놓을 수 없는 것이 사회주의경향 독립운동이다. 1920년대에 이살음(李薩音) 등이 '노동사회개진당'이라는 것을 만들고 조소앙의 국제사회당 참가에 협조도 하였으나[50] 이 단체는 뚜

---

48) 김원용, 앞의 책, 165~170쪽 참조.
49) 『신한민보』, 1932년 12월 1일 「중요인물 조용하씨」, 1933년 2월 9일 「해외민주운동의 거두인 조용하씨를 압래」 참조.
50) 김원용, 앞의 책, 195~198쪽 참조. 또 이살음은 자신의 당을 임시정부에 등록할 목적으로 그 강령 등 문서를 김규식의 상해 행에 보낸 일이 있다. 도중에 김규식의 밀항이 탄로가 났으므로 이 문서들이 미국 육군 정보문서당에 남아 있다(방선주, 앞의 글, 110쪽 참조).

렷한 사회주의신념을 가진 것도 아니고 곧 이승만 지원단체로 변하여 국민회와 대립하다가 주요 인사들은 동지회에 가입하고 없어졌다. 진정한 사회주의적 독립운동은 유학생을 중심으로 하여 일어났다. 1929년 콜로라도·컬럼비아대학 등에서 광산학을 전공한 허버트 김이라는 한국청년이 그 유태계 미국부인 포오린과 더불어 소련 카자크공화국에 광산기술자로 이주해 갔을 때 미국 한인유학생사회에 꽤 반향이 있었고[51] 경제공황기의 시카고지방에서 1930년 10월 '사회과학연구회'가 조직되고 이 흐름이 나중에 조선의용대후원회에 합류되어 로스앤젤레스에 있어서의 막스주의운동의 핵이 되어 갔다.[52] 그러나 이러한 경향이 일반 이민사회 속에 침투되지는 못했었다.

1930년대의 미주 한인독립운동을 회고 결산하여 본다면 전술했듯이 이승만의 외교활동이 1940년대의 한국독립문제에 대한 미국조야의 인식에 매우 큰 영향을 끼쳤던 것으로 생각되며 한길수의 활동도 전쟁개시 후의 한인보호라는 시각에서 본다면 긍정적인 면이 많은 것 같다. 중국에 있어서의 항일운동 지원면에서는 임성우·현순·김현구·김원용·백일규·안원규 등 교포 영수급 인사들의 공로도 컸다. 이러한 제 활동이 합동하여 1940년대의 한국독립운동의 왕성에 초석이 되는 것이었지만 동지회계열의 인물을 제외하고는 그들의 독립운동에 아무 평가나 보상도 없이 그대로 파묻혀 있는 것이 안타깝기만 할 뿐이다. 또 일반 교포들의 무언의 애국정성이 없었다면 이상의 모든 한인 수령급들의 노력도 수포로 돌아갔을 것이니 이런 면에서 미주독립운동에서의 일등공신은 일반 재미한인이었다는 것을 다시 강조한다.[53]

---

51) 「Herb and Pauline」 등 기사 다수. 김은 스탈린 대숙청 때 잡혀 들어가고 부인은 간신히 미국에 돌아갔다.

52) 방선주, 앞의 글, 343~347쪽 참조.

53) 예를 1989년 별세한 안승화(安承化)에게서 찾아본다. 이분은 미주 독립운동의 지도자도 아니었고 일반 교포로서 생명보험회사에 취직하고 있었던 신문에도 나지 않은 그런 분이었

❖ 『한민족독립운동사8 : 3·1운동 이후의 민족운동1』, 국사편찬위원회, 1990

다. 그렇지만 그는 중국인의 이름을 가지고 미국신문에 한인독립운동에 대해 기고도 많이 했다. 일례를 든다면 그는 Pu Jogam이라는 이름으로 『New York World Telegram』, August 19, 1937, p.16에 「Koreans Flock to Help China ; 500,000 Russian Trained Men Ready to Step Across border」 등의 기사를 제공한다. 37년에는 미국 관세국에 가서 한국에서 들어오는 물품은 '죠센' 대신 Korea로 표기하여야 된다고 설득하여 차후 이 기관에서는 Chosen 대신 코리아로 고쳤다. 『Korean Student Bulletin』, Volume XIV N1. 21, 1935. 안승화는 꼭꼭 이 박사나 한길수 또 국민회에 대한 헌금을 게을리 하지 않았다. 그의 사적에서 보듯 거의 모든 교포가 사람들이 알아주던 모르던 간에 조국독립을 위하여 자기의 몫을 다하고 있었던 것이다.

1930~40년대 구미(歐美)에서의 독립운동과
열강의 반응

1. 구미인사(歐美人士) 대일관 전개 속의 윤봉길 의사(尹奉吉義士)

태평양전쟁이 일어나기 직전에 주영일본대사로 있던 시게미쓰(重光)는 오스트리아 출신의 저널리스트인 요셉 벡스버그(Joseph Wechsberg)의 암살에 관한 질문에 회답하면서 "이 지구상에서 조선인 테러리스트가 가장 위험하다"(Korean terrorists are the most dangerous men on earth)라고 대답하였다고 한다.[1] 이것은 8년 전 그가 상해 홍구공원에서 한인 독립지사 윤봉길 의사의 폭탄에 의하여 다리 하나를 절단당한 그 기억으로 더욱 절실했을 것이었다.

벡스버그는 체코슬로바키아 망명정부 군사부에 관계를 맺었던 사람으로 태평양전쟁이 터지자 미군 심리전부대에 들어가 캐나다와 미국잡지에 「세계에서 가장 치명적인 테러리스트들」이라는 글을 써서 윤봉길 의사를 비롯한 한국 애국지사들의 사생을 초원한 헌신을 칭송하였다. 1943년 초에 귀국한 스위스 신문기자가 일본인들에게 "어느 나라가 너희들의 전통적인 적이라고 생각하는가"라고 물었을 때 그 적은 중국도 아니오, 영국

---

[1] *The World's Deadliest Terrorists*. 캐나다 Toronto시의 *The Star Weekly*(1943. 6. 19)에 실렸고 미국 *Science Digest* 1943년 9월호에 요약 소개됐다.

미국도 아니오, 조선이라는 의외의 대답이 대다수였다고 했다는 이야기도
소개했다. 즉 벡스버그가 강조하는 것은 이렇게 독립의지가 강한 한인을
이용 안하는 법이 없다는 것으로 이것은 바로 미국정부나 군부의 생각이
기도 했으며 오스트리아와 체코변경에서 태어난, 체코가 히틀러의 무력으
로 합병을 당한 것을 본 후에야 한국독립운동에 관심을 가진 한 구라파 지
성인이 강조하는 것이기도 했다.

　일본이 '진주만 기습공격'을 감행하자 당장 『Amerasia』와 『Free World』라
는 잡지에 투고한 미국여인이 있었다. 그 글들의 제목은 각각 「자유를 향
한 한국의 희망」, 「한국, 우리의 가시적(可視的) 맹우(盟友)」라는 것으로
이 여인의 이름은 제럴딘 핏치(Geraldine T. Fitch)라고 했다. 그는 오랫동
안 중국선교사로 있었으며, 그의 남편도 중국 YMCA에서 한 평생을 마친
사람이다. 그들은 상해에서 살았다. 핏치는 1912년 이승만 박사의 도미 도
피를 주선도 했고, 또 2명의 한인청년을 자기 중국인 사환으로 가장시켜
일본을 통하여 미국으로 도피시키기도 했다고 서술했다.[2] 불란서 조계(租
界)에 살던 이 부부의 저택에 1932년 4월 29일 밤 4명의 한국인이 찾아와
숨겨달라고 했고 31일간 숨어 있었다. 이들 4인은 김구와 David Um(엄항
섭), Wong(안공근), 그리고 Ahn(김철)이었다는 것이고, 도피하여 온 다음
날에야 백범은 자기가 이번 폭탄사건의 주모자였다고 실토했다는 것이다.
도산 안창호가 체포되고 주모자가 다른 사람으로 오인(誤認)되어 피해가
다른 사람에게로 갈 것을 걱정한 백범은 핏치 부인에게 부탁하여 이번 폭
탄사건의 자초지종(自初至終)의 경과 성명서를 영문으로 만들어 각 신문
사 잡지사에 돌리기도 했다. 대부분의 신문사는 일본 측의 노여움을 살까
보아서 묵인했지만 『상해시보(上海時報)』 5월 10일자에 전문(全文)이 중국

---

[2] George A. Fitch, *My Early Years In China*, Mei Ya International Edition, Taipei, 1967, p.311 참
조. 2명의 한국인에 관해서는 조사 중이다. 같은 책 1975년도 판은 판이 달라 페이지가 다
르게 나온다.

어로 번역되어 실려 그 내용을 알 수 있게 됐다.[3] 핏치에 의하면 — 이 부
부는『백범일지(白凡逸志)』의 서술과 좀 출입이 있는 것인데 — 백범의 동
반자 3인은 몇 번쯤 각기 다른 택시를 불러 외출했지만 김구는 꼭 한번만
아마도 폭탄을 제조하려고 외출했다는 것이며, 일본인과 같아 보이는 재
단사를 자칭하는 자가 핏치의 요리사 Oong-Song의 옷을 만들려 왔다고 요
리사를 만나자고 했을 때 핏치 부인은 발각 감시당하고 있음을 깨달아 이
들 한인들과 의논한 결과 다시 도피하기로 결정되어 밤늦게 앞좌석에 엄
항섭과 안공근이 앉고 뒷좌석 가운데 핏치 부인이 앉아 중국영토까지 호
송했다는 것이다. 꼭 핏치부인이 동반하여야지 의심을 덜 살 것이라는 제
의는 안공근이 했다는 것이다. Ziccawei Creek에 도달하자 크리크에 병행
하여 동쪽으로 달리는 길로 향하여 보교(步橋)까지 이르고, 네 사람은 각
자의 행리나 짐을 들고 뒤를 돌아보거나 인사도 없이 다리를 넘어 사라질
동안 자동차에서 그 광경을 지켜보고 있었다는 것이다.[4]

　여기서 주목하여야 될 점은 테러나 살상행위를 가장 미워할 수 있는 입
장에 있는 제3국인 미국 기독교 선교사 부부가 윤봉길 의사의 폭탄투척 사
건을 인정할 뿐만 아니라 자기 집을 근거로 하는 새 의열전쟁을 묵인했고
적극적으로 선전과 음폐공작을 가담하였다는 사실이다. 즉 윤봉길 의사의
행위가 독립을 가능케 하는 또 악의 세력에 대항하는 유일한 불가피적인
전쟁행위라고 인식하지 않는 한 종교인으로서 그렇게 행동하기란 매우 힘

3) 이『상해시보(上海時報)』밖에 또 전문을 게재한 신문이 있었는지 모르겠으나 필자는 보지
　못했다.
4) Fitch, 앞의 책, 78~80쪽 참조. 김구 선생이 아마도 폭탄을 제조하기 위하여 꼭 한번 외출했
　다는 서술과 부합될 수 있는 일본해군 측 기밀문서가 있다. 즉 昭和7年 備考外事 4. 在外式
　官情報에 수록된 上海在勤式官電으로 1932년 5월 18일「기밀 제35번 電」에 김구일파가 이
　누가이 수상(首相) 암살사건을 기회로 삼아 임시의회 개원식을 목표로 오는 24일의 연락선
　으로 일명파견(一名派遣)을 어젯밤 결정했다고「확문(確聞)」함이라 했고, 5월 25일의 전보
　에서는 승선 예정의 조선인이 승선을 단념하고 그 대신 상해에서 거사하였다 했고, 26일의
　전보에는 이 일본을 건너가려 했던 인물이 잠입한 불란서 조계(租界) 여경리(餘慶里) 8호에
　수상한 행리가 하나 들어갔으므로 불란서경찰에 통보하여 수색결과 다관형(茶罐形)폭탄 2
　개를 압수했다는 것이다.

들었겠다는 점이다. 많은 구미인의 시각에서도 윤봉길 의사의 행위는 테러리스트의 행위가 아니었다는 인식이 있었다는 점의 부각이 매우 중요하다고 생각된다. 사실상 윤의사의 의거가 상해의 구미계(歐美系) 신문잡지들이나 구미의 신문잡지를 불문하고 동정적인 필치로 묘사된 것들이 많았다. 미국의 대표적 주간지 『타임』은 「Birthday Surprise」라는 제목을 사용했는데 알다시피 이 말은 생일날에 예기치 않은 깜짝 놀랄 만한 좋은 선물을 주고 받을 때에 쓰는 용어이다. 이날 그때 일본 국왕 히로히토는 그의 32회 생일 축하연에서 「사시미」를 마치고 술잔을 돌릴 때 신문호외를 돌리는 소리가 궁전 밖에서 요란했다는 묘사에서 시작했다. 주상해 미국총영사가 일본당국에 그러한 대규모 축하열병식은 슬기롭지 못하다는 충고를 했었다는 이야기, 시게미쓰(重光) 공사가 공중에 튕겨 나른 것이 마치 깜짝상자 뚜껑을 열었을 때 뛰쳐나오는 어릿광대 비슷했다는 이야기, 윤봉길 의사는 의식을 잃도록 매를 맞았다는 이야기들을 나열하였다(5월 9일호). 이 시게미쓰는 일본이 패망할 무렵 스웨덴 주일공사 바게(Bagge)를 시켜 한국과 대만을 계속 보유하면서 전쟁을 끝맺는 교섭을 책동했었고, 그의 회상록에서도 한국에 대한 반성의 빛은 조금도 없었고 태평양전쟁으로 밀고 간 군부만 은근히 비난하고 있었을 뿐이었음을 주의해 두어야 한다. 한가지 지적하고 넘어갈 것은 윤 의사가 폭탄을 던졌을 때 절호의 시기를 포착하는 용의주도성을 보였다. 즉 일본군 군악대가 요란하게 국가를 연주하고 모든 일인이 부동의 자세로 부르고 있었을 때 단상에 폭탄을 투척했으므로 노무라(野村) 중장이 "폭탄!"이라고 소리를 친 후에도 시게미쓰는 계속 부동의 자세를 유지하고 있었고, 단상에 굴러 떨어진 '수통형(水筒形) 괴물(怪物)'이 어떻게 될까 어떻게 될까 생각하는 순간 폭발했다고 회고하고 있었다.[5]

---

[5] 시게미쓰가 스웨덴 주일본공사를 통하여 평화공작을 했던 역사는 필자가 쓴 「1930년대의 재미한인독립운동」, 국사편찬위원회, 『한민족독립운동사 8』, 1990, 436쪽 참조. 시게미쓰의

이 원고를 쓰면서 중국과 미국·영국·프랑스의 신문들 수십 종류를 열 람한 바 있었는데, 제일 소상하게 또 참고될 만하게 쓴 것이 『North China Daily News』(字林報)이었고 가장 일본인 눈에 거슬릴 만한 헤드라인은 프 랑스 파리에서 발행되는 유럽판(版) 『New York Herald』의 「도쿄 군벌두목 들이 상해 열병식에서 폭탄에 쓰러지다」가 아닌가 싶다. 이 윤 의사의 거 사는 나라를 빼앗긴 딴 방책이 없는 민족의 의열전쟁(義烈戰爭)이었으며 테러가 아니었다. 백범이 윤 의사에게 신신부탁한 것이 일본 군벌들만 죽 이지 일본인도 다치지 않게 조심하라는 것이었다(1932. 5. 10. 경과성명 서). 테러란 일본인 적군파(赤軍派)가 이스라엘 텔아비브공항에서 무차별 살상하는 따위를 일컬음이다. 이런 연고로 미국인 선교사가 숨겨 주고 성 명서 영역(英譯)까지 도와줄 수 있었던 것이다. 이 상해 홍구공원에서의 윤의사의 의거는 당장에는 결실을 못 맺는 것이었으나, 긴 안목으로 보면 굴하지 않는 한민족의 투혼(鬪魂)을 열강에 인식시켜 태평양전쟁이 일어 나자 이 기억이 되살아나고 자연스럽게 한인의 이용과 독립회복이라는 문 제로 이어지는데 귀중한 공헌을 한 것이다.

2. 윤의사(尹義士) 의거자금(義擧資金)과 미주 교포

1932년 12월 1일 김구의 한인애국단(韓人愛國團) 발행 소책자 『도왜실기 (屠倭實記)』 중 김구가 쓴 「동경작탄지진상(東京炸之眞相)」 중에 다음과 같은 구절이 있다. 즉 "1931년 12월 초일 우리가 죽엄을 참고 기다리던 기 회가 도래했다. 제조 중이던 폭탄은 완성되었고 금전도 약간 도래했다. 이 돈은 미국 하와이 멕시코 등지의 노동자 교포의 피와 땀으로 임시정부에 보내와 특별한 용도로 사용하게끔 되어 있는 돈이었다. 나는 의연히 이 돈

피폭(被爆)에 관하여는 그의 『外交回想錄』, 동경매일신문사, 1953, 140쪽 참조.

을 李義士(이봉창)에게 교부하였다." 또 해방 이후 나온『백범일지(白凡逸志)』에서는 다음과 같이 적고 있다.

　본국과 미주와는 이미 연락이 끊겼으니 미주와 하와이에 있는 동포에게 임시정부의 곤란한 사정을 말하여 그 지지를 구할 수밖에 없었다. 그래서 시작한 것이 편지정책이었다. 나는 미주와 하와이 재류동포의 열렬한 애국심을 믿었다. 그것은 서재필, 이승만, 안창호, 박용만 등의 훈도를 받은 까닭이었다. (중략) 시카고에 있는 김경(金慶)은 200불을 보내 왔다. 당시 임시정부의 형편으로는 이것이 결코 적은 돈이 아니었다. (중략) 나와는 일면식이 없는 사람이었다. 하와이에서는 안창호, 가와이 현순, 김상호, 이홍기, 임성우, 박종수, 문인화, 조병요, 김현구, 황인환, 김윤배, 박신애, 심영신 제씨가 임시정부를 위하여 정성을 쓰기 시작하고 미주에서는 국민회에서 점차로 정부에 대한 향심이 생겨서 김호, 이종소, 홍언, 한시대, 송종익, 최진하, 송헌주, 백일규 등 제씨가 일어나 정부를 지지하고 멕시코에서는 김기창, 이종오, 큐바에서는 임천택, 박창운 등 제씨가 임시정부를 후원하고 동지회방면에서는 이승만박사를 위시하여 이원순, 손덕인, 안현경 제씨가 임시정부를 유지하는 운동에 참가하였다.

　이 명단에 나오는 인사들의 배경을 분석해 보면 거의 모두가 非이승만 라인의 인물들이었음을 쉽게 관찰할 수 있다. 하와이 인사들은 박용만 계열과 현순 계열이 대다수이고, 동지회 계열이라는 이원순은 박용만이 암살당한 후에야 동지회에 들어간 인물이었고, 손덕인은 하와이국민회 재건에 공헌이 큰 사람으로 알려져 있다. 미국본토, 멕시코, 큐바 인사들은 모두 국민회 계열이며 시카고의 김경은 본명이 김병준으로 1914년 장건상(張建相)과 사업상 분규 당시 신한민보에서 장건상 편을 들었기 때문에 차후 독립적으로 나갔으며, 레스토랑업으로 큰 돈을 벌었으나 그도 도산의 추종자이었다. 백범일지(白凡逸志)의 서술을 받아 들인다면 먼저 김경과 시카고 공동회에서 200불을 보냈고 다음 하와이에서 호응이 들어오기 시작한 것 같다. 김원용의『재미한인 50년사』에 의하면 이승만 박사 대 김원용·김현구·이용직 등 교민단재산 사수파(死守派) 간의 재판분쟁에서 멀리 떨어져 오로지 임시정부만 지원하려는 와히아와 지방의 인사들이 김구와 연락하고 있다가 1931년 9월에 특무공작의 계획을 찬성하고 동년 11월 15일 1,000달러를 보낸 것이 이봉창·윤봉길 두 의사의 운동경비가 됐다고 말한다. 이봉창의사의 거사를 본 후 이들은 1932년 2월 14일 임성후, 김경옥, 김예준, 김성옥, 현도명, 김태정, 김형기, 김기순 등이 발기하여 「하와이 애국단」을 창립했는데, 김원용은 이 단체가 "원동의 특무공작을 후원하던 비밀결사"이었다고 단언했다. 이와 관련하여 적어두어야 될 것은 이 단체의 활동을 미국 정보당국이 전혀 눈치채지 못한 것이 아닌가 하는 점이다. 첫째로 미연방수사국의 한인사찰기록에 나오지 않으며, 둘째로 한국독립운동의 벗인 크래런스 윔스(Clarence N. Weems Jr)가 이 단체의 돈이 윤봉길 의사 의거와 관계있다는 이야기에 회의적인 사실이다(필자와 담화할 때마다). 그는 중국에 건너가기 전에는 미국 서해안에서 우리 교포의 동정을 살피고 있던 OSS 요원이었던 것이다.

김구는 1932년 4월 12일에 미주 국민회를 대상으로 다음과 같은 편지를 썼다.

　…이곳은 아직은 ○○등인과 도산선생이 다 별고는 없습니다. 그러나 왜적이 그간에는 전쟁하느라고 안비막개이었던지는 모르나 1·8사건이 자기 국가와 황실의 위신파락의 대변이고 세계에 대수치로 생각하여 보복의 악의를 품고 오다가 재작 4월 8일에는 어느 동포의 혼인석에 왕참할 것을 예측하였던지 적 30여 명이 6대의 자동차로 전기 연회석을 습격하기 3분 전에 나는 치하를 마치고 퇴석하였고… 불국경관이 매우 당황한 듯이 손짓을 한즉 적인이 살기등등한 태도로 입장하여 여지없이 수색을 하였으나 저의 소위 황실범(皇室犯)이란 목적물이 없으매 그저 돌아갔습니다… 불원한 장래에 우리 청년의 수하에 벽력이 진동하리라 합니다… 앞으로 미·포·묵·큐 동포가 일치한 행동을 취하기 바라나이다.

　4월 12일　　　○○배(『신한민보』, 5월 5일 게재)

그러니까 김구 선생은 4월 29일에서 최소한 3주일 전에는 그날의 광경을 정확히 내다보고 있었고, 또 이것을 미국교포들에게 우편으로 알리고 있었다는 사실을 확인하게 되는 것이다. 1930년도의 북미 대한인국민회는 침체기도 이만 저만한 침체기가 아니어서 각 지방에는 「공동회」라는 것이 국민회 지방회를 대신하고 있었으며 임정에게 바치는 일인당 일년 1달러도 제대로 수행되지 못하고 있었다. 그래서 1931년 4월에는 「재미한인 통일촉진의견서」라는 것을 국민회에서 작성하여 호소도 해 보았고, 드디어 11월 7일 국민회와 가주공동회(中加州共同會)의 주동 아래 「미주한인연합회 발기문」을 발표하게 되고 국민회·나성공동회·중가주공동회·묵경자성단 명의의 「의결안」을 가결하였다. 이 연합회의 유일한 목적은 상해임시정부를 후원하는데 있었고 각단체가 산하 회원을 독려하여 임시정부에 바치는 국세(인구세)를 모으고 단체에 속하지 않는 동포의 세금도 받아 내는 명분을 만든다는 것이었다. 다음 해 이봉창의 의거가 일어나자 나성동지회까지 여기에 가담하였다.[6] 이 연합회가 거두어 들인 국세의 총수는 400달러 정도이었으니 단연 하와이애국유지들에 떨어지는 것이지만 그래도 경제공황하에서 나름대로의 노력을 한 것이고 여기 임시정부 특히 김구선생의 노력이 있었던 것 같다.

『백범일지』는 김경이 보낸 미화 200불이 "임시정부의 형편으로는 결코 적은 돈이 아니었다"고 적고 있는데 당시의 환율은 어떠했으며 미국과 상해의 일반인의 생활정도는 몇 달러쯤이 되었는가. 당시 상해에서는 양은(洋銀)과 양은(兩銀), 그리고 그 지폐인 불찰(弗札)과 양찰(兩札)이 있었고 양자의 환율은 매일 변동이 있되 원래 양은(洋銀, Shanghai silver dollar) 100달러가 70량(Tael)가량이 기준이고, 1932년도에 있어서는 일본돈 100엔이 상해 양은(兩銀) 150량이고 미금 50달러 기준이었으니 미화 100달러는

---

6) 방선주, 「1930년대의 재미한인독립운동」, 국사편찬위원회 편, 『한민족독립운동사 8』, 1990, 455~458쪽 참조.

300량이고 300량은 양은(洋銀) 430달러 기준이며, 전쟁으로 미화가치가 올라가 미화 100달러는 양은 470달러까지 갔었다. 당시의 상해 통계를 보면 숙련공의 한달이 봉급 50양은이고 여공들은 25달러라고도 했다. 이봉창의 사는 일본인 공장에서 한달 봉급 80달러를 받아 종종 음식을 사가지고 민단에 들렀다고 했은즉 미화 200달러는 임정인사 아홉 식구의 한달 기본 생존분량에 맞먹는다고 볼 수 있다. 당시 미국인의 평균 한달의 급료는 약 50달러이었다.[7] 미국교포에 대한 대한민국 임시정부 국세인 인구세가 일년 1달러이었으니 미국교포 11인의 세금이 임정인사 한 식구의 기본생존 소요액이 되었다는 계산이다.

3. 미주 한인의 독립운동

미주 한인의 독립운동이 치열했고 고양된 시기와 저하된 시기를 염두에 두고 그래프를 그려본다면 최고봉은 활화산의 폭발처럼 터진 3 · 1운동 당시이고 다음으로 스티븐스 저격사건에서 박용만의 소년병학교 시절까지의 초기운동, 태평양전쟁의 발생에 따른 전쟁협력운동, 1921~2년의 태평양회의를 겨냥한 자금염출운동, 그리고 만주사변에서 이봉창, 윤봉길 의사 의열투쟁기에 이르는 외교/헌금운동들이 대소(大小)의 정점(peak)을 이루었다고 볼 수 있다.

1930년대에 들어와서 미국인에게 한국인의 독립원망(獨立願望)과 일인(日人)의 학정을 알린 제1호 신호탄은 강용흘(姜鏞訖)의『초당(草堂)』이었다고 볼 수 있다. 이 책은 저자 자신의 항일운동을 문학작품의 표현을 이

---

[7] 환율에 대하여는 *Chinese Year Book, 1935~36*(Shanghai Commercial Press, 1936),『日本統計年鑑』1932년도분, 1932년의 상해 각종 신문 경제난 등을 참조. 상해지구의 화폐구조에 대하여는 山崎九市 편찬의『上海一覽』(上海, 1928)이 자세하다.

용하여 직접 일반 서구인에 어필하여 성과를 거두었다는 점에서 큰 공을
세웠다. 10년 후 같은 저자가 『American Magazine』 1942년 8월호에 「When
the Japs march in」을 발표했을 때 미국 저명 여류작가 펄벅(Pearl Buck)은
강영흘 박사의 여러 문장 중에서 가장 짜임새가 있는 글이라고 칭찬했었
다. 제2탄은 전술한 바와 같이 상해임시정부, 특히 김구의 끈질긴 자금제
공 요청과 이에 대한 호응으로서의 「미주한인연합회」의 조직화와 하와이
유지들의 김구지원단체 형성이라는 두세 가지의 좋은 현상이 이봉창, 윤
봉길 두 의사의 의거로 일종의 열성적인 임정지원활동으로 이어져 갔었
다. 또 중국인과의 연대전선 구축으로의 동향도 나타나 샌프란시스코에서
의 홍언(洪焉)의 화교(華僑) 상대 신문공작 또는 정두옥, 한길수 등의 하와
이 재주(在住) 한인과 중국인의 연대공작으로 이어져 나가기도 했다.[8]
　다음 이승만 박사와 동지회의 동지촌 건립운동과 이 박사 외교활동 지
원상황을 본다. 이 박사는 1925년 동지회 회원들에게서 돈을 모아 주식을
발행하고 「동지식산회사」(Dongji Investment Co.)라는 것을 세웠고, 하와이
「오올라」 지방에 Ohia Keel blocks이라고 특수한 수목이 울창한 땅 9,900에
이커를 일만 달러 정도로 구입하였다. 이곳에 회원을 입주시켜 하나의 유
토피아를 건설할 꿈을 꾸었다. 물론 일이 잘 되면 조국 광복운동에 큰 힘
이 되리라고 생각했을 것이다. 김현구는 거듭 이 동지촌의 운영이 사회주
의사상에 터하였다고 서술했는데 당시의 유행사조인 사회주의사상의 만
연과 그의 온건사회주의자들과의 교제로 보아서 그렇게 보는 시각도 일면
의 진리를 가졌다고 보이게 된다. 동지촌의 식산회사는 처음 조선용(造船
用) 목재를 미 해군에 팔아서 운용하려 했으나 목재는 조선용이나 가구제
조용에 적합하지 않고 마지막에 미해군 화학제작용 목탄을 만드는 용역계
약을 체결했으나 계약조건을 이행할 수 없게 되니 벌과금 등 부채가 이

---

8) 방선주, 『在美韓人의 獨立運動』, 한림대학교, 1989, 279~280쪽.

계약관계에서만 약 3만 달러에 달했고, 회사 자산은 1만 5천 달러밖에 되지 않아 이 사업도 실패하고(1929) 끝내는 교민단과 중앙기독교회 재산처분으로 자금염출을 시도하다 도리어 여러 재판분규로 하와이 교민사회를 혼란하게 만들었다.

단 이 부채는 미국회에 운동하여 탕감되고(1933) 미 정계에 미치는 이 박사의 공작력을 확인시켜 주는 계기가 된다.9) 윤봉길 의사가 거사할 당시 이 박사는 하와이에서 빠져 나와 미국본토를 전전하다 1933년 초 제네바에 가서 일본의 만주침략과 한국과의 상관관계를 다룬 책자 『The Korean in Manchuria-Extracts from the Lytton Report with Comments by Dr. Syngman Rhee』를 발행하여 일본이 국제연맹 탈퇴 직전에 각국대표에게 뿌렸고, 중국정부 외교기관의 각별한 도움을 받아 각국 대표들과 신문매체들을 상대로 활약하였다. 이봉창·윤봉길 의사의 거사로 비롯된 한인독립운동에 대한 중국정부의 태도 호전이 유감없이 이 박사의 활동에도 유리하게 전개된 것이다.10) 또 이 박사의 해외활동에 대하여 미국무부의 대내문서는 "그의 제네바활동은 우리에게 못마땅한 것이 아니다"라는 호의적인 것이었다.11)

일본은 '만주국'의 건국을 선포하기 직전 국제연합 릿튼 조사단의 파견에 발을 맞추어 고(故) 시어도어 루즈벨트 대통령의 장자(長子)를 궁중에 초청하고 같은 날인 2월 20일, 일본의 고무라(小村壽太郎) 전권공사가 1905년 고 루즈벨트 대통령을 방문하여 일본이 한국을 병합할 의사가 있다고 통지하고 양해를 얻었었다는 새로운 사실을 '처음으로' 공표했다(뉴

---

9) Congressional Record 1922 H. R. 2872. 2월 8일 동지식산회사 구제를 위한 토의(pp.3641~3642), 하원통과(p.3652), 상원 Committee of Claim에 이첩(2월 9일 p.3664), 상원통과(2월 16일 p.4981), 검증과 부통령서명(2월 26~27일 p.5061, 5063), 대통령의 재가(3월 1일, p.5657). 김원용『재미한인 50년사』, 204~205쪽 ; 김현구『우남 이승만전(원고본)』참조.

10) 주 7)과 같은 논문 443~444쪽 참조.

11) 미 연방수사국 Burruss의 보고, 「Korean National Association」(1933. 4. 24)가 국무부 관리 Bannerman에서 청취한 증언. 미 Military Intelligence Division문서 1766-S-146호 참조.

욕타임즈 1932. 2. 2). 이것은 너희가 한번 우리의 영토확장을 묵인하지 않았나? 이번도 똑같은 태도를 취하라는 외교술책이었던 것으로 짐작된다. 그러나 미국 조야의 여론은 이번만은 옛날과 같지 않았다.

이 박사의 제네바행은 이러한 미국의 조류에 발을 맞추어 수월하게 다녀올 수 있었다. 이 당시 이 박사는 미국 수도에 국회의원들과 국무부 관리를 포함하여 많은 지인을 가졌는데, 또 저명한 칼럼니스트요 폭로기사로 유명한 드류 피어슨(Drew Pearson)과 같은 저널리스트를 부릴 줄도 알았다. 이러한 인사들은 이승만 개인의 자산이 될 뿐만 아니라 한국독립운동의 자산도 됐다는데 의미가 있다고 생각된다. 이 박사는 제네바를 다녀온 후 하와이에서 1938년까지 비교적 조용히 지내다가 1939년 봄에 워싱턴 시에 이주하여 1935년부터 중단되었던 한국위원부/주미외교위원부(Korean Commission)를[12] 부활시켰다. 1941년 6월 4일 임시정부는 정식으로 이승만 위원장에게 워싱턴주차 대한민국임시정부 전권대표로 임명하였는데, 한미외교문제에 관한 사무에만 국한시킨다고 못을 박았다. 또 이 시기에 그는 『Japan Inside Out』라는 일본의 끝없는 정복야욕을 폭로하고 여기에 단호하게 대처하여야 된다는 취지의 책을 저술하여 1941년 여름에 내어 놓았다. 이 책이 나온 지 수개월 후에 태평양전쟁이 터졌다는 것을 유념하여야 될 것이다. 태평양전쟁이 시작된 지 한 달 후인 1942년 1월 16일, 이 박사는 한미협회(Korean-American Council)라는 단체를 창립하였는데, 이 단체는 3·1운동 당시의 한국친우회를 본딴 조직으로 미국시민 사이에 한국독립과 임정승인 동조여론을 확산하려는 목적을 가졌다.[13] 외교위원부나 한미

---

12) 한국위원부라는 명칭은 초창기에 썼고 다음 구미주차위원부 약칭 구미위원부를 사용했으나 1921~22년의 워싱톤회의 이후로는 구라파지역은 실질적으로 해당되지 않는 것이니 이 박사는 「주미외교위원부」라고 불렀다. 1941년 6월 4일 대한민국임시정부 국무회의는 정식으로 이승만 박사에게 신임장을 수여했는데 「現駐美外交委員長 哲學博士 李承晩으로 駐搭華盛頓全權大使를 選任」하여 미국정부와 「한미외교」에 관한 사무를 관장케 했다(미국무부문서 895.00/830-33).

13) 이 회의 이사장은 F. Harris 목사, 회장은 Cromwell 전 주캐나다공사, 이사는 이승만 부처와

협회는 동지회의 재정지원에 의하였고, 동지회는 이 박사 영도하에 똘똘 뭉친 'family'였으므로 이 단체의 의향이 딴 단체와의 연합(聯合) 이산(離散)의 변수가 되었으며 재미한인 독립운동의 진로에 영향을 주었다. 이 단체의 성격이 정당적이었으므로 일본의 패망이 확실시되는 1945년 5월 26일의 「동지회 제1회 미포대표대회(美布代表大會)」는 동지회의 명칭을 '대한민주당'으로 개칭할 것을 가결하고 "한국에 들어가 총선거를 실시할 때까지" 임시정부를 봉대하기로 정책을 정했다. 즉 이 미국의 '한민당'은 총선거에서 임시정부의 각 당파와 힘을 겨룰 것으로 예견한 것이었다.[14] 당시의 미국 어느 한인단체도 주체적으로 이러한 구체적 계획을 못 가졌기 때문에 이 논문에서는 동지회만 특별하게 취급했다.

하와이와 미주의 국민회, 한국독립당 하와이지부, 조선민족혁명당 미주지부 등의 독립운동과 임정 지원활동은 동지회보다 오히려 활발하였으나 여기서는 생략하고 이승만 박사 주도하에 워싱톤에서 1942년 2월 27일에서 3월 1일까지 열린 한인자유대회(Korean Liberty Conference)의 모습과 미국 측의 반응을 검토하면서 이 대목을 종결짓고 여타 관련되는 독립운동은 미국정부의 대한정책을 다루면서 언급하기로 한다.

일본이 진주만을 기습한지 약 두 달 반 만에 워싱톤시 라파예트호텔에서 열린 「한인자유대회」는 이 박사의 주미외교위원부 한미협회와 당시 미주 전체 한인단체의 총기관이던 재미한족연합회가 합동하여 개최한 회의로 이 대목의 목적은 한인들이 자국의 독립을 위하여 일치단결함을 세상에 선포하여 미국정부에 임시정부 승인을 촉구하려는 의미를 지녔다. 이 3일에 걸친 회의는 17인의 연설과 대회결의안이 전부였는데 연사의 면면

위원회의 백인 친우 J. J. William와 J. W Staggers, 전국위원회에는 서재필, Homer Hulbert, Fitch 부인, 임어당(林語堂), 기타 목사, 총장, 교수 등을 배치하고 뉴스레터 등을 광포하였다. 돈은 위원부에서 지출되는 형식으로 매달 300~400불 소비하였다. 〈워싱턴재주 한인 사찰보고〉, 연방수사국 File no.100~11685. MID 문서.

14) 『북미시보』, 1945년 7월 1일 참조.

은 위에서 언급한 한미협회의 인사들과 김용중 등이었고, 이 대회를 관찰하기 위하여 미국무부에서는 2인의 관리를 파견했는데 그들은 혼벡 박사(Dr. Hornbeck)와 한국통인 랭던(Langdon)이었다. 랭던이 개최시간보다 조금 전에 들어가니 이 박사의 법률고문 스태거스(Staggers)가 이 박사에게 핀잔을 주고 있는 중이었다고 했다. 그것이 지금 미국여론이 한인 간에 단결을 못하므로 비판이 많으니 오늘이야말로 단결된 모습을 보여 주어야 된다는 것으로 들렸다는 것이다. 그래서 그는 참석자인 한인에게 이 회의를 위하여 미국 서해안과 하와이와 기타 세계 각지에서 대표들이 왔는가 물었더니 모두 미국동부에서 왔다는 이야기였다. 물론 재미한족연합회를 대표하여 서해안에서 김호와 김용중이 참석은 했었다. 랭던은 폐회를 선포하기 전에 이 박사가, 참석한 미국인들에게 이 회의장을 잘 관찰하여 한인들이 단결하고 있는 모습을 보아 달라고 말했다는 것이다. 그는 헐버트 박사가 연설도중 고종이 자신에게 준 사명의 실패 등의 사항에 이르러서는 너무 비분하여 세 번이나 울었다고 했다. 이 내부문서에 부착된 「대회 인상기」에는 한국인들의 외모, 거동, 기민성에 좋은 인상을 받았을 뿐 한국독립을 위한 희망 면에서는 조금도 고무적인 것이 못되었다고 단언했다. 즉 회의에서는 일본에 대한 저항운동이나 독립운동에 관한 계획 또는 조직 면에 대하여는 한 마디도 없었고, 자신의 힘으로 해결하려는 의지가 조금도 보이지 않았고, 과거 1905년의 보호조약을 묵인한 미국은 속죄하라는 등의 공격으로 일관하였고, 마치 한국의 독립운동이 저들의 문제가 아니라 미국의 문제인 듯이 대회를 진행시켰다는 것이었다.[15]

이들이 이야기하는 것은 무조건 미국당국에 임시정부를 승인하라, 한국독립을 승인하라고 강요하기 전에 자신들이 얼마나 노력하고 있는가를 보여줄 필요가 있는 것이 아닌가 하는 것이다. 즉 윤봉길 의사의 의열전쟁

---

15) 국무부문서 FW 895.01/83.

같은 행동을 모의하든가, 국내 특공대 파견을 의논하든가, 미국에 인력의 제공을 의논하든가, 무기구매자금을 어떻게 모으겠는가 의논하든가 그런 모습을 보기 원했던 것이다. 실은 미국교포들은 임정의 특무공작을 위하여 헌금도 하고 있었고, 미국의 공채를 사들이는 운동도 대대적으로 전개하고 있었고, 향토방위군같은 것에도 열렬하게 참가하고 있었던 것이다. 1919년 필라델피아의 자유대회, 1921~22년의 태평양회의 청원운동도 판에 박은 듯 똑같은 방식으로 진행되고 돈을 많이 썼다. 또 당장 미국 관리의 눈에 보이는 점은 어떻게 한길수를 참석시키지 않았는가의 문제도 있었겠다. 여기에 전쟁발발기의 주미외교위원부(Korean Commission)의 외교형태의 기본적인 문제점이 있었던 것이다.

4. 구미 잡지논문에서 본 한국문제에 대한 관심

1930년대에서 제2차 대전이 종식될 때까지 미국이나 영국의 신문과 잡 ˙ 지에 한국독립운동에 관한 기사가 얼마나 되었으며, 또 어떤 성격의 것이었는가. 그 글들의 내용을 관찰해서 이들 정부 입장과의 상관관계 상호영향이 있었는가 분석해 보는 것도 필요하다고 느껴진다. 영국에는 『런던타임즈』의 색인이 있고 미국에는 『뉴욕타임스』의 색인이 있다. 또 영미 모두 잡지논문의 색인들이 몇 종류 존재한다. 우선 두 신문에 의하여 한인 독립운동에 관한 기사를 훑어본다면 태평양전쟁이 일어날 때까지 한국에 관한 소정방침, 약간의 공산당재판사건, 그리고 이봉창·윤봉길거사 사건이 전부다. 전쟁이 일어난 후 미국신문에는 그래도 미주의 한인독립운동 미국정부의 입장 등이 간간이 나오는 편이지만 영국 것은 주의를 돌릴 여력이 없는지 거의 없고, 있다면 한국독립이나 임시정부승인에 관한 미국요인의 발언을 미국신문에서 옮기는 정도였다. 그래서 잡지에 실린 글들을 중심으로 개관해 본다.

1. 1930년 2월 1일 뉴욕소재 잡지 네이션(Nation)의 편집자 Oswald G. Villard
는 동아일보 창간 10주년을 축하하는 글을 보냈는데 이 글이 한국의 독립을 고
취하는 글이었기 때문에 이것이 화근이 되어 동아일보는 「暴惡無道하고 無比
壓政」의 총독부 지시로 무기정간됐다고 허정(許政)이 5월 13일자로 투서하자 6
월 4일자로 축하원문과 허정의 투서를 그대로 전재했다. 7월 16일호에서는 4월
20일자, 즉 동아일보가 정간된 지 4일후 평양에서 J. C.라고 서명한 사람의 편
지를 게재했는데 이 장덕수의 편지라고 추측되는 편지에서 일제의 탄압상을
낱낱이 열거하며 동아일보의 정간소식을 알리고 있었다. 이 잡지가 전국성의
유명잡지이기 때문에 나름대로 미국지식인의 대한인식에 공헌이 있었으리라고
짐작된다.

2. 1930년 10월호의 『현대역사』(Current History)는 당시 캘리포니아대학 교수
였던 해롤드 노블(Harold J. Noble)의 Korea Under Japanese Rule을 실었는데 일
인의 토지수탈방법에 대하여 특히 강조하고 있다. 같은 저자는 또 1933년 9월
호의 『태평양 역사평론』(The Pacific Historical Review)에서 미국과 1885~87년간
의 한중관계에 대하여 학구적인 논문을 쓰고 있기도 하다.

3. 1938년 4월호의 『Asia』지는 「김한일」이라는 필명을 가진 한국인의 단편소
설이 실렸고 또 저명한 중국경제사 전공의 비트포겔(Wittfogel)이 쓴 Culture is
War이라는 글이 같이 실렸는데 전자는 함흥부근의 한 소작농 가족이 만주로
쫓겨나고 그곳에서 농사를 짓다가 만보산사건이 터져 「애국언론」의 선동하에
한국내의 많은 중국인이 살해되자 그 보복으로 이 소작농 가족이 학살된다는
줄거리였다. 김한일은 1930년에 구라파에 건너가 경제사로 박사학위를 얻고 고
대사회사와 고고학을 연구하고 있다고 했으니 대강 누구인지 짐작이 갈 것이
다. 비트포겔(Wittfogel)이 쓴 글은 일본제국주의가 한국과 중국의 문화교육을
파괴하는 양상을 논한 것이었다.

4. 1938년 6월호『Pacific Affairs』지는 일본인 학자 야나이하라 다다오의「조
선총독부의 문제점들」이라는 논문을 싣고 여기에 대한 이 잡지의 편집자인 오
웬 라티모어(Owen Lattimore)의 반론을 게재하였다. 래티모어는 나중에 매카시
즘에 떨어져 나간 저명한 진보적 미국 아시아 전문가이었다.

5. 1939년 5월호의『사회학과 사회연구』(Sociology & Social Research)지는 에
모리 보가두스(Emory S. Bogardus, 남가주대학)의 Korean's Social Dilemma라는
글이 썼다. 변천기의 한국사회의 실상과 독립소망을 간략하게 소개했다.

6. 1939년 6월호의『Amerasia』지에는 제임스 오코넬(James T. O'Connell, 당시
대학원학생)의 한인민족운동(Korean Nationalist Movement)를 실었는데 윤봉길
의사 사건을 비롯한 한인 민족주의운동사를 개관하면서 한국이 일본의 취약점
이라고 썼다.

7. 1941년 6월호의『Asia』지에는 벤자민 웜스(Benjamin Weems)가「한인이 한
국어를 쓰면 벌받는다」(Korea must speak no Korean)라는 제목으로 일본의 동
화정책을 비난했다.

이상이 태평양전쟁이 일어날 때까지의 한국독립운동과 한국정치문제를
다룬 한국의 벗들이었고, 이들의 이름을 한국은 기억해야 될 것으로 믿는
다. 전쟁이 일어난 후의 논저들은 다음과 같다.

1. Geraldine T. Fitch, "Korea's hope for freedom" Amerasia 1942. 1.
2. Geraldine T. Fitch, "Korea, our potential ally" Free World 1942. 4.
3. James T. O'Connell, "The V-Fornt in Korea" Amerasia 1942. 6.
4. Fortune 잡지에서 Time, Life 편집자들과 공동으로 전문학자 관리들의 자문을
   받고 완성한 1942년 8월호 부록 : The United States In A New World. 11 :
   Pacific Relations. Ⅶ Remaining problems 1) Korea(pp. 29~30).
   이곳에서 주목되는 논점은 1) 한인 독립운동자는 여러 갈래로 분열되어 있

어 누가 한국을 대표하는지 서로 일치되고 있지 않다. 2) 일본의 한국통치가
붕괴될 때 국내에서 극렬한 봉기가 일어날 가능성이 많은데 이 봉기의 영도
자가 해외 망명자에게 정권을 넘길지 의문이다. 3) 지금 미국이 할 수 있는
것은 어떤 망명단체도 승인하지 않고 한국이 독립할 권리가 있다는 것만 명
백하게 선언할 것. 4) 영국 무기대여협정을 통하여 「자유프랑스」에 간접지원
하고 있는 것처럼, 중국 무기대여협정을 통하여 한인 무장병력을 간접 지원
할 것. 5) 일본통치 30년의 공백으로 한인에 행정능력이 있을지 의문이다.
고로 과도기에 태평양전쟁 참여 국가평의회(Pacific War Council)에서 임명한
감독장관(a high commissioner)이 국제협력하의 행정기관을 통솔하여 한국을
원조할 것. 6) 한국의 장래문제는 중소간의 양해가 불가결이고 중국은 한인
이 많이 사는 간도지방을 한국에게 양도할 것을 고려에 넣어야 된다. 등등
주목할 만한 논의를 내어 놓고 제일 마지막 태평양전후 국가 예상지도에는
간도를 한국영토에 귀속시키고 태국, 말레이시아, 인도네시아를 한데 묶었으
며 인도차이나 3국을 한데 묶고 미국의 태평양방어 벨트에 하와이, 남양군
도, 유구열도, 대만을 포함시켰다.

5. Seden C. Menefee, "Our Korean Allies" Nation (November 14, 1942)

6. Travell (November, 1942) "Background for War-The White man of the Orient"는
   한인이 백인의 혈통을 좀 가지고 있다는 주장

7. Henry Chung and Robert T. Oliver "Korea : Neglected Ally" Asia (1943. 3).

8. George Kent, "Korea - Exhibit "A" in Japan's new order" Reader's Digest (1943.
   6).

9. Joseph Wechsberg, "The World's Deadliest Terrorists" Science Digest (1943. 9).

10. Far Eastern Survey : "The Cairo Declaration"(December 22, 1943).
    여기서 「In due Course」, 즉 「소정의 과정을 밟아서」 또는 「어느 단계에 도
    달했을 때」 한국에 완전독립을 수여한다는 선언은 전후 당장 독립을 주기
    힘든 여건을 감안하여 한인에게만 아니라 다른 식민지 민족들에게도 고무
    적인 것이라 주장한다.

11. Robert Mont, "Korea vows revenge" Travel (1944. 2).

12. Henry Chung, "In due course" Asia (1944. 3).

13. A. J. Grajdanzev, "Korea in the postwar world" (1944. 4).

「소정의 과정을 밟아서」가 아니라 당장 독립을 주어야 되는 이유들을 설명.

14. Arthur C. Bunce, "The future of Korea" Far Eastern Survey, part 1 (April 19, 1944) Part 2 (May 17, 1944)

   주로 경제학 전문가의 입장에서 본 한국의 미래상

15. Lawrence K. Rosinger, "Breaking up the Japanese Empire" Foreign Policy Reports (1944. 6. 1).

   In due course는 반년이나 일년으로 족하다.

16. Lilian G and L. Rosinger, "The Korean Provisional Government in Chungking" Foreign Policy Reports (1944. 6. 15).

17. Andrew J. Grajdanzev, "Problem of Korean Independence" Asia (1944. 9).

18. J. Kyuang Dunn, "Korea seeks recognition" Far Eastern Survey (October 18, 1944).

19. Captain Leon H. Weaver, USMC, "International government in the Pacific" Far Eastern Survey (December 13, 1944).

20. Tyler Dennett, "In due Course" Far Eastern Survey (1945. 1. 17).

   섣불리 한국에 독립을 주게 되면 1882년의 경우에서 보는 바와 같이 주위의 3강국의 경쟁터가 되어 버릴 터이며 다시 불행에 빠질 가능성이 많으니 상당 기간 동안 국제관리하에 두어 미국이 필리핀에서 베풀었던 따위의 보호와 선정(善政)을 베풀어 진정한 독립을 준비케 하는 것이 한국인들에게 가장 이롭다. 이 논설에 대하여 C. W. Rufus가 촌평을 붙였는데(3/28/1945) 두 사람 모두 「가쯔라–태프트」 밀약에 대하여 개척적인 글을 쓴 사람들이다.

21. George W. Keeton, "Korea and the future" The Contemporary Review (1942. 6)

   이 논문은 영국에서 유일하게 한국을 취급한 것으로 생각되는 것인데 한국의 근대사를 개관하고 나서 일본을 증오하는 민족의 독립을 회복시킨다고 고취하여 한반도를 바탕으로 현대세계에서 가장 포악한 국가를 쳐부수자는 논지였다.

이상에서 대략 당시의 미국과 영국잡지에 나타난 한국독립운동, 정치, 미래에 관한 논설을 몇 가지 색인에 의하여 모아 보았다. 전쟁이 일어나자 한국문제에 관한 논설이 많아지는 것은 우선 일본을 패배시키기 위하여는 지금까지 등한시되고 있는, 일본인을 증오하는 한국인을 이용하자는 목적에서 글들이 나오는데 그 글들을 쓰는 인사들의 마음속에서 안중근, 이봉창, 윤봉길 의사의 의열전쟁이 작용한 것은 부인할 수 없을 것이다. 다음일본이 패배하면 동아 여러 나라의 역학관계를 고려에 넣고 한국이 어떤 형태를 가지는 것이 바람직한가의 문제의식하에서 글들이 나왔는데 주목할 만한 것은 (4)와 (20)이다. 미국무부의 생각이 이들 논설과 거의 같았음은 다음에 고찰할 것이지만 이들 지식인과 국무부 관리와의 밀접한 상관관계를 보여 주는 것이라 생각된다.

5. 한국독립문제와 열강의 반응

미국은 왜 임시정부를 승인하려 하지 않았을까? 미국은 왜 한국민족의 자치능력에 회의적이었던가? 미국은 어떤 이유로 한국을 신탁통치하에 두려고 했는가? 영국의 태도는 어떠했는가? 프랑스는 어떠했는가? 지금까지 여기에 대하여 연구도 많았겠고 해석도 많았을 것이라고 믿는다. 그런데 필자는 다년간 미국 각처의 문서보존소에서 문서를 들추면서 서서히 굳혀 졌던 생각을 여기 옮겨 보려고 한다.

(1) 루즈벨트 대통령의 견해

알다시피 미국은 프랑스의 망명조직인 드골 영도하의 '자유프랑스' 승인문제에 냉담했고 드골도 좋아하지 않았었다. 1943년 6월 프랑스식민지 알제리에서 두 당파가 합동하여 '프랑스국민해방위'를 조직했어도 승인을 외면했다. 이 단체 휘하의 몇 개 사단이 이태리전선에서 싸웠고 해군도 나름

대로 연합군과 협력하고 있었는데 영국의 종용에도 불구하고 8월 파리점
령 때까지 끌고 갔다(승인은 1944년 10월 23일). 그 이유는 자유프랑스 정
부인사들이 서로 단합하지 못하고 있다, 프랑스 인민들이 과연 드골을 자
신들의 지도자로 받을지 의문이다는 등등의 이유를 들었었다.[16] 루즈벨트
는 다음과 같은 예를 들었다.

> 내가 우연히 알게 된 한 예를 들어 봅니다. 독일이 점령한 400~500명 되는 작
> 은 읍이 있지요. 그 읍장은 지금 60세쯤이고 1917년도부터 줄곧 읍장을 지내고
> 있지요. 일차대전 때는 다리가 휘어서 군대를 못 나갔기 때문이요. 그는 읍장
> 으로 매우 우수하고 덕망이 있었어요. 그래서 매 선거 때마다 선출되어 봉사해
> 왔지요. 그는 비시(Vichy) 괴뢰정권에 협력하지 않고 단지 자기 읍의 행정에만
> 골몰했단 말이요. 그런데 프랑스해방국민위원회가 딴 사람을 읍장으로 임명한
> 것을 지하소식으로 읍사람들은 알게 됐지요. 이 임명된 자는 선거 때마다 떨어
> 지는 정치꾼으로 아마 남의 담장을 넘나드는 강도와 같은 놈이기 쉽지요.[17]

이런 예를 들고 그는 아이젠하워 장군을 힐책했다. 아이크는 다음과 같
은 발언을 했었다. "현하 프랑스에는 두 그룹이 있을 뿐이다. 하나는 비시
(Vichy)괴뢰도당이고 하나는 드골 산하의 조직이다." 루즈벨트는 이어서
해방된 이태리 각 지방에서 미군이 한 것은 어떤 정치집단으로 하여금 정
권을 수립시킨 것이 아니라 그 지방 마을 읍마다 사회유지들에게 의뢰하
여 자치제를 만들어 나가는 것이었다고 자랑하고 있었다. 미국 대통령이
우선 이러한 확고한 망명정부관을 가지고 있었으니 우리의 중경 임시정부
가 승인받을 확률은 매우 적은 것이었다. 루즈벨트가 신탁통치를 선호하

---

16) Dorothy S. White, *Seeds of Discord-De Gaulle, Free France and the Allies*, Sylacuse University
Press, 1964, pp.345~351 ; Herbert Tint. *French Foreign Policy since the Second World War*, St.
Martin's Press, New York, 1972. 참조.

17) Roosevelt to Marshall, 1944. 6. 2, George C. Marshall Papers, George C. Marshall Foundation,
Lexington, VA. Box 81, File 16.

고 있었음은 잘 알려지고 있다. 그러나 그의 관념속의 신탁통치는 그가
혐오하는 '식민지'에서의 해방과정이라는 의도도 또한 잘 알려져 있다.[18]
1944년 12월부터 다음해 6월 루즈벨트가 서거하기까지 국무장관을 지냈던
스테티니우스(Stettinius)에 의하면 루즈벨트는 장개석에게 프랑스는 항상
좋은 식민지주인이 아니었고, 더욱이 인도차이나에서 더욱 그러했으니 인
도차이나는 신탁통치하에 두는 것이 좋겠다고 말하고 장개석에게 귀하는
어떻게 생각하는가 하고 물었다는 것이다. 우리는 그곳에 영토야심이 없
고 인도차이나의 신탁통치안을 찬성한다는 대답을 받자 처칠을 향하여
"윈스톤, 이것은 당신이 이해하기 힘들 것이오. 영국은 과거 400년 동안 가
질 수만 있으면 바위섬이고 모래더미 곳간에 모아들기만 하지 않았소?"라
는 취지의 이야기를 나누고, 다음 테헤란 회담 때 인도차이나의 신탁통치
문제에 스탈린의 동의를 얻고 나서 "윈스톤, 3대 1이요"라고 했다는 것이
다.[19] 그러나 영국은 군사적으로나 외교적으로나 두 바퀴의 한쪽 같았던
협조체제하에서 비록 대통령의 심정이 그랬다 해도 현실적으로 가장 믿을
수 있는 맹방을 무시할 수 없었던 것이다. 미국 국가기록보존소에는 ABC
문서군이 있는데 이것은 American-British Conversation Files(1942~1946)의 약
자로 미육군부 작전국 전략정책실에 보존되었던 방대한, 영국 측에 보여
주었던 미국의 정책문서들의 집대성이며 여기에 한국 잠정분할 계획 같은
것도 포함되어 있다. 처칠은 1945년 4월 시점에서도 "영국의 국기하에 있
었던 영토는 한치라도 양보할 수 없다"고 홍콩의 중국반환 종용에 강경했
었다.[20] 이런 맹방을 가졌기에 미국은 한국의 독립문제에서도 영국의 눈

---

[18] William Roger Louis, *Imperialism at Bay, 1941~1945: The United States and the Decolonization of the British Empire*. Oxford University Press, 1977 ; John J. Sbrega, *Anglo-American Relations and Colonialism in East Asia, 1941~1945*, Garland Publishing, Inc. New York/London, 1983, 그리고 Michael C. Sandusky, America's parallel 제1장에 풍부한 예들이 있다.

[19] University of Virginia에 소장된 Edward R. Stettinius Papers, Box 254 Stettinius memorandum, March 17, 1944 참조.

[20] 영국 소장자료 보관장소 FO 371/46325. 미국 주중국대사에게 이야기했다는 처칠 자신의 메모.

치를 보아야 했던 것이다. 그것은 주중미국대사 가우스(Gauss)의 다음 전보
에서 단적으로 드러나고 있다. "한국의 독립문제는 영국식민지 인도를 포
함한 다른 아시아식민지 제국민의 독립소망과 전혀 무관한 것이 아니다."
그렇기 때문에 신중히 다뤄야 된다는 것이었다.[21] 따라서 1943년 3월 27일
루즈벨트 대통령이 영국외상 이든을 만난 자리에서 "한국과 프랑스 식민
지 인도차이나는 국제 신탁통치하에 두어야 된다. 전자의 경우 관리국은
미국, 중국, 그리고 소련일 수 있다"라고 말했을 때[22] 루즈벨트는 실제상
으로 자신이 한국을 위하여 최상의 선의를 보이고 있었다고 확신하였을
것이다.

(2) 미 국무부의 견해

미 국무부의 한국관계 기록을 성격별로 분류한다면 1) 외교의 구상과
대외접촉의 기록, 2) 내부 정책토론문서로 나누어 볼 수 있겠다. 우선 여기
서 문제 삼으려는 것은 지금까지 그리 알려지지 않았던 내부 각 분과위원
회의 문서들이다. 유엔 창립 이전 또 1944년 12월의 국무~육군~해군 정책
조정위원회(SWNNC)가 생기기 이전의 미국의 전후 처리정책을 담임하고
있던 기관은 국무부 안의 Policy Committee, Post War Committee, Territorial
Sub-Committee, Advisory Committee on Post-War Foreign Policy, Security
Subcommittee, Country Area Committee 등 여러 위원회가 시기에 따라 존재
했었다. 전후 외교정책 자문위원회의 1942년 8월 시점의 회원은 국무장관
(Hull), 차관(Wells), 애치슨 등 국무부 관리 10명과 농무부 1명, 내무부 1명,
재무부 1명, 육해군 각 1명, Foreign Affairs지의 주필 암스트롱(Armstrong),

---

21) Gauss to Hull, Tel. 285. March 28, 1942.
22) 영국 Public Record Office, Prime Minister's Office 문서 4/9/42. Eden to Churchill, March 29,
1943.

존스홉킨스대학총장 바우만(Bowman), 뉴욕타임즈의 맥코믹(McCormick), 적십자사 총재 등등이었다. 8월 1일의 회의에서는 일본의 영토를 기본적으로 본토 4도(島)로 국한하고 한국은 해방 즉시 독립이 불가능할 것 같아 일종의 국제적인 원조 또는 후견하에 놓던가, 중국이 형식상 연방국가로 구성될 경우에는 한국이 여기 가입할 수 있다고 내다보았다(P. Minutes #20). 8월 8일의 회의에서 웰스차관은 아시아의 식민지를 종류에 따라 ABCD로 구분할 것을 제의했다. A는 인도차이나로 여기서는 딴 곳에 비교하여 원주민의 독립운동도 활발하지 않고 프랑스 식민정책도 탄압적인 것이라고 지적되고, B는 포르투갈의 식민지로 이것들은 구라파의 식민지 중에서 최악이라고 했으며, 다음은 C클래스의 인도네시아로 여기서는 화란이 비교적 공정하고 관대한 행정을 취했고, 마지막으로 D클래스는 모든 식민지 중에서 가장 악질적인, 극동 제국주의하에 놓인 한국이라고 설명했다. 이 회의에서는 "영국과 프랑스 제국주의"라는 말이 거듭 나왔고, 인도차이나를 프랑스에서부터 빼앗을 경우의 프랑스 우익의 반미감정 등에 대하여 심도있게 토의되었다(P. Minute #21). 1943년 3월 13일의 연구분과위원회에서는 일본 북해도를 점령하느냐, 한반도를 먼저 점령하느냐를 놓고 치열한 논쟁이 벌어졌다. 또 한국문제에 이르러서는 웰스 국무차관은 다음과 같은 주목할 만한 발언을 했다.

　　한국에 관해서 중국정부는 한국의 독립은 빠르면 빠를수록 좋고 그렇게 위한 가장 효과적인 방법은 한국국민이 자립할 수 있도록 협조하기 위하여 어떤 국제신탁통치제도를 만드는 것이라고 믿고 있다. 중국정부가 믿는 바로는 가장 효과적인 형태의 국제신탁제도는 중국과 미국과 소련으로 조성되는 것이라고 한다. 이 분과위원회에서 이 문제를 토의합시다.

　여기에 대하여 데이비스(적십자사 총재)는 중국은 영국을 이 신탁통치에 집어넣으려 하는가 물으니 웰스는 말하기를 저들은 매우 원치 않고 있다. 중국정부의 희망하는 신탁통치기간은 25년이 넘지 않는 것이며, 한국의 독립을 보장하는 것이라고 하였다. 또 토마스 상원의원은 이것은 중국정부가 영국에 적의를 가지는 증거라고 했으며, 영국을 참가시키는 문제에 약간의 토론이 있고 나서 뉴욕타임즈의 매코믹 여사가 소련이 신탁통치에 참가한다는 것은 대일참전을 전제로 하는 것인가 물으니 웰스는 전제로 하지 않는다고 대답했다(P. Minutes #47).

여기서 웰스가 말하는 것이 사실의 반영이라면 국민정부는 비록 소련과 영국의 세력팽창을 꺼려하여 한국독립에 대한 미국의 동의를 원했고, 자기 영향하의 중경임시정부를 미국이 승인하는 것을 바랐지만 20년 이상 신탁통치하에 두어 자기세력 공고화를 노렸다고 볼 수 있다. 그래서 미국은 중국이 한국을 실질적으로 지배하려는 야심을 가졌다고 본 것이다.[23] 1943년 4월 3일의 P. Minutes #50을 보면 코널리 상원의원의 질문에 대답하면서 전번의 분과위원회에서 한국에 독립을 주는데 찬성했었다고 말하고 다음과 같은 결론에 도달했다고 했다. 즉 한인은 오랫동안 자치를 못했기 때문에 약 25년 동안 미·소·중 3국이 신탁통치를 행하고 그 비용은 한인이 물도록 한다.

4월 10일(P. Minute #51)에서는 좀 더 자세한 토론이 있었다. 웰스는 미국 중국 영국이 모두 신탁국이 되기를 승인하였다고 하였고 소련도 동의할 것이라고 했다. 한국을 한 신탁국 밑에 두면 주변 강대국 사이에 마찰 분쟁이 일어날 것이니 한 국가에 맡기면 안된다고 했고 한국에 독립을 곧장 주어 버리면 평화에 큰 위협이 될 것이라고 내다보았다. 또 하원의원

---

23) 지금까지 인용한 것은 P. Minutes #47(Post War Policy)도 다음 인용할 T. Minutes(Territorial) 등은 미국립기록보존소의 The Records of Harley A. Notter, 1939~1945(Lot File 60-D-224) Box 55를 중심으로 볼 수 있다. 중국의 한국을 위한 교섭으로는 대만 측의 견해로 胡春惠,『韓國獨立運動在中國』, 중화민국사료연구중심출판, 1976, 309~314쪽을 참고로 할 수 있고 미국 측의 시각은 Top Secret『United States Policy Regarding Korea』Part 11 1941~1945. Dept. of State Research Project No.158, May 1950. 한림대학 아시아문화연구소 자료총서 1 수록 82쪽 주 3) 참조.

이튼이 예를 들면 벨기에의 식민지 콩고가 자치정부를 수립하려면 몇 해 걸릴 것이냐고 하니 웰스는 100년 이상 걸릴 거라고 했으며 하원의원 브룸은 "1,000년 이상 걸릴 거요!"라고 외쳤다(p.3).

여기에 대하여 웰스는 "포르투갈 영토 '티몰'이야말로 1,000년 이상 걸릴 것입니다"라고 맞고함을 질렀다고 했다. 우리는 여기서 이들이 말하는 25년이 1,000년에 비하면 한결 짧다는데 위안을 가져야 할지 모르겠고 약한 한국에 국제간섭을 가져오는 것이 두려우면 한반도의 국가는 강대할 수밖에 없다는 결론이 된다.

이 당시의 미국은 일본군이 태평양전역에 걸쳐 대확장을 하고 있었어도 일본의 패배를 예상하고 전후 처리의 각분과위원회가 활발히 움직이고 있었다고 언급했다. 미국은 또 저 희랍신화에 나오는 올림포스 산꼭대기의 여러 신(神)들처럼 전후의 지도를 그리기에 바빴다. 1943년 4월에는 한국 영토에 관한 모임이 있었고 7매에 달하는 기록물을 남겼다. 즉 압록강이 국경인 것에는 하자가 없으나 두만강인 경우 몇 갈래로 생각하고 있었다. 첫째로 간도 한국인 문제이다. 간도의 인구의 3분의 2가 한인인 까닭에 분규가 일어날 것에 대비하여 간도를 한국에 편입시키는 것을 고려에 넣어보아야 된다는 것이다. 그렇지만 중국이 맹렬히 반대할 것을 각오해야 되고 두만강이 두 나라의 자연스러운 경계선으로 남는 것이 바람직하다고 했다. 간도를 한국에 편입시키는 문제는 민간에서도 토론되었던 모양으로 먼저 인용한 Fortune지의 특집에서도 그랬다는 것을 기억해야 할 것이다. 다음에 중국이 만주 동쪽의 물산을 함경북도의 항구를 통하여 수출하려는데 한국이 방해를 놓으면 영토분쟁이 일어날 수 있고, 또 소련이 함경북도의 일부 할양을 요구할지 모른다는 점도 고려에 넣었다. 결국 국경분쟁을 피하려면 현재의 국경이 가장 적합하다고 결론을 내리기도 했다.[24] 또 딴

---

[24] Notter Files, Box 63. T-316. 원문은 타자로 쳤는데 4월 표시 밑에 연필로 5월 25일이라고 적었다. 제목은 Korea : Territorial and Frontier Problems이다.

문건에서는 대마도의 한국귀속문제를 언급한 곳도 있고, 유구열도를 중국에게 주는 방안 검토 등도 볼 수 있다. 이 논문에서는 미국에 사는 한인단체의 미국정부 상대 독립교섭 또는 임시정부 승인교섭 경과는 모두 생략했다. 상기(上記)한 P Minutes/T Minutes의 인용으로 족하다고 생각했기 때문이다. 재미한인들은 그 치열한 독립청원운동을 통하여 미국민간에 지지세력을 넓혔고 미국 당국에게는 귀찮게 굴지 않는 사람들로 인식시켰던 것은 틀림없다. 하여튼 미국은 한국이 독립할 수 있다는 것에는 조금도 주저하지 않고 승인하고 있었다. 여기에는 미국주재한인들의 공헌이 한 조각 들어 있다고 믿는다. 세계의 경찰로 부상한 미국은 세계 각 지역의 분쟁 가능성을 고려에 넣어야 되었으니 1,000년이 아니라 그래도 25년 내의 훈련을 거쳐 독립을 준다는 것은 미국식의 발상으로 보면 악의에서 나온 것이 아니라는 것은 마지못해서라도 인식할 필요가 있을지 모른다.

　문제는 이승만 박사가 미국의 의도를 얼마나 파악했었고, 여기에 대하여 어떤 대응책을 썼는가 한번 연구할 가치는 있겠다. 1943년 6월 미국정보기관에서는 미주 한인사회가 태풍권 진입직전에 있다고 보고 편지검열에 더욱 주의를 돌렸다. 그것은 한인 사이에 태평양전쟁평의회, 미국무부 또 국회의원들 간에 한국 '위임통치'에 관한 연구가 진행되고 있다는 풍설이 자자했고, 이 박사 지지의 미국인들이 이것을 발설하고 있다고 한인들은 보고 있었다는 것이었다. 그런데 한길수가 LA의 동지들에게 편지를 써서 이 박사가 미국인의 이 토론에 편승하여 새 단체, 즉 유엔 위임통치위원회와 관계를 맺는 새 단체를 만들려 하고 있다고 밀보(密報)했다는 것이다.25) 사실 여부는 지금 알 길이 없지만 좌우간 미국정부에서 토의되던 사항이 민간에 흘러나와 한인식자(韓人識者)가 모두 이 움직임을 감지하고 있었던 것은 미국 사찰보고가 말해 주고 있다. 미국이 신탁통치를 설정하

───────────────

25) Office of Strategic Service, California Office: A Report on the progress of the Free Korean Movement Part 11 (Report No.8), June 18, 1943.

려는 이유를 알고 있었으며, 마땅히 대동단결하는 자세라도 가져야 했을 것이었다.

(3) 프랑스의 대응

알다시피 프랑스는 자유민권사상을 자랑스러운 전통으로 간주하는 나라로 이런 면에서 상해에 있어서의 한인 독립운동자들이 도움을 받은 일이 적지 않았다. 그러나 프랑스는 이류(二流) 식민국가로 알려져 있어 자기들의 식민지국민들의 독립 또는 자치소망에는 철저하게 단속하여 포르투갈에 비하면 좀 낫지만 영국 화란보다 훨씬 못한 식민국가로 인식되고 있었다. 1933년 히틀러의 대두 이래 프랑스의 외교정책은 어떻게 독일을 유화하며 또한 이태리 소련과 공동방위체제를 유지할 것인가의 문제에 골몰하였다. 따라서 이태리가 1935년 10월 아프리카의 독립국가 에티오피아를 합병하기 전 가쯔라—태프트식의 밀약까지 교환했었다.[26] 한편 동아시아에서는 프랑스가 중국에 투자한 돈이 100억 프랑을 넘었고, 중국의 대외부채의 23%를 부담했었다. 또 경제공황 이후 프랑스가 겪고 있던 불경기는 일본이 프랑스 식민지에서 수입해가는 고무, 석유, 니켈 등에서 나오는 이익도 무시 못했다. 그래서 프랑스는 일본과 중국 간에 줄타기 곡예외교를 한다는 말을 듣기도 했다.[27] 1938년 독일이 체코의 일부를 합병하자 유화하는 길을 걸었으며, 1939년 3월 독일이 체코슬로바키아를 합병하고 스탈린과의 밀약하에 9월 폴란드에 침공하자 영국과 더불어 독일에 선전포고를 하게 된다. 그리고 일년도 못되어 파리가 점령되고 프랑스망명객들

---

26) William C. Askew, "The secret agreement between France and Italy on Ethiopia, January 1935" *The Journal of Modern History*, Volume XXV No.1, March 1953, pp.47-48 ; R. C. A. Parker, "Great Britain, France and Ethiopian crisis, 1935~1936" *The English Historical Review*, No.351, April 1974 참조.

27) John E. Dreifort, "France, the Powers and the Far Eastern Crisis" *The Historian* Volume XXXIX No.4 August, 1977 참조.

은 그들의 식민지와 영국을 근거로 '자유프랑스'를 조직하고, 1944년 1월 불령(佛領) 콩고의 수도에서 'Brazzavile선언'을 발표하고 식민지의 지위향 상과 경제행정상의 자유를 약속한다. 이것은 이 당시 미국의 정부관리나 대통령이 프랑스 식민지를 모두 신탁통치하에 두려는 움직임이 있었기 때 문이기도 했다. 그러나 프랑스는 어느 식민지에게도 독립을 줄 생각은 없 었고 심지어 레바논과 시리아도 자국의 영향권에 두어야 된다고 주장했 다. 이런 상황하에서 프랑스 정부 또는 망명단체가 한국독립을 위한다고 말할 자격도, 가능성도 없었다. 단지 1944년 여름 파리가 수복되고 드골이 임시정부를 세우고 10월에 미국이 이 임시정부를 처음으로 정식승인하자 한국임시정부는 주중국 프랑스대사관에 많은 운동을 한 모양이다. 1945년 3월 27일 미국무부는 중경과 파리의 미대사관에 전보를 치고 3월 17일자 AP와 UP통신이 프랑스가 한국을 승인했다고 보도했고, 중경 임시정부가 한족연합회 본부에 부친 전보 검열에도 2월 26일 프랑스대사관은 한국임 시정부와 사실상의(de facto)관계를 가지라는 명령을 받았다는 내용이 있 으니 웬일인가 알아보도록 독촉했다.[28] 여기에 대한 회답은 다음과 같았 다. '파리 3월 30일 발' 프랑스 외무부 극동과장 길버트가 이야기하는 바로 는 사실이 아니라고 한다. 중경의 한인들이 자주 접촉을 하여 오기 때문에 우리 대사가 어떻게 대응하려는가고 문의하여 "정중하고 화기애애하게 그 들의 말을 듣기만 하고 희망을 주는 행동을 삼가라"고 훈시하였다.[29] '중 경 4월 2일 발' 두 통신사 기자들에게 물어보니 임시정부 외무부장 조소앙 이 3월 17일에 중국과 외국인 기자들을 점심식사에 초대하고 발표한 대로 송고했다고 한다. 또 4월 1일 프랑스대사가 말하기를 자기 정부가 임정을 승인한 것이 아니라 훈련 중에 "친히 관계를 맺고" 독립을 위하여 분투하 는 사람들에게 '동정적'으로 대하라고 했다는 것이다.[30] '중경 4월 9일 발'

---

[28] 문서번호 895.01/3-2745.
[29] 문서번호 895.01/3-3045.

프랑스대사가 자신이 본국에 보냈다는 진술서 사본을 보여 주었는데, 자기의 정부가 비공식적으로 한국 '임시정부'와 사실상의 관계를 가지라는 훈련이 있었다고 2월 26일 조소앙에게 알렸고 한국이 독립을 회복하는데 대하여 프랑스정부가 동정적이라는 것도 표명했다는 것이다.31) 이상의 여러 왕복전보를 보면 프랑스임시정부는 새로 들어섰기 때문에 영, 미, 중 각국 간에 그 사이에 한국임시정부문제로 오고 간 시말을 잘 몰라 자신들의 몇 해 동안의 처지를 생각하여 동정적으로 나갔다가 미국의 반응으로 일보 후퇴한 것이 아닌가 한다. 1930년대의 프랑스에 한인들이 많이 살아 그곳에서 독립운동을 한 것도 아니고 프랑스와 한국독립운동과의 관계는 어디까지나 상해 프랑스조계에 거점을 둔 임시정부와의 조계(租界) 당국과의 관계, 그리고 1945년 초의 프랑스정부의 de facto 승인이라는 해프닝 두 점에 국한되는 것이 아닌가 한다.

(4) 영국의 대응

해방 후 한 영국 외교문서는 영국이 한국에 가지는 interest는 economic interest도 없고 political interest도 없고 단지 missionary interest만 있다고 말한 바 있다. 한반도에 국한한다면 그럴 수 있을지 모르지만 영국이 한국독립문제에 가지는 관심은 자신의 식민지문제에 나쁜 영향이 가지 않는가의 위구심에서 나온 '자기방위적 관심'이라는 것이 따랐다. 미국은 외교에 단독적인 행동을 꺼렸고 항상 영국을 동반자로 자문하고 보조를 같이 하려는 경향성이 있었고, 미국군부에서는 영국식민지의 붕괴가 該지역의 불안정과 전망의 불투명으로 이어질까 겁을 내고 있었다.32) 미국대통령은 거

---

30) 문서번호 895.01/4-245.

31) 문서번호 895.01/4-945.

32) Louis, 앞의 책, 1977, pp.6~7 참조.

듭 인도차이나와 한국을 신탁통치하에 두자고 했으나 결국 한국만 하나의 모델 케이스로 거명되는 것은 영국을 비롯한 식민국가들의 저항에 연유했다고 볼 수 있다. 단순히 자치경험이 모자란다는 차원에서 보면 에티오피아가 들어간다. 사실상 이 나라의 신탁통치문제도 토의되었으나 이 나라는 실국(失國)한지 5년만인 1941년에 복국(復國)되었으므로 새삼스럽게 신탁통치 운운하기 힘들었다. 1945년 후 유일하게 신탁통치하에 들어간 나라는 소말리아로 25년을 채우고 1960년에 독립했다. 교육정도로 보면 한국과 소말리아는 하늘과 땅의 차이가 있었다. 미국무부가 한국이 독립자격이 있는가 알아보기 위하여 1944년 작성한 일 논문의 분석은 한국인의 식자율(識字率)을 45%로 낮게 잡았지만 그래도 포르투갈의 40%, 브라질의 30%보다 나아, 결론에 교육 정도로 보면 자치하는 데 하자가 없다고 하였다. 그러하니 자치능력의 결여 운운은 어디까지나 구실에 지나지 않고 실질적인 문제는 대국사이에 놓인 지리적인 위치에서 오는 고려였는데 영국은 이러한 사실을 미국과의 의견교환에서 내놓지 않았다. 태평양전쟁 시작 당시부터 미국과 영국은 한국문제로 의견교환이 자주 있었는데, 1942년 2월에는 "The British Foreign Office was of the opinion that the possibility of effective Korean opposition to Japan was small, and that a declaration by the United States or the United Kingdom would not be likely to arouse the Korean in areas where the Japanese were in control"[33]이라는 실익면만 중시하는 발언이 따랐다. 1943년 주미영국공사 샌숨이 한국에서의 고문정치를 제의했고 한국인의 우수한 지도자가 보이지 않는 상황하에서 이왕가(李王家)의 왕족을 간판으로 내세우는 것이 어떤가 타진했다.[34]

1943년 3월 27일 루즈벨트가 영국외상에게 한국과 인도차이나의 신탁통

---

[33] Korea : Capacity for Independence : Literacy and Education. H-204 November 27, 1944. Records of Notter, Box 117 참조.

[34] 문서번호 895.01/73 Mattews to Hull(Feb. 28, 1942).

치안을 타진했고 이든은 적절한 것 같다는 회답을 주었고, 한국 신탁통치 내용은 런던에서 신문에 흘려보내 이것이 중국 관리들로 하여금 분주하게 만드는 계기가 되었다. 카이로선언이 발표되고 곧 테헤란회담에서 한국을 40년간 국제관리하에 넣는다는 루즈벨트의 제안이 스탈린에게 받아들여졌 다고 생각한 미국은[35] 1944년 4월 한국의 독립문제에 관한 연합국간의 의 견을 조정하기 위하여 영국과 한국문제에 관한 연구를 교환하기로 하고 8월에는 중국도 이 연구 프로그램에 참가하기를 종용하였다.[36] 영국에서 는 토인비, 버틀러, 허드슨, 웹스터, 죤스, 마크래 6명이 한국문제연구위원 회를 조직하게 되고, 1944년 12월에는「한국의 장래」라는 보고서도 작성했 다. 이 32항목으로 되어 있는 보고서에서는 한국인의 자치능력의 배양, 소 련의 역할불가피론, 외국인고문제도, 일국신탁통치안, 제3국신탁위임안, 공동신탁통치안의 검토 등이 들어가 있으며, 결론적으로는 영국을 포함한 강대국의 공동지배하에 두고 최고통치자로는 화란과 같은 나라의 식민행 정경험이 있는 자가 되고 중·소 양국의 이해관계를 만족시켜 주어야 된 다는 취지였다. 이 보고서는 미국을 포함하여 영국 각 기관에 반포되었는 데 의무부서의 한 관리는 "해외 한인단체는 그들의 힘을 전적으로 상호알 력에 소모하고 있으며 일본이 물러가면 싸움이 천배로 증가할 것이다." "소련이 한국의 지배를 마음 먹으면 영·미·중 3국이 합쳐 막으려 해도 불가능할지 모른다" 등의 촌평을 달기도 했었다.

(5) 독일의 경우

1933년 히틀러가 정권을 잡을 때까지 독일은 구라파에 있어서 공산주의 와 급진사회주의운동이 성한 나라였고 한국유학생도 꽤 모이고 있었고,

---

[35] F.O. U/4320/U6448/U6832/U8172/U8559?8786/4320/70.
[36] Minutes of Pacific War Council, Meeting of January 12, 1944.

미국에서 소련으로 넘어가는 운동자들이 지나가던 곳이었으므로 1933년 이전의 한인독립운동과 독일정부의 대응방면에 자료가 있을 것 같지만 지금은 역부족으로 훗날을 기대한다.

6. 맺는말

1930~40년대의 미주 한인독립운동과 열국의 반응을 개관할 때 가장 괄목한 부분은 한인의 대일 적개심을 이용한 미국의 한인무장부대 양성계획이다. 태평양전쟁이 일어나자 재미한인 지식층은 거의 100% 50세가 넘는 사람들로 미국특수부대에 들어가든가 미국정보부처에서 번역, 검열 등의 직책을 받았다. 미국의 한국침투계획은 OSS가 전담하여 일본항복 시까지 잠수함으로 침투하는 재미교포 중심의 Napko Project와 공중에서 침투하는 광복군중심의 Eagle Project를 추진했고, 또 공산군치하 연안의 한인부대를 이용하여 육상으로 침투하는 North China Project를 추진할 계획이었다. 미국교포 중심의 납코작전에는 거의 이 박사의 연령에 육박하는 유일한(柳一韓)이 친히 특공대의 조장이 되어 잠수함으로 국내에 잠입할 태세에 있기도 하였다. 태평양전쟁이 일어나자 언론들은 번번히 안중근, 윤봉길 의사의 이름과 거사를 상기시키며 한인의 적개심을 이용하여야 된다고 주장하여 이 방면에 있어서의 윤봉길 의사의 공적은 실로 다대하다고 재평가받을 만한 것이다. 재미한인들의 외교운동은 회고하여 씁쓸한 부분도 있으나 그의 공적은 미국사회에 한국독립지지의 열기를 확산시키고 끈질기게 미국정부를 상대로 독립청원운동을 펴서 미국정부로 하여금 한국에 독립을 주어야 되는 것으로 부지불식간에 인식시킨데 있다고 생각된다. 일본이 패망할 즈음에 스위스와 스웨덴의 일본공관 직원들은 대만과 한반도를 계속 보유하는 선에서 전쟁종식을 모색했었다. 이 당시 스위스에 주재

하고 있던 알렌 덜레스도 주스웨덴 미국공사도 한국독립문제에는 절대 타협 못한다고 명쾌하게 거절했었다. 그렇지만 대만을 일본이 계속 보유할 문제에 관해서는 일본이 1945년 6월안에, 즉 소련이 참전하기 전에 항복하면 덜레스 자신이 노력해 보겠다고 단서를 붙였다.[37] 미국이 해독한 일본의 소련중재요청 사또−몰로토프회담의 내용에도 일본 측이 남만주까지 양보하겠지만 한반도는 보유하게 해달라는 간청에 몰로토프는 한국은 독립되어야 한다고 명쾌하게 못을 박고 있었다. 즉 어느 열강이건 간에 한국의 독립은 기정사실이었다는 것이 중요하고 여기에 대하여 즉 열강의 한국독립 신념의 성립에 있어서, 윤봉길 의사나 김구 선생이나 재미독립운동이 조금도 영향이 없었을 것인가 자문자답해 볼 때 그럴 수 없다는 답안에 도달하게 되는 것이다. 여기에 윤봉길 의사의 거시적 안목상의 최대 공헌이 있는 것이다.

❖ 『한국독립운동과 윤봉길의사』, 매헌윤봉길의사의거60주년기념 국제학술대회, 1992

---

[37] F.O. U/4320/U6448/U6832/U8172/U855p?8787/4320/70.
　　Anglo-United States exchange of views: invitation to China to participate… 미국 측의 자료는 주 23)에 보이는 한림대학 편의 앞의 책, 99~102쪽 참조.

미주지역에서 한국독립운동의 특성

1. 재미한인 독립운동의 개관

(1) 머리말

세계 각처에서 산재하고 있는 교포들의 조국광복을 위한 노력에는 누가 더 잘했고 누가 덜 했다는 우열비교론이 있을 수 없고, 모두 주어진 여건과 환경 안에서 최대한의 노력을 경주하였다고 해석하는 것이 바람직한 것은 두 말할 것 없다. 그런데 미국은 그 지리적 위치와 부유한 사회 그리고 자유언론의 보장이라는 몇 가지 유리한 조건들을 가짐으로써, 자연히 미국에서의 독립운동이—그것이 비교적 적은 것이라 할지라도— 그 파급적인 효과가 예상외로 크게 번질 수 있는 특징을 가졌다. 멕시코와 쿠바의 경우는 이민사 또는 한인수난사(韓人受難史)의 견지에서 본다면 독특한 면이 있지만, 그 독립운동사의 전개양상은 전반적으로 미국교포의 독립운동의 영향하에 있었음으로 미국을 중심으로 하여 북미대륙의 독립운동을 논하지 않을 수 없다.

미국교포의 독립운동을 운동별로 큰 것만 개관해 본다면, 1) 1907년의 뉴욕공제회 등의 국채보상운동, 2) 1908년의 스티븐스 구타사건과 총격사건에서 발전한 애국운동, 3) 1909~1914년간 박용만의 독립기지조성운동, 4) 미주독립운동의 분수령이 되는 1919년의 3·1운동 지원활동, 5) 1921~22년 간의 워싱톤 군축회의를 대상으로 하는 독립청원운동, 6) 1931년 만주사변 으로부터 이봉창·윤봉길 의사 의거사건에 이어지는 기간의 임시정부 지 원운동, 7) 1941년 4월의 해외 한족대회결성과 재미한족 연합위원회의 성 립에 이르는 대동단결운동, 8) 태평양전쟁 발발에서 일제패망 때까지의 미 국을 상대로 한 외교운동, 전쟁참여운동, 광복군지원운동 등을 큰 줄기로 생각할 수 있다. 이상의 여러 운동에 대하여는 이미 잘 알려져 있는 줄 믿 어 개별적으로 상세히 설명하지 않겠고, 재미독립운동의 특성과 전반적인 독립운동에 미친 공헌만을 집중적으로 생각해 보고자 한다.

(2) 조국광복운동에 대한 재미한인들의 특별한 영향과 공헌

가. 의열응징(義烈膺懲)활동의 봉화(烽火)

국내의 의병활동과 구분되는 매국매족의 거괴(巨魁)와 적괴(敵魁)에 대 한 의열응징활동의 시작은 실로 미주에서 비롯된 것이다. 한국 독립에 대 한 토론이 자유로울 수 있었던 샌프란시스코 교포들의 여러 공동회에서 거괴(巨魁)숙청의 분위기가 성숙하여 천지를 진동하는 사건들이 잇달아 터졌다. 1907년 7월에 헤이그 평화회의에서 순국한 이준 열사를 추모하는 공동회에서 이재명 의사가 위국헌신을 맹서하여 10월 9일 귀국했으며, 한 편 1908년 3월 22일의 공동회의에서 파견한 최정익·문양목·정재관·이 학현이 스티븐스를 구타했고, 다음날 장인환·전명운 두 분이 스티븐스를 숙청하여 국내에 큰 충격을 주었다. 이어 1909년 11월 22일 이재명의 이완 용 습격사건이 일어나고, 이 일련의 행동이 안중근 의사의 이등박문 숙청 에 이어졌다. 물론 국내에서도 무수의 대소(大小) 숙청활동이 있어 온 게 사실이지만, 거괴(巨魁)들을 골라 국제적으로, 국민적으로 이목을 집중시킨 행위는 미주 한인 교포들의 자유로운 공동회 석상에서 만들어졌던 것이었다.

나. 미주 국민회의 임시정부적 성격

왜적이 조국을 강제 병합할 즈음 1910년 초의 미주 국민회는 미국 본토·맥시코 또 하와이 3지방의 국민회일뿐 아니라, 노령 만주에 13처 지방회를 가진 범세계적인 광역단체이었다. 그래서 한때는(1910년 1월) 국민회의 중앙총회를 노령에 옮겨 창립총회를 가질 생각도 했었다.[1] 따라서 1910년 5월 국민회와 대동보국회가 합동하여 '대한인국민회'가 성립되었을 때, 이 단체는 한민족의 유일한 전 세계적인 광역단체일 수밖에 없었다. 1910년 유인석(柳麟錫) 의병장이 일제의 국토 강제병합의 소식에 접하여 국민회(Le président du comité national de Corée)의 이름으로 근 만 명의 서명과 함께 열강에 호소문을 보냈던 역사[2]에 유의할 필요가 있다. 이때쯤 대한인국민회의 기관지 『신한민보』는 "국내국외를 물론하고 순전한 대한정신으로 대한민족의 복리를 도모하며 대한국가의 명예를 회복하기를 독일무이한 목적을 정한 자 대한인국민회(大韓人國民會) 밖에는 없을지니, 이로서 보건대 대한인국민회는 국가인민을 대표하는 총기관이 확연히 되었도다. 이제 형질상의 구한국은 이미 망하였으나 정신상의 신한국은 바야흐로 울흥(鬱興)하기를 시작하니 어찌 희망이 깊지 아니함이뇨"(1910년 10월 5일)라고 선언한다. 또 "국민회는…우리나라의 여러 천년 상전(相傳)하는 역사적 국수(國粹)가 오늘 신세계의 문명한 공기에 감응하여 잉대한 결정체이니, 금에 이 단체를 정밀한 연구력과 완전한 방법으로 발휘하여 확장

---

1) 방선주, 『在美韓人의 獨立運動』, 한림대학교 출판부, 1989, 49쪽.
2) 방선주, 위의 책, 50쪽.

할진데, 그 힘은 넉넉히 한반도를 보존할 것이며"(1911. 8. 23) "그런고로 우리 신한국민은 전일에 몇 사람의 손으로 농락하던 전제정치를 박차고 춤밭아 이 세상에 응납치 못하게 할 것이오, 일반 인민의 사상을 통괄하여 국민의 정신을 대표할만한 자로써 정사를 행케 하며, 일반국민이 공식으로 인정하는 법률을 우리가 스스로 제정한 법률이니 우리가 스스로 복종할 의무가 있는 줄 깨달은 연후에야 그 가운데서 가정부(假政府: 임시정부)가 변하여 진정부가 되어…"(1911. 9. 20)라고 선언한다.

당시의 대한인국민회는 120여 지방회를 가졌는데 미주를 제외한 분포는 다음과 같다. 수청(水淸) 지방총회 12, 시베리아지방총회 9, 만주지방총회 8, 중앙총회 직접관할 5, 그리고 러시아 수도 페트로스버그의 이위종(李瑋鍾)을 비롯한 다수 저명인사, 중화민국 수도 남경 혁명군 안의 다수 한인 등이 등록된 국민회원들이었다.[3] 1912년 11월에 들어서 대한인국민회 중앙총회가 성립되자 이 기관을 "해외 한인의 최고 기관으로 인정하고 자치제도를 실시할 것" 및 "각지에 있는 해외동포는 대한인국민회의 지도를 받을 의무가 있다"고 선포하게 되는 것이다.

대한제국이 붕괴한 1910년에는 1914년에 걸친 미주에서의 대한인국민회의 권위는 임시정부의 그것이었다. 일본의 한반도 강점(强占)이 한민족에 의한, 한민족을 위한, 주체적 정부의 중단이 되지 않고 해외에서 싸우고 있는 독립운동단체가 이를 끊기지 않고 계승했다는 여러 동종선언의 효시가 되는 것이다. 예를 들면 1917년 7월 상해에서 발송된 임시정부수립을 위한 『대동단결선언서』에도 "흥희제(隆熙帝)가 삼보(三寶)를 포기한 8월 29일은 즉 吾人동지는 완전한 상속자이니… 아한(我韓)은 무시(無始)이래로 한인의 한이오 비한인의 한이 아니라, 한인간의 주권수수는 역사상 불문법(不文法)의 국헌(國憲)이오, 비한인에게 주권양여는 근본적 무효요, 한

국민성의 절대불허 하는 바라"고 선포했다.

이러한 선언과 선언의 신임이 거족적인 3·1운동 폭발 후 상해 임시정부로 응집되는 것이었다. 이런 의미에서도 상해 임시정부의 정통성은 확인되는 것이다. 무릇 망명정부나 임시정부 성립의 관건은 어느 단체 혹은 개인이건 이를 선포할 수 있었다는 것, 또 이를 해외국민들이 기꺼이 받아들여 신임했다는 것이 전제 조건이 된다. 필자가 소련 소멸 이전에 누누이 발설했지만, 발틱 3국은 미국에 공사관·영사관 등 재산을 가졌음에도 불구하고 임시정부 성립이란 생각조차 못했었다. 즉 이들 나라는 소련이 그들의 강토를 강제합병한 기간은 공백기간인데, 우리 한국은 순간적으로도 그러한 적이 없다는 이론이 성립될 수 있다는 것이다. 이것은 국토는 임시적으로 강점되었지만 국체는 순간도 쉬임없이 계속되었고 전쟁상태이었다는 이론이다. 이러한 이론에 기초적 근거를 주는 것이 재미교포의 공표된 선언들이다. 어찌 의미심장한 공헌이라고 말할 수 없으랴. 이것이 본인이 주장하는 재미한인독립운동의 일대공적(一大功績)이다.

다. 3·1운동의 점화(点火)

3·1운동의 폭발은 성숙한 여건하에서 조만간 국내 어디서건 쌓였던 분노가 터질 수 있는 것이었지만, 좌우간 재미한인의 운동이 기화점(起火点)이 되었음은 사실일 것이다. 즉 1918년 11월 25일 안창호는 국민회 중앙총회를 소집하여, 이승만·정한경·민찬호를 뉴욕에서 12월 14일 개최될 소약속국회의에 참여시켜, 제1차 세계대전의 종전과 전후처리에 발을 맞추어 한국의 독립을 열강에 호소할 것을 결정하고, 또 대대적인 모금운동에 나섰다. 또 뉴욕에 본거를 둔 김헌식(金憲植)의 신한회는 11월 30일 회의를 열고 소약속국회의 참석은 물론, 미 대통령·국무부·상하원에 제출할 청원문을 만들어 활동을 선취(先取)했고, 12월 4일의 미 연합통신은 이 일

련의 활동을 보도하였다. 세계의 이목이 집중하는 미국에서의 두 단체의
활동은 곧 신문 매체를 통하여 전 세계의 신문들에 보도되어 나갔다.

이러한 재미 한인의 활동에 고무를 받아 동경에 유학중이던 한인학생들
이 1월 7일 간다의 YMCA회관에서 토론회를 열다가 경관대와 충돌한 사건
이 일어났다. *Japan Weekly Chronicle*신문은 재미한인의 독립청원운동에
자극되어 일어났다고 썼고, 이어서 2·8선언이 터지고 2월 19일의 일본제
국의회에는 이 선언이 한국 내에 일으킬 충격에 대하여 대책을 숙의하였
다.[4] 결국 재미교포들의 단체가 거룩한 3·1운동의 도화선에 점화했던 것
이다.

라. 한국독립운동의 주요 병참기지

김원용 저『재미한인 50년사』는 "배일운동시대부터 조국해방 당시까지
조국광복사업을 위하여 바친 재정이 300만 달러를 초과하였다(435쪽)."고
기술했었는데, 미국 한인을 8,000명이라고 잡으면 일인당 375달러가 되고,
가장(家長) 또는 독신인구를 4,000명으로 치면 일호당 750달러 정도이며,
이것을 30년 정도로 나누면 일 가구 일 년 25달러 정도 밖에 안돼, 김원용
의 추산은 오히려 보수적인 것으로 생각할 수 있다. 1919년 국민회 중앙총
회에서 취급한 돈만 8만 5천 달러 정도이었고,[5] 그중 약 반 정도가 상해
임시정부지원에 관련되어 쓰여졌다. 또 1941년도에서 1945년 8월까지 하
와이를 제외한 국민회 북미총회에서 임시정부와 광복군 등에 보낸 돈이
4만 달러 정도이었던 것 같다.[6] 하와이 한인이 1919년 10월까지 모금한 독

---

4) 방선주, 위의 책, 28쪽, 215쪽, 321쪽 및 방선주, 「3·1운동과 재미한인」, 『한민족 독립운동
   사』 3, 국사편찬위원회, 1988, 484~495쪽 참조.
5) 방선주, 위의 책, 1988, 512쪽.
6) 방선주, 「임시정부/광복군 재미한인단체에 대한 미국정보기관의 사찰」, 『한국 무장독립운
   동에 관한 국제학술대회 논문집』, 한국독립유공자협회, 1988, 275~276쪽.

립의연금이 3만 5천34달러이었고, 돈을 낸 이가 2천907인이었다고 하니 한 사람에 12달러 정도가 되는데, 여기에 하와이 사회에서 쓰는 돈이 포함되지 않았다고 생각된다. 『백범일지』는 "시카고에 있는 김경(金慶)이 200불을 보내왔다. 당시 임시정부의 형편으로는 이것이 결코 작은 돈이 아니었다"고 말하고 있다. 이봉창·윤봉길 의사의 거사 당시 미화 200달러는 상해달러로 900여 달러가 되고, 당시 상해에서의 숙련공의 한달 봉급이 50상해달러라고 했은 즉, 미화 200달러는 최소한 임정인사 15명 이상을 한 달 동안 부지할 수 있는 돈이었다.[7] 즉, 미화가 중국에서 그 원래 값어치의 4~5배 위력을 발휘하고 있었음으로 미주교포들의 돈이 더욱 빛을 발하였겠다고 느껴진다.

마. 한국위원부(Korean Commission)의 유지

전술한 바와 같이 발틱 3국은 그 독립시대에 미국에 각각 많은 은행예금과 공관을 가지고 있었음으로, 그 돈으로 공관들을 유지하고 재미 3국계 사람들의 상호연락과 고국정보·홍보활동 등을 펴왔으나 적극적인 독립운동을 편 일은 없었다. 또 다른 피점령국가, 예를 들면 에티오피아·인도·티베트 등이 그들의 외교기관을 워싱턴에 꾸준히 유지했었고 또 유지하고 있다는 이야기를 못 들었다. 그런데 이 박사는 독력으로 미주 교포에 의존하여 1919년부터 1945년까지 불명확한 1935~1939년 기간을 제외하고 4반세기간 한국위원부를 유지했다. 한국위원부의 공과(功過)를 제쳐놓고 생각해 본다면 이것은 대단한 것이다.[8] 미국은 그 존재로 한국민의 독립열망을 익히 알고 있었다. 미국이 한국민의 독립열망을 알고 있었다는 것 자체

---

[7] 방선주, 「1930~40년대 구미에서의 독립운동과 열강의 반응」, 『매헌 윤봉길의사 의거 60주년 기념 국제학술회의 논문집, 한국독립운동과 윤봉길의사』, 1992, 328쪽.

[8] 방선주, 「1930년대 재미한인 독립운동」, 『한민족 독립운동사』 8, 국사편찬위원회, 1990, 438~439쪽 ; 방선주, 『재미한인의 독립운동』, 한림대학교 출판부, 1989, 227쪽.

가 한국을 소말리아나, 포르투갈 영토 티몰이나, 인도차이나 3국처럼 함부로 다룰 수 없다는 기본태도를 가지게 한 것이 아닌가 하고 생각게 한다. 아직 이런 면의 문서가 발견되고 있지 않지만 원래 미 국무부분에서는 겁이 많아 그런 문서의 존재가 있을 가능성이 없지 않다. 하여튼 많은 미주교포가 이 박사와 한국위원부를 부지했고 그 존재에 큰 공헌이 있었다면 그것은 미주교포 덕택이었다.

(3) 재미한인 독립운동의 특성

위에서 재미한인의 두드러진 공헌들을 언급하였다. 그런데 그 뒤에 존재하며 영향을 준 미주라는 지역이기에 가능했다는 지역적 특성은 무엇인가?

1) 첫째로 생각되는 것은 미국이 개인주의와 '자유 평등'에 입각한다는 사회이기 때문에 부지불식간에 이에 감염되어 한국 안에서는 농민 · 노동자 · 병졸 · 장사꾼 등으로 고국의 사회에서 별로 발언권을 행사하려 할 용기조차 없었다고 쳐도, 미국에 와서는 일에 귀천이 없는 사회이고 모두 비슷한 일들을 하고 있었으니, 일요일마다 모이는 예배후의 의견교환 또는 공립협회 · 대동보국회 · 공동회의 등 토론석상에서 듣고 말하여 얻어진 확신으로 독립운동에 헌신할 각오가 생긴다는 것이다. 장인환과 전명운은 모두 땀 흘려 일하는 가정출신이다.

2) 둘째로 생각되는 점은 1910년대 초의 만주나 노령의 지역적 환경은 임시정부적인 성격을 가진 단체의 성립이 자라기 불편한 열악한 조건하에 놓여있었던 반면, 미주는 일본이 간섭하기 힘들고 사회는 이러한 운동에 보다 관용적인 사회전통을 가졌다. 그렇기 때문에 박용만 · 최정익의 조직능력이 충분한 힘을 발휘하여 국민회로 하여금 임시정부적 성격을 띤 광역단체로 발전하게 된 것이다. 박용만은 "4천년 후에 나라가 한번 망하고

4천년 후에 우리 백성이 비로서 바다밖에 나온 것은 이는 하늘이 우리로 하여금 한 새나라를 만들게 함이라…나의 안목으로 보는 바에는 북아메리카 대륙은 한인의 새나라를 만드는 땅이 되어 장차 조선 역사에 영광스러운 이름을 더하게 되고, 또 북아메리카에 나온 한인은 자기들의 새 정체(政體)를 조직하여 장차 조선 헌법의 아버지들이 될 줄 믿노니"9) "국민회는…우리나라의 여러 천년 상전(相傳)하는 역사적 국수(國粹)가 오늘 신세계의 문명한 공기에 감응하여 잉태한 결정체이니"10)라고 말했을 때, 이는 하늘의 축복으로 불행중 다행히 미주이민이 이루어져, 한국의 국수(國粹) 즉 민족정신·민족전통이 만주나 노령과 훨씬 다른 신천지의 문명한 분위기에 감응(感應)하여 새 정체(政體)를 창출케 하고 이것이 장차 성립할 정통정부의 첫 고리가 된다고, 미주독립운동의 지역적 특성을 유감없이 지적한 것이다.

3) 미국은 세계 중에서도 으뜸가는 부자나라였다. 그래서 전술한 바와 같이 1전이 5전의 역할을 하여 중국에서의 독립운동을 돕는 병참기지역할을 담당한 것이다.

4) 미국은 세계 중에서도 보도매체의 1 중심지였다. 그렇기 때문에 이곳에서의 독립운동은 적은 것도 의외의 효과를 발생할 수 있었다.

5) 미국은 명색이 민주주의 국가이니, 자신의 실력이 없어도 억울한 처지의 국가민족성원이 외교적인 노력으로 설득하여 독립의 성사가 가능하다는 '환상'을 가지게 하기 쉬운 그러한 분위기가 있는 나라에 있었고 또 있다. 따라서 이것도 하나의 지역적 특성이 되며, 재미한인이 외교노선에 돈을 많이 쓴 이유가 있다고 생각된다.

---

9) 방선주, 『재미한인의 독립운동』, 한림대학교출판부, 1989, 58쪽.
10) 방선주, 위의 책, 65쪽.

(4) 맺음말

미주 교포사회의 독립운동을 개관하려면 우선 그 시기구분이 필요할 것이나 이곳에서는 이 문제에 신경을 쓰지 않았다. 그리하여 미주지역 독립운동의 공헌면과 특성만을 생각하여 보았다. 그 공헌면을 좀 더 생각한다면 애국가의 성립문제도 나오고, 거의 진행할 단계에 놓였던 한국특공작전의 행동적 존재양상도 돋보이는데, 후자는 부록으로 그 윤곽을 선보였다.

미주독립운동의 지역적 특성을 논하면서 예시하고 싶었으나 못한 것에 한길수(韓吉洙) 문제가 있다. 어찌하여 이러한 위인이 독립운동선상에 나타난 이 박사와 맞설 수 있었는가? 중국에서는 불가능했을 것 같은데 미국에서는 가능했다. 세치도 안되는 혀와 재주로 한 때 미주교포천하를 2분했던 그의 존재는 미국이라는 지역적인 특성을 생각하고서야 가능할 것 같으나, 아직 생각이 성숙단계가 아니기에 생략했다. 이상 미주 한인독립운동의 특성과 공헌을 개관하였다.

2. OSS와 재미한인의 조국침투 NAPKO작전

(1) OSS란 어떤 기관이었나

OSS 즉 Office of Strategic Services는 전략첩보국(戰略諜報局) 또는 정보전략처(情報戰略處)로 번역되어 왔던 미국 중앙정보국(CIA)의 전신인바 본고에서는 이 기관을 OSS라고 원문약어로 지칭하고 구태여 한국어로 표기할 때는 기획공작국(企劃工作局)으로 정명(定明)하는 바이다.[11] 이 OSS는

---

11) '전략'이라는 번역이 유래한 Strategy라는 말에는 군략(軍略)·전략 등 군사행동과 관련된 용

활동분야별로 분류한다면 정보공작과 행동공작으로 2대분(大分)되고 있으며, 1944년 11월 20일의 시점에서 본다면, 정보면에서는 Secret Intelligence(SI, 첩자전선과 첩보수집), X-2(방첩), Research and Analysis(R&A, 연구분석부문), Foreign Nationalities(FNB, 미국안의 소수민족 인연줄을 통한 첩보수행), Censorship and Documents(CD, 위장 검열 정보정리), 행동공작면에서는 Special Operations(SO, 적후(敵後) 게릴라작전과 파괴활동), Morale Operation(MO, 심리전·흑색선전·삐라제작·살포 등), Maritime Unit(MU, 해상공작조), Field Experimental Unit(FEU, 공작원훈련), Operational Groups(OG, Commando 특공대)로 분류되고 있다. 미국이 재미 한인교포로 하여금 잠수함 수송으로 SO작전을 수행하고자 했다면, 우선 R&A에서 한반도 해안선의 잠입하기 쉬운 후보지를 연구하고 FEU에서 훈련을 받고 MU가 개입한 잠수함에 의하여 잠입한다는 구도가 성립될 것인데, 유일한(柳一韓) 선생 등이 포함된 Napko 프로젝트가 바로 이러한 예가 된다.

OSS의 창시(創始)는 1941년 7월 11일 대통령의 명령으로 비롯되었는데 당초 기관명은 Coordinator of Information(정보조정처)이었고, 태평양전쟁이 일어날 당시의 주요 부서는 Foreign Information Service와 R & A Branch

---

의(用意)와 책략·계책·획책 등 Stratagem을 의미하는 용어법이 있다. OSS의 'Strategic'의 용의는 이 기관의 성격상 후자와 연결시키는 것이 타당하다고 생각한다. 또 Service라고 할 때 military service, diplomatic service, secret service 등 용어에서 보듯 공직부문 또는 공작부문을 의미할 것인바 OSS의 'Services'는 복수로서, 심리전(MO) 연구분석부분(R&A) 첩보부문(SI) 특공(OG) 등 여러 분야를 포함함으로 '첩보'만으로 한정시키는 것보다 이 기관의 행동성을 부각하는 의미에서 '공작'으로 포괄하여 '책략공작국(策略工作局)'이라고 명명하는 것이 원의(原意)에 보다 충실할 것으로 생각된다. 그러나 '책략'이라는 말이 너무 원색적이므로 기도 획책한다는 비슷한 뜻을 살려 '기획공작국'이라고 이 기관의 성격을 참조하여 정명한다. 단 이 기관의 창시자 Donovan이 원래 구성하는 기관의 이름은 Coordinator of Strategic Information으로 각국의 의도와 능력에 관한 기본 정보를 분석 해석하는 중앙기관을 뜻하였다(루즈벨트 문서관 President's Secretary's File. Box 141. COI Folder, 10 June 1941, 'Donovan Memorandum' 참조). 그러나 이 분야는 국무부의 기본 영역이 됨으로 성격의 변환을 보았다. 가능하면 정명(定明)은 원 단체의 성격에 부합한 것으로 제정하여야 한다. 타성격으로 사용되던 독립운동사상의 '약소국동맹회(弱小國同盟會)'도 원단체의 이름이 The League of Small and Subject Nationalities이므로 소약국인동맹(小弱屬國人同盟)이나 소약피정복국인동맹(小弱被征服國人同盟)으로 고치는 것이 바람직하다고 우고(愚攷)한다.

에서 지나지 않았고 FIS의 주요 사업은 대외선전방송이었다. 적후공작(SO) 부문과 첩보(SI)부문은 아직은 기초확립적인 단계이었지만, 1942년 초 영국정부와 그 비밀기관과의 밀접한 관련하에 COI가 아시아의 적후지구에서 게릴라전을 수행할 수 있게 100만 달러를 배당받고 합동참모본부의 재가(裁可)를 받는 과정에서, 이 박사의 친구 굿펠로우(Goodfellow) 대령이 SO를 맡게 되고 데이비드 브루스(David Bruce)가 SI를 맡게 되었다. COI의 SO와 SI가 황동무대를 찾아 아시아의 여러 곳에 원조의 손을 내밀어 보았으나, 맥아더는 이미 필리핀에서 자신의 정보기관과 적후공작기관을 가지고 있었으며, 오스트리아로 후퇴하여도 후자와 합작하여 자기 수하의 영역을 내어 주기를 거절하였다. 또 인도를 근거로 하여 활동하려는 계획도 COI의 선전매체가 반제국주의의 슬로건을 내걸고 있었음으로, 또 이상주의자가 많이 섞인 양키의 기관원들이 인도의 독립운동에 영향을 줄 것을 경계하여, 영국식민당국은 의도적으로 이들의 활동을 제한하였다. 이에 따라 COI는 버마·중국·한국을 주목하지 않을 수 없었다.12)

한편 국내에서는 대통령과의 친분을 무기로 자신들의 영역을 침범하는 도노반의 새 조직을 질시하는 정보조직들이 있었고, 반대의 목청들이 커

---

12) OSS에 관한 여러 서적을 참고하여 종합 진술했다. 이 기획공작국의 아시아작전에 관련된 서적은 다음과 같다.

George C. Chalou(ed), *The Secret War : The Office of Strategic Services in World War II*, National Archives and Records Administration, 1992 ; Richard Dunlop, *Behind Japanese Lines with the OSS in Burma*, Rand McNally, 1979 ; Michael Kronenwetter, *Covert Action*. Franklin Watts, 1991 ; Robert E. Mattiangly, Herriangbone, *Cloak-GI Dagger. Marines of the OSS*. U.S. Marine Corps, 1989 ; Katz, Barry, *Foreign Intelligence Research and Analysis in the Office of Strategic Services, 1942-1945*, Harvard University Press, 1989 ; Lawrence C. Soley, *Radio Warfare : OSS and CIA Subversive Propaganda*, Praeger, 1989 ; Bradley F. Smith, *The Shadow Warriors: OSS and the Origins of the CIA*, New York Basic Books, 1983 ; Richard Dunlop. *Donovan, America's master Spy*, Rand McNally, 1982 ; Anthony C. Brown, *The Secret War Report of the OSS*, Berkeley Publication Corp, 1976 ; History Project, *Strategic Services Unit*. Office of the Assistant Secretary of War. War Dept.(ed). War Report of the OSS. New York, Walker, 1976 ; Smith R. Harris, *OSS: The Secret History of America's First Central Intelligence Agency*, Berkeley, University of California Press, 1972 ; Corey Ford, *Donovan of OSS*, Boston, Little Brown, 1970.

져 갔다. 육해군의 정보기관들이 그러했고, 새로 생긴 Nelson Rockfellow 주재하의 Coordinator of Inter—American Affairs(미주 내 국가지역간 사무조정처)이 더욱 격렬했다. 후자는 자신이 독점하고 있는 미주에 있어서의 방송선전권을 침식하는 FIS를 허용할 수 없었다. 그러나 군부에서는 민간인 주도하의 적후전복활동이 영국의 우수한 선례로 보아 군인 주도보다 능률적이라고 인식하여, 방송선전 방면을 제외한 거의 모든 조직을 고스란히 합동참모본부 산하에 두는 것을 제안하였으며, 도노반은 자신의 조직이 오히려 외부의 간섭을 받지 않고 활동에 편리하게 될 것을 인식하여 이를 받아들이고, 1943년 6월 13일 대통령의 재가로 그 이름을 Office of Strategic Services로 발족하게 되었다. 또 이와 동시에 대통령은 선전방송과 전쟁홍보를 주체로 하는 Office of War Information(OWI, 미주교포들은 당시 전시정보국이라고 호칭함)을 창립시켰다.

OSS는 차후 1945년 전쟁이 끝날 때까지 동서에서 활약하였고, 종전 후에는 그 기능이 일시 군과 국무부에 분할되었다가 1947년 다시 중앙정보국(CIA)으로 재현된다. 일반적으로 OSS의 공적으로는 영국 정보조직과의 협동하에 프랑스와 유고슬라비아에 있어서의 지하조직과 게릴라전 지원을 많이 들고 있는 편이다. OSS에는 반나치 유태인과 스페인내전의 투자들이 포함된 구라파의 사회주의 성향의 지식인들이 많았고, 또 일반적으로 미국인은 유럽 제국(諸國)의 아시아 식민정책을 반대하는 입장이었음으로 자연적으로 호의적인 월맹·중공 보고들이 포함되었으며, 이러한 내부 자료들이 『Amerasia』와 같은 잡지에 유출됨으로써, 1945년 봄에 터진 '아메라시아 사건'은 후일 누가 중국 대륙과 월남을 잃게 했는가의 논쟁에 계속 이용되기도 하였다.[13]

---

13) The 'Amerasia' Papers: A Clue to the Catastrophe of China. 2 volumes. Government Printing Office, 1970 ; John S. Service, The Amerasia Paper : Some Problems in the History of US-China Relations, University of California Center for Chinese Studies. China Research Monograph No.7. 1971 ; Philip J. Jaffe, The Amerasia Case from 1945 to the History of US-China ; Frederick E.

미국 National Archives에 소장되어 있는 OSS문서는 1992년 말 현재 문서 10,217상자에 마이크로필름 966상자가 존재하고 있는 것으로 알려지고 있다.[14]

(2) NAPKO계획 이전의 미국의 한인무장 육성 구상

앞에서 언급한 바와 같이 동남아의 맥아더장군과 인도 식민당국의 진출 방해를 받은 COI—OSS가 아시아에서 활동무대를 가지려면 중국·한국 또 버마가 목표가 될 수밖에 없었다. 1941년 12월 7일 일본군의 진주만 기습 공격으로 비롯된 태평양전쟁의 발발은 미국정부로 하여금 30여 년에 걸친 '한국문제 불제기' 원칙의 사슬을 벗게 하고 재미 한인들을 흥분시켰으며, 이승만 박사와 한길수로 하여금 더욱 분주하게 만들었다. 그들은 한결같이 중국 및 한국에 있어서의 한인으로 조성된 게릴라부대의 조직이나 광복군 지원을 요청하게 되었고,[15] 이 박사의 선전에 의하여 미국 당국도 중국군하에 소속된 한인독립군의 수를 35,000명 정도로 인식하게끔 되었다.[16]

Woltman, *The Shocking Story of the Amerasia Case*, New York, 1950?

[14] OSS문서는 Record Group 226에 소속되었으며 194 Entry로 갈라져 있으며 Entry 1에서 86까지가 Research and Analysis Branch 문서이고 Entry 87에서 194까지가 기타부문의 문서이다. 부문에 따라 같은 문서의 복사문이 중복되어 들어가 있어 실질적인 분량은 약간 줄어들 것이다. 지금까지 기밀해제된 문서는 거의 고급 통신문들이 들어 있지 않았다. 예를 들어 델레스와 스위스주재 일본 무관 사이에 오고간 접촉기록의 전보들은 필시 있을 것이나 보이지 않는다. Entry 166은 본래 목록으로 '중국에서의 한국인과 중국인에 관한 방첩문건철'로 되어 있어 미 중앙전보국에 기밀해제신청을 냈고 2년쯤 지나 나왔으나 내용은 엉뚱하게 미 군정시기의 잡기록 마이크로필름 13개 한 상자이었다.

[15] 예를 들면 1941년 12월 18일자의 국무부문서 985.01/60-5/26 Memorandum of Conversation with Dr. Syngman Rhee에 의하면 이 박사는 Burma Road(버마를 통한 수송로)가 필시 끊어질 것인데 끊어지기 전에 중국에서 작전하고 있는 한국군(National Korean Army)에 보급을 공급해 달라는 것과 한길수는 애국자이지만 한때 일본영사관의 스파이였다는 것 등을 이야기했다는 것이다.

[16] 미 육군 Assistant Chief of Staff, G-2, Brigadier General Raymond LEE, Memorandum for Chief of War Plans Division: 'Korea and Possible Action' March 4, 1942 RG 165 Plans & Operation Division, ABC Decimal File 385(3-4-42). 이 박사의 발설에 대하여는 Michael C. Sandusky,

한인은 일본·만주·중국·소련·미주 등지에 흩어져 살고 있어, 적당한 훈련을 시키면 적후공작에 적격인 것 같았고, 중국에서 활약한다는 임시 정부와 그 휘하 광복군에 대하여 더 알고 싶어했다. 그러므로 COI를 포함한 워싱톤의 여러 정보당국과 국무부는 중경 소재 미국 제기관에 문의가 빗발쳤다. 조선의용군이나 김약산 휘하의 부대를 지원하여 게릴라활동을 계획해 달라는 한길수의 제의에 대하여, 당시 중국주재 미국군을 대변하던 매그루더(Magruder) 장군은, 중국에 있어서는 게릴라부대의 가치가 효과적이 아니라고 단언하고, "우리가 이른바 공산주의자의 부대를 사용하였다가는 장개석 총통을 노엽게 만들 뿐이다"라고 거부의사를 표시해왔다.17) 또 주중국대사 고스(Gauss)는 중경부근에 있는 한인들은 통틀어 200명 정도밖에 안되고 국부군 산하의 한국군도 극히 소수라고 들었다고 보고 있다.18) 또한 한국통으로 유명한 국무부의 랭던(Langdon)은 2월 20일 '한국독립문제의 몇 가지 유의사항'이라는 부내(部內) 유통 각서에서 다음과 같은 요지의 말을 하고 있었다.19)

America's Parallel, 1983, p.70 참조.

17) Hoover Institution Archives. Stanley K. Hornbeck Collection Box 150, Donovan File, January 7, 1942, Magruder to War Department. 당시는 일본군이 승전에 승전을 거듭하여 Burma Road를 차단하여 중경의 국민정부를 완전 고립시키려는 추세하에 있었음으로, 경우에 따라서는 국민정부가 일본과의 실질적인 화약(和約)을 맺을 기미가 보일 수 있는 미묘한 시기라는 국무부문서들이 존재했다(예 RG 218 Joint Chiefs of Staff. Box 659CCS 385 Korea(2-8-42) March 7, 1942 Gauss to State Department). Burma Road가 차단되고 주 버마 국부군이 대패를 한 5월에 들어와서는, 중경은 비관일색이었고 반전(反戰)감정이 곳곳에서 고개를 들고 있다고 장총통은 미국에 전보를 쳤다(루즈벨트 문서관 Map Room Box 13, Chiang Kai-Shik's message file).

18) 국무부문서번호 895.01/56. January 13, 1942 Gauss to Secretary of State Hall.

19) 후버문서관 Hornbeck Paper Box 268 또 국무부문서번호 895.01/79 Some Aspects of the Question of Korean Independence. February 20. 1942, 18pp. William Russell Langdon은 1891년 미국인 부모 밑에서 터키에서 출생했고, 외교관으로는 서울에서 1933년 11월부터 1936년까지 주재했고 다음 1936~37을 만주 심양에서 다음 동경으로 1941년까지 시무했고 1941년 6월 14일부터 국무부에서 일보았고 전쟁 중 잠시 중국 곤명(昆明)에도 주재했고 전후에는 알다시피 한국군정에 정치고문으로 파견 나왔다.

한국내부에서는 1932년 일본경제의 호황으로 인한 한국산 쌀과 금의 가격이 상승하고 만주에서의 한인대우를 높이고, 또 근래 일본이 백전백승이라는 인식 하에서 표면적으로 친일적 계층이 형성됐지만, 민족적인 소원은 물론 독립이 다. 한국의 독립문제는 정치적으로 또 군사적으로 37년간 경험을 잃었음으로써 최소한 일세대간은 열강이 "보호하고 지도하고 원조를 주어야 된다." 한국인은 총명한 민족이므로 "사심없이 보호와 지도와 원조를 주면 한 세대 후에는 자립할 수 있겠고 세계의 번영과 진보에 공헌할 수 있을 것이다." 현 전쟁이 우리 편의 유리한 방향으로 전환된 다음에야 세 가지 전제 조건하에서 해외 한인들의 독립운동에도 원조를 주어야 될 것이다. 그 세 가지 전제 요건들은 (1) 모든 한인단체들이 단결하여 한 위원회를 만들고 운영할 수 있는 능력이 있다는 것을 보여주는 것 (2) 이 위원회가 일본의 패배와 한국의 독립을 위하여 능동적인 노력과 공헌이 있다는 것을 보여주는 것, 그리고 변수로 (3) 다른 열강의 태도라는 것이었다. 마지막으로 한인을 군사적으로 이용하는 문제를 지적한다면 소위 국부군이나 중공군 산하의 한인 무장세력은 미미한 존재이고 중국내 일본군 치하의 한인은 거의 비열한 일본군의 앞잡이(아편장수 등)들로써 무장시켜 반일운동할만한 세력이 아니고 진정하게 다년간 일본군과 싸워 왔던 북간도의 독립군들, 특히 김아무개부대(김일성)와 최현부대(최용건) 등에 접촉하여 이들을 훈련시켜 독립무장세력의 핵으로 삼아야 한다.

이상의 18면에 이르는 각서는 마지막 간도의 독립군 무장계획만 제외하고는 미 국무부의 기본태도를 형성시킨 역사적인 문서라고 보여진다. 이 문건이 처음으로 한국 25년간(한 세대)의 신탁 또는 후견통치를 언급하는 것이었고,[20] 중경임시정부 무시론을 들먹이는 것이었고, 미국 내에서의 한인독립운동에 대한 미국 측의 대응원칙에 초석을 놓은 것이었다. 아마도 랭던의 뜻이 한족연합회(Unites Korean Committee)의 진로에 영향을 주었겠고, 유일한 등 몇몇은 이 위원회에 들어가 상호질시하는 여러 세력 간에

---

[20] 민간 즉 Council on Foreign Relations에서도 랭던이 이 각서를 만든 한 달 후 한반도를 국제 통치하에 두자는 논의가 생긴다. RG 353, 895.01/96 2/2 참조.

'대타협'을 성사시켜 보려고 노력했으나, 오히려 그들은 그의 먼저만 털려고 달려들었고, 랭던의 두 가지 전제조건을 성취시키는데 기어코 실패하고 말았다.

4월에 들어오자 미국을 방문한 국부(國府)의 외교부장 송자문(宋子文)은 한국문제에 관한 그 유명한 Soong Memorandum을 루즈벨트 대통령에게 제출하였다. 그 내용은 한인을 무장시켜 첩보·게릴라 등 적후공작을 수행시키며, 시기가 올 때 한국 내로 진출시키는 것이 바람직한데, 한국인들의 사기를 북돋기 위하여 전후에 한국에 독립을 준다고 약속하자는 것이었다. 그는 중국에서의 한인독립운동을 설명하면서, 중경에는 임시정부당(Korean Provisional Government Party)과 조선민족혁명당(Korean Revolutionary Party)이 있고, 중국 북부에는 수천 명의 한국인민군(Korean Peoples Army)이 중국군 게릴라와 같이 싸우고 있는데, 이 한국인 부대를 중국정부가 약간 지원하고 있다고 언명하고, 북부중국 적의 점령지구에서 50,000명의 한국 게릴라부대를 조직하자고 제의하고 있었다. 그가 말하는 수천 명의 유격대원은 광복군 및 국부군과 중공군안의 한인들, 그리고 만주의 한인유격대를 통틀어 말했던 것 같다.[21]

여기에 대한 국무부의 견해는 (혼벡[Hornbeck]이 쓰고 국무장관 대리 웰스[Welles]의 이름으로 된) 한국인의 무장세력 육성에는 찬성이지만, 중경의 독립당들은 만주와 기타 지방의 한인유격대와 긴밀한 관련이 없고 당장 한국의 독립을 보장하는 것은 현하 국제관계상 바람직하지 않다는 것이었다.[22] 미국 국무부의 이러한 움직임과 병행하여 독립적으로 합동참모

---

21) *FRUS*, 1942, Volume 1, pp.868~869.

22) 위의 자료, pp.870~871. 이 각서는 대통령의 견해요구에 의했는데 한국의 독립지지 문제는 인도의 지위변화에 많이 따르는 것이라는 견해를 표명했고 17일의 각서에서는 As I said in that letter, the reaching of an agreement for the dominion status or independence of India would have offered an admirable springboard for a declaration of this kind. 라고 강조하고 있었다(루즈벨트 문서관 OF 400 Appointments Box 21).

본부 밑의 합동심리전위원회(Joint Psychological Warfare Committee)와 합동계획참모부(Joint Planning Staff)에서는, 3월에서 6월에 걸쳐 한국 및 한인을 대상으로 한 심리전 방법을 모색하고 있었는데, 이들은 국무부보다 중국 내의 한인정세에 어두워 국부군 밑의 한인부대 3만 명, 중공군 밑의 선전공세·정보수집·적시적인 전복활동 등을 그 목적으로 설정하였다. 그리하여 COI에게는 합동참모본부와 공동보조를 취할 것, 이 박사에 편향하여 손을 잡지 말 것, 일본이 승전하고 있는 이 시기에 한국 내에서 전복활동을 획책하는 것을 삼갈 것 등을 요구하였다.[23] COI는 이달에 합동참모본부 산하의 OSS로 재출발하게 되는 것이며, 한인무장 육성안(育成案)들을 한동안 잠잠해 지고 마는 것이었다.

1942년 10월 10일 이 박사는 이번에는 재미한인을 무장훈련시켜 독립적인 한인자유부대를 만들든지 아니면 미국에 편입시켜 달라고 요청하여, 지원자 50명의 명단을 제출하였다(이 명단은 아직 찾지 못함). 계속하여 그는 재미한인 500명이 더 지원할 수 있으며, 또 미국군 사하로 게릴라전에 능숙한 한인 25,000명과 인원손실시의 보충인원 5,000명을 모집할 수 있다고 주장하였고, 한국군참모부의 '임병직대령'을 통하여 입대시켜달라고 요청하였다.[24] 넉 달이 지나도 회답이 없다 심기가 불편해진 이 박사는 육군장관에게 항의 편지를 썼고(1943년 2월 16일), 동일 육군차관에 전보를 치고 하와이와 미주의 한인으로 하여금 한인 일개 대대를 편성하라고 요구하였다.[25] 이것은 하와이 일본계 미국인들로 부대를 편성한다는 이야기

---

23) RG 218 Combined Chiefs of Staff Decimal File 1942-45, CCS 334 Joint Psychological Warfare Committee(3-18-42) Box 210 ; RG 165 Entry 421 Plans & Operations Division "ABC" Decimal File 385 JPS 7/9(3-4-42) 또 Bradley F. Smith. The Shadow Warriors p.130 등 참조.

24) 미 육군 정보국문서 381번, RG 226 OSS 20979, 국무성 문서번호 895.01/96 "Offer of Korean Military Resources to U.S. Military Authorities." Sandusky는 이 50명의 지원자 명단도 자의적인 것으로 시사하고 있으나(America's parallel, p.86) 명단을 자세히 검토하여 보는 작업이 선행하여야 될 것이다.

25) 미 육군 정보국문서 219.2번과 381번.

로 더욱 자극 받았을 것이었다. 이상의 제의에 대하여 신통한 회답을 받지
못했지만 이 박사는 몹시 끈질겼다. 1943년 9월 29일 미국정부 Office of
Lend-Lease Administration(租借援助管理處)에 편지를 쓰고 500명에서 1,000
명의 한인을 임시정부하에서 조직하고 미주에서도 한인부대를 조성하는
데 50만 불을 요구한다 했고, 상세한 청구명단을 제출하였다. 여기에는 광
동성(廣東省)과 산동성(山東省)을 통하여 한반도와 일본에 공작원들을 침
투시켜 첩보와 전복파괴활동을 한다는 설명도 있다. 이것은 군의 관할권
이라는 회답을 받은 이 박사는 이번에는 육군장관에게 다시 편지를 썼지
만, 중국대사관 육군무관에게 제출할 것을 제안하고 완곡하게 그의 제의
를 거절해 버렸다. 이 박사는 다시 중국대사관 육군무관에게 제의를 했고,
중국무관부 쇼 중령은 11월 3일 호의적으로 검토하겠다는 회답을 주고 귀
국했다.

　이 박사는 이번에는 대통령에게 직접 제의했고(12월 9일), 8일후에는 전
보로 독촉하였다. 이 박사의 제안에 대한 미 OSS의 견해는 다음과 같은 것
이었다. "The nature of the Proposal and our previous experiences in dealing
with the Korean lead us to recommend that the proposal be disapproved."[26]
이 박사는 1944년 7월 18일 다시 합동참모본부에 편지를 썼고 이번에는 태
평양섬들에서 포로가 된 한인 노무자가 군인들을 훈련하여 일본과 한국침
투공작에 사용하자고 제안하였는데, 자신과 Korean Commission이 포로 중
에서 적당한 인원들을 선별하겠다고 나섰다. 이에 대하여 OSS에서는 다시
이 박사를 통하는 것이 현명하지 못하고 OSS는 직접 중국에서 한인들을
훈련한 계획이라고 내부 문서를 돌렸다. 아마도 '독수리작전'계획을 말하
는 것일 것이다.[27] 이 박사가 전쟁 중 마지막으로 합동참모본부에 편지를

26) RG 218 US Joint Chiefs of Staff Geographic File 1942-45. CCS 383. 21 Korea(3-19-45) Sec. 3 Box
　　659.
27) 위의 자료, Donovan to JCS. July 29. 1944. Subject: Communication of the Chairman, Korean
　　Mission.

쓴 것이 1945년 8월 3일이었다. 이번에는 패망해가는 일본을 눈앞에 두고 자신이 한인의 궐기를 호소하는 방송을 하겠다고 자원했고, 이번만은 매우 호의적인 반응을 얻었다. 즉 합동참모본부의 참모차장은 미군이 머지 않아 한국에 상륙하게 되겠는데 한인의 도움을 준비 못했던 반면 소련은 시베리아에서 많은 한인들을 훈련했다고 들었으니 서둘러야 된다는 것이고, 이 박사의 제의는 최대한의 관심을 주어야 될 것이라고 했다.[28]

전쟁 중의 미국의 한인무장 육성계획의 특성을 요약한다면, 첫째로 재미 한인들이 대동단결과 대타협을 못하면, 이 박사나 한길수의 단체들을 이용 안한다는 원칙을 세운 점, 둘째로 전쟁의 추이에 집중되어 한인무장에 대한 관심을 실질적으로 1944년 후반기에 성숙하기 시작한 점, 셋째로 이 박사나 한길수 계열 아닌 재미교포들로써 한국침투공작을 시도한 점 등 몇 가지를 들 수 있다. 본고(本稿)에서 처음으로 그 전모를 밝히려는 Napko Project는 동지회나 한중민중동맹 소속 교포를 제외한 재미교포를 이용하여 잠수함으로 특수공작요원들을 침투시키려는 것이었는데, 어떤 인사들을 어떻게 훈련시켜 어디에 파견하려 하였던가는 다음에 설명할 것이다.

(3) Napko계획의 구조

위에서 설명했듯이 '납코 계획'이란 재미한인을 이용하여 한국 내에 침투시키려는 특수공작의 이름이다. 우리가 지금 이용할 수 있는 이 프로젝트의 전면적 내용서술은 3월 7일과 3월 30일에 작성한 내용개요 두 가지가 있다.[29] 그렇지만 언제 이 계획이 구상되었고 특수공작원의 신원이 어떤

---

28) RG 165 주 6)과 같은 원천. OD 381(3 Aug 45) Korean Participation in War Against Japan 참조.

29) 전자는 RG 226 Entry 92 Box 521에 들어가 있고 본문과 삽도 사진 부가설명 등 20여 매가 달렸으며 후자는 Entry 148 Box 16에 들어가 있는데 사진들이 결여되고 있으며 설명도 다소 생소하다. 그밖에 JCS문서나 기타 문서들에서도 볼 수 있다.

분이었고 '납코'의 뜻이 무엇이었던가에 대하여는 설명이 없어, 딴 문건을 들추어내어 할 수 있는 한도 내에서 맞추는 수밖에 없다. 본문에서는 1945년 3월까지 모집한 8명의 재미한인 특수공작원들의 간략한 이력을 담았지만 A.B.C.D.E.F.G.H로 호칭하고 있어 연로(年老)한 교포와의 인터뷰, 교포신문, 교포잡지, 학생회 명단 등에서 추정하는 수밖에 없으나, 한명을 제외하고는 100% 정확하게 확정되었다고 본다.

이들의 입대와 훈련개시 시기에서 미루어볼 때, 유일한 선생이 1월 6일에 입대하고 2월 2일에 입소, 훈련을 시작했다고 언급했는데, 최소한 이 프로젝트는 1944년 하반기에 확정된 것이 틀림없다. 3월 7일 Field Experiment Unit의 총 책임을 진 아이플러(Eifler) 대령이 도노반 OSS국장에게 보고한 내용에 의하면, 이 '납코 프로젝트'의 목적은 "한국 내에 당장 침투할 수 있게 준비하고 궁극적으로 일본에 침투하여 첩보 지하조직 조성 등의 활동을 하고 사보타지와 무장저항운동으로 이어갈 것"이었다. 이리하여 이 활동으로 2,300만 한국 국민이 적극적으로 혁명운동을 지지한다는 것을 구현(具顯), 과시시키는 효과가 있다고 했다. 이를 성취하기 위하여는 1조(組) 5명이 내 10조의 공작원들을 파견하고, 체포·고문으로 조직의 실체가 탄로나지 못하게 하기 위하여 매조의 인원은 다른 조의 인원을 서로 모르게 훈련시킨다는 것이었다. 공작원들이 한국에 상륙할 때에는 매조 15,000엔(1만 5천 달러)을 소지케 하며 한국 옷을 입고 일제 안경을 쓰고 무전통신 기재와 이를 파묻을 일제 삽을 휴대하게 한다. 잠입은 잠수함을 이용하고 공작원들은 반일감정이 가장 농후한 지방을 선택하여 지하훈련소를 만들고 무장 유격활동을 준비한다.

공작원 침투는 인천 앞바다 섬들을 통한 서울침투, 진남포 경유 평양침투, 평남 농촌침투, 충남 서산침투, 진남포 경유 황해도침투, 전남 목포 앞바다에서의 목포침투 등 여러 조를 계획하고 있었다. 여기에 동원될 한국인은 한국 내에 친척·사업 등 끈이 있는 유학생 출신과 사이판·괌 등 섬에서 포로가 된 노무자들이었다. 특히 이들 노무자들은 1944년에 한국에서 이들 섬에 강제로 끌려온 사람들이 많아서 반일 증오감정이 극단적이었다고 했다. 이들이 집단적으로 수용되고 있는 위스콘신주의 맥코이 포로수용소에 OSS는 그 요원 한 명을(李泰模?) 포로로 가장시켜 입소시키고 (1944년 11월) 적당한 인물을 물색하였다. 다음에 그는 영어에 능통한 포로로서 포로수용소장에 발탁된다는 경로와 명분으로 포로들의 통역에 임명됐고, 이 직위로 말미암아 개개인의 신상조사에 개입하여 1944년 전후에 한국내의 비참한 상황을 낱낱이 기록해 놓을 수 있었고, 적당한 은신처와 일본으로 들어가는 경로들을 익혔다.

그는 우선 전남 목포 출신과 황해도 장도 출신의 두 노무자를 적격자로 선택했는데 그들이 반일감정이 투철했고 그 지방의 지형·파출소 상황·인맥관계 등에 뛰어난 지식을 가졌던 연고였다. 훈련소는 남가주의 산타 카탈리나라는 큰 섬의 Howland's Landing과 Fourth of July Cove라는 곳에서 2조를 훈련 중이고 다시 8군데를 확정하였다. 공작교육생들은 무기, 비무장전투법, 지도읽기, 파괴, 무전, 촬영, 낙하산훈련, 비밀먹 사용법, 선전, 일본인의 특성 등에 대하여 배우게 되었다. 이하 1945년 3월에 이미 조직되어 있었던 제1조와 제2조의 인원구성을 논하겠다.

제1조는 유일한을 포함한 4명의 유학생 출신과 곧 맥코이 포로수용소에서 합류하게 될 황해도 출신 노무자로 구성됐으며, 이 조의 Code name은 'Einec Mission'이라고 지어졌다. 이하 이 조 조원의 원문을 요약·소개한다.

A는 50세, 155파운드, 5피트 7인치이며 처와 두 자녀가 콜로라도주에 거주하고 있다. 부모는 돌아가시고 많은 지명의 친척들이 한국에 살고 있다. 그는 소년시절에 미국에 와서 소학교와 고등학교를 네브라스카주에서 마치고, 1924년 미시간대학에서 석사학위를 받고, 1927년부터 한국에서 사업을 시작하고, 사업을 위하여 전쟁발발 전까지 수차 한국과 미국을 왕래하였다. 그는 매우 투철한 애국자이며 그의 회사 지사들을 전략적으로 중요

한 도시들에 세워나갔다. 이들 사업체의 지배인·부지배인·직공장 감독 등 간부들은 보다 투철한 한인애국자들인 그의 친척과 친구들로 메꾸었다. 그래서 유사시 이들을 지하조직의 핵심으로 운영할 생각이었다는 것이다. 따라서 그는 그의 사업조직망을 회사의 존망을 무릅쓰고 기꺼이 이용시키는데 동의했다. OSS의 요원이 처음 그를 이 프로젝트의 성원으로 들어갈 것을 요청했을 때 그는 자신이 자기 조의 성원을 모집하기를 원했다. 자신의 회사의 비밀정보를 가르쳐 줄 수 있는 신뢰할 수 있는 사람들을 선택한다는 것이었다. 그는 한국에서 얼굴이 잘 알려져 있기 때문에 조원들과 같이 들어가지 않고 그 조의 고문으로 남을 것이지만, 필요한 경우 한국에 직접 침투해 들어가게 되어 있다. 그는 1945년 1월 6일에 입대하고 2월 2일부터 이 캘리포니아의 훈련소에 와 있다.

이상의 서술 개요에서 보듯 그는 유일한 선생이 분명하다. 그는 1904년이나 1905년 소년시절에 박용만의 숙부를 따라 미국에 건너와 네브라스카주의 독립군양성소인 커니와 헤이스팅스의 소년병학교를 다녔으며, 1919년 필라델피아의 한인자유대회가 나가 활약했으며, 1942년도부터 United Korean Committee에 들어가 한길수·국민회·민족혁명당 미주지부 그리고 이 박사 간의 대타협을 성사시키려고 노력한 인물이었고, 막대한 자금을 미주 독립운동에 대주었고 *Korean Economic Digest*라는 잡지를 경영하였으며, 한국독립운동에 관한 많은 논문을 발표하여 미국 식자층의 칭찬을 받은 위인이었다.[30]

다음 유일한이 선택한 이 조의 조원을 소개한다.

B는 49세이고 135파운드 무게에 키는 5피트 9인치이었다. 평양출생이고 부친은 농장을 경영했다. 13세인 1913년에 중국 남경에 건너가 남경군관학교에 들어가 공부를 하였으며, 1915년 10월 6일 미국유학차 상항(桑港)에

---

[30] 유일한의 재미시절에 관하여는 다시 글을 작성할 예정이다.

도착하여 1919년에 노백린 씨의 비행사 양성소에 들어가 일본과의 전쟁에 대비하였으며, 1922년에서 1923년까지 시카고의 YMCA에서 체육을 전공했으며, 1942년 12월 OSS에 들어가 3개월간 훈련받았으나 당시의 프로젝트가 폐쇄됨으로 나왔다가 1944년 8월에 다시 접촉을 받고 1945년 1월 2일에 입대 2월 2일에 훈련소에 들어왔다. 이 서술에 나타난 분은 당시의 신문과 여러 기술에 의하면 틀림없이 이초(한문으로는 李超라고도 적힘)이다.[31]

C는 44세이고 142파운드에 키가 5피트 7인치, 평양생 안경잡이. 두 동경 유학 형제가 있었는데 1923년 동경대지진 때 학살된 것으로 알고 있다는 것이고, 소학은 평양에서 중학은 서울에서 나와 동경 게이오대학에 유학 갔다가, 1919년 후반기에서 1922년도까지 남경대학에 유학했다. 중국시민이 된 그는 1922년 4월 18일 미국에 도착하고 1924년까지 Northwestern대학을 다니고 학사학위를 받았다. 그 후 사업을 하다가 1943년 8월 네브라스카에서 입대하였는데, 부인과 아들 하나가 있어 군에서 받아주지 않아 위장이혼을 하고 입대하였다. 곧 그는 미네소타주의 육군정보학교에 보내어져 1944년 3월에 졸업하고 9월에 OSS에 들어왔다. 그는 암호를 일분에 16자 취급할 능력이 있다. 이 분은 변일서(邊日曙)라는 유학생임이 틀림없다.[32]

D는 39세, 1905년 평북 의주생으로 142파운드 무게에 키가 5피트 7인치이다. 부인은 딸과 시카고에 살고 있으며 1910년 중국에 건너간 그는, 1920년에 남경대학 부속고등학교를 1925년까지 다니고 1925년 5월에 남경

---

31) 1915년 10월의 신한민보를 보면 "금일 6일에 입항한 만츄리아호 선편에…안영렬 전중 리쵸 3씨…출륙"이라는 기사가 있었으며, 김원용의 『재미한인 50년사』 비행사양성소 생도 이름에 이초가 들어가 있고, 곽림대의 『못잊어 화려강산』에 "당시 한장호·장병훈·이초·이용선 등 15명의 갸륵한 청년들이 '동경에 날아가 쑥대밭을 만들자'는 결의를 되새기며 맹훈련에 임했다"라는 기술이 있으며 당시의 *Korean Student Bulletin*에 시카고 YMCA 체육과를 다녔다고 나와 있다.

32) *Korean Student Bulletin* Vol.1(1922)에는 Earl S. Benn이라고 나오고 있으며 『우라키』잡지 제1호(1925년)에는 한문이름이 실려 있다.

에 있는 운남강무당(雲南講式堂)에 들어갔다가 1926년 일시 귀국했고, 다시 1926년 5월에 미국에 건너와 1926년부터 1931년까지 South Dakota의 Huron대학에서 공부했고 다시 1931년 10월에서 1933년까지 미네소타 주립대학에서 공부했다. 이곳에서 ROTC를 했고 1933년에서 1944년까지 뉴욕에서 살았다. 1945년 1월 12일 입대하고 2월 2일에 훈련소에 입소했다.

이분의 모든 상황으로 보아 James Charr로 영어로 표기된 인물이지만 한국명을 몰라 고민하던 중 임창영(林昌榮) 박사와의 인터뷰에서 이분을 잘 안다고 하며 차진주(車眞宙)라고 알려 주었다.

E는 위스콘신주 맥코이 포로수용소의 한인 포로 부대변인이다. 40세 140파운드 무게에 키가 5피트 5인치이며, 고향은 황해도 장도군이다. 그는 육체적으로 건장하고 대담하고 몹시 반일적인 인물이었다. 1944년 6월 사이판섬에서 한국을 떠난 지 1개월도 채 안되어 미 해병대로 포로가 되었다. 상항(桑港)에는 이해 10월에 건너와 심문을 받았다. 그는 황해도 겸이포의 일본 제철회사에서 일했고 또 송도 염직회사에서 일했다고 했다. 그는 일본 타도의 불타는 열정을 가지고 있어 이 그룹에 소중한 맴버가 될 것으로 기대한다. 이분의 이름은 아직 고증하지 못했다. 제1조는 유일한의 본거지인 서울을 우선 침투하기로 되어 있었다.

제2조는 Charo Mission이라는 별명을 가지고 있으며 3인 1조이다. 진남포 앞바다에서 진남포를 경유하여 평양에 잠입하고 근거지를 세운 다음 일본에 침투하기로 되어 있었다. 이 조의 인물소개는 다음과 같다.

F는 35세이고 1937년 6월 8일에 일본에서 미국에 도착했다. George Peabody College, Vanderbilt University, Boston University 그리고 Harvard University를 다녔다. 전쟁이 나자 그는 뉴욕의 육군 정보당국에 번역원으로 고용되었으며, 8월에 전시정보국에 들어갔고, 1943년 3월에 상항(桑港) OSS지부에 근무하기 시작했다. 그는 일본에서 고등학교와 대학(와세다)을 나왔고, 1928년에는 1930년까지 도바항해학교(鳥羽)를 다녀 항해사로 졸업했다. 13

년간 일본에서 학교에 다녔기 때문에 일본어에는 재미유학생 누구보다도 유창하여 전시정부국에서는 일본어와 한국어로 대일방송을 하였다. 그는 이왕가(李王家)의 혈통을 이어 받고 있으며 한국에 부유한 가산을 소유하고 있다. 이 사람의 형은 한국에서 무역업에 종사하여 50여 명의 종업원을 두고 있다. 그는 일본에서 군사훈련을 받았고 명석한 두뇌와 기민성을 소유하고 있다. 이 사람은 두 눈 사이 미간에 사마귀가 있어 특징적이어서 제거하여야 될 것 운운. 이분은 성명이 이근성이 틀림없는데 한문으로는 아직 확인 못했다.

G는 F와 친한 사이로 평북에서 1902년에 출생하였다. 1927년에 미국에 건너와서 1928년에는 1938년까지 남가주대학에서 학사학위와 석사학위를 받았다. 그는 금속화학기술자로 큰 비행기 제조회사에서 일하고 있었다. 그는 일어와 중국어를 잘하며 불어와 독일어도 좀 한다. 당초 콜로라도 광물학 전공학교에서 지질학을 공부했으며 물리 화학과 기술방면에 뛰어났다. 그는 술 담배를 일절 안한다.

이분은 Diamond Kim으로 알려진 김강(金剛)이었고 외길의 자타공인의 마르크스주의자였다. 조선의용군후원회·조선민족혁명당 미주지부등과 관계를 가졌으며, 6·25전쟁이 난 후에도 일관하여 북을 지지했음으로 재판을 받은 후 북에 추방되었고, 그곳에서도 숙청되어 비참하게 죽었다.

H는 1902년 원산에 출생하고 미국에는 1917년 학생으로 건너와 1927년까지 여러 학교에서 공부하였다. 그는 집안이 빈한했음으로 미국에서도 고학을 했다. 그러나 근래는 나성에서 청과상으로 성공하였다. 그는 전 2자보다 더 성숙한 타입이었고 아주 건전한 상식적인 인물이다.

이분은 변준호(卞埈鎬)로서 사회주의적 경향이 짙은 분이었다. 1930년 시카고에서 창립된 '사회과학연구회'의 핵심맴버이었고 또 김강의 동지였다.[33]

이상이 1945년 3월까지의 제1조와 제2조의 조원 이력서이었다. 지적한 바와 같이 미국의 OSS자체가 벌써 여러 색깔의 반 나치 지식분자들의 혼합체이었던 관계상, 김강이나 변준호 등 잘 알려진 사회주의자들과 민족주의자 또 유일한·이근성 같은 자본가 출신들을 섞어서 침투공작대를 만든 것이 하나도 이상할 것이 못되었다. 오로지 목적은 일본과 독일의 타도에 있었던 것이다.

그런데 일본이 무조건 항복할 당시의 납코특공대원들의 명단들이 발견되어 그 전모를 대략 알 수 있게 되었는데, 그 대원명단은 다음과 같다.

장석윤, 유일한, 이태모, James Charr(차진주), Charles Lee Earl Ben(변일서), Stanley Choi, 박기벽, 이근성, 하문덕, 변준호, 김강, 최진하 그리고 '교관(敎官)'이라는 이름의 대원들에 김성덕(金聖德) 목사, 강웅조, 정기원 박사 등 10여 명의 이름이 있으며, 1945년 8월 4일자로 소정의 OSS "S"학교를 마치고 사병으로 훈련소에 입대한다고 되어 있다.[34] 아마도 이들은 각지의 지방정형·방언·관습 등에 대하여 Instructor의 직분을 할 예정이었다고 생각되는데, 고 김성덕 목사[35]의 미망인 한혜경 여사에게 인터뷰하여 들은 바에 의하면, 그는 친히 한국 농민의 옷을 입고 훈련을 받았고 애국의 열성으로 한국에 침투하기를 자원하였다고 들었다는 것이나, 이런 경우는 투필종군(投筆從軍)이 아니라 투경종군(投經從軍)이 될 것이다.

납코작전의 발동은 맥아더사령부나 니미츠 제독의 승낙을 필요로 했는데 이것이 쉽게 나오지 않았다. 따라서 납코작전사령탑은 중국의 독수리작전 사령탑과 긴밀한 공조(共助)관계를 유지하면서 전자들을 설득하였다. 드디어 8월에 들어가서 납코작전이 독수리작전에 앞서 시작하려고 하

---

33) 방선주, 「김호철과 사회과학연구회」, 『재미한인의 독립운동』, 한림대학교 아시아문화연구소, 1989 참조.

34) RG 226 OSS Entry 92 Box 521.

35) 김성덕 목사의 전기는 *Korean and Korean-American Studies Bulletin*, vol.3 No.1/2, 1987 pp.8~12에 실려 있는데 "Sometime later I joined OSS, until it was disbanded toward the end of the war"이라고 되어 있다.

였고, '독수리'측에서는 모든 축복 속에 '납코'의 성공을 기대하고 있던 차,
제2차 대전의 종료로 두 개의 한반도 침투작전을 모두 막을 닫게 되었
다.[36]

(4) 맺음말

미국 본토의 OSS당국에서는 물밑으로 한국에 침투하는 납코작전을 추
진했고, 중국의 OSS지부는 광복군을 이용한 독수리작전을 추진하는 한편,
연안의 조선의용대를 이용하여 만주로 우회하는 북중국작전도 계획하고
있었다. 전쟁이 그렇게 일찍 끝나지 않았으면 유일한의 조직망과 서울의
한 무역회사의 조직망을 통한 지하조직이 생겼을 것이며, 곧 뒤따라오는
광복군의 독수리 침투작전으로 조만간 벌집을 쑤셔놓은 듯, 한반도도 프
랑스의 지하저항운동과 흡사한 양상을 전개할 가능성이 있었다. 그 광경
을 못 보았던 연고로 백범은 일본의 항복소식을 듣고 무릎을 치고 개탄하
였다고 듣는다. 그러나 이들의 불굴의 용기와 애국심은 일의 성공 불성공
을 불문하고 '납코'나 '독수리'의 이름과 같이 한국역사와 더불어 영원히 살
고 있는 것이다. 이런 의미에서 이들 불발된 작전들은 성공작이라고 말할
수 있다.

또 태평양전쟁기의 재미교포들이 '대타협'을 할 줄 알아 이 박사는 너그
러울 줄 알고 반대파는 대의명분을 알았던들, 이 박사 밑에 모두 결집하여
보다 일찍, 보다 강력하게 납코작전을 발동할 수 있었을 것으로 본다. 이
것이 한민족운동의 하나의 거울이 될 것이다. 현하 강대한 중국과 일본을
이웃하면서 한민족끼리 '대타협'을 못하면 또 하나의 이조말기를 연출할
우려가 없다고 누가 보장할 것인가. 한국독립운동사 연구자들은 마땅히 과

---

36) RG 226 Entry 148 Box 16에는 '납코' 당국과 중국의 '독수리' 당국사이의 극비 왕복전문집이
   있다.

거와 미래를 연결하여 활동시계(活動視界)를 넓힐 것을 제안하는 바이다.

❖ 『한국독립운동의 지역적 특성』, 광복절 제48주년 및
독립기념관개관 6주년기념 제7회 독립운동사 학술심포지엄, 1993

아이플러기관과 재미한인의 복국운동(復國運動)

1. 아이플러는 어떤 사람이었나?

아이플러(Carl F. Eifler)는 1906년 캘리포니아주의 독일계 이민의 아들로 태어났다. 만 7세에 소학교에 입학하여 중학교 2학년 즉 13세 때에 퇴학하고 닥치는 대로 일을 하기 시작했다. 체구가 장대했던 아이플러는 15세에 나이를 숨기고 입대하여 필리핀에서 복무하다 2년 후 발각되어 고향에 돌아와서 경찰관훈련소를 거쳐 1926년부터 로스앤젤레스와 그 부근에서 경찰관으로 일했고 다음 멕시코국경지대의 세관에서 밀수적발 등의 위험한 일을 맡고 멕시코국경을 수시로 넘나들면서 범죄자들을 체포했다. 이 기간에 수상한 일본인들의 동정을 보고한 것이 스틸웰 중령(나중에 장군)의 눈에 들어 나중에 발탁되는 인연이 생겼다. 스틸웰은 1935년에 중국대사관의 육군무관으로 전근가고 1936년 아이플러는 하와이 호놀룰루 세관의 수석 감독관으로 영전하였다. 1939년 잠시 귀국하는 스틸웰 준장을 만난 아이플러는 현역장교가 되기를 요구하였고, 1941년 초 그는 호놀룰루에서 현역으로 소집되어 중대장이 되었다. 1941년 12월 7일 일본해군이 진주만을 기습하자 그의 중대는 이에 첫 응전한 군인들 중에 끼었다. 그는 당시 대위의 직함으로 적성국인의 수용소를 관리했고, 석 달 후인 1942년 2월

미 육군부의 정보참모요 실질적인 정보특공기관 Coordinator of Information
—OSS전신—의 실력자 굿펠로우(Goodfellow)에게 호출되어 중국으로 특공
작전 지휘관으로 가게 되었다. 물론 중국 버마 인도지구 미군사령관으로
임명된 스틸웰 장군의 지명으로 이렇게 된 것이다. 아이플러 대위는 자기
자신의 조직원은 자신이 선발할 권리를 달라고 요구하여 자기부대의 심복
들로 핵심을 삼았다. 그러나 중경에 도착한 아이플러는 국민당 특무기관
을 총괄하는 '따이 리' 장군의 분신과 이미 당지에서 비슷한 임무를 수행하
려던 해군정보부의 중경책임자 밀톤 마일즈(Milton E. Miles)의 방해를 받
아 버마를 임지(任地)로 결정할 수밖에 없게 됐다. 아이플러는 미국에서
약 20명의 기본요원을 모집하고 운남성(雲南省)과 버마 그리고 인도 앗삼
지역이 만나는 곳에 OSS 101지대(支隊) 본부를 설립하고 소수민족 카친족
게릴라부대를 훈련시키고 버마인의 정보수집자를 양성하게 된다. 그의 수
단은 냉혹하여 일본군을 사살하면 증거로 머리나 귀를 잘라 가지고 오게
했으며, 기관의 비행사나 요원이 포로가 되어 구출할 희망이 없으면 요원
이 감금된 그 지역을 철저히 폭격시켜 기밀의 누설을 막으려 했으며, 지대
요원들에 가혹한 훈련을 시키는 것으로 유명했다. 그의 회고록에 의하면
장개석이 적극 항전(抗戰)을 하지 않고 일본과 밀약을 체결할 기미조차 있
는 것을 본 스틸웰 장군은 아이플러에 비밀지령을 내려 장개석을 감쪽같
이 죽여버리는 방법을 강구하라고 했다는 것이다. 그래서 아이플러는 OSS에
서 개발한 botulinus toxin 외 일종으로 독살할 것을 계획했다고 쓰고 있다.
이 극약은 폐장(肺臟)을 마비시키고 시체를 해부해도 아무 증거를 남기지
않는다는 약이었다.[1] 이 지대는 전쟁말기에는 약 10,000명이 유격대의 정
보원들을 지휘하여 큰 성과를 이루었다고 평가되는 것이다. 그는 웨스트

---

[1] Thomas N. Moon & Carl F. Eifler 공저, *The Deadliest Colonel*. New York, Vantage Press, 1975,
p.141, 145, 184. 이 극약은 원래 일본군의 위안소에 있는 중국인 위안부를 통하여 일본군들
을 감쪽같이 죽이려고 개발되었다는 것이다. 아이플러의 본국소환과 이 계획의 중지와 어
떤 관련성이 있지 않는가도 생각해 보기도 한다.

포인트를 나온 정규장교도 아니었지만 졸병에서 대령까지 올라갔고 용맹
성과 모험심으로 알려진 '람보' 타입의 군인이었다.

1943년 말에 이르러 아이플러 대령은 본국 귀환명령을 받고 다음 공작
명령을 받는데 그것은 독일이 먼저 원자탄을 개발하는 것을 막기 위하여
독일 핵전문가를 납치해오는 결사적인 임무이었다고 회고했다. 납치가 여
의치 않으면 살해라는 수단 밖에 없었다고 추측된다. 1944년 여름 OSS 국
장 도노반과 굿펠로우는 그를 알제리아에서 불러내어 미국이 먼저 원자탄
을 개발했으니 그에 맡긴 공작은 취소한다고 통고하고 대신 곧장 있게 될
맥아더의 필리핀 침공을 도와 필리핀에서 유격대를 조직해 달라고 분부했
으나 아이플러는 OSS와 사이가 좋지 않은 맥아더의 지휘를 맡는 것을 거
부하고 대신 직접 일본 본토에 침입할 특수공작기관을 지휘하게 해 줄 것
을 요구하였다. 이 결과 아이플러는 납코(NAPKO)특공작전이라는 한반도
침투공작을 받게 되는 것이다. 그래서 그는 101지대에서 그의 심복으로 일
해온 요원들을 그대로 차출하여 납코작전기지를 나성 건너편의 큰 섬
Catalina에 설립한다. 여기에는 1942년부터 그와 같이 일해온 한인요원 장
석윤(張錫潤)이 끼어 있었다. 필자는 장석윤에 관한 문헌을 추적하면서 아
이플러가 미주의 조국광복운동과 합작하여 한반도침투를 1942년부터 구상
하고 있었던 흔적들을 발견할 수 있었다.

2. 장석윤(張錫潤)의 복국운동

장석윤 옹(翁)에 관하여는 경향신문사의 주미특파원 박인규(朴仁奎) 씨
가 노력하여 연구하고 인터뷰한 것이 있어[2] 그의 약력을 우선 인용해 본

---

[2] 『경향신문』, 1995년 2월에 게재된 「한미외교비화 50년」 시리즈 그리고 그의 메모를 참조.
여기에 이용하게 해준 데 대하여 사의(謝意)를 표함.

다. 그는 1904년 4월 13일(음력) 강원도 횡성군 청일면 전촌리에서 출생, 1923년 제일고보(경기) 졸업, 유진오 · 이재학과 동기, 동년 도미유학, 킴불 · 유니온 아카데미 · 오벌린대학을 거쳐 밴더빌트대학을 졸업, 동 대학원 수료. 로스앤젤레스와 몬타나주에 거주. 1942년 2월 27일에서 3월 1일까지 워싱턴에서 이 박사가 주최한 Korean Liberty Conference에 몬타나주 대표로 참석, 몬타나로 돌아간 지 일주일 후 이 박사가 전보로 호출, COI(OSS)에 입대하여 캠프 데이비드에서 훈련, 제1기생 21명 중 유일한 한국인이며 장기영 · 이순용 등은 2년 후배, 두 달 동안 산타카탈리나에서 훈련을 받았는데 훈련책임자는 아이플러 대위, 1942년 7월에 101지대 기지에 도착, 일본인 포로심문, 게릴라훈련, 김구와 임정 간의 편지중개역 등을 맡았다가 1944년 곤명(昆明)의 미 14공군기지로 차출, 중경으로 가서 극비로 김구 주석 등을 만나고 7월 15일 워싱턴으로 귀환, 산타카탈리나섬에서 조국침투 특공훈련을 받는 한인 선발을 위하여 위스컨신주 맥코이포로수용소에 잠입, 한 달 후 보고서 작성제출, 납코작전에 관해서는 잘 모르고 별 관심이 없었다 운운. 1945년 11월 16일에 미 군속으로 귀국하여 24군단 C-2에 근무, 미소공동위의 통역 등을 받고 1947년 윤치호의 친동생 윤치영의 영애와 결혼, 건국 후 관찰부(사정국)를 주관, 6 · 25직전 치안국장 임명, 1952년 1월 내무장관, 그 후 국회의원 등을 거치고 현재도 건재, 독립유공자로서의 포상신청문체를 꺼내도 끝내 사양(이상 박인규 기자의 자료).

이 구순(九旬) 노인인 장석윤 씨의 구술(口述)을 토대로 미국 측의 문서와 대조하여 보면 다음과 같은 상황이 떠오른다.

자료 1. (요약) OSS, Korean Military Personnel in Field Experiment Unit(1945/8/21)[3]

장석윤, DEML(지대 하사 사병명부) 13 082 747호에서 38세[4] 1942년 5월 OCI

---

[3] Major Floyd R. Frazee to Lt. Garth B. Oswald RG 226 Entry 92 Box 521 Folder 4 참조.

입대 현재(1945년 8월)까지 OSS에서 줄곧 복무 101지대에서 1944년 7월까지 26
개월 근무, 1944년 7월 17일부터 FEU(Field Experimental Unit) 즉 납코기관을 위
하여 인원 선발모집과 조사행동. 101지대에 근무 중 그는 모든 맡은바 임무를
성공적으로 수행. 그는 첫 일년 동안은 101지대 모든 훈련소와 기관의 식품조
달 관리자로 있었고 정보원훈련공작, 포로심문공작, 기밀조사 공작을 수행. 일
본어·중국어에 능통하고 버마어·힌두어를 이해. FEU에서는 거듭 그를 대위
직함으로 추천했음.

자료 2. 아이플러 회고록(요약).

  * 1942년 아이플러가 중국에 파견되기 전에 그가 중국에서 한반도에 걸쳐 침
투공작하려 한다는 소식이 삽시간에 한인 사이에 퍼져 그는 한인 애국자와 사
이비 애국자들의 자기추천편지 공세에 시달려야 했다. 일명의 한인이 이승만의
추천서를 가지고 왔는데 그는 채용되고, Alex라는 별명이 주어졌다. 그는 대한
민국의 고관을 지냈기 때문에 그의 이름을 아직 밝힐 수 없다. 왜냐하면 과격
파 학생들이 그의 영웅적인 과거의 사적을 보려하지 않고 미 정보기관의 밀정
으로 파악하려는 가능성 때문이다. 그는 중경의 한국임시정부와 미국·중국의
정부와 연결을 짓는 역할을 원했다. 그는 나중에 전쟁포로를 가장하여 맥코이
포로수용소에 들어가 우수한 애국적인 한인을 선발하여 아이플러에게 보내는
역할을 맡았다(pp. 48-49).

  * 101지대요원의 명단과 역할 중에서 "Sergeant Chang, mess sergeant and
instructor, Also liaison for any contacts with Korean government."(p. 113)

  * 아이플러의 기관은 또 중경과 이 박사의 서신연락 비밀중계 역할을 맡았
다. 중경(한인?) 천주교회의 고해성사에 도청장치를 설치하여 정보도 수집했
다.(p. 168)

  * 그는 알렉스를 극동에서 미국으로 소환하였다. 그리고 그를 맥코이 포로수
용소에 집어넣고 적당한 특공대 대원을 물색케 하였다. 후보자들은 우선 병원
으로 보내어지고 이곳에서 도망한 것으로 스위스 적십자사에 보고하게 했다.
그들을 시카고의 '셔만 호텔'에 숙박시키고 도청장치를 이용하여 그들의 참 뜻

---

4) 이 당시 많은 재미교포가 그랬던 것처럼 그는 입대를 위해 나이를 몇 살 줄여 신고한 모양
  이다.

을 감시했으며 다시 로스앤젤레스의 '빌트머어 호텔'로 보내어져 다시 도청과정
을 거쳐 카탈리나 섬으로 보내졌다(p.217)[5]

자료3. 김구(金九)가 이 박사(李博士)에게 부친 전보사본(JAN 4 am 10:42)[6]

OPERATION URGENT CONTACT GOOD FOR IMMEDIATE ASSISTANCE TO
TRAIN YOUNG KOREANS CHANCES MOST OPPORTUNE ARRANGE WITH GOOD
TO SEND SYKIOON IMMEDIATELY TO CHUNGKING GEORGE FITCH LEAVING
HERE WITH DETAILS

KINGSTON

(자료 3 해설) 이 전보사본 앞에 OSS의 이 전보의 참 뜻을 부연(敷衍)한
다른 종이가 있어 이를 옮기면 다음과 같다.

공작이 긴급함. 굿펠로우를 접촉하여 한인청년훈련에 대한 즉각적인 시원을
요청할 것. 시기가 매우 적절함. 굿펠로우에 접촉하여 장석윤(지금 아이플러
기관에서 공작중)을 곧장 중경으로 보내라. 핏치 선교사가 중경을 떠나는데 이
박사에게 자세한 내용을 보고할 것이다. 김구.
부가설명 : 한인들은 가능하다면 장석윤을 김구에게 보내기를 원한다. 저들
은 한국인들의 훈련은 이곳에서 수행하고 훈련이 끝나면 김구에게 파견하여(되
돌려 주어) 그곳 극동의 한인을 훈련하기를 원하고 있다.

필자가 판단하기로는 킹스톤은 백범을 말하며 전보를 부친 날짜는 절대
로 1942년 1월 4일이 될 수 없다. 이 타자기로 친 사본은 1943을 1942로
JUNE(6월)을 JAN(1월)로 잘못 친 것이다. 이 문서들은 1943년 여름의 문서

---

5) 장석윤 옹은 도청의 명수이었던 모양이다. 신학공부로 미국에 도미했고 전쟁 중 미 연방수
사국 번역직에 있었던 선우학원 씨는 OSS에 지원하는 과정에서 오레곤주의 한 호텔에서 장
석윤 씨의 인터뷰를 받은 바가 있었는데, 자신의 방에 도청장치를 설치했었다고 필자와의
인터뷰에서 말했다. 선우학원 씨는 한국으로 보내어지지 않고 중국으로 보내어지게 되자
입대를 거부했다는 것이다. 그는 해방 후 미국 공산당원이 되었다.
6) RG 226 Entry 190 Box 473 참조.

사이에 존재하며 장석윤이 101지대에서 일한 기간은 1942년 여름에서 1944
년 여름까지이다. 이 박사는 김구에게 편지나 전보를 받으면 거의 모두
OSS나 굿펠로우에게 사본을 보냈었다. 이 박사나 백범이 편지중개자를 필
요로 했던 것은 국민정부 특무기관에서 왕복전보들을 검열하고 차단하는
경우가 있었기 때문이다. 또 국민정부에 알리고 싶지 않은 기밀성 내용도
있었겠다. 1942년 8월 12일 중경에서 스틸웰 장군이 육군부에 부친 기밀전
보를 보면 "김구 장군은 이 박사의 5월 19일자, 6월 1일자, 6월 12일자 전보
를 받지 못했다고 말함. 아이플러가 굿펠로우 중령께 전달요망사항임. 김
구는 전심전력으로 협력할 것을 다짐함. 단 당지의 정치상황으로 서서히
진행하려함."이라고 되어 몇 점의 전보가 증발했는데 이것은 아이플러가
미국을 떠나기 전에 이 박사에게 전보들을 부친 날짜들을 받아가지고 간
모양이다. 1942년 봄 굿펠로우나 아이플러가 구상하고 있었던 OSS부대의
중국진출은 한반도에 발판을 만들어 놓는다는 것이 핵심요소의 하나이었
다(아이플러 회고록 40쪽). 일본에서의 정보원 꽂기와 파괴활동이 독일에
대한 활동에 비하면 전무상태임을 감안하면 한반도와 한인이 소중한 매개
체로 주목되지 않을 수 없는 것이다.

따라서 아이플러는 굿펠로우를 통하여 자연스럽게 이 박사와 연결되는
것이며 중경의 임정세력을 이용하여 정보와 특공작전을 수행하려 하였으
니 임정을 자기 것으로 착각하고 있는 국민정부 또는 그 특무기관은 임정
에 대한 미국의 영향 증대를 막으려 했을 것으로 짐작된다. 중국에 있어서
의 아이플러의 경쟁자 마일스 제독은 국민정부 정보기관의 총수 따이(載)
장군과 친분이 있었는데 따이는 미국에서 오는 Major I Flew와 Mr. I Do를
몹시 경계했다는 것이다. 전자는 아이플러 소령이고 후자는 헤이든(Hayden)
박사였는데 이 두 사람은 모두 중경에 나타나자 열심히 임정인사들과 접
촉을 가졌다. 마일스에 따르면 따이 장군은 자신에게 임시정부는 남경
에 있는 일본괴뢰정부의 영향하에 놓이거나 또는 조종당할 수 있는 단체

라고 확언했다는 것이다.[7] 당시의 국민정부는 일본과 타협할까 미국 측에 남을까 많이 번민하고 있을 때이었음으로 질투라는 요소 외에 미국이 중 경에 진출하여 대일 적개심이 강한 한인들과 손잡고 마구 특공작전을 펴 는 것을 매우 경계했을 수 있다고 생각된다. OSS 1942년 6월경의 문서 사 이에 있는 날짜를 명시하지 않은 이 박사가 굿펠로우에 준 편지는 다음과 같이 되어 있다.[8]

> 굿펠로우 대령 귀하 : 나는 김구 씨에 편지를 써서 한국군을 미국당국의 지 휘 아래 문제를 이청천 장군과 극비로 의논해 달라고 했습니다. 그리고 만일 그들이 동의한다면 아이플러 소령을 통하여 곧장 본인에게 알려 달라고 했습 니다. 또 누구에게도 알리지 말라고 했습니다. 이승만.

즉 이 박사는 광복군의 통수권을 미군 산하에 두는 것이 현명하다고 내 다 본 것이다. 이런 구상을 함부로 편지나 전보로 토론할 수 없는 것이다. 또 백범은 김원봉파와의 역학관계로서 쉽게 임정의 여론을 통일시킬 수도 없었으며 당장 끊어질 수 있는 국민정부의 보조문제도 고려해 넣어야 됐 을 것이다. 또 미국과의 비밀연락 루트도 마일스기관과 미 대사관을 믿지 못하고 스틸웰-아이플러-굿펠로우의 연락줄을 믿는다 하여도 그들에게 알릴 수 없는 사연도 있었겠다. 그래서 장석윤의 파견을 그렇게 원했던 것 이다. 스틸웰 장군이 장개석과 매우 불편한 관계에 있었음은 주지의 사실

---

7) Vice Admiral Milton E. Miles. *USA : A Different Kind of War*, Garden City, New York, 1967, p.88 참조.

8) 주석 6)과 같다. 경향신문 박인규 기자의 취재메모를 보면 김구와 이승만 간의 편지는 한 달에 한두 번 어떤 때는 두 달에 한 번 정도며 이승만의 메시지는 "그저 임정간판이나 잘 지키고 계시오" 따위이었다고 했다. 이것은 믿기 힘들다. 그런 정도이면 공개편지로도 얼마 든지 가능하다. 장옹은 그의 습성으로 아직도 알리기를 꺼려하는 것이 많지 않나 한다. 박 기자를 통하여 아이플러 대령이 아직 생존하고 있다는 이야기를 듣자 꼭 통화하겠다고 전 화번호를 졸랐다고 한다. 아이플러 대령과는 필자가 작년 초에 인터뷰한 바 있으며 역시 망 망대불(茫洋大佛)의 표정이었다. 어떤 양해를 얻으면 발표할 것이 있겠다고 본다.

이었다. 장석윤이 1942~43년 사이에 중경을 갈 수 없었기에 백범은 자기 심복인 안공근을 캘거타에 보내서 장석윤과 회견을 했다.

자료 4. Report from Sergeant Sukyoon Chang[9](December 26, 1942)

〈요약〉David An은 42년 11월 28일 캘거타에 도착했다. 안씨의 전보를 12월 4일에 받고 곧 출발하여 12월 7일 그를 만날 수 있었다. 안씨는 지난 9월 아이 플러 소령이 김구와 타협한 결과 파견된 것이다. 양자는 캘거타에서 수일간에 걸쳐 회담하였고 결과는 만족스러운 것이었다. 이청천 장군은 아이플러 소령의 계획에 전적으로 협조하겠다고 언약했으며 김구는 약속한대로 아이플러 소령을 위하여 15명의 애국적인 청년을 엄정 선발하여 훈련받게 할 태세가 되어 있다. 이 박사는 김구에게 두통의 전보를 쳐서 아이플러와 장석윤에 관하여 문의했으나 김구는 아이플러를 만난 후에 회답하기로 하였다. 국민당은 임정을 승인하기로 결정했고 또 김구에 언약했으나 식민지를 가지고 맹방(盟邦)의 감정을 고려에 넣어 정식승인을 지연하고 있다. 그러나 중국 정치가 중에는 전쟁에 이기면 한국을 합병하려는 생각을 가지고 있는 사람들도 있다. 소련이 일본에 선전포고하면 임시정부를 공개승인한다고 국민정부는 언약한 바 있다. 임시정부의 정보원이 각각 일본과 한국과 인도차이나에서 귀환하여 다음과 같이 보고하였다(생략).

중국주둔 일본군 안에는 대좌급의 5명의 고급장교가 있는데 그중에 홍씨(洪恩翊?)는 이청천(李靑天) 장군과 육사동기이며 막역한 친구이었고 이청천 장군은 그가 아직도 애국적이라고 믿고 있다. 그래서 그와 접촉을 시도하고 있다. 김약산은 임정을 충실히 지지하고 있다. 그러나 그는 원수지간인 중국군 특무기관 남의사(藍衣社)와 공산당 두 쪽에 가입함으로 그들의 조종하에 놓이게 됐다. 김원봉과 미주의 한길수는 한국독립을 위하여는 가장 경멸할 만한 존재이다. 마지막으로 임시정부가 우방에 바라는 것 세 가지를 김구의 지시로 안씨가 제시하였다. 그것은 첫 번째로 임시정부를 승인해줄 것. 그러하여야만 한국인 청년들이 생명을 걸고 싸운다. 둘째 광복군을 전투능력 있는 군대로 육성하기

---

9) RG 226 Entry 99 Box 65. 이것은 장석윤이 아이플러에게 보고한 것을 아이플러가 필요한 대목만 인용하여 OSS 본부의 헌팅톤 중령에게 보낸 것이다. 그래도 작은 자체의 타자기로 7매가 된다.

위하여 광복군에 대한 물질적인 원조를 달라는 것. 이렇게 되면 일본군안의 5
명의 대좌들은 이쪽으로 넘어올 것이다. 북경에 주둔하고 있는 일본군의 이대
좌(李大佐)는 광복군이 군대다워지면 이쪽으로 꼭 넘어오겠다고 한인청년들에
게 언약하였다. 마지막으로 일본 한국 만주 대륙점령지역에 흩어져 있는 우리
측 정보원들이 좀더 효율적으로 활동할 수 있도록 재정적인 지원을 줄 것. 이
상이 안씨가 가지고 온 정보와 제의를 전하는 보고서의 요약이다.

자료 5. 장석윤이 곤명과 중경을 방문하여 쓴 보고서들을 필시 있을 것이나 아직
찾지 못함.

자료 6. 장석윤이 위스컨신주의 맥코이 포로수용소에 잠입하여 쓴 보고서[10]
(장석윤은 아이플러의 지시에 의하여 포로로 가장하여 맥코이 수용소에 들
어갔고 그의 정체를 아는 수용소의 유일한 인물 즉 수용소장은 그가 영어를 하
는 포로라고 공식 통역으로 임명하여 그는 40일간 자유자재로 포로들이 접근하
여 정보를 캤다. 이하 그 보고서 요약이다)

맥코이 수용소에 수용되고 있는 한인 노무자들은 모두 100명이었다. 출
신도별 분포를 보면 경기도 38명, 황해도 24명, 강원도 12명, 충남 5명, 충
북 3명, 전남 9명, 전북 2명, 경남 1명, 경북 6명이었고, 연령별로는 20세미
만 8명, 20세에서 30세까지 63명, 30세에서 40세까지 29명이었다. 또 교육
정도는 중학교 졸업 4명, 6년제 소학교 졸업 24명, 소학교 4년 수료 25명,
소학교 2년 수료 26명, 학교 다녀보지 못한 자 21명이었다. 그들을 모두 접
촉하고 기탄없는 진심을 들어본 결과 한국 역사 이래 이렇게 빈곤과 굶주
림에 허덕이는 시기는 없었으나 일본인들은 잘 산다는 것이었으며, 분노

---

10) RG 226 Entry 190 Box 666. Microfilm 1642번 Roll 91.
   Colonel Eifler's Report on Information Obtained by Master Sergeant Sukyoon Chang. From: Field
   Experimental Unit To: Major General William J. Donovan(February 28, 1945). 타자지 12매 분량
   이다. 이 보고서의 大旨는〈납코 프로젝트〉계획서에 간단히 소개되어 있어 필자가 『한국독
   립운동사연구』 제7집, 「美洲地政에서의 韓國獨立運動의 特性」(1993.12), 507쪽에 소개했지
   만 이번에 찾은 것은 매우 자세한 것이다.

로 폭발직전이라는 것이었다. 그들은 노동력 부족을 메꾸려고 마구 강제 징용하여 일본본토, 남양 또 대륙에 보내고 있다고 말했으며 소상히 그들에게서 들은 고국의 사회와 그 참상에 대하여 보고서에 옮겼다.

이 보고서에 의하면: 1) 일제의 압정이 이 정도임으로 정확히 지도만 하면 반란이 꼭 일어난다. 2) 한인은 일본경찰과 정보조직의 허를 찌를 수 있는 능력을 가졌다. 3) 피동적이지만 일본정부에 대한 반항이 계속되고 있다. 4) 도시와 지방 농촌의 관청에 기용된 한인들은 진짜 친일파들이 아니라 먹기 위해서이다. 일본의 압정에서 벗어나려는 욕망은 이들에게도 강력하다. 5) 한국인은 기독교와 선교사들을 통하여 미국을 인식하여 아주 친미적인 성향을 가졌다. 6) 한국에는 217군(郡)이 있는데 절반 이상의 군에 거주 관리하는 일본인 관리들은 40명 이하이고, 15명밖에 안되는 군도 있다. 그래서 미국의 지원이 확실시 된다면 일제히 봉기가 일어나 거의 모든 군에서 일본인들을 몰살할 수 있다고 그들은 확신한다. 물론 군대와 많은 경찰이 주재하는 20여 도시는 제외된다. 장석윤은 이들의 출신과 능력·애국심들을 고려해 넣어 4개 지구에 이들을 투입하여 거사 준비를 하는 것이 좋겠다고 제안한다.

즉, 제1지구 대동강 하류 진남포를 중심으로 하여 황해도와 평남의 일부로 침투한다. 지도자는 이종흥(40세) 황해도 신계군 출신. 5피트 5인치 140파운드. 체격건장 공격적이고 대담하고 매우 반일적 인물. 1944년 4월에 징용되어 사이판섬에 갔다가 간지 두 달만에 포로가 되고 미국군을 도와 수색에 나섰다가 수류탄에 부상. 겸이포의 일본제철회사에서 노동자로 일년 이상 일했고 송도염직회사에서 판매원으로 일 년 이상 일했다. 또 한명의 지도자는 김필영(30세) 6피트 165파운드. 황해도 송화군 출신이니 송화군(松禾郡)과 구월산(九月山) 내부를 잘 안다. 매우 애국적이며 반일적 인물. 일년 넘게 강제징용을 피해 숨어 다니다가 자수. 1944년 6월에 사이판섬에 송출. 그는 돈만 있으면 무한정 숨어 다닐 수 있다고 장담한다. 이들은 원산과 양양사이의 산악지대로 침투하는 것이 가장 쉽다고 말함.

제2지구 원산에서 양양사이의 해안지대. 이 지구침투의 핵심요원은 김영춘을 추천한다. 25세. 5피트 6인치 140파운드. 조용한 사람. 2년밖에 학교교육을 못 받았지만 지능이 발달했다. 양양출신. 원산에 거주하는 숙부는 독립운동자를 숨겨주었다고 5년 전에 사형됨. 재단사.

제3지구 인천 앞바다에서 충남 서산 일대. 지도자 두 명 중 일명은 양순길(26세) 5피트 5인치 140파운드. 서울 변두리 한강가의 향천외리 출신, 과거 5년 동안 어업에 종사. 한강하류와 강화도 일대를 숙지함. 다년간 정직한 기독교신자. 다른 한명은 홍원표(24세). 5피트 8인치 140파운드. 서산해안에서 자랐다. 인천과 서울에서 자동차부품상점과 자전거상점 등에서 일하다 고향에 돌아와 1943년 3월 노무자로 징용되어 남양 마아틴섬에 보내어져 반 년 후 포로가 됨. 적극적이고 애국적. 양순길을 통하여 강화도 일대의 어부들을 지하조직에 가입시키고 잠수함과 연락하게 함이 적절하겠음.

제4지구 목포 일대. 김공선(32세) 5피트 6인치 130파운드 목포 출생. 소학 3년 수료. 서울에 가서 음식점에서 주방일과 손님 접대일을 하다. 그리고 만주에 가서 전전하다가 1944년 1월 고향에 돌아가자 징집되어 1944년 4월 사이판섬에 투입되고 두 달 후에 포로가 되었다. 정의감이 강하고 맥코이 한인포로 대변인이고 수용소안의 금연운동추진자. 그가 당한 어려움과 일본인의 학대로 매우 반일적안 인물이 됨.

이상에 예거(例舉)한 자료로 보건데 장석윤은 아이플러의 부하로 충실히 OSS를 위하여 일했지만 그 밑바닥에는 조국광복을 위한 열정이 있기 때문에 가능했었다는 것을 누구나 직감적으로 느낄 수 있겠다고 생각된다. 아이플러의 납코 공작계획에서는 이미 필자가 소개한 바와 같이[11] 침

11) 방선주, 앞의 논문, 1993, 506~511쪽 참조.

투지역과 인원을 대략 선발해 놓고 있었지만 장석윤 공작보고를 접한 후 납코작전계획을 수정하여 나갔다. 다음은 그 수정된 작전계획을 소개한다.

3. '납코' 침투작전계획의 성숙화

원래의 납코 계획서는 10조로 예정된 침투조 중 2조 즉, 유일한 영도의 〈Einec〉조와 이근성의 〈Charo〉조만 훈련 중이라고 했으며 이들에 대하여는 필자의 딴 논문에 소개한 바 있었다. 그런데 시간이 가면서 다음 두 침투조 조직이 형성되어 갔다. 이하 이들 조직을 소개한다.

〈Mooro〉조 (요약) 이 조는 한국의 어느 섬에 침투하게 되는데 이 섬에는 18명가량 밖에 살지 않는다. 그들을 설득하여 우리 편이 되게 할 수 있다고 믿는데 만약의 경우 설득 못한다면 모두 몰살하고 이 섬이 첫 근거지가 된다. 이 침투계획을 짜고 있을 때 조원 중의 한사람이 북한 해안의 매우 적절한 상륙지점을 안다고 했다. 이 지점이 너무 조건이 좋으므로 '납코'프로젝트에 종사하는 6명의 미국요원들이 동행할 허가를 구했다. 나(아이플러)자신도 서슴지 않고 동행했을 것이다. 이 서술은 그의 회고록에서 볼 수 있는 것이며[12] OSS문서 안에서는 아직 발견 되어 있지 않아 이 조의 인원구성과 정확한 지명을 확정지을 수 없으나 18명이 산다는 섬에서 과히 떨어지지 않는 인구가 희소한 북한의 일 해안 산악지대를 지칭하는 것으로 생각된다. 예를 들면 영흥만의 한 섬에 근거지를 설치하고 설악산과 금강산 사이의 해안에 상륙하여 왜경들이 그리 검문하지 않는다는 불사(佛寺)에 은신한다든가 6·25전쟁 때 미군 특수부대가 유격대를 황해도 구월

---

12) Thomas N. Moon & Carl F. Eifler 공저, 앞의 책, 1975, pp.226~227 참조.

산에 투입하는 비슷한 경우를 연상할 수 있다.

〈Chamo〉조 (요약) 아이플러 대령이 도노반 OSS 국장에게 보고한 1945년 5월 23일의 계획서에 의하면 그 내용은 다음과 같다.[13]

> 이 근거지는 함경남도 함흥에서 50마일 떨어진 교통이 격절되었고 산악지대 안에 위치한 평평한 계곡(16 마일 거리에 4마일 폭)에 설립한다. 가장 가까운 마을이 12마일 떨어진 인구 100명 좌우의 운산리이고 여기서 15마일 가면 평리 이다. 4명의 한인(A, B, C, D)을 비행기에 태워 낙하산으로 침투시킨다. 이곳에 는 한 가족만 살고 있는데 협조자로 만들던가 말소시킨다. A와 B는 다음 그들 이 살고 있었던 평양으로 향하고 여기에 여러 세포조직을 만든 다음 서울로 향 한다. 그리고 일본에 침투할 공작원들을 선발한다. C와 D는 그곳에 남아 비행 기가 이착륙할 수 있는 활주로를 만든다. 또 운산리와 평리를 장악하고 공작원 양성소를 설립하고 흥남으로 진출한다. 이곳에 근거지를 만든 다음 북쪽으로는 만주까지 남쪽으로는 양양 부산까지 연락망을 조직한다.

이 보고서에서 설명하는 A는 이근성(이미 본인의 앞 논문에 설명)이며 B는 김강(이미 설명)이고 C는 변준호(이미 설명)이다. D는 만주 출생이며 평안도에서 중학교를 나오고 1939년까지 연희전문을 나오고 동년에 함경 남도에서 광산업을 경영하는 형을 도와 함경도를 두루 다녀 이 고장을 잘 알고 있다. 1939년 일리노이주의 Wheaton대학을 다니고 1940년에 Illinois School of Technology에 전학했다. 부인 사이에 자녀 둘이 있는데 이분의 이름은 추후 확정지으려 한다. 이 보고서는 이들 4명이 모두 투철한 애국 자들이라고 칭찬하고 있어 분명히 이 모든 분들은 미국의 이익보다는 자 기 모국의 이익을 위하는 사람들인 것을 나타내고 있다.

이 침투조는 물 속에서가 아니라 공중에서 침투하는 것이 특색인데 아 이플러기관은 공작원의 침투를 위하여 2~3인용 특수 잠항정(潛航艇)을 고

---

13) RG 226, Entry 190, Box 666, Microfilm 1642번, Roll 91.

안하고 2척을 한적 2만 불씩으로 Sparkman & Stephens회사에 발주하여 Jacobson Shipyard에서 건조되었다(Gimik Project라고 불렀다). 이것은 잠수함 데크에 부착하고 있다가 목적지 근해에서 방출하면 이 모터보트는 절반이 물속에 잠겨 있으면서 운전수와 2명의 공작원 그리고 150파운드의 장비를 태우고 10노트의 속도로 100마일까지 달린다는 것이다. 한국인 공작원들은 이 쾌속정을 타고 카탈리나섬에서 나성과 그 부근의 도시로 잠입하는 훈련을 받았는데 한번도 발각되지 않았다는 것이다.[14] 아이플러의 회고록에 "미국 해군은 잠수함을 동원하여(한국 근해에) 위험한 접근을 하여 정보를 얻었다(226쪽)"고 간결한 서술을 볼 수 있는데 필자는 미 태평양 지구사령부의 초보 포로심문기록 중에서 이를 증명할 만한 문건을 찾았다.

즉 미국 잠수함은 1945년 4월 4일 한국 남해안의 삼천포(三千浦) 앞바다까지 침투해 들어가 일척의 어선을 들이받고 4명의 선원 중 3명 채금덕(42세), 금덕연(43세), 김기창(44세)을 포로로 하여 정보를 캐어 냈다.[15] 이 납코 프로젝트의 성공을 위하여는 적어도 한인 공작원 50명은 확보하여야 되는 것이다. 그래서 남양에서 포로가 된 한인노무자들을 제외하고 미주에서 이만한 인원확보를 필요로 했다. 미국 OSS가 납코계획을 심사하는 과정에서 많은 전문가들이 포로는 공작원으로 부적당하다는 발언들이 있었던 것이다. 그래서 포로들도 쓰지만 요원들은 어디까지나 미국에 거주하고 속마음을 알 수 있는 또 교육정도가 높은 한인교포들을 사용하려 했다. 그러나 어떤 교포들은 위험성이 있는 이러한 생사를 초월한 공작원으로 가고

---

14) Thomas N. Moon & Carl F. Eifler 공저, 앞의 책, 1975, 220~221쪽. 그리고 RG 226 Entry 190 Box 666, 1945 3/19일과 3/30일의 Maritime Unit의 보고서류 참조. 아이플러 회고록에는 이 배의 사진이 있으며 필자가 그의 자택을 방문했을 때에 역시 그 사진을 보았는데 전쟁종료와 더불어 아마 고철로 팔렸을 것이라고 아이플러 씨는 증언한다.

15) CINCPAC-CINCPOA Bulletin no.151-45(June 21, 1945) Translations/Interrogations No.33, pp.107~108, Preliminary POW Interrogation Report No.145 참조.

싫어하지 않고 편안히 우체국이나 정보기관에서의 문서번역 통역들을 선
호했다.[16] 그래서 이들 납코작전 요원들은 모두 투철한 애국자이었음이
분명하다. 아이플러 대령이 버마에서 101지대를 지휘하고 있을 때 그의 게
릴라부대에는 2명의 아일랜드 출신 천주교 신부가 정보수집도 하고 전투
현장에도 출동하였다. 그래서 납코부대에서도 101지대의 본을 받아 목사
도 의사도 박사도 필요로 했었다. 이하 지금까지 판명된 이 조직에 가담한
재미 교포들의 명단을 OSS 내부 문서를 통하여 적어둔다.[17]

장석윤, 유일한, 차진주, 변일서, 이태모, 박기벽, 이근성, 변준호, 김강,
하문덕, 최진하, 이초, 김성덕(목사), 강웅조, 정기원(한국 이름이 확정되는
분만 취급).

4. 맺는말

아이플러의 회고록에 의하며 납코계획은 공작원들을 일본에 파견하여
정보 사보타지 등 공작을 하는데 발판을 제공하는 목적이 있을 뿐 아니라
적절한 시기에 한국에서 혁명을 일으켜 만주의 관동군을 일본의 결전장
(決戰場)에 끌어 들이지 못하게 구속하는 역할도 상정하고 있었다. 이것은
스틸웰 장군과 같이 구상했으며 그의 납코작전 계획서에도 반영되고 있
다.[18] 실로 장대한 구상이었다. 광복군과 합작한 〈독수리〉작전에 한걸음

---

16) 필자가 만난 해방 직후 도미하고 현하 교포사회의 지도자로 있는 한 분은 단언코 이들 납코
한인공작원의 포상 또는 표창을 반대한다. 그 이유는 소집되어 군대에 입대하고 피동적으
로 납코부대에 차출되는 사람들에 무슨 포상/표창인가의 질투성 해석인데 사실과는 거리가
멀다. 납코작전에 지원한 사람들은 거의 모두 40을 넘어 징병적령 나이를 훨씬 지난 분들이
다. 또 거부 기피는 자유였다는 것을 지적한다.

17) RG 226 Entry 92 Box 521 File 4.

18) Thomas N. Moon & Carl F. Eifler 공저, 앞의 책, 1975, 220쪽, 224쪽. 또 RG 226 Entry 92 Box
521 NAPKO PROJECT(March 7, 1945) Section H Importance에 소련참전을 예상한 일본군의 행
동과 여기에 시기를 맞춘 한반도에서의 봉기를 자세히 설명하고 있다. 이 부분은 합동참모

앞서 1945년 8월경으로 내정되어 있었던 이 작전은 일본의 패전과 더불어 막을 내렸으나 이 예정작전의 의미는 결코 작지 않다. 한국과 미국과의 관계사에 있어서 한국인과 미국인의 이익이 순수하게 결합되고 미주 한인을 통하여 공동노력을 하였다는 가장 소중한 한 토막의 역사를 제공하기 때문이다.

　(후기) 본인의 납코 작전 논문들과 그밖의 재미한인의 독립운동관계 논문들은 추후 수정되어 책으로 간행될 것이다. 또 납코 계획에 대하여는 김계동(金啓東) 박사가 『현대공론(現代公論)』 1989년 2월호에 처음으로 발표한 글이 있다. 1992년 발표 당시 필자는 그 글을 읽지 못했음으로 인용할 수도 없었다. 여기에 유감을 표한다. 또 이 글이 발표되는 마당에서도 비슷한 글이 혹시 한국에서 먼저 나와 있을지 모르지만 이 글의 성립과는 관계가 없다는 것을 여기에 천명한다. Napko의 의미는 아이플러 대령도 잊었다고 한다. 아마 Kidnap Korea를 줄인 것이 아닌가도 이야기 하고 있다 (그의 책에도 It was to be known as Napko. The men who had been recruited and trained for the kidnapping would constitute the nucleus of the Napko project, p.216이라고 적고 있다). 또 대모험을 꾀하다는 속어인 nap과 Korea의 ko가 결합된 것이 아닌가 한다.

❖ 『제2회 한국학국제학술회의 논문집 : 해방 50주년, 세계 속의 한국학』,
인하대 한국학연구소, 1995

　본부 소장본이나 기타 OSS란 Entry 상자에 있는 여러 복사본에 결여되고 있다.

임시정부 · 광복군 지원 재미한인단체에 대한 미국 정보기관의 사찰

1. 도론(導論)

한국인의 독립운동을 논할 때 재미한인을 빼놓고는 이야기가 되지 않습니다. 본인은 아메리카 대륙에 있어서의 한인독립운동을 공부하면서 이 점을 절실히 느끼게 됐습니다. 그 수많은 공헌 중에 저는 세 가지 예를 들어 보겠습니다.

첫째로 저는 1910년에 미국 샌프란시스코에 가장된 한국 임시정부가 세워졌다고 보고 싶습니다. 즉 상해 임시정부가 생겨나기 훨씬 이전에 생겼다는 것입니다. 이왕가가 최종적으로 통치권을 강탈 당하는 1910년 8월 이전에 샌프란시스코에는 대한인국민회 임시중앙총회라는 기관이 이미 존재하여 시베리아, 만주, 하와이, 멕시코 그리고 미국의 지방총회들을 통솔하고 있었고 1910년 1월에는 중앙총회를 시베리아로 이전할 것을 결의한 바도 있었습니다.[1] 물론 이전이 항일광복운동에 편하였기 때문일 것입니다. 1910년 8월 일본이 한국의 합병을 선언하자 노령 연해주에 가 있던 유

---

[1] 『신한민보』, 1910년 1월 26일 참조. 초대 중앙총회장은 최정익(崔正益), 부회장은 한재명(韓載明), 다음 1912년 선출한 총회장은 윤병구, 부회장은 황사용, 1915년에는 안창호, 박용만 팀이 물려받았다. 김원용 저, 『재미한인 50년사』는 잘못 기록하였다.

인석(柳麟錫)은 Comite National de Coree의 President의 명칭으로 8,000여명의 서명을 첨부하여 각국에 호소문을 발송합니다.

여기 서명한 사람들 중에는 국민회 북미총회장을 지냈던 정재관(鄭在寬)이 들어가 있고 이 프랑스 말로 된 단체명의를 한글로 번역하면 바로 "대한인국민위원회"가 되며 따로 표현하면 "대한인 국민회"가 되는 것입니다. 1910년 10월 5일 박용만이 쓰고 최정익이 손질한 것으로 지목되는 『신한민보』의 논설은 다음과 같이 선포하고 있습니다.

> "내가 돌아보건대 국내 국외를 물론하고 순전한 대한정신으로 대한민족의 복지를 도모하여 대한국가의 명예를 회복하기로 독일무이한 목적을 정한 자 대한인 국민회 밖에는 없을지니"
>
> "대한인국민회는 국가 인민을 대표하는 총기관이 확실히 되었도다. 이제 형질상의 구한국은 이미 망하였으나 정신상의 신한국은 바야흐로 울흥하기 시작하니 엇지 희망이 깊지 아니하리오."
>
> "중앙총회는 대한국민을 총히 대표하여 공법상에 허한 바 가정부(假政府)의 자격을 의방하여 입법 행정 사법의 3대 기관을 두어 완전한 자치를 행할 것을 선포하고 일체 회원은 연령을 따라 병역의 의무를 단임할 일."

이것은 하나의 3·1독립선언문입니다. 무장항일선언문입니다. 또 대한인 국민회가 바로 대한제국의 후신이라는 선언입니다. 그래서 당시 전 세계에 퍼지고 있었던 해외 한인의 저명인사치고 국민회 회원이 아니었던 분들이 없었다고 후일의 국민회 역사는 자랑하는 것입니다. 박용만은 헌법기초위원이 되어 임시정부 헌법제작에 몰두하게 됩니다. 그는

> "우리나라의 여러 천 년 상전(相傳)하는 역사적 국수(國粹)가 오늘 신세계의 문명한 공기에 감응하여 잉태한 결정체이니……모든 대한제국 국민은 다 국민회 회원이니라."

라고 절규합니다. 우리나라의 정통성(역사적 국수)을 이어 받은 단체/정부
가 "국민회"라는 선언이었습니다. 그 수정헌법 제60조 "본회 회원의 의무"
항목에는, 1. 헌장에 복종, 2. 무공에 복역, 3. 의무금의 담납, 4. 집회에 출
석으로 되어 있는데[2] 2는 병역에 대한 의무를 진다는 이야기이고 3은 국
세를 징수한다는 뜻이었습니다. 그래서 박용만은

> "북아메리카 대륙은 한인의 새나라를 만드는 땅이 되여 장차 조선 역사에 영
> 광스러운 이름을 더하게 되고 또 북아메리카 대륙에 나온 한인은 자기들의 새
> 정체를 조직하여 장차 조선헌법의 아버지들이 될 줄 믿노니" (『신한민보』, 1911년
> 5월 3일)

라고 북미교포를 치켜 올렸던 것입니다. 그의 헌법은 당연한대로 민주공
회제를 지향하였습니다. 그는 말합니다.

> "그런고로 우리 신한국민은 전일에 몇 사람의 손으로 된 전제정치를 박차고
> 춤받아 이 세상에 용납지 못하게 할 것이요 …… 일반 국민이 공식으로 인정하
> 는 법률은 우리가 스사로 제정한 법률이니 우리가 스사로 복종할 의무가 있는
> 줄을 깨달은 연후에야 그 가운데서 가정부가 변하여 진정부가 되나니라. (『신
> 한민보』, 1911년 9월 20일)

1911년 시점에서는 미주 한인들은 이 중앙총회를 임시정부로 "신앙"한다
고 썼으며 저 멀리 노국 수도에 망명하고 있던 이위종이나 남경에 체재 중
인 구한국 관료들까지 자원하여 회원이 된 것은 하늘이 무너지는 허탈감
중에 무엇을 붙잡지 않고서는 안 되었던 까닭이었겠습니다.

둘째로 재미한인이 3 · 1운동의 도화선에 불을 질렀고 엄청난 자금을 상
해 임정과 독립운동을 위하여 지원한 사람들이었다는 것입니다. 1918년 11월

---

2) 『신한민보』, 1913년 9월 12일, 「국민의 의무와 권리」 인용.

하순 FBI 정보원이었던 김헌식은 신한회를 조직하고 한국독립청원서를 미국 각 기관에 교부합니다. 이것이 통신사를 통하여 일본의 신문에까지 퍼져 나갔고 또 국민회의 강력한 운동이 잇따라서 동경 유학생의 2·8선언에 심대한 영향을 주는 것입니다. 동경의 1·7 유학생 토론회는 바로 재미 한인운동의 영향을 받아 일어났다고 『Japan Weekly Chronicle』은 적고 있으며(1919. 1. 16), 『Seoul Press』는 재미교포운동의 국내파급효과를 우려하고 있었습니다(1919. 1. 17). 2·8이 3·1에 연결되고 있음은 잘 알려지고 있는 바입니다. 3·1운동이 일어난 해의 대한인 국민회 중앙총회의 재정결산서를 보면 지금까지 매년 고작 5천 달러 정도를 가지고 살림을 꾸려 나가던 것이 이 해에는 지출이 $84,045.52이며 임정에 대한 지출이 $30,600 (37%), 이승만·서재필·김규식·안창호 등에 대하여 약 37% 지출하고 있었습니다. 이것은 북미의 많은 가족들이 수입의 한 달 분 이상을 조국의 독립을 위하여 바쳤다는 평가로 이어질 수가 있습니다. 실로 재미교포의 재정지원이 상해임정의 성립에도 절대적인 공헌을 하였다는 것입니다.

셋째로 안익태의 "애국가"도 미국에 와서 태극기 밑에서 연주하고 선물받은 만년필로 썼다는 것입니다. 이 애국가 곡조는 미주에서 먼저 보급되었고 중경 임시정부에 보급되었고 심지어 연안의 의용군에까지 보급되었다는 것입니다. 참으로 미주 한인의 이러한 공헌을 알고서 그냥 넘어갈 수 없는 것입니다.

2. 재미교포의 임정지원(1936~1945)

일제가 패망하기 전 10년간 하와이를 제외한 국민회 북미 지방총회를 중심으로 한 북미 교포들은 얼마만큼 임정을 재정지원 하였던가? 신한민보를 통하여 그 상황을 보면 다음과 같습니다.

1936년도   총수입 $5,890.00

　　　　　　　인구세(1년 매인당 1달러 임정에 바침) $141.47

　　　　　　　의무금(국민회 회비 1년에 $5 이상 이것으로 회세 판단) $1,947.35

이 해에는 임정에 대한 소식이 없는 편이었습니다.

1937년도   총수입　　　　　$9,480.86

　　　　　　　인 구 세　　　　$276.81

　　　　　　　임정후원금　　　$1,769.51

　　　　　　　국민부담금　　　$270.57

　　　　　　　중국동정금　　　$874.32

　　　　　　　의 무 금　　　　$2,579.20

　이 해는 중일전쟁이 확대되어 임정이 피난길로 나서는 어려운 시기였음으로 3가지 명목의 헌금지원이 있었고 특기할 것은 항공공학을 전공한 엔지니어 조종철 청년을 국민회로서 중국 공군에 파송하였고 패전을 거듭하는 시국에서 사기를 북돋으려 하였는지 김일성 부대의 전투를 크게 취급(7. 29, 8. 5, 9. 30)하였습니다.

1938년도   총수입　　　　　$7,970.40

　　　　　　　인 구 세　　　　$303.22

　　　　　　　임정후원금　　　$1,650.00

　　　　　　　의 무 금　　　　$2,712.12

1939년도   총수입　　　　　$8,467.12

　　　　　　　인 구 세　　　　$170.44

　　　　　　　국민부담금　　　$651.96

이 해에 임정 송금이 뚝 떨어지는 이유는 "조선의용대 후원회"가 생겨 헌금이 분산되었기 때문이었을 것입니다.

1940년도	총수입	$11,304.75
	인 구 세	$322.52
	국민부담금	$1,237.02
	광복군후원금	$1,827.97

미주에서는 광복군의 성립을 전후하여 후원 캠페인을 대대적으로 벌여 나갔으며 박용만은 소년병학교의 군가를 조금 고쳐 광복군 군가로 부르기도 하였습니다.

광복군가
一. 무쇠골격 돌근육 대한남녀야
　　애국의 정신을 분발하여라
　　다다랏네 오늘 우리게
　　혈전의 분투시대 다다랏네
　　철천대적 격파하러
　　독립전쟁 나가세
　　건국영웅 대사업이
　　우리목적 아닌가

二. 충렬사의 더운피 순환되고
　　독립군의 팔다리 민활하도다
　　벽력과 부월이 당전하여도
　　우리는 조곰도 두렴없네
　　활발하게 휘날니는 태극국기는
　　신속함이 흑운심처 번갯불 같고
　　뽐내여 휘날니는 원수기는

추풍낙엽 같이 떨어지도다

四. 해전과 육전에 모든 결승을
　차례로 격파하여 이기는 그날
　개선문 두려시 열니는 곳에
　승전고를 울려라 둥둥둥둥둥

　1941년도 이 해는 태평양전쟁이 일어난 해로써 미일관계가 긴장하여 지고 대륙의 상황도 긴박하였으므로 국민회로서는 해외 한족대회를 성사시켜 이로서 미주 모든 단체가 임정과 광복군 지원을 일원회하기로 합의합니다. 새 총단체 "해외한족연합회"(UKC)에서는 매달 임정 재무부에 $1,300을 보내기로 작정하고 매월 하와이에서 $1,050, 미주에서 $250을 걷기로 하였으며 또 이 박사를 정상으로 하는 외교부(Korean Commission)에 하와이 $400, 본토 $250씩 보내기로 협약되어 북미 국민회에서는 임정에 독립금 $2,873.92, 인구세 $238.63을 보냅니다.

　1942년도 UKC는 5월 제1차 전체대회를 나성에서 모여 하와이에서 4만 달러 (임정 송금 $20,000, 외교위원부 송금 $10,000) 본토에서 2만 달러(임정 $10,000, 외교부 $5,000) 거출하기로 하여 북미총회에서 UKC로 $17,196.65가 보내집니다. 그런데, 미국 승리공채에는 $112,101.25 소모하였습니다.

　1943년도 UKC 내부의 분쟁으로 임정 송금이 떨어지게 되는 해였습니다. 북미 국민회에서는 임시정부를 위하여 $11,278.52를 UKC에 보냈지만 북미 UKC 1943년도 수입 $12,660.02에서 임정에 보내진 돈은 오직 $4,561.00이었고, 미국의 승리공채 구입 총액은 $239,130.75에 도달하였습니다.

　1944년도 임정에 대한 불만이 계속 고조되는 가운데 북미 국민회는 독립금 $7,576.30, 인구세 $281.04, 군사운동금 $1,030 모집하였으나 송금은 대부분 동결

된 형편이었습니다.

1945년도(8 · 15까지) 북미 국민회의 총수입이 $27,086.02이었는데 독립금 $1,777.03, 군사운동금 $5,847.16, 민족운동금 $3,862.94 등이 임정에 보내질 수 있는 돈이었는데 8.15까지는 광복군에게만 지원태세에 있었습니다.

김원용 저 『재미한인 50년사』는 "배일운동시대부터 조국해방당시까지 조국 광복사업을 위하여 바친 재정이 300만 달러를 초과하였다"(435쪽)라고 말하였으나 하와이, 멕시코 교포를 포함하여 27년간 임정에 들어간 성금은 약 50~60만 달러 선이 되지 않을까 싶습니다.

3. 미국 정보기관 문서를 통하여 본 광복군 지원단체

이상에서 길게 말씀드린 것은 본론에 들어가기 전에 예비지식을 제공한다는 뜻이 깔려 있었습니다. 미국 정보기관에 의한 한인 사찰의 기록은 꽤 일찍까지 거슬러 올라갑니다.

예를 들면 이왕조 군인으로 헤이스팅스 소년병학교 대리교장까지 지냈던 김장호는 3 · 1운동 후에 서재필 밑에서 Korean Review의 제작을 돕고 있었던 사람인데 연방수사국 Philadelphia 지국의 보고에 의한 espionage 기록카드에는 "Japanese intelligence officer"이라고 되어 있습니다(Investigative Case File, 1908~22). 그러나 이 기록이 과연 사실인지는 확실하지 않습니다.[3]

---

3) 필자가 정보자유법에 의하여 미국연방수사국에서 얻은 자료에 의하면 김장호를 고해바친 사람은 다름 아닌 김장호를 고용하던 필라델피아 통신부의 서재필 의사였다. 이것은 현순 대 서재필의 대결에 관계가 되는 것 같다. 자세한 것은 필자가 1989년 8월에 출간 예정인 『재미한인 독립운동인물사』 안의 「박용만평전」에 자세하다.

당시의 재미 한인지도자 즉 이승만·박용만·한길수 모두 열심히 미국 정보당국에 접근하려 노력하였고 정보를 제공하려고 노력하였던 것입니다. 미국 정보당국은 3월 1일 상해에서 발송한 독립선언문을 제일 먼저 보았고 하와이에서 사진판을 만들어 놓고 지체하였기 때문에 미주 한인신문에서는 4월 중순에 가서야 정확한 것을 소개할 수 있었던 것입니다(MID US Postal Censorship no.2480. 1919. 3. 18).

미국의 National Archives를 통하여 볼 수 있는 한인 사찰기록들은 다음과 같은 것들이 있습니다.

> RG 165 Records of the War Dept. General and Special Staffs, Military Intelligence Division.
> RG 38 Records of the Office of the Chief of Naval Operations, Office of Naval Operations.
> RG 226 Records of Office of Strategic Service, 1941-1945.
> RG 65 Records of the Federal Bureau of Investigation, General Investigative Record, 1908-22: Quarterly Intelligence Summary: General Intelligence Survey in the U.S.: Survey of Korean Activities, Field Division Reports.

미주 한인을 대상으로 하는 정기적 FBI의 사찰은 태평양 전쟁이 터진 후 일 년이 넘어서야 시작된 것이었습니다. 1945년 1월호의 General Intelligence Survey에는 German, Japanese, Chinese, Korean, Filipino, Spanish, Portuguese, Puerto Rican, Italian, French, Slavic in general, Yugoslavian, Communists activities 등으로 분류되고 있습니다. 정확히 말하여 한인에 대한 전국적인 조사는 1942년 말에서 1943년 초에 걸쳐 각 FBI지국을 통하여 일제히 착수된 것 같습니다. 그 지방에 한인이 사는지? 조직 가입의 유무, 친일적 행동의 유무 등을 조사했습니다. Phoenix Filed Division의 보고를 보면 Chandler City에 5명이 San Marcus Hotel의 bellboy, waiter 등으로 있다고 씨명을 적으

면서 여하히 적고 있습니다.

Source G-4 advised that ··· all the Koreans contribute as much as possible of their income to the Korean Commission in Washington DC ··· the amounts of these contributions vary, however, the average would be about $50.00 a year. Source G-4 has no knowledge of Sino-Korean People's League or the Korean National Front Federation ··· Mr. F, manager of the hotel advised that he has been employing Korean boys for past 24 years. He believes them to be very loyal to the U.S. He never had any trouble with any of them and considered them trustworthy. Mr. Roy Wolfe, city marshal, advised that they are very seldom seen away from the hotel and are highly respected by all citizens in Chandler.

모두 열심히 일하고 약 한 달 수입을 독립운동에 바치던 모습을 환히 볼 수 있는 것 같습니다. 그런데 이 조그마한 사회에서 볼 수 있는 헌금형식이 미주교포 단결의 일 문제점을 지니고 있었습니다. UKC가 생겼을 때 전 미주교포의 헌금은 모두 이 단체를 통하여 분배되기로 되어 있었습니다. 그런데 동지회에서는 Korean Commission에 직접 내는 경향성을 가졌고 또 Chandler의 교포와 같이 동지회원이 아니로되 Korean Commission 밖에 상대하지 않는 경우가 있어 이 박사의 성격과 노선에 불만이 있었던 것과 합쳐 UKC의 감정이 악화되었고 김구 주석이 계속 이 박사를 옹호하고 나섰기에 "무장독립운동에는 돈을 내되 임정에는 안 낸다"라는 1944~1945의 추세로 이어진 것이었습니다. 이러한 상황은 정보사찰 문서에서 잘 보여주고 있습니다. 결론을 먼저 말씀드린다면 미국 정보당국에서는 광복군이나 다른 무장운동에 돈을 낸다고 주목하지는 않았습니다. 오히려 호의적이었습니다. 문제는 사회운동이 활발하니 시찰하고 미국의 security에 위험성이 있는가, 전쟁수행에 이용할 수 있는가에 초점을 맞추어 사찰보고를 작성하였다는 것입니다. 이하에 각 단체에 대한 사찰 내용을 간략히 적습니다.

1) 국민회와 동지회 이들 미주에 있어서의 2대 세력은 제가끔 자기 회세가 크다고 선전하였습니다. 일 정보보고서는 X이라는 informant에게서 얻은 정보인데, 그는

About 75% of the Koreans living abroad belong to this party(Dongji party). About 20% of the Koreans living abroad belong to this party(KNA). It is a minority group composed of reactionary lower and outcast Koreans of Pyung Yang Province. Because the Comrade party is composed of higher class people, the KNA is very bitter against it.

이라는 식으로 서술하여 나가고 있습니다. 이 글 말미에서 OSS의 요원은 이 편견을 교정하여 45%가 국민회 지지요 33%가 동지회인 것으로 추측한다고 적었습니다(Records of OSS, 1941~45, 105639 Korean Institutions in the United States and Chungking). FBI문서들은 하와이 동지회원이 500명 이하이고 하와이 국민회원이 1,000명 정도이지만 회비납부자는 1943년에 485명이었고 본토에서는 100 대 300의 비율로 국민회가 우세하다고 말합니다. 국민회가 주도하던 UKC에서는 1944년도부터 광복군을 직접 지원하는 방법을 모색하고 있었고 실질적인 지원액수는 신한민보를 통하여 공표되어 정보당국에서도 여기에서 근거를 잡았던 것이나 동지회의 경우는 얼마만큼 광복군을 또는 임정을 지원하였는지 나오지 않고 있습니다. 동지회에서도 상납하고 있었던 것은 "북미시보"를 보아서 알 수 있습니다.

2) 조선민족혁명당 미주지부 미주에 있어서의 사회주의사상의 발로는 구한국 유학생 김헌식에서 비롯하고 신간회 결성 후 미주 시카고 사회과학연구회에서 자칭 공산주의자들이 활발히 움직이다가 탄압 후 변준호 등 일부가 서해안에 이동하면서 진취적인 지식인들과 섞여서 1939년 "조선의용대 미주후원회"를 조직하여 자금을 보냈고 조선민족혁명당이 생기자 곧

미주지부를 결성하고 신문 "독립"을 발행하는데 총력을 집중하였습니다. 당세는 사찰보고에 40명 정도가 L.A. 지방에 집중하고 있었고 변준호와 김 강은 공산주의적 경향성을 가졌다고 쓴 곳도 있습니다. 이 단체에서는 가장 무장투쟁운동을 강조하였고 무기구입자금을 저축하여 중국으로 보낼 태세이었습니다. 1944년 9월에는 $2,635을 이 목적을 위하여 거출하였으며 (Survey of Korean Activities in the Los Angeles Field Division) 김원봉 파만 지지하는 경향을 가졌습니다.

3) 중한민중동맹단 이것은 한길수를 지원하는 한길수가 만든 단체로 핵심세력은 1945년에 하와이에서 약 20여 명이었다고 전하고 있습니다. 한길수는 미 정보기관에서 security risk로 간주된 사람으로 한에 관한 비밀문서는 State Department, ONI, MID, FBI를 합쳐 수백 매 이상 Archives에서 열람할 수 있습니다. 그를 평가하는 일 문서에는

> Politically, Haan and his Sino-Korean People's League are far to the left. Haan keeps in touch in Washington with an officer of the Soviet Military Attache's staff. His sympathies and those of his followers seem to be with the Chinese Communists…More suspicious is the fact that Haan was in the employ of the Japanese Consulate General in Honolulu for periods between 1930 and 1936: he admits this, declaring that he "infiltrated" the Consulate in order to obtain counter-intelligence which he relayed to the American authorities in Hawaii. Even since, his activities have fallen strictly within the pattern of normal Fifth Column tactics (ONI Serial 01847516: Analysis of the Korean Situation, 1943. 8. 13).

라고 적고 있습니다. 그는 무척 이 박사의 활동을 "방해"하였음으로 이 박사는 그가 공산주의자라고 거듭 정보당국 인사들에게 불평을 늘어놓곤 하였습니다. 김구도 그를 "국제적 제5열"이라고 부르게 됩니다(의정원 문서

285쪽). 그러나 하와이 군정당국의 정보문서에 의하면 그는 일본 영사관에서 일 해주기 전에 이미 당국과 줄이 닿고 있었고 하와이 당국에서는 중앙에서 조사하기 전에는 큰 문제가 되지 않았던 인물이었습니다. 그는 한때 김원봉의 재미대표로도 행세하고 자금조달에도 힘쓴 것으로 나타나 있습니다.

4) 기타 하와이에는 또 군소 단체로 박용만 영향하의 대조선독립단(30명), 한국독립당 하와이지부(약 100명, 단 모두 국민회원) 등이 있었으나 여기에 대하여서는 생략합니다.

4. 맺는말

대한민국 임시정부 재무부의 1943년도 총 수입을 보면 도합 2,700,044.13원 중에 독립금이 405,938.32원, 인구금이 3,989.44원이었는데 이것은 대략 미주교포들이 낸 약 $15,000에 해당되는 것이며 총수입의 약 15%에 해당되었습니다. 그러나 미주 9,000명 인구 중에서 약 3분지 1이 밥벌이를 하고 그들의 한 달 수입이 평균 $50로 잡으면 미주교포들의 임정과 광복군 지원은 각각 한 달 수입을 바친 것이 되며, 사실상 미국 내의 독립운동과 학교 및 신문유지비 등에 2배는 더 썼으므로 미주교포의 나라사랑은 실로 평가할 만한 것이었다고 생각됩니다. 미국 정보문서의 이용은 이러한 시각의 연구를 객관적으로 확인하여 준다는 점에서 매우 중요하다고 할 수 있습니다.

❖ 『한국무장독립운동에 관한 국제학술대회 논문집』, 한국독립유공자협회, 1988

임정의 광복활동과 미주 한인의 독립운동

제2차 대전 종반기 국제정세와 관련하여

1. 머리말

본인은 2~3년 전부터 미국이 세계 각국의 비밀 또는 일반통신문을 해독 검열한 문서들을 연구해오고 있다. 그럼으로 당시의 국제정세에 대하여 우리 학계에 아직 알려지지 않은 사실들과 이미 알려지고 있었지만 불충분하게 알려진 자료문건들을 모아서 『제2차대전기 일본의 한반도대책관련문서자료집』과 그 해설을 작성 중이었다. 그러던 중 이 학술대회에 초대를 받아 제2차 대전 종반기 한반도문제를 둘러싼 국제정세하에서 백범 김구 선생이 미주의 한인독립운동과 어떠한 관계를 가지고 있었는지 고찰해 볼 것이다. 아울러 국익(國益) 방위를 위하여 허허실실(虛虛實實) 각축(角逐)을 벌리던 당시의 동북아시아 정세를 발굴 정리하여 현금 복잡한 국제정세하의 한국의 미래에 대하여 온고지신(溫故知新)의 교훈을 적극 이용하는데 조금이라도 비익(裨益)이 되고자 이 글을 작성했으며 글 안에는 수시로, 필요하다고 생각되는 원문을 그대로 기재하여 연구자에 도움이 되고자 했다.

2. 동북아시아를 둘러싼 국제간 절충의 개황

OSS의 S.I.(Secret Intelligence Branch)와 X-2(Counterintelligence)의 「극동에서의 보고」라는 논문은[1] 1943년 하반기에 만들어졌다고 생각되는 매우 의미 있는 자료이다. 이 글은 "아시아연맹운동을 주밀 세심하게 관찰하여야 된다는 신념에서 편집되었다"는 서두의 선언에서 볼 수 있듯이 아시아 연맹의 관념이나 일본 패망 후 중국제국의 확장노력은 미국의 이익과 상반된다는 논지이며 한국인의 독립운동을 포함한 아시아인들의 독립해방운동도 미국의 국익에 부합되고 일본의 패망에 도움이 되는 범위 내에서 신중히 선별적으로 원조를 주어야 된다는 결론이다. 이 글에 의하면 아시아연맹운동이라는 개념은 "일본이 공개적으로 중국은 은밀히 제창(提唱)되는 것이고 여기에 인도가 찬동하고 기타 식민지국가들이 동의하고 있다"고 단언하고 이 운동이 중동의 이슬람운동과 결합하면 영·미의 이익에 큰 위협이 될 수 있다고 내다본다. 본질적으로 이 운동은 아시아에서의 영·미 이익의 배제와 아시아의 자급자족을 지향하기 때문이라는 것이다. 일본은 이것을 무력으로 수행하려는 중이며 이를 위하여는 우선 중국을 제압하고 다음 일·중 간의 화해(rapproachement)를 기간으로 하여 아시아인의 아시아를 수립하려는 의도를 가졌으나 이 전쟁의 추세로 이것이 공중누각이 되는 것이 분명하다. 그렇지만 집요하게 중국에 대한 서방국가의 악랄한 의도를 선전하여 전란으로 피폐·약화된 중국과 미국의 이간을 도모하는데 나름대로 성공을 거두고 있다고 보며 중국 항전의 붕괴 가능성과 중국이 일본과 손을 잡을 가능성이 없다고는 못한다고 주장했다.

한편 중국의 제국주의적 의도는 현금에 있어서도 다음 세 가지 징표로 나타나고 있다는 것이니 즉 1) 국내에 있어서의 외국이익 배제의 노력, 2)

---

[1] RG 38 Records of the Office of the chief of Naval. Operations, Office of Naval Intelligence, Sabotage, Espionage, Counterintelligence Section, Oriental Desk, 1939-46, Box 6.

소위 "9준승(準繩)"에 나타난 임정과의 비밀조약의 존재와[2] 버마와 기타 동남아에서의 전복활동 조장, 3) 국부(國府)의 에이전트들을 통한 중국을 중심으로 한 아시아연맹이론의 확산노력이라는 것이다. 한국문제는 이 논문의 주요부분을 차지하고 있는데(본문 53매 중 12매) 그 논지는 다음과 같다.

현 미국의 정책이 외교적으로 나무랄 것 없다고 하여도 애매모호하지 말고 명확한 정책을 수립하여 한국인의 광복의욕을 미국의 전쟁목적에 합치시켜야 된다. 일본이 패배하고 나서 곧 한국임시정부를 승인하고 독립을 주는 것이 온당하지 않다고 하여도 희망을 주는 긍정적인 입장천명이 바람직하다. 이것은 "한국을 종속국으로 지배하고 그 아시아연맹에 포함시키려는 중국의 책략의 허를 찌르는 기민한 외교가 될 것이다"라고 주장하는 것이며 한국문제를 등한시하면 "Our tactics....plays into China's hand which conceals the plan of alliance and....to prevent (our) commitments to Korea that would interfere with China's designs for Korea"라고 단언하는 것이 주목된다. 이 글의 저자는 임시정부 안에서도 민족혁명당 쪽을 더 선호하는 입장을 취하고 있으며 임정과 국내정세에 대하여는 중년의 한인혁명가의 증언을 참작했다고 했다. 그는 1942년 3월 지병인 결핵을 치료한다는 명목으로 한국을 떠나 상해에 도착하여 당지의 국민당지하조직을 통하여 1943년 초 중경에 도착했고 1943년 3월에 귀국하는데 국내에서는 상업에 종사하는 것으로 되어 있다는 것이다.[3]

필자가 수많은 OSS문서 중에서 이 논문을 선택한 이유는 미국의 일각(一角)에서 1) 일본의 중경공작(重慶工作)이 성공할지 모른다는 위구심이 존재했음을 보이고 있다는 점, 2) 일본이나 중국의 주도 여하를 막론하고

---

[2] page vi과 page B-20 참조.
[3] 이 '혁명가'의 신분 확인은 오리무중에 있다. 일본이 파견한 밀정인 가능성을 생각할 수도 있고 동양 계통의 자산가일 수도 있다.

아시아 각국 연대론에 대하여 거부감을 가지고 있었다는 점, 3) 이 글은 임시정부가 국민정부의 지배하에 있다는 인식을 보이니 이러한 시선으로 본다면 이왕이면 미래의 한국정부의 수립은 미국 물에 젖은 인물 및 단체를 중심으로 하여야 된다는 연고(緣故)주의가 없었을까라는 추측을 불러일으킨다는 점 등에서 선택하였다. 사실상 미국은 국민정부가 부패하고 무능할 뿐 아니라 전쟁을 수행하려는 의욕을 보이지 않으며 일본과 단독 평화를 맺을 수 있다고 위협까지 하는 데는 참을 수 없었다는 서술들이 보인다.

그래서 카이로회담에 참석한 스틸웰 장군에게 루즈벨트 대통령은 정 할 수 없는 최악의 경우 장총통을 암살할 수밖에 없지 않은가 준비는 해두라고 명령했다는 것이고 스틸웰은 자기의 충실한 부하 도온이나 아이플러에게 방법연구를 지시하였다는 것이다. 그 결과 도온은 히말라야산을 넘는 비행기사고 형태를 생각해 냈고 아이플러는 독살방법을 고안해냈었다는 각자의 서술이 보인다.[4] 비록 과장이 많이 섞였을지 모르는 서술들이기는 하지만 일본에 있어서의 여러 가지 아시아 민족연대론들은 집요하게 중국정부에 공작의 손길을 뻗치고 있었던 것이다. 그 중에서도 중국인들의 마음속으로 파고들어 갈 수 있었던 유일한 연대론은 이시하라 간지(石原莞爾) 장군이 주창하던 동아연맹론(東亞聯盟論)이었다. 왕정위(汪精衛)는 이 것을 간판으로 1940년 11월 「동아연맹중국동지회」를 만들고 다음해 2월에 중국총회를 창립하여 일본 점령구에 대대적으로 지회(支會)들을 만들어 나갔고 그 후의 몇몇 일본-국부평화론자 또는 브로커들도 모두 이 계열에 서 있던 사람들이었다. 이시하라의 동아연맹론은 일본이 세운 만주국을 중국이 인정하여야 된다는 기본입장에 서서 일본과 중국이 평등적으로 연대하고 기타 민족들과 단결하여 아시아에 왕도(王道)를 세운다는 내용

---

4) Frank Dorn, *Walkout with Stilwell in Burma*, Crowell, Co. N.Y. 1971, pp.74~79.

이었다. 만주사변을 일으킨 장본인 이시하라는 전 중국으로의 확전에 절
대 반대한 인물로 인식되어 좌천, 예비역 전역을 감수했으며 추종자들은
박해를 받아 나름대로 일부 중국인에 인기가 있었음은 사실이었다.

그러나 이런 종류의 동아연맹론하의 교섭에서는 한국은 일본국토의 일
부분에 지나지 않기 때문에 한국독립문제는 나올 수도 없는 것이었다. 우
리 임시정부가 중경에서 한국독립을 위하여 노심초사하고 있었을 때 이러
한 역류들이 있었다는 것을 아는 것도 중요한 일이다. 왕정위·주불해(周
佛海)의 '일본-중경 간 평화알선공작', 1939년 홍콩 마카오에서의 일본-
'송자량(宋子良)'회담, 또 1943년 아모이에서의 왕정위 처 진벽군(陳璧君)이
손중산(孫中山) 전 부인을 통하여 송경령(宋慶齡)과의 회담 등에서는 동북
(만주)의 주권문제가 가장 큰 장애이었던 것이니[5] 만(萬)의 일(一), 국부가
연합국전선에서 이탈하는 일이 있었다면 한반도의 독립문제는 큰 시련을
겪을 뻔했다.

1944년 7월 하순 사이판섬을 빼앗기고 버마 임팔전선에서 대패한 일본
은 사직하는 도조(東條) 대신 조선총독이었던 고이소(小磯)를 기용했다.
고이소는 필리핀에서의 결전과 대(對)중국 평화타진에 치중하여 국부 군
통(軍統)수령 따이리(戴笠) 장군과 끈이 닿는 상해 거주 전(前)국민정부 관
리 묘삔(繆斌, Miao Pin)을 동경에 초대하여 중국과의 강화(講和)문제를 거
래하다가 외무대신을 비롯한 각료 및 국왕의 반대에 부딪혀 사직하게 되
었던 사건은 너무나 유명했다.

묘삔은 일본 통치기간 중 이시하라의 동아연맹론에 심취하는 태도를 취
하면서 중경과 연락을 취하고 있었고 전후(戰後) 한간(漢奸)으로 재빨리
처형된 데 대한 의혹이 끈질기게 남아 있는데 고이소 내각시절의 몽양 여
운형의 일본방문도 일본의 이러한 노력 맥락에서 이해하여야 된다는 것이

---

[5] Gerald E. Bunker, *The Peace Conspiracy: Wang Ching-wei and the China war, 1937-1941.*
Harvard East Asia Series, 67, 1972 참조.

필자의 견해이기도 하다. 묘뻰 사건을 비롯한 일본의 대국부·대중공 평화공작과 소련을 통한 평화공작을 미국은 일본 외무성의 초기밀 암호 JAA의 해독을 통하여 상세하게 알고 있었으나 만주와 중국본토에 건재하는 수백만의 일본군과 국부군의 약체를 의식하고 있었는지 1945년 2월의 얄타밀약에서 미국은 사할린과 쿠릴(千島)의 영유뿐만 아니라 만주의 권익까지도 소련 참전의 대가로 승인하였다.

왜 국민정부가 한국임정을 꾸준히 지원하면서도 승인을 지연시키고 있었던가?ㅡ영국은 폴란드 망명정부를 승인하고 있었는데ㅡ이 의문에 대하여는 미국과 송자문(宋子文)과의 묵계설, 소련 참전 시 승인설, 국제정세 변화를 기다린다는 설 등이 있었던 것 같으나 실상은 만일 소련이 노도와 같이 만주에 쳐들어오고 숙적(宿敵) 중공군과 공동작전하게 된다면 국부군의 입장이 난처해질 뿐만 아니라 전 중국이 적화될 수 있다는 인식하에서 일본의 완전패망을 원하지 않았던 것이 아닌가?

당시 화북 지방에는 국부군이 거의 존재하지 않았으므로 국민정부는 일본군을 필요로 했다는 쓰지 마사노부(辻政信)의 「잠행삼천리(潛行三千里)」의 주장도 일리가 없는 것은 아니다. 아시다시피 동아연맹론자이고 묘뻰의 친구이었던 그는 전범으로 붙잡히는 것을 피하여 숨어든 곳이 따이리(戴笠)의 품 안이었다. 미국이 해독한 주남경(駐南京) 일본대사 다니(谷)의 3월 15일자 보고는 다음과 같이 되어 있다.

(요약) 1월 25일 중경에서 돌아온 원량(袁良)의 밀사가 시미즈에게 귀띔한 바에 의하면 장총통은 구술 회서를 주었는데 그것은 (적화赤化를 방지하기 위하여) 일본이 완전 패망하는 것을 원치 않는다는 것이며 다니 대사의 의견으로는 당지에서도 장개석이 힘을 저축하는 것을 당분간 도울 예정이라고 보고했다(암호번호 H172448호).

미국의 일본 암호해독문서에는 이런 종류의 남경 위(僞)정권인사들의 중경나들이 보고라는 것이 많고 이들은 한결같이 장군(張群)이나 하응흠(何應欽) 등 고관들과 접촉했다고 주장했고 이러한 중요 암호문서는 예외 없이 대통령 열람용으로 분류되었었다. 만약 국민정부가 자기의 약체성을 우려하여 예고된 큰 변화에 전전긍긍했다면 임시정부의 승인이라는 문제는 그때 가서 상황에 따라 처리될 문제인 것이었다.

1945년 5월 12일자의 『San Francisco Examiner』지에는 이 박사의 폭로기사를 대대적으로 실었는데 그 내용은 얄타에서 한반도를 소련의 영향권 내에 편입시키기로 했다는 것이며 만주를 소련에 넘긴다는 부분은 얻지 못했다는 것이다. 때는 바야흐로 당지에서 연합국성립을 위한 국제회의가 열리고 있었고 회원국가로 인준된 대표들이 유엔의 조직을 위하여 갑론을박할 때이었다. 미국 내의 각 신문들은 이 기사를 대서특필했었다. 후일에 나타난 바에 의하면 얄타에서는 한국을 일정기간 동안 국제신탁통치하에 놓았다가 독립을 주자는 담론이 오고간 뿐이었다.

그런데 만주 권익 양도 밀약설은 3월 말경 UP나 AP통신으로 이미 보도된 바 있었고 4월 25일 한국사정사(Korean Affairs Institute)의 김용중은 『뉴욕타임스』에 기고하여 이러한 소문을 통박한 바 있었다(신문게재는 5월 2일자). 또 미국이 세계 각국의 암호통신을 해독한 H-series에 의하면 런던 주재 칠레대사는 4월 7일 기밀전보를 본국에 치면서 소련이 일본과의 중립조약을 파기(4월 5일 파기)한 대가로 외몽고 만주와 한반도를 보호국으로 인정받고 시베리아에 영·미의 해군 및 공군기지 설치를 인정하였다는 정보를 입수하였다고 했다(H-179627호). 이 밀약을 눈치 챈 미국 주중대사 헐리는 백악관에 가서 이 사실을 확인하자, 4월 15일 스탈린과 회견하여 만주와 신강성이 중국국토의 일부분임을 약속 받고[6] 5월 28일 트루먼 대

---

6) Don Lohbeck, *Patrick J. Hurley*, Chicago, Henry Regnery, 1956, pp.372~373.

통령의 특사 홉킨스도 이를 확인했는데 만주에 있어서의 권익의 대가로 장총통 지휘하의 통일정부를 지지한다고 약속했다.[7] 이어 6월 9일과 14일 트루먼은 송자문에게 얄타밀약의 내용과 홉킨스 특사의 보고를 알리고 6월 15일에 장개석에 정식 통고했다. 미국은 소련이 참전하기 전에 장개석에게 밀약내용을 알려야 됨으로 그 준비단계의 하나로 밀약설을 흘리고 이 박사를 이용하지 않았나 하는 가능성을 생각해 두어야 할 것이다.

1945년 4월초 스즈키(鈴木)내각이 성립되었다. 이 내각은 전쟁종식을 위하여 일본이 내줄 수 있는 것이 무엇이며 내줄 수 없는 것이 무엇인지 구체적인 토의가 활성화되는 '전쟁마무리' 내각이었다. 5월 11일에서 14일까지 열린 최고 전쟁지도회의의 수뇌부 6인은 소련의 중립과 평화알선청탁의 대가로 무엇을 양도하여야 되는지 토론하였으며, 사할린의 반환, 어업이권의 해소, 북만주철도이권 양도, 내몽고 소련 영향권 승인, 쿠릴열도 북반부할양, 중국에는 소련 일본 중국 3체제의 수립을 내용으로 하는 대가를 주기로 하였으며 조선은 절대 내줄 수 없다는 것도 확인하였다.[8] 이것은 6월초의 말리크-히로다 회담에서 제기되었고 7월 10일 사토 주소 대사가 몰로토프에게 직접 의사를 타진한 바도 있었다(H-196232 암호해독문서). 한편 일본이 스위스, 포르투갈, 스웨덴에 주류했던 공관원이나 은행원들도 독자적으로 조건적 항복의 절충을 벌였으나 조선은 일본의 식량보급을 위하여 남겨달라는 것이 거의 공통적인 요소였다(『終戰工作の記錄(下)』 참조).

이상 제2차 대전 종반기에 있어서 각국이 자체의 생존과 국익을 위하여 허허실실(虛虛實實) 외교전 모략전 군사실력행동 등을 수행하는 모습을 조금이라도 나타내려고 노력하였다. 다음은 이러한 국제환경하에서 우리 백범 김구 선생과 미주독립운동의 지도자들은 어떠한 활동양상을 보이고 있었는가 살펴보기로 한다.

---

[7] 劉同瞬 등 편집, 『國際關係史』 제7권, 北京: 世界知識出版社, 1995, 555~558쪽.
[8] 栗原淳・波多野澄雄 편, 『終戰工作の記錄(下)』, 講談社, 1986, 67쪽.

3. 검열통신문을 통하여 본 미국의 독립운동

(1) 자금지원면

1943년 2월 2일 백범은 한국독립당 하와이지부(구 애국단)의 임성우와 안창호 목사에게 영문편지를 보낸 바 있었는데 이 편지는 우선 국민정부의 검열을 받았을 것이고 다음 히말라야산맥을 넘어 인도에 들어갔고 이곳에서 영국의 검열을 받았다 했고 다시 선편으로 마이애미에 도착한 것이 4월 25일, 샌프란시스코에서 미국검열을 통과한 것이 5월 4일이니 하와이에 배달된 것은 5월 15일 내외였던 것으로 생각된다. 임정에서 한글보다 영어로 편지를 쓴다는 의도는 원래 검열과정을 단축시켜 조속히 전달되는 것을 갈망해서인데 영어편지도 석 달 반이 걸리는 것에 주목하여야 된다. 이 박사와 임정의 비밀편지는 버마 전선에서 싸우는 OSS의 장석윤을 통하여 미 군사우편을 이용하였고 따라서 검열에 걸릴 확률이 적었으므로 우리가 이용하기 어렵다. 이화장문서의 검증을 통한 이런 중요문서들의 유무확인이 시급하다 할 것이다.

그런데 백범의 편지는 다음과 같이 이어져 간다.

하나님은 기다리고 기다리던 우리에게 금싸라기 같은 기회를 주셨으나 동맹국들은 우리에게 어떠한 물질적 원조도 주기를 꺼리고 있습니다. 그것은 전쟁이 발발한 이후 저들은 우리가 한인혁명운동의 가능성과 역량을 보이지 못했다고 생각하기 때문입니다. 그렇다고 우리는 그들의 냉혈적인 태도와 결점을 비난할 수만은 없습니다.

그럼으로 나는 우리 자력으로 성과를 거두어야 된다고 믿게 됐고 여러분들이 전심전력으로 지원하셔야 될 하나의 결심을 가졌습니다. ....나는 한번 다시 제2의 윤봉길 의사식 거사나 동맹국에 아주 중요한 정보를 제공하려는 구상을 하고 있습니다. 바로 이 결심을 위하여 '애국단'의 용감한 정신을 계승한 우리

당 하와이지부의 충성스러운 두 분에게 자발적으로 또 비밀로 자금지원을 요구합니다. 단 한족연합회에 불쾌한 영향을 끼치지 않기를 소원합니다. 이 편지를 받는 즉시 매달 최소 500달러씩 6개월간 부쳐주시기를 바랍니다. 이것은 나로 하여금 세계를 깜짝 놀라게 할 경천동지(驚天動地)의 사업을 완성케 하여 우리에 대한 여론을 호전시키려는 것입니다. 미국에 계시는 우리 한인들의 부담이 과중한 줄 알고 있음으로 저들의 짐을 더 무겁게 하기 어렵습니다. 그럼으로 나는 우리 당의 충실한 당원인 두 분이 전력을 다하여 과거에 항상 충성하였던 것처럼 나의 불시의 요구를 수행해 주실 줄 믿고 이 글을 드리는 바입니다.

   *추신 : 이원순 씨를 통하여 작년 11월에 보내신 1000불은 감사히 받았습니다.[9]

이 글을 읽을 때 우리는 1932년 이봉창 윤봉길 의사가 거사를 하기 전 백범이 하와이 애국단에 자금지원을 요구해, 애국딘에서는 1931년 11월에 1000달러를 보낸바 있었고 시카고의 김경은 200달러를 보낸 바 있었고 백범은 윤봉길 의사의 거사 3주 전에 "불원한 장래에 우리 청년의 수하에 벽력이 진동하리라 합니다"라고 미주 『신한민보』에 예고한 사실을 기억할 것이다.[10] 그러므로 필자는 백범은 1944년에는 필시 지사(志士)를 파견했을 것이라고 간주한다. 증거는 차차 발굴될 가능성이 있다. 필자는 지금 미국의 세계 각국암호의 해독문서 40만 통을 1945년 8월부터 거슬러서 소화해 나가고 있는데 지금 겨우 1945년분을 마쳤다. 여기에는 임시정부가 파견한 두 그룹이 상해에서 아깝게 일제의 주구인 한인밀정들의 그물에 걸려 체포된 암호문건들이 있다.

   그 첫째는 3월 13일 6명을 체포했는데 그중 두 명은 이청천 장군의 증빙

---

9) RG 165 Records of the War Department, General and Special Staffs, Military Intelligence division, 1922-44. Box 2264 검열문서 SF-26323호.

10) 방선주, 「1930년대 재미한인독립운동」, 국사편찬위원회, 『한민족독립운동사』 8, 1990, 453~455쪽 ; 「1930-40년대 구미에서의 독립운동과 열강의 반응」, 『한국독립운동과 윤봉길 의사』, 윤봉길 의사의거 제60주년기념 국제학술회의논문집, 1992, 325~327쪽.

서류를 소지하고 있었고 김학규 장군 밑의 광복군지대에 있다가 상해에
잠입한 분들로 일본명으로 Asamiya와 Kin Hon이라고 되어 있다(상해에서
포섭된 애국자는 Miya, Kawamoto, Yoshida, Arai). 또 이들의 자백으로 중경
에서 딴 루트로 상해에 잠입한 홍순면(30)과 조기담(시라가와)을 체포했으
며 5월에도 임정파견 3인을 체포한 보고가 있다.[11] 따라서 1944년, 1943년
으로 올라가면 체포 기록이 더 나올 가능성이 있겠다. 미국이 포착한 상해
를 중심으로 한 광복군 지하공작 조직와해는 석 달에 3건이었으니 포착 안
된 것이 더 있었으리라고 생각된다. OSS기록을 보면 남경중심의 FARO지
하공작은 "200명에 달하는" 일본 군경 안의 한인밀정과 한인 숙박시설 종
업원 등을 포섭하여 삐라 산포작업을 진행하였다고 했다.[12] 미주교포들의
귀중한 헌금은 결코 헛되이 쓰여지지 않았던 것이며 일이 잘 진행되었다
면, 다시 말하자면 뼈끝까지 썩은 일본의 한인밀정들에게 발각되지 않았
다면 제2, 제3의 "윤봉길 의거"가 동아천지를 진동했을 가능성이 있었다.

백범은 1944년 9월 21일, '광복군행동준승9조(光復軍行動準繩9條)'가 철
폐된 직후 이승만 박사에게 국문등기편지를 보냈는데 그 영어번역 내용은
대략 다음과 같았다.[13] 즉, 우리 광복군은 준승9조(準繩9條)에서 일탈할
수 있게 되어 이제는 어느 동맹국과도 자유로이 관계를 맺을 수 있게 되었
다. 소련은 그 군대 내에 한인 10만 명을 양성하고 있고 이들이 먼저 한반
도에 들어오면 큰일이다. 이 박사는 미국과 교섭하여 독립적인 한국군을
양성 지원하여 연합군이 한반도에 상륙할 때 선봉에 설 수 있게 해주었으
면 좋겠다. 국민정부는 열심히 재정지원을 주려고 하지만 예상 지출을 감

---

11) 한림대학교 아시아문화연구소, 근간 암호자료집 참조.
12) RG 226 Entry 92 Box 602. "Final Faro Report" 참조. 숙박시설 종업원은 상식적으로 생각하여
한인 위안소의 위안부를 포함한 종업원들이었을 것이다. 중국 주재 OSS문서 중에는 일본군
위안소를 침투하여 정보를 얻는다는 문건들이 보인다.
13) RG 38 Office of Naval Intelligence, Sabotage espionage, Counterespionage Section, Japanese
Activities in the Far East Box 6 참조.

안하면 턱이 없이 모자란다. 중국정부는 이 9월부터 매달 100만 원씩 보조해주기로 되어 그 절반은 생활비로 들어가게 되는데 100만 원이란 돈은 임정인원의 생활비도 되지 않는 숫자이다. 또 중국정부는 500만 원을 책정하여 임정지하공작원들이 국내와 적의 점령구에 침투하게끔 되었는데 지금의 500만 원은 전쟁 전의 5000원의 가치밖에 되지 않고 공작원 일인이 한국에 다녀오려면 최소 10만 원이 있어야 되고 화북에서의 공작원 일인의 한달 최저생활비는 만원이니 자금사정이 매우 힘들 것으로 예상된다. (이하 생략).

Although China does her best to cooperate with us, things do not make progress to an appreciable extent here. May I suggest that you confer with the proper American authorities for the purpose of establishing and independent Korean military unit so that it may operate side-by-side with the American forces. It will be most important for all concerned that when the Allied forces enter Korea this unit be placed in the forefront.

If this is not done, I am afraid that the USSR. fearing the spread of American power in the Far East, may employ a similar method it is now using in Poland... If that happens the problems of Korea as well as the international relations will become most complicated and difficult. As far as we know, the Soviet might utilize Japan as a wall to thwart American power in the Pacific. In the meantime the Russians might further reinforce the Chinese communists throughout the areas north of the Yellow River and then achieve the ambition to emerge into the open Pacific themselves.

The relations between the Chinese Government and our Provisional Government have now improved compared to the past. Still their material assistance is not what it could be. The Chinese government from this month has decided to assist us with 1 million chinese dollars monthly. This sum is not enough even for the living expenses of our people here. Half of this sum is to be used as living expenses of our people here and the other half for our activities. You can readily imagine what difficulties we are having here financially.

The Chinese government has now arranged to give us one sum of 5 million Chinese dollars for the purpose of operating in Korea and behind the enemy lines in China in the work of organization, communication and intelligence. Although we have decided to accept this sum, it really gives us a great deal of worry. 5 million Chinese dollars now is equivalent to about 5 thousand Chinese dollars before the war. You can then well imagine as to how many men could be sent into Korea and behind the enemy lines from Szechwen Province with that amount, and as to what sort of results could be obtained thereby. It now takes about 10,000 Chinese dollars for one men to live one month in North China. For one men to make one round-trip from Chungking to Korea takes more than 100,000 Chinese dollars. So you see, the one sum of 5 million dollars is really far short of the mark for operation of this character of any success is to be had. I wonder if arrangements could be made with the American Government so that we could obtain the sorely needed assistance from that Government for the expense of our operations in intelligence, sabotage, organization, communication and propaganda.

As I stated in a previous letter to you, the so-called 9-point Agreement proposed by the Chinese Army to our Independence Army has now been discarded by mutual understanding. Thus our Army will be completely independent henceforth. This is fortunate. Because of this conclusion, our army can now establish any relationship independently with any of the Allied Armies.

In actual practice, however, we shall continue to have a certain amount of close relationship with the Chinese, not only because of the laws of the land, as well as geography, but also because of our close cooperation with China heretofore. Further, as long as we are fighting on Chinese soil, it would seem that our Army will have to be under the command of the supreme Chinese Commander or the supreme Pacific Commander of the Allied forces.

At any rate, our Provisional Government is now in the midst of negotiations with the Chinese government to establish an entirely new military relationship upon the principle of equality and mutual assistance. We expect to complete this new arrangement in the near future.

However, in as much as China herself is experiencing military losses and extreme economic difficulties, it is very much doubtful as to whether she would be able to give us any appreciable amount of material help in the future. Moral and spiritual cooperation from China continues to be splendid but we can not expect much from her military. We have to have assistance from the United states of America.

Most sincerely yours,

Kim Ku(signed)   UM Hangsup, Secretary

임시정부에서 왜 그렇게 준승9조의 철폐를 원하였는가하는 문제는 단지 자존심 문제가 아니라 본국 광복작전에는 미국군과의 합작이 필수불가결 이라는 국익차원의 계산을 하였기 때문이다. 그래서 이 박사에게 거듭 힘 써줄 것을 당부하고 있는 것이다. 이 장벽이 철폐되었기에 '독수리작전'이 라는 한미군사합작의 길이 열리는 것을 간과해서는 안될 것이다.

국민정부가 임시정부에 주는 보조는 그 자신이 처한 역경과 경제적 곤 란을 감안한다면 대단한 성의임에 틀림없지만 백범 김구 선생의 지적대로 이것은 많은 액수가 아니어서 거듭 미국에 사는 국민들의 자금지원을 부 탁하는 것이었다.

참고로 1944년 2~4월경의 중경 물가사정을 알아본다. 1944년 2월 기준으 로 달라와 중국법폐(法幣)의 교환기준을 보면 공식 레이트로는 20 : 1이지 만 100 대 1을 넘는다 했고 물가는 매달 10%에서 25% 올랐으며[14] 4월 기준 으로 보면 교환암시장 레이트는 180 : 1이었고 돈육이 한 시근(市斤)에 130 원, 쌀이 한 시두(市斗)에 570원, 방세가 방 둘과 부엌으로 한달 3,500원, 미 국기관이 주는 중국인 연봉이 노동자 34,560원($192), 번역요원 74,100~98,400

---

[14] RG 59, Decimal Files 893.5151/2-144. "Economic aspects of the Chinese Exchange Rate Problem"(1944년 2월 1일).

($413~$546), 물가상승률은 2월에 비해 3월이 25% 올랐다.[15] 따라서 9월에서의 한달 100만 원이라는 숫자는 실질적으로는 미화 3,500달러 정도이었으리라 생각되며 그 반이 생활비에 충당됐다면 1,700달러 정도가 되며 미국이 고용한 번역요원의 최하임금이 한달 34달러이니 약 40~50명의 임정 인원의 최저생활비가 될 것으로 생각된다. 단, 이것은 엄청난 물가상승률을 고려에 넣지 않은 숫자로 달을 거듭할수록 그 가치가 떨어졌다고 생각된다.

그래서 재미국민의 경제지원은 중요한 것이었다. 미주 한인들은 1941년 여러 단체들의 역량을 총집중하여 독립운동에 매진하려는 의도로 미주한족연합회를 결성하고 매년 임정과 구미위원부에 보낼 송금액을 높게 책정했지만 실질적으로는 1941년 6월 25일부터 1942년 12월 31일까지 1년 반 동안 임시정부에 보낸 액수가 9,200달러, 외교위원부에 5,025달러, 한길수 1,050달러, 국방경위대 560달러, 기타경비 10,800달러 정도이니 임시정부에는 한달 500달러 정도가 되었고 1943년에는 내분으로 4,500달러에 지나지 않고 1944년에는 각자 뿔뿔이 임정 내 자기선호단체에 자금을 대는 실정이 되었다. 참고로 동지회중앙총회의 1945년 1월~6월간의 재정보고를 본다면 임정송금 2,000달러 위원부송금 7,012.4달러이었다.[16] 재미한인들의 분쟁의 핵은 이 박사를 재미한인독립운동의 최고지도자로 인정하느냐 않느냐의 문제에 귀결되는 것이었고 김구 주석은 한결같이 임시정부─이 박사 영도하에 위원부─재미한인단체들─재미국민이라는 구도(構圖)에 입각하여 행동하였으므로[17] 국민회, 민족혁명당 미주지부 등을 포함한 한족연합회의 보이코트를 받아 수익감소를 감내하여야 되었다. 그러면 왜 백범은 자금 면의 손실은 무릅쓰고 끝까지 이 박사 편을 들었을까?

---

15) RG 59, Decimal Files 893.5017/146(5/18/44), "Changes in cost of Living" 참조.

16) 『태평양주보』, 1945년 7월 21일 게재.

17) 여기에 관한 통신검열문서와 자료는 많으나 매수관계로 생략함.

(2) 외교면

미국에 있어서의 독립운동은 간단히 말해 임시정부에 대한 자금지원과 미국정부를 상대하는 외교활동이 된다. 미국을 상대하는 외교활동의 주목적은 첫째로 일본패배 후의 한국의 독립 쟁취, 둘째로 독립주체로서의 임시정부 승인, 셋째로 국내진공에 따르는 한미합동노력이었다고 보여진다. 그런데 궁극적으로 한국이 독립할 수 있다는 것은 1943년 11월의 카이로선언에서 승인되었다. 이 회의에서 이탈(離脫)시킨다고만 하자고 제안했었는데 중국의 강렬한 반대와 미국의 중국입장 지지로 원안대로 통과되었다고 했다.[18]

필자의 견해로는 이 점이 매우 중요하다고 생각된다. 중국으로서는 안중근(安重根), 윤봉길(尹奉吉) 등 수많은 경천동지하는 애국지사들의 행위에 너무나 큰 충격과 감명을 받았던 경험이 있어, 물론 정치적인 고려도 있었겠지만, '한국 즉 독립'이라는 등식은 상식적인 것이 아니었는가 한다. 미국으로서는 장래의 동북아시아 정세변동을 보면서 결정해도 늦지 않아 '일본영토에서의 이탈' 정도로 마무리될 가능성도 있는 정부이었다. 그런데 코리아는 독립을 준다고 못 박았다. 필자 생각으로는 이것은 미국으로서는 큰 선심이었다. 왜 그랬던가? 그 이유는 미국위정자들이 미국에 있어서의 지나치게 극성스러운 한인의 독립열망현상을 목도하고 또 미국 기독교사회에의 동조(同調)세력 확산을 확인한데 따른 추이(趨移)였다고 필자는 믿는다. 당시의 국회의원에게 청원편지를 쓴 한인 수를 보면 안다. 미국 각 교회가 한인을 위하여 대통령에게 청원한 문서들을 보라. 즉 개개 재미한인외교의 공동승리라는 것이다. 미주에 이 박사가 활동하든 말든 한인들은 극성스럽게 독립운동을 했을 것이며 또 백인사회에 동조세력을

---

18) 梁敬錞, 『開羅會談』, 臺灣商務印書館, 1974, 143~145쪽.

획득하여 나갔을 것이기 때문이다. 이 박사의 동지회, 한길수, 김호 등의 한족연합회는 사사건건 충돌하는 양상을 가졌다. 가장 모양새 좋은 독립운동양상은 이 박사를 정점으로 하여 일사불란하게 재미한인이 단결하여 외교활동을 수행하는 것이었지만 그랬다 해서도 미국이 임시정부를 승인하고 한국의 즉시독립을 능동적으로 추진했으리라고는 믿지 않는다. 이 박사 자신도 믿지 않았을 것이다. 왜 그러냐 하면 당시의 미국외교 한국 관련 내부문서나 생각들은 사람의 입들을 통하여 신문지상을 통하여 워싱턴 정가에 퍼져 있었기 때문이다. 재미교포들은 엄청난 양의 미국공채를 샀어야 됐는데도 "국세"를 물고 독립금을 부담하고 자기 단체를 유지했었다. 이 구심력이 한국임시정부이었으며 김구이었다.

이 박사는 미국의 한국주둔과 동시에 재빨리 입국하려 하였다. 남한 내에 동조세력을 규합하여 국내 민주인사들이 자발적으로 창출한 중경 임시정부와는 또 다른 "임시정부"를 구상하였다. 그는 중국에 주둔한 미군이나 OSS가 먼저 한국에 상륙할 것을 예상하여 좌익세력보다 선수를 치고 기정사실을 만들려는 기민성을 보였다. 이것은 다음 전문을 통하여 보여주고 있다고 생각된다. 그는 5월 말에는 동지회를 '대한민주당'으로 발전시켰고 고국에서 생긴 새로운 "임시정부" 내에서 백범의 한국독립당과 선의의 경쟁을 벌이려 하였던 것이다.

From: Washington(Syngman Rhee)

To: Chungking(Honorable Kim Koo)

Am Requesting by wire president Chiang and General Wedemeyer to help open way for me to come to Chungking immediately to assist and cooperate with the United States Forces occupying Korea. Urge our underground forces to establish provisional Government in Korea in democratic principles and announce it to the world immediately. If you cannot manage to go to Korea send someone with our message. 12 August.[19]

4. 맺는말

백범은 위에서 부분적으로 인용한 임성우와 안창호 목사에 대한 편지에서 다음과 같이 적었다.

나는 김호씨나 전경무씨의 행동에 대하여 놀랬고 의아스럽게 생각합니다...
중국과 미국에서 한인의 통일이 이루어진 이 시각에 어떠한 부조화의 징조도
우리 동포와 외국인에게 실망을 안겨줄 수 있습니다...그들은 마땅히 자신들의
자리에 돌아가 이 박사의 권위를 손상시키지 않으면서 이 박사와 협력해야 됩
니다. 이래서야만 우리 정부의 권위가 설 것이며 한족연합회의 궁극적인 목적
이 훼손되지 않을 것입니다....
만일 우리가 대중의 복지를 위하여 우리자신의 욕심을 희생할 줄 알만큼 용
감하다면 조만간 모든 곤란이 해결될 것이라는 것은 부동의 원칙이겠습니다.

백범은 자신을 10여 년 동안 지지하던 국민회나 후일의 연합회가 애걸
하고 협박하고 등을 돌리고 자금줄을 끊었어도 미주에 있어서의 임정의
대표는 이승만 박사라는 입장을 견지하였다. 요지부동이었다. 필자가 보
기로는 대안이 없다고 느껴서 그랬을 것이다. 나머지는 모두 도토리의 키
재기로 미주에서의 수입의 3분의 2를 잃는다고 하여도 대안이 없으면 혼
란만 가중시키고 국가 민족을 위하여는 바람직스럽지 않다고 생각하였을
것이다. 이렇게 이 박사에게 일관성 있게 꾸준했던 백범도 국가 민족을 위
하여 등을 돌릴 필요가 생길 때는 결연코 행동에 옮겼던 것이 돋보인다.
백범 서거 반세기가 다가오지만 아직 통일은 안됐고 남북은 여전히 일
촉즉발이라는 것이다. 한반도를 둘러싼 여러 나라는 허허실실 국익계산에
여념이 없는데 한국은 어떠한 선택을 하려는가. 1945년 8월 25일 패전 직

---

19) RG 38 Records of the Chief of Naval Operations, Translations of Intercepted Enemy Radio Traffic
and Misc World War Ⅱ Documentation, Box 2019.

후의 일본 외무대신 시게미쓰는 동아 각처 일본 공관에 패전 후 일본의 재기를 위한 지침으로 간주되는 지시문을 보냈는데 그 내용은 다음과 같았다.

> 나는 중국에 거류하는 조선인문제에 한마디 하려 한다. 우리는 조선의 미래를 담당할 계획을 세울 수 없게 되었다. 그러나 먼 훗날을 기약하면서 우리는 아직도 조선이 일본제국에 복귀하게 되는 날을 보게 될 그런 원망을 품고 있다고 단언하는데 주저하지 않는다. 우리는 장래에 있어서의 조선과의 관계를 강화하는 방책들을 강구하기 위하여 고급자질을 가진 유능한 인사들과 이 노선으로 협력하여 나가야 할 것이다. 그래서 나는 귀하가 이 노선에 따른 우리의 노력을 좌절시키는 행위가 없기를 희망하는 바이다(암호문서 H-203373).

이 문서를 보고 미국 대통령은 강렬한 인상을 받은 모양이다. 대통령 열람용 이 문서 말미에 "Good!"이라는 필적이 보이며 "조선이 일본제국에 복귀" 운운한 대목에서는 힘찬 줄이 몇 개씩 그어져 있었다. 남은 재기하여 시게미쓰의 노선을 충실히 걷고 있다고 말한다면 이것은 망언인가? 한반도는 어디로 가려 하는가?

【부기(附記)】

필자는 백범이 이 대통령과 결별하게 되는데 대하여 "국가민족을 위하여...결연코 행동에 옮겼다"고 적었는데 여기에 대하여 약간 설명을 할 필요를 느낀다. 필자는 이 대통령의 "단독정부" 수립을 비난하지 않는다. 그 이유는 북한은 실질적으로 남한보다 훨씬 이전에 단독이며 배타적 정부를 세웠기 때문이다.

필자가 결정적으로 백범을 존경하는 이유는 그가 다가오는 한국전쟁을 예견하고 어떻게 이 국난(國難)을 막아볼까 노심초사하고 진흙탕에 뛰어든 점에 집약된다. 1949년 5월 31일, 즉 그가 암살되기 몇 주 전에, 김구 선생은 유엔 한국위원회에 주는 의견서 말미에 다음과 같은 매우 중요한 말씀을 하셨는데 이 부분은 국내에 알려지지 않은 것 같아 여기 옮겨 놓는다.

한국을 두 동강이로 잘라놓고, 또 남과 북에 각각 제각기의 정권과 제각기의 군대를 세워놓고, 끝내는 자신들이 만들어낸 상호 적대감을 해결하지 않은 채 각자의 군대를 남과 북에서 철수하기로 결정한 미국과 소련은 마치 한 마을에 분쟁을 일으킨 사람이 몰래 마을 밖으로 빠져나가려는 짓과 같은 실책을 저지르는 것이다. 한국에 내전이 일어날 경우 그 책임은 전적으로 미국과 소련에 있다(501.BB Korea/6-649).

❖ 『백범 김구의 민족 독립·통일운동』,
백범김구선생 탄신 120주년기념 국제학술대회, 1997

대한민국임시정부와 미국

1. 들어가면서 인용하는 장면

　1942년 4월 10일. 오늘 한국임시정부는 그 수립 23주년을 기념하기 위하여 성대한 다과회를 이 호텔에서 열었다. 긴 연회장에 300여 명의 내빈이 여러 테이블에 배치되었다. 임시정부 주석인 김구씨가 긴 연설을 하였고 젊고 유능한 비서인 David An이 통역을 하였다. 각 나라의 내빈들이—영국·미국·소련을 포함하여—두루 참석하였다. 헤드 테이블에 착석한 중국 귀빈 중에는 손과(孫科) 박사, 국민당 사무총장 오철성(吳鐵城) 장군, 기독장군으로 유명했던 풍옥상(馮玉祥)씨 등이 보였다. 미국이 솔선수범한다면 중국은 이 정부를 승인할 용의가 되어 있다는 것이다. 한국국민의 열망에 대한 나의 잘 알려진 동정활동이 인정되어서인지 나는 비공식으로 연설하게 되었다. 대일전쟁에 있어서 한인들이 수행할 몫이 무엇인지 이곳에서 토의한 바를 워싱턴에 이미 보고하였다. 한국정부의 승인문제와 전쟁수행에 있어서의 그 효과에 대하여도 논하였다. 내가 중경에서 수소문한 결과를 말한다면 중경에 있는 한국임시정부는 해외 한인의 이익과 열망을 대표할 충분한 성격을 가졌다는 것이다. 미국의 한국임시정부승인은 아직 철폐된바 없는 1884년(인용 그대로) 한미조약의 '거중조정(居中調整)' 조항정신과 일치될 것으로 믿는다.

이 일기는 미시간대학교 국제센터의 게일 박사(Esson M. Gale)가 태평양전쟁 발발 4개월째인 1942년 3월 정부의 위탁을 받아 중경(重慶)정부와 특히 한국임시정부에 대하여 조사할 목적으로 중경에 들어가서 임정수립 제23주년 기념 파티에 참석하고 적은 대목이다.[1] 게일 박사는 조선왕조 말기에 한국에 들어온 선교사 게일(奇一)의 조카가 되며 또 장인은 의료선교사 헤론(John Heron)이었고 그 자신 워싱턴의 이 박사와 밀접한 연락을 취하고 있었고 돕고 있었다.

임정수립 80주년이 되는 이 1999년 4월 8일에, 57년 전 중경에서 거행한 태평양전쟁 발발 후 첫 임정수립 경축 국제적 연회를 인용하는 것은 의미가 없지 않다. 즉 첫째로 임시정부성립 축하연회에 중경정부의 최고 지도자들이 몰려왔을 뿐더러 각국 외교사절 특히 소련인들까지 참석하여 그 강화되는 위상을 보였다는 점이 중요하다. 알다시피 소련정부는 폴란드를 나치독일과 과분(瓜分)했다가 독일이 소련을 기습침공하자 서둘러 런던의 폴란드망명정부를 승인한 점을 상기하면 좋겠다. 둘째로 미국인 중에서 한국임시정부를 승인하여야 된다고 주장하는 이들이 과거 한국에 선교사로 다녀간 인맥들을 중심으로 존재했었다는 것도 미래의 친한 인맥을 생각하는 데 일조가 될 것이라고 믿는다. 셋째로 이러한 임시정부의 활동경비의 출처는 재미교포였으며 재미교포는 또한 중경 임정의 납세국민이었다는 점들을 간과해서는 안 된다는 것이다.

2. 미국의 망명 · 임시정부대책

미국 정부의 대(對) 한국임시정부정책에 대하여는 미 국무부문서를 인용한 많은 좋은 연구가 있으므로 구태여 재삼재사 똑같은 이야기를 되풀

---

[1] University of Michigan, Bentley Historical Library, E. M. Gale Collection 중의 'Letter from Chunking'에서 발췌.

이할 생각은 없다. 그래서 필자는 조준(照準)을, 내가 미국의 이익을 위한 미국 외교책임자였다면 어떠한 정책을 취하였을 것인가에 맞추어 역설적으로 입론하여 본다. 결론부터 말한다면 나는 한국임시정부를 감히 승인할 엄두를 못 냈으며 나의 전임자가 설사 승인을 공약했다 하여도 상황에 따라서는 그 공약의 실천을 취소하였을 수 있었다. 나는 이 임시정부와 광복군이 미국의 국익에 배치되지 않는 성격을 가졌다고 인정하며 가능한 한 그 사기(士氣) 앙양을 위하여 경제적인 또 군사적인 도움을 주려고 노력하였을 것이나 전쟁의 진척·미군의 인명손실·소련의 동정·동북아정세의 변화 등 변수를 관찰하면서 결정을 내렸을 것이다. 미국의 대일작전이 지지부진하였고 국부군의 항전(抗戰)이 와해되어 가는데 소련이 조기 참전하여 한반도를 휩쓸고 그들의 정권을 수립했다고 가정하면, 나는 그 정권의 승인을 상신하였을 것이다.

　　폴란드망명정부의 사례가 바로 그것이죠. 나치독일의 폴란드 침공이 제2차 세계대전 발발의 직접적인 원인이었지 않습니까? 폴란드정부는 프랑스를 경유하여 영국에 망명하였고 우리 미국이 영국과 같이 이 망명정부를 승인하였습니다. 우리는 이 런던망명정부에 물심양면으로 많은 원조를 주었습니다. 망명정부 휘하의 폴란드독립군은 10만 명에 달했으며 북아프리카에서, 이탈리아전선에서 노르망디 상륙작전에서 혁혁한 무공을 세웠습니다. 폴란드 지하공작 인원들도 빛나는 공헌을 했습니다. 독일의 초기밀 암호장치 해독의 일등공신은 폴란드 지하조직이었고 전쟁수행에 큰 공헌을 했지요. 폴란드 국내의 우익 국내군(Home Army)의 활약도 미미한 공산게릴라에 비하면 눈부신 바 있어 독일군 견제에 단단히 한몫을 했습니다. 그러나 소련군이 폴란드를 점령했으니 그들의 '루브린' 임시정부를 승인할 수밖에 없었습니다. '혈맹'관계였던 런던망명정부 승인을 취소하고 말입니다. 미국 국내의 폴란드계 이민과 그 자손은 700만에 달했습니다. 그들이 아우성치고 루즈벨트 행정부를 성토했고, 폴란드 이민표가 보복할 것이라고 역설했지요. 그러나 할 수 없었습니다. 이것은 음모 밀약이 아니라 공개적인 얄타에서의 영국-미국-소련의 타협소산(妥協所産)

이었습니다. 물론 런던망명정부는 완전히 배신당했다고 할 수 있을지 모릅니다.

이런 식으로 이야기했을 것이다.

필자는 이 심포지엄을 위해서 대한민국 임시정부에 대한 미국의 정책을 이해하려면 폴란드망명정부나 기타 망명정부에 대한 정책을 파악하는 것이 지름길이라고 생각하고 집중적으로 미국의 대 폴란드 정책사, 폴란드 광복운동 그리고 미국 내 폴란드이민들의 지원활동을 담은 문헌을 섭렵해보았다. 그리고 위에 늘어놓은 가상적인 '변명'을 만들었다. 이하 대한민국 임시정부에 대한 비평과 관련하여 태평양전쟁 발발 후 몇몇 유럽의 망명정부에 대한 미국의 정책변화를 주목해본다.

(1) 유고슬라비아

유고슬라비아의 경우 합법적인 망명정부라도 반드시 정통성이 있고 국민대표권이 있는 것이 아니다. 독일의 초기 승전과 구라파대륙 정복으로 인하여 런던에 모인 망명정부는 폴란드·체코슬로바키아·네덜란드·벨기에·노르웨이 등이 있었고, 성격은 좀 다르지만 드골의 자유프랑스가 있었다. 또 이집트의 카이로에는 유고슬라비아와 그리스의 망명정권이 있었다. 이상에 열거한 망명정부들이 예외 없이 '합법적'인 것은 고국정부(故國政府)의 연장선상에 망명정부가 놓인 까닭이었다. 그러나 합법적이라고 해서 모두 정당성 또는 정통성이 인정되는 것은 아니다. 독일과 소련의 힘겨루기에서 소련이 득세하기 시작하자 서방의 신문잡지는 소련의 영향권 내에 들어갈 지역의 망명정부에 회의적인 논조가 득세하기 시작하였다. 다음은 이러한 시각의 일례이다.

Learned dissertations have been written to prove that the governments in exile
are the only legal representatives of the nations conquered by Germany. But is the
principle of legal continuity a politically acceptable device to judge representativeness?
Is it indicative of the support of influence the governments in-exile have at home?
Despite their efforts to maintain contact with the homeland, the exiled governments
may easily be out of touch with their peoples, whose terrifying experiences may
derive them in a direction altogether different from the political aims of their
governments.[2]

이 논문의 저자 하인츠 율리우(Heinz Eulau)는 '합법' 망명정부가 고국의
사회정세를 조금도 반영하지 않는 구체적인 실례로서 유고슬라비아의 망
명정부를 든 바 있다. 유고는 원래 제1차 세계대전의 결과, 세르비아—크
로아티아—슬로베니아 왕국이 설립되어 세르비아 국왕을 핵으로 한 입헌
군주제로 시작되었으나, 1929년 국왕 알렉산더 1세는 헌법을 폐기하고 독
재자로 통치하기 시작하였다. 그는 국명을 유고슬라비아로 고치고 다른
민족의 권리를 무시하는 정책을 수행하다 1934년 크로아티아인에게 암살
당하였다. 제2차 대전이 일어나자 독일의 압력에 굴복하여 섭정자(攝政者)
가 독일 편에 가담하자 군이 쿠데타를 일으켜 17세의 국왕을 옹립하였으
나, 독일군의 개입으로 정부는 런던으로 망명하게 되었다. 이 세르비아 왕
가를 중심으로 한 망명정부가 잡다한 민족성분을 가진 유고를 대표하지
못한다는 것은 자명한 것이었다. 그래서 영국은 이 망명정부를 이집트로
옮겨버렸고, 고국에서는 티토가 영도하는 빨치산과 정부 산하의 체트니크
(Chetnik)라고 불리우는 빨치산이 병립하고 있었다. 연합군은 후자를 지원
했으나 실력의 차이는 너무 분명한 것이어서, 영미 연합군과 OSS는 1943년
부터 티토의 공산 게릴라를 전격 지원하게 되었다. 티토는 망명정부를 무

---

2) "Europe's Exiled Governments", *New Republic*, November 1, 1943, pp.614~617 참조.

시하여 임시정부를 세웠고, 이것이 전후의 티토정부로 이어졌다. 미국 외교문서 중에서 흔히 볼 수 있는 것이 바로 이러한 관점이다. 즉 한국임시정부를 과연 국내의 민중들이 대표성을 인정하고 지지할 것인가의 의문이었다. 유고망명정부는 그래도 고국에 빨치산이라도 활동시키고 있었던 것이다. 미 국무부의 한국통인 랭던은 국민정부나 연안에 망명한 한인들에 원조를 주는 것보다 김일성·최현의 빨치산에 원조를 주자고 주장한 것이 이러한 시각의 좋은 예가 된다. 김일성의 보천보습격이 일어난 해에 그는 만주 심양(봉천) 총영사로 있었기 때문에 신문들의 대대적인 보도에 영향을 받았을 것이었다.[3]

(2) 체코슬로바키아

체코슬로바키아의 경우 합법적인 망명정부가 귀환하여 좌우합작정부를 수립하였다가 기술적으로 공산화되어 그대로 승인 유지. 300여 년의 합스부르크 왕가의 통치하에 있던 체코와 슬로바키아는 제1차 대전을 기회로 삼아 독립운동을 전개하다 1916년 토마스 마사리크와 베네스 등이 파리에 망명하여 '체코슬로바키아 국민회의'를 수립하였고, 미국을 비롯한 반독일 진영은 1918년 이 단체를 '임시정부'로 승인하였다. 오스트리아—헝가리제국이 붕괴하자 이 임시정부는 귀국하여 독립국으로서 집권하였고, 나치의 팽창 초기까지 유지되었다. 1938년 뮌헨의 묵약으로 국가자유를 잃자 베네스는 영국에 망명하여 망명정부를 조직하였다. 이 정부를 소련을 포함한 열강은 승인하였고, 나치독일의 패망 후 이 정부는 귀국하여 좌우합작정부를 조직하였다. 소련군은 곧 철수했으나 정부요직을 차지한 공산당은 수단을 다하여 우파를 밀어내고, 1948년 3월에는 외무장관 존 마사리크의

---

[3] 후버문서관 Hornbeck Papers, Box 268. 또 국무부문서번호 895.01/79, "Some Aspects of the Question of Korean Independence", February 20, 1942 참조.

'투신자살'을 끝으로 정권을 완전 독식하게 되었다.

(3) 프랑스

프랑스의 경우 루즈벨트 대통령은 자유 프랑스가 정당성을 가지고 있다고 인정하면서도 국민이 과연 드골을 지도자로 받들지 확인할 때까지 승인을 보류하자고 주장하였다. 루즈벨트는 원래 망명정부나 임시정부라는 것을 회의적인 시각으로 관찰하던 인물이었다. 점령한 지방마다 어느 특정 정치집단에게 정권을 의탁시킬 것이 아니라 그 고장의 사회유지들에게 자치제를 만들게 하여야 된다고 주장했고, 드골의 망명정부가 임명한 지역책임자보다 지역이 선출한 덕망 있는 지역출신을 선호한다고 아이젠하워 장군을 책망한 일이 있었다. 아이젠하워는 "프랑스의 선택은 비시(Vichy) 괴뢰정권이 아니면 드골의 조직이다"라고 선포했었다. 미국은 영국의 종용에도 불구하고 드골의 망명정권인 '프랑스 국민해방위'의 승인을 외면했으며, 1944년 8월 파리가 해방되고 드골의 압도적 인망을 보고서야 그의 임시정부를 10월 23일 승인하였었다. 그 승인을 지연시킬 구실에 '망명정권인사들이 서로 단합하지 못한다' 또는 "프랑스 국민들이 드골을 지도자로 받아들일지 의문이다"라는 것이 있었는데, 중경 한국임정을 향해서도 똑같은 용어를 썼다는 것을 기억할 것이다.[4]

(4) 폴란드

폴란드의 경우 폴란드망명정부는 합법성과 정통성을 모두 지녔고 전쟁

---

[4] Dorothy S. White, *Seeds of Discord—De Gaulle, Free France and the Allies*, Sylacuse University press, 1964, pp.345~351 ; Roosevelt to Marshall, 2 June 1944, George C. Marshall Papers. Marshall Library, Lexington, VA. Box 81, File 16 ; 방선주, 「1930~40년대 구미에서의 독립운동과 열강의 반응」,『매헌 윤봉길 의사 의거 60주년 기념 국제학술회의 논문집: 한국독립운동과 윤봉길의사』, 1992, 340~341쪽 참조.

에 막대한 공헌을 했음에도 미국과 영국은 루블린 임시정부를 승인했다.
1939년 8월 나치독일과 소련이 폴란드 분할의 비밀협정을 체결. 9월 1일
독일군이 폴란드 침범. 2일 후 영국과 프랑스는 독일에 선전을 포고. 9월
17일에 소련이 폴란드를 침공분할. 폴란드정부는 프랑스로 망명했다가 런
던에 정착. 소련은 포로로 잡은 폴란드군 장교·반소분자·지주·공장주
등 약 4,000명을 카틴의 삼림(森林)에서 학살함을 비롯하여 2만여 명의 포
로를 학살. 한편 나치도 이 기간 폴란드인과 폴란드 유태계 약 600만 명을
살해하고, 250만의 폴란드인을 강제노동을 위해 독일에 끌고 감. 1940년
6월 22일 프랑스가 항복함에 따라 재미폴란드 이민을 포함한 해외 폴란드
인으로 구성되어 프랑스에서 싸우던 폴란드군대 7만 5,000명 중 2만 명이
영국으로 탈출. 1941년 6월 22일 독일군이 소련을 기습침공. 7월 30일 런던
망명정부와 소련이 협정을 맺어 소련영토 안의 폴란드군인과 민간인으로
군대를 조직하기로 약속되고, 소련은 1939년의 독소분할협정의 무효를 선
언. 1942년 2월까지 7만 5,000명의 폴란드 제2군이 앤더스 장군 밑에 결성
되어 침공 독일군과 싸웠으나 대부분 이란을 통하여 서방에 빠져나와, 미
군 산하에 들어가 북아프리카와 이탈리아 등에서 나치독일 파시스트 이탈
리아군과 전투. 1943년 4월 독일군이 '카틴의 숲' 대도살을 발견하여 폴란
드군 장교 1만 4,000여 명의 학살설을 발표. 런던망명정부의 조사활동에
소련정부는 외교관계 단절로 보복하고(4월 25일), 친소군대와 정당을 조
직. 소련군의 반공(反攻)이 순조로워지자 영·미·소 사이에 소련과 폴란
드 국경선 문제가 초미(焦眉)의 급(急)으로 떠오르다. 구(舊) 폴란드 동부
지역에는 우크라이나인과 백러시아인들이 잡거하여 왔음. 1944년 1월 소
군이 구 폴란드 국경 내에 진출하여 커존선(線)으로 신국경 설정을 주장.
영국도 2월 대략 독·소 분할선상인 Curzon Line으로 국경을 삼고 100% 독
일인만 사는 서쪽에 신영토를 폴란드에 주자고 제안. 7월 폴란드 민족해방
위원회가 루블린에서 '유일정권'으로 성립선언. 8월 1일 망명정부와 연대

된 국내군(國內軍)이 바르샤바에서 봉기하여 소련군 점령 전에 정권의 기초를 잡으려했다가 지척지간인 소련군은 움직이지 않고 독일군의 반격으로 10월에 항복, 시는 완전 폐허가 됨. 12월 31일 루블린정권이 임시정부를 수립하고 소련이 1945년 1월 5일 승인. 소련군 3월 말까지 폴란드 전역 평정. 2월 3대국은 얄타에서 루블린정부를 주체로 하고 런던망명정부 등 비공산계열을 포함한 '민족단결임시정부(民族團結臨時政府, Provisional Government of National Unity)'의 성립을 결정. 영·미의 압력에도 불구하고 런던망명정부는 미코자즈자크 전(前) 총리 등 3명만 새 임정에 참가. 6월 28일 '민족단결임시정부'가 수립되고 7월 5일 영국과 미국은 신정부를 승인. 미국은 1944년 4월까지 폴란드 지하공작 명목으로 2,500만 달러를 원조하였고 별도로 해외 폴란드군을 유지했지만 이 망명정부를 끝까지 밀 경황이 못 되었다.[5]

그러므로 설사 광복군이 10만 명이 넘고 '납코'와 '독수리' 작전이 한반도에서 크게 벌어졌다 하여도, 한국임시정부가 미국의 원조를 일 년에 100만 달러 받았다고 해도, 또 재미교포가 100만에 육박했다 하여도 이러한 조건들이 반드시 임정의 환국 후 정권취득을 보장하지 않는 것은 자명하다고

---

[5] 일반적인 연구서로는 Richard C. Lukas의 *The Strange allies, The United Sates and Poland, 1941~1945*, University of Tennessee Press, 1978이 유용하고 소련 내에서 조직하고 이탈리아에서 용맹을 떨친 폴란드 제2군단사에 관하여는 W. Anders 중장의 *An Army in Exile*, London macmillan & Co, 1949가 있고 미국 주(駐)런던 폴란드망명정부대사와 전후 폴란드대사를 지낸 Arthur Bliss Lane의 *I Saw Poland Betrayed*, Bobbs-Merrill Co., New York, 1948이 있다. 기타 Anthony Polansky ed., "The Great Powers and the Polish Question, 1941~1945", *A Documentary Study in Cold War Origin*, London School of Economics and Political Science, 1976, 또 Peter Stern의 *The Struggle for Poland*, Public Affair Press, Washington D.C., 1953 그리고 미국 폴란드계 시민의 광복운동 지원자료로는 Polish American Congress의 *Selected Documents*, 1944~1948 등이 있다. 한편 좌익 쪽을 두둔하는 책으로는 Anna Louise Strong의 *I Saw The New Poland*, Little, Brown & Co, 1946이 있다. OSS에서는 "The Polish Provisional Government on National Unity", Research and Analysis Branch No.3180, 17 July 1945와 같은 연구도 편찬했다. Katyn forest massacre에 대하여는 A. N. Yakovlev ed., "Russia in the 20th Century— Document—Katyn", *Prisoners of the Undeclared War*, Moscow, 1997(원문 러시아어)에 자세하다고 한다.

하겠다.

3. 한국임시정부의 '공전절후적(空前絶後的)' 특수성격

그러나 한국임시정부에는 세계에 그 유례를 보지 못할 몇 가지 특성을 지녔다.

첫째로 망명정부나 임시정부 치고 그렇게 오래 존속한 정부는 없다. 위에서 예거한 유럽의 망명정부들은 길어야 7년생인데 비하여, 우리 임시정부는 여기에 20을 더하여 27년생이라는 것이다. 세계사에 이렇게 끈질기게 유지된 유례가 있는가 말이다.

둘째로 과거 식민지국가로 있던 민족과 국가들, 예를 들면 인도·버마·인도네시아·월남에 임시정부라는 것이 있었는가?(일제가 제조한 것 말고) 또는 수백 년간 오스만 터어키 치하의 그리스에 망명이나 임시정부가 있었는가? 그런데 한국은 일본이 한반도를 병탄함과 동시에 미국에 가정부(假政府)를 표방하는 단체가 생기고, 드디어 임시정부가 상해에 성립되지 않았는가? 비슷한 예가 한 건이라도 세계사에서 볼 수 있는가 말이다.

셋째로 구 정부의 구성인원도 아니면서 우리가 한국을 대표한다고 가슴을 내밀어 선포하는 사람들이 있었고, 또 국내와 해외 국민이 이를 따랐다면 그것은 실질적인 '정부'가 된다. 한국임시정부가 '정부'인 구체적인 증거를 미국과 멕시코·쿠바에 사는 교포가 몸소 구현하였다. 그들은 이 정부를 따르고 세금[國稅]을 냈다. 혹은 백범 쪽에 바치고 혹은 약산 쪽에 바쳤지만 모두 임시정부 테두리 안의 사항이었다. 그 밖의 단체—즉 연안이나 소만국경에 존재하는—에 충성하는 일은 전무하였다. 미국에 살던 체코슬로바키아·세르비아·폴란드 이민들이 재미한인만큼 열성적으로 자기들의 망명정부를 도왔는가? 대답은 "absolutely not!"이다. 참고로 적는다면

1930년의 미국 국세조사(國勢調査)에서 이민 본국 태생의 숫자는 다음과 같았다.[6]

Poland	1,268,583
Czechoslovakia	491,638
Lithuania	193,606
Japan	70,993(2세는 포함 안됨. 한인 포함)
China	46,129(일찍 이민왔으므로 2세가 따로 많다)
Latvia	20,673
Estonia	3,550
한인	7,500(이것은 추정)

　1921년 이승만 박사는 김기영에 지시를 내려 구미위원부를 통하여 거두어들일 수 있는 1922년도의 독립운동자금 추계(推計)를 다음과 같이 잡았다.[7]

나라	납세자	1년 수입	징수율(%)	연징수액 (개인, $)	연징수총액($)
미국 본토	700명 100명 (유학생)	1,000 300	2% 1%	20 3	20,000 300
멕시코	200명	300	2%	6	1,200
쿠바	75명	600	2%	12	900
하와이	2800명	360	2%	7.20	14,160
구라파	50명	175	2%	3.50	175
계					36,735

---

6) Foreign-Born Population, by Country of birth의 통계에서 선별. "Historical Statistics of the U.S.", *Colonial Times to 1970*, U.S. Dept. of Commerce, Bureau of Census, 1975, p.117.

7) UCLA Research Library, Special Collection Dept. 진희섭 기증 자료 Box 1, 김기영철 참조. 이 예산안은 김기영이 작성하고 이 박사가 수정하였는데, 모두 원안대로 재가했으나 자신의 연봉을 3,600달러에서 4,200달러로 바꾸어 놓은 것만 달랐다.

위의 표에서 보는 납세자 인원은 미국(하와이 포함)이 3,600명으로 호주(戶主)를 말한 것으로 생각된다. 또 징수액은 하와이의 경우에는 신문·학교·사회단체의 유지에 1년 최소 1만 2,000달러가 들어간다 하였으니, 개개인의 실질납세액은 5% 정도가 된다. 여기에 수입에 따르는 미국에 대한 납세가 따로 계산되므로 재미한인은 1호당 미국인의 2배가 되는 10%를 한·미 양국의 세금으로 낸다는 계산이 가능하다. 수집된 예산액 3만 6,735달러 중에서 1만 2,000달러를 상해(上海) 임시정부로 보낸다 하였으니, 1호당 평균 최소 3달러를 임시정부에 보내는 것이 된다. 이러한 통계에 의거한다면 재미 폴란드인은 자기들의 사회를 유지하고 다시 매년 최소 150만 달러를 런던의 폴란드정부에 바쳐야 재미한인의 자기들의 정부지원에 맞먹는 것이 된다. 그러나 실상은 폴란드망명정부가 오히려 미국에서 받고 있는 원조금에서 막대한 돈을 재미폴란드 사회단체에 분양하여 미국 내의 폴란드 지지운동을 강화하는 데 써 미국의 불만을 샀던 것이다. 예를 들면 1944년 폴란드망명정부 공보부는 332만 4,000달러라는 막대한 돈을 선전공작에 사용했는데 그중 많은 부분이 미국에서의 선전로비공작에 들어갔다는 것이다.[8] 1944년 표준으로 한다면 미국 재주 폴란드인은 9종의 자기 신문을 유지했고 재미한인은 4개의 자기 신문을 유지했는데 인구비로 따지면 폴란드인은 700만, 한인은 1만 미만이었다. 간추려 말한다면 한국임시정부는 미주에 '국민'을 소유하고 있던 '나라'였다. 이 어찌 희유(稀有)의 사실(史實)이 아니었는가? 인구수로 말한다면 '산 마리노국'도 한국'의 몇 배밖에 안 되는 것에 유의할 것이다.

---

[8] Lukas, op. cit., p.93 참조.

4. 맺는말: 임정 – 미국 관계의 경험에서 얻는 교훈

위에서 살펴본 대로 미국은 유럽 각 망명정부에 대한 정책보다 한국임
정에 나쁘게 한 점이 없었다는 것을 우선 유념하여야 될 것이다. 미국은
카이로 회담에서 영국이 한국에 독립을 준다고 명시하는 대신 일본 치하
에서 이탈시킨다고만 표시하자고 수정안을 들고 나온 것을, 중국과 같이
반대한 데 유념하여야 할 것이다.[9] 더욱이 당시 독일의 점령하에 있었던

---

[9] 『中華民國重要史科初編』, 對日抗戰時期 第3編 戰時外交 第3分冊을 보면 영국의 수정안은
"우리는 한국으로 하여금 "하나의 자유독립국가가 되도록 결정한다"를 "일본의 통치하에 이
탈한다"로 바꾸는데, 이 수정안이 수락되지 못하면 영국 측은 한국문제 전체를 삭제하여 버
리자고 주장하였다"는 것이다. 또 일본이 중국에서 탈취한 영토 "예를 들면 만주 · 대만과
팽호열도는 당연히 중국에 돌려줄 것이다"를 "당연히 일본은 반드시 포기하여야 될 것이다"
로 바꾸자고 제안하였다는 것이다(530쪽). 한반도문제에 대한 영국 측의 설명은 소련 측의
의견도 들어보고 절충할 필요가 있다는 것이지만, 여기에는 자신의 식민지의 반응이 맞물
려 있을 것이며 중국의 만주 · 대만 등에 모호한 용어를 쓰는 의도가 어디 있는가에 대하여
중국 측의 반발이 심하였다. 따라서 중국 측은 한국독립문제도 초지일관 강경하여야 되었
을 것인데, 중국의 입장에 미국이 전적으로 동의하여 원안대로 통과되었다고 했다. 1943년
11월 26일 오후 3시 반부터 시작된 이 토론에는 미국 주소대사 해리만, 영국 외무차관 캐도
간(나중에 외무장관 이든도 참가), 그리고 중국 국방최고위원회 왕총혜(王寵惠)가 참석하였
다. 이 토론의 기록은 미국 측에 전무한 것 같다. 미 공문서관, 루즈벨트문서관의 카이로회
담 관계문서 그리고 해리만의 저서 *Special Envoy to Churchil and Stalin, 1941~1946*과 미 의회
도서관에 보관되고 있는 *W. Averell Harriman Papers*에 나오지 않는다. 그러나 *The Diaries
of Sir Alexander Cadogan, O.M., 1938~1945*, New York: G .P. Putnam's Sons, 1972를 보면
11월 25일 10시 반에 홉킨스를 만났는데, 그가 선언문 초안을 주어 이를 검토하고 정오경에
이든 경(卿)에게 교정안을 건네주었다는 것이다. 미국사람들은 이 공동선언문에 관하여 노
골적으로 중국 편을 들어 캐도간은 미국이 "behaved rather badly about the communique"라고
비평하였고, 왕(王) 비서장과 신구(新舊) 선언문에 대하여 의견충돌이 있었다고만 적혀 있
다. 다음날인 26일 일기에는 오후 3시 반에 루즈벨트 대통령의 숙소에 가서 선언문의 최종
손질을 하게 되었는데 외무장관 이든이 4시 반에 도착했고, 처칠 수상이 친히 고친 개정안
도 도착하여 이것이 상호간의 의견불일치를 어느 정도 완화하여 그 안을 접수하였다(P. M.
sent over a new and revised version of his own, which more or less got us over our difficulties,
and we accepted it)고 적었다(p.578). 캐도간의 서술에 따르면 캐도간의 개정안과 왕 지서장
의 원안 고집논쟁은 25일의 일이고 26일 처칠이 손수 고친 교정안으로 타협점을 찾았다는
것인데, 중국 측과 영국 측의 미묘한 서술차이에 대하여는 차후 영국에서 나올 문서를 검토
하고 생각해 볼 필요가 있겠다. 캐도간의 서술로 미루어 본다면 미국 측이 오히려 중국 측
보다 완강한 점이 있었다. 캐도간의 뜻을 받은 편집자 딜크스(Dilks) 교수는 "Roosevelt was
'a charming country gentleman', business methods were almost non-existent … revealed … an
American assessment of Chiang's significance which bordered on the ludicrous, a growing suspicion
of British intentions, a fundamental misunderstanding of Russia's"라고 적고 있다(p.578).

발틱 3국에는 독립을 준다는 언급이 없었던 반면 한국에는 언질을 준 대목도 positive한 면으로 생각하면 좋겠다.

당시 미국으로서는 소련이라는 실력체와의 역학관계가 무엇보다도 중요했던 것은, 유럽 망명정부들의 종말이 무엇보다도 명료하게 보여준다 하겠다. 그런데 현재 미국에게는 당시의 소련과 같은 존재가 없고 또 미국에는 거의 200만에 이르는 한인들이 살고 있다고 한다. 이 이민들은 중국이나 일본에 거주하는 한인들과 달리 남한사회 각 계층 골고루 연계되고 있는 것이 특징이다. 말하자면 미국은 어떤 의미에서 한국의 '친척'의 나라로 변신하고 있다. 한국은 강고한 민족주의를 토대로 이러한 유대관계를 현명하게 자신의 국익과 결부하여야 되지 않을까 우고(愚考)한다. 한국임시정부의 굴곡 많은 역사는 실력만이 한반도의 안전과 통일을 유지한다는 평범한 진리를 다시 깨우칠 것이다.

❖ 『대한민국임시정부와 독립운동』,
대한민국임시정부 수립 80주년기념 국제학술회의, 1999

제2부

재미한인독립운동 인물열전

박용만(朴容萬) 평전(評傳)

1. 머리말

근래 박용만 연구에 조용한 붐이 일어나고 있는 것 같다. 4~5년 전부터 미국 내의 박용만에 관련된 연고지들을 답사하면서 자료를 수집해 온 필자로서는 이러한 추세에 만족한 마음 금할 수 없다. 가지각색의 박용만 연구가 문세(問世)함으로써 그의 실상이 더욱 명료하여질 것이기에 그렇다. 명실공히 미주 한인사회에 있어서 3대 지도자의 한 사람이었던 박용만에 관한 연구는 그동안 어찌되었는지 이승만(李承晚)이나 안창호(安昌浩)에 관한 것보다 그늘진 데 놓여져 있었다는 느낌이다. 그러나 다행히 근래 그에 관한 회상기 따위 문헌이 더러 알려지기도 하면서 그를 재평가하여보려는 기운이 일어나고 있어 필자도 여기에 끼어보려는 것이다. 김현구(金鉉九)나 정두옥(鄭斗玉)의 회상기는 모두 박용만을 두둔하는 것인데 노년기에 들어간 반이(反李)감정에 가득 찬 인물들이 4~50년 전의 일을 서술하려니까 의식 · 무의식적인 착오가 많이 눈에 띈다. 유경상(劉慶商, Kingsley Lyu) 목사의 「미국 내의 한인독립운동사」도 1943년에 처음으로 하와이에 발을 붙인 인물의 저작이라는 데 유념할 필요가 있다.

본고는 미국과 일본의 정보문서, 중국의 신문기사, 박용만 자신의 저작,

그리고 『신한민보(新韓民報)』를 통하여 그의 도미에서 사망 시까지를 폭넓게 다루어보려고 하며 아울러 공개되지 않은 그의 저작을 부록으로 소개하려 한다.

2. 도미(渡美) 전의 행적

한마디로 말한다면 도미 전의 박용만의 행적에 대하여 필자가 발굴한 자료는 전무상태이다. 다만 네브라스카주립대학을 찾아갔을 때 얻은 그의 「신상카드」에 그 자신이 1881년 7월 2일 생으로 적었고 그의 부명(父名)은 "S. P. Park"으로 괄호 속에 집어넣고 모명(母名)은 "Mrs. S. P. Park"으로 적었으니, 그가 1908년 9월 15일 네브라스카대학에 입학할 때에는 그의 모친이 생존하고 있었던 것 같다. 그의 부친 직업을 "Officer"로 표시하였던 것을 보면 관리(官吏)였다는 것으로 해석되는데 혹시 장교를 의미하였는지도 모른다. 그의 숙부의 이름은 박희병(朴羲秉)이었고 나중에 북경에 체류하고 있었을 때 박건병(朴健秉)을 족숙(族叔)이라 하였으니 병자(秉字) 돌림으로 朴~秉이었을 것이다. 김현구가 지은 『우성박용만유전(又醒朴容萬遺傳)』에 의하면 박용만은 강원도 철원 출생으로 1877년생이라고 기억한 모양인데[1] 어쩌면 이 기록이 정확할지도 모른다. 그 이유로서는 첫째, 미국 학교에 들어가는 한국유학생이 쑥스러워 연령을 줄이는 경향이 있었으며, 다음으로, 김현구와 박용만은 소년병학교(少年兵學校)에서 친밀하게 지낸 사이였으므로 자기 나이(1889년생)와 비교하여 머리속에 단단히 기억하여 두었을 가능성이 있다. 하여튼 공식 출생년도는 1881년이었고 김원용(金元容)도 그렇게 적고 있다.[2] 김현구에 의하면 유년시대에 부친을 잃은 박용

---

[1] Dae-sook Suh (edited), *The Writings of Henry Cu Kim: Autobiography with Commentaries on Syng-man Rhee, Pak Yong man, and Chong Sun man*, Center for Korean Studies, University of Hawaii, Paper No.13, p.253.

[2] 김원용, 『재미한인 50년사』, 1959, 193쪽.

만은 숙부 박희병이 양육하였고 숙부가 영어를 배울 때 박용만은 관립일
본어학교를 다녔다고 하며 일년 후 일본유학시험에 합격하여 일본에서 중
학교를 졸업하였고 다음 경응의숙(慶應義塾)에서 2년간 정치학을 공부하
였다는 것이다. 일본 유학 시 한때 역시 일본에 유학하던 숙부의 소개로
박영효(朴泳孝) 등 유신당 인사를 사귀게 되고 그의 활빈당에 가입하였고
안국선(安國善), 오인영과 더불어 귀국하다 체포되어 오인영은 옥사하고
안국선은 수년간 감옥에 있었으나, 박용만은 숙부와 선교사들의 힘으로
수개월만에 석방되었다. 박희병은 정부의 파견유학생으로 2년간 캔사스시
의 파크(Park)대학을 다녔고 소환되어 평안도 운산 금광에 통역으로 배치
받고 가끔 선천의 맥퀸 선교사를 방문하였다. 박용만은 그동안 보안회(輔
安會) 간부로 활약하다가 정순만(鄭淳萬)과 같이 감옥으로 보내져서 이곳
에서 이승만과 더불어 결의형제가 되었다는 것이다. 출옥 후 박은 숙부가
있는 선천에 가서 국어, 일어, 산술 그리고 중국고전을 사립학교에서 가르
쳤다. 소위 일로전쟁이 끝나는 1905년 이승만의 뒤를 따라 박용만은 도미
유학의 길에 올랐는데 동행자는 정양필(鄭良弼, 정순만 아들), 유일한(柳
一韓), 이종철(李鍾澈), 유은상(柳殷相), 정한경(鄭翰景), 이희경(李喜儆),
이종희(李鍾熙) 등이었다. 이들은 일본이 한국인의 국외여행을 금지할 것
을 짐작하고 서둘러 출국하였다는 것이다.

　이상이 김현구가 서술하는 미국 도착 전 박용만의 사적이다. 우리는 이
서술이 얼마만큼 정확한지 아직 문서상으로 비교증명할 만한 자료를 구비
하지 못하고 있다. 단 한 가지 분명한 것은 박희병이 미국에 유학한 시기
는 1896~97년이었으며 Park College가 아니라 로아노크대학(Roanoke College)
이었다는 것이다.3) 이것을 기준을 하여 살펴본다면 박희병의 일본유학은

---

3) 필자는 파크대학에 문의편지를 띄웠으나 그 대학에 재학하지 않았다고 하기에 당시 한인학
　생들이 가장 많이 모여들었던 버지니아주 로아노크대학에 조회하였더니 긍정적인 대답이
　돌아왔다. 이 대학 학무처 Nancy D. Layman에 의하면 1896~1897년에 박희병(Hi Beung Pak)
　이 대학예비과(Sub-Freshman Course)에 1년 재학하였다. 이 학교의 Catalogue(1896~97)에 의

1895년이나 그 이전일 가능성이 크며 박용만도 '청일전쟁(淸日戰爭)' 직후
일본에 유학간 것이 아닌가 한다. 박용만은 20세 미만의 나이로 만민공동
회(萬民共同會)에서 중견회원으로 활약한 것으로 알려지고 있다.4) 또 보
안회는 일본이 1904년 6월에 전국토의 3할이 되는 황무지개척권을 달라고
강요한 데 대한 반항운동으로서 7월 13일 서울 종로에 회집하여 조직된 것
이므로, 박용만의 제2차 옥살이는 1904년 하반기에 일어났던 일이었다.

일본이 한국을 병탄한 후에 국사범으로 옥고를 치렀던 안국선, 유성준
(兪星濬), 이원긍(李源兢), 양기탁(梁起鐸), 이상재(李商在), 김린, 이승만
(국내), 신흥우(申興雨), 박용만(미국), 김정식(일본) 등은 윤회(輪廻)통신이
라는 것을 고안하여서 피차간의 연락과 우의를 돈독히 하였다는 기사가
있다.5) 즉 그 내용은 A가 B에게 편지를 보내면 B는 A의 편지와 자기 것을
C에게 보내고 이런 식으로 한 번 돌아 A가 친우들의 편지와 자기의 낡은
것을 회수하면 이를 버리고 다시 새것을 쓴다는 것이었다. 이승만 박사의
수기에 의하면 "박용만이 투옥되다. 신흥우의 투옥, 왜 양기탁이 투옥되었
나. 감옥 속에 도서관이 설치되다. 이상재, 이원긍, 김상옥, 이희준"이라는
토막기사들이 보여6) 이들 입옥인사들 사이에 동지감이 팽배하였겠으나
특히 '3만'이 친밀하였다는 증거는 아직 나타나고 있지 않다. 그런데 이승
만이 서울을 떠나 미국으로 향한 날짜가 1904년 11월 4일이었고 샌프란시
스코 도착이 12월 6일, 1905년 1월 워싱턴시 조지워싱턴대학 입학으로 되
어 있고 다음 "나의 아들이 왔다. 박용만 씨가 그를 한국으로부터 데려왔
는데"로 되어 있으니 박용만의 미국 입국은 1905년이 됨이 분명하다.7) 또

하면 대학 1학년의 자격을 얻기 위하여 준비된 것으로 2년간 영어, 수학, 역사, 지리, 신화,
희랍어, 나전어, 필법 등을 배웠다.(p.32). 동창생에 이희철(李喜徹)의 이름이 보인다.

4) 신용하, 『독립협회연구』, 일조각, 1976, 439쪽.

5) 『신한민보』, 1911년 3월 8일 제4면 참조.

6) 이정식 편역, 「청년이승만자서전」, 『신동아』 1979년 9월 권말부록, 434쪽.

7) 위의 논문, 449쪽, 459쪽 등 참조. 그런데 박용만의 1904년 도미설이 있다. 이 원천은 선우학
원(鮮于學源) 부인 소니아 씨의 Sonia Shinn Sunoo, *Early Korean Pioneers in USA, 1903-1905*

김현구가 기억한 동행자 정한경 등의 기술도 정확하지 않다. 박용만이 미국으로 떠날 때 그는 이미 결혼하고 있었고 그의 부인은 그가 1920년대에 고국에 밀입국할 때까지 시어머니를 모시고 있었는데, 이는 다시 후술할 것이다.

3. 애국동지대표회의 소집

북미대륙에 도착한 박용만이 이승만의 아들 태선(泰善) 군을 미국 동부까지 호송하여 이승만에게 인계하였는지 딴 사람에게 맡겨 보냈는지 확실한 기록이 없다. 그렇지만 그는 샌프란시스코에 남아 그곳에 집중한 한인 노동자들을 영도하여보려고 하였을 가능성이 있다. 『대동공보(大同公報)』 1908년 2월 27일자에 "콜로라도 덴버성(城)대학교에 유학하는 지사 박용만 씨는 애국당의 표준이다. 일찍 본국에 있어 시국의 부패함을 바로 잡고자 하다가 마침내 뜻을 이루지 못하고 미국에 들어와 동포를 위하여 신선한 지식을 발양코자 하다가 또한 패류(敗類)의 반대가 심하므로 마음과 같지

(Korea Kaleidoscope : Oral Histories ; Korean Oral History Project Series), 1982에 수록된 정한경(鄭翰景) 박사 면담녹음에 의거한 것이다. 이 면담기록에 의하면 정한경 박사가 한국을 떠난 것은 아직도 일본과 러시아가 한참 싸우고 있던 1904년도이었고 샌프란시스코에서 마중 나온 인사들은 안정수(安定洙), 안창호 그리고 자기보다 수개월 먼저 도미하여온 박용만 등이었다고 술회하고 이승만은 자기보다 일년 전에 도미하였다고 이야기하고 있는 것이다 (pp.32~33). 그런데 이 인터뷰가 진행되던 해는 정옹(鄭翁)이 89세가 되던 1979년의 일이었다. 이것은 그의 기억에 혼란이 일어날 수 있는 나이였고 또 설사 그가 1904년 도미하였다고 믿고 있었다손 치더라도 음력을 의미할 수 있다. 이승만의 도미가 1904년 12월이었고 다음 박용만이 그의 아들을 데리고 갔고 다음 정한경이 도미하게 되는 것이기에 박용만의 도미는 노재연 저 『재미한인사략(在美韓人史略)』에 1905년 2월 6일이라고 적은 것이 실(實)에 가까운 것이 아닌가 한다. 박용만 자신도 1911년 "아메리카에 손이 되어 여섯번 봄과 가을을 만나고 보내었으나"라고 적고 있다. 『신한민보』, 1911년 1월 11일, 「이 글을 쓰는 자의 회포」참조. 유경상(劉慶商)의 "Korean Nationalist Activities in Hawaii and America. 1901~1945"는 1904년 초 설을 취하고 있다. *Counterpoint Perspectives on Asian American*, UCLA, 1976, p.113 참조.

못하여 동방에 들어가 다년 유학함은 내외지 동포가 아는 바이거니와"라
고 적은 것이 이러한 가능성을 시사한다. 『대동공보』는 샌프란시스코에
본거지를 둔 '공립협회(共立協會)'와 『공립신보(共立新報)』에 경쟁의식을
가지고 조직된 '대동보국회(大同保國會)'의 기관지로서 패류라고 불리운
사람들은 안창호를 중심으로 한 사람들이었다. 박용만은 공립협회와 경쟁
하지 않고 북미주에서 입지를 마련하려면 네브라스카 · 콜로라도 · 유타 등
중서부 각주가 바람직하다고 판단한 모양이다. 이곳에는 유니온철도들이
들어서면서 철도인부들을 필요로 하였고 광산 · 농장 등의 일손들이 부족
하고 인심이 서해안보다 후했던 곳들이었다. 박용만은 기독교의 장로교파
가 우세한 네브라스카주를 다녀갔다. 그리하여 커니(Kearney)시(市)에 그
의 숙부 박장현(朴章鉉, 즉 미국 건너온 후 박희병이 쓰던 이름), 유일한,
정한경, 정양필을 배치한다. 『황성신문(皇城新聞)』 1905년 8월 23일자에
"상동청년회(尙洞靑年會)에서 멕시코(墨西哥) 이주민을 시찰차 이범수(李
範壽), 박장현(朴章鉉) 양씨가 명일 발행한다더라"에서 볼 수 있는 바와 같
이, 노예같이 혹사당하던 멕시코 이민의 실정이 국내 조야에 큰 물의를 일
으키고 있는 소용돌이 중에서 상동기독청년회에서는 미국에 유학한 경험
이 있는 이범수(워싱턴시 Howard대학 유학), 박장현(버지니아주 Roanoke
대학 유학)을 멕시코로 파견하였던 것이다. 그런데 무슨 곡절이 있었는지
양씨는 멕시코 벽지인 유카탄반도로 가지 않고 미국으로 줄행랑을 쳤다.[8]
김현구에 따르면 박장현은 선천에서 학교를 운영하였고 정한경, 유일한,
이희경(李熙景)은 선천출신이라는 것이다.[9] 정한경 자신도 고향학교에서
박장현과 박용만에 배웠다고 술회하고 있고 『유한양행사(柳韓洋行史)』에
의하면 유일한은 박장현이 대동하여 도미하였다고 되어 있으므로[10] 이들

---

8) 『신한민보』, 1907년 4월 7일.
9) 김현구, 『又醒朴容萬遺傳』(필사본), 하와이대학 한국학연구소 소장, 256쪽 참조.
10) Sonia Shinn Sunoo, op. cit. p.33. His uncle, Park Jang-hyun, came over to our hometown and
   stared a small college, sort of a modern academy. The wealthy families in that town got

은 박용만과 그 숙부의 제자들인 셈이다.[11] 박용만은 또 이종희(李鍾熙)(평양), 이희경(李熙景)(선천), 김용대(金容大)(경기)를 링컨시의 학교에 배치시키고, 김병희(金丙熙), 권종호(權鍾浩), 정영기(鄭永基), 조진찬(曺鎭贊) 등을 링컨시에 취역시켰다.[12] 이런 배치는 기본적으로 1906년에 완료되었다는 김현구의 증언을 고려에 넣는다면 1910년대의 한인유학생의 절대다수가 네브라스카주에 집중하였던 이유를 알 수 있을 것 같고 이는 박용만과 그의 숙부의 큰 계획의 일부이었던 것이 아니었나 하는 감이 든다. 박장현은 1906년 2월 23일 커니시에서 『황성신문』과 『대한매일신보(大韓每日申報)』에 「사혐(私嫌)으로 국권을 실(失)한 사(事)」라는 표문의 기서(奇書)를 보내었는데, 그 내용은 이승만의 외교활동을 찬양하고 김윤정(金潤晶) 공사의 비리를 규탄한 것이었다.[13] 박장현에 따르면 조국이 오늘날 빠진 곤핍과 학대의 원인은 다른 곳에 있는 것이 아니라 "교육과 학식이 부족하므로 의리를 부지(不知)하고 공사를 불분(不分)하고 각각 자기 욕심과 시기를 남행(濫行)"하는 데 연유한다는 것이니 소위 '교육구국'형이 된다. 박장현과 박용만은 적어도 1907년에는 콜로라도주의 대도시 덴버에 이사하였을 것이다. 박장현은 1907년 6월경 그곳에서 여관과 한인노동주선업을 경영하다가 병사하였다.[14] 이민 초기에는 백인들은 한인 '보스(Boss)'를 통하여 한인노무자를 고용하였으며 '보스'는 보통 노무자를 수용하고 임금이 나오면 숙식비를 떼서 유지하였다. 김현구는 박장현이 일을

---

together and paid his salary and supported this school and while he was teaching as he also told us with the help of his nephew. Park Yong-man, about the west.

11) 유한양행이 1976년에 발행한 『유한오십년』에 의하면(p.73) 박장현 씨의 멕시코 순방 시 유일한이 따라나섰다고 되어 있다.

12) 단, 학교소재지가 선천(宣川)인지 순천(順川)인지 아직 확정되지 않았다. 김현구는 박처후(朴處厚)의 고향을 선천이라고 하였으나 그의 네브라스카대학 신상카드에 의하면 Soonchon으로 되어 있다.

13) 김현구, 앞의 책, 257쪽.

14) 각각 『공립신보』, 1907년 4월 17일, 18일 기재.

열심히 주선하였으므로 덴버에 한인 수백 명이 몰려들었다고 하였는데 이 것은 과장이겠고 적어도 50명은 되지 않았나 생각된다. 박장현이 별세하 자 박용만은 당지의 콜로라도 예비학교(Colorado Preparatory School) 즉 예 비교에 입학하고 여관과 직업주선소를 운영하였다.15) 1908년 1월 1일 그는 덴버 근처의 한인 유지들과 의논한 끝에 그해 6월의 민주당 대통령후보 선 출대회가 덴버에서 개최될 때를 같이하여 해외동포대표회의를 소집할 것 을 결정하고 소집취지서를 미주, 하와이, 노령의 한인사회단체에 보내게 된다. 이때가 박용만이 만26세 때의 일이었으며 그의 엘리트의식과 야심 을 보이는 것이었다. 이 취지서는 박용만의 당시 생각을 잘 반영하였을 것 이므로 여기에 전재한다.16)

애국동지대표회(愛國同志代表會) 발기취지서(發起趣旨書)

그윽히 생각하건대 오늘날 우리 한국은 세계에 수치당한 나라이오. 오늘날 우리 한인은 세계에 한을 품은 백성이라. 사천년 영광이 땅에 떨어졌으니 이것 을 뉘 아니 회복코자 하며 이천만 생명이 하늘을 부르짖으니 이것을 뉘 아니 슬퍼하리오. 청컨대 동포 동포여, 동지 동지여, 우리가 스스로 묻거니와 그동안 일한 것이 무엇이며 그대도 알거니와 장래에 힘쓸 것이 무엇이뇨. 형가(荊軻 : 진시황제를 암살하려던 자객)의 비수를 다시 구하나뇨. 연태자(燕太子)가 마침 내 뜻을 이루지 못하였고 장량(張良)의 철퇴를 장차 원하나뇨. 진시황은 의연 히 목숨이 완전하도다. 그런고로 국가의 흥망을 판단함은 결단코 한 사람의 손 으로 못할 바이요. 국민의 행복을 도모함은 반드시 한 사회의 힘으로 못할 것 이라. 과연 백성이 공립할 사상이 없으면 어찌 종족을 상보케 하며 또한 전국 이 대동한 주의가 없으면 어찌 국가를 보전하리오. 안으로는 기천명 민병이 운 동하니 듣는바 소식이 상쾌하고 밖으로는 수십처 회관이 설립하니 보는 바 광

---

15) 『공립신보』, 1907년 6월 21일 참조. 김현구는 1908년 사망하였다고 썼지만 이것은 사실이 아 니다.(김현구, 앞의 책, 260쪽)

16) 『대동공보』, 1908년 2월 27일. 또 『공립신보』, 동년 3월 4일 참조.

경이 장하도다. 그러나 천백의 사람이 서로 흩어지고 수삼년에 소식이 서로 격절하여 비록 비상한 사변이 이왕 있어서도 온 사회가 임의공동한 의논이 없었고 또한 절대한 기회가 앞에 당하여도 매양 동일한 방책이 없었으니 이는 사회의 결점이요 이는 국사의 방해라. 이에 우리(덴버) 지방에 있는 무리들이 의향이 이로부터 일어나고 의논이 이로조차 동일하여 어느 날이든지 기회 있는 대로 북미에 있는 우리 한인들이 한 번 큰 회를 열고 매사를 의논코자 위선 이곳 동포께 물으매 열심히 상응하고 또한 부근 각처에 통하매 기쁨으로 대답하여 본년(本年) 1월 1일 하오 8시에 (덴버)에서 임시회를 열고 각 동포가 이 일을 의논할 새 첫째 회명(會名)은 '애국동지대표회'로 명하고 둘째, 회기는 본년(本年) 6월초 10일로 정한 후 그동안 약간 일을 정돈하고 이제 비로소 한 글장을 닦아 위선 태평양연안과 미국 내지 각처와 및 하와이군도에 계신 각 동포에게 고하나니,

첫째는 대표회를 발기한 주의(主義):

— 북미에 있는 우리 애국동지들은 무슨 사회와 어느 단체를 물론하고 다만 우리나라 당금 정형에 대하여 동일한 행동을 가지고자 함.

— 이 위에 말한 바를 실행하기 위하여 우리 동포 있는 곳마다 각각 대표자 한 사람이나 혹 두 사람을 보내어 우리의 장차 행할 바 일을 의논코자 함.

둘째는 대표회라 이름지은 이유:

— 이 회는 영구히 두는 회가 아니오. 다만 각처로 오는 대표자로 말미암아 잠시 성립되는 고로 '북미대한인애국동지대표회'라 하고 다만 덴버는 각처 대표자를 영접하기 위하여 임시회의소를 설립하고 이름도 또한 이와 같이 정함.

셋째는 대표회를 특별히 덴버로 여는 이유:

— 이 회를 특별히 덴버로 열기로 결정한 것은 대개 미국 서방은 우리 애국당에 근거지요 또 사방에 왕래가 편리하다. 그러나 특별히 금년 6월에 미국합중정당의 총의회를 여는 곳이 되어 미국 안에 있는 정당은 제제히 다 이곳에 모이는 고로 이것이 합중국 설립한 후 첫째로 되는 큰 회라. 그런고로 우리도 그 기회를 타서 한편으로 우리 일을 의논하며 한편으로 그들에게 대하여 우리 국정을 드러내고 또한 그들로 하여금 한국에 독립

할 만한 백성이 있는 줄을 알게 하고자 함.

넷째는 대표회를 집행할 차례:

— 대표회는 위에 말한 바와 같이 각처로 오는 대표자로 성립되는 고로 당시
에 회의할 의장과 서기 또 그때 선거하고 오직 모든 범절은 이곳 임시회
에서 예비함.

다섯째는 대표회의 광고:

— 각처 동포들은 아무쪼록 힘을 다하여 대표자 한 사람 혹 두 사람을 보내
기를 바라며 또 혹 어느 곳이든지 동포도 많지 않고 재정도 어려운 지경
이면 다만 공함 한 장과 경비 약간으로 이 근처에 있는 어떤 동포에게 부
탁하여 회에 참례케 함.

— 덴버 임시회의소는 각처 대표자를 맞아들이고 또한 여러 가지 일을 주선
하는 고로 그 경비는 불가불 여러 동지자의 얼마쯤 도움을 원하나이다.

임시회장 박용만

임시서기 이관수

이 당시의 미주 한인사회단체를 참고로 적으면 다음과 같다.

1) **공립협회(共立協會)** 1903년 안창호의 지도하에 조직된 상항친목회가 발전적
으로 1905년 4월에 성립한 단체로 의주 삼상(蔘商), 하와이에서 건너온 노동
자 유학생들로 조직되었으며 핵심 지도세력은 거의 서북인 중의 안창호 추
종인사였다. 상항(샌프란시스코)에 본거지를 두었고 하변동(河邊洞, Riverside),
자지동(紫地洞, Redland), 삭도(朔都, Sacramento), 나성(羅城, LA), 와이오밍주
석천동(石泉洞, Rock Springs), 유타주의 염호(鹽湖, Salt Lake)에 지방회관을
가졌다. 1905년 11월부터『공립신보』를 발행하였는데 1908년에는 미주뿐만
아니라 국내와 노령 및 만주에 3~4천 부 나갔고 '대동보국회'와의 경쟁의식
속에서 '원동'의 수청(水淸), 치타, 해삼위(海參威), 만주리(滿洲里)에 지방회
를 설치하였다.

2) **대동보국회(大同保國會)** 안창호 등과 상항친목회를 조직했던 장경(張景)이
1905년 대동교육회(大同敎育會)를 '파사디나'에서 조직하였다가 1907년 3월

발전적으로 성립시킨 광역단체이었다. 상항연회(桑港聯會), 앵부연회(櫻府聯會, 일본인이 Sacramento를 이렇게 불렀다), 부호연회(富湖聯會, Fresno), 갈륜연회(葛崙聯會, Carlin, Nevada)에다 장경이 상해에 가서 조직한 상해연회가 있었으나 실세는 약 40명 정도를 중심으로 하였고 그 기관지로 『대동공보(大同公報)』를 운영하였으나 일년 정도밖에 내보내지 못하였다 .회원의 성분들은 복잡하여 하와이에서 도망나온 '보황당(保皇黨)' 최운백(崔雲伯), 동학잔당 문양목(文讓穆) · 백일규(白一圭),[17] 서북출신을 포함한 반'공립협회' 인사, 구관리들이 뒤섞여 있었다.

3) **뉴욕 공제회(共濟會)** 1907년 7월 뉴욕에 거주하는 교포들이 조직한 단체로 신성구(申聲求), 김헌식(金憲植) 등 구한국 관비유학생 또는 구한국 파견관리 등이 주도한 듯하다.

4) **시애틀 동맹신흥회(同盟新興會)** 1907년 11월 이정실, 김익제, 박용태 등 시애틀교포들이 설립한 지방단체.

5) **하와이 한인합성협회(韓人合成協會)** 하와이에는 5천이 넘는 한인들이 집중되어 있었으므로 많은 단체들이 난립하고 있었으나 1907년 9월 합동이 성공하여 그 기관지 『합성신보(合成新報)』를 발행하였다.

박용만은 이상의 여러 사회단체가 "동일한 행동을 가지고자 함"이라고 연합을 시사하면서도 한편 "우리 동포 있는 곳마다 각각 대표자 한 사람이나 혹 두 사람을 보내어" 토론하자고 말하는 것은 기존세력의 파괴를 의미한다는 해석도 가능할 것이었다. 이런 경우 가장 손해 보는 단체는 광대한 지역에 걸쳐 협회원과 지방회 조직을 가지고 있었던 공립협회이었을 가능성이 있다. 또 앞에서 인용한 바와 같이 보국회 측에서는 박용만이 동포를 위하여 서해안에서 일해주려 하다가 패류(즉 공립협회)의 반대가 심하므

---

17) 백일규가 쓴 「고 문양목선생 추도문」(『신한민보』, 1941. 1. 23)을 보면 "본국 계실 때에 우리 정부의 부패함을 개탄하시고 혁명사상을 가지시고 갑오동학혁명군에 참가…그 혁명난이 실패된 후에 선생은 하와이로 건너오셨다가 1906년 미주로 건너오셔서…"라 하였고 김현구에 의하면 백일규도 동학계의 백백교(白白敎) 수령이었다고 한다(김현구, 앞의 책, 116쪽). 백일규, 방사겸(方仕兼) 등 보국회 골수회원들은 평안도 출신이었다.

로 동쪽에 갔다고 공언하고 있는 데서 보듯, 박용만을 대동보국회 측 인물이라고 보았을 가능성도 배제할 수 없다. 덴버에는 대동보국회의 '경찰국'이 있었는데[18] 박용만의 '여관'이 바로 그것이었다. 공립협회 측에서는 박용만에 편지를 보내어 연립보다 통일이 요긴하다 하였으며 장소 등 문제에도 이의를 제기한 모양이다. 박용만은 머리를 낮추고 연합보다 통합이 낫다면 그런 방향으로 추진하겠으니 협회 측에서 장소와 회기를 선택하여 달라고 요구하였으나 협회 측은 참석하지 않았다.[19]

북미 한인사회단체들이 연합할 것인가 합동할 것인가에 대하여 유식자 간에 많은 토론이 있었다. 공립협회원 안정수(安定洙)와 강영대(姜永大)가 각각 합동을 주장하는 긴 논문을 제출하였으며[20] 이승만은 각 단체는 그대로 두고 연합하여 하나의 신문을 내고 월보와 잡지도 만들어 유익한 글을 번역하여 국내외에 반포하자고 제의하면서, 자기와 서재필은 이 사업에 기꺼이 동참할 것이라고 출판의 합동과 단체의 연립을 주장하였다.[21] 이승만은 6월 24일 하버드대학에서 석사학위를 받자 곧 7월 8일 상항(桑港)에 들려 주로 보국회 측 인사를 만나고 해삼위(海蔘威) 동포의 위탁대표 자격으로 덴버회의에 참석하였다. 이 회의는 개최예정일인 6월에서 7월 8일로, 8일에서 11일로 재차 연기하였는데 이것은 이승만의 일정에 맞추기 위한 것이었다.[22] 참석인사는 노령을 대표한 이상설(李相卨) · 이승만, 대동보국회의 이용덕(李容德) · 이명섭(李明燮), 하와이에서 북미에 체재 중

---

18) 『대동공보』 광고난에 게재되는 각처 사무소 일람표를 볼 것. '경찰국', '경찰'이란 한인 노무자집단에서 볼 수 있는 작은 분규를 자치적으로 판정하고 제재하는 역할을 담당하는 기관 또는 사람을 일컫는다.

19) 『공립신보』, 1908년 5월 6일 보도.

20) 안정수, 「미주한인사회를 합동하자는 의견서」, 『공립신보』, 1907년 11월 24일, 12월 6일 ; 강영대, 「공립 · 대동 양회가 합일할 필요」, 『공립신보』, 1907년 12월 13일.

21) 「재미한인전도(前途)」, 『공립신보』, 1908년 3월 4일. 그는 덴버회의에서도 같은 주장을 하였다.

22) 『공립신보』, 1908년 7월 8일, 「덴버동지대표회는 이승만씨의 상항내왕을 인하여 11일까지 연기하였다더라」 기사 참조.

이던 김성근(金聲根), 뉴욕에서 윤병구(尹炳求)·김헌식, 기타는 네브라스카·콜로라도주의 유지 총 36명의 대표가 덴버의 그레이스감리교회에 모였다.[23] 8월 5일부 주샌프란시스코 일본총영사 고이케 조조(小池張造)의 보고 중에 "그 의사(議事)의 주요한 것은 1) 각 지방 각 단체가 일체가 되어 국사에 임할 것, 2) 각지에 통신소를 설치하여 각지의 상황을 지실(知悉)하도록 할 것, 3) 국민교육에 필요한 내외서적의 저술·번역"이라 하였고 또 "본회합의 결과는 예상과 같이 하등 특필할 만한 사항이 없으나 본회 주뇌자(主腦者)는 배일파 중 가장 신진지식을 유(有)한 자이므로 따라서 피등(彼等)은 차제 배일의 소책을 농(弄)하여 쓸데없이 조폭과격의 언사를 자의로 함은 아무 소득없을 뿐만 아니라 도리어 외인의 반감을 야기하여 그 동정을 거득(知得)하는 소이가 아니며 한국의 독립은 모름지기 먼저 한민(韓民)의 지식을 계발하며 실력을 배양하여서 성공을 타일(他日)에 기하기로 하고 본회합에 있어서도 힘을 일반 한민(韓民)에 대한 교육의 보급과 애국심의 고무에 힘쓰는 한편 일본정책의 불리(不理)를 헤아리며 또 한국의 존재를 세인(世人)에 망각치 않도록 면려하는 것과 같음이 있다"[24]라고 보고하였다. 즉 여기에는 이승만 노선이 반영된 것인데 박용만 노선은 정보를 얻지 못하였는지 아무 이야기가 없었다. 그러나 이 회의의 가장 큰 소득이자 박용만이 노린 것은 '한인군사학교'의 설립 결정이었다. 김현구의 회고록은 이 콜로라도주 덴버회의에 이승만이 참석 안 한 것으로 규정하고 그를 마구 공격하고 있는데,[25] 뒷날 소문이 소문을 낳은 이야기의 소산이라고 단정한다. 회상기라는 것은 매우 조심하여 인용하여야 된다는 하나의 표본을 제공한 셈이다.

박용만은 애국동지대표회를 마치고는 덴버의 '여관―하숙집'을 뉴욕주

---

23) 『공립신보』, 6, 7, 7, 8, 7, 29 보도. 또 『한국독립운동사』(1) 인용 일제자료, 1001~1008쪽 참조.
24) 前註 일제문서 인용 『한국독립운동사』(1), 1005쪽 참조.
25) 김현구, 앞의 책, 258~259쪽 참조.

에서 온 윤병구 대표에 넘기고 9월달에 네브라스카대학에 입학 차 덴버를 떠나게 된다.[26]

4. 소년병학교의 역사와 내용

(1) 소년병학교 성립과 생활상

박용만은 소년병학교의 성립과정을 다음과 같이 적고 있다.[27]

소년병학교는 네브라스카동포의 성립한 바니 미국 내지에 있는 한인의 무육을 인도하는 오직 하나되는 기관이라. 그 학교의 성립된 역사를 말하면 당초 1908년 5월에 박용만, 박처후, 임동식(林東植), 정한경 네 사람이 의논하여 청년동지의 무육을 인도하기로 결심하고 이 의논을 글자로 만들어 그해 7월에 덴버에서 모인 대표회에 가지고 가서 커니대표자 박처후와 링컨대표자 이종철(李鍾喆)과 오마하대표자 김사형 3씨의 이름으로 의안을 제출한 것이다. 당시에 의논이 불일(不一)하여 토론이 많이 되었으나 마침내 대표자 세 사람의 억지와 박용만 김장호 양인의 고집으로 득승한 것이다. 의논을 이같이 가결한 후에 실행할 방법을 연구하다가 그해 12월에 동기방학에 겨를을 얻어 박용만, 박처후, 임동식 3인이 다시 모여 대소사를 의논하고 모든 일을 임동식, 박처후 양씨가 전담하여 일변으로 농장을 세워 학생들의 기숙할 곳을 정하고 일변으로 군기(軍器)를 장만하기 위하여 미국서 이전에 쓰던 군용총을 사들이며 또 농업에 종사할 사람을 구하여 조진찬(曹鎭贊)씨를 얻으니 조씨는 그날부터 오늘까지 소년병학교와 흥망을 함께하는 사람이라. 이만치 일을 만들었으나 이것을 만일

---

26) 『공립신보』, 1908년 8월 5일, 「전부여관(典府旅館)」. "콜로라도 덴버지방에는 박용만씨가 여관을 세우고 동포를 인도하더니 박씨는 학자를 마련하기로 콜로라도 스프링으로 갔다하며 뉴욕시에 두류하던 윤병구씨가 덴버여관을 맡아 현금 동포를 인도한다더라."
27) 『신한민보』, 1911년 4월 27일 참조.

네브라스카 관부(官府)에서 금지하면 할 수 없어 박용만은 네브라스카 중앙정부에서 주선하고 정한경은 커니 지방정청에 주선하여 마침내 헌법상에 없는 묵허(默許)를 얻은지라. 이때 김장호씨는 멀리 있어 여러 가지 일이 이같이 되어가는 것을 듣고 스스로 몸을 허락하여 조련시키는 일을 담임하고 들어서니 이제야 비로소 모든 일이 정돈된지라. 1909년 6월을 당하여 비로소 소년병학교의 군기(軍旗)를 커니농장에 꽂고 학도 열세 사람을 모으니 그중에 열다섯이 차지 못한 어린아이가 하나요 오십세 이상 넘은 늙은 어른이 하나라. 아무케나 그해 여름을 재미있게 보내고 겨울학교는 링컨으로 옮겨 박용만이 친히 감독하였더라. 1910년 4월 1일은 소년병학교의 기초를 반석 위에 세우는 날이라. 일찍이 박용만이 헤이스팅스에 있는 장로교회대학교와 교섭한 결과로 그 학교에서 학교 한 채를 온전히 빌려주고 그 안의 일용기구를 전체로 허락하여 심지어 밥먹는 숟가락과 잠자는 침상까지 공급하며 또 전장(田莊)을 주어 농사를 시작하게 하여 자본을 당하여 농기와 종자를 사게 하고 유은상(柳殷相), 권종흡(權鍾洽), 김병희(金丙熙) 3씨가 농장을 맡으니 이 세 사람은 소년병학교에 대하여 첫째 임동식이고 둘째 조진찬이라. 일이 이같이 되매 커니에서는 소년병학교를 옮겨 보내기를 싫어하고 헤이스팅스에서는 옮겨오기를 진력하여 자연히 충돌이 생기었으며 심지어 서양사람들도 서로 붙들고자 하여 커니신문은 옮기는 것이 불가한 것을 말하고 헤이스팅스신문은 옮기는 것이 편리한 것을 찬성하다가 마침내 박처후씨의 고집과 커니동포의 겸손한 덕으로 학교를 헤이스팅스로 옮기기로 결정하였더라. 1910년 여름학기 당하매 김장호씨는 다시 와서 조련을 시키기로 하니 그 해에 학도는 30여 명이라 이때에 박용만은 학교의 전권을 김장호씨에게 맡기고 서편 각지를 두루 다니면서 병학교를 위하여 연조(捐助)를 얻어 육백여 원을 얻은지라. 일반학도의 군복을 사서 입히고 군기(軍器)를 더 장만하여 교사의 수로금(酬勞金)을 약약히 준 후에 아직 다소간 남아있어 학교의 기초가 되었더라. 소년병학교의 부지하는 방법은 한때에 연조로 기초로 잡은 것이 아니라 매년에 세입으로 지출하나니 네브라스카에 있는 한인은 정치제도로 조직하여 누구든지 그 땅에 있는 날에는 한인공회에 속하고 또한 일 년에 3원씩 인두세(人頭稅)를 물어 이 재정으로 학교를 부지하는 것이라. 그런고로 공회에서 금년예산에 100원을 지출하고 또 사사로이 의리를 쓰는 자는 학교에서 이것도 사양치 않는고로 작년에도 조진찬, 정영기(鄭永基), 김유성

제씨가 특별히 도움이 많았으며 금년에도 김유성씨는 총 열다섯 병(柄)을 사주기로 허락하고 또 어떤 이는 쌀을 몇 섬 보조하기로 의논이 있더라. 여러 동포들의 도움이 이렇게 극진하므로 일반학생은 더욱 용맹스럽게 나와 금년에는 학도의 수효가 더 늘 모양이요. 40세 이상된 이들까지 다 공부하기로 작정한 고로 금년 농사는 부탁할 곳이 없으므로 부득이 조진찬씨가 커니농장을 버리고 소년병학교를 따라 헤이스팅스로 옮기고 또 유은상씨는 학교와 또 자농(自農)을 위하여 두 사람이 일에 착수하였는데 금년 농토는 80여 에이커 가량이라. 금년 여름학기 개학은 6월 16일(철자법은 현대문으로 고침).

박용만은 다시 그의 「소년병학교 학생의 생활」에서 다음과 같이 이야기한다.

소년병학교 학생은 고생하며 공부하는 학생이다. 일찍이 모아둔 돈도 없고 남의 도움도 없이 삼년동안을 자기들이 벌어먹고 자기들이 공부하던 학생이니 대개 그 정형을 말하면, 아침 여섯시에 기상나팔을 불면 일제히 일어나 오분 후에 검사를 치루고 또 연하여 소제하고 아침 먹은 후 각각 시간 일을 나가 한 시간에 20전이나 혹 25전을 받고 일하되 만일 시간일이 학생의 수대로 다 되지 못하면 그 남은 학생들은 학교농장에 들어가 일을 하여 누구든지 12시까지 일하고 12시 15분에 회식나팔을 불면 일제히 모여 대형을 지어가지고 식당에 들어가 점심을 먹으며 점심 후 한 시간은 운동을 하거나 자기의 마음대로 하고 그 후에는 공부를 시작하여 두 시간을 허비하고 또 그 후에는 취군나팔을 응하여 군복을 차리고 군기를 가지고 조련장에 들어가 각양 조련을 연습하며 6시에 다시 식당에 들어가며 그 후에는 공치기와 달음질하기와 씨름하기와 총쏘기와 풍류치기와 나팔불기와 여러 가지로 각각 소창하고 밤에는 또 공부시키는 과정이 있어 각각 정한 시간대로 교과실에 들어오며 만일 자기의 공부시간이 아니면 방에 앉아 공과를 복습하다가 저녁검사를 치루고 소등나팔을 불면 일체로 취침하더라. 이 위에 말한 바는 병학생들의 여름에 지내는 정형이거니와 8월 그믐이 되면 또 각각 자기들 있던 곳으로 돌아가 흔히 '스쿨·보이'(남의 집에서 일하며 학교에 다니는 일)로 들어가 한 주일에 2원이나 혹 3원씩 받고 일

하여 이것으로 지필도 사고 의복도 장만하니 그 구차한 것이 자못 많으나 그러
하나 그 자격은 장차 독립전쟁의 지휘관이라. 누런 얼굴 한신(韓信)이 어찌 회
음성하(懷陰城下)에서 밥얻어 먹던 사람이 아니리오. 이렇게 지내는 것은 소년
병학도의 생활이요 이렇게 견디는 것은 소년병학도의 참는 힘이요 또 이렇게
살고 참는 것은 소년병학도의 풍속이라. 사람마다 흔히 돈없어 공부 못한다고
빙자하고 여름에 벌어서 가을에 공부한다 하나 그러하나 감히 묻노니 여름에
벌어다가 놓고 과연 그것으로 일년 학비를 당하나뇨? 아무렴 그런 사람들은 소
년병학도보다 호사는 좀 더 하고 몸은 편할지라도 오늘날 조선사나이가 되어
자기의 몸을 조선에 유조하게 쓰기를 예비하는 데는 소년병학도가 응당 먼저
할진저. 그런고로 소년병학도들은 결심하기를 차라리 여름겨울을 불계(不計)하
고 예비하기를 속히 한 후에 그 후 일년 이년을 돈버는 데 종사하여 돈도 오붓
하게 모으고 공부도 착실히 할지언정 결단코 아까운 세월을 허비하여 간간히
돈벌어 쓰는 재미에 몸을 바치지 않겠다 하는 바라. 가령 두 사람이 공부를 시
작하여 하나는 여름마다 돈을 벌고 하나는 공부를 하면 그 누가 먼저 성취하며
또 나중에 돈버는 것은 누가 더 잘하겠느뇨? 이것은 소위 소년병학교 생도들의
뜻을 정하고 약속한 것이니 과연 지성스러운 일이라 할지어다.

윗 인용문에서 보듯 박용만의 글을 통하여 소년병학교의 유래 · 성격 그
리고 생활상을 짐작할 것이다. 이번에는 대학캠퍼스, 기숙사, 식당 교실을
빌려주고 농장까지 마련해준 헤이스팅스대학 쪽의 기록을 살펴보기로 한
다. 존슨(P. L. Johnson)은 헤이스팅스대학의 재정담당이사이자 이사회총
무였으며 이 대학의 제일인자였으며 이승만 박사와 친분관계가 있어 해방
후까지 그와 편지 연락이[28] 있었던 사람이다. 그는 대학신문『Outlook』에
기고하려던 원고에서[29] 다음과 같이 적고 있다.

기독교적 교육과 선교활동의 친구가 되는 이들은 어느 정도까지는 모두 코

---

[28] 헤이스팅스대학 소장 이 박사 편지.
[29] 헤이스팅스대학 Archives 소장. 당시 방문 시 얻었다.

리아에서 일어나고 있는 종교적 각성을 잘 알고 있다. 우리 선교사들과의 접촉
후 빛을 진지하게 찾고 있는 코리언에 대하여 듣고 있으나 여기에 딴 단계의
상황이 닥쳐왔다. 수백 명의 코리언 청년학생들이 우리의 우월한 교육을 찾아
서 고학하면서까지 기독교와 서방의 교육방식을 배우고 있다. 저들은 만주와
시베리아철도를 이용하여 우리 서해안 항구로 들어오고 있다. 과거 2년간 나는
이들 학생들이 필요로 하고 있는 것이 무엇인가에 대하여 조사하여왔으며 이
들의 지도자와 성적이 우수한 상급대학생과 서신을 교환하여왔다. 네브라스카
주만 따져도 약 60명의 학생들이 각종 학교 학원전문학교 대학에 산재하고 있
다. 우리는 이들과 헤이스팅스대학에서 깊은 인연을 맺었다. 네브라스카주에서
이들의 최고지도자가 되는 링컨시의 박용만 씨와 몇 차례 인터뷰하고 사귀게
된 후 우리는 헤이스팅스대학에서 정기적으로 여름학교를 열기로 하였다. 이들
은 이 주의 각처에서 와서 저들 자신의 강사들과 시리아선교사로 있었던 브라
운 목사의 성경강의, 그리고 이곳 교회 목사인 웨이어 박사의 협조로 학교를
시작하였다. 이들 학생들은 과거 2년간 이러한 여름학교의 경험이 있었으나 재
정상 곤란이 많아 학교설비를 통 가지지 못하고 있었다. 현금 28명의 학생들이
이곳에 왔고 학교기숙사 링랜드관(Ringhand Hall)에 유숙하면서 미국 군사학원
의 인정된 과정을 밟으며 공부와 훈련을 하고 있다. 오전에는 공부와 노동을
하고 오후에는 군사조련과 낭독이 있었고 저녁에는 저녁과목과 문예활동이 있
다. 일요일에는 이곳 제일장로교회에 참석하여 주일학교에 다닌다. 그들 중에
는 3명의 나이가 든 사람들이 있어 20에이커의 농장을 경영하였고 학생들이 이
를 도왔다. 기숙사는 웨스트포인트 육군사관학교처럼 깨끗하였으며 취사는 학
생들이 학교식당에서 저희들끼리 만들었는데 학교에서는 건물사용료를 받지
않았다.
　그들을 사귄 경험을 말하면 그들은 열심히 일하고 열심히 공부하는 학생들
이며 모든 거래에서 신용있고 믿음직스러웠고 그들과 친교를 맺은 후에 최대
의 만족을 맛보았다. 그들은 거의 전적으로 육체노동으로 생활을 유지하고 있
으며 잡일을 맡길 수 있는 적절한 일꾼으로 우리 시민들의 환영을 받고 있다.
내가 이 글을 쓰는 이유는 국내에 있어서의 이 단계의 선교공작에 주의를 환기
시키려는 것이며 후일 훌륭하게 행동할 것으로 확신하는 이들과 친교를 맺을
기회가 바로 여기에 있다고 말하고 싶다. 이들은 자기들의 조국을 발전시키는

데 참여하려고 고국에 돌아갈 사람들이다.

1910년 7월 15일

P. L. Johnson

존슨의 글에서 판단되는 것은, 대학 쪽에서 소년병학교에 많이 편리를 제공한 것은 한국유학생을 통한 복음전파를 일차적으로 노린 것이며 이것이 박용만의 둔전식(屯田式) 군사학교안과 잘 맞아떨어져 일이 성사되었다는 점이다. 그러면 이 군사학교에서는 성경과 군사과목 외에 무엇을 가르쳤기에 박용만이 "차라리 여름 겨울을 불계(不計)하고 예비하기를 속히 한 후에 그 후 1년 2년을 돈버는 데 종사하여" 공부를 착실하게 하는 것이 낫다고 자신 있게 말하는 것일까? 1914년도 소년병학교의 착실하게 하는 것이 낫다고 자신 있게 말하는 것일까?

1914년도 소년병학교의 과목표가 있어 참고가 될 수 있다.[30] 이 표에 의하면 1) 국어(문법, 작문, 문학) 2) 영어(문법, 작문, 문학) 3) 한문(중국어회화, 한문작문) 4) 일어(문법, 회화) 5) 수학(산수, 대수, 기하) 6) 역사(조선역사, 미국역사) 7) 지리(만국지리, 조선지리, 군사지리) 8) 이과(식물학, 동물학, 물리학, 화학, 화학측량법) 9) 성서 10) 병학(도수조련, 집총조련, 소(小)·중(中)·대(大)편제 야외조련, 사격연습, 보병조련, 육군예식, 군인위생, 군법통용, 명장전법)으로 나누어지는데, 미국학교에 다니려면 2) 영어가 필수적이고 다음 5) 수학, 8) 이과에 지리, 역사가 따를 것이다. 이러한 과목들을 한국인 학생들이 모여서 반복적으로 예습복습을 하였다면 성과는 상당히 있었을 것이다. 그러나 노동도 해야 되었고 조련·사격 등 군사훈련과 체육·오락 등이 따랐으므로 실질적으로 얼마나 학교공부를 준비할 수 있었는지 알 수 없다. 필자가 10여 년 동안 미국과 캐나다에서 공부한 경험으로는 박용만의 논리와는 반대로 여름에 열심히 일하고 약간의

---

30)『신한민보』, 1914년 4월 16일, 「병학교 개학예정」 참조.

저축으로 공부하는 것이 오히려 능률적이라고 생각되었다. 개인주의적인
학생들은 분명히 이 길을 택하였겠으나, 소년병학교에 모여든 학생들은
분명히 애국하는 것, 즉 국운이 기울어지고 고국이 남에게 강점당한 처지
에서 애국적 행동을 하지 않을 수 없어 온 사람이었기에 박용만의 논리와
주장을 기꺼이 받아들였던 것이다. 사실상 미주에서는 1909년을 좌우하여
군사훈련의 중요성이 날로 강조되어 오던 차였다.

(2) 숭무주의(崇武主義)와 박용만의 소년병학교 시절

최정익(崔正益)으로 추정되는 대시생(大視生)은 「국민의 예비할 급무(急
務)」라는 논설에서 우리에게 독립자주를 위한 욕망과 목적이 있다 하여도
준비가 없으면 무엇을 하랴 하며 군사준비를 강조하였고[31] 얼마 후 다시
「대호국민(大乎國民)」이란 논설에서, "만일 무예가 서투르면 암만 의식이
풍족하고 학식이 비상할지라도 강한 적국의 대포 아래에 실패를 당할 터
이니 불가불 군무는 연습하여야 되겠소…형세와 경우에 하기 쉬운 대로
총쏘기라든지 말달리기라든지 운동이라든지 체조라든지 여러 가지 모양
으로 작업한 여가에 심심거리로 하여두면 장래에 크게 요긴한 보물이 될
것이라 하노니 힘쓸지어다, 국민 동포시여."[32]라고 무예연습을 권장하였
다. 커니소년병학교 제1기를 끝마친 중견간부인 박처후는 곧 『신한민보』
에 「오인(吾人)의 급선무는 재숭무(在崇武)」라는 글을 기고하여 이들의 존
재를 선전하는 효과를 가져온다. 그는 꽤 웅변가였던 모양으로 숭무주의
의 필요성을 다음과 같이 쓰고 있다.[33]

31) 『신한민보』, 1909년 6월 16일.
32) 『신한민보』, 1909년 8월 4일.
33) 『신한민보』, 1911년 10월 4일.

오늘날 우리의 급히 하고 먼저 힘쓸 것을 철학이라 하겠소? 아니오. 나라가 이 지경이 되었는데 철학은 어느 곳에 쓰겠소? 그러면 신학이라 하겠소? 아니오. 시방 이 압제 중에 무슨 말로 전도하겠소? 좋은 사람이 천당에는 나중에 갈지라도 목전에 심한 압제를 받을 수 없소이다.(중략) 오늘날 다른 공부와 사업을 다할 생각하지 말고 다만 저 원수 하나 없이할 공부만 하옵시다.(중략) 무기(武技)가 아니면 강토를 회복할 수 없고 무기가 아니면 생업을 임의로 할 수 없고 무기가 아니면 자유로 지낼 수 없고 무기가 아니면 이 세상에 살 수 없소이다.

1909년 여름에서 1910년 봄 사이에 미주와 하와이 각지의 교포들이 숭무주의로 나가게 되는 추세를 바라보면서 『신한민보』 1910년 5월 18일의 「병법연습의 풍조」라는 사설은 이런 추세를 크게 칭찬하였고, 동년 6월 29일자의 제1면 상반부는 문양목 또는 최정익으로 알려진 우운생(憂雲生)의 「미재소년병학교(美哉少年兵學校)」를 크게 다루었다. 또 안창호는 1911년 가을, 고국에서 노령을 거쳐 5년만에 귀가하여 상항 환영회 석상에서 "그 중에도 더욱 기쁜 것은 동방에 있는 학생들이 하절방학 동안을 이용하여 병학교를 세우고 상무(尙武)의 정신을 연단함이라"하였고 노령에서 이동휘(李東輝)는 "내가 『국민보』 사진에 소년병학교 학생의 체조하는 그 그림을 볼 때에 반갑도다. 보고 또 다시 보았노라"고 편지하였었다.[34]

박용만은 1908년에서 1912년까지 네브라스카주립대학에 재학하고 있을 때가 가장 의욕적이고 활동적이었다. 공부하면서 소년병학교를 운영하였고 또 한편으로는 1911년 거의 1년간 『신한민보』의 주필노릇까지 하면서 종횡으로 그의 해외한인정치론을 펴나갔다. 그뿐만 아니라 그의 대표적 저술인 「국민개병설(國民皆兵說)」(1911)과 역술한 「군인수지(軍人須知)」(1912)를 펴내었다.[35] 이것이 그의 29세쯤에서 33세 사이의 업적이다. 그의 「국

---

[34] 『신한민보』, 1914년 2월 14일, 「나의 사랑하는 신한민보에 부탁하여 합중국 각지방에 있는 동포에게 문안하노라」의 글 참조.

[35] 「국민개병설」은 지금 미국 안에서는 찾아볼 수 없는 모양이다. 윤병석(尹炳奭) 교수에 의하면 하와이에서 본 일이 있었다는 것인데 하와이대의 서대숙 교수는 찾아보아도 없었다고

민개병설」을 소개할 것 같으면, 그는 국민국가라는 개념을 중시하여 현대
적 국민은 의무를 이행할 줄 알아야 한다고 강조하는데 그 의무 중에서도
병역의 의무가 필수적이라는 것이다. 군인에게는 혼이 있어야 하며 다음
공덕심, 명예심, 인내심이 있어야 하는데 이러한 자질을 심어주는 기관으
로 각급 학교를 들고 있다. 소학교에서는 교사와 군대하사가 군사교육을
담당하고 중학교에서는 장교나 하사가 담당하고 대학에서는 미국식으로
(ROTC를 말함) 중대 대대의 군사조련을 받게 한다. 국민에게 군사적 자질
을 배양하려면 신문, 광대놀음, 미술품, 환등, 활동사진, 소설, 노래, 음악
등으로 고취한다. 그러나 현실적으로 한국국민은 학교를 통한 국민의 군
사교육이 불가능하니 가정과 사회교육을 통하여 자유를 추구하는 마음가
짐과 독립성을 배양할 것이다. 그러면 그 효과는 총칼을 숭상하는 것보다
훨씬 클 수 있다. 북미의 자유대륙에 있는 교포들은 이러한 면에서 책임이
더욱 크다라는 것이 그의 책자의 골자인 것 같다.

헤이스팅스병학교에서는 당연히 사격연습을 진행하였지만36) 노래, 스
포츠, 연극 등으로도 군인정신을 고취하고 아울러 대외선전에서도 이것을
활용하였다. 우선 노래로는 「소년병학교 군가」가 남아있고37) 또 「소년남
자가」가 있는데, 이것은 원래 야구응원가이었던 것 같다.38) 그 가사는 다

필자에게 알렸다. 『독립』1945년 4월에서 8월까지 연재된 것이 있어 이 「박용만평전」 말미
에 부록으로 실었다. 당시 미주의『조선혁명당』은 곽림대 등과 변준호, 김강 두 파가 대립
하고 있었고 김원봉이 후자를 인정하였기에『독립』을 쥐고 있던 전자 측에서 박용만의『국
민개병설』을 전재하기 시작한 것이다. 즉 당시 김원봉은 17년 전에 박용만을 오판하여 죽
이지 않았는가, 지금 또 오판하려느냐의 뜻이 있었다고 본다. 후자 「군인수지」는 박용만역
술(譯述)이라고 광고가 나가고 있었던 것으로 보아 번역·편집한 것이다.

36) 『신한민보』, 1914년 7월 23일의 단신을 보면 "병학교 학도대에서 관혁 쏘는 연습을 거행하
였는데 신덕씨는 120점을 얻었으므로 장원이 되고 권태용씨는 102점을 얻었으므로 부장원
이 되었다더라"라는 기사도 있다.

37) 『신한민보』, 1914년 4월 16일 참조 ; 박영석, 「한인소년병학교연구」, 『재만한인독립운동사연
구』, 일조각, 1988, 217~218쪽 참조.

38) 『신한민보』, 1911년 2월 15일. 이 노래는 1915년 9월 2일에서는 「베이스볼 할 때에 쓸 노래」
라는 제목하에 "받아치는 송곳투구(投球)"가 "보내고 받아치는 수구투구(受球投球)"로 되어
있다. 이 노래는 재미교포사회에 널리 애창되었던 모양으로 1941년 「광복군의 노래」로 가

음과 같다.

　　무쇠골격 돌근육 소년남자야
　　애국의 정신을 분발하여라
　　다다랐네 다다랐네
　　소년의 활동시대 다다랐네
　　(후렴)
　　만인대적 연습하여
　　후일전공 세우세
　　절대영웅 대사업은
　　우리 목적 아닌가

　　신체를 던져 발육하는 그때에
　　경쟁심주의를 양성하려고
　　공기좋은 연습장에
　　활발활발 나는듯이 나가세

　　충열사의 더운 피 순환 잘되고
　　독립군의 팔다리 민활하다
　　벽력과 부월이라도
　　우리는 조금도 두렴없겠네.

　　돌리고 빼어치는 백년적기는
　　신속함이 흑운번개불같고
　　받아치는 송곳투구는
　　분분함이 백일청천비로다

　　해전과 육전의 전후 모든 유희는

사가 약간 바뀐 채 『신한민보』에 소개되고 있다.

차례로 재미있게 승부맺고
개선문 열리는 곳에
승전고 울려라. 두둥둥 두둥둥

참고로 1912년도의 격구대(야구) 멤버와 포지션은 다음과 같았다.

주무원(主務員) 박용만
판단원 정희원
서기 이종철
투구인 조오홍
수구인 김일신
거구인 김용성
(一代) 유일한 (二代) 정충모 (三代) 이병섭 (중앙) 한시호 (우편) 홍승국
(좌편) 박재규 (조수) 김경배 박기용

백인팀과의 시합은 15차례 했으며 12승 1패 2무승부의 좋은 성적이었다
고 했다.[39] 이 소년병학교 야구부는 분명히 한국야구사에 귀중한 일 페이
지를 장식하여야 될 것으로 생각된다. 그밖에 헤이스팅스대학에서 보내온
사진들로써 참작하건대 이들은 경주팀도 있었던 것 같다(부록 참조). 또
헤이스팅스시의 유일한 신문 헤이스팅스 데일리 트리뷴(Hastings Daily
Tribune)의 보도를 보면 소년병학교에는 세 클럽이 존재하는데 그것은 영
어영문학연구회, 연극회 그리고 영어토론회라는 것이다.[40] 연극회로 말하
면, 1913년 7월 29일 밤 백여 명의 시민들과 전 미국에서 헤이스팅스에 도
착한 전미대한인(全美大韓人) 학생대표 앞에서 병학교 생도들의 4막극 공
연이 있었다. 그 내용은 박이라는 청년이 사랑하는 바바라라는 한국여인

---

39) 『신한민보』, 1912년 7월 30일.
40) 『신한민보』, 1913년 6월 26일.

에게 일본인이 눈독을 들이자 둘은 상해로 도망가서 아이스크림장사를 하
는데 바바라가 납치되는 우여곡절 끝에 둘이 결혼한다는 이야기이었다.
막간에는 최경섭의 바이올린 독주, 정한경의 연설 등으로 청중을 매혹시
켰다고 보도되었다.[41] 전미대한인 학생대표회의는 헤이스팅스대학에서 개
최되었는데 멀리 시카고대학이나 노스웨스턴대학에서까지 학생대표들이
도착하였고 다음해 다시 7월 15일에서 21일까지 회의를 하였다. 이 회의의
결과로 영문으로 된『학생보』제1권 제1호와 제2호, 또 제2권 제호가 나왔
다는데, 이 잡지가 발굴되지 않으므로 내용은 알 수가 없다.[42]

박용만이 설립한 소년병학교는 커니지방에서 1년, 헤이스팅스지방에서
5년간 존속하다 없어졌다. 1912년까지는 박용만이 지휘감독하고 그가 네
브라스카대학에서 정치학으로 학사학위를 취득하고 하와이로 떠나게 되
자 박처후가 교장이 되어 2년 더 유지한 것이다. 아마도 인원모집의 곤란
이 그 근본원인이었다고 생각된다.[43] 자기들의 조국이 강탈되었을 때는
격분과 상호의존심과 광복을 위한다는 심정으로 모여 들었으나 해가 감에
따라 개인의 장래를 생각하게 되고 군사훈련을 받아보았자 당장 싸울 수
도 없는 현실 때문에 그러한 추세로 발전한 것으로 생각된다.

박용만의 군사교육론은 도미하여 얼마되지 않은 시점에서 맹렬히 발동
하였던 것 같다. 1906년 그는 한시 1수를 지었다. 제목은「스스로 조롱하

41) 『신한민보』, 1913년 6월 30일, "Koreans present play based on hatred for the Japanese" 참조.
또 이 신문을 통한 다른 활동들은 다음 책자들에 인용되고 있다. Frank E. Weyer, *Hastings
College, 75 years in Retrospect 1882~1957*. Hastings, 1957. p.53 ; Dorothy Weyer Creigh, *Adams
County: A Sstory of Great plains*. Adams County-Hastings Centennial Commission, 1927., p.77,
p.594 ; Dorothy Weyer Creigh, *Tales From the Prairie*. Adams County Historical Society, 1984.
pp.50~51.

42) 『신한민보』, 1914년 5월 14일, 9월 24일, 1916년 2월 8일 기사 참조.

43) 1913년과 1914년 여름이 가까워올 때 소년병학교 지원자 모집 또는 지원 격려의 글들이 『신
한민보』에 자주 나타났으며 소년병학교 측이나 대한인국민회에서는 입국하다 이민국에 걸
린 학생들을 헤이스팅스대학으로 입학하게끔 주선하였다. 1913년 12월 3일 보도「이광륙·
명동 두 학생의 주선」, 1914년 8월 6일 보도「뉴욕이민국 구류 학생 7인의 주선」등에서 볼
수 있다.

며 스스로 타이른다」라는 뜻을 가졌는데 그 내용은 이미 공부한 10년간은
헛된 것 같고 또 10년 공부이니 이러다간 책읽다 늙겠다, 칠적(七賊)과 오
간(五奸)이 아직 제지되지 못했다는 것을 명심하라는 내용이었다.

自嘲自戒(丙午秋作)

> 十載讀書竟如虛 更期十載又讀書
> 此生老豈文章已 七賊五奸尚未除

그는 다시 문무를 겸해야지 만고에 빛나는 대장부의 위업을 세울 수가
있다는 뜻을 시를 지었다.[44]

決志修兵學

> 壯志平生好讀兵 蒼磨一訒掛秋聲
> 亘千萬古丈夫業 文武雙全然後成

그래서 그는 네브라스카주립대학에서는 정치학을 전공하되 ROTC에 들
고 1909년 즉 제1학년 때에는 두 학기에 걸쳐 '군사학'이라는 과목을 선택
하였다. 첫 학기는 미국사, 독일어, 군사학, 정치학, 수사학, 영어 등을 택
하고 제2학기에는 미국사, 독일어, 군사학, 정치학, 정치경제, 불어를 택하
였다. 그가 「종군행(從軍行)」이라는 한시 서두에서 1909년 여름에 "從美軍
在艾蘇蘭城作"이라 記하여 ROTC 야외훈련을 받은 것을 말한 것 같다.[45]

---

44) 이상 2수는 『신한민보』, 1911년 5월 3일, 「詞藻」란 참조.
45) 『신한민보』, 1911년 5월 17일, 「詞藻」란 참조. 네브라스카주 링컨시와 오마하시 중간에 애시
  랜드(Ashland)라는 곳이 있다.

其一

十里平郊一片城 人家斷續路縱橫
夕陽下塞分相守 特地安危卽我兵

其二

野營杖劍獨巡軍 殘月疎星夜已分
一步徘徊三步立 烽烟處處盡疑雲

2학년이 되자 그는 정치학, 독일어, 수사학, 미국사, 군사학을 택했고 제2학기에는 여기다 천문학을 택하였다. 제3학년에는 상항 신한민보사에 가서 신문사일을 맡았기 때문에 군사학, 정치학 3과목, 정치경제, 화학, 독일어를 택하였다가 모두 'Incomplete', 즉 시험 연기수속을 밟았다가 다시 모두 좋은 성적(A 또는 B)으로 메꾸었으며 제2학기는 헤이스팅스대학에서 생물학, 철학, 교육학, 역사, 수학, 정치학, 영문학을 수료한 것으로 되어 있다.46) 이 제3학년 시대는 박용만이 아주 분주한 시절이었으나 또한 유익한 논문과 한시를 많이 내놓은 시절이기도 하였다. 그는 「발민(撥憫)」이라는 시에서 고국을 생각하며 마구 그의 울분을 토하고 자기의 신명을 바쳐서 진시황제를 암살하려던 형가(荊軻)와 같은 인물이 없다는 이야기도 하였다.47)

撥憫

一大聲呼又枚歌 丈夫胡爾不平多

---

46) 1985년 네브라스카대학에 들려서 박용만, 박처후의 성적표를 얻은 다음 헤이스팅스대학에 가서 박용만의 성적표를 찾았으나 찾지 못했다. 네브라스카대학의 성적표는 그가 헤이스팅스에서 취득하였다는 과목의 성적이 표시되지 않았다.
47) 『신한민보』, 1911년 4월 2일 참조.

殺身國恨將難盡　杼世天工亦奈何
神器寧歸他種族　人權尙在我山河
當時無復燕家되　易水水寒謾自波

이 시를 본 몬타나주의 어떤 농부는 박용만 시의 운에 화답하여 다음과 같이 위로하기도 하였다.[48]

次朴容萬韻

몬타나遊客

一嘯一吟又唱歌　不平君也不平多
出群武略終無復　警世筆鋒亦奈何
獨立旗翻爭日月　自由花發滿山河
那時更得雄才子　卽渡欣然易水渡

즉 너무 기분의 상하를 갖지 마소, 독립의 기가 휘날리고 고국산천에 자유화(自由花)가 만발한 때 역수(易水)를 건너 승리의 개선을 할 것이 아닌가 하는 것이다. 30대로 들어선 박용만은 침울해졌다가 다시 자신이 큰일을 해낼 수 있다는 사명감 같은 것을 가지기도 하였던 모양이다. 그의 한시 「지명시(知命詩)」에서 나의 그릇은 문(文)에 있지 않고 무(武)에 있다, 조만간 달도 만월이 되고 꽃도 피는 것처럼 천병만마를 이끌고 동벌(東伐)할 때가 오고야 말 것이라고 그 자부심의 일단을 피력하는 것이다.[49]

大夢平生自覺知　丈夫胡爾等諸兒
文非窮我終成器　武則達人也得時

---

48) 『신한민보』, 1911년 5월 31일 참조.
49) 『신한민보』, 1911년 9월 27일.

重陸遠洋西渡誓　千兵萬馬東伐期
靑年失志何須恨　月滿花開早或遲

　자신의 '무(武)'적 자질이야말로 '달인(達人)'하였다는 무인으로의 자부심
은 그로 하여금 하와이에 건너가서도 병학교 경영에 심혈을 기울이게 하
였던 것이다. 제4학년 즉 1912년에는 그는 교육학, 정치학 3과목, 미국사,
수사학(修辭學), 천문학 2과목, 군사조련(Drill)을 택하였고 동년 8월 9일 학
사학위를 받았다. 그리고 소년병학교의 졸업식을 9월 16일에 가졌는데 졸
업생은 13인이요, 참석한 빈객은 150여 명(백인 100, 동포 50)이었고 이승
만 박사가 참석하여 연설을 하였다.[50] 저녁에는 다시 만찬회를 가졌는데
한 귀빈은 다음과 같이 연설하였다고 한다.

　과거 코리언 학생들이 우리들과 같이 지내온 동안, 우리는 이들이 한번도 비
신사적이거나 정중치 못한 무분별한 행동을 본 적이 없었고 듣지도 못했습니
다. 우리도 우리 자제들이 이들 이방인에게서 볼 수 있는 씩씩하고 강직하고
인생목적에 진지한 성품을 가지게 해보려고 노력하였으나 유감스럽게도 우리
의 자제들은 그 자랑스러운 기독교교육에도 불구하고 본받을 만한 모범이 되
지 못한 경우가 많았습니다.

라고 치하하였더니 이승만 박사는 이에 답하여 다음과 같이 말하였다 한다.

　미국에 있는 또 딴 곳에 망명한 우리 젊은이들은 자기들이야말로 사랑하는
조국의 거울이 된다는 가르침과 훈계를 항상 받아왔습니다. 우리를 통하여서만
이방인은 코리아를 이해하기 때문입니다. 우리는 코리아 전체를 대표하고 있습
니다.[51]

---

50) 『신한민보』, 1912년 11월 4일.
51) 헤이스팅스교사(校史)편찬실이 필자에 제공하여준 미상일(未詳日)의 학교신문에 기재하기
　　위한 타이프원고 복사문. 아마 9월 하순경의 것으로 추측됨. 제목은 "The Young Koreans at

갓 박사학위를 받은 이승만은 1910년 여름 귀국길에 헤이스팅스대학에
들려 2주간 동안 병학교학생들과 같이 지냈고 부흥사경집회를 가져 모든
학생들이 기독인의 생활을 하기로 다짐하였다고 전한다.[52] 김현구에 따르면,

> 박용만은 왕복여비를 보내어 헤이스팅스로 초대하였는데 이(李)는 박(朴)이
> 떠난 후 일주일만에 도착하였다. 그는 도착하자마자 군사학교의 개념을 날카롭
> 게 공격하고 군사적으로 일본과 같은 강대국을 반대한다는 것은 환상밖에 아
> 무것도 못된다고 말하였다. 이(李)는 한주일 동안 매일 4~5차 기독교의 부흥집
> 회를 본따서 찬송과 기도의 예배시간을 마련하고 반광란적인 기도춤을 추었다.

> 이 종교행사의 당위성은 다음과 같은 이유에 의한다는 것이다.
> 1) 스티븐스를 저격 살해한 장인환(張仁煥)과 전명운(田明雲), 또 이등박문
>   (伊藤博文)을 할빈에서 살해한 안중근(安重根)은 일국(一國)의 명예를 더
>   럽힌 범죄적 암살자에 불과하다.
> 2) 일본과 같은 강대국을 군사적으로 저항한다는 것은 불가능한 꿈에 지나
>   지 않는다.[53]

김현구가 묘사한 이 박사의 견해는 과장이 있겠으나 그는 당시 현장에
있었다는 점이 참고가 되긴 한다. 그러나 미국에 건너온 지 5년만에 학사,
석사, 박사를 초특급속도로 마친 엘리트 중의 엘리트인 이 박사의 서구적
시각이 자연스럽게 표출된 것이라고 보고 싶다. 후술하겠지만, 그는 1912
년 미국에 재입국하여 『워싱턴 포스트』지에 일본에 의한 한국근대화를 매
우 찬양하기도 한 것이다. 어떻든 이 시점까지 박용만은 이 박사를 형님으
로 모시고 극진히 위하고 있었던 것만은 틀림없고 양자의 충돌은 하와이

Hastings College"
52) 본 논문 부록사진과 설명을 볼 것. 인쇄된 영어설명과 이 박사와 5인의 병학교 학생 또는
    간부와의 스냅 사진은 헤이스팅스대학에서 얻어왔다.
53) 김현구, 앞의 책, 186쪽, 263쪽 참조.

에 들어가서야 심각해지게 된다.

(3) 소년병학교 출신 한국청년

여기에서 박용만이 경영하던 소년병학교를 거쳐 간 한국청년들에 어떠한 인물들이 있었는지, 알 수 있는 한도에서 소개하고자 한다.

1) **박처후(朴處厚, 1883~)** : 네브라스카대학에 보관되어 있는 그의 신상카드를 보면 고향이 Soonchon이라고 하였고 김현구는 평안도 선천(宣川)이라 하였으나 아마 순천산(順川産)인가 한다. 카드에는 또 부친직업을 상업, 형제로는 시카고에 C. M. PAK이 체류하고 북감리교 신자라 적혀있는데 김현구는 C. M. PAK 즉 박처묵(朴處默)과는 친한 사이였다. 1905년 12월 24일자 『매일신보』에 미국유학생 박처휴(朴處休)의 기서(寄書)가 실려 있어 박처후(朴處厚)를 지칭한 것으로 생각된다. 1910년 12월 16일자 커니사범학교신문 『앤틸로프(The Antelope)』에 소개된 바에 의하면 박이 6년 전에 도미한 것으로 되어 있어 1905년 초나 중엽쯤에 미국으로 건너갔다고 보인다. 네브라스카대학의 학적부를 보면 1910년까지 4년간 커니(3천여 명의 소도시)의 고등학교를 다니고 그 후 2년간 커니사범대학교를 다니고 1913년 9월에 네브라스카대학 문리대에 들어와 1915년 학사학위를 받았다. 1908년에서 1909년에 걸친 커니시 주소록을 보면 박처후는 직업이 짐꾼(porter)으로 표기되어 있어 육체노동을 하면서 공부하였다는 것을 말하여 준다. 그는 1913~4년에 소년병학교 교장으로 재직하였고 1916년에서 한 학기 공부하다 동년 가을 감리교 웰치감독과 선교사 30명과 더불어 '태양환(太陽丸)'으로 귀국 전도사업에 종사하였다.[54] 그러나 3·1운동이 일어나

---

54) 『신한민보』, 1916년 11월 16일 참조.

자 블라디보스톡에 가서 독립운동에 종사하게 된다.[55] 일제 측의 문서에
는 1920년 1월 박은 이승만에게 회서를 보내다 압수되었다고 하는데 이에
의하면 그는 그곳에서 무기를 조달하여 "한국민의 배일사상이 연속부절한
것을 표시하기 위하여 일부 군인을 내지에 파견하여 적의 일부를 살해하
고 세계 각국에 한인의 배일사상이 강고함을 알리려 합니다."라고 적고 있
었다. 그는 간도에서 온 박영빈(朴永彬)과 합작하여 무기의 구입과 배당공
작을 벌이고 있었다는 것이다.[56]

2) 정한경(鄭翰景, 1890~) : 1905년 도미하여 1906년 커니시중학교에 입
학, 1912년 커니시사범학교 입학, 1914년 졸업, 1917년 네브라스카주립대학
을 졸업, 1918년 동대학에서 석사학위, 1921년 아메리칸대학에서 박사학위
를 받고 이 박사를 보좌하여 독립운동과 저술에 공헌이 많았음은 주지하
는 바이다.[57] 학생시절부터 웅변가로 알려진 그는 소년병학교에서 영문독
본교사로 있었다.

3) 백일규(白一圭, 1879~1956) : 평남 출신 동학잔당으로 하와이 이민으
로 갔다가 1907년 대동보국회(大同保國會) 설립발기인이 되었고 『대동공보
(大同公報)』 주필을 역임하다 1909년 박용만과 함께 병학교 설립에 참가하
였다고도 하며 1910년 병학교에 참가하였다고도 한다.[58] 1913년 헤이스팅

55) 『신한민보』, 1920년 1월 24일 참조.
56) 『現代史資料』 제27권 『朝鮮』 3, 192~193쪽. 在浦潮 菊地義郞, 「鮮人의 行動에 關한 件」 內
「1月 19日 浦潮憲兵分隊에서 郵便物檢閱中發見押收」 문서 참조. 또 위의 책, 279쪽 참조.
57) 민병용(閔丙用), 『미주이민 100년』, 한국일보사출판국, 1986, 38~41쪽 ; 「初期社會 外交家, 정
한경박사」, 『신한민보』, 1910년 6월 22일, 1911년 5월 3일, 1914년 8월 13일, 1918년 5월 30일
등에서 그에 관한 소식을 볼 수 있다. Kearney City Directory (1910)에는 그의 직업이 Helper
로 되어 있다.
58) 『재미한인 50년사』는 1909년설이고(266쪽) 김현구는 1910년을 주장한다(김현구, 앞의 책,
117쪽). 김현구는 백일규와 같은 고등학교를 동시에 졸업하였기 때문에 후자가 옳을 듯하
다.

스고등학교를 35세로 졸업하고 네브라스카대학에 입학하였다가 익년『신한민보』주필로 초빙받아 상항으로 갔다. 1918년 가주대학 경제학과, 1933년까지 '북미대한인국민회' 총회장 겸『신한민보』편집인. 시카고 '사회과학연구회' 지원사건에 책임을 지고 캔사스에 가서 춥수이찬관을 경영, 1943년 조선혁명당(김원봉) 지원을 표방하여『독립』신문 창간에 참가, 잠시 이 신문의 주필로 있다가 1946년 70 노구를 이끌고 하와이『국민보』주필을 1950년까지 맡는 등 일생동안 신문언론에 관계하며 많은 논설과 시문을 발표하였다.59)

4) 김장호(?) : 구한국의 군인으로 미국에 이민으로 건너가 사립군사학교 4학년으로 재학하던 김장호는 박용만의 요청으로 커니 소년병학교의 무육교관(武育敎官), 그리고 1910년에는 헤이스팅스병학교 임시교장직을 맡다가 1911년 말경에 만주에 들어가 독립군에 가담하겠다며 구라파를 돌아 입만(入滿)하면서 "나의 일편단심은 재미동포가 아니면 알 수 없을지니 동포여 동포여 만주들 넓은 곳에 북소리 땅땅나며 백두산 높은 봉에 태극기 펄펄 날릴 때 발걸음 맞추어 다 오시오. 어깨바람 활활 치며 어서 속히 내 뒤만 따르시오. 굿바이 신대륙아 굿바이 대서양아."라고 글을 썼다.60) 제2신은 노령에서, 제3신은 할빈에서 독립운동을 종용하는 편지를 썼으나(3. 14) 점차 소극적인 내용이 편지가 오다 불쑥 반년만에 미국에 귀환하여 헤이스팅스로 돌아가지 않고 서재필이 살고 있던 필라델피아에 정착하였다.61)

---

59) 김현구의 책에 3페이지에 걸쳐 짧은 백일규의 전기가 있고(김현구, 위의 책, 116~118쪽), 김원용의 책과 백일규 따님과의 인터뷰에서 그의 생애를 구성하여 보았다.

60) 『신한민보』, 1911년 1월 5일 참조.

61) 『신한민보』, 1911년 9월 20일 보도. 필라델피아주소록에 의하면 'Charles Kim'이라는 사람이 승강기 안내자의 직을 가지고 있는 것으로 매년 게재되고 있는데 이 사람이 김장호이었을 수 있다.

1919년 3 · 1운동이 폭발하자 서재필은 당시 오하이오대학에서 김현구가 전미한인학생회의 이름으로 간행하던 독립선전 영문월간잡지를 강제 인수하여『코리아 리뷰(Korea Review)』라는 월간지를 구미위원부에서 한 달에 800달러와 인쇄비를 받고 운영하기 시작하였다. 구미위원부의 재정수지보고에 의하면, 김장호는『코리아리뷰(Korea Review)』의 편집을 돕는다는 명목으로 한달에 80~90달러씩 받고 있음을 알 수 있다.[62] 그런데 이 시대의 연방수사국 수사기록 카드를 보면[63] 그는 '일본 정보장교'로 나오고 있다. 그밖에 아무 설명이 없어 경악한 필자는 연방수사국에 정보자유법에 의하여 좀 더 자세한 내용을 알려줄 것을 요구하였다. 약 10개월 후에 일 매의 관련 자료를 받았는데 그 내용은 다음과 같다.

　　발신 : 필라델피아지국
　　일자 : 1921년 5월 7일
　　보고자 : 삭제
　　제목 : 김장호 - 일본정보장교
　　위에서 거명된 자는 코리언 출신으로 최근까지 코리언의 주의주장을 위한 강사로 '코리언친우회'에 관련되고 있었다. 이 회는 반일단체로 일본치하에서 코리아를 해방하는 것을 노력하여 왔는데 김장호가 일본정부의 대표들과 친교를 맺게끔 유인되었고 따라서 그는 실제상 미국에 있어서의 일본정보기관의 일성원(一成員)이라고 통고하여 왔다.(has been reported to this office as having been introduced to associate himself with the representatives of the Japanese Government in the United States and, therefore, he will actually be one of the members of the Japanese Intelligence in the United States.) 코리아친우회의 모(某)는 [필자주 : 먹칠을 하여 삭제했다.] 이상과 같이 보고하면서 요원에게 그

---

[62] 구미위원부의 재정수지 보고는 1919년 9월부터 1921년 4월까지 거의 완비상태로『신한민보』에 발표되고 있다.

[63] 국립공문서관 소장 RG 65. FBI문서. Index to Investigative Case Files, 1908~22에 의함(BU SEC. (1), 211700-130).

들은 김을 조사하고 있으며 정보를 얻는 대로 지부에 보고할 것이라고 하였다. 김의 사진을 이 보고원본과 같이 본부비치용으로 보낸다[필자주 : FBI 당국의 후의에 깊이 감사한다].

이상의 보고에 의하여 판단한다면 일본대사관 직원과 접촉이 있었다는 상황증거만으로 일본정보기관의 일성원이라고 단죄하고 있으니 이것은 너무 난폭하다고 하지 않을 수 없다. 당시 많은 재미한인들은 혼상(婚喪), 기타 가족의 긴박한 일로 일본 외교기관에 접촉 아니 할 수 없는 경우가 많았으며, 필요에 따라 서재필 의사도 일본 외교관의 방문을 받아들인 것을 『신한민보』를 통하여 볼 수 있다. 일 년 후 이 박사는 민찬호 목사를 시켜 한국을 방문케 하여 기부금까지 모금하게 하고 있는데 민찬호는 이 박사, 정한경과 함께 1919년 한국 독립청원의 3대표의 1인이었던 것이다. 이름이 삭제된 '한국친우회'의 제보자는 서재필 의사 같은데 이 당시 서재필은 약간 제정신이 아니었다. 대외로 크게 문제를 일으키지 않아도 좋을 문제로 현순 구미위원부 위원장의 추방운동을 크게 벌이던 때였다. 필자의 추측으로는 이때 김장호가 현순을 지지하였든지 현순이 당시 서재필의 심복인 김장호를 회유하여 서재필의 비리를 캐보려 했든지간에 그 원인이 있겠다고 생각된다. 서재필은 현순이 수천 달러를 횡령하고 제멋대로 공사관을 설립하였다고 반현(反玄) 캠페인을 전개한 것이었다. 결국 연방수사국에 어떠한 문서가 더 있는지 모르지만 보고를 받은 본부에서는 카드에 김장호 '일본정보장교설'의 '설'을 빠뜨리고 비치하여 놓아 후세의 연구자에 혼란을 주는 것이 아닌가 하여 소상히 인용하였다. 박용만도 일본의 주장춘(駐長春) 영사관을 접촉한 일이 있었다고 하며 결국 일본밀정으로 몰려 사살당하고 마는 것이다.

5) 이종철(李鍾徹, ?) : 김현구에 따르면 충청도 청주인으로[64] 궁정(宮庭)

에서 일하다가 박용만과 같이 도미하여 커니의 사립군사학원을 졸업하였
다고 한다. 그는 병학교의 무육교사로 있었는데 "미국에 있는 여러곳 무관
학교에서 공부하였으며 또한 소년병학교를 6년 동안 가르친 경험이 있으
므로…. 비록 미국 웨스트포인트에 있는 무관학교 졸업생이라도 씨에서
더 나을 것이 없을진저"라는 평을 받은 인물이었다.[65] 후일 귀국하여 독립
전쟁을 만몽(滿蒙)에서 실천하려고 하였으나 낙상(落傷)으로 절름발이가
되어 실패하였다고 한다.[66] "작년 여름에 야외연습을 나갔다가 밤중에 칼
을 잡고 군막을 순행할 새 달빛은 물결을 희롱하여 청결함을 자랑하고 초
목은 잠든 듯이 새소리도 적막한데 홀로 풀방석이 비껴 앉아 강개한 눈물
을 금치 못하였노라"라고 쓴 그의 글이 인상적이다.[67]

6) 박장순(1886~1918) : 경기도 안성군 수은면 평리 출신, 와이오밍주
슈퍼리어 석탄광의 광부로 일하다가 여름에는 병학교에서 공부하였다.
1914년 한문작문을 가르쳤고 사서를 국역하였다고 한다. 제1차 대전이 터
지자 뉴멕시코주에서 미국군에 입대하여 구라파전선에서 1918년 9월 27일
독일군의 탄환에 맞아 전사했는데 향년 33세였다. 그는 "미국에 들어온 지
10여 년 이래 우리 국민회에 대한 의무를 다하였고 둘째, 각처 청년학생과
네브라스카소년병학교를 도와주었고 셋째, 직업에 근실하여 여러 해 슈퍼
리어석탄광에서 큰 신용을 얻는 고로 슈퍼리어석탄광은 무릇 한인노동자
는 박장순 씨로서 표준을 삼아 의심치 않고 일을 주었으니"라는 신문의 칭
찬을 듣던 사람이었다. 그가 미국군에 입대하려던 목적은 "나는 전장에 나
아가 다행히 죽지 않고 돌아오면 대전란 중에 보고 들은 큰 경력을 가져

---

[64] 김현구, 앞의 책, 129쪽 참조.
[65] 『신한민보』, 1914년 7월 16일, 「소년병학교의 제6회 개학」 기사 참조.
[66] 김현구, 앞의 책, 129쪽 참조.
[67] 『신한민보』, 1914년 3월 5일, 「소년병학교 학도되기를 권고함」 참조.

장차 우리 국가에 뜻있는 동포에게 전하여 주기로 생각하여"라는 것이었다.[68]

7) **이관수(?)** : 네브라스카의 커니중학교를 졸업하고 병학교의 생도로서 야구와 영문토론에 출중하였다는 그는 미군에 들어가 구라파에서 전사하였다고 전한다.[69]

8) **구연성(?)** : 1910년과 1911년 미주리주 마콘시의 블리스(Blees) 군사학교에 다녀 성적이 모두 A로 최우등이었으며 소년병학교의 기둥과 같은 학생이었다고 보도되었다.[70] 1914년에는 캘리포니아주 마운틴비유중학 4년으로 재학하였고[71] 다음 에모리대학 의과대학에 들어가 의학을 공부하고 의사가 된 후에 국내 송도 제중의원의 주무원으로 초빙되었다는 기사가 보이는데,[72] 세브란스의전을 거쳐 해방 후 군정청에 근무하였고 정부수립 후 제1공화국 관리로 근무하였다.

9) **유일한(柳一韓, 1894~1971)** : 유한양행(柳韓洋行) 창시자. 박용만의 숙부 박장현을 따라서 도미하였다고 하며 헤이스팅스소년병학교에서는 야구로 알려졌다. 1914년에 헤이스팅스중학교를 졸업하고 [73] 미국에서 사업에 성공하여 활약하다가 귀국, 회사를 만들고 다시 도미하였다. OSS와 관련도 맺었고 독립운동에 공적이 많았던 인물이다.

---

68) 『신한민보』, 1918년 7월 11일, 또 1919년 2월 27일, 「박장순씨는 세계 민주를 위하여 유럽전장에서 전망(戰亡)」, 「미국보병장관이 박귀호씨에게 보낸 전보」, 뉴멕시코역사협회, *New Mexico in the Great War*, 제2권 전사자편, Charles S. Park항 참조.

69) 『신한민보』, 1916년 7월 27일, 1919년 2월 20일 참조.

70) 『신한민보』, 1911년 5월 31일.

71) 『신한민보』, 1914년 11월 5일, 「미주 대중소학교(大中小學校) 학생조사표」에 의함.

72) 『신한민보』, 1920년 8월 19일.

73) 『신한민보』, 1914년 7월 16일.

10) 김현구(金鉉九, 1889~1967) : 충북 옥천군 출신. 최익현(崔益鉉)의 제자로 자강회(自彊會) 회원. 양정, 배재, 보성중학교를 다니다 1909년에 박용만을 찾아 미국에 건너가 헤이스팅스중학, 코넬대학, 오하이오대학, 캘리포니아대학 등을 다녔다. 병학교의 중견간부로 국문을 가르쳤다 한다.『전미학생월보』편집인,『신한민보』주필, 구미위원부 부원, 하와이 『국민보』주필, 하와이 대한인국민회 총회장을 역임하였다. 1930년 동지촌(同志村)의 실패와 동지식산회사(同志殖産會社)의 몰락으로 동지회(同志會)가 재정난에 빠지자 이승만이 교회 재산과 국민회 회관을 팔아 이에 충당하려고 하였을 때 그의 부하 김현구, 김원용 등과 결정적으로 충돌하여 김현구 부처가 테러습격을 받은 후 그의 이승만에 대한 증오감은 절정에 달하였다. 일생동안 육체노동과 독립운동으로 가난하게 지냈던 김현구는 자신의 한을 「자서전」, 「우남이승만전(雩南李承晩傳)」, 「우성유전(又醒遺傳)」, 「검은정순만전(儉隱鄭淳萬傳)」 등의 저술로 달랬다. 그의 저서는 박용만 연구에 빼놓을 수 없이 중요한 것이지만 박용만에 대해서는 좋게만 쓰고 이 박사에 대하여는 과장이 많은 것이 흠이기는 하다.

11) 조진찬(曺鎭贊, ?) : 헤이스팅스병학교의 농장경영자. "씨는 임동식 씨와 농장을 설립하여 병학교의 기초를 닦고 금년에는 네브라스카, 헤이스팅스로 병학교를 따라와서 농장을 배포하고 유은상 씨와 힘을 합하여 병학도를 응접코자 하는데 그이는 말하기를 다른 사람을 권하려면 자기부터 먼저 행하는 것이 가하다 하여 또 나이 비록 늙었으나 왜놈을 대하여 총을 쏘기는 늙은이의 총알도 젊은이의 총알만치 뜨겁다 하고 친히 아이들과 함께 항오에 들어서서 일년 동안 군대에 복종하였는데 시방은 그 아들형제를 하와이서 데려다가 소년병학교에 주고 자기는 조련상에 나서기를 면하여 금년 여름에는 장차 병학교의 긴요한 사무를 담당하게 뽑히리라 하더라"라는 평이 그 인물의 됨됨을 보여주고 있다.[74]

12) 정태은(?) : 일본유학생 출신으로 1908년 미국에 건너와 백일규, 김현구와 같이 헤이스팅스중학교를 동시에 졸업하고 시카고대학과 드폴(De Paul)대학에서 수학하였고 사업에 성공하여 미주 교포사회에서 많은 기여를 하였다.[75]

13) 기타 : 정희원, 조오홍, 김일신(목포인, 남미를 거쳐 미국 입국), 정충모, 이명섭, 홍승국, 한시호, 김경배, 박길용, 이로익, 신형호(신규식의 조카), 박원경, 양극묵, 김홍기, 이용규, 신덕, 권태용, 이창수, 김배혁, 류돌, 이정수, 김병휘, 유은상, 김원택, 정영기, 김용성, 김용대.

이상 각인은 분명히 헤이스팅스 또는 커니 소년병학교에 일시나마 적을 두고 있었던 학생들이다.[76]

또 커니나 링컨의 주소록을 보면 "W. S. Lee. 직업 코리언 군사학교 학생" "Peter H. Kim 군사학교 학생" 등등의 한인 이름이 가끔 보이는데, 이것은 무엇보다도 여름에 소년병학교를 다니는 것을 자랑하고자 하는 학생이나 노동자들의 과시행위로 볼 수 있다.

(4) 소년병학교의 역사적 의의

네브라스카 소년병학교가 가지는 역사적 의미는 미주와 하와이에서 제일 먼저 군사학교를 조직하여 '망국'이라는 큰 고비를 넘기는 데에 허탈감,

---

74) 『신한민보』, 1910년 5월 10일.

75) 김현구, 앞의 책, 119~121쪽.

76) 김현구, 위의 책, 111~131쪽. 또 『신한민보』, 1913년 10월 11일 「나성·링컨 유학생 일람표」, 동 10월 31일 「헤이스팅스학생」, 1914년 7월 16일 「미국의 대한인 졸업생」, 동년 11월 5일 「미주의 대중소학교(大中小學校) 학생조사표」, 1909년 10월 27일 「네브라스카 및 부근지방의 한국학생」 등 기사 참조.

무목적 또는 굴종감 등에 빠지지 않고 조국광복이라는 큰 목적을 재빨리 설정하고 자신들과 교포들의 응집력을 높였다는 데 제1차적인 의미와 공헌이 있다고 생각한다. 둘째로, 이 군사학교를 거쳐서 많은 사람들이 만주·노령 등으로 직접 싸우러 갔고 또는 거류국의 군대에 자원입대하여 유럽전선에서 싸우다 전사하여 한미 양국에 모두 공헌할 수 있었다는 데 의미가 있다. 셋째로, 이 학교 출신은 실질적으로 재미교포사회의 중견적 지도자들이 되었다는 데 그 의미를 찾을 수 있다. 정한경(鄭翰景), 유일한(柳一韓), 한시호(韓始호), 신형호, 홍승국, 김용성(의사), 김현구, 백일규 등이 잘 알려진 이름이다. 마지막으로 이 병학교를 지지하기 위하여 세운 '네브라스카한인공회'를 말하면 박용만 자신이 기술한 바와 같이 네브라스카에 거류하는 한인은 모두 이 공회에 소속할 의무를 부과하여 매인마다 강제적 의무금을 징수하였다는 데 의미가 있다. 즉 하나의 자치망명정부를 실험하였던 셈이다. 박장현은 커니에 자신이 가르친 서북출신 학생들을 모아놓고 링컨에는 누구누구식으로 배치하여 미국이라 하면 자연적으로 네브라스카에 학생들이 모여들 기반을 만들어놓았다. 1911년을 표준으로 삼으면 미국에 있는 한인대학생의 80%는 네브라스카와 그 주변에 집중하였다. 이것은 박장현, 박용만 숙질(叔姪)의 노력의 소산으로 생각하는 것이 옳다. 박용만의 일관된 목적은 자치기관을 만들어 법에 의한 구속력을 가하고 군인을 둔전병(屯田兵)식으로 훈련하여 광복전쟁에 대비한다는 것이었다. 네브라스카한인공회의 실험을 전 미주로 확대하여 국민회를 통한 실질적인 전 세계 한인의 통합기관 즉 '가정부(假政府)'를 만들 캠페인을 전개하려든 것이 박용만의 『신한민보』 주필 수락의 한 이유였다고 필자는 보고 싶다.

5. 상항가정부(桑港假政府) 수립 추진

(1) 망명정부란 무엇인가?

가령 하나의 국가가 정복당하였다고 치고 외국에 도망나간 인사들이 망명정부를 대표한다고 선포하였고 이들을 동포들이 추종했다면 그 주장한 사람들의 정치의식은 매우 각성된 것이라고 할 수 있다. 그들의 확신은 어김없이 망명정부 수립의 가장 중요한 조건이 된다. 월남, 인도네시아, 인도, 버마가 식민지가 되었을 때 "우리가 망명정부이다"라는 사람들이 있었는지 모르겠다. 발틱 3국인 에스토니아, 라트비아, 리투아니아는 1940년 소연방에 강제로 합병당했으나 이들 3국에는 미국에 자산이 있었기 때문에 지금까지 에스토니아 주뉴욕 총영사관, 라트비아 주미공사관, 리투아니아 주미공사관이 남아있으며 유지되어왔다. 그러나 이들 3국의 외교기관에 1940년 이래 자신들의 망명정부가 있어왔던지, 존재한 시기가 있었는가 문의하여 보면 한결같이 없었다는 이야기이며 야심가들이 나서서 망명정부 수립을 선포하여도 추종할 사람들이 없을 것이라는 이야기였다. 이들 외교기관의 기능은 고국정보의 확산과 해외교포의 자기 문화유지, 그리고 주요 국제회의 때마다 청원운동하는 것들이 일감이라고 들었다. 망명정권 수립의 생각은 추호도 없다고 모두 한결같았다. 즉 현금의 서방국가들이 그런 것을 원치 않기 때문이라는 것이다. 그런데 한국인의 경우는 그렇지 않았다.

일본이 한국을 정복하자마자 미국에 본거지를 두고 있던 국민회에서 우리야말로 한민족의 정통성을 이어받은 가정부(假政府)라고 주장하고 나서 민중의 호응을 받았고, 또 그 흐름을 탄 인사들이 상해(上海)망명정부 결성에 참여하여 이 망명정부가 사반세기 존속하였다가 대한민국으로 이어지는 것이다. 미국에서 발생한 이 고리가 있기 때문에 국토는 임시적으로 적에게 강점당했지만 정부는 계속하여 연속되고 있었다는 이론적 바탕을 제공하고 있는 것이다. 후일 에스토니아국의 사가(史家)가 그들의 국사를 서술할 때 1940년 이후를 주체성을 가지고 서술할 근거가 없는 데 비하여 우리에게는 있다는 이야기도 된다. 이 어찌 연구할 가치가 없겠는가? 우리의 단체가 한인의 유일한 망명정부라고 주장한 사람들이 바로 박용만이요 최정익(崔正益)이었으며, 박용만은 더욱이 이론적 근거를 제공하고 구체화하려고 노력하였다. 이곳에서는 지금까지 다루어지지 않았던 박용만의 이러한 행동을 파고 들어가려고 한다.

(2) 국민회중앙총회(國民會中央總會)의 설치

하와이에서 다년간 『합성신보』, 『신한국보』의 주필로 일하여 오던 문사 홍종표(洪宗杓, 홍언洪焉)는 박용만이 사직한 『신한민보』의 주필자리에 초빙되어 상항(桑港)에 상륙할 때의 감상을 다음과 같이 적고 있다.

> 금문만(金門灣) 깊은 물에 닻을 주고 락기산 북풍에 사매를 떨쳐 상항(桑港) 언덕에 오른 후에는 마치 준조를 받들어 태묘(太廟)에 들어옴같이 숙연히 포저를 갖추며 황도에 나옴같이 공경하여 늠연히 놀라 한 번 절할 마음도 생기어 한 번 노래할 흥취도 있나니 이는 우리 가정부(假政府)의 총기관이 있어 대한 사람의 양심을 열어줌에 유연히 발하는 정상이라. 뉘가 이같은 감동이 없으리오.[77]

홍종표(洪宗杓)가 이야기하는 '가정부(假政府)'의 총기관이란 대한인국민회(大韓人國民會)의 중앙총회를 일컫는다. 미주의 공립협회(共立協會)가 전성시에는 800여 명의 회원을 가졌고 노령의 해삼위, 수청(水淸), 치

---

[77] 「집필 초일(初日)의 소감(所感)」, 1911년 11월 8일.

타, 그리고 만주지방에 각각 지방회를 조직하여 대략 2000명을 넘게 추계되는 큰 단체였고 하와이의 여러 단체를 통합한 합성협회(合成協會)는 3000여 명의 단체였으므로78) 1909년 2월 1일 양자가 합동하여 '국민회(國民會)'를 창설하였을 때 멕시코 교포까지 합세하여 모두 5천 명의 회원을 가지는 전 세계적 단체로 출현하였던 것이다. 이 1909년 국민회 장정(章程)의 중앙총회에 관한 부분은 아래와 같다.79)

제1장 제3조 : 본회의 계급은 중앙총회와 지방총회와 지방회의 세 가지로 구분함.
제1장 제4조 제1항 : 중앙총회는 일정한 위치가 없고 시의의 편리함을 좇아둠.

제2장 : 중앙총회
　제6조 : 중앙총회는 지방총회에서 公選한 대표원 각 3인과 대표원이 선거한 회장과 부회장으로써 조직함.
　제7조 : 중앙총회의 임원은 좌와 같으니 회장 1인, 부회장 1인, 총무 1인, 서기 1인, 재무 1인, 학무원 1인, 법무원 1인, 외교원 1인
　제8조 : 전조의 총무 이하 임원은 회장이 자천하여 중앙총회의 승낙을 얻음을 요함
　제9조 : 특별한 사무가 있는 때에는 회장이 위원을 자벽(?)하여 그 사무를 처리케 함을 득함.
　제10조 : 회장과 부회장이 다 흠결(欠缺)한 경우에는 중앙총회에서 회장을 투표하여 공천함.
　제11조 : 대표원이 중앙총회의 임원을 피선하거나 혹 흠결할 때는 지방총회에서 즉시 그 대를 보충함.
　제12조 : 중앙총회의 의결하는 사항은 좌와 같으니

78) 김원용, 『재미한인50년사』(필사본), 1959, 88쪽, 100~105쪽 ; 『신한민보』, 1914년 2월 5일, 26일, 홍언, 「국민회역사」 ; 『공립신보』, 1909년 1월 13일 「합성발기문(合成發起文)」, 1월 20일 「논양회합동(論兩會合同)」, 2월 10일 「하국민회성립(賀國民會成立)」 참고.
79) 『신한민보』, 1909년 3월 24일.

① 장정(章程)을 변경하거나 증감하는 것.

② 각지방총회의 공동한 사업이 있는 때에 이것을 지휘하며 명령하는 것과 시비의 분쟁이 있는 때에 이것을 심사하며 재단하는 것.

③ 회장 부회장 이외의 임원선정의 승낙하는 것.

④ 매년도의 예산 결산과 및 예산외에 지출하는 것.

⑤ 지방총회의 설립, 합병, 분할 및 해산에 관한 사항.

⑥ 각 지방총회에서 질품하는 중대사항.

제13조 : 총무 이하 임원은 중앙총회회의에 대하여 의견은 진술하되 표결하는 권(權)은 없음.

제14조 : 중앙총회는 임원의 사무처리함에 관하여 좌기한 권리가 있음. ① 의견을 진술. ② 서류를 조사. ③ 질문이나 혹 처벌

제15조 : 제8조의 승낙하는 것과 전조의 권리를 실행하기로 의결할 경우에는 대표원만 개회함을 요함.

제16조 : 중앙총회의 개회는 대표원 4분의 3이상의 출석을 요하며 의결사항은 출석원 4분의 3이상의 가표(可票)를 인하여 결의함.

제3장 지방총회

제29조 : 지방총회는 중앙총회에 중대사항은 수시 보고하며 기타사항은 매월 종(終)에 보고하며 좌기한 서류는 매년 종(終)에 수정 송교(送交)함을 요함.

① 지방회의 회원 성명 거주록과 지방회의 임원과 지방총회의 대의원과 임원의 성명록

② 재무회계부

③ 사업성적서

제6장 선거及임기

제54조 : 중앙총회의 대표원은 지방총회의 대의원과 임원이 합석하여 선거함.

제55조 : 중앙총회의 회장과 부회장은 그 후보자 각 1인을 각지방총회의 대의원과 합석 공선함을 각히 행하며 대표원이 투표하여 비교에 많은 수를 얻은 자로 정함.

제58조 : 중앙총회와 지방총회의 회장은 연령이 25세 이상된 자를 요함.

제59조 : 중앙총회의 대표원과 및 임원의 임기는 2개년으로 지방총회의 대표
원과 및 임원과 지방회의 임원의 임기는 1개년으로 정함.

제60조 : 중앙총회의 대표원과 회장과 및 부회장의 선거는 임기가 만료하기 3
개월 전에 행함.

제8장 제정

제72조 : 재무는 매 통상회에 재정회계를 지방회에 보고하며 매년終에 중앙총
회는 지방총회에, 지방총회는 지방회에 재정통계를 공포함.

이 장정(章程)이 성립한 뒤 2개월 후의 '국민회' 북미지방총회의 보고를
보면 6월 9일부터[80] 임시중앙총회라는 것이 나오기 시작한다. 즉,

6월 7일 임시중앙총회[臨總]에서 인장(印章)을 만들었다는 통지.

6월 16일 임총에서 각지방총회 임원록을 제출하라고 지시.

7월 14일 임총에 임원 보고. 또 북미지방총회는 상항(桑港), 나성(羅城), 하변
(河邊), 자지(紫地), 염호(鹽湖), 수청(水淸) 신영동(露領) 화발포(花發
浦)부인동(露領) 해삼위(海蔘威), 메리다(멕시코)로 구성된다고 보고.

8월 25일 하와이지총(地總)에서 중총(中總)에, 내지에 돌아간 황해도교원 원우
현이 황해도에 국민회 지부를 결성하려 하니 승인해달라고 요청한
데 승인.

10월 13일 임총에서 하와이와 북미지총에 통지하기를 지금까지 임총의 사무는
북미지총에서 대리하고 있었는데 "반년에 한 가지 일도 판리(辦理)
치 못함은 회무에 방해가 있겠으나 양총회에서 대표원을 공천하여
중앙총회를 구격조직함이 가하다"고 독촉.

이상에서 본 임시중앙총회라는 것은 북미지방 총회임원들의 대리 판공
(辦公)에 지나지 않았고 중앙총회의 운영문제는 1910년도에 들어가서야

---

80) 『신한민보』, 1909년 6월 9일.

의견의 교환이 활발해지는 것 같다.

한편 국민회의 발전상황을 보면 북미지방총회장 정재관(鄭在寬)은 1909년 4월 21일 이강(李剛)과 같이 노령 해삼위로 들어갔는데 그 목적은 '아시아 실업주식회사'를 그곳에 설립하고 농지를 개간하여 독립운동의 기지를 만들려는 데 있었다.[81] 이 회사는 1908년 가을에 설립되었고 익년 4월에 '태동실업주식회사'로 개명하였다.[82] 북미총회장은 이 사업에 전력을 다할 차로 해삼위로 가는 것이었고 동년 9월 제일총회장에서의 사임청원을 낸 바 있다.[83] 이때 북미지방총회 소속 인사들이 노령에서 국민회 확장활동을 벌였는데 그들은 정재관, 이강, 김영일(金永一) 등이었다. 이 결과 1910년 초에는 노령 만주에 13처 지방회(신영동, 만춘동, 우지미동, 개터, 치타, 할빈, 니꼴스개, 이만 연추, 해삼위, 동령, 화발포, 홍석동)가 생기게 된다.[84] 국민회는 동년 5월 대동보국회(大同保國會)와 합동하여 '대한인국민회(大韓人國民會)'로 개명되지만 교포가 모두 2,000명도 못되는 북미주보다 노령·만주는 동포들이 많이 살고 독립투쟁에 편하기 때문에 국민회로서 이곳에 회세 신장의 노력이 있었음은 매우 타당한 것이었다. 따라서 정재관, 이강 등은 중앙총회를 노령으로 이전하자고 제안하였던 모양이다. 1910년 1월 26일자 『신한민보』에는 "중앙총회를 원동에 설립할 사로 미(美)·보(布) 양 지방총회에서 의결하였으므로 본총회의 대표원은 이강, 정원도(鄭源道), 최정익 3씨로 선정함"이라는 기사가 이를 말하여 준다. 해삼위에서는 동년 봄 지방색이 첨가된 당쟁이 격렬화하여 거류민회(居留民會) 회장 양성춘이 정순만(鄭淳萬) 등에게 살해되고[85] 『대동공보(大東公報)』 주

---

81) 김원용, 앞의 책, 286~287쪽 ; 『공립신보』, 1908년 10월 21일, 「아시아실업주식회사 취지서」 참조.
82) 『신한민보』, 1909년 4월 28일 「사명개칭(社名改稱)」조 참고.
83) 『신한민보』, 1909년 10월 27일.
84) 『신한민보』, 1910년 2월 22일.
85) 『신한민보』, 1910년 3월 2일.

필이며 국민회 전권위원인 이강이 피신하여야만 됐으며[86] 대신 전 북미지
방총회장이며 태동회사(泰東會社) 현지책임자인 정재관이 주필로 취임한
다.[87] 전 주러공사 이범진(李範晉)은 자살 전에 노령 안의 "당파형세가 한
인과 일인 사이보다 더 심하다니 큰 일"이라고 한탄하였다는[88] 상황하에
서 성명회(聲鳴會)의 유인석(柳麟錫) 의병장이 일제의 국토병합소식에 접
하여 'Le président du commité National de Corée'의 이름으로 각국에 호소
문을 보냈다.[89] 이 단체명을 한글로 번역하면 '대한인국민위원회' 또는 '대
한인국민회'가 된다. 첨부된 서명자 명단이 8,000여 명이니 이것은 '위원회'
가 아니라 '회'이며 따라서 '국민회'라고 번역함이 옳다. 이 명단 안에는 국
민회 전권위원이요 전 북미지방총회장 정재관이 들어있었다. 대한인국민
회에서는 한때 중앙총회를 노령으로 이전할 결의까지 하였다. 이렇게 생
각하면 유인석의 '국민회' 총재 이름의 호소문은 전 세계 한인의 총집합체
인 '국민회'의 이름으로 호소한다는 이야기가 된다고 볼 수 있다. 이 당시
의 노령사정은 더 연구되어야 풀려나가겠지만 이것이 이씨왕조에서 조선
민족의 정통성을 물려받아 해외의 자유한인을 통솔한다는 의지로 생각해
볼 수도 있겠다.

　한편 미주에서는 중앙총회가 가까이 있어야 모든 면에서 편리하다고 생
각을 바꾸었는지, 9월 28일자 『신한민보』에,

　　대한인국민회는 아직 각 지방총회를 판정하는 중앙기관이 없어 행정상에 매
　우 곤란함이 있는 고로 다사한 이때에 급히 중앙기관을 설립함이 필요하다고
　하여 하와이총회와 북미총회가 의논을 정하고 위선 대표원을 뽑는데, 하와이

---

86) 『신한민보』, 1910년 3월 16일.
87) 『신한민보』, 1910년 6월 22일.
88) 『신한민보』, 1911년 3월 15일, 김현호에게 쓴 편지 소개.
89) 미국무부 문서번호 895.00/510. 성명회 취지서 즉 일제의 고국병탄 소식을 듣기 전의 것은
　　『신한민보』, 1911년 1월 18일에 소개되고 있으며 병탄 후의 것은 1월 25일에 소개되고 있다.

지방총회대표원은 한재명, 윤병구, 김성권 3씨가 피선되었으니 미주총회에서도
속히 대표원을 선발할 터이라 하더라.

라고 적혔으며 다음호『신한민보』(10월 5일)는 급기야 임시정부 구실을 하
는 기관의 조속설치를 촉구하고 있어 그 전문을 이곳에 옮긴다.

대한인(大韓人)의 자치기관(自治機關)

오늘 우리는 나라가 없는 동시에 정부도 없으며 법률도 없으며 일체 생명 재
산을 보호할 기관이 없으니 우리 동포는 즐겨 적국의 법률을 복종하여 원수의
소와 말이 되고자 하느뇨. 금일 이십세기는 그 정체(政體)(헌법공화)의 어떠한
것을 물론하고 자치제도가 정치상의 주안되는 문제라. 그 백성의 자치할 능력
이 있는 자—결단코 남의 기반을 받지 아니 하나니 오늘에 나라가 없어진 것도
우리의 자체제도가 완전히 못하였던 연고—며 내일에 국가를 회복함도 우리의
자치제도가 완전한 연후의 일이라. 그런고로 우리의 급급히 할 바는 일반국민
의 자치력을 배양하며 자치제도를 실행하는 데 있도다. 그 자치제도는 무엇을
가르침이뇨. 내가 나의 손으로 법률을 세우며 내가 나의 손으로 법률을 행하며
내가 나의 손으로 세운 법률을 지키며 내가 나의 손으로 행하는 법률에 복종하
여 결단코 타인의 간섭을 받지 않으며 타인의 절제를 당치 않는데 있나니 동리
에는 일동(一洞)의 자치가 있으며 고을에는 일군(一郡)의 자치가 있으며 일도
(一道)에는 일도(一道)의 자치가 있으며 나라에는 일국의 자치가 있을 것이라.
이는 제군의 목도하는 바 미국의 정치를 보더라도 가히 알 일이거니와 우리의
오늘 행할 바의 자치제도는 일동(一洞), 일군(一郡), 일도(一道)의 자치가 아니
요 이천만 국민의 자치를 목적하여 장래 신한국의 자치를 터잡는 일이로다. 내
가 돌아보건대 국내국외를 물론하고 순전한 대한정신으로 대한민족의 복리를
도모하며 대한국가의 명예를 회복하기로 독일무이한 목적을 정한 자 대한인국
민회(大韓人國民會) 밖에는 없을지니(강조는 인용자) 어젯날에는 비록 향파(鄕
派) 경파(京派)를 망설(妄說)하는 자 있었을지라도 오늘에는 대한인의 국민단체
를 위하여 헌신할지며 어젯날에는 원근경우의 형편이 달랐더라도 오늘에는 대

한인의 국민단체에 마음을 기울여 완전한 자치기관을 정할지어다. 입으로만 나
라를 사랑하는 자 결단코 애국자가 아니며 옳은 일에 찬성치 않는 자. 결코 군
자가 아니며 사사(私事)를 인하여 공체(公體)를 불고하는 자 결단코 대인이 아
니며 절박할 때에 한 번 일할 생각이 없는 자 결단코 남자가 아니라.

  내가 생각하건대 오늘에 대한인된 자는 뜻이 아니 같으려고 할지라도 아니
같을 수가 없는 사세라. 그런고로 시세의 변천함을 따라 일반사회의 방침이 또
한 크게 변천하는 현상이 발현되었나니 미주에 있는 동포는 국가에 대한 납세
(稅納)의 의무를 대신하여 사회에 공헌하기로 의논이 일치하며 하와이에 있는
동포는 국민회의 중앙기관을 속히 설립하기로 제의가 되어 유지제공(有志諸公)
의 의견이 일치하니 이로써 보건대 대한인국민회는 국가인민을 대표하는 총기
관이 확연히 되었도다. 이제 형질상의 구한국은 이미 망하였으나 정신상의 신
한국은 바야흐로 울흥(鬱興)하기를 시작하니 어찌 희망이 깊지 아니함이요, 고
로 본기자 이에 대하여 두어가지 의견을 제공에게 제창하여 연구하는 재료를
삼게 하노라.

  1. 중앙총회는 대한국민을 총(總)히 대표하여 공법상(公法上)에 허(許)한 바
     가정부(假政府)의 자격을 의방하여 입법 행정 사법의 삼대기관을 두어 완
     전히 자치제도를 행할 일.
  1. 내외국인이 신앙할 만한 명예있는 이를 받들어 총재를 삼아 중대사건을
     고문케 할 일.
  1. 회원과 아님을 물론하고 각국 각지에 있는 대한국민에게 그 지방 생활정
     도를 따라 얼마씩 의무금(義務金)을 정하여 전체 세입세출을 정관할 일.
  1. 일체 회원은 병역의 의무를 담임할 일. 다만 연령을 따라.

  당시의 『신한민보』 주필은 전(前) 북미지방총회장 최정익(崔正益)이었
으나 그의 문체가 아니고 이 글은 박용만의 특징적인 스타일이다. 필자의
추측으로는 1910년 여름 박용만이 가주(加州)를 순회하며 소년병학교의
기부금을 모집할 때 최정익을 만났고 그때 약속이 되어 글을 보냈고 그대
로 또는 최주필이 약간 손질하여 인쇄에 붙인 것으로 믿는다. 민주주의에

입각한 지방자치, 임시정부의 수립, 회원·비회원을 막론하고 법으로 구속
하고 의무금을 받아낸다는 구상과 그리고 '국민개병설(國民皆兵說)' 등 일
상 박용만의 주장하던 논점들이 모두 이상의 문장에 담긴 점들로 보아서
도 그렇게 믿는다. 그가 "대한인국민회는 국가인민을 대표하는 총기관이
확연히 되었도다. 이제 형질상의 구한국은 이미 망하였으나 정신상의 신
한국은 바야흐로 울흥하기를 시작하니 어찌 희망이 깊지 아니함이요."라
고 선언하였을 때 우리는 3·1독립선언문의 일 구절을 대하는 듯한 느낌이
없을 수 없다. 이 글은 3·1선언문보다 적어도 8년 5개월을 앞선 것이었다.
일제의 한국병탄 후에 갑작스럽게 분주하여진 중앙총회 강화 움직임은 드
디어 총회장의 선출단계까지 이르렀으니 하와이에서는 이미 대표들을 선
출하였고 미주에서도 좀 늦게 최정익, 황사용(黃思溶), 이병호를 선출하였
다.90) 중앙총회장 후보로는 쌍방 모두 최정익을 추천하였고 부회장 후보
로는 하와이쪽에서 한재명, 미주 쪽에서 이병호를 추천하였으나91) 결국
중앙총회장에 최정익, 부회장에 한재명으로 낙착되었다.92)

일운(逸雲)·우운(憂雲) 최정익(崔正益)은 평북 의주인으로 1874년생이
요 제물포에서 무역업으로 거부가 되었고 여관도 경영하였다. 1894년 박
영효(朴泳孝)가 사면받아 일본에서 귀국할 때 그의 여관에 숙박하였고 이
것이 인연이 되어 그는 박영효의 심복으로 관가에 등용되는 것이다. 1894
갑오년(甲午年)에 발탁되어 내부아문(內務衙門) 주사(主事)에서 육품(六
品) 승훈랑(承訓郎)으로, 또 삼품(三品) 내무아문(內務衙門) 참의(參議)로
있었고 1895년 4월 관제가 변경됨에 따라 내부(內部) 회계국장(會計局長)
에 6년간 근무하다가 여수, 돌산, 홍천, 정주, 순천 등지의 군수를 역임하
였다. 1903년 '당화(黨禍)'를 입어 입옥, 1904년 도일하여 와세다(早稻田)대

90) 『신한민보』, 1910년 11월 2일.
91) 『신한민보』, 1911년 1월 25일.
92) 『신한민보』, 1911년 3월 29일.

학에서 행정·법률을 공부, 다시 1906년 미국 상항에 건너가 안창호 등과
'공립협회(共立協會)'를 도왔다. 1909년 북미지방총회장, 1910년『신한민보』
사 사장 겸 주필, 동년 중앙총회장에 피택되었다.[93] 서북 변경의 상인출신
이었으므로 당시 상항 일대에 세력을 가지고 있었던 관서출신 교포 삼상
(蔘商) 등의 지지도 받을 수 있었겠고 중앙관계에서 큰 벼슬을 하였으므로
또한 소위 경파(京派)와도 잘 어울렸을 것으로 생각된다. 그는 관서 출신
임에도 흥사단에는 들지 않았다. 1914년 인삼장사차 호주, 뉴질랜드, 타히
티섬 등을 왕래하였고 1920년 동남아에서 귀국하여 박영효의 '민우회(民友
會)'에 참가하기도 하였다.[94]

(3) 박용만의『신한민보』주필 취임과 그의 '가정부(假政府)' 주장

박용만은 1911년 2월초에『신한민보』주필로 취임하였다 이것은 우선
'헤이스팅스병학교'의 선전에 크게 기여할 것이었고, 다음 그가 정치학을
공부하는데 매달 25달러 고정수입을 받고 논설을 써서 부칠 수 있다는 이
점이 있고 또 그의 정치관을 관철시키는 데 가장 유익한 전달수단을 얻어
그로서는 매우 충족한 가운데 글을 썼을 것이다. 박용만은 '한국'이란 호칭
보다 '조선'이 더 적합한 것이라 주장하였다.

2회에 걸쳐 연재한 「신민보씨(申民甫氏)의 원정」이란 해학 섞인 논설에
서는 '신민보(申民甫)'(新民報)라는 상항 사람이 한씨(韓氏)가 되어야 되는
지 조[趙(朝)]씨가 되어야 되는지 상제에게 원정을 올린다. 관련된 한국인
(韓國仁, 즉 한국사람)과 조선민(趙先民, 즉 조선사람)이 법정변론을 진술
한다. 연재는 여기서 중단하고 판결사 주필(朱弼, 즉 主筆)의 판결사유는

---

93) 『高宗實錄』卷33, 乙未 32年 4월 1일條. 또 후손 제공 家系譜 참조.
94) 그의 자손은 국내와 미주 쌍방에 퍼져 있어 학계, 의학계의 저명인사가 많다. 미주 독립운
동에 참가한 사가(史家) 최봉윤 교수도 그 일족에 속한다.

실리지 못했다. 아마도 『신한민보』를 『신조민보』로 고치자는 데 반발이 거셌던 모양이다.[95] 이런 경우에 박용만은 융통성있게 순응할 줄 알았던 것이다. 박용만은 또 국어교육에 큰 관심을 가지고 문장을 제시하고 여기에 옳은 철자법과 표기법을 쓰는 방법을 현상모집하여 공개도 하였다. 예를 들면 '발브니'가 아니라 '밟으니', '길게 널렸고'나 '길에 널이었고'가 아니라 '길에 널렸고'이며 '보히는 바라'가 아니라 '보히는 바―라'라는 등 박용만의 국어학에 대한 관심과 조예를 엿볼 수 있다.[96] 그의 국어학에 대한 관심은 그가 죽기 직전까지 지속된다. 그러나 우리가 이곳에서 관심을 두는 것은 그의 정치견해이다. 3월 29일 그는 약 5,500자의 대논설을 썼으니 제목은 「조선민족의 기회가 오늘이냐 내일이냐」이었으며, 조만간 미일 간에 전쟁이 일어날 것이라는 가정 위에 서서 어떻게 해외한인들이 준비를 하여야 될 것인지 논하였던 것이다.

만일 조선국민으로 하여금 완전히 조직체가 있어 사회의 의미로 이것을 유지하지 말고 곧 정치적 의미로 유지하여 의무와 권리가 명백히 분석되고 政事와 명령이 엄정히 실행되지 않으면 결단코 성공하기 어렵도다. 시방 외국에 나와 있는 동포들은 우리 국민회로 하여금 완전한 조직체를 허락하고 이만하면 나와 있는 동포들은 우리 국민회로 하여금 완전한 조직체를 허락하고 이만하면 무슨 일을 다 치를 것같이 생각하나 그러나 이는 아직도 사회적 조직이요 정치적 조직이 아니라. 그러므로 內地에 있는 동포는 고사하고 외국에 있는 사람도 한결같이 통일할 수가 없으며 또한 법률과 제도가 없어 政事와 令이 행하지 못하게 되니 이는 우리의 큰 한이 되는 것이라. 그러므로 우리 국민회로 하여금 사회적 범위를 떠나 정치적 지경으로 들어가 조선사람의 한 무형국가를 성립하지 않으면 큰 일을 건지기가 어려울진저.

즉 해외의 한인을 통일하고 결속시키려면 법, 즉 헌법을 만들어 정치적

95) 『신한민보』, 1911년 4월 19일과 26일의 논설 참조.
96) 『신한민보』, 1911년 5월 10일이나 5월 3일의 「국문교정」을 볼 것.

으로 여기에 복종시켜 무형국가 또는 가정부로 변신하지 않으면 안되겠다
는 이론이었다. 그는 계속하여 4월 5일자로 「조선독립을 회복하기 위하여
무형한 국가를 먼저 설립할 일」이라는 논설을 발표하여 같은 논지(Theme)
를 거듭 반복하여 설명하고 있다. 나 박용만이 아는 것, 이야기하고 싶은
것은 이것밖에 없다. 모두 들어달라는 신신부탁이었다.

나는 오늘날 정형을 가지고 장차 할 일을 연구하진대 우리의 가장 먼저 착수
할 일은 우리 국민을 일체로 정치적 제도로 조직하여 한 자치하는 실력이 있은
후에야 비로소 결과를 얻을 줄로 믿으며 또 이것을 하자하면 반드시 외국에 있
는 동포로부터 시작하여야 할 줄 아노니 이는 소위 박용만의 아는 것이 이뿐이
요 또한 『신한민보』의 붓을 잡을 때에 이 주의를 우리 동포에게 권고코자 함이
다. 그러므로 나는 정치 외에는 사상도 없고 정치 외에는 종교도 없고 정치 외
에는 학문도 없다고 자복하노니 이는 오늘날 입을 벌리고 크게 소리지르기를
우리 조선국민의 단체로 마땅히 사회적 제도를 변하여 정치적 제도로 조직할
것이라 함이라

그리하여 그는 우선 사회적 조직을 알기 쉽게 설명한다.

사회적 조직은 적은 수효의 사람이 모여 무슨 특별한 목적을 가지고 그 목적
하나를 성취하기를 힘쓰는 것이니 대저 총을 메고 칼을 들고 나의 원수와 사생
을 겨루는 자는 군인의 사회요, 붓을 잡고 글을 쓰며 국민의 풍기를 인도하는
자는 글하는 사람의 사회요, 그 외에도 십자가를 메고 천국의 복음을 전하는
자는 예수교인의 사회요, 한 조각배를 타고 만경창파를 건너는 자는 탐험가의
사회다. 그런고로 사회적 조직은 다만 한두 가지의 특별한 주의를 위하여 조직
한 것이니 그 회원이 한정이 있어 만일 뜻이 같지 않으면 그 회에 들지 않고 또
그 회에 들고자 하면 입회하는 청원서도 있어야 하고 보증인도 있어야 하고 그
외에 소위 규칙과 장정이 있어 한 적은 범위를 포함한 것이요 만일 또 어느 회
원이 그 회에서 자퇴하기를 청원하면 불가불 허락하여 일개인의 자유로 그 사
회 밖에 나서게 하는 것이니 이는 대강 사회적 조직의 성질이라

그러면 '정치적 조직'은 어떤 것인가?

소위 정치적 조직은 순전히 이에서 반대되어 특별히 한두 가지 목적을 주장하는 것이 아니라 곧 천만가지 일을 다 주장하며 이 사람 저 사람을 한정하는 것이 아니라 곧 일반同種을 다 포함함이니 여기 당하여는 入會 出會도 없고 청원서, 보증인도 없고 다만 일반 조선민족을 한 헌법 아래 관할하여 한 무형한 국가를 설립하자 함이니 가령 우리 시방 북아메리카와 하와이와 해삼위와 만주에 있는 조선사람들은 응당 이 사람 저 사람을 물론하고 누구든지 만일 조선 산천에 생장하여 조선사람의 성명을 가진 자는 다 일체로 그 공회에 속하게 하여 법률을 이같이 정하고 제도를 이같이 꾸며 뜻이 같든지 의견이 다르든지 감히 이 범위에서 벗어나지 못하나니 이는 소위 정치적 조직이다.

결국 박용만은 자기가 네브라스카병학교의 유지를 위하여 한인치고 네브라스카주 경내에 사는 사람은 누구든지 모두 네브라스카한인공회에 입회할 수밖에 없이 만들어 인두세(人頭稅)로 일년 3불씩 부과하였다고 공언(公言)하던 그런 실험을 범해외교포적으로 추진하자고 제창하는 것이고 "박용만의 가장 긴급한 문제"라고 선언하는 것이다. 이 논설의 긍정적 반응으로써 하와이의 일사생(一史生)은 「무형한 국가의 설립을 찬성」이라는 기고에서,97)

그런즉 중앙총회는 곧 가정부가 되어 행정기관의 머리가 되고 각 지방총회는 총독부가 되어 정부명령을 드리어 관할한 바 각 지방을 관할하고 또 각 지방회는 지방정청이 되어 민권을 總히 차지하고 자치제도와 대의제도로 헌법을 만들어 우리 인민된 자는 남녀노소를 물론하고 다 그 안에 있어 상당한 세납으로 동일하게 담당하여 가정부 국고금을 만들어 일만인을 다스리게 하고자 함이라. 나는『신한민보』기자의 의향을 이만치만 깨닫고 더는 모르나 그 발론한 바를 보면 대강이 그것이다.

---

97)『신한민보』, 1911년 5월 24일.

하였고 정한경(鄭翰景)과 같이 1905년 미국에 공부하러 온 이관영은 「조선 민족의 정치기관을 두어야 할 일」이라는 기고에서,[98]

　　이제 우리 조선종족이 살고자 하여도 위하여 살 땅이 없고 죽고자 하여도 위하여 죽을 곳이 없으나 그러하나 한 나라의 근본 되는 백성이 있은 즉 시방 당하여는 다만 완전한 정치기관 하나만 있으면 가히 토지를 다시 회복할지라. 하물며 우리는 시방 우리 몸이 곧 우리나라의 주권자요 우리 몸이 곧 백성이요 우리 재물이 곧 국고금이요 우리가 곧 정치기관의 원동력이라. 이것을 우리가 하지 않으면 결단코 우리를 대신하여 만들어줄 사람이 없고 만일 남이 나를 만들어주는 날에는 이는 곧 그 사람에게 붙은 사람이다.(중략)
　　소위 정치기관을 세우는 것이 외국에 있는 동포의 책임이라 함은 이 일을 먼저 우리가 시작하자 함이라. 어디서든지 의논을 일으켜 사람있는 곳마다 대표자를 뽑아 먼저 헌장을 만들고 다시 제도를 만들어 한 유형한 정부를 조직하여 한 무형한 국가를 만들지 나는 무슨 임군을 두거나 대신을 두자 하는 것이 아니라 다만 일반동포가 자치제도를 실행하여 정치법률로 기관을 만들고 그 기관으로 우리를 다스리게 하자 함이라. 말을 다 하지 못하여 그만 지치고 다시 후일의 기회를 기다리거니와 위선 손을 들고 입을 벌리고 크게 소리하여 "조선 종족의 새 정부 만만세"를 부르노라.

라고 하여 박용만의 거듭되는 임시정부조직론을 찬성하였다. 박용만은 여론을 일으키기 위하여 계속 밀고 나갔다. 5월 3일자 『신한민보』에서 그는 「정치적 조직에 대하여 두 번째 언론」을 발표하였는데 머리말로 "이 글에 본기자 충성을 다하고 아는 바를 다하여 우리 국민회원 전체와 일반 한인에게 간절히 고하는 것이라. 비록 글이 길고 말이 지리하여도 사람마다 다 한 번 읽기를 요구하며 구절마다 연구하여 가부를 판단하기를 원하노라." 말하고 나서 다시 다음과 같이 기록한다.

---

98) 『신한민보』, 1911년 5월 12일.

향자에 한 번 미주와 하와이 한인의 정치적 조직을 대강 말하고 그 후에 다시 의논을 연속치 못한 것은 이 글을 쓰는 자의 유감이라. 이제 다시 의논을 설명하여 여러 동포에게 가부를 듣고자 하노니 이는 『신한민보』의 붓대를 잡은 박용만의 가장 긴급한 문제로 아는 바요, 가장 긴요한 사건으로 아는 바요, 또한 박용만은 이 문제를 제하여 놓고는 비록 배를 가르고 간을 헤쳐 오장육부를 샅샅이 들쳐가며 오늘날 한국에 대하여 충성쓰는 것을 찾고자 하여도 실로 이에서 더 큰 것이 없는 줄 믿는 바라. 그런고로 나는 정성을 다하고 마음을 다하여 오늘날 조선민족은 마땅히 정치적 제도를 조직하여야 하겠고 또 이것은 마땅히 미주와 하와이 한인으로부터 시작하여야 하겠다 하노라.

정치적 조직을 실행하면 누구든지 무릇 조선 산하에서 생장하여 조선백성이라는 이름을 가진 자는 감히 이 범위 밖에 벗어나지 못하는 것이다. 만일 오늘날 우리가 나랏집이 무너지지 않고 정부가 성하여 있으면 하필 우리가 내지에 있으나 바다 밖에 있으나 정치적 조직을 의논할 바 있으리오마는 오늘날 당하여는 국가도 없고 정부도 없고 다만 국민만 남아있어 헤어진 백성이 이리 몰리고 저리 몰려 몇몇 사회로 성립한 고로 (중략) 우리가 독립을 위하여 싸우는 날에는 전도하던 자도 칼을 들고 나올 터이요 장사하던 자도 총을 메고 나오리라 하나 그러하나 이는 대개 이 글을 쓰는 자도 확실히 믿는 바이거니와 대저 독립전쟁을 누가 선언하며 그들을 누가 부르며 또한 그들을 누가 지휘하리오. 만일 누구든지 확실한 권리를 가지지 않고 그들을 부르고 지휘하고자 하면 그들이 나올런지 아직 모르거니와 설령 나온다 하여도 다만 오합지졸이라. 기강을 세울 수 없고 또는 그들이 원래 다 각 사회 각 단체의 사람인고로 그때에 당하여는 각각 대장이 되고자 하여 우리 원수와 싸우기 전에 우리 사회들이 먼저 싸울지라. (중략)

이제 우리 조선민족으로 말하면 이미 국가를 성립하여 사천여 년을 지켜왔거니와 사천 년 후에 나라가 한 번 망하고 사천 년 후에 우리 백성이 비로소 바다밖에 나온 것은 이는 하늘이 우리로 하여금 한 새나라를 만들게 함이라. 오늘날 나의 학식과 나의 안목으로 보는 바에는 북아메리카대륙은 한인의 새나라를 만드는 땅이 되어 장차 조선역사에 영광스러운 이름을 더하게 되고 또 북

아메리카대륙에 나온 한인들은 자기들의 새 政體를 조직하여 장차 조선헌법의
아버지들이 될 줄 믿노니 이는 내가 무당과 판수같이 덕담하는 것이 아니요 신
문주필이나 연설가가 되어 공연히 사람을 고동하는 말이 아니라. 만일 황천이
우리 백성으로 하여금 다시 성립되기를 금하시지 않으면 응당 우리가 조만간
한 무형한 국가를 성립할 터이요, 또 시방은 비록 발버둥이치면서 싫어하여도
장차는 성립되고야 말지니 만일 이렇게 안되면 조선이나 한국은 그 슬픔을 면
치 못할진저. (하략)

이 박용만의 임시정부 조직론은 당시에 받아들여지지 못했지만 결국
3·1운동이라는 거족적인 운동 끝에 성립되었다. 이 글을 쓰기 전후하여
박용만의 정치적 조직론에 대하여, "사방에 의논이 분분하여 혹은 환영하
고 혹은 의심하며 혹은 찬성하고 혹은 반대한다 하며 또 그뿐 아니라 어떤
이는 말하기를 우리가 천신만고를 지내고 이 사회를 조직하였는데 이것을
하루아침에 두들겨 부서면 몇 해 동안 힘쓰던 것이 허사로 돌아간다 하고
또 어떤 이는 의논하기를 단체의 조직은 이만하여도 일만 잘하면 그만이
라" 하였다고 한다. 그래서 박용만은 다음 호 『신한민보』(5월 10일)에 다시
「정치적 조직의 세 번째 언론」을 발표하였다.

그런고로 사회조직을 변하여 정치기관을 만드는 것은 오늘 있는 사회를 다
없이하고 다른 것을 조직하자 함이 아니라 곧 이것을 가지고 일하는 제도를 꾸
며 모든 일을 확장하자 함이니, 첫째는 오늘은 우리 사회에서 우리 회원만 관
할하나 장차는 바다 밖에 나온 한인을 관할하자 함이요, 둘째는 의무와 권리를
분간하여 자치제도를 실행하자 함이니, 이렇게 되는 날에는 사회 성립하던 전
일의 공력이 영원이 죽지 않고 도리어 영광스럽게 될 것이오. (중략)
가령 근일 정형으로 말하면 국민회의 중앙총회를 조직한다 하여도 이미 만
들어놓은 법률도 없고 무슨 차례를 정한 것도 없이 다만 총회장 하나만 뽑아
놓았으니 대저 총회장은 무슨 법률을 빙거하여 일을 처판하며 무슨 권리를 가
지고 일을 행하며 재정은 어디서 얻으며 명령은 누구에게 전하리오. 일은 원래

선후가 있는 것이거늘 법률은 정하지 않고 행정관부터 뽑아놓으니 일이 이렇게 두서가 없는 것은 과연 외국사람에게 대하여 부끄러운 일이라. 아마 사람들이 으례히 말하기를 중앙총회장을 뽑고 각임원을 조직한 후에 소위 규칙을 정한다 할지니 이는 다만 전제정치 아래서 생장하여 소위 백성의 정치상 권리라고는 통성도 못한 백성들이라. 대저 자기들이 법률을 만들어 놓고 쓸만한 사람을 뽑아 그 법률을 시행하기도 생각지 않고 다만 누가 법률을 만들어 가지고 와서 자기 머리 위에 씌워지를 기다리니 이것도 가히 독립한 백성이라 할까. (중략)

이 글을 쓰는 자도 시방 한손으로 법을 만드는 임원이요 한손으로 신문을 쓰는 주필이라 필경에는 한 가지 법을 만들어 놓고 응당 신문에 광포하기를 그 법을 잘 만들었다 하고 스스로를 칭찬할 터이니 이 어찌 일반동포에게 대하여 위험한 일이 아니뇨.

그런고로 나는 눈을 뜨고 보든지 감고 보든지 아메리카와 하와이 한인의 정치기관을 설립할 것은 만 번 긴급한 일이요 또한 단체의 세력을 확장하든지 백성의 지식을 발달하든지 첫째 정치적 조직이요 둘째 정치적 조직이라 여러 동포는 의심과 의혹을 풀고 한 번 다시 연구할지어다.

이상과 같이 박용만은 정치적 조직 즉 해외동포를 규제하는 임시정부의 필요성을 역설하였고 5월 17일, 24일, 31일은 「정치적 조직의 계획」이라는 제목으로 그의 논점을 부연하여 석 달에 걸친 임시정부 조직론 캠페인을 종결짓는다.

정치적 조직의 계획

정치적 조직의 완전한 제도를 말하려면 먼저 그 대강령의 계획을 인도함이 필요한지라. 그 주밀하고 자세한 방법을 한 번에 다 말할 수 없으나 그러하나 그중에 가장 긴요한 것은

· 첫째, 외국에 나온 조선민족을 마땅히 무형국가와 무형한 정부 아래 통일할 일.

· 둘째, 완전한 헌법을 정하여 일반 한인이 법률상 공민이 될 일.

· 셋째, 사람마다 의무를 담당하고 권리를 이용하게 할 일.

· 넷째, 정치적 구역을 나누어 행정기관이 효력을 얻게 할 일.

· 다섯째 중앙총회로 권리를 모아 법률을 의지하여 호령이 실행케 할 일.

소위 외국에 있는 한인을 무형한 국가와 무형한 정부 아래 관할하자 함은 대저 사람은 정치상 동물이라 정치에서 나서 정치에서 자라 정치에서 죽는다 하나니 그런고로 사람이요 정치상 범위를 벗어나면 곧 인류에 참례치 못함과 같은 바라. 일찍이 들으매 영국사람들은 서로 말하기를, 어디 가든지 배와 차를 타거든 下等에 들지 말고 어디가든지 세 사람 이상만 되거든 정치제도로 조직하고 살라 한다 하니 이는 영국사람의 상말에 지나지 못하는 것이나 그 나라 백성의 고상한 성질과 귀중한 인격을 가히 알겠도다. 시방 우리 한인이 외국에 있어 정치적 조직이 왜 긴요한 것을 말하자 하면 첫째는 우리가 나라를 잃고 정부가 없어 이천만 인민이 낱낱이 헤어졌으니 우리가 만일 아주 망하고 말고자 하면 그만두려니와 만일 국가를 다시 세워 완전한 독립국 백성이 되고자 하면 마땅히 그 터를 닦아야 할지라. 하물며 이때에 우리의 생명을 위하고 우리의 재산을 위하여 공사나 영사나 다리 저는 병정 하나도 없어 천지 간에 한 미물이 되었으니 이것을 만일 그대로 두고 있으면 완전한 사회는 고사하고 일개인도 능히 부지치 못할지라. 시방 사람마다 흔히 말하기를 이 사회만 부지하여도 오늘일은 넉넉히 한다 하나 나는 아주 끊어 말하되 오늘부터 1년, 2년, 3년만 지나면 이 사회를 부지치 못한다 할지니 원래 단체는 한두 사람의 열성으로 되는 것보다 천 명 백 명의 법률상 단합력으로 되는 것만 같지 못한 바라. 이제 국민회의 회원명록을 보면 그 수효는 몇백 명 이상이나 그러나 그중에 참으로 회원노릇을 하는 사람은 과연 얼마나 되느뇨. 그런고로 시방은 그 낙심하고 진저리쳐서 나앉은 사람을 다시 쓰고자 하면 이전과 같이 좋은 말로 고동만 하여도 되지 않고 추어주어도 할 수 없고 오직 새 조직과 새 정신으로 잘난 사람 못난 사람없이 일체로 법률상 범위에 들어앉아 각각 책임을 다할 뿐이니 이는 소위 무형한 국가와 무형한 정부를 성립함이다.

소위 무형한 국가로 이름을 짓는 것은 원래 국가의 성립은 백성과 토지로 기초를 삼고 법률과 정치로 집을 만드는 것이다. 그러하나 시방 우리는 백성은 있고 토지는 없어 불가불 남의 토지 위에 집을 지을 수밖에 없는 고로 무형한

국가라 함이니 이것을 성립하는 날에는 법률과 정치제도를 꾸며 일반 한인이
다 그 안에 살고 누구든지 회원이니 회원이 아니니 목적이 같으니 목적이 다르
니 할 것 없이 회원 되기를 권할 것도 없고 회원 안 되기를 생각도 못할 것이
다. 이 무형한 국가를 설립하는 제도와 일반 한인을 통합할 방법은 아래 몇 조
목을 다 읽으면 거의 요령을 얻을듯.

소위 완전한 헌법을 만들어 일반한인이 법률상 공인이 되게 한다 함은 시방
우리의 쓰는 바 소위 章程이다, 규칙이다 하는 것은 다만 사회의 한 부분을 포
함하여 적은 사무를 다스리는 기관일 뿐더러 그것도 오히려 완전치 못하여 매
양 일을 당하여 두서를 차리지 못하는 것을 보았으며 일을 하고자 하여도 규칙
을 정한 것이 없어 주저하는 것도 본 것이 있는 바라. 그중에 제일 흠점은 회원
이 되고 안 되는 것을 방한하고 또 회원이요 아닌 것을 구별하여 나의 회원이
아닌 자는 곧 적국으로 보게 된 것이라. 오호라 오호라 나라를 잃은 백성이 외
로운 자취를 만리 타국에 붙이고 어찌 너와 나를 분간하여 서로 다른 길을 잡
으리요.

이제 완전한 헌법을 정하자 함은 첫째 각 지방이 정치적 제도로 자치제도를
실행하여 정치상 근본적 권리를 각 지방이 가지고 또 각 지방이 몇몇 부분의
권리를 사양하여 중앙공회를 조직하되 중앙공회와 각 지방과, 또 각 지방과 각
지방 사이에 서로 반대되는 일이 없이 중앙헌법과 지방헌법을 한정이 있게 만
들어 필경에는 일반한인이 법률상에 공민이 되며 무슨 일에 홀로 억울함을 품
지도 않게 하며 잘난이와 못난이를 물론하고 법률 안에서 한 가지로 걸어다니
고자 함이니 이는 오늘날 미국헌법의 제도라. 그런고로 오늘 미국에 나온 영국
공사 프라이스는 말하기를 미국헌법은 완전무결하여 대통령과 일반 행정관 되
는 사람이 비록 투철한 영웅이라도 별수가 없고 어리석은 미물이라도 상관이
없다 하니 이는 법률의 효력이라. 나는 이제 우리의 제정하자는 법률을 이렇게
되기까지 원하는 것은 아니나 시방 우리의 하는 일은 하리만치 만들어놓자 함
이라. 헌법은 원래 자기를 다스리는 법을 자기가 만들어 이것을 어느 사람에게
맡겨 명백히 해석하게 하고 또 이것을 어느 사람에게 맡겨 확실히 실행하게 함
이라. 만일 나를 다스리는 법을 다른 사람이 만든다거나 그렇지 않으면 남이
법을 만들어다가 나에게 덮어씌우면 이는 문명한 사람의 부끄러워하는 일이요
또한 목숨을 내놓고 저항하는 바라. 우리가 시방 안으로는 일인이 법을 만들어

다가 덮어씌우고 밖으로는 사회에 주권자들이 법을 만들어다가 덮어씌우면 이는 어느 날이든지 독립할 만한 백성은 되지 못하는 것이라. 이제 이 말을 하면 혹 사회에 임원된 이들이 일변 의심하고 일변 원망할 듯하나 그러하나 나는 도리어 이 책망을 일반 동포에게 드리는 바니 대개 사회에 회원이 되어 자기들의 할 일을 자기들이 재촉하지 않은 즉 임원들은 응당 자의로 행동하여 그들의 말하는 바가 곧 법이 되고 그들의 행하는 바가 곧 법이 되는 것이다. 누구를 원망하며 누구를 한탄하리요. 만일 사람마다 법률상 공인이 되어 법률을 의지하여 일하면 다 각각 상당한 책임을 지는 고로 매사에 질서가 분명할 뿐더러 또한 비록 임원이나 회원이 잘못하는 일이 있을지라도 가히 법률을 가지고 다툴지라. 이제는 대개 보건대 어느 임원이 잘못하는 거동이 있으면 묻는 것은 없으니 이는 어디로 보든지 어리석은 일이다. 그런고로 완전한 헌법이 성립한 후에야 능히 시비도 갈리고 흑백도 드러나고 의무도 알고 권리도 사랑하고 명령도 서고 정사도 행할지라. 만일 법률을 만든 것 없이 다만 대대로 어진 군자가 와서 우리를 다스리는 사람이 되기를 원하면 그 사람이 과연 끊어지지 않고 차례로 들어올런지 기약치 못할 바라. 오호라, 한때에는 堯舜禹湯文王武王 같은 이가 있었어도 또 한때에는 夏桀商紂幽王厲王 같은 사람이 있었도다.

소위 사람마다 의무를 담당하고 권리를 이용한다 함은 이는 정치적 조직에 가장 정신박힌 곳이요 또한 오늘날 우리 사회의 큰 폐단을 덜고 큰 이익을 가져올 것이다. 그런고로 이미 말한 바 첫째 조목에 일반한인이 무형한 국가의 관할을 받자 한 것도 이것을 하자 함이요, 둘째 조목에 일반한인이 법률상 공인이 되자 한 것도 이것을 위하여 말함이요, 또한 이 아래 말한 바 정치적 구역을 나누고 중앙총회로 권리를 모으자 함도 이것을 위하여 의논함이라. 그런 즉 정치적 조직을 완전히 하고 못 함은 다만 이 조목을 실행하는 여부에 있다 할지로다. 의무와 권리는 글은 비록 두 가지라도 그 쓰는 바는 항상 한 곳으로 돌아가나니 만일 의무를 다하지 않으면 권리가 없고 권리를 쓰고자 하면 의무를 다하는 것이다. 그런고로 오늘 세계의 소위 문명한다 하는 백성과 부강하다 하는 나라는 다 의무와 권리의 분간을 알아 죽을 지경이라도 의무를 저버리지 않고 죽을 지경이라도 권리를 내버리지 않는 까닭이라. 사람이 의무와 권리를 등한히 알면 어찌 나라를 보존하며 집을 거두며 또한 자기 몸이 어찌 인류사회에 동물이라 하리오.

청컨대 묻노니 우리 조선민족은 이미 조선국가를 망하게 만들 때에 의무와 권리를 얼마나 알았으며 또한 장차 조선국가를 회복하려면 의무와 권리를 얼마나 알아야 하겠느뇨. 이것을 가지고 바꾸어 말하면 조선민족의 자유와 조선국가의 독립은 조선백성이 확실히 의무를 다하고 확실히 권리를 쓸 줄 안 연후에야 희망이 있다 함이라.

이제 아메리카와 하와이 한인의 정치적 조직에 대하여 의무와 권리를 의논할진대 대저 한 나라에 대하여 백성의 의무는 그 백성이 군대에 종사하여 그 나라를 보호하는 의무가 있고 그 백성이 부세를 물어 그 나라의 경비를 지탱하는 의무 있으되 오늘날 우리의 의논하는 바는 한 무형한 국가라. 그런고로 군인되는 의무는 스스로 벗어지고 다만 한 부세 무는 의무밖에 없으니 이렇게 된 것이 우리의 다행은 아니로되 오늘날 책임은 가벼운 것이다. 가령 이것까지 면하여 천지간에 한 恣行恣止하는 백성이 되고자 하면 그것이 옳으뇨, 그르뇨?

이렇게 논하여 나가면서 그는 의무와 권리에 대하여 누누이 설명하면서 무형국가론을 재론한다.

만일 오늘날이라도 우리가 정치적으로 조직이 되어 일반한인이 무형한 국가에 처하면 소위 출회와 입회는 무엇이며 또한 公會에서 벗어나 혼자 놀고자 하면 그 장차 어디 가리오. 그런고로 정치적 조직이 긴요하고 또 만일 일정한 헌법이 있어 각각 권리를 분간하면 하필 원통함을 풀고 한을 머금고 사사로이 홀로 송사하리오. 그런고로 정치적 조직이 긴요한 것이오. 또는 사람마다 책임을 담당하고 권리를 사용하면 전체의 힘으로 기관을 불릴지니 그런고로 정치적 조건이 긴요함이라. (中略) 만일 이것을 하자면 먼저 헌법을 만들어 일반한인을 한 정부 아래 들어세운 후에야 성공할지니. (中略)

그런고로 시방 긴요한 문제는 국민회에서 미주와 하와이군도를 정치적 구역으로 나누어놓고 독립한 원위(元位?)를 세워 각각 대표자를 들어 새 법률을 제정하게 하여 모두 일동한 주의 아래 서게 할 일이라. 그 둘째로 말하면 각 지방구역을 나누고 원위를 세움으로 행정기관이 효력을 얻게 되나니 만일 우리가 오늘 정치제도로 조직하면 무릇 미주와 하와이에 있는 사람은 어디 가든지 (만일 자기가 혼자 가서 살지 않으면) 누구든지 한인으로 보고 누구든지 국민회 무형한국하에 사람으로 알지라. 당신이 회원이냐 아니냐 묻는 말이 없을지며 오직 묻는 말은 그 지방임원들이 그의 의무를 묻고 권리를 허락할 뿐이라. 그 의무는 여기 가도 다하고 저기 가도 다하게 되는 고로 각 지방 행정임원들은 필요한 경우를 따라 이리저리 遷轉하는 사람에게 執照와 증서를 발행하여 행정기관이 민첩하게 할지니 이런 경우를 당하여는 이미 정한 법률이 있고 행하는 규모가 있는 고로 어느 사람이든지 그 법률과 그 규모에서 도망치 못할지라. 만일 정치상 범위에서 도망치 못하면 이는 행정기관의 효율을 산출함이로다.

마지막 단계로 그는 중앙총회에 대하여 다음과 같이 논한다.

소위 중앙총회로 권리를 모으라 함은 정치조직을 완전히 할 때에 가장 긴요한 사건이니 아주 끊어 말하면 지방조직이 얼마나 튼튼하든지 만일 이것이 아니면 아무 효력도 없는 것이라. 근세의 여러 나라의 정부기관 발달한 역사를 보면 어느 백성이든지 소위 자유를 주장하여 중앙집권을 반대치 않은 자 없는 바라. 그런고로 처음에는 다 중앙정부에 권리주기를 싫어하여 한 잔약한 기관을 만들어 놓았다가 필경에는 큰 이해를 당한 후에야 고치기를 시작한 것이다. 대저 다른 나라는 고사하고 우리의 시방 몸을 의지한 땅 미국정치의 발달을 보면 당초에 여러 식민지들이 다 각각 정치제도로 조직하고 다 각각 자유독립을 누려 한편으로 보면 완전한 독립국 백성이 되었거니와 마침내 일이 있는 날을 당하여는 중앙주권이 없어 아무 일도 하지 못하고 전후에 낭패를 당하였으니 이는 그때에 각 지방이 자유를 너무 숭상하여 겨우 연합은 하였으되 통합은 못한 까닭이요 또는 미국뿐 아니라 오스트레일리아와 캐나다와 서서國과 其外에 또 여러 백성들이 다 이 계제를 밟았나니 나는 우리도 이 계제를 한 번 넘어가기를 원하는 바라.

시방 우리로 하여금 독립전쟁을 시작하는 지경이라도 명령이 한 곳에서 나서 한 호령 아래 복종치 않으면 능히 성공치 못할뿐더러 위선 질서가 문란하여 우리 단체를 우리가 스스로 부지치 못할지라. 그런고로 정치제도를 조직하여 완전한 기관을 사용하자 함이라. 만일 헌법을 세우지 않으면 어찌 무형한 국가

를 성립하며 만일 권리를 분간치 않으면 어찌 의무를 담당하기를 요구하며 또
한 만일 행정기관을 완전히 만들지 않으면 어찌 무슨 일에 성공하기를 기약하
리오. 나는 이만치 말하고 다시 후일 기회를 기다리노라(完).

그의 「해외정치론」은 5월달 다섯 번에 걸쳐 『신한민보』에 연재되었다.
다시 석달 후 8월 23일 「재외동포의 통일과 인구조사」에서 국민회의 정통
성문제를 들고 나섰다.

국민회가 현금에 행하는 사위를 가지고 보면 국민의 일부분 되는 단체에 지
나지 못하고 다시 내외 일반동포의 허락하에 신앙하는 점으로 보면 그 범위는
大韓의 후신이라 하여도 과언이 아니다. (中略) '국민회'는 다만 국가의 일부분
되는 적은 단체가 아니오, 한때 시세가 제조한 단합력이 아니라 곧 우리나라의
여러 천년 相傳하는 역사적 國粹가 오늘 신세계의 문명한 공기에 감응하여 잉
태한 결정체이니 속에 이 단체를 정밀한 연구력과 완전한 방법으로 발휘하여
확장할진대 그 힘은 넉넉히 한반도를 보전할 것이오, 그 정신은 족히 동양의
평화를 담보하리라 하며 또 우리 회에서 무슨 일을 경영하든지 무슨 방법을 취
하든지 다만 다소 속박되는 바는 힘이 아직 부족한데 그칠 뿐이오 결코 어떤
제한이 있어서 못한 일은 한가지도 없을 줄 믿노라. 그런즉 우리 일반회원은
다 대한제국 국민이요 모든 대한제국 국민은 다 '국민회' 회원이니라.

그런데 한 달 후의 그의 논설을 보면 그전의 것들에 비교하여 좀 위축되
고 있음을 발견한다. 즉 9월 20일의 논설 「국민적 상식을 비(備)하라」는 다
음과 같이 적고 있다.

향일에 창도한 바 정치적 조직이란 문제를 本記者로서 해석할진대 이는 국
민회의 명칭을 변하여 무슨 '國'이라 하자는 것도 아니오 오늘 조직체를 변하여
'政府'라 칭하자는 것도 아니오 그 會名과 조직체는 의연히 그대로 있어 그러하
되 회원에만 定限한 협착한 길을 고쳐 일반동포로 하여금 정사에 참여하게 하

자는 뜻이니 이는 다만 국민회의 章程을 다소간 변경하여 입법·행정·사법 세 길을 완전히 하자는 뜻이다. 그런고로 이 문제를 실행키 위하여 중앙총회에서 헌장을 기초하는 중이니 이 기초하는 헌장이 준공되는 날에는 일반동포의 의견을 거두어 실행할 뿐이라. (중략)

계속하여 그는 민주적 절차에 따라서, 또 자신들이 제정한 법률에 따라서 최고 영도자를 선출하고 가정부의 체제를 완성하자고 거듭 촉구하였다.

그런고로 우리 新韓國民은 전일에 몇 사람의 손으로 농락하던 전제정치를 박차고 춤받아 이 세상에 용납지 못하게 할 것이오 일반인민의 사상을 통괄하여 국민의 정신을 대표할만한 자로써 정사를 행케 하여 일반국민이 공식으로 인정하는 법률은 우리가 스스로 제정한 법률이니 우리가 스스로 복종할 의무가 있는 줄을 깨달은 연후에야 그 가운데서 가정부가 변하여 眞政府가 되어 무형한 국가가 자라서 유형한 국가가 될지니 우리는 각각 우리의 예비할 바를 먼저 예비하여 우리의 실행할 바를 먼저 실행함이 옳도다.

박용만이 『신한민보』 주필로 있을 때가 가장 흥미있는 편집과 기획을 가졌다고 보겠는데 그가 재임 중 쓴 논설의 제목과 날짜는 다음과 같다.

1911년 1월 11일 이 글을 쓰는 자의 회포
2·8.　　　　조선민족의 생활문제
2. 15.　　　　미국 캘리포니아주 정부의 새 정책
3. 1.　　　　조선국문의 前程
3. 8.　　　　조선민족에 대하여 『신한민보』의 관계
3. 15.　　　　합중국과 멕시코
3. 22.　　　　40명 동포의 잡힘과 서양선교사 고발한 사건에 대하여
3. 29.　　　　조선민족의 기회가 오늘이냐 내일이냐
4. 12.　　　　조선의 워싱턴이 누구뇨

(4) 중앙총회 제1차 대표원 의회

1911년 3월에 중앙총회장에 최정익(崔正益), 부회장에 한재명(韓在明)이 취임하고 임원은 8월에 총무 김성권, 서기 강영소, 재무 주원, 학무원 방화중(邦化重), 법무원 이병호, 외교원 이순기로 결정되었고[99] 박용만은 국민

---

99) 『신한민보』, 1911년 8월 16일.

회 헌법 개정안의 기초를 맡게 되었다.[100] 박용만은 11월 초에 『신한민보』 주필자리를 내놓고 동부로 여행을 떠나 시카고, 뉴욕, 워싱턴을 다녔다가 네브라스카주립대로 돌아가서 마지막 학기에 전력을 다하여 학사 학위를 획득하고 중앙총회 대의원회를 마치고 하와이 『신한민보』 주필로 초빙되었다.

중앙총회 제1차 대표회의는 1912년 11월 8일에 상항에서 개최되었다. 박용만이 『신한민보』를 주관하고 있을 때 특별히 시베리아·만주의 '국민회' 보도에 열을 올려 1911년에서 12년까지는 시베리아의 만주지방의 국민회 지부가 매우 흥왕하던 때였다. 김원용은 중앙총회 산하에 북미, 하와이, 시베리아, 만주 4처의 지방총회가 있어서 각기 차지하였고 도합 116처의 지방회가 있었는데 시베리아 16처, 만주 8처의 지방회가 있었다고 쓰고 있다.[101] 그렇지만 1912년 10월 18일자 『중앙총회보(中央總會報)』에 의하면 시베리아지방총회는 둘로 증폭되어 도합 21개 처에 중앙총회 직접관할 5처 또 기타 지방회가 있었으니 그 명단은 다음과 같다.

- 水淸지방총회 : 中興, 紅石洞, 新英, 石炭鑛, 勝地, 新豊, 眞英, 東湖, 황구동, 십여촌, 우지미, 만춘(이상 12지방회)
- 시베리아지방총회 : 치타, 花發浦(하바로브스크), 이르크츠크, 거라츠나엘, 黑河, 상우진, 토옴(톰스크), 철야빈, 미영(이상 9지방회)
- 만주지방총회 : 할빈, 石頭河子, 橫道河子, 穆陵, 三姓, 海拉爾, 滿洲里, 박극도(이상 8지방회)
- 중앙총회 직접관할 : 별음츠크, 오소리灣, 蘇王營, 高麗개, 주연(이상 5지방회)

---

100) 『신한민보』, 1911년 9월 13일을 보면 병학교가 방학되었으므로 박용만 주필이 桑港에 온다고 보도하고 이어 "전보를 본즉 본회 헌법개정안을 기초하여 중앙총회임원의 의견을 교환하여 안건을 완성한 후 대표회의에 제의할 것이다."라고 적혀있다.
101) 김원용, 앞의 책, 110~111쪽 참조.

여기에다 신한동(新韓洞), 야리석개 지방회 이름이 신문지상에 나오고 있으며 러시아수도 페테르스부르그 부근에는 이위종(李瑋鍾), 최광, 김승환, 김윤칠, 박양호, 리지성, 김봉주, 서초, 최렬 등이 국민회원이 되었다고 보도되고 있다.[102] 또 1912년 11월 4일자『상항지방회보(桑港地方會報)』를 보면 중국혁명군에 관여하고 있었던 한국인들이 남경(南京)에서 국민회로 입회한 보도가 있었다. 즉,

> 김규극 現住 中國 南京 第一軍講武學(당)
> 권 택 同上
> 홍윤명 동상
> 리태준 現住 중국 남경 기독마림의원
> 김천희 現住 중국 남경 同盟會지부
> 홍학구 現住 중국 남경 도독부

이렇게 대한인국민회(大韓人國民會) 회원의 분포는 만주, 연해주, 중부 시베리아, 러시아 수도, 새로 생긴 중화민국 수도 등 한인이 사는 곳에는 어디나 조직되곤 하여서 명실공히 유일무이한 한인의 세계적 조직체가 되고 있음을 본다.

이러한 추세하에서 입법기관으로서의 제1차 대의원회의가 상항에서 소집된 것이었다. 북미지방총회의 대표는 이대위(李大爲, 의장), 박용만(朴容萬), 김홍균(金洪均), 하와이지방 총회대표는 윤병구(尹炳求), 박상하(朴相夏), 정원명(鄭源明, 불참), 만주지방 총회의 대리대표는 안창호(安昌浩), 홍언(洪焉), 강영소(姜永昭)가 맡았다.[103] 이들을 맞이하면서『신한민보』의 사설은 한국 4천 년 역사 이래 처음으로 민주적으로 참정권이 이루어지는 신성한 회의가 된다고 강조하였다.

---

102)『신한민보』, 1912년 10월 18일.
103)『신한민보』, 1912년 12월 9일. 또 김원용, 앞의 책, 107~111쪽 참조.

우리 과거 역사를 말하건대 국가는 있으되 인민은 없었도다. 소위 법률은 군
주의 명령뿐이요 소위 정치는 귀족의 발호뿐이라 그 참정권 없는 인민을 가르
쳐 어찌 국민이라 할 수 있으리오. (중략) 우리 회는 곧 국가의 주체되는 국민
의 자격을 확충하는 국민양성소이요 사천년대에 비로소 세운 바 우리 민족의
자치를 실행하는 기관소라 하여도 과격한 말이 아니로다. (중략) 우리의 판도
는 이미 타국의 영토가 되고 우리의 인민은 이미 異族의 노예가 된 오늘날에
대한민족의 자치기관은 다만 우리 국민회며 대한국민의 전도행복을 지어내는
立法院은 다만 우리 대표원들이라. 어찌 그 자격이 신성하지 않으며 그 책임이
신중하지 아니하리오.

개회식은 11월 8일 오후 8시에 상항 페리가에 있는 국민회관에서 거행
하였는바 총회장 최정익의 임석하에 의장 이대위가 사회하여 "먼저 국기
를 향하여 최경례를 행한 후 방참(傍參)한 회원 일동이 애국가를 높이 불
러 가장 엄숙한 예식을 지냈으며" 의사진행은 민주적 방식으로 "매일 오전
에 사석으로 회동하여 담화간에 의견을 교환하고 오후에 정식 개회하여
의안을 결정하였는데 당지에 재류하는 일반회원은 시시로 방청석에 참여
하여 의견을 진술하였다."[104] 11월 20일 중앙총회 선포문이 박용만에 의하
여 작성되었다고 하는데[105] 그 내용은 그가 『신한민보』에 거듭 발표하던
주지(主旨)를 정리하여 발표한 것으로 추측된다. 이것은 역사적 선언문이
므로 이미 똑같은 구절들이 『신한민보』 논설들에 있음에도 불구하고 아래
에 옮긴다.

중앙총회 결성 선포문 (기초위원 박용만)

오늘 우리는 나라를 잃었고 우리의 생명과 재산을 보호하여줄 정부가 없으

---

104) 『신한민보』, 1912년 12월 9일.
105) 김원용, 앞의 책, 106~110쪽.

며 법률도 없으니 동포 제군은 장차 어찌 하려는고. 제군이 왜적의 정부와 법률에 복종하려는가 이는 양심이 허락되지 않아서 못할 것이니 우리가 스스로 다사리고 다사림을 받을 기관이 있어야 할 것이다.

이 시대의 정치는 자치제도가 정치의 주안이오 어느 백성이나 자치 능력이 없으면 기반을 받게 되나니 나라가 없어지는 것도 그 백성의 자치능력이 완전하지 못한 연고이며 잃었던 나라를 회복하는 것도 그 백성의 자치력이 완전하여야 되는 것인즉 우리는 우리 사회에 자치제도를 실하여 우리의 자치력을 배양할 것이다.

우리가 목도하는 미국의 정치를 보라. 동과 군과 도에 각기 자치가 있어서 그 직분을 이행하며 동시에 중앙에 국가 자치가 있으니 이것이 민주 독립 국가의 제도이다.

우리는 나라가 없으니 아즉 국가 자치는 의론할 여지가 없거니와 우리의 단체를 무형정부로 인정하고 자치제도를 실시하여 일반 동포가 단체 안에서 자치제도의 실습을 받으면 장래 국가 건설에 공헌이 될 것이다.

지금 국내와 국외를 물론하고 대한정신으로 대한 민족의 복리를 도모하며 국권 회복을 지상 목적으로 세우고 그것을 위하여 살며 그것을 위하여 죽으며 그것을 위하여 일하는 단체가 어데 있는가. 오직 해외에 대한인국민회가 있을 뿐이오 그 외에 아모리 보아도 정신과 기초가 확립된 단체를 찾어볼 수 없는 것이 현상이다.

어제까지 정신과 단결력을 손상하며 분립하려는 망동과 파란이 없지 않았으나 오늘부터는 큰 것을 위하여 적은 것을 희생하며 과거의 폐단을 쓸어 바리고 마음을 한곳으로 기우려서 '대한인국민회'로 하여금 해외 한인의 자치기관이 되게 하여야 살 길을 찾을 것이다.

대한인국민회가 중앙총회를 세우고 해외 한인을 대표하여 일할 계제에 임하였으니 형질상 대한제국은 이미 망하였으나 정신상 민주주의 국가는 바야흐로 발흥되며 그 희망이 가장 깊은 이때에 일반 동포는 중앙총회에 대하여 일심 후원이 있기를 믿는 바이다.

(一) 대한인국민회 중앙총회를 해외 한인의 최고 기관으로 인정하고 자치제도를 실시할 것.

(二) 각지에 있는 해외 동포는 대한인국민회의 지도를 받을 의무가 있으며

대한인국민회는 일반동포에게 의무 이행을 장려할 책임을 갖일 것

(三) 금후에는 대한인국민회에 입회금이나 회비가 없을 것이고 해외 동포는 어느 곳에 있던지 그 지방 경제 형편에 의하여 지정되는 의무금을 대한 인국민회로 보낼 것이다.

一九一二년 一一월 二〇일

대한인국민회

　　북미지방총회　　　대표 리대위, 박용만, 김흥균

　　하와이지방총회　　대표 윤병구, 박상하, 정원명

　　서백리아지방총회　대표(통신) 김병종, 유주규, 홍신언

　　만주리아지방총회　대표대리 안창호, 강영소, 홍언

결의안

(一) 대한인국민회 중앙총회를 설립하여서 각지의 지방총회를 관리하며 독립운동에 관한 일체 규모를 중앙총회 지도에 의하여 행사하기로 함

(二) 중앙총회 헌장을 기초하여 규모 일치를 도모함.

(三) 국민회 회표를 만들어 일반 회원에게 분급함.

(四) 국민회 회기를 제정하되 각 지방총회마다 그 모형을 달리하여 각기 지방을 대표하게 함.

(五) 중앙총회에 대한 지방총회의 의무금은 매년 二〇〇딸라로 정함.

그런데 김원용은 이 회의에서 5항목의 결의안이 통과되었다고 기록하였는데, 이 기록과 당시 『신한민보』에 기재된 「의사록결의안」을 대조하여 보면 김원용의 기술에는 큰 착오가 있음을 발견한다.[106] 지금 『신한민보』 기재에 의하여 그 결의안의 변모를 살핀다(가나다… 항목).

---

[106] 『신한민보』, 12월 9일의 「대표회의의사초록」에 의하면 지방총회의 분담금이 하와이에서 1,500달러, 北美에서 350달러, 원동 3지방총회에서 150달러라고 기록하였는데 반하여, 김원용 책은 각각 200달러씩이라고 되어 현실감이 없다. 추측건대 취재메모가 국민회기록당에 혼입하였고 이것을 잘못 인용한 것으로 생각된다. 또 결의안도 5가지에 국한된 것이 아니었다.

가. 현행하는 章程을 수정하여 헌장 76조목을 제정한 일.

이 수정헌장은 『신한민보』에서는 볼 수 없는 것이지만 다행히 일제정보 문서 중에 포함되어 있어 그 내용을 알 수 있다.[107] 이 헌장이 1909년의 장 정과 다른 점은 많지 않는데 다음과 같은 것들이 있다.

제1장 총칙의 제1조 "본회는 대한국민으로써 성립하며 명칭은 대한인국 민회라 칭한다"는 대한인이면 모두 회원이 될 수밖에 없다는 확대해석의 여지를 주면서 애써 애매하게 표현한 것이 아닌가 한다. 제2조 "본회의 목 적은 교육과 실업을 진발(振發)하며 자유와 평등을 제창하여 동포의 영예 를 증진하고 조국의 독립을 회복하는 데 있다"는 어구상 약간을 제외하고 장정과 거의 같다. 실은 헌장이 일국의 헌법이 되려면 이 조항이 확장되어 강령 비슷하게 되어야겠는데 그렇지 못하였다. 자유와 평등을 제창하니 여기에 남녀평등, 계급의 타파 등등이 들어갈 것이며 교육과 실업을 앞세 우고 조국의 독립을 회복하는 데 최종 목적을 두었으니 무언중 군사면의 의무도 포함시키는 것으로도 간주된다. 이 수정헌장의 가장 중요한 곳은 제7장 「의무와 권리」장인데,

제60조의 본회 회원의 의무는 다음과 같다.
1. 헌장에 복종
2. 공무에 복역
3. 의무금의 담납(担納)
4. 집회에 출석
제61조 회원의 권리는
1. 의견제출
2. 가부표결

---

[107] 『韓國民族運動史料(中國編)』(日本外務省陸軍省文書 제2輯), 국회도서관, 1976, 11~16쪽 참 조.

3. 임원선거

4. 보호와 청구

이상의 조항은 장정에서는 볼 수 없는 것으로 이것으로서 '가장된 유사헌법'이라는 혐의를 가지게 한다. 회비가 '국세'를 가장한 '의무금'이 되었고 '복역'이라는 강제력을 통하여 유사시 병역에 복역한다는 뜻을 내포시킨 것 같다.[108] 이 60조 헌장의 성립으로 국민회 중앙총회는 은연히 자신이 해외한인의 정부임을 선포한 것으로 인식된다. 그런데 문제는 어떻게 의법처리가 되는가 하는 점이 중요하다고 생각된다.

박용만이 네브라스카에서 공회를 설립하여 무릇 네브라스카에 사는 한인은 모두 1년에 3달러를 내야 하고 공회의 회원이 되어야 한다고 선포하였지만 만일 이를 거부하는 한인에게는 어떠한 사법상 처리가 있을 수 있겠는가. 이것이 문제점이었을 것이다. 박용만의 여러 논설의 논리상 약점이 바로 여기에 있다고 보인다. 국민회 헌장의 수정위원은 박용만, 안창호, 박상하였고 기초(起草)는 박용만이었다고 한다. 그 수정헌장이 박용만의 평소 노선에서 많이 온건화된 것은 이 제1차 대의원회의에서 의무 불이행자를 어떻게 처벌할 수 있겠는지의 의문이 많이 제기된 까닭이 아닌가 한다. 안창호와 박상하는 객거(客居)민족의 특수한 입장을 감안하여 박용만의 「헌법」이 트집잡히지 않도록 상식적인 선에서 수정하여 나간 것이 아닌가 한다. 이 헌장의 최종항목 제76조는 다음과 같다.

회원으로서 다음 범죄를 범하였을 때는 그 공권을 박탈한다.

1. 본회의 처벌에 불복하는 자

2. 비밀히 적국을 도운 자

---

[108] 일제문서에는 "公務에 服從"이라고 인용하였으나 『신한민보』, 1913년 9월 12일의 논설 「국민의 의무와 권리」에 인용한 '복역'을 취하였다.

그런데 '공권의 박탈'을 말해보았자 객거민족의 입장상 사법적인 응징에는 한도가 있는 것이다. 따라서 유일한 출로는 교민이 모여 사는 곳곳마다 자치규정 즉 일종의 '향약(鄕約)'을 강화하여 자기 고장에서 백안시당하고 추방당하는 것이 사회체면상 무언의 엄벌로 간주되는 방향으로 발전하였다. 하변동(河邊洞, Riverside)자치규정109)을 비롯한 많은 약장(約章)이 각처에서 1911년 이래 생기는 이유가 바로 여기에 있다고 볼 수 있다. 박용만은 의법 처단을 말하고 "아메리카대륙에 나온 한인은…장차 조선헌법의 아버지들이 될 줄 믿노니"라고 추켜올렸지만 결국 헌법은 되지 못하였다.

　　나. 조국역사를 편찬한 일.

　"근일에 통행하는 역사를 살피건대 여러 사람의 손으로 나은 것이 서로 같지 않으며 사실의 누락된 것과 이론의 失中한 것이 자못 완전치 못하여" 역사개설을 제정하기로 결의하였는데 실행되지 못하였다.
　　다. 교과서를 제정할 일
　　라. 미주와 하와이 두 지방총회의 기관지를 중앙총회에 양여함을 요구할 것.
　　마. 會旗를 제정할 일
　　바. 張義士 감형운동을 전개할 일
　　사. 하와이 지방총회에서 발기한 실업과 외교기관 설립안은 중앙총회에서
　　　　상당한 권고를 발할 일.

하와이에서 외교기관을 설립하자고 제의한 것은 중앙총회를 완전한 망명정부로 전제하고서만 가능하다는 점에 유의할 것이며 하와이 쪽이 미주 쪽보다 더 적극적이었음을 말해준다.

　　아. 遠東 각 지방총회의 例納은 적당히 減輕할 일

---

109) 『신한민보』, 1911년 12월 11일.

자. 원동 각 회의 자치규정은 그 나라 政體에 저촉이 없도록 따로 제정하여
　　쓰게 할 일

차. 본회 휘장을 제정

카. 현임 중앙총회장에 酬勞金을 交與할 일

타. 다음 기한의 중앙총회장과 부회장을 선거한 일

총회장 후보 윤병구 3표로 피선. 안창호 2표, 2표 기권.

부회장 후보 황사용 4표로 피선, 한재명 3표.

　윤병구가 중앙총회장으로 피선된 것은 전번에는 미주 쪽의 최정익이었
기 때문에 이렇게 된 것이다. 최정익을 제1대로 치면 윤병구는 제2대 중앙
총회장이 되며 안창호는 제3대가 되는데 김원용의 저서에서는 안창호가
초대인듯한 서술법을 써서 혼란을 일으켰다.[110]

파. 피선된 중앙총회장이 제출한 임원안을 승낙할 일

　　총무 : 鄭七來, 서기 : 강영소

　　재무 : 박영순, 학무 : 민찬호

　　법무 : 주원, 외교 : 박용만

하. 본년도 예산안 통과

　이상과 같이 결의안을 통과시키고 22일만에, 즉 11월 30일에 폐회하였
다. 문제의 초점은 총회장이 인선이 교선(交選)원칙에 의거하여 선출되어
인물본위로 되지 못하고 대한인국민회를 발전시키든가 실질적인 망명정
부로 승격시킬 절호의 기회를 놓쳐버렸다는 데 있다고 생각된다. 이때 안
창호, 박용만팀이 나섰거나 또는 박용만이 총회장이 될 수 있었다면 상황
은 훨씬 달라졌을 것이라는 감을 저버릴 수 없다. 1915년 안창호, 박용만팀

---

[110] 김원용, 앞의 책, 111쪽, "중앙총회장은 도산 안창호, 백일규, 윤병규 등이 역임하고 부회장
은 박용만, 백일규, 홍언 등이 역임하였다." 또 이 책은 최정익이 임시중앙총회장이었다고
하였는데 『신한민보』를 통하여 보면 임시라는 것은 안 붙이고 있었다.

이 나섰지만 이때는 기회를 이미 놓친 때이었다. 세계대전이 일어나서 동북아시아의 상황이 많이 달라졌던 것이며 박용만은 이승만 박사와의 충돌로 인하여 밖으로 주의를 돌릴 여가가 없었던 것이다.

6. 이승만 박사와의 대결과 패배

박용만은 중앙총회 제1차 대표회의가 끝난 11월 30일 하와이대표 박상하(朴相夏)와 같이 몽고리아호편으로 하와이로 떠났다. 하와이국민회 기관지『신한민보』의 주필로 초빙받아 가는 것이었다.『신한민보』주필자리를 1911년 11월에 내놓고 겨울 방학동안 시카고, 뉴욕, 워싱턴, 일대를 시찰하면서 견문을 넓혔고[111] 돌아와서는 학문에 정진하여 대학 졸업, 소년병학교 졸업식 개최, 중앙총회 대표원회의를 거쳐 하와이로 가게 된 것이다. 1911년도의 국민회 북미지방 총회장은 문양목(文讓穆)이었는데 그와 박용만은 대동보국회(大同保國會) 시절부터 친한 사이였으며 안창호의 귀미(歸美)와 때를 같이 하여 문양목이 사임하고 또 두 달 후에 박용만이 주필을 사임하여 한가한 사람들의 구설수에 오르게 된 것 같다.

> 뿌리없는 풍설. 본사 前주필 박용만씨와 북미지방총회 前총회장 문양목씨는 총회와 신문사 사이에 원만한 의논 있어 사임한 것이오 다른 연고가 없거늘… 불미한 풍설을 들린다 하니 이는 한인사회에 막대한 영향을 끼침이요 또한 양씨의 명예를 손상함이라. 이 일이 원래 근저가 없으니…사실없는 의심을 묻어 버리기를 바라노라.[112]

---

111)『신한민보』, 1912년 1월 2일. 또 1월 27일 보도.
112)『신한민보』, 1911년 11월 28일.

그런데 박용만이 『신한민보』를 떠난 후 넉 달만에 『신한민보』는 재정곤란으로 3개월(3~6월) 정간해야만 했고 다시 같은 1912년 12월부터 6개월간 정간하였다. 박용만이 주필로 있을 때 이범진(李範晉) 전(前) 주러공사가 우국자살을 감행하고 유언으로 『신한민보』에 천 달러, 국민회 북미총회에 천 달러, 국민회 교육부에 천 달러를 기부한 바 있었다.[113] 이것이 1911년 도에 사용되었는데도 박용만과 문양목이 떠나자 국민회와 그 기관지에 곤란이 생겼다면 그들에게 책임의 일부가 돌아가야 마땅하다는 것이 필자의 견해이다. 이 점은 차후 자료가 더 나올 때까지 미루어 두겠지만 1915년의 이승만 대 박용만의 대결사태에서는 분명히 박용만진영에서 국민회 재정 운영을 등한시하였든가 또는 엄정하게 다루지 못했으므로 상대방 측에 기회를 주었다는 사실을 인식할 필요가 있다.

박용만이 하와이에 들어간 것은 1912년 12월 초순의 일이고 이승만이 뒤따라 2월 3일에 들어갔다.[114] 갈 곳 없어 동부에서 방황하던 이 박사를 하와이국민회로 하여금 초빙하게 한 사람이 박용만이었다는 이야기는 박용만과 친한 측에서 끊임없이 흘러나왔으며, 박용만은 『신한국보』에 "찬란하게 소개하여 일반동포의 동정심을 환기"하였다고 김원용은 적었다.[115]

여하간 1913년 박상하는 하와이지방총회장으로 당선되었고 박용만은 북미대륙에 있을 때에 주장하던 의무금제도와 자치제도를 하와이에서도 강력히 밀고 나갔다.

1912년까지는 회원이 매달 25전씩 하와이지방총회로 보내 지방총회를 운영하였었는데 1913년부터는 이 제도를 폐지하고 각 회원이 1년에 5달러를 지방총회에 내면 지방총회에서는 50전을 중앙총회에 보내고 나머지 4.5 달러로 각종 사업을 운영하기로 하였다. 또 각 회원은 소속 지방회에 매달

---

113) 방선주, 「徐光範과 李範晉」, 『崔永禧선생 회갑기념논문집』, 탐구당, 1987 참조.
114) 인용한 『靑年李承晚自敍傳』 459쪽에 1913년 1월 28일 S.S.시에라(S. S. Sierra)호로 샌프란시스코 출발 2월 3일 호놀룰루 도착으로 기록되었다.
115) 예를 들면 김현구, 앞의 책, 269쪽, 190쪽. 또 김원용, 앞의 책, 137쪽 참조.

25전을 내 지방회를 운영하게 하였다.[116] 따라서 각 회원은 매년 5달러를 더 부담하게 되었는데 이만큼 지방총회의 재정은 윤택해졌고 또 자치제도가 잘 정비되어 특연(特捐)을 받아들이기에 효과적이었다. 이것이 1914년의 병학교, 중앙학원 여자기숙사, 국민회회관의 건축으로 이어지는 토대가 되었다고 생각된다.

박용만은 하와이에 도착한 지 반 년만에 하와이 지방총회의 사단법인 자격을 신청시켜 관허를 얻어냈다. 김원용에 따르면,

> 자치의 규모가 째이고 하와이정부로 한인사회를 신용하여 특별경찰권을 허락하였으므로 한인의 경찰자치가 있어서 한인간에 시비사건이 있으면 국민회 경찰부장이 그 사건을 조사하여 처리하였고 사건이 중대할 때는 미국법정으로 넘기는데 국민회 조사와 初審을 법정행사로 인정하였다. 1915년 5월에 '리승만'이 국민회에 풍파를 일으키고 (중략) 도덕적 신용이 타락되어서 특별경찰권을 상실하였다.(136쪽)

고 한다. 박용만은 소신대로 하와이에서 입법, 행정, 사법 3권을 쥔 자치정부를 실험하고 있었고 '극동'의 정세변화를 기대하면서 군인양성사업에 매진한 것이다. 그는 박종수(朴鍾秀) 목사, 구종곤(具鍾坤), 이호(李浩), 김세근(金世根), 이정권(李正權) 등 인사를 설득하여 대조선국민군단(大朝鮮國民軍團)을 창립하고 안원규(安元圭)와 박종수(朴鍾秀)가 '리비'회사와 계약한 1,360에이커의 파인애플 경작지를 물려받고 또 일부 한인 농업경영자들이 당년의 농사수입을 기부하여서 군단의 재원을 확보하였다고 한다. 6월 10일에 군단을 성립하였고 8월 29일 병학교 학생 180여 명이 총회장 앞에서 사열식을 가져 대성황을 이루었다고 한다. 특기할 만한 것은 예식이 끝난 후 이 박사가 '믿음'이라는 주제로 전도를 하였다는 것이다.[117] 노재연

---

116) 김현구, 앞의 책, 189쪽. 또 『布哇朝鮮人事情』, 在ホノルル〴〵領事館(『朝鮮統治史料』 7, 韓國史料硏究所), 53쪽.

(盧在淵)에 의하면, 대조선국민군단은 국민회 연무부(演武部) 사업으로 조직되었고 파인애플 경작부락과 특연으로 수입된 것이 78,642달러 25센트였고 2개년 동안 군단경비로 지출된 것이 58,442달러 25센트이며 잔금 20,200달러는 원동사업적금으로 적립되었다는 것이다.[118] 병학교 학생들은 파인애플 농장의 노동자들이기도 하였고 낮에는 일하고 여가에 훈련을 받는 둔전식(屯田式) 조직을 가졌다고 일본 측 보고는 지적하고 있다.[119] 교련기구는 사관의 단총(45식) 39정과 군도(軍刀) 10개, 나팔 12개, 북 6개, 목총 350정과 병학교 교과서 영문서적 28종이 있었다고 한다.[120]

1914년 당시 27세의 청년으로 하와이국민회 대의원이었던 정두옥(鄭斗玉)이 후년 「재미한족독립운동실기(在美韓族獨立運動實記)」를 써둔 것이 원고본 채로 현금 하와이대학에 보관되고 있는데 그는 거기서 다음과 같이 적고 있다.

씨가 『국민보』의 주필로 취임 후 언론기관을 일신하는 일편에 일반 민중으로 하여금 군사지식과 국민운동을 교양하였으며 국민회 헌장을 국가제도에 합부한 입법 행정 사법 등 민주주의 정치를 훈련시키며 혁명사상과 국민운동을 쇄신 진행하였던 것이다.

당시 국민군 군단에서 사관의 帽標와 단추를 만들었으니 모표의 성벽은 국가간성을 의미하였고 좌우편에는 호랑이가 발을 뻗고 서서 성문을 수직하는 것, 手指는 국가를 봉대하는 의미요 광선은 태극광을 의미하는 것, 성문 밖에서 밭을 가는 것은 농자는 천하의 대본이라는 의미라. 군복의 단추의 모형은 호랑이의 頭인데 장교복에는 황금색이요 병졸에는 순 흑색이었다.

117) 『신한민보』, 1914년 9월 24일 보도. 이 신문에서는 8월 30일로 되어 있지만 김원용, 앞의 책, 346쪽과 盧在淵, 『在美韓人史略』(上)에서는 29일로 되어 있어 이 날짜를 따랐다. 또 『布哇朝鮮人事情』, 54쪽 참조.
118) 노재연, 위의 책, 1914년 항 참조.
119) 『布哇朝鮮人事情』, 54쪽.
120) 김원용, 앞의 책, 345쪽 참조.

대조선국민군가

1. 오—우리 국민군
   소년자제 건장한 아이들
   다— 나와 한 목소리로
   국민군군가 부르세
   (후렴)
   부르세 국민군군가
   지르세 우리 목소리
   잠든 자 깨고 죽은 자 일도록
   우리 국민군군가 높이 부르세
2. 흑룡강 맑은 물
   남북만주 푸른 풀 넓은 들
   우리 말안장 벗겨라
   국민군군가 부르세.

국민군 사관학교도 시기에 피해가 되어서 더 진보할 수가 없이 되었다. 당시에 학도들이 헤어질 때에 서로 붙들고 대성통곡으로 이산되었다. 그러고도 남아 있는 학생이 수삼십 명이라 정두옥 씨의 교섭으로 와이엘루아 사탕농장에 옮겨 두었다가 다시 태병선 씨가 가후구농장에 교섭하여 그곳으로 가서 있다가 차차 파산되고 말았다.

1914년의 총회장은 김종학(金鍾學)이었고 박용만은 국민회의 경비로써 하와이에 한인중학교를 신설유지하고 소요되는 건축비는 일반한인으로부터 모금하기로 하였지만 허락액수는 9만 달러에 달하였으되 실수(實收) 2천 달러에 지나지 않아 이 중학 설립 계획은 좌절되고 말았다.

한편 이승만 박사가 관리하는 중앙학원의 여자기숙사 신축낙성식은 병학교의 그것보다 한 달 반 늦은 10월 24일에 성대히 거행되었는데, 이것은 당년 7월 29일에 교육특연을 받아 이루어진 것이었다.[121] 김원용에 따르

면, 이 기숙사 신축을 둘러싼 감정이 1915년의 분규에 크게 작용하였다고
한다.[122]

리승만이… 한인 여자학원 설립을 시작하고 국민회의 원조를 청하는데 일찍
이 국민회가 교회사업을 위하여 매득하여 두었던 '엠마'기지를 자기에게 주어서
교육사업에 쓰게 하라고 하였다. 국민회가 '엠마'기지를 한인 여자학원 설립에
기부하기를 허락하였을 때 리승만은 그 기지를 자기의 명의로 양도하여 주고
마음대로 처리하게 하라고 요구하였고 국민회는 공유물을 개인의 명의로 양도
하지 않겠다고 한 까닭에 리승만이 국민회를 반대하기 시작하였다.

일본 주호놀룰루 총영사관의 시각은 약간 다르다.[123]

이승만은… 文治派 수령으로 자임하여 武斷派의 수령인 박용만이 주관하는
무관학교를 공격하고 그 불필요를 주장하고 또 박용만이 제의한 하와이 조선
인 중학교 설립계획에도 반대하여 박의 계획에 불만이 있는 자들을 규합선동
하여 기부헌금 소력을 방해하고 이미 모은 2천여불은『太平洋雜誌』발간의 자
금으로 충당할 것을(요구하여) 기부자의 동의를 얻고… 1914년 12월『태평양잡
지』初號를 발간하여 자기선전의 기관잡지로 삼았다. (중략) 당시 대한국민회
총회장 金鍾學은 (自由敎, 즉 장로교 일파 — 필자주) 신도였던 관계상 이승만
과 그 일파와는 항상 반목의 경향에 있었는데 박용만은 김의 고문격으로 일시
박의 威望이 일반 鮮人간에 두터웠으므로 이승만은 양자를 질투하여 이들을
함정에 빠칠 기회를 엿보던 차 독립군단의 유지비문제에 관하여 국민회의 기
본금을 회를 거치지 않고 지출한 내막을 탐지한 李는 총회석상에서 이를 문제

---

121) 김원용, 앞의 책, 243~234쪽 참조.
122) 김원용, 앞의 책, 138쪽.
123) 『布哇朝鮮人事情』, 56쪽 참조. 단 1914년『태평양잡지』를 창간하였다는 설명은 김원용의
   1913년 9월설과(김원용, 앞의 책, 262쪽) 상충한다. 김원용설이 옳은 것은『신한민보』, 1914
   년 4월 2일, 「단합을 힘쓰고저」에 하와이 이승만씨가 발행하는『태평양잡지』제4호에 '일
   본천황폐화'와 '일본영사관宴會에 往參'이라 하는 언사로 자극받은 '원동'의 한 독자가『신
   한민보』에 투서한 데 대하여 단합하여야 된다고 타이르고 있는 기사로 짐작할 수 있다.

로 삼았지만 당시의 총회는 李의 발의를 용납하지 않고 유야무야로 얼버무렸
었다.

국민회회관은 호놀룰루시 밀러가(街) 1306호에 건축하여 1914년 12월 19
일에 낙성식을 가졌는데 압추의 여지가 없이 빈객이 답지하였고 하와이총
독이 축하문을 보낸 바도 있었다. 이때가 아마도 박용만 득의의 절정시기
였을 것이다. 21일자 『스타블리틴』지에 의하면 박주필은 영어로 대연설을
시도하였다는데, 그 내용은 조국에서의 일제의 압정을 들면서 관대하고 자
유스러운 하와이에서의 한인의 발전상을 감사해야 된다는 것이었다. 그런
데 이 총회관 건축 특연은 5,255달러였고 각 지방에서 차래한 차금이 2,155
달러, 건축비가 4,040달러 65센트, 재무 홍인표의 범용이 1,548달러 17센트,
박상하의 범용이 831달러 53센트라는 문부 조사 결과가 나왔다.[124] 전 총
회장 박상하의 '범용'은 국민군단에 대한 지출과 관련하여 책임진 경우로
도 생각된다. 『태평양잡지』에 게재된 이 박사의 성명 중 하나를 들어보면,
그는 먼저 "이곳에 일이 잘못되는 것을 보고 말하지 않으면 그 책임이 나
에게 있다 할 것이오"라고 하여 서두를 꺼내놓고, "교육특연을 청연할 때
에 국민회당국이 회관건축의사를 제출하여 건축특연을 거두며 교육특연
을 방해하였으니"라고 그의 불편한 심정을 꺼내놓았다. 그리고 "대저 국민
회관 건축이 우리에게 학식을 주겠는가 재정을 주겠는가", "국민회 당국이
지나간 양년에 수입된 의무금을 무엇에 썼는가? 사탕밭에서 땀흘려 모은
돈을 받아서 무엇을 하였는가?", "시루에 물 붓듯이 없애는 것" 등등의 격
한 말들을 구사하면서 다음과 같은 네 가지 유명한 제안을 하였다.

1) 국민회 회원 다수의 공의를 따르는 것이 당연한 일인즉 무슨 관계로든지 우
　 리의 일을 반대하는 개인은 국민회를 반대하는 것으로 인정할 것.

---

124) 김원용, 앞의 책, 139쪽. 1915년 1월 15일 지방총회 대의회에 제출한 보고.

2) …이곳 저곳의 지방마다 모여서 문제를 공결하여 나에게 보내면 그것을 받아가지고 다수의사를 따라 일을 결정할 것.

3) 지나간 2년 동안에 국민회가 의무금을 받아서 교육사업에 쓰지 않고 소모하였으니 금년에는 무슨 재정이나 전부를 교육사업 책임자에게 보내어 교육사업을 성취할 것.

4) 나의 의견을 실행하면 국민회 사무와 국민보 발행을 계속할 수 없겠다는 말이 있으나 이는 나의 뜻을 알지 못하는 말이라. 금년의 의무금과 모든 공금을 교육사업에 쓰라고 나에게 보내더라도 국민회의 필요한 경비와 임원들의 월급을 모른다고 하지 않을 것이며 이것이 국민회의 기초를 공고하게 하는 것이니 염려할 것이 아니라.125)

이 마지막 제4항을 꼬집고 나선 것이 북미지방 총회장이요, 『신한민보』 주필인 이대위 목사였다. 그에 따르면,

임원들에 허물이 있지만 그대로 여전히 月俸 주어두고 재정은 우리가 받겠다는 말이니 달리 말하면…내가 동포들에게 광포하여 그 허물을 말하고 총회의 재정을 나에게 보내게 한 후에 그 돈 중에서 너희의 월봉은 지출할 것이다. 일은 잘못 보지만은 재정만 간섭지 않으면 그 허물은 그대로 두고 말하지 않겠도다.

라는 뜻이므로 그 발상은 마치 황제와 신하의 그것이라고 공격한 것이었다.126)

총회관 건축비 문제로 1914년 말의 국민회 총선거에서는 몇몇 지방회가 선거를 거부하였는데127) 이 선거에서 김종학을 다시 총회장으로 재선시킨

---

125) 『태평양잡지』 제2권 5호, 6호, 김원용, 앞의 책, 139~143쪽에 전문 인용. 단 이 인용문은 원문의 충실한 전재가 아니라 생략한 부분이 있는 것을 『신한민보』의 인용구절과 비교하여 알 수 있다.

126) 『신한민보』, 1915년 4월 1일, 「하와이총회와 이박사」 참조.

127) 「하와이 총선거의 실패와 총회장사직에 대한 의견」, 『신한민보』 1914년 12월 31일 사설 참조.

데 박용만파의 오산을 엿볼 수 있다고 생각된다. 1915년 1월 이 박사는 직접 각 섬들을 순회하면서 국민회 간부와 박용만의 '전횡'을 지방 인사들에게 선전하였고 임시국민회 총회 개최의 필요성을 역설하고 의무금은 직접 자신에게 보내라고 요구하였다.[128] 이에 각처에 혁명대가 생기고 그 대표들이 4월 말 속속 호놀룰루로 모여들게 되었으니 다음과 같은 기록이 있다.

마위전도 민회장 주룡한씨는 혁명대장으로 자원출전한 자요, 가와도 민회대표 리종관씨는 민회회장 남세유씨가 선봉대장으로 파송한 자요, 하와이도 힐로구역 민회장 전익주씨는 혁명대장이라 선언 출전한 자요. [중앙총회에 온 하와이 대의원의 공첩]

이 박사는 저명인사로서 박사요, 교회교역자이었다. 감리교회목사 전도사는 거의 이 박사편이었고 사탕농장의 한인감독들도 장악하고 부녀자들도[129] 장악하고 있었다.

이 박사의 선언이 있은 후 의무금 등을 내지 않아 지방총회를 지탱 못하겠다는 이유, 이 박사를 고문으로 삼아 재정을 감독케 하는 것을 찬성하라는 지방에서의 의견이 답지하였고, 혁명대표들이 모여들어 임시회의 개최를 요구하여 "세부득 5월 10일 임시대의회 소집령을 발표하였다." 그러나 "이것이 풍파의 산물이므로 여러 지방 대의원이 참석하지 않았고 76지방회에서 31지방만 참석하여 법정수 미만으로 개회할 수 없었다." 그러나

---

128) 『布哇朝鮮人事情』, 57~58쪽 ; 『신한민보』, 1915년 6월 10일, 「중앙총회에 온 하와이대의원의 공첩」 참조.

129) 『布哇朝鮮人事情』, 87~88쪽에 다음과 같이 적고 있다. "布哇鮮人의 일반가정은 女尊男身의 風이 심한데 이것은 미국풍을 모방하여 또 사진결혼에 의하여 젊은 부인은 年老한 남편이 불러들여… 결과 남편은 처에 迎合하고 唯命是從의 風이 있어 처의 뜻을 거역하면 처는 곧 딴 남자에게 가고 다음 이혼수속을 하게 되어 이승만은 이러한 내막을 잘 알아 교묘하게 부인들을 조종하고 있다."

"감정적 파동의 여세에 움직여 대의원회를 연기하지 못하고 참석의원 다수의 억척으로 개최하였다." 문부조사에서 김종학 총회장의 범용이 556달러 35센트로 나타났으며, 김종학은 어떻게 그런 결과가 되었는지 조사할 시간을 달라고 했으나 1,300여 달러 회수를 통고받고 여기서도 친계파, 온건파의 분규가 일어났다. 드디어 이승만 신임파가 모여서 김종학 총회장을 파면하고 정인수를 임시총회장으로 임명하였으며, 임시총회장은 이 박사의 지시로 김종학을 공금횡령혐의로 체포하게 하였다. 김종학은 3개월 동안 법정의 조사를 받았으나 증거불충분으로 풀려나와 이 박사를 원망하는 유서를 써놓고 자살을 기도하여 미수에 그쳤다(또는 자살극을 연출하였다).130) 혁명당은 도처에서 박용만과 대의원을 구타하여 테러행위를 자행하였으므로 당시 호놀룰루의 두 영자신문에도 자주 보도되곤 하였다. 이 1915년의 국민회 정권교체는 국민회 헌장에 비추어 볼 때 분명히 비합법적인 것이었으나, 이 박사는 사실상 하와이 교인사회에 군림하는 존재로 변하였다. 이 시기의 이 박사 비판자료 한두 가지를 여기에 둔다.

리씨가 말끝마다 국민회에서 동포의 재정을 거두어 남용하였다 하면서 어찌하여 자기는 교과서를 출간한다고 몇천원 동포의 연조를 거두어 월보 몇호 출간하고 만 후에 지금까지 왜 재정 광포 한 번 없었느뇨. 국민회도 동포의 돈으로 일하고 리승만도 동포의 돈으로 일하면서 어떤 이유로 국민회는 그 재정의 일푼만 축내어도 허물되고 리씨는 아무케나 자기의 마음대로 쓰고 광포 한 번 없느뇨. 국민회 명의하에 있는 토지재산은 의심이 있다 하고 그 땅을 자기 이름으로 전매하며 국민회 임원은 재정조사를 받으되 리승만은 어찌하여 신성불가범이 되느뇨.131)

---

130) 『신한민보』, 1915년 6월 10일, 「중앙총회에 온 하와이 대의원의 공첩」 ;『布哇朝鮮人事情』, 『재미한인 50년사』 등을 참조하여 편집하였다. 줄거리는 『신한민보』의 여러 기사를 따랐으므로 김종학 지지 일변도인 김원용(金元容)의 기술과 맞지 않는 곳이 많아졌다.

131) 『신한민보』, 1915년 10월 14일, 「재외한인사회의 비운」 참조. 이 글은 하와이에서 부쳐온 편지로 짐작되는데 "아무케나"를 3~4회 연발하고 시베리아사정에 밝고 박용만의 문체와 비

翌 1916년 국민회총회에서 洪漢植을 회장으로 鄭仁秀를 同부회장으로 推擧하자 동회의 실권은 완전히 이승만 개인의 장중에 돌아가 어시호 李는 먼저 4천여 불을 던져 건설한 남녀학생 기숙사의 부지와 건물 일체를 자기 명의로 바꾸어놓았지만 누가 감히 이의를 제출하는 자 없고 이래 하와이 조선인의 문제는 이의 뜻대로 좌우할 수 있게 되었다. 이 시기가 이승만의 득의전성시대라고 말할 수 있다.132)

참고로 『포와조선인사정(布哇朝鮮人事情)』 부록 「유력조선인 약력」에 의하면, 이승만의 자산은 약 3천 달러, 현순(玄楯)은 무자산(無資産)으로 되어 있다. 그런데 일제가 이승만 대 박용만의 대결에서 박용만에 타격을 주려 한 노력이 엿보인다. 즉 1915년 여름 일본 주미 공관은 국무장관에게 하와이 박용만의 활동에 대하여 강력하게 항의한 것이다. 그래서 국무장관은 내무부에게 엄중히 조사해줄 것을 요구하였다. 내무부는 곧 하와이 총독에게 공문을 보내 박용만과 그 패당이 무기를 소유하였는지 또 일본 내정에 간여하여 반란을 선동하고 있는지의 여부를 조사해달라고 지시하였다.133) 박용만은 일제 측과 이승만 지지패의 협공을 받은 셈이다.

미국 국립공문서관(National Archives)에 보관되어 있는 연방수사국 하와이지국 존 스털링 아담스(John Sterling Adams)의 「한인활동보고」(1943)는 총 88매에 달하는 하와이 한인 이민사에 관련된 자료로서 여기에 박용만의 초기 활동에 대하여 서술한 부분이 있다. 이에 의하면 박용만의 '산넘어병학교'가 그 막사와 건물을 버리고 폐쇄할 수밖에 없게 된 이유는 농장 주인들이 나가달라고 압력을 넣었기 때문이라는 것이다.134) 이것은 김원

숫하여 필자는 이 글의 저자를 박용만으로 간주한다.

132) 『布哇朝鮮人事情』, 60쪽 참조.

133) Records of the Dept, of State. Relating to Internal Affairs of Korea, 1910~29. R. 112 · 895.00/537~624 참조. 또 "M. Matsuoka's interview with E. T. Williams. Chief of the Division of Far Eastern Affairs on June 26, 1915." *Survey of Korean Activities in the Honolulu Field Division. FBI.*, March 20, 1943, p.13 참조.

134) 위의 보고 p.14. It is reported, however, that not long afterwards, the militarist, YOUNG MAN

용이 말하는 바, 경작계약이 만기가 되고 농토의 질이 좋지 않았다는 서술[135])이나 유경상(劉慶商)과의 인터뷰들에서 볼 수 있는 이 박사 질투설, 병학교 장교들에 대한 병사들의 질투설, 지도부의 군단재정 부정사용설[136]) 과는 또 다른 의미를 가진다. 즉 FBI 보고에 의하여 생각하건대 이 보고가 바로 일본공관의 항의 뒤에 박용만의 '병학교' 폐쇄를 들었고 또 농장주가 그들의 존재는 지방정부에 위협이 된다고 믿었다는 서술은 FBI요원이 정부의 압력을 염두에 두었기 때문에 그런 서술이 있게 된 것으로 분석된다. 후술하겠지만 사실상 1925년 미국 하와이주둔군의 문서는 미국당국이 제거한 것으로 되어 있다. 『포와(布哇)조선인사정』(62쪽)에 의하면

> 朴은 1916년 同人 주재하에 있었던 독립군단을 해산하고 配下는 하와이 주둔 미국군대에 교섭하여 각각 직업을 얻게 하고 그 일부는 조선에 돌아가게 하여 조선·하와이 연락의 줄로 삼아 재흥의 기회를 기다리게 하였다.

고 되어, 군단은 실질적으로 1916년에 없어진 것이었다. FBI보고는 또 1931년 의 문서를 인용하여 이승만은 박(朴)을 '간통자, 착취자' 그리고 나중에 '일본밀정'으로 중상하였다고 전했다. 류경상 목사도 이 박사의 심복 승용환과 고석주가 매주 인쇄물을 통하여 박을 '술주정뱅이와 간통자'로 몰아댔

PARK, and his group broke up camp. An older soldier of that Kahului Training Camp is reported as stating that the plantation authorities asked them to leave believing that their motives were inimical to local government and interests. Park and his followers attempted to begin a similar project at Kahuk plantation, but could not obtain the necessary permission. (p.14).

135) 김원용, 앞의 책, 348쪽.

136) Kingsley K. LYU, *Korean Nationalist Activities in Hawaii and America, 1901~1945*. in Counterpoint Perspectives on Asian America, UCLA, 1976, pp.113~114. 저자는 류경상 목사로 미국에 1937 년에 건너가 신학을 공부하고 1943년에 하와이로 옮겨가서 목회하였다. 따라서 기의 기록 은 연로한 교포들에게서 들은 이야기들을 주로 이용하였다. 이에 반하여 김원용 씨는 오래 언론계에 종사하고 있어 당시의 자료를 이용할 수 있다는 이점이 있었다(유경상 목사 미망 인 한상희 씨와의 인터뷰에 의함).

다고 이야기한다.[137] 김현구는 이 면에서 더욱 신랄하게 이 박사를 공격하고 있는데 박용만이 이런 중상을 받게 된 연고는, 그가 독신으로 있으면서 국민회회관 뒤의 부속건물에서 숙식하게 되어 국민회 방문객들이 자연히 그를 방문하게 되었기 때문이라고 변호하면서[138] 오히려 이 박사의 남녀관계를 상대편 이름까지 들면서 반격하고 있다.[139] 이러한 중상들의 난무에는 하와이가 폐쇄된 섬사회라는 점, 백인 지배사회에서의 스트레스 해소에 이런 뉴스가 알맞게 작용하였다는 점들로 설명할 수 있을지 모른다. 1912년 이항우(李恒愚) 주필의 자살사건도 같은 종류의 승용환의 중상이 원인이었다(이 대목은 원래 서술하려고 하지 않았는데 '간통'이라는 중상 때문에 박용만이 매를 맞아(일설에 칼로 찔려) 큰 사회문제로 변한 사건이 생겨 부득이 여기에 적는다).

1914년 3월 중앙총회장 윤병구가 사임하고 대리로 황사용이 맡았다가 1915년 2월 선거를 치루었다. 총회장 후보 안창호와 백일규에 각각 42표 대 8표, 부회장 후보 박용만과 홍언에 각각 35표 대 15표씩 투표되었다. 안창호는 하와이 대표 총수 37인 중 32인의 찬표를 받았고 박용만은 하와이의 30표를 얻었다. 시베리아지방총회의 투표가 도착하지 못하였기에 4월까지 선포를 연기하였다가 부득이 4월 2일 당선공포를 신문지상에 발표하였다.[140] 이것은 1915년 초의 하와이 대의원 중에서 80%가 박용만을 지지하였다는 사실을 보이는 것이다.

박용만은 취임식 참석차 6월 11일 상항에 도착하였고 영자신문들은 박용만파가 테러를 당하고 있는 상황에서 박용만이 미국으로 피신하였다고

---

137) 유경상, 앞의 논문, 114쪽.
138) 김현구, 앞의 책, 194쪽 참조.
139) 위의 책 도처에서 볼 수 있는데 이 박사가 구미위원부에 있을 때의 상대자의 이름이 미국 여선교사의 이름인데는 그 증오의 질이 놀라지 않을 수 없다. 朴의 사례이건 李 박사의 사례이건 단순한 '邪推'라고 단정하지만 하와이대학의 서대숙 교수에 의하면 지금까지 某는 朴의 私生兒 某는 李의 딸 등등으로 전설화되고 있다는 것이다.
140) 『신한민보』, 1915년 4월 22일, 「중앙총회장선거공포」 참조.

보도하였다.[141] 6월 23일 취임식이 거행되고 안창호, 박용만의 연설이 있었다. 7월 7일 이 박사는 박용만에게 편지를 써서(공개편지인지 모른다) 자신이 옛 옥중동지를 잊지 않고 친구로 간주하고 있는 것을 알아달라, 단 자기편이 되든지 저쪽편이 되든가 선택을 하라고 하였다.[142] 7월 12일 당시 스탁턴에서 이발사업을 하던 오진국(吳鎭國)은 상항에 와서,

> 박용만씨를 구타하여 박씨는 다리가 상하여 백인여관으로 돌아와 치료하고 오진국은 본처로 돌아갔는데 그 사실을 듣건대 오씨가 박씨에게 대하여 『신한 국보』를 하와이지방총회로 환본하는 것과 중앙총회 부회장을 사면하는 것을 당시로 써노라 하여 박씨는 사실을 변명할 여가가 없으므로 이 두 가지를 써서 오씨에게 준지라 이 사건이 다 공체에 관한 일이매 개인의 행동으로서 할 바 아니라. 그러므로 비공식이요 또는 부정당한 거동이라는 물론이 많다더라.[143]

라는 기사에서 보는 사건을 저질렀다. 8월 9일 국민회 상항지방회에서는 오진국의 지방회 대의원 자격을 박탈하고 벌금 10달러를 징수하였다.[144] 오씨는 지방회 판결에 불복, 북미지방총회에 공소하여 "공명히 처리하시와 본원의 억울함이 없게 하시기를 앙망하나이다"라고 하였다. 그렇지만 지방총회에서도 지방회에서의 처리를 그대로 인정하였고 오씨는 다시 불복 상소하였다.[145] 8월 25일 중앙총회장 안창호는 하와이로 분규중재차 출발하면서 사전에 이 박사에게 전보를 쳤으나 그가 만나주지 않아 결국 안총장은 중재에 실패하고 돌아오게 되었다. 9월 30일 오씨는 하와이행 여객선에서 투신자살하였는데 그의 짐은 국민회로 돌려졌으나 아무 유서가 없었

---

141) 『신한민보』, 1915년 6월 17일.
142) Robert Tarbell Oliver, *Syngman Rhee, The Man Behind the Myth*, Greenwood, 1973, p.130에서 인용. 이원순의 이승만전은 올리버 것을 다시 인용한 것이다.
143) 『신한민보』, 1915년 7월 22일, 「오진국의 구타와 박회장의 피상」 참조.
144) 『신한민보』, 1915년 8월 19일.
145) 『신한민보』, 1915년 9월 2일.

다고 보도되었다. 『신한민보』는 「태평양에 장사한 오진국」이라는 추도의
글을 실어 "오씨는 미주 한인사회의 창립시대부터 오늘날까지 자기의 성
력을 다하여 힘쓰던 사람이라. 한 번 오씨가 금년 7월분에 국민회 중앙총
회 부회장에게 무례한 실수가 있은 후에 여러 사람의 동정을 스스로 끊고
홀로 비관에 처하였더라"고 쓰면서 오씨의 우직성을 민망히 여겼다.146)

사실 오씨의 국민회와 교포단체에 대한 충성심은 대단한 것이었다. 『신
한민보』와 『공립신보』를 임의로 추출하여 검사할 때 오진국의 헌금기사에
부딪힐 확률이 높을 정도이다. 1914년 10월 22일자의 『신한민보』의 「감하
의연(感荷義捐)」란을 보면 오진국은 멀리 노스다코타주에서 안득춘과 양
요리점을 하면서 각 단체에 돈을 기부하고 있다.

> 국민회 북미지방총회 10불
> 클레몬트 학생양성소 10불
> 학생연합회 영문보 5불
> 국민회 하와이 지방총회관 건축비 10불
> 산넘어 병학교 5불
> 태평양중앙학원 5불
> 호놀룰루 여자기숙사 5불

즉 오씨는 자기가 소속한 북미지방총회를 위시하여 각 단체에 50불 기
부하고 있는데 이 액수는 2인이 같이 냈다 하여도 거액이 아닐 수 없다.
당시 하와이 사탕수수밭의 일꾼들이 한 달에 25불 받았다. 여기서 보면 그
는 이 박사의 두 기관에 10불, 박용만의 병학교에 5불을 기부하고 있다. 그
런데 해괴하게도 이 박사의 공식 전기 작자인 올리버 씨는 오진국이 안창
호의 추종자로서 먼저 박용만을 죽이려고 총을 쏘았고 다음 이 박사를 암

---

146) 『신한민보』, 1915년 11월 1일.

살하려고 하와이에 건너가다 체포될 것이 두려워 투신자살하였는데 그의
계획을 적은 편지가 국민회로 되돌려졌다고 단언하고 있다.[147] 그의 주장
은 한국인의 이승만 전기에도 인용되고 있어 역사학자로서 가만히 있을
수 없다고 느껴진다. 올리버는 "이(李)는 안(安)과 같이 일하여 보려고 노
력하였으나 허사뿐이었다", "안(安)은 영어를 제대로 할 줄 몰랐으며 조금
도 읽지 못하였다. 이 결과 그는 앵글로아메리칸의 위대한 전통인 민주주
의에 거의 접촉할 수 없었으며 그 원칙에 대한 이해도 거의 없었다", "안
(安)은 범국민적이며 민주적인 독립운동을 설계하기 위한 여하한 프로그
램에도 같이 협력하기에 부적당한 사람이었다" 등등 안창호에게 독설을
퍼붓고 있다. 그래서 엉뚱하게도 오진국과 안창호를 연결해놓고 이승만과
박용만을 연결하여 놓은 것이다. 우선 오진국은 흥사단원이 아니었다. 오
진국은 노스다코타주에서 가주(加州) 스탁턴으로 돌아와 이 박사쪽의 선
전물을 보고 분개하여 박용만이 지도자의 자격이 없다고 단정한 것이다.
당시의 북미국민회 관계인사와 『신한민보』는 이 박사의 쿠데타에 대경실
색하여 열심히 박용만을 측면지원하고 있었다. 그러므로 오진국을 그렇게
분하게 만든 것은 이 박사의 선전간행물이 아니고는 안된다는 결론에 이
른다. 필자가 인터뷰한 가주의 노인 중에는 오진국의 행동을 박씨의 여자
문제 모략을 믿고 저질렀다는 분이 있었다. 이 증언은 FBI 보고, 김현구 회
고, 류경상 인터뷰 등을 통해 볼 때 수긍할 수 있다고 생각되며, 이 박사가
올리버를 오도(誤導)한 실례로 볼 수 있다고 인정한다. 억지도 이만저만한
억지가 아니지만 이는 박용만과 안창호가 죽은 후 미주에서 이 박사를 끝
까지 물고 늘어진 사람들이 거의 흥사단 계열이었다는 사실로써 설명될
것이다.
　박용만은 다정다감한 사람이었다. 좋은 경치를 보면 시상이 떠오르고

---

[147] Robert Tarbell Oliver, op. cito, pp.127~130 참조.

자연스럽게 여인도 詩중에 집어넣을 수 있었고 또 감개무량하여 우국의
시도 짓고 하였다. 그가 『신한민보』 주필 시대에 지은 시를 얼마 간추려
본다.

春興謾興

春衣新着上春台　獨座無人興不催
綠草黃花如錦地　一家少女踏香來
(1911. 4. 9)

汎舟遊金門

春日三盃酒　醉向金門去
清風一葉舟　夕陽掛棹頭
(1911. 7. 12)

LAKE TAHOE

太湖之水太澄清　百里秋波一鏡平
漁夫莫謾橫舟去　浪打睡鷗夢或驚

太湖之水太澄清　一掬滄浪可濯纓
人何從古多含恨　落日西風憶屈平

太湖之水太澄清　俗陋不會梁此汀
白鷗爾若能客我　斬敵頭來一洗兵
(1911. 11. 1)

光武帝

爲國君王五十年　作威作福獨專橫

放淫巫妓時乎酒 謀害忠良日使錢
覆宗傾社夫何恨 碎玉蒙塵足可憐
嗚呼德壽宮中月 底意敎人不敢眼
(1911. 4. 26)

康熙帝

失國君主正可憐 楚懷餘恨又朝鮮
他日東風明月夜 聲聲何忍聽花鵑
(1911 4. 26)

봄이 와서 새옷 입고 공원에 나간 박용만은 소녀들이 뛰어 놀고 있는 풍
경과 자기의 고독을 대조하여 시를 지었다. 봄날에 술 석 잔을 마시고 금
문만(金門灣)에 뱃놀이도 해보고 상항과 헤이스팅스를 왕복하면서 절경
Lake Tahoe가에 서성거리며 초(楚)의 굴원(屈原) 고사도 생각했으며 나라
를 망친 고종에 대한 원망도 토해 보는 등, 그의 시는 어떠한 복잡한 기교
를 부리지 않고 흥과 감상을 시로 옮겨 호감을 사게 하는 것 같다. 이러한
인품을 가졌던 박용만이기에 여자문제와 결부하여 '모략'당하기에 부족없
는 목표였겠다고 생각된다.

테러와 기습으로 국민회를 완전 장악한 이 박사는 계속 박용만에게 유
화적인 태도를 가졌다. 1915년 12월 23일의 『신한민보』를 보면, 박용만은
다시 이승만 박사와 같이 『국민보』의 공동논설자라는 명목으로 자리를 유
지한다 하였고, 1916년에 들어서서는 이 박사 영향하의 신임원진은 6월 12
일의 임원회에서 다시 박용만을 『국민보』 주필로 재임용한다고 선포하였
다. 이하는 『국민보』 사설이다.

본월 12일에 현임 당국자들과 각 구역 참의원 제씨와 학사 박용만씨 및 리승
만박사 제 인도자들이 국민총회관 내에 합동 출석하여 국민공동의 사업증진방

침을 난상 협의한 결과로 우리의 귀하고 친경 친애하는 박용만군이 다시 국민
보사로 들어와서 자기의 국민으로 더불어 생사존망을 같이 하기로 쾌히 허락
하였다 하니 이는 진실로 본사의 영광이오 본보 애독제군의 다행할 뿐만 아니
라 재외한인단체의 대복이며 다시 2천만 본국동포를 위하여 큰 행복이니 이 소
식을 듣는 우리 국민들은 응당 북을 치며 나발을 불고 기뻐 뛰며 춤추고 노래
함을 마지 못하리로다. (하략)[148]

박용만은 하와이 한인사회의 대동단결을 위하여 아마 분을 참고 굴종한
것 같다. 이 해에 병학교는 기지를 잃고 흐지부지되고, 그의 머리 속에는
대동단결이야말로 광복운동을 위하여 필수불가결한 것이라는 생각이 강
박관념처럼 도사리고 있었던 것으로 생각된다. 그래서 1917년 7월에 상해
에서 발송된 「대동단결선언(大同團結宣言)」에 그의 이름이 서명제안자 14
명의 한 사람으로 적히게 되는 것이다.

이 선언문은 "夫合則立 分則倒는 天道의 原理오"로 시작하여 "日文日武
日南日北"의 論을 공박하며 "隆熙皇帝가 三寶를 抛棄한 八月 二十九日은
卽 吾人同志가 三寶를 繼承한 八月 二十九日이니 其間에 瞬間도 停息이
無함이라 吾人同志는 完全한 相續者니 彼帝權消滅의 時가 卽民權發生之
時오 舊韓最終의 一日은 卽新韓最初의 一日이니 何以故오? 我韓은 無始以
來로 韓人의 韓이오 非韓人의 韓이 아니라. 韓人間의 主權授受난 歷史上
不文法의 國憲이오 非韓人에게 主權讓與난 根本的 無效요 韓國民性의 絶
對不許하는 바이라" 하였다. 이런 주장은 박용만이 『신한민보』 주필로 있
었을 때 거듭하여 강조하던 것을 독자는 기억할 것이다. 이 선언은 "吾人
의 團結이 一日이 早하면 新韓의 復活은 一日이 早하고 吾人의 團結이 一
日이 晩하면 新韓의 建立은 一日이 晩하리니"라고 결말짓고 있다. 이 결말
의 정신으로 박용만은 분을 참고 이승만체제를 따랐을 것이다. 이 선언에

---

148) 『신한민보』, 1916년 6월 29일, 「하와이」 소식난 인용 ; 『국민보』 사설 전문.

는 부록으로 「제의의 강령」이란 것이 7항목으로 나누어져 있는데 그 내용
은 다음과 같다.

1. 해외각지에 현존한 단체의 大小隱顯을 막론하고 결합 통일하여 유일무이의
   최고기관을 조직할 것.
2. 중앙총본부를 상당한 지점에 置하야 一切韓族을 통치하며 각지지부로 관할
   구역을 明定할 것.
3. 大憲을 제정하여 民情에 合한 법치를 실행할 것.
4. 독립평등의 聖權을 주장하여 同化의 마력과 자치의 劣根을 방제할 것.
5. 국정을 세계에 공개하여 국민외교를 실행할 것.
6. 영구히 통일적 유기체의 존립을 공고키 위하여 동지자간의 애정을 수양할
   것.
7. 右실행방법은 기성한 각 단체의 대표와 덕망이 유한 개인의 회의로 결정할
   것.

이상에 보는 제의를 보면 그 '제의' 전부가 혹은 강하게 혹은 약하게 박
용만이 주장하던 것임을 발견할 수 있다. 즉 1, 5, 6은 1908년에 덴버에서
열렸던 애국동지회에서 이야기되었던 것이고 2, 3, 4, 5는 그가 1911년에
목청높이 외쳤던 사항들임에 틀림없다. 이들 14인의 제안자의 성명은 신
규식(申圭植), 조소앙(趙素昂), 신헌민(申獻民), 조성환(曺成煥), 박은식(朴
殷植), 신채호(申采浩), 윤세복(尹世復), 이일(李逸), 김성(金成), 홍위(洪
煒), 한진(韓震), 신빈(申斌), 박기준(朴基駿)이었다. 조동걸(趙東杰) 교수의
분석에 의하면, 이 선언의 중심인물은 신규식이었고 따라서 선언의 출처
는 상해였다.[149] 박용만은 오랫동안 언론공작을 펴왔고 특히 동아 각지의
한인사정에 정통하고 있었으므로 일찍부터 신규식과 문통(文通)이 있었

149) 趙東杰,「臨時政府樹立을 위한 1917년의「大同團結宣言」」,『韓國學論叢』제9집, 국민대학
교 한국학연구소, 1987 참조.

다. 조성환, 신규식, 신형호(申衡浩) 3인의 이름으로 1912년 2월 국민회 창립 제3주년 기념으로 "國民鐵血大會 新韓光復喜歡"이라는 묵서(墨書)를 보내오기도 하였다.[150] 또 어떻게 본다면 1917년에 박용만은 상해에 다녀갔는지도 모르겠다. 후술하겠지만 박용만이 1928년 사살 당했을 때 그에게는 13세 되는 '난영(蘭英)'이란 딸과 5세 되는 아들이 있었다. 그는 한중 혼혈녀(韓中 混血女)인 웅소정(熊素貞)과 동거하고 있었는데 그녀는 그들이 11년 전에 상해에서 결혼하였다고 법정에서 주장한 바 있다. 이 여아가 그의 소생 같지 않지만 사실이라면 1917년에 결혼하였다는 계산이 된다. 여하간 박용만은 상해와 밀접한 관계를 가지고 있었다고 보인다.

이 박사는 이 해에 박용만을 뉴욕에 파견했다. 9월 28일 이승만, 안현경(국민회 총회장) 서명의 일문서로, 10월 29일에서 31일까지 뉴욕 맥알핀호텔에서 열리는 소약소국동맹회의에 박학사 용만군을 보내기로 결정하였고 경비가 500원 필요하니 비밀히 모금하라는 취지의 글이 있다.[151] 이에 의하여 판단하건대 1917년 말까지는 이 박사는 박용만을 보살폈던 것이 된다.[152]

그런데 1918년 1월 일이 터졌다. 이번에는 이 박사편 인사들의 재정흠축 사건이었다. 관련 재판문서의 열람을 통하여 필자도 이를 인정하는데 여기서는 김원용의 저서를 인용한다.[153]

이 같은 정형으로 2년 반을 지내고 1918년에 다시 풍파가 일어났는데 이때는 재무 '리승만'이 재정을 흠축하고 문부를 모호하게 만들었다고 문부

150) 『신한민보』, 1912년 2월 5일. 신형호는 신규식의 조카로 네브라스카병학교에 다녔다.
151) Circuit Court of the First Circuit, Territory of Hawaii, January 1918, Criminal No.6866 7/59. The Territory of Hawaii vs Kim Sun Yul et al. 이것은 필자가 획득한 재판문서인데 국사편찬위원회와 하와이대학 한국학연구소에 분양하기도 하였다. 이 문서철 속에 들어 있었다.
152) 이러한 사실은 이 박사를 싫어하던 김원용, 김현구, 유경상 등의 서술에는 나오지 않는다. 이들의 저서 중 김원용의 것이 비교적 정확하고 유용하지만 조심하여야 될 점들이 하나 둘이 아니다.
153) 김원용, 앞의 책, 149~154쪽.

조사를 당하여 2년 전 사태의 정반대이었다.

1918년 1월 15일에 열린 하와이국민회 제10차 대의회에서 재정 문부를 조사하는데 문부에 오착이 많고 은행 적립금의 증명이 없는 까닭에 재무 '리승만'의 설명을 요구하였다. 그러나 '리승만'이 문부 조사원을 대면하지 않고 총회장 '안현경'으로 하여금 대언하기를 각항 문부의 시재금이 은행에 적립되어 있으며 만일에 재무가 갈리면 신임 재무에게 재정을 넘길 터이니 염려 말라고 하였다.

재무 '리승만'이 문부 조사원을 대면하지 않으며 은행 적립금을 증명하지 아니하므로 필경에 문부 조사원들이 아래와 같은 질문서를 제출하였다.

문부 조사원의 질문서

1. 총회에서 작년도 대의회 입안을 주행하지 않았으며 1년 동안에 임원회를 한 번도 열지 않고 매사를 재무 '리승만'이 독단 처리하였으며 재정 공고서를 발포하지 않았으니 자치 규정 제13조와 제52조를 위반하였다.
2. 군사운동 후원금 여재 1,035딸라 45전과 '소약국 동맹회' 대표 파송경비 특연 여재 1,157딸라 95전과 농상주식회사 여재금과 총회관 방세 수입을 문부에 기입하지 않았으니 그 재정은 어찌 하였는가.
3. 총회장 '안현경'에게 매긴 학생 휴대금 500딸라를 주지 않고 시비당하는 이유가 무엇인가.
4. 문부에 모호한 점이 많은데 재무가 문부 조사원을 대면하지 않으며 은행책을 보이지 않는 이유가 무엇인가.
5. 재무가 문부 조사원을 대면하지 않으며 은행책을 보이지 않는 것은 재정 흠축의 자백인데 문부 정리를 어찌 하려는가

2월 11일 회석에서 재무 태도의 대책을 논의하다가 싸움이 일어나서 밖에 매복하였던 사람들이 들어와서 뭉둥이질을 하여 유혈이 낭자하였고 대의회는 수라장이 되었다.

이때에 '리승만'이 경무청에 고소하기를 대의원 중에 흉기를 가지고 사람을 살해하려는 위험이 있으니 그들을 체포하라고 하였으며 경관이 현장에 도착한 후에 총회장 '안현경'이 '유동면' '김성률' '리찬숙' '김한경' 4인을 지목하여 포박하게 하였으니 이 사람들은 문부 조사를 강경하게 주장하던 대의원들이었다.

필경 2월 27일에 고등재판소에서 배심 재판이 시작되었다. 그리고 '리승만'이 살인 미수범 증인으로 재판정에 들어가서 체포된 대의원들을 모함하는데 그들이 박용만의 패당이며 "미국 영토에 한국 국민군단을 설립하고 위험한 배일 행동으로 일본 군함 출운호가 '호놀룰루'에 도착하면 파괴하려고 음모하고 있는 무리들이며 이것이 미국과 일본 사이에 중대 사건을 일으키어 평화를 방해하려는 것이니" 저들을 조처하여야 한다고 하였다.

3월 8일에 재판이 파견되는데 법정에서 한인의 파쟁과 감정을 아는 까닭에 '리승만'의 고소가 조리없는 모함으로 인정되고 살인미수 사건의 증거가 없으므로 소송을 퇴각하였다.

'리승만'이 재판을 실패한 후에 파쟁을 선동하는데 "4지가 3지가 되드라도" 싸워서 불량 분자를 소청한다고 하였으며 누구나 그 행동에 협동하지 않으면 사회를 파괴하려는 '박용만'파라고 시비하며 싸움을 계속하여 사회를 혼란에 빠지게 하였던 것이다.

오랫동안 침묵하고 있던 '박용만'이 이번 재판 때에 당한 모함과 욕설을 견디지 못하여 발표한 "시국소감"이 다음과 같다.

시국소감(연합회 공고서 참조)

1918년 3월 19일 박용만 기서

원래에 하와이 대한인국민회가 그 사업발전을 위하여 유망한 인물을 청한다는 것이 '리승만'박사를 청하여 온 것이오 그 인물을 받들기 위하여 국민회를 희생하자는 것이 아니었다.

그런데 우리 단체는 유망한 인물을 청하여 온 까닭에 망하게 되니 이것이 그 인물의 죄악인가 그 인물을 맹종하는 동포들의 죄악인가 양심으로 생각하여 볼 것이다.

처음에 '리승만'이 국민회 소유 '엠마' 기지를 갖어 가려는 욕심으로 시비를 시작하여서 국민회를 전복하는 작란까지 하였는데 그 기지는 국민회가 교회사 업을 위하여 좋은 목적으로 매득하였던 것이며 그것을 인하여 단체가 분열될 줄은 뜻하지 못한 바이다.

'리승만'의 요구가 그 기지를 교회에 주지 말고 자기에게 주어서 학교 사업에 쓰게 하라 하였고 국민회가 그것을 허락하였다. 그러나 '리승만'이 그 기지를 자기의 명의로 넘기어 달라하므로 국민회가 학교 명의로 넘기겠다고 고집하였으니 그것이 공유물인 까닭이다.

'리승만'이 그것에 대한 감정으로 각 지방에 다니면서 글과 말을 돌리며 국민회 임원들을 비난하여 인심을 선동한 결과로 1915년 5월에 풍파를 일으키어서 염치없고 비열한 수단으로 국민회를 전복한 이후에 독재 행동으로 매사를 임의처단하였는데 지금에 그 기지는 어대 갔고 국민회 현상은 어떠한가. 목전의 사실을 관찰하여 보면 알 것이다.

이번에 '리승만'이 다시 일으킨 풍파는 그 시비의 곡직이 분명한데 아즉도 그 불의 행사를 맹종하는 동포들이 있으며 그중에 각 지방 국어학교 교사들과 교회의 전도사들은 그만한 경우를 알면서 순실한 동포들을 선동하고 있는 이유가 무엇인가. 이것이 해외 단체의 적은 시비 같으나 민족 사업에 미치는 영향이 막대하며 만일 조국이 광복된 후에 이와 같은 인도자와 이와 같은 민기가 있으면 국가와 민족의 비운을 초래할 거이다.

'리승만'이 국민회 재무 직임을 갖이고 공금을 잘 못 쓴 것이 분명한데 그것을 교정하려는 대의원들을 모함하여 경무청에 체포하고 재판한 것이 염치없는 일이다. 더욱이 재판석에서 국민군단의 항일운동이 죄이고 국제 평화의 소란을 음모하는 것이니 조처하라고 호소한 것은 우리 동포의 애국정신을 변천시키고 독립운동을 음해하는 악독한 행동이다.

'리승만'이 '하와이'에 오던 때까지도 국민회의 기상이 장쾌하였고 동포의 염치와 양심이 아름다워서 안으로 단체에 화기가 있고 밖으로 각국 사람들의 칭송이 있더니 오날의 정형은 동포가 있는 곳마다 싸홈인데 호소할 것이 없고 외국인들의 치소를 받아서 대외 신용이 폴락되었으니 어찌하여 이렇게 된 것을 살피고 깨닫는 바가 있어야 할 것이다.

'리승만'이 글로는 민주를 주장하고 실제에는 경우와 공론을 멸시하며 말로는 도덕을 부르고 행실로는 작당과 몽둥이질을 교촉하며 동포를 대하여 죽도록 싸우자 하고 파쟁을 기탄 없이 조장하니 이것이 자기의 조고마한 지위를 보존하려고 동포로 하여금 서로 충돌하여 망운을 초래하게 하는 행동이다.

후일에 학자가 있어서 '하와이' 한인사회 실정을 기록하면 보는 자 누구나 책상을 치면서 질책할 것인데 행여나 이것이 우리 민족 장래에 거울이 되기를 바라는 바이다.

박용만의 이「시국소감」은 또 이 박사가 2월 말에 장문의 성명을『국민보』를 통하여 내놓은 데 대한 도전이기도 했다. 이 박사는 그 성명 중에서 재정흠축사례를 하나씩 설명하면서 대수롭지 않은 사건들로 평가하고 나서 이번 충돌사건이 생긴 이유를 다음과 같이 들었다.

당초에 자유교파(장로교회)와 미이미교파(감리교회)와 군단파 몇몇이 작년 총선거시에 입을 모으고 은근히 주선하여 총회장 후보자를 다른 사람으로 천망에 올리고 속으로 운동하다가 급기 안씨가 피선되는 경우에 이르러 심히 낙망한 고로 이때에 기어히 안씨를 얽어서 몰아내고 총회를 전복하자는 계책이니

라고 선언하고 박용만에 대하여 다음과 같이 언급하였다.

우리 보통동포들은 지나간 일을 다 잊어버리고 중요한 기관과 좋은 기회를 박용만씨에게 여러번 맡겼나니 (중략) 지금까지 하여오는 것을 볼진대 박씨가 저자들을 따르는지 저자들이 박씨를 따르는지 함께 덩어리가 되어 피차 떨어지지 못하며 해마다 동포들의 원하는 바는 대적으로 반대하여 번번히 풍파를 일으키니 박용만씨는 비록 그중에 간섭이 없다 한들 어찌 동포의 책망을 면하리오.154)

박용만은 다시 6월 11일에 발행한 「하와이연합회공고서」 제30호에 일천 자가 넘는 선언서를 발표하였는데,[155] 이 중에서 '출운호(出雲號)'에 관계 된 부분을 인용하며 다음과 같다.

나는 비록 천만가지 욕설을 다 들어도 참을 수 있으되 소위 '出雲號'를 침몰 시키려 하였다는 말과 일본과 싸우기를 준비한다는 말 같은 것은 이것이 비록 근저없는 일이나 이는 곧 국가 전도에 관계되는 일인 고로 누구든지 함부로 말 하여 우리의 원수를 도와주는 것이 불가한 줄로 아노라.

이와 같은 박용만의 출운호 발언은 약간 수정되어야 할 곳이 있어 여기 서 바로 잡으려 한다. 즉, 출운호에 폭탄을 장치하겠다 운운의 상황은 1914년 에서 15년 사이에 일어났고, 이 박사의 법정 증언은 1918년의 일로 간주하 는 것이 옳다는 것이다. 정두옥이 다음과 같이 회상하고 있어 참고가 된 다.

1914년은 제1차 세계전쟁시라 일본군함 出雲號가 독일군함 Geier호를 따라 입항하였다. 엠댄호는 진주만에 들어와서 정박하였다가 다시 출항할 시기가 초 월한 고로 무장해제를 당하였고 출운호는 호항에 들어와서 정박을 하였는데, 그때 한인은 이 기회를 이용하여 출운호를 파괴할 계획을 하였다는 혐의로 당 국에게 何許人이 고발을 하였는지 박용만씨와 태병선씨와 심상열 제씨를 감 시·조사까지 받게 만들었다. 그리하여 박·태 양씨는 미국육군부에 불려가서 각각 질문을 받은 중 일절은 어찌하여 德人을 친선하였느냐? 답 왈, 우리는 어 떤 사람을 물론하고 우리의 원수 일인과 원수가 되는 때는 자연이 동정자가 되 는 것이다, 하는 답변이 이구동성이었다. 폭탄은 어디에서 나왔느냐. 덕국함대 에 얻은 것이다. 또한 정칠래가 비행기를 일대 구입하여 연습하는 것과 박용만 씨 당신이 군단을 설립하고 군사를 훈련하는 것이 다 德人을 돕는 것이 아니

154) 『신한민보』, 1918년 3월 14일, 「이박사의 선택」 참조.
155) 『신한민보』, 1918년 6월 27일, 또 7월 4일, 「하와이풍파 중 박용만씨의 선언」 참조.

냐? 답 왈, 아니다, 우리의 힘으로 어찌 남을 돕겠나.

독일[德國]이 세르비아와 1914년 7월 28일 전쟁상태에 들어가고 영국이 8월 4일 전쟁에 말려들자 일본과 영국의 동맹관계로 인해 일본의 참전은 확실시되고 있었다. 캐나다와 미국의 일본 이민들은 의용군을 조직한다고 떠들썩하고 있었고 8월 23일 드디어 일본은 독일에 선전포고를 했다. 당시 하와이의 신문을 볼 것 같으면 일본 순양함 이즈모(出雲)는 미주 서해안에서 독일군함 수색과 연합군 상선의 보호작전을 펴고 있었고 미국은 명색이 중립이었으니 독일군함들이 보급을 위하여 호놀룰루에 들리곤 하였다. 이런 상황하에서 미주의 한인들은 자연스럽게 독일편을 드는 분위기였으며 뉴욕의 김헌식은 당지의 독일영사관을 찾아가 뉴욕교포를 대표하여 20달러의 성금을 전달하기까지 했다. 제1차대전의 발생과 더불어 하와이에서는 박용만이 군단을 조직하고 있었으므로 군단사람들이 일본군함 파괴 운운하는 것은 매우 자연스러운 추세라 할 것이다. 독일군함 Geier호는 10월 15일 호놀룰루에 도착하여 밖에서 기다리는 일본 순양함 히젠(備前)이 두려워 출항을 못하고 있었고 이즈모(出雲)가 호놀룰루에 온다는 기사는 9월 2일과 12월 11일의 『스타 블리틴』 신문에 대서특필되었다. 이러한 상황에서 박용만은 조사를 받은 것 같고 이렇게 나가다간 한인에 불리할 것을 감지한 이 박사가 국민회 쟁탈을 결의하게 되었는지도 모르겠다. 12월 9일 독일의 유격함대가 남대서양의 포클랜드섬에서 섬멸당하여 동태평양의 일본함대는 귀항하게 되어 있어 시기적으로 1914년 가을이 이즈모호 파괴 운운되던 때였을 것이다. 또 1917년에 미국이 참전하게 되었으니 이 박사는 아무 거리낌이 없이 박용만파의 구악을 다시 들추어내게 될 마음이 생기는 것으로 간주된다.

김원용은 위 선언이 있은 직후인 7월 박용만이 연합회를 조직하였다고 그 발기문을 소개하고 있는데, 박용만의 소위 '갈리히'연합회와 벌써 있던 하와이연합회와 어떠한 관계에 있었는지 분명하지 않은 점들이 있다. 『포와(布哇)조선인사정』에 의하면 1915년 국민회에서 밀려난 김종학(金鍾學), 신흥근(申興根), 박용만(朴容萬) 등이 연합회를 조직하였다고 적고 있다. 박용만은 이 새로운 갈리히연합회 발기문에서 "동포간의 시비를 피하고 화목을 증진함에 노력할 것인데 적어도 국민회의 질서가 정돈되는 때까지 임시적 조직을 결성하고 필요한 사업을 진행하며 서로 충돌하지 않기를 힘쓰려고 조직한다고 선포하고 있다.156)

한편 국민회 중앙초회장 안창호는 그의 직권으로 하와이 분규에 세 가지 권고문을 작성하여 『국민보』에 게재할 것을 요구하였다.157) 즉 첫째는 안현경 지방총회장에 권고한 글로 "각하의 재정상 불명의 질문을 제출할 당시에 각하가 어찌하여 절대적 조사에 응치 않았는가" 힐책하고 "각하는 흑백을 가리지 않고 덮어놓고 거절함으로써 여러 사람의 의혹을 더욱 참되게 하였으니", "일제 문부를 밝히 조사에 부쳐 뭇사람의 의혹을 깨치고 맑은 의논을 유지함이 가하고 과연 이굴할진대 머리를 숙이고 나아가 조사를 받아 법률을 존중한 후에 허물을 자복하고 물러가 동포의 분노를 그쳐줌이 열장부의 행할 일이다"고 말하였다. 또 전체 동포에게는 낙심하지 말고 꾸준히 나아가자고 격려하였다. 박용만파의 연합회중앙회장 이종홍에게는 "만일 당국자의 행정이 불명부정하면 탄핵하여 다투는 것이 가하거니와 이제 다투는 바가 바로 되지 못하였다고 물러가 분립하는 것은 도리어 국민회에 대한 의무와 권리를 버림이니"라 하여 연합회를 해산하고 국민회에 다시 들어가 끝까지 불법을 규탄하고 의무를 다하라고 권면하였다. 그러나 연합회는 해산하기는커녕 『국민보』에 맞서는 『태평양시사』(*The Korean Pacific Times*)를 11월 28일에 창간하였다. 즉 박용만은 자기가

---

156) 김원용, 앞의 책, 155~156쪽.
157) 『신한민보』, 1918년 11월 7일.

키우고 해외한인의 중심으로 만들려던 국민회를 '일시적으로나마' 정식으로 떠난 것이다.

7. 3·1운동의 발발과 박용만의 러시아행

박용만은 무장투쟁노선을 걸었기에 이 박사와 비교하여 상대적으로 손해를 많이 보았다고 할 수 있다. 1915년 하와이국민회 대결 때 일본공관측이 일격을 가한 것이라든가 병학교기지 계약연장 취소라든가 또 1918년 하와이국민회 대결 재판 때 검사가 거듭 피고들에게 군사학교의 조직목적이 일본과 싸우려는 것이 아니었는가고 묻고 있어[158] 심리적 압력을 가하고 있다든지, 출운호 운운 사건이라든지 모두 유형·무형의 손해를 보았다. 그러나 이러한 태도를 유지함으로써 국내외의 독립운동에 유형무형의 영향을 끼친 것도 적지 않다. 「대동단결선언」이라든가 '조선국민회(朝鮮國民會)' 사건 등을 들 수 있겠다. 특히 후자는 '김형직(金亨稷)'이 주요 간부로 참가하였기 때문에 북한에서는 크게 다루어지는 사건도 되는데, '조선국민회'의 원류는 미주국민회요 박용만이었다는 사실을 간과하여서는 안 될 것이다.

미주에서 3·1운동의 발발을 알게 된 날짜는 3월 9일이었다. 현순이 상해에서 1일자로 부친 전보가 9일에야 상항과 호놀룰루의 국민회에 도착하였고 즉시 당시의 신문사들에게 알린 것이 미주에서 3·1운동 발발을 알리는 첫 신호탄이 되었다.[159] 그런데 박용만이 현순의 전보에 앞서 이미 그 사실을 알고 있었다는 신문기사가 있다. 즉 3월 10일자『호놀룰루 스타 블

---

158) Honolulu Star Bulletin 1918. 3. 5. "Korean Strife Aired in Court" 참조.

159) 방선주, 「3·1운동과 재미한인」, 『한민족독립운동사』 3, 국사편찬위원회, 1989, 484~515쪽 참조.

리턴』지는 "『태평양시사』의 주필 박용만씨가 지난 주 한 장의 편지를 받았는데 그것은 코리아의 독립에 관한 이 전보 내용을 확인하는 것이었다"라고 적고 있다. 이 기사가 사실이라면 3·1운동에 대한 박용만의 관여도는 더 커질 가능성이 있다고 하겠다. 김현구는 1918년 세계대전이 끝나자 곧 박용만이 독립선언을 공포하였는데 이것이 그 후의 여러 독립선언의 시작이라고 말하고 있으나[160] 그의 서술을 증빙할 문건을 아직 찾지 못하였다. 단, 그는 무오독립선언을 번역하여 호놀룰루의 *Pacific Commercial Advertiser* (4월 30일 게재)에 보냈는데[161] 그 제목을 "Declaration of Independence by the National Assembly of the Korean National Independence League"라고 했다. 즉 '대조선독립단 국민의회 독립선언(大朝鮮獨立團 國民議會 獨立宣言)'이라고 했다.

박용만은 3월 30일 호놀룰루 한인자유교회에서 "대조선독립단 되는 예식을 거행코자 각 지방대표와 남녀노유동포 약 350여 명이 강경한 충의와 만강의 열정도 성대히 경축선포예식을 거행하였다."[162]고 적었다. 그 약장에 "제1조 본 조직체는 국내와 원동의 각단체로 조직된 대조선 독립단의 한 분자로서 이름을 대조선독립단 하와이 지부라 함"에서 보듯 무오독립선언(戊午獨立宣言) 발포단체의 하와이지부라는 뜻이 내포된다. 왜냐하면 박용만은 자기의 '대조선독립단'을 영어로 'Korean National Independence League'라고 썼기 때문이다. 물론 현순 목사가 미주에 3·1운동의 소식을 전하는 전보를 쳤을 때, 'Korean National Independence Union'의 대표들이 독립선언을 하였다고 적고 『신한민보』는 '대한독립단'이라고 번역하기는

---

160) 김현구, 앞의 책, 273쪽 참조.
161) 당시 박용만의 비서이었던 이원순은 4월 25일 大朝鮮獨立團의 이름으로 애드버타이저紙에 연재되고 있었던 3·1운동 관계 자료를 묶어 *True Facts of the Korean Uprising and the Text of the Declaration of Independence*를 출판하였다. 발표 날짜는 1919년 2월로 되어 있다.
162) 『신한민보』, 1919년 5월 1일. 김원용의 책에서는 3월 3일로 오식이 되어 있어 졸고, 「3·1운동과 재미한인」에서 오판하였는데 여기 정정한다.

하였다. 그러나 박용만은 무오독립선언의 번역을 통하여 이 직계의 독립단임을 분명히 하려고 하였다고 생각된다.

3월 21일 노령에서 발표된 대한국민의회의 각료명단이나 4월 11일의 상해임시정부의 각료명단에 비로소 박용만 외무(外務), 또 강화대사(講和大使)의 1인으로 피택받은 것을 보고야 상해 임정에서 그에게 외무자리를 내놓게 된다.[163] 이승만과 안창호는 실세이었으니까 어느 정부명단에도 들어갔으나 두 해외정부가 박용만을 외면하고 해외 정치추세에 어두운 한성정부에서 박용만을 높이 평가했음을 감안할 때 해외 2정부에서는 외교에 가장 믿음직한 인물로 인정받는 이승만과 상쟁했던 박용만을 꺼려했던 것이 아닌가 생각된다. 이러한 추세하에서 박용만파는 무오독립선언을 중시하여야 되었던 것이다.

미국의 1918년도~1919년도 검열문서의 영어번역 일부가 남아있는데 그중 한인관계 박용만에게 온 편지의 검열이 둘 남아있다. 그 첫째는 1918년 11월에 시베리아 하바로브스크 보문사(普文社) 서점에서 박용만이 저술한 『아메리카혁명사』를 보내달라는 것이었다. 이 책은 매우 필요한 문헌인데 시베리아 거주 한인들은 가난하기 때문에 가격을 좀 낮추어서 공급해줄수 없는가의 문의 편지였다.[164] 또 한통의 편지는 김규식(金奎植)이 1918년 12월 10일 천진(天津)에서 보낸 편지로 그 골자는 벌써 편지 두 통을 부쳤는데도 회답이 없으니 하와이에 없었던 것인가 묻고 지난 여름에 귀하가 출타하였었다고 들었다는 내용이다. 또 자신은 다음 달에 파리에 가서 한국을 위한 홍보국(Press Bureau)을 설치하려는데 귀하가 그곳에 가는 것이 절대적으로 필요하며(It is absolutely necessary that you should be there) 한일 년은 있어야 될 것 같다, 재정이 필요한데 자금을 많이 가져가야 된다,

---

163) 趙東杰, 「大韓民國臨時政府의 組織」, 『韓國史論』 10, 국사편찬위원회, 1987.
164) 미국 육군정보국문서 1766-918호. 미국 우편검열문서 제1983호 번역(1918년 11월 16일) 참조.

나의 파리주소는 여차여차하니 그곳으로 연락하여 달라, 귀하도 귀하의 뉴욕주소를 달라는 등의 내용이었다. 이 글에서 판단하건대, 박용만은 뉴욕주소를 가지고 있었던 것 같다. 아마 김헌식의 주소였는지도 모른다. 이 박사는 김헌식 뒤에 박용만이 선동하고 있는 것으로 추리하였다.[165] 김규식은 또 3월 13일 파리에 도착하였다고 전보를 쳤는데 박용만은 이 전보를 신문기자에게 알리면서 특별히 윗편지를 소개하였다.[166] 이것은 나도 독립운동 일선에서 뛰고 있다는 과시로 생각된다. 이때에 그는 중국으로 들어갈 만반의 준비를 하고 있을 때였다. 그동안 그의 '대조선독립단' 하와이지부는 기독교 찬송가 제4장 '聖哉 聖哉 聖哉'의 곡에 맞추어 국기가(國旗歌)를 다음과 같이 작사하기도 하였다.[167]

거룩 거룩하다 대조선 태극기
산끝마다 집집마다 두루 날린다.
영화 영화롭다 저 국기의 영광
온 세상 위에 두루 비친다.

또 『신한민보』에 의하면 국민회 중앙총회의 호소에 동조하여 왜간장, 왜쌀 등을 절대로 사먹지 말자는 결의도 하였다.

드디어 5월 17일 오후 2시 호놀룰루 출발의 미국 운수함 Thomas호로 박용만은 마닐라를 경유하여 블라디보스톡으로 향하는 것이다.[168] 여기에 대하여 미국 정보문서는 다음과 같이 적고 있다.

---

165) 姜德相편, 『現代史資料』제25권, 1977, 445~446쪽, 「在美鮮人獨立運動의 內情」 참조.

166) *Honolulu Pacific Commercial Advertiser* 1919년 3월 23일. "Korean Envoy in Paris Cable Says."

167) 이원순, 앞의 책 참조. 제1절만 수록하였다.

168) *The Pacific Commercial Advertiser.* 5월 16일을 보면 "Varied Throngs Here on Thomas"라는 기사가 보이며 시베리아로 가는 8명의 장교의 씨명을 적고 있다.

그는 1919년 하와이령을 떠나 육군 운송함 Thomas호를 타고 동양으로 향하였다.[169]

또 미국 하와이령 주둔군 정보참모 커크우드 소령에 의하여 작성된 박용만 신상조사 보고서는 다음과 같이 적고 있다.

정보과에 비치된 자료에 의하면 박용만에 대하여 다음과 같은 관련사항을 찾을 수 있다. 즉, 박은 1905년 코리아를 떠나 직접 미국에 갔다. 그는 네브라스카대학을 3년간 다니고 졸업하였으며 몇 해 동안 미국 서북부에서 여러 가지 사업에 손을 대고 있다가 1917년 5월 하와이에 도착하였다. 박이 처음 주둔군의 주의를 끈 것은 1917년에서 1919년 사이의 일이며 그 발단은 오아후섬 동남의 파인애플농장에서 고용한 노동자들에게 군사훈련을 실시하고 있었던 것을 저지하였음에서 비롯하였다. 당시 박이 코리언의 정치적 군사적 목적을 위하여 훈련을 시도하였는지 세계대전에 참전한 미군에 지원입대하려는 코리언의 훈련을 위한 것이었는지 확실하지 않다. 그가 하와이에 온 1917년에서 1919년 사이의 2년간 박은 본 정보과에 자원 정보제공자로 도왔지만 가치있는 정보를 제공하였는지 매우 의심스럽다. 1918년에서 1919년에 걸쳐 하와이의 코리언들은 일본에 관한 정보 제공에 매우 활발하였는데, 그 이유는 일본과 미국이 조만간 전쟁에 말려 들어갈 것이라는 소문이 하와이 전역에 나돌았고 그럴 경우 코리언들은 독립을 쟁취할 수 있는 기회가 올 것이라고 믿었기 때문이었다.

1925년 7월 박이 호놀룰루에 도착하여 이민국 당국에 진술한 바에 의하면 그는 1919년 5월 갑자기 육군수송함 토마스호로 블라디보스톡에 갔다고 하였다. 그는 하와이 주둔군 사령관이 블라디보스톡까지의 선편을 주선하였고 미국 시베리아 원정군 사령관에 통지하여 박이 시베리아의 미군에게 정보제공을 할 수 있다고 통지하였다는 것이다. 박은 또 주장하기를 그가 블라디보스톡에 도착하자 미국 원정군 사령부를 찾아갔고 몇 달동안 보수를 받지 않고 정보면의 자원봉사를 하였다는 것이다. 본 지구의 운수 부문 1919년의 기록을 없앴기 때

---

[169] 국립공문서관 소장. 육군정보국(MID)문서. 51·370호 문서 제5件 참조.

문에 박이 토마스호로 블라디보스톡에 갔는지 안 갔는지 확인할 도리가 없다. 또 본과의 기록상으로 보면 박과 시베리아 파견군과의 관련을 증명할 만한 문건이 안보인다. 박이 토마스호로 시베리아로 갔다는 件과 관련하여 흥미있는 것은 1920년 11월 15일 한 저명한 코리언에 관한 건이다. 그는 베르사이유평화회의에도 코리언의 대표로 갔었고 샌프란시스코에서 호놀룰루에 도착하여 상해로 가려고 하였다. 이 코리언은 여객선을 타면 일본항구를 들리게 되므로 이를 피하려고 하와이지구 사령관에 수송함 토마스호로 마닐라를 가게 하여달라고 청원하였다. 그의 요구는 거부되었는데 토마스호가 호놀룰루항구를 떠난 직후 그가 밀항자로서 승선하고 있는 것을 발견하였다. 이때는 수로안내선이 귀항하기 전이었기 때문에 그는 호놀룰루에 송환되었다.

이 커크우드 소령의 서술이 시사하여 주는 점이 많다. 첫째로, 1915년 이전에 박에 대한 자료는 없었다는 것이다. 1915년 일본공관이 이 박사편에 이롭게, 박용만에 대하여 항의한 사건이 결국 하와이 정보당국이 그를 주목하게 만든 계기가 된 것이고 농장주에 압력을 넣어 계약연장을 허락하지 않아 병학교를 말라죽게 만든 것이 이 커크우드 소령의 서술로 드러나고 있다. 1917년과 15년을 착각한 점이 있기는 하다.

둘째로, 헤이스팅스병학교 학생들이 조국광복전쟁에 나간 숫자보다 미군에 들어가 제1차 세계대전에 참전한 숫자가 더 많았다. 하와이의 경우도 마찬가지였다. 커크우드 소령은 박용만에게 은근히 호감을 가졌던 인물로서 일부러 박용만의 병학교 학생들의 그러한 추세를 지적함으로써 상부에 박용만을 변호하고 있다는 느낌이다.

셋째로, 박은 자원하여 정보를 제공하는 사람이었다. 당시 독립운동을 한다는 사람이면 거의 모두 자원하여 미국에게 일본에 관한 정보를 제공하려 하였다. 보신의 뜻도 있었겠다. 이 박사의 경우 하나 둘 보자. 필리핀 지방군 정보국의 존 리(John Lee) 소령은 그가 유용한 정보를 제공하였다고 전제하고 육군부 정보국 놀란 장군과의 면담도 주선하고 있었으며 이 박사는 놀란 장군을 면담하지 못했지만 워싱턴에서 정보장교들과 만나고 있었다. 또 나중에 태평양전쟁이 일어난 후에는 OSS와도 관련이 생기고 굿펠로우 대령에게서 자금도 받고 있었던 것으로 생각된다.[170] 당시의 애국인사들은 미국 정보당국에게 원수 일본에 관한 정보를 제공한다는 것이 하나의 의무로도 간주하였을 것이다. 박용만은 편지검열에도 협조를 요청받았을 때 도운 것이 아닌가 생각되기도 하다. 앞에서 언급한 『애드버타이저』신문 4월 30일자에 박용만의 무오독립선언 영어번역을 게재하면서 "독자들에게 한 달 전에 본지에서 게재한 3·1독립선언 영역도 샌프란시스코의 신문에 번역된 것보다 한 주일 빨랐다"고 강조하였는데 그 날짜는 3월 28일이었고 번역자는 역시 박용만이 아닌가 한다. 왜 그러냐 하면 미국의 편지검열에 걸린 「3·1독립선언문」의 검열경과를 따져보아서 그럴 가능성을 생각해보는 것이다.

동아 각지와 미국을 연결하는 여객선 콜럼비아호는 1919년 2월 26일 홍콩을 떠나 3월 1일 상해에 도착하였고 고베를 거쳐 3월 6일 요코하마에 도착했고 다음날 출범하여 3월 26일 샌프란시스코에 닿았다.[171] 그런데 이 선내의 우체통에 투입된 파크대학 William J. Lee, 즉 이용직에게 보내는 익명의 발신인의 편지가 걸렸다.

이 편지를 쓴 날짜는 2월 29일이었는데 그 내용은 다음과 같았다.

　동봉한 것은 오늘 서울의 청년들에 의하여 발행된 선언입니다. 이「선언」을 번역하여 원문과 같이 토론토대학 생물학연구소 Robert Defries 의사에게 보내 주시기 바랍니다. 제 이름을 쓰지 않았으나 양해해 주십시오. (영문번역)

---

[170] 태평양전쟁이 일어난 후의 이 박사의 행적에 대하여는 다시 쓸 것이다. 당시 미국정보기관에서 블랙리스트에 집어넣었던 한길수(韓吉洙)조차 굿펠로우 대령에게 돈을 받고 있었다는 문건들이 있다.

[171] 콜롬비아호의 경로는 각처 신문들의 선박출입난을 조사하여 획득하였다.

하와이의 검열관은 배가 호놀룰루에 도착한 18일 당일에 이 편지를 검열하고 2월 29일이 3월 1일의 잘못이 아닌가 의문을 제기하면서 「선언문」을 급히 번역하여 놓고 24일 워싱턴시의 육군 정보국장에 원문과 번역문을 보냈다. 육군 정보국장 처칠은 4월 15일 원문을 돌려주면서 수신인에게 보내도 좋다고 말하고 본부에도 번역하고 있으며 완성되면 통지할 것이라고 하였다.[172) 그런데 하와이 『애드버타이저』지는 3월 28일 박용만이 번역한 것으로 지목되는 「선언서」를 게재하고 있는데, 이것은 컬럼비아호가 하와이에 닿은 지 10일째 되는 날이다. 하와이 정보당국 번역과 신문게재의 것과 차이점이 좀 보여서 후자는 신문사 기자와 박용만이 같이 수정한 것이 아닌가 추리해 보았다. 물론 『신한민보』사에서는 4월 10일자에 국한문체의 「선언서」를 한글로 번역한 것을 내놓아 검열에 걸리지 않은 「선언서」들이 계속 미주로 들어오고 있었다는 것을 짐작할 수는 있다.

넷째로, 박용만이 하와이지구 사령관의 허가로 토마스호를 타고 블라디보스톡에 가서 미국파견군의 정보공작을 도왔다는 진술은 거짓이 없겠다고 생각된다. 쉽게 탄로가 날 수 있다고 생각되는 문제로 하와이에 와서까지 거짓 증언을 할 까닭이 없기 때문이다. 이런 맥락에서 필자는 미국 시베리아파견군 문서들을 들추어 보았다. 2월, 3월, 4월, 5월, 한인독립운동에 관한 건은 하나도 보이지 않다가, 박용만이 이미 시베리아에 도착한 6월 중순쯤에 니콜스크-우수리스크에서 한국국민의회가 발포한 격문(3월 17일)의 영역이 있고, 6월 16일에는 기독교 개신교의 교역자 김계엄·허동식과의 긴 인터뷰 보고가 나온다. 6월 19일에는 그 전일 블라디보스톡의 미군사령부를 방문한 한인대표단에 대하여 적고 있다.[173) 이러한 한인독

---

172) 육군정보국문서 「편지검열문서」 제2430호, 등록번호 제1766-1004호와 관련문서 참조. 정보국에서는 사진은 복사하여 국무부에도 돌렸다. 이 선언문은 "吾等은 玆에 我鮮朝의 獨立國…"으로 되어 있어 朝鮮이 鮮趙로 오식되어 있다. 宣言文 板本연구에 도움이 될 것 같다. 필자의 「3·1운동과 재미한인」에서는 약간 사실과 출입이 있게 적었으므로 여기에 바로 잡았다.

립운동에 관한 '반짝 보도'는 박용만이 당지에 갔기 때문에 가능한 것이 아닌가 생각해 볼 수 있다.

다섯째로, 김규식의 밀항기도와 붙잡힌 에피소드를 보면 박용만에 비하여 참으로 융통성이 모자라는 김규식의 인품을 보여주어 재미있다. 전술한 대로 김규식은 박용만을 높이 평가한 모양이다. 문통(文通)이 많았고, 또 이 밀항에서 박용만의 말을 곧이 듣고 실행에 옮겼다. 안창호가 상해에 갈 때는 마닐라여객선을 탔고, 이 박사와 그 비서 임병직은 화물선으로 밀항하였다. 그러나 그것은 말만 밀항형식이지 사전에 공작을 해놓아 눈감아주는 편안한 항해였다.[174] 원래 이 박사와 김규식, 노백린, 그리고 임병직은 하와이의 외따로 떨어진 별장에서 숨을 죽이고 상해로 건너가는 선편을 물색하고 있었다. 어떠한 경위로 각자 딴 행동을 취하였는지 자세하지 않지만 이번 상해행을 통하여 김규식이 이 박사 밑에서 구미위원부를 맡고 있을 때 참고 있던 감정이 터진 것이 된 것이 아닌가 한다. 상해에 간 후 김규식은 딴 길을 걷기 시작했다. 김규식이 하와이 관방(官方)에 붙잡혔기 때문에 그가 소지하고 있었던 편지들이 사진판이 되어 지금까지 남아 있는 것인데 그중에서도 서재필 의사가 쓴 장래 대한민국의 청사진에 관한 비전을 담은 건의서는 확실히 사적 가치가 있는 문건이 있다.[175]

연해주에서의 박용만의 활동을 실증해주는 문서로는 「高警 第35081號」가 있다. 이에 의하면 "미국에 있어서의 배일선인(排日鮮人)의 수괴 박용만은 본년 7월경 포렴(浦鹽)에 왔다"고 적고 박상환(朴祥煥) 등 3인의 체포사유를 :

다음 니콜스크에 가자 李敏馥, 曹成煥, 白準 등과 같이 만나서 서북인파(함

---

173) National Archives Microfilm Publications M918, Historical Files of the American Expeditionary Forces in Siberia, 1918~1920. Roll 6, Files No.21-33.5, May 16, July 15, 1919 참조.

174) 『임병직 회고록』, 여원사, 1964 참조.

175) 이 문건에 관하여서는 다른 곳에서 발표예정이다.

경남북, 평안남북, 황해도)를 제외하고 畿湖派(경기·충남북)를 중심으로 독립군을 편성하고 간도·吉林지방의 동지와 더불어 독립의 목적을 달성하려 기도하여 이를 '大韓國民軍'이라 이름짓고 총사령부를 浦鹽에 두고 조성환을 총사령으로 하고 박용만을 총참모로 하여 기타의 동지는 먼저 군자금의 모집에 종사할 것을 협의 결정하여 朴祥煥 외 2명은 조성환과 박용만이 경성 중앙학교 교장 金性洙와 경기도 고양군 용강면 동막(東幕) 거주의 부호 閔泳達에 別紙譯文과 같은 서신을 휴대하여 음밀히 入京하고 10월 28일 京城 東大門外 淸涼寺에서 김성수와 회견하고 該서신을 전달 出金을 청하려고 同地에 가는 중에 발견 체포당하였다.

박(朴)의 편지 안에는,

野生은 한달 전 미국에서 東歸하고 서서히 中外의 소식을 알아보니 상해에는 가정부가 존재하고 길림에 軍政司, 소령에 國民會 있어 名은 美하지만 實이 따르지 못하고……. 야생의 일신을 어디다 따르게 할 바를 몰랐소이다. 다행히 頃日에 이르러 한쪽으로 潛勢力의 발동 즉 國民軍의 암중비약 있음을 듣고(하략).

라고 국민군에 가담하게 된 연유를 적고 있는데 조성환과는 옛날부터 지면인 듯하다. 또 민영달에 대한 편지에는 "朴君(朴祥煥)은 야생과 同腹인 자라고 소개하고 있는데, 그는 구한국 관립 외국어학교 출신이라니 박용만의 옛 친구라고 생각된다.[176]" 1919년 하반기에서 1920년 상반기는 노령, 만주의 독립군 또 독립운동자와 내왕하면서 정세판단을 하고 있지 않았나 생각된다. 1920년 봄에는 '대동단(大同團)' 총부(總部) 무정(武政)부장으로 지명되기도 하였고[177] 또 문창범(文昌範)·유동열(柳東說)·신채호(申采浩)·김영학(金永學)·고창일(高昌一) 등과 더불어 수분하(綏芬河)에 재류

---

176) 『現代史資料』『朝鮮』 1, 628~631쪽, 「獨立運動資金募集者檢擧之件」 참조.
177) 同上 『朝鮮』 3, 109쪽.

하고 있는 것으로 일제문서에 나오고 있으며 이르쿠츠크 쪽으로 갈 것이라고 전하고 있다.[178] 다음, 박용만은 이해 늦은 여름에 모스크바에 나타났다는 것이다. 상해임시정부 외무총장의 이름으로 당당히 소비에트정부와 비밀조약을 맺고 치타시에 9월 중순 귀착했다는 것이다. 이 조약은 다음과 같다.

1) 勞農政府는 전 세계 인류의 요구하는 공산평등주의를 동양에 선전하고 大韓民國임시정부는 이에 찬동 원조하고 공동동작을 취할 것.
2) 대한민국임시정부는 韓族의 自立을 기도하고 또 동양의 평화를 영원히 확보하려 하며 노농정부는 이에 찬동 원조하고 공동동작을 취할 것.
3) 노농정부는 中露지방에 대한민국임시정부의 독립군대 주둔 또는 양성을 승인하고 이에 대하여 무기를 공급한다.
4) 대한민국임시정부는 중로지방에 주둔하는 독립군으로 하여금 노농정부가 지정하는 露軍사령관의 명령을 받고 행동함. 또 중로지방 공산주의 선전 및 중로지방 침략의 목적을 가지는 敵國과 대전하는 경우 臨機로 사용할 수 있음을 승인함.
5) 전항의 목적을 달성하기 위하여 중로지방에 중로연합 선전부를 설치함. 同선전부는 노농정부 지정위원 및 대한민국 임시정부 지정위원으로 조직함.
6) 대한민국임시정부는 조약 제2항의 목적을 달성하고 정식정부를 수립한 날짜에서 10년 내로 자국군에 사용한 무기탄약의 상당하는 대가를 노농정부에 상환하고 또 사례장을 보낸다.

이 「조약」은 처음 재(在)간도 일본총영사관의 1920년 12월 6일자 「秘間情 제81호」로 보고되었다. 이러한 소식이 그들의 간도동지들에게 도착하였다고 정보의 원천을 언급하였으며 다시 박씨가 치타시에 귀래(歸來)한 후 노농정부는 치타시 부근에 집결한 2,000여 명의 독립군에 무기를 공급

---

178) 同上 179쪽, 「有力不逞鮮人의 動靜」(1920년 6월 2일 高警 16507호).

하고 교육을 실시하고 있다고 첨부하고 있다.[179] 이 정보와 「조약문」은 다시 1920년 12월 17일자 고경(高警) 40046호 「불령선인(不逞鮮人)의 적화(赤化)와 중심지 이동에 관한 건」에 나오고 있는데, 이 정보의 출처는 상해였다. 이 글은 또,

　　근래 가정부 내에서는 노농정부와의 밀약 제3항의 취지에 터하여 외교부 이외의 수뇌기관을 시베리아방면으로 이전하고 상해 殘置한 외교부와 서로 호응하여 활동하려는 논의가 있는데 대하여 하와이에 재류하는 이승만은 반대의 의견을 가진 것 같아 이를 해결하기 위하여 김규식, 노백린 등을 수종하고 상해에 來到하였다는 정보가 있다.

라고 계속하고 있다. 따라서 이승만 박사가 상해로 달려간 이유 중 하나가 박용만의 활동과 관계있다는 일제문서의 분석에 유의해 두고자 한다.[180] 이 「조약」을 일본 정보기관에서 포착하여 신문에 흘렸다. 『오사카아사히신문(大阪朝日新聞)』은 12월 10일자로 이 「조약」 전문(全文)을 소개하였고 많은 중국신문들이 이것을 전재하였는데, 12월 20일 상해 임시정부 '공보국(公報局)'에서는 상해 『대륙보(大陸報)』에 기고하여 우리들은 구두상으로나 성문(成文)으로나 아직 소비에트정부와 아무 조약도 맺고 있지 않고 이 조약 운운은 일본이 임시정부를 모함하려고 일부러 지어낸 흑색선전에 불과하다고 해명하고 있다.[181] 그렇지만 일본 간도총영사관에서 1928년 6월에 편집한 『間島及び接壤地方 共産主義運動の槪況』을 보면 "상해 참칭 임시정부(臨時政府)는 박용만을 모스크바에 원조를 청케 하였다"고 적혀 있어[182] 대략 사실에 가까웠던 것이 아닌가 한다. 만일 사실이었다면 대한민

---

179) 同上 『朝鮮』 4, 431쪽.
180) 同上 『朝鮮』 3, 313~314쪽.
181) 同上 314~315쪽 참조.
182) 同上 『朝鮮』 5, 533쪽.

국 임시정부가 국가 간에 체결한 첫 조약이었다는데 의미가 있으며 또 박
용만 개인적인 외교상 승리도 된다. 설혹 사실과 차이가 있다고 하여도 간
도지방에서는 사실로 받아들여지고 있었으므로 이 해 10월 하순에 있었던
청산리대첩에 하나의 심리상 보장감을 제공하였다고 보인다.

1920년 12월 초 치타시 화아선(華俄鮮)연합선전부 부부장(副部長) 박용
만의 특사 한알렉산드르와 김하석(金河錫)을 니콜스크에 파견하여 안정근
(安定根), 왕삼덕(王三德)과 회견하여 연합선전부 간도지부를 설립키로 협
의하였다. 이 결과로 선전지부 집행군무사령관에 홍범도(洪範圖)가 취임
하여 사령부를 돈화현(敦化縣) 냉수천자(凉水泉子)에 두고 간도 주재 일본
군경에 기회를 보며 습격하기로 하였다.[183] 이 화아선(華俄鮮)연합선전부
의 부장은 러시아인인 유우린, 부부장은 박용만, 조직으로는 군정국, 재정
국, 교통국, 선전위원회를 두고 북경, 상해, 천진, 할빈, 간도, 서울, 평양,
대구, 회령, 동경 등지에 지부를 두기로 하였다.[184] 이 연합선전부는 또 소
련정부의 협조하에 연해주에 한인특수지대를 설정하여 해당지역 내에서
의 한인의 영업·교육의 자유를 보장하고 특별원조를 주기로 하였으며 이
들 정보를 일본정보기관이 수집하기도 하였다.[185] 한편 치타시의 한족공
산당 본부에서는 중앙집정부를 1921일 7월 3일에 성립시키고 집정관에 이
동휘(李東輝), 총무원총리에 문창범(文昌範), 비서에 김립(金立), 내무부총
장에 신채호(申采浩), 선전부총장에 김하석(金河錫) 등을 임명하였다는
데,[186] 이것은 러시아 한인공산주의자들의 자의적 임명인 것 같다. 박용만
신채호 등은 이때에는 공산정권과는 손잡고 독립운동을 할 수 없다는 인

---

183) 同上『朝鮮』3, 315쪽.

184) 金正明,『朝鮮獨立運動』5, 96쪽.『高警 제41459호』,「中露聯合宣傳部에 關한 件」 제3권,
    507쪽.『高警 제8106호』,「華俄鮮聯合宣傳部의 件」.

185) 同上 507쪽.『高警11611호』,「露領에 鮮人特殊地帶設定의 件」(1921년 4월 12일).

186) 金正明, 윗책 제5권,「共産主義運動篇」107쪽.『高警 제25502호』,「韓族共産黨本部役員氏名
    에 관한 件」이 인용한 치타市 韓族共産黨本部 기관잡지『共産』제4호에 수록되었다 함.

식에 도달한 것으로 생각한다. 이것은 필자의 군사통일주비회(軍事統一
籌備會) 관련 문서 분석으로 도달한 결론이다.

8. 군사통일회(軍事統一會)의 실패와 사업가로의 변신

채근식(蔡根植)은 북경에서 군사단체의 통일에 관한 협의회를 개최하지
않으면 안 될 이유로서 1) 봉오동이나 청산리싸움에서 전승하였음에도 불
구하고 만주의 20~30개 군사단체들이 제각기였던 점 2) 당시 상해임정 세
력이 약해져서 만주 군사단체들을 지휘할 능력이 없었던 점을 들었다.[187]

또 신숙(申肅)에 의하면, 이 회의의 소집자는 박용만, 신채호, 자신 등으
로 1920년 가을 배달무(裵達武)를 남만주로, 남공선(南公善)을 북만주로 파
견하였다.[188] 그런데 이때는 만주독립군의 주력이 시베리아로 이동하였으
므로 이듬해 4월 20일 군사통일주비회(軍事統一籌備會)를 북경 교외의 삼
패자화원(三牌子花園)에서 개최하였다. 여기에서 노령의 통일된 독립군부
대는 후일의 국내 대진공을 준비하고 만주의 부대들은 지휘계통을 통일하
여 국경일대에서 유격전을 벌이는 진공을 감행하기로 결의하였다고 했다.
또 군사 총지휘부를 상해임정에 맡길 것인가의 문제를 토의하다가, 하와
이 대조선독립단 대표 권승근(權承根)이 이 박사의 위임통치청원을 보도
한 영자신문을 제시하면서 임정 불신임안을 제출하고 박용만이 이를 증언
하여 드디어 상해임정과 임시의정원을 부인하기로 결의했다는 것이다. 이
회의는 10개 단체 즉 내지국민회(內地國民會, 朴容萬), 하와이국민군단(國
民軍團, 金天浩·朴承善·金世唆), 북간도국민회(北間島國民會, 金九禹),
서간도군정서(西間島軍政署, 宋虎), 내지광복단(內地光復團, 權敬止), 하와

187) 蔡根植, 『武裝獨立運動秘史』, 대한민국 공보처, 1946?, 92쪽.
188) 申肅, 『나의 一生』, 서울: 日新社, 1957, 86~87쪽.

이독립단(獨立團, 權承根·朴健秉), 조선청년회(朝鮮靑年會, 李章浩·李光東), 노령대한국민의회(大韓國民議會, 南公善), 내지노동당(內地勞働黨, 金申), 내지통일당(內地統一黨, 申肅·申達模·黃學秀)의 이름으로 4월 27일 불신임결의안을 임정에 보내고 3일 이내에 임시의정원의 해산을 요구하기도 했고 1921년 5월 말경에 유회상태에 들어갔다는 것이다.[189] 이에 대하여 임정 옹호의 '천진(天津) 민중대회'라는 회의는 선전문을 돌려 '국적(國賊)의 토벌(討伐)', '재북경야욕정객(在北京野慾政客)의 대음모(大陰謀)', '야욕한(野慾漢)의 주토(誅討)' 등의 격렬한 언사를 사용하였다.[190]

그런데 여기에 박용만과 친한 미국 신문기자가 직접 주(駐)북경 미국 해군무관에게 군사통일회에 대한 내정을 귀띔해준 문서가 있다. 1921년 9월 2일 해군무관 K는 「코리아의 혁명운동」이란 제목하에 11페이지의 보고를 ONI(해군 정보국)에 보내고 있어 이 내용을 간략히 소개한다.[191]

코리언의 혁명운동에 관한 이 보고는 가장 믿을 만한 사람에게서 얻은 것이다. 그는 이 정보를 부분적으로나 전체적으로 여하한 출판물에도 게재하면 안된다는 이해하에 극비로 알린 것이다.(중략) 코리아의 민족주의자의 本營은 현재 북경에 위치하고 있다. 비밀혁명자회의는 지금 3~4개월째 진행 중에 있으며 대표들은 시베리아 백만 코리언, 만주 백오십만, 하와이 5천, 멕시코 천오백, 국내 3백만 회원을 가진 천도교, 몇 기독교교파, 코리언 귀족계급, 5개의 분명한 독립단체들을 대표하였다. 이 회의는 모든 혁명운동의 방향결정권과 군자금의 분배권을 한 사람에게 위탁하였는데(필자주 즉 박용만) 완전히 볼셰비크 영향하의 시베리아 대표들만 반대하였고 이들은 모든 회의진행에 있어서 방해만 놓았다. 이들 두 사람의 시베리아대표들이 정치이론상의 문제를 의제로 상정하

189) 愼鏞廈, 『申采浩의 社會思想硏究』, 한길사, 1984, 40~47쪽 ; 李炫熙, 『大韓民國臨時政府史』, 집문당, 1983, 286~288쪽 ; 『朝鮮獨立運動』 2 수록 「朝鮮民族運動年鑑」, 275~276쪽 참조.
190) 『조선민족운동연감』, 국학자료원, 1995, 275쪽과 채근식, 앞의 책을 비롯한 『天津民衆大會』의 격문인용도 모두 이 소스에서 나왔다고 보여진다.
191) 국립공문서관 소장 ONI보고철. Serial No.519 FILE No.103-100. 정리번호 C-10-i. "Korean Revolutionary Movement".

려는 것을 막느라고 딴 대표들이 온갖 노력을 해보았다. 이들 두 대표들도 궁극적 목적은 코리아의 독립을 획득한다는 데 이의가 없었기에 독립달성 후 취할 정부형태에 관한 문제는 그때에 미루고 국내외의 코리언의 역량을 총집중하여 목적달성을 위하여 노력하여야 된다고 설득하였다. 그러나 두 시베리아대표들은 무엇보다도 먼저 딴 대표들을 공산주의로 개종시키려는데 열중하였으며 이런 태도는 결국 회의를 결렬상태에 이르게 하였다. 이들 두 대표가 상해로 향한 후에야 회의는 정상운영 되었다.

그런데 나중에 알고보니 이 두 열렬한 '공산주의자'들은 중국으로 오는 도중에서야 볼셰비즘에 개종하였고 공산주의 이론이나 운영에 거의 무지한 것이었다. 저들은 연해주의 코리언의회에서 선출되어 온 것이고 모든 대표들과 협력하여 북경에 효율적인 중앙혁명기관을 수립하는 데 동참하라는 지시를 받았을 뿐이라는 것이다. 이 의회에서 통과한 결의들에는 공산주의에 관한 것이 없었으며 코리아의 독립문제를 제외하고서 공산주의나 기타운동을 선전하라고 보냈다고는 도저히 믿을 수 없다. 그러나 두달 전 모스크바의 對亞州 선전책임자가 코리언, 몽고인, 중국인, 일본인의 순서로 골수운동자회의를 조직 착수하였고 이것은 각국에서의 공산주의 전파공작을 목적으로 하였다. 코리언을 위한 회의는 이르크츠크에서 개최되었고 이 결과 5명의 대표자들이 임명되어 북경에 본거지를 두고 코리아국내외에 볼셰비크의 선전공작을 착수하게끔 하였다. 이 5명은 여행 도중 코리아혁명의회(Korean Revolutionary Congress)의 두 대표를 만나 볼셰비즘에 개종시킨 것이었다. 이르크츠크 공산주의회의에서 파견한 5명은 북경에 도착하여 딴 코리언들을 만났다. 이들은 풍부한 자금을 소지하고 있었으나 수행할 공작목표나 선전할 정치원리에 대하여 분명한 계획이나 이해가 없는 것 같았다. 그런데 최근 또 한 사람의 코리언요원이 도착하여 Western Hills에 주소를 정했다. 그는 치타정부의 크라스노체코프에게 특별히 임명된 공산주의자요원이라고 자칭하고 막대한 금전을 소유하고 있는 것이 판명되었다. 당시 혁명당본부 소속 비밀정보원은 그의 신임을 얻고 멕시코 은 30만에 상당하는 金을 당시 화폐로 바꾸는 데 도왔기 때문에 적어도 그에게는 이만한 돈이 있는 것이 확실하다고 했다. 지금까지 모든 코리언단체들이 조국독립이란 목적 하에 굳게 단결하여 왔었는데 이런 상황의 전개는 방향을 돌리는 단체가 출현할 수 있고 또 일본인이 이것을 탐지하였을 때 세계 코리언의 독립운동이 모스크바의 지령으로 이루어지고 있다고 선전할 것을 당지 혁명당 지도자들은 몹시 우려하고 있다.

다음 이 박용만으로 지목되는 인물은, 워싱턴 태평양회의에 위임통치를 제안하였다가 위신이 추락한 이 박사와 김규식이 이끄는 두 대표단이 참가할 것으로 전망하였다. 북경의 군사통일회 당국에서는 이 시기를 통하여 한민족이 살아있다는 것과 그 독립원망을 전 세계에 알리기 위하여 국내 봉기계획이 퍽 구체적으로 이루어지고 있다는 인상을 미국 무관에게 준 모양이다. '박'은 미국 기자에게 만주방면에서의 작전은 애매하게 얼버무린 채 국내 봉기책을 털어놓고 있다. 이에 의하면 우선 평화적인 시위운동을 전국적으로 조직하고 이와 발을 맞추어 산동방면에서 특공대가 황해를 건너 한강을 거슬러 올라가 서울 교외 한강가의 서울발전소를 파괴하고 미리 구매하여놓은 일본인가의 3채의 집에 휘발유로 화재를 일으키고 각 혁명무장단체가 일제히 서울의 일본수비대를 습격한다는 시나리오이었다. 여기에는 광무시대(光武時代)의 군인 300명까지 계산하여 놓고 있었다. 이것이 계획에 그치는 것인지 얼마큼 구체적인 행동이 뒤따르고 있었는지 분명하지 않지만 K해군무관에게는 "저들의 조국에 대하여 열국의 주의를 끌려고 이 북경회의는 몇몇의 매우 분별없고 필사적인 방책을 결정하였다"는 느낌을 주었다.

그런데 공교롭게도 미 해군정보국에서는 김규식과 친한 미국인이 귀국하여 부친 편지를 검열하여 국내폭동 준비설 등에 대한 김규식의 소견을 알아냈다. 즉 김규식은 워싱턴회의에 맞추어 한국 내에 폭동이 준비 중에 있고 11월 31일경 큰 유혈사태를 일으킬 준비를 하고 있다. 단 자기생각으로는 이 거사계획에는 일본이 은근히 돈을 대고 있으며 그 목적은 워싱턴회의에서 일본 측이 군축을 하기 힘들다는 구실을 만들기 위하여 일부러 이러한 사태를 바라고 있는 것이라고 말하였다는 것이다.192) 이 김규식의

소견은 지나친 억측인 감이 있으나 간접적으로 군사통일회에서 거창한 제
2의 3·1운동을 준비하고 있었다는 것을 증언하여주고 있다고 생각된다.
일본 『도쿄아사히신문(東京朝日新聞)』은 8월 12일 「태평양회의(太平洋會
議)를 기(期)하여 우복조선독립운동(又復朝鮮獨立運動)」이란 제목하에 "…
선내(鮮內) 각기독교 청년회원 등은 선년(先年)의 독립만세 이상의 표시를
하려고 밤과 낮으로 협의 중에 있다. 청년기독교도들의 의기는 전선(全鮮)
에 걸쳐 크게 번지는 중이다."라고 적었으며, 9월 5일자에는 「총독부 갑자
기 천도교에 경고-독립운동가담설」이라는 기사가 있어 군사통일회와의
관련 여부도 관심의 대상이 될 것이다.
  일제 측이 1921년 6월에 입수한, 박용만이 조직하였다는 제2회보합단(第
二回普合團)이라는 것은 군사통일회의 일면이요 대한민국군정부(大韓民
國軍政府)의 별칭에 지나지 않는다. 북경주재 일본공사·관동청(關東廳)경
무국장의 통보에 의하면 박용만은 다음과 같은 단체를 조직하였다는 것이
다.

  在北京 不逞鮮人영수 박용만은 過般 同地에서 동지 50여 명을 규합하여 第
二回普合團이란 것을 조직하고 一時 그 본부를 북경 西城南位兒翠花街에 두었
지만 지나 관헌의 취체를 두려워하여 그 후 張家口에 이전하여 과격사상의 선
전에 노력하는 동시에 左記인물을 파견하여 각지 배일支鮮人에서 군자금을 모
집하고 이미 1만여 원을 입수하였다는 정보가 있다. 저들의 본부는 대한민국軍
政府라 지칭하고 행정각부를 두고 단장은 대통령의 직무를 수행하고 통일을
도모하는 것 같다.

  그 단칙(團則)의 주요한 점은 다음과 같다.

192) 1921년 11월 21일 ONI 발신(국립공문서관 육군정보국 문서 1766-1004의 40) 참조. 김규식으
  로 단정하는 이유는 文中에 "베르사이유에 대표로 간 적이 있는 나의 친구 김"이라고 되어
  있기 때문이다.

제5조 단장은 대통령의 임무를 수행함

제15조 본단의 목적은 무력으로 일진할 따름.

제16조 내외 각지 거주의 鮮人에 대하여 각각 군자금의 조달을 명하고 만일 불응일 경우에는 즉시 사형에 처한다.

제18조 군인에는 21세 이상 30세 이하의 건장한 자로써 命하고 사령부에 출두할진대 만일 응하지 않는 자 있으면 군률에 의하며 처분함.

제21조 당당한 4천여 년의 대한국내에 일본인의 총독은 왜 필요한가… 곧 파견대에 명하여 구축할 것이다.

이 단의 군임장(軍任長)은 노백린(盧伯麟), 재임장(財任長)은 김창숙(金昌淑), 내임장(內任長)은 신채호(申采浩), 사령관은 김좌진(金佐鎭) 등으로 되어있으며 목하 공작요원으로 파견중인 씨명을 서울 3명, 동경 1명, 대구·부산·함흥·안동 각 1명씩으로 적고 있다.193) 이 보합단 즉 대한민국 군정부에서는 또 중한호조단(中韓互助團)이라는 단체를 각지에 세우려고 노력하였다. 즉,

> 在北京 대한민국군정부에서 파견되었다고 자칭하는 韓鳳洙는 過般 길림에 이르러… 그 목적은 근래 南支 長沙, 漢口, 重慶 등 각지에 조직되어가고 있다는 中韓互助團員 권유를 목적으로 한 것194)

에서 볼 수 있다. 장사(長沙) 중한호조사(中韓互助社)는 모택동(毛澤東), 하숙형(何叔衡), 하민범(賀民範) 등 모택동의 일당과, 상해임정 임시선전원 황영희(黃永熙)·이기창(李基彰) 등이 열거되어 있어 연구의 호재가 될 것이다.195) 또한 왜 상해임정과 북경군정부(軍政府)가 같은 시절에 동명의

---

193) 金正明,『朝鮮獨立運動』2, 458~460쪽,「高警 제19370호」(1921. 6. 30),「北京에 있어서의 不逞鮮人團組織의 件」참조. 원 團則의 末尾에는 4월 X일로 되어 있다.

194) 同上 460~461쪽.「高警 제23767호」,「中韓互助團設置遊說員來吉」참조.

195)『조선민족운동연감』1921년 3월 17일. 또 方善柱,「1930年代 上海居住韓國人의 實態」,『新

중한호조사(단)를 보급하려고 노력하였는지 이것 또한 연구의 호재가 될 것이다. 일제 측은 이해 가을 상해임정 측의 중상인지 모른다는 단서를 붙이고 북경에서 소위 삼남파(三南派)에 의하여 설립되어다는 '조선공화정부(朝鮮共和政府)'의 각료명단이라는 것을 보고하였다. 여기서는, 대통령에 이상룡(李相龍), 국무총리 신숙(申肅), 외무총장 장건상(張建相), 학무총장 한진산(韓震山), 내무총장 김대지(金大地), 재무총장 김신(金申), 군무총장 배달무(裵達武), 교통총장 박용만(朴容萬)의 면면이 보이고 당시 박용만과 친하던 신채호가 빠졌다. 진실성은 없는 것 같지만 참고로 적었다.

1921년 여름은 박용만에게 타격이 많은 계절이었다. 첫째로 소위 '자유시참변'이 6월 28일 일어나 군사통일회 즉 대한민국군정부 계획의 본전이랄 수 있는 독립군이 6백 명 가까이 전사 또는 행방불명이 되었다는 것이다. 이 참변은 박용만 개인의 위신과 자존심에도 큰 손해를 주었다고 보인다. 왜 그러냐 하면 모스크바까지 가서 협정인지 조약을 맺은 당사자로서 혹시라도 이 협정을 믿고 독립군이 피하여 갔다고 생각한다면(그렇지 않을 수도 있다) 박용만으로서는 견디기 힘들었겠고 또 분노가 머리끝까지 올라왔을 것이다. 그렇기에 1921년 초춘(初春) 때까지 하바로브스크에서 노령 각지 대표자 백여 명을 소집하여 한족공산당본부(韓族共産黨本部)를 동지(同地)에 두기로 결정하고 또 3월에 볼셰비키 극동위원과 같이 북경에 나타났다는[196] 것으로 보아 박의 공산당 이용전술이 무참히 무너져서 미국인에게 러시아공산당에 대한 증오감을 보이는 데까지 이른 것으로 추리하여본다. 물론 박용만은 하와이에서 오는 자금루트는 미대사관을 통하였기 때문에,[197] 또 본래가 친미적 성향의 사람이었기에 미국 측을 무시할 수 없는 처지이었을 것이다.

東亞』 1979년 8월호 卷末부록 참조.

196) 金正明, 앞의 책, 101~102쪽. 『在露不逞鮮人의 武力준비와 共産主義宣傳에 關한 件』 참조.
197) 『布哇朝鮮人事情』, 62~63쪽 참조.

둘째로 7월 8일 이 박사가 마닐라를 경유하여 호놀룰루에 도착하자 박용만파의 『태평양시사』가 「리승만의 행방불명」이라는 제목하에, 임시대통령의 직무로 임시정부에 갔다가 내부의 분열을 일으켰고 시국의 난관을 감당하지 못하여서 아무도 모르게 슬며시 왔다라는 대의의 기사를 냈다. 김원용을 비롯한 후세의 사가들은 이 뉴스에 분격하여 이 박사 지지자들이 몰려가 신문사직원들에게 중상을 입히고 인쇄기계를 파괴하여 재판사태로 들어간 것으로 서술한다. 그러나 사실은 이 박사가 돌아와 박용만이 북경에서 또 하나의 정부를 세우고 독립운동에 해로움을 가져왔다는 이야기를 퍼뜨려 결기(決起)를 교사한 느낌이다. 그 증거로서 미국 정보기관에 걸린 「통첩」이란 회람장이 있다. 미국 당국에서는 이 내용을 번역하여보고 이 박사 지지파에서 암살과 조직적 상해행위를 자행하는 것으로 인식, 비상을 걸고 비밀리에 이들을 기소한다고 하였다.[198] 이 「통첩」은 8월 22일 안현경, 승용환 등 15인의 이름으로 발송되었는데, 그 내용은 다음과 같다.

우리가 이번에 거사한 일은 3년 동안을 두고 참고 견디어오던 것이 다 헛것이오 점점 해만 더 받게 될 뿐만 아니라 우리 임시정부의 운명과 대한독립이 점점 퇴보되는 영향을 받게 되는 것을 들여다보고 어지 더 참고 더 견딜 수 있사오리오. 그러므로 저 대역부도(大逆不道) 박용만의 당류들을 박멸하여 위로 정부를 보호하며 아래로 민심을 안돈시켜놓아야 우리의 정무 곧 내치 외교에 차서를 따라 진행할 수 있을 것을 깨닫고 물질과 몸과 성력을 다 바쳐 왜적을 박멸하기 전에 저 왜적보다 더 해를 주는 박용만의 당류들을 진압한 후에 순전 무의한 애국민의 충심단결로 왜적을 소탕하자는 의기남녀가 일심일성으로 분발 용진함이니

---

198) 육군정보국 문서등록번호 1766-1391 FBI 하와이支局보고(1921. 9. 8) Conspiracy against Park Yong Man Faction. 보고자 Ralph H. Colvin. 또 『통첩』 등사원문과 그 번역 참조.

즉 『태평양시사』지의 '왜곡' 보도보다 더 미운 것이 임시정부를 퇴보시키는 대역부도(大逆不道) 박용만이라는 것이다. 그래서 왜적을 박멸하기 전에 먼저 박용만 도당을 진압하여야 된다는 것이다. 그러면 어떻게 진압하는가? FBI에서 주목한 대목은 통첩 말미의 내용이다. 즉,

이 글발을 저쪽 사람들에게 가지 않도록 조심하시와 비밀을 주장하시고 말로나 힘으로나 능력이 자라는 대로 저자들이 뼈가 저리고 마음이 아프도록 위협을 보이시는 것이 상책이올시다. 농장에서는 호항보다 더욱 좋지 않습니까.

FBI에서는 "농장에서는 호항(港)보다 더욱 좋다"는 말은 농장은 경찰서에서 떨어져 있기 때문에 테러하기 더 편하다는 말로 파악하였다.

The last paragraph of the above set out document appears to urge the practice of physical violence-perhaps assassination of member of the PARK YONG MAN faction, and suggests evidently, that the attacks should be made on those employed in remote localities.

1921년 9월 21일 박용만은 결혼을 하였다 한다. 정확히 말하면, 그때까지 부인이 살아있었으면 제2부인을 얻었다. 일제의 정보문서는 다음과 같이 쓰고 있다.[199]

북경 또는 張家口 방면을 전전하면서 군사통일회 北京 普合團 등을 統裁하고 不逞鮮人의 동지를 규합하고 있는 박용만은 종래 일정한 주소가 없었지만 최근 북경 西城 兵馬司胡同제28호에 주소를 정하고 서성 거주 북경정부 재정부 관리인 중국인 張某의 딸과 혼약이 이루어져 9월 21일 불령선인 신채호의 8, 9

---

199) 金正明, 앞의 책 5, 111쪽. 『高警 제28294호』(1921. 10. 20) 「朴容萬 支那婦人을 얻다」(『在支那帝國公使通報』) 참조.

명 및 중국인 다수를 초대하고 결혼식을 올렸다고 한다. 박용만에는 母 김씨(70
살) 처 김씨(42살) 장녀 朴東玉(15살)의 가족이 있을 것이지만 어디에 사는지
불명이다.

정두옥(鄭斗玉)에 따르면, 박용만은 두 번이나 처자를 만나러 밀입국하
였다는 것인데,[200] 이 서술이 맞는다면 박용만이 밀입국 또는 사람을 시켜
처자와 노모를 국외로 데리고 나온 것은 1921년 여름 이전이 될 것으로 추
정된다. 많은 혁명가들은 목적을 위하여 처자들을 고생시키거나 헤어져
지내고 있는데, 김현구의 서술이나 FBI 하와이지국에서 수집한 이승만 박
사의 '의처증', 또 김현구 자신의 고백에서 보는 그의 전처의 도망 등이 그
런 예가 될 것이다.[201] 박용만의 경우에는 1923년의 일제문서가 "일정한
수입도 없이 처첩 및 기타 권족(眷族)을 부양하지 않으면 안 될 박용만은
최근 생활난의 절정에 달하고"[202]라고 서술한 것이 있어 일제는 그의 처의
소재를 파악하였다. 후술하겠지만, 1928년 그의 한중(韓中) 혼혈처의 법정
진술에 따르면, 80노모를 부양하여야 된다고 하여 마치 박용만의 모친과
동거하는 인상을 주었다. 박용만이 처가 있으면서 재취한 것을 선의로 해
석하면 우선 노모 봉양의 방편이었을 가능성도 없다고 못할 것이다.

1922년 초춘(初春)에 들어와서는 박이 독립운동에서 손을 뗐다는 인상
을 미국 해군무관 K에게 주었던 모양이다. 즉 K는 다음과 같이 쓰고 있
다.[203]

200) 鄭斗玉, 「在美韓族獨立運動實記」(稿本)
201) 김현구, 앞의 책, 186~188쪽, 136쪽. 김현구의 처는, 14년이나 돌아오지도 불러들이지도 않
고 편지로 노모 시중만 당부하는 남편에 화를 내어 1923년 어디론가 가버렸다는 고백이었
다. 위에 인용한 FBI 하와이지국의 보고(1943)에는 이 박사의 과거에 대한 여러 소문을 수
록하였는데 특히 45쪽에 김현구가 이야기하는 같은 내용을 담았다.
202) 大藤通譯官調査「北京在住朝鮮人의 最近狀況(大正十二年六月八日)」日本外務省秘文書 마
이크로필름 Sp.158의 89 참조.
203) 국립공문서관 現代軍事部. ONI 정보문서 C-10-i Bolshevik Activities in Korea.(1922년 3월 14
일 K발송. Serial No.165. File No.104-100) 참조.

〈정보의 원천 : 저명한 미국기자〉

작년 10월 15일경 나는 러시아와 재정지원을 받는 두 단체 즉 이르크츠크그룹과 치타그룹에 대하여 정보를 제공한 것으로 기억합니다. 이 그룹들은 내가 지적한 바와 같이 진정한 독립운동자들의 조직과 영향력을 뒤엎고 파괴하는 공작을 펴고 있었습니다. 저들의 공작은 지금 완성된 셈입니다. 독립운동의 중심은 이미 존재하지 않고 고국의 우리 육해군당국에게 잘 알려진 우리의 친구가 되는 박용만 즉 한때 독립운동 전체를 완전히 장악하던 박용만은 현재 고립되었고 볼셰비크를 지향하는 코리언들은 모든 독립단체 중에서 빠른 속도로 지휘권을 장악 중에 있습니다.(중략) 우리의 잠재적 盟友로서의 통일된 친미 독립단체가 존재할 전망은 사라졌습니다. 우리의 친구 중 가장 힘세던 인물은 박용만씨였는데 그는 지금 은퇴하여 훈하유역에서 땅을 빌려 쌀농장을 경영 중에 있으며 그가 전문가이기도 한 코리아 고대사와 퉁구스 어학에 관한 도서 수집에 힘쓰고 있습니다.

한편 이 시기의 박용만의 동태를 감시하던 북경 주재 '조선총독부' 통역관 기토 가쓰미(木藤克己)는 다음과 같이 쓰고 있다.[204]

군사통일회는 大正11년 박용만·신숙 등이 재외선인의 군사단체를 통일하려고 조직한 것으로 당시 남북만주 방면과 중국각지에서 대표자들이 參集하였지만 경비관계로 뜻과 같이 되지 않고 거의 와해한 것인데 박용만은 당시 통일한 군대를 大朝鮮國民軍이라 명명하고 스스로 총사령관이 되어 군사비를 징집하고 군인을 招集하여 군적부를 작성하고 재외 각지방과 조선내지에 각종의 군직을 임명하는 등 계획하고 (중략) 만주에서 軍政署 기타의 군사단체를 통일하고 이들 군인을 만주 각지에 귀농시켜 소위 屯田兵의 제도를 따라 양병하려 하였다. 그러나 재정 부족으로 실패한 것 같다.

최근에 있어서의 불령선인의 행동 중 가장 주의해야 될 것은 박용만의 행동인데 同人은 재작년 군사통일회 이후 하등 현저한 행동을 안했지만 그 원인은

---

204) 日本外務省秘文書 마이크로필름 수록. 木藤通譯官調査. 「北京在住朝鮮人의 最近狀況(大正十二年六月八日)」 참조.

右 '군사통일회'의 실패가 자금의 부족에 있음을 자각하고 잠시 隱忍하여 실력을 양성하려 하여 金復과 획책하여 興華실업은행이란 것을 일으켜 該銀行의 신용을 이용하여 북경과 만주방면에 토지를 구입하고 그 부하와 각지에 산재하는 소위 군인이라 하는 자들로 귀농케 하여 농한기에 練兵養氣하여 점차 각 군사단체를 통일하고 유력한 일단을 이루고 스스로 군사령관으로서 기회를 타서 서서히 거사할 것을 원하였다.

박용만은 그어간 西間島방면에 사람을 보내고(1921년 9월) 군정서와 통일교섭을 하였고 한쪽으로는 북경성의 西山麓의 石景山에 있는 땅을 빌려 水田을 경영했고 또 金復 등과 相謨하여 흥화실업은행 창립을 위해 크게 뛰어다녔는데 불행히 그의 계획은 사사건건 실패에 돌아갔다. 저들이 제일 치중했던 흥화실업은행은 조선인측의 출자가 뜻과 같이 모여지지 않고 소위 鮮中合辨이란 이름만으로 선인들이 지금까지 출자한 돈은 근근 이만 원 이내로서 이 때문에 중국인측 주주들의 선인측에 대한 신용이 점차 엷어졌고 昨冬中에 박용만의 石景山농장 경영비라고 칭하고 同은행 總董事인 金復의 보증으로 동 은행에서 빌려낸 2천 5백 원의 자금은 석경산농장에 사용하지 않고 박용만 개인의 각종 비용에 충당하고 이 농장의 작년도 借地代까지 지불 못해서 지주인 중국 모寺院은 드디어 이를 관에 고소하기까지 이르렀다.

한편 은행 측의 朴·金에 대한 신용은 더욱 떨어짐과 더불어 농사경영은 불가능해지고 겸하여 동 은행에서 자금을 얻어 만주방면에 있어서의 군사통일회 토지구입 계획도 드디어 畵餠에 돌아가 버렸다. 그 위에 일정한 수입이 없고 처첩 기타 眷族을 부양하여야 될 박용만은 최근에 이르러 생활난의 절정에 달하여 무엇이든 신생면을 열지 않으면 안될 궁경에 떨어졌다.

於是乎 박용만은 金復과 기타 한편의 자들과 일책을 생각하여내었으니 그때 공교롭게도 奉直전쟁 再戰說의 발흥을 기화로 하여 直隸派의 曹崑에서부터 자금을 염출해보려 하여 얼마큼 성공의 단서를 열었다고 전하게 되었다. 만일 과연 曹崑에서 약간의 자금을 얻었다면 얼마만큼은 곧 흥화실업은행의 자금에 입금시켜 땅에 떨어진 신용을 회복하여 장래 독립운동의 원천에 충당하려 할 것이며 일부분은 만주방면에 있는 각 군사단체 통일의 목적에 사용되고 나머지는 박용만의 허영을 만족시키는 데 충당할 것이다. 목하 박용만은 曹崑에서의 송금을 기대하고 있지만 奉直間에 약간의 양해가 성립한 오늘 과연 直隸派

가 선인에 군자금의 공급을 실행할 것인지는 의문으로서 상당히 주의할 문제
이다.

박용만이 실업가로 변신한 것은 「木藤보고」에도 보이듯 어디까지나 자
금없이 독립전쟁은 힘들다는 절실한 상황판단에 입각하여 그랬던 것이다.
따라서 은밀하게는 김원봉(金元鳳)의 의열단(義烈團)을 많이 도운 모양이
다. 1921년의 일제의 한 보고는 "저들은(義烈團) 연래(年來) 박용만의 뜻을
받아 장구(長驅) 조선에 잠입하고 혹은 천진 또는 상해에 밀행하여 교묘하
게 흉폭(兇暴)을 다하여"[205]라고 썼다. 1923년 문서에서 "재북경(在北京)
의열단장 김원봉은 천도교 간부 金弘養(金弘養)과 박용만과 협력하여 민
심을 동요시키려고 이인규(李仁奎) 외 2명(의열단원), 함영식(咸永植) 외 2
명(북경 천도교도)에 폭탄 5개를 휴대케 하여 9월 10일 선내(鮮內)에 파견
하였다고"[206]라고 적고 있는 것이 그 증거이다. 또 그는 천진에서 『혁신보
(革新報)』라는 독립운동 선전주간지도 운영하였다.[207]
그런데 실업에 종사한다는 것에는 타협과 융통성이 없으면 안된다. 목
적을 향하여 유영(游泳)하는 데도 자산이 없는 독립지사들은 곧바로 가다
가 장벽에 막히면 부딪쳐 자해하는 경향성이 있으나 실업이랑 방략에 처
한다면 헤엄쳐 가다가 장벽을 만나면 우회하기도 하고 물속에 잠입하기도
하고 웃는 낯으로 타협하는 척도 하여야 된다. 이렇지 않고서는 사업에 가
망이 없다. 필자 생각으로는 1924년에는 박용만의 방법론에 많은 변화가
있었다고 본다. 우선 그가 이 해 6월 상순 장춘(長春)시에 있는 일본영사
와 면회하였다는 소문이 있었다.

---

205) 外務省秘文書 수록, 「大正十一年 朝鮮治安狀況其二(國外)」 7 (Sp.150. Reel 46), 173쪽 참조.
206) 『現代史資料』 6, 『關東大震災と朝鮮人』, 556~7쪽. 『高警 제3043號의 13』(大正十二年十月五
日) 「京濱地方震災에 關한 國外情報」(其十三) 참조.
207) 『現代史資料』 31, 『滿鐵』 1, 576쪽. 長春地方事務所(36). 「鮮人獨立運動及共産主義宣傳機
關」(大正十二年五月二十四日).

創造派는 박용만, 尹海, 申肅, 元世勳, 金奎植, 林炳極, 金河錫, 李靑天, 朴景喆, 張元俊 일파로 逼潮에서 勞農관헌과 의견의 충돌이 있어 그 대부분은 남북만주, 북경, 상해에 유랑함에 이르렀고 최근 박용만은 6월 상순 장춘 일본영사와 면회하였다고 寧古塔 군정서원은 창조파의 부패를 공격하고 있으며 윤해는 5월 상순부터 영고탑에 체재 중이다.[208]

장춘시에서 일본영사와 면담하였다는 이야기를 군정서원들이 알고 있었다는 것은, 이러한 사실이 있었다면 박용만이 이것을 비밀에 부치려 하지 않았기 때문에 가능했다고 간주할 수 있다.

김현구의 「우성유전(又醒遺傳)」에 의하면 홍화은행은 500만 불의 자본금으로 인가된 것인데 박용만 등이 당소의(唐紹儀)의 대통령 당선에 은행 돈을 걸었기 때문에 도산했고 다음 풍옥상(馮玉祥) 장군이 득세하자 박은 그의 세력기반이며 일본군이 미치지 못했던 내몽고에서 한인에 의한 둔전병(屯田兵) 양성을 제안하였다는 것이다. 풍(馮)은 요충지대이고 사람이 적은 내몽고에 확실한 근거지를 둔다는 아이디어에 매료됐던 모양이다. 우선, 일본의 양해가 없이 일을 추진하다가 당시 일본의 원조를 받아들일 태세에 있었던 풍옥상의 여러 계획이 그림의 떡으로 돌아갈 것을 두려워하여 3인의 밀사를 일본관동군과 조선총독부에 파견키로 하였다는 것이다. 즉 내몽(內蒙)에 둔전을 두는 것은 공산주의의 남하를 막는데 유용하다는 설득이란 것이다. 김현구에 의하면 박용만은 중국인으로 가장하여 밀사 3인 중의 한 사람으로 갔다고 한다. 이것이 사실이었다면 박용만의 장춘 일본영사 면담은 이 계획과 관련된 것일 가능성도 짚고 넘어가야 될 것이다.

김현구는 박용만의 입국과 발각에 대하여 다음과 같이 적고 있다.[209]

---

208) 金正明, 앞의 책 2, 1081쪽. 『朝特報』第76號(大正十三年七月十六日), 「東支線方面의 狀況報告의 件」.
209) 김현구, 앞의 책, 274~276쪽.

중국인 상인으로 변장한 박은 비밀로 거듭 국내에 들어가 진해, 나진 등의 일본 해군기지를 정탐하였다. 그러나 이번에는 그는 불운했다. 총독부에서 운영하던 조선호텔에 묵고 잇던 박은 이주현과 부딪쳤다. 이주현은 일본의 밀정으로 일본과 미국에서 공부한 자이다. 그의 실체가 드러나자 박은 중국 상인들의 도움으로 겨우 중국에 돌아올 수 있었다.

김현구에 따르면 이주현은 한때 하와이에서 박용만과 같이 지내던 자이며 디트로이트에서 자신과도 만났고 일본 측과의 유학비용 보조교섭이 탄로가 나자 황급히 귀국하였다는 것이다. 또 정두옥에 의하면 박씨의 입국경위는 다음과 같다.

한국에 들어가서 왜총독을 꾀어서 돈을 취하여 가지고 왔다는 것은 박씨가 부인을 만나기 위하여 조선에 두 번이나 갔었다. 자기와 동창생 한 사람이 일찍이 水軍장관으로 시무하다가 북경공사관에 요직으로 있는데 그 친구와 의논하고 미 함대가 종종 조선바다를 순행하는데 우리가 수군장관 복장을 입고갔다 오기로 약속이 되었다. 그리하여 군함이 가는 때를 타서 같이 조선 철원군에 자기 집으로 찾아가니 부인은 꿈인가 생신가 하고 붙들고 우는 것을 안무하고 아무날 아무시에 내가 다시 올 터이니 그때에 다 예비하고 기다리면 내가 그때에 다시 와서 대동하고 갈 터이니 그리 알고 있으라 하고 있다가 다시 순양함에 갈 때에 들어가서 부인을 모시고 나왔다.

또 박용만 피살 후 북경에서 정두옥에게 발신한 김홍범의 11월 23일부 편지 중 일부는 다음과 같이 되어 있다.

박선생께서 하와이를 가시기 전에 조선을 다녀온 일이 있었는데 이것을 가지고 사회에서 평론이 좀 있었던 바로 저 음흉한 왜놈은 이것을 이용하여 가지고 선전을 하는 바 박씨가 조선을 들어가서 조선총독을 방문하였느니 하는 풍와주사를 일삼다가 그때에 중국 국민군이 들어오자 박씨가 분망하여 주야로

불문망식하며 주선하던 결과 조선청년자제 몇백 명을 우선 훈련장에 내세우고
훈련을 시키기로 밖으로 주선이 다 되고 다만 안으로 閻錫山의 인허만 얻으면
다 되겠는데 그 일을 성의로 도와주는 국민군 군장 여장들이 박씨를 권하여 청
원서만 작성하여 드리면 우리들이 허가하도록 힘쓸 터인즉 청원서만 드리라고
재촉하였다. 그리하여서 박씨가 청원서를 완료하여놓고 1~2일 후면 드릴 터인
데 이런 괴변이 났습니다.(하략)

정두옥의 원고에는 박용만이 부인을 위하여 두 번, 그리고 1924년 말경
에 한 번 조선에 들어간 것으로 되어 있다. 이는 1928년 국민군이 북경에
입성할 즈음에 간사한 일본인들이 박용만이 조선에 들어가 총독을 만났다
등등의 악선전을 하여 결국 죽었다는 것으로 이해된다. 김현구와 정두옥
의 글로 판단하건대 박용만은 1924년 말경에 아마도 중국군벌 풍옥상의
사절단 일원으로 서울에 갔었던 것 같다. 풍옥상과 합작하여 내몽고에 한
인 둔전기지를 설립할 꿈이 깨어지자 그는 하와이에 모금차 다녀갔는데,
그것은 1925년 여름에서 약 1년간이었다. 따라서 박용만이 이때 조선총독
부에 발각된 것이라면 이것을 트집 잡아 1928년의 박용만 피살사건 재판
에 이용되는 것인데(후술 재판기록 참조) 이 시기가 매우 중요하다는 것이
다. 즉 박용만이 일제와 타협하여 변절하였다는 시기는 재판과정에서 나
타난 바에 의하면 1924년경으로 보고 있는데 이것이 김현구의 밀사사건
서술과 일치한다. 또 박용만 자신이 하와이에 도착하여 극동정세에 대한
그의 소견을 담은 「레포트」를 미 육군부에 제출하였을 때 풍옥상의 갑작
스러운 일본접근정책을 적으면서 풍옥상이 일본기자단 앞에서 친일연설
을 한 한 달 후 1명의 사절을 일본에 파견하여 오해를 씻게 하고 10월달에
딴 사절단이 보내어졌는데 한건의 비밀문서를 휴대하여갔다고 서술한 것
과도 맞는 것 같다.[210] 박용만은 어떻게 비밀문서 그것도 한 건의 문서라

---

[210] 미 육군정보국문서 2657-9-306호. Park Young Man. Report No.1 "Another World conflict under
preparation in Chinese Territory By Japanese and Russians." p.15.

고 알 수 있었을까? 그것은 그 자신이 이 사절단의 성원이었기 때문이 아
닌가 싶다. 그런데 이때 변절하였다면 어찌하여 후술하다시피 1927년도의
목등보고(木藤報告)에 계속 박용만을 '배일선인(排日鮮人)의 영수(領首)'로
칭하고 있겠는가? 따라서 이때 박용만이 변절하였다는 이야기는 낭설이
아닐 수 없다.

　1925년 7월 8일 박용만은 이 달 호놀룰루에서 모이는 범태평양청년회대
회에 참석한다는 명목으로 하와이를 방문했다. 도중에서 일본을 경유할
때 붙잡힐까봐 중국여권을 소지하고 갔는데 이름은 'Shih Liang Roy Hahn'
이라는 이름을 사용하였다. 즉 '한사량' 또는 '한석량'이라는 변명을 썼던
모양이다. 호놀룰루항에 도착하자 그는 자진하여 자기의 본명은 박용만이
고 변명을 사용한 것은 일본 경유 시 체포당하지 않으려고 그랬다고 설명
하였다.211) 비자는 천진 미국영사관에서 받았으며 문제는 허위신고로 여
권을 받고 비자를 받았으니 상륙시킬 수 없다는 것이었다. 원래 박용만은
조선 YMCA 대표자격으로 출석할 운동을 하였던 모양인데, YMCA에서는
신흥우(申興雨), 송진우(宋鎭禹), 이상재(李商在), 김양수(金良洙), 유억겸
(俞億兼) 등이 참석하게 되었다.212) 이민국에서 상륙불가를 결정하자 하와
이 조선독립단에서는 워싱턴 중앙정부 노동부에 전보를 부쳐 박용만의 개
인사정으로 3개월간의 상륙허가를 내줄 것을 요구하여 노동부에서는 이에
동의하였다. 하와이 이민국의 심사 시에 박용만은 그가 자원하여 미국정
보기관에 협조하였던 사실을 강조하였다는 것이다. 이렇게 강조하였던 연
고는 박용만이 미국에 도착하기 이전부터 박용만은 볼셰비키이니 입국 용
납시킬 수 없다는 소문이 나서 『신한민보』에까지 소개된 까닭이겠다.213)

---

211) 주 169) 참조.

212) 『신한민보』, 1925년 6월 18일. "그리고 북경에서 박용만씨도 이 회의에 출석하려고 배를 타
　　고 떠났다는 소문이 있다 하나 씨는 내지에 있는 청년회 총기관에서 대표자격을 허락지
　　않았으므로 비록 하와이에 도착할지라도 대표로 출석하게 되는지 아직 의문이라 하였더
　　라" 참조.

김현구는 자신이 이 박사의 부하인 시절에,

> 이 박사는 자신이 客居國에 대한 충성심에서 안창호, 박용만, 김규식을 과격
> 파 공산주의자라고 미국군 정보기관과 정부 반간첩기관에 통고하였다고 자랑
> 하곤 하였다.

고 회상하였고[214] 비슷한 증언을 하는 보도가 많았던 것이 사실이었다.

워싱턴시 스트랜드의 국립기록보존소에 가면 미국대사관이나 영사관에 입국비자를 신청하였다가 거절당한 인사들의 당(box)이 있다. 그런데 이 당(box)이 열람을 개인의 인권침해라는 이유로 절대로 허락이 되지 않고 있다. 물론 거부된 인사의 명단은 알 수 있으므로 박용만과 안창호의 이름을 발견한 필자는 정보자유법에 의하여 공개해줄 것을 신청하였으나 시간이 지나 거절당하였다. 이유는 이 심사는 미국 국무부의 허락이 있어야 되는데 이는 절대 불가능한 것이라는 설명이었다. 필자는 지지 않고 필요하다면 미국언론의 도움을 받아서까지 싸우겠다고 다시 편지를 썼고 요로에 개인적으로도 청원하였다. 약 반 년 후 열람허가의 편지가 날라왔다.

안창호는 1921년 이 박사가 미국으로 돌아간 지 석 달되는 9월 14일 미국 입국 비자를 신청하여 거부당하였다. 그 이유서는 찾지 못한다는 이야기였다. 왜 이 박사는 받아들이고 안창호는 받지 않았는지 의문이 남는다. 안창호는 다시 서재필이 미국시민이므로 그의 보증으로 입국하려고 하였다. 서재필은 1922년 11월 13일 국무부에 일본여권 없이 입국할 수 있게 해달라고 요구한 모양이고, 국무부는 상해총영사관에서 교섭하여 보라고 지시하였다. 결국 안창호는 박용만, 김규식, 조성환 등 대다수 독립운동가들이 그랬던 것처럼 중국의 시민이 되고 이에 의하여 중국여권으로 미국에

---

213) 『신한민보』, 1925년 6월 25일, 「박용만씨를 뽈스빅이라고」. 바로 이 소식 다음에는 「안창
호씨도 쏘비엔주의자라고」라는 기사가 보인다.
214) 김현구, 앞의 책, 219쪽.

입국할 수 있었다. 박용만의 경우 국무부 비자국의 8월 12일 메모, 8월 18일의 내부메모, 8월 31일의 국무차관 명의의 노동부장관에게 쓴 메모, 천진영사관에 보낸 8월 31일의 통지서 등에서 볼 수 있는 바와 같이 국무부는 박용만이 일본 여권을 신청할 수 없는 처지는 동정하나 법은 법이라 허위신고를 천진영사관에 하였던 점을 들어 하와이에서 떠나야 된다고 결정하였다. 필자에게 열람을 허용한 범위 내에서 판단한다면 박용만의 입경(入境)의 경우에는 공산당이라는 무고이유로 받지 않았던 것이 아니라 부실기재에 있었던 것이다. 따라서 김현구가 실제적으로 이 박사가 여차여차히 자랑하는 말귀를 들었다 하여도 그것은 이 박사가 부하들에 대한 '공갈용' 언사였다고 생각할 수도 있다.

한편 7월 12일 박용만을 위한 환영회가 팔나마극장에서 300여 명이 모인 가운데 성황리에 열렸고,215) 차후 각 섬을 순회하면서 독립단 기금모집과 한글강의를 했다는 사실이 가끔 신문에 보도되었다. 7월 16일, 범태평양청년회대회에 참석차 하와이에 와있던 서재필 의사는 박용만, 이승만 박사, 현순이 모두 호놀룰루에 와있는 기회를 이용하여 피차 화목단합하게 하여보려고 각계의 영수들을 '블레스틴' 호텔에 초대하였다. 『단산시보(檀山時報)』가 취재한 내용은 다음과 같다.216)

이박사 : 나는 모든 일을 잘하려고 하였고 아무튼지 혐의가 없소. 이렇게 모이는 것은 서박사나 계시니 될는지? 우리끼리 모이기 어렵소.

현순(목사) : 장래 우리 일을 더 잘하려면 백성을 속이지 말고 참빛으로 인도할 것이요… 무슨 정책이 있거든 두어 사람만 모여서 우물쭈물하지 말고 공중에 나와서 정견을 발표하여 봅시다.

안원규(실업가) : 합한다고 하면 도리어 해가 많소. 그런고로 합한다는 말은 그만두고 우선 이곳에 모인 우리부터 정의를 돈독합시다.

---

215) 『신한민보』, 1925년 7월 30일.
216) 『신한민보』, 1925년 8월 6일.

박용만 : 우리는 다 실패한 사람이요. 실패한 사람은 물러가는 것이 이치에 상
　　　　당하니 실패한 우리는 물러가고 청년들에게 맡겨서 일을 진행합시다.

민찬호(목사) : 나는 말은 좋아 안하고 일만 좋아하는 사람올시다.

이승만박사 : (다시 일어나며) 모이기는 무엇을 모인단 말이요? 마음을 고치지
　　　　않고 모이면 무슨 일이 되오. 그런즉 여러분이 회개들 하시오.

신흥우(본국대표) : 당신네들을 먼데서 망원경을 끼고 들여다 볼 것 같으면 다
　　　　'댐풀'들이요.

　『단산시보』는 1925년 호놀룰루에서 10개월간 존속한 중립지였는데 이
박사나 서재필 의사와 불화하였던 현순, 또 박용만, 이승만 모두 자기 특
색있는 발언을 하였다고 보인다. 신흥우가 모두를 'damper' 즉 헐뜯고 트집
잡는 사람들이라 한 말도 묘미가 있어 보인다. 박용만의 발언 골자는 "나
그리고 이 박사 당신도 둘 다 실패한 사람인데 물러납시다"라고 기선을 잡
아 이 박사 은퇴의 길로 몰아가던 것 같다. 이 박사는 자신이 항상 옳다는
확신하에 사는 분이었기에 "당신은 회개하지도 않고 말할 자격 없소"라는
뜻을 내포시킨 것 같다. 하여간 서재필의 중재노력은 잘 진행되지 않았다.

　노동부는 3개월이란 체재기한을 주었고 국무부는 체재불인가 방침을 시
달하였으나 박용만은 누가 감싸주었는지 근 1년이나 머물렀다.

　12월초 박용만은 하와이지구 주둔군사령부에 17매에 이르는 「레포트
No.1」을 제출하였다. 제목은 「일본과 러시아에 의하여 중국영토에서 준비
되고 있는 또 하나의 세계대전」이었다.

　제1장 「러시아의 중국정책」 내용은, 정권과 주의는 바뀌었지만 계속 남
하정책을 취하고 있다는 점을 들고 소비에트 정권의 목적은 중국을 비롯
한 세계 모든 나라에서 불안과 혼란상태를 야기시키려는 것이며 만주를
점령할 준비를 하고 있다는 것이다. 또한 볼셰비즘은 가장된 제국주의이
며 세계문명의 적이고 이 적을 효과적으로 막을 나라는 미국밖에 없다고
논하는 것이다. 다음 제2장 「중국에 있어서의 일본의 활동」은, 일본과 소

련이 미국과 영국에 대항하는 의미로 동맹관계를 생각하고 있으며 일본도 중국의 혼란을 원하고 있고 어떠한 대가를 지불하여도 장작림(張作霖)을 지지하려 하며 만주를 점령하려 하고 있다, 그리고 조선반도는 일본인이 식민하고 2천만 한인을 만주로 내쫓으려 한다, 이러한 목적을 위하여 일본은 비밀리로 진해만을 요새화하고 있는데 박용만 자신이 그 비밀을 몇 번이나 탐지하려고 하였으나 자금의 결핍으로 이루어지지 못하였다는 등등의 논지였다. 다음 제3장은 「중국의 현황」으로 군벌 할거하의 중국현황을 설명하면서 국립북경대학은 중국에 있어서 좌익교수와 좌익학생들의 소굴로 노동자들을 선동하여 중국을 파멸의 길로 몰고 있는데, 중국을 파괴의 길로 몰고 가는 3대인물로 손일선(孫逸仙), 장작림(張作霖), 풍옥상(馮玉祥)을 꼽고 있으며 특히 풍옥상을 가장 열심히 매도하고 있다. 그가 추천하는 영수는 오패부(吳佩孚) 일파에게 투자를 많이 하였는지 몹시도 오씨의 세력회복을 원하고 있으며 그를 위협하는 세력이면 손중산(孫中山)이건 북경대학생들이건 반동적인 장작림이건 모두 중국을 파멸의 길로 인도하는 무리들로 간주하고 있다. 실업가로 변신한 박용만은 자기 나름대로 자기의 실업구국은 오패부를 통하여 이루어질 수 있다고 생각한 모양이며 그들과의 지면관계를 이용하여 돈벌 생각까지 하니 정치감각이 둔해졌다고 할 수 있다. 커크우드 소령은 이 「레포트」를 워싱턴 'G-2'에 보내면서 한국인에 관한 부문만 흥미있다고 썼다.

　1924년 12월 24일 하와이 '대조선독립단' 단장 김윤배와 서기 이상호는 하와이 지구 미군사령관 앞으로 3매에 달하는 진정서를 제출하였는데 그 내용은, 하와이 2,000명의 회원과 만주와 노령의 4만 명 휘하독립군을 대표하여 청원컨대, 우리의 영수 박용만으로 하여금 워싱턴에 가서 미국 국무부나 육군부의 고위인사와의 회담을 성사시켜 달라는 것이었다. 상해임정의 외무총장직을 역임하였고 만주의 한국독립군 사령관인 박용만은 중국에 있어서의 소련과 일본의 의도를 누구보다도 잘 알고 있으며 미국정

부와 협력관계를 가지고 싶어하며 그가 가지고 있는 중요한 비밀을 토론
할 용의가 있으며 미국정부와 협력관계를 가지고 싶어하며 그가 가지고
있는 중요한 비밀을 토론할 용의가 있으며 자비로 만나러 갈 것이다 등을
썼다. 커크우드 소령은 12월 31일 완곡히 이 제의를 거부했으나 1926년
4월 20일 독립단은 다시 썼다(실은 박용만이 쓴 것일 것). 즉 박씨가 워싱
턴에 가서 당국과 만나려 하는 것은 미국의 이익이 된다고 믿는 까닭이다.
만일 인터뷰가 성사된다면 박용만 씨는 다음과 같은 사항을 문제들의 일
부로 제기할 것이라고 하였다.

> 1) 直隸派와 한인지도자들 간에 장작림을 봉천에서 몰아내고 만주에서의 일본
> 의 영향력을 막자는 조약에 관하여.
> 2) 某國籍의 강력한 당파에서 현재 집행준비 중인 만주에서 아시아 열강 중에
> 완충국으로의 새 독립국가를 건설하려는 비밀계획(A hidden plan in progress
> of execution by a strong party of a certain nationality to establish a new
> independent state in Manchuria as a buffer state between Oriental powers).
> 그리고 워싱턴당국 앞에서 의견진술하고 싶은 것들의 두 가지를 제시하면 :
> 1) 사회상의 볼셰비크 선전자들에 대한 반격운동을 전개함으로써 중국에서의
> 러시아의 활동을 막는다는 가능성에 대하여.
> 2) 한인혁명기관과, 미국 육군이나 해군의 정보기관의 합작필요성에 대하여.

이 글은 계속하여 장작림이 존재하는 한 일본의 이익만 옹호하고 미국
의 Open Door Policy를 무시하여 만주가 조만간 일본의 일 지방이 될 것인
데도 오패부도 풍옥상도 직예파군대도 속수무책이라고 논하고 다음과 같
이 쓰고 있다.

> 이 만주의 군벌을 제거할 수 있는 유일의 가능성은 만주에 살고 있는 중국에
> 귀화한 2백만 한인의 손에 달려 있습니다. 저들은 한국독립군으로나 한인으로
> 거사하는 것이 아니라 중국시민으로서 그리고 직예파와 동맹관계를 맺은 세력

으로서 거사하려는 것입니다. 이 목적을 위하여 직예파와 한인 지도자들 간에
는 이미 양해가 되어 있습니다. 작년 비밀조약이 맺어졌으며 조만간 실행 예정
입니다. 이 [조약상] 의무를 걸머지고 한인지도자들은 장차 다가올 일에 분주하
게 준비중에 있습니다. 오패부가 예전 권력을 회복한다면 한인은 저들의 약속
을 이행할 기회를 가지겠고 저들의 책임을 완성할 것입니다.

정두옥의 회상에 의하면 "당시 중국의 주권자인 오패부와 악수하고 장
작림을 격퇴한 다음 만주의 주권을 박용만씨에게 관할케 한 후 독립운동
의 군사 양성할 근거지를 달성하려 하였으나" 풍옥상의 쿠데타로 실패하
였다는 것이었다. 정두옥은 당시 하와이독립단의 주요 간부의 한 사람이
었던 까닭에 그의 회상도 매우 중요한 단서를 제공하는 것으로 생각된다.
이상에서 보다시피 박용만이 생각하고 있는 것은 실로 장대한 꿈이다. 미
국당국을 설득시켜 오패부를 원조시키고 오패부가 세력으로 얻으면 장작
림을 협공하여 궁극적으로 만주지방에 또 하나의 조선국을 건립하겠다는
시나리오이다. "모국인의 강력한 당파"라는 것은 자신의 대조선군정부이며
자기의 계획으로 미당국에 설득해보고자 마치 전국시대의 소진(蘇秦)·장
의(張儀)처럼 워싱턴행을 바랐던 것이다. 이런 맥락에서 왜 1927년 박용만
이 갑자기 만주가 우리 땅이었다고 주장하는 논저를 한데 묶어 출판했는
지 이해할 수 있을 것 같다. 또 박용만이 정말 장춘시의 일본영사와 만났
었다면 그 의도가 어디 있었는지 어렴풋이 짐작이 갈 것 같기도 하다. 조
선족을 핵으로 하는 완충국을 주장하려면 일본과의 의사소통 준비도 있어
야 되겠다고 박용만은 감을 잡으며 방문한 것이 아닌가― 이것이 지나친
억측인가 등등 생각이 좌왕우왕하는 것을 금할 수 없다.

이 편지에서는 극동의 상황변화로 박씨가 한달쯤 있다가 다시 북경으로
가려하기 때문에 속히 움직여달라고 하였다. 여기에 대하여 워싱턴 육군
참모본부는 5월 13일 흥미있지만 워싱턴까지 오게 할 수 없고 하와이 군당
국에서 자세하게 들어보도록 할 것이며 특히 일본 측이 탐지하지 못하도

록 만전을 기하라고 당부하였다는 내용이다. 5월 17일 이번에는 박용만이 직접 서명한 편지를 커크우드 소령에게 보냈다. 여기서 박은 오늘 받은 정보라고 말머리를 열고, 친소파 한인 지도자들 즉 이동휘(李東輝), 김규식(金奎植), 한형권(韓馨權)은 주북경 소련대사에게 초대받아 비밀회의를 가졌는데 그 내용은 반공주의자를 대처하는 계획에 관한 것이며 이 회의 결과 한인지도자들은 동지선(東支線)에 3만의 한인부대를 집결시킬 것이라고 하였다. 김만겸과 허성원은 이미 북경에 도착하였고 김하석과 딴 군지휘관들도 그럴 것이라는 이야기를 적은 후 자신들의 민족주의 독립군들은 서쪽으로는 장작림, 남쪽으로는 일본, 북쪽으로는 소련, 안에서는 한인 볼셰비키부대들로 곤경에 처해있다고 전하였다. 박용만이 이 편지를 쓴 목적이 무엇이었는지 좀더 분석하여야 될 것 같지만 소련 주화(駐華) 무역대표부장 도써(Dosser)가 소련 석유공사에 쓴 1924년 9월 5일의 편지 중에는 "김규식은 한인공산주의자의 일 지도자이었고 코민테른 II회의 참석자였지만 지금은 배반자이며 현금 '사업'을 시작하려고 노력하나 잘되지 않는다"고 쓰고 김규식 뒤에 어떤 돈 가진 실세가 있는가 보려고 계속 접촉을 하고 있다고 적었다.[217] 이에 의하면 김규식이 공산당과 결별한 시기는 이미 훨씬 전의 일이나 어떤 관계도 소련대사관에 간 것인지 또는 박용만의 정보제보가 정확한 것인지 아직 잘라서 말할 단계가 아닌 것 같다.

박용만은 6월 26일 올 때와 똑같은 중국인 이름으로 북경행 여객선을 탔다. 이민국에서 출경령(出境令, Deportation)이 내린 것이다. 하와이 'G-2'의 Stillwell소령은 워싱턴에 간략한 보고를 올렸는데(8월 2일) 이에 의하면 하와이군당국에서는 이민국에 압력을 넣어서 박용만의 신변이 안전하게 비밀리에 내보내라고 요구했으며, 박용만에게는 군당국이 이민국 일에 간여

---

217) 국립공문서관 所藏 上海共同租界工部局警務處文書, Box 106, 「김규식綴」 김규식은 復旦大學교수로서 영국을 비난하는 글을 上海學生聯合會 신문 *Union*에 기고하였기 때문에(1925. 7. 5) 주목받았다.

할 수 없는 입장이라고 설명하였다고 했다. 그리고 박용만의 활동에 대한 소상한 보고를 5월 21일 이미 보냈다고 첨부했다.[218] 이 5월 21일의 보고는 찾을 수 없는데, 추측컨대 이 보고 안에 하와이에 있어서 박용만의 활동상과 박용만을 알려고 그 정적들 특히 이 박사와 인터뷰한 결과가 적혀 있을 것이다.[219]

박용만이 북경에 돌아간 지 약 일 년 후, 그가 죽는 날에서 약 1년 5개월 전인 1927년 5월 22일, 전술한 바 있는 조선총독부 주 북경 통역관 목등극기(木藤克己)는 「북경재류조선인의 개황」이란 보고서를 작성하였다.[220] 이에 의하면 5백 명 한인인구 중에 직업을 가진 자는 22명에 지나지 않고 (妓女 제외) 그 "생활상태를 표명하려면 오로지 '비참'의 일어(一語)로 다할 수 있다."는 것이다. 이들 중에서 박용만은 정미업자로 분류되었는데 그에 대한 서술은 다음과 같다.

연래 북경에 재주하는 배일선인의 영수 박용만이 작년 하와이에 가서 동지를 규합하여 얻은 자금 만여원을 가지고 歸來하여 永定河부근에서 水田경영을 기도하는 한편 崇武門外에서 소규모의 정미소를 창설하고 북경 부근의 수전에서 나오는 벼를 사들여 수만 석의 정미를 만들었으나 중국인측 米商과의 연락 원만하지 않아 그 판로에 궁하여 어찌할 바 모르는 상태라고 한다. 本業은 일시적인 것으로 오래 계속할 전망이 없는 것 같다.

참고로 목등(木藤)이 적은 북경주재 배일 주요인사 중 공산계열과 비공

---

[218] 육군정보국문서 2657-7-306의 수십 매에 달하는 자료는 박용만의 하와이 방문에 관한 것이다.

[219] 필자가 국립공문서관에서 개인에 관한 조사보고를 우연히 볼 수 있는 경우에서 판단하건대(원칙적으로 개인 인권존중을 앞세우는 미국에서는 일반적으로 이런 문서는 공개 않는다) 대립관계에 있는 파당 또는 개인을 방문하여 정보를 수집한다. 따라서 이런 곳에 이 박사의 증언이 있을 수 있다.

[220] Microfilm Reproduction of Selected Archives of the Japanese Army, Navy and Other Government Agencies, 1868~1945. T. 646(reel 104).

산계열을 들면 다음과 같다.

〈공산계열〉 張建相 李洛九 姜九禹 林有棟 金弘善 崔(또는 蔡)그레고리 黃梅春
辛鐵
〈비공산계열〉 裵天澤(達武) 裵仁守(女) 朴容萬 朴健秉 朴崇秉 朴觀海 朴泰烈
趙南升 李浩榮 李世榮 李石榮 李光 李圭駿 李鐸 李洋 李承春 李相慶 韓震
山 韓永福 宋虎 南亨祐 曺成煥 元世勳 權寧畦 康基鳳 金復 金思渠 金翼煥
金雲 金子元 金承萬 金根河 金國賓 金雲波 申采浩 全秉薰 崔泰允 崔天浩
高昌一 李贊 趙東隱 黃益秀 尹東梅(女)

1927년 6월 박용만은 책을 한 권 석판인쇄에 붙여 출판하였다. 이 책에는 3편의 논문이 실렸다. 그 하나는 경원(慶源) 김노규찬(金魯奎選) 「대한북여요선(大韓北輿要選)」이니 이것은 한말에 80부 한정판으로 나왔으나 인멸될 것을 두려워하여 재판한다고 하였다. 그 내용은, 만주 옛 우리 땅의 경계와 연혁을 논한 것으로 박용만은 백산흑수(白山黑水)가 원래 우리 것이었으므로 이 구강(舊疆)의 광복을 잊지 말자라는 뜻에서 재간한다고 하였다. 다음은 박기정(朴箕貞) 저 「대동고대사론(大東古代史論)」으로 원래 등사판에 10여 매밖에 되지 않고 내용도 고증이 치밀하지 않은 결점이 있지만 천년 이래의 미몽을 타파하고 민족정신을 환기한다는 점에서 이퇴계 등의 수만 언보다 값지다고 하였다. 이 논저의 내용은, 만주가 단군조선의 영역이었고 기자조선은 요서(遼西) 영평부(永平府)에 있었다는 등을 논하는 것이다. 박용만의 「提倡我朝鮮獨立文化之一二語」는 한문으로 쓰여진 것이다. 다음 페이지에 이 논문의 성격을 규정하는 격문을 적었는데 그것은, "光復我原有疆域 創建我獨立文化 然後朝鮮族得永存於霄壤間"이라 되어 있다. 즉 우리 조선의 옛 영토인 만주를 광복하고 우리의 독립문화를 창설하자, 그런 후에야 우리 민족이 세계에서 살아남을 수 있다라는 것이다. 좀 허황한 느낌이 있으나 당시 박용만은 만주에 또 하나의 조선국을 건설하려 했고 이를 위하여 워싱턴을 방문하여 이해관계를 따라 세치의 변설(辯舌)로 미국을 끌어들이려 했다고 필자는 앞에서 적었다. 이런 면을 보고서 김창숙(金昌淑)이 "甞觀朴之言議 多誇張而不實行動多荒雜而不審"이라고 하였을지 모른다.221) 그러나 박용만은 자기의 목적에 충실하였고 꾸준하였다. 그의 소론에는 들어둘 만한 것들이 하나둘이 아니다. 그는 자기의 견해를 33항목에 나눠서 대략 다음과 같이 말한다.

태고 때부터 동아대륙은 우리 夷族과 華族의 패권다툼의 장이었다. 虞舜시대부터 동아에서 漢族을 복종시킨 민족은 모두 朝鮮族의 가지이었다. 東夷는 무력에는 강하였으나 출중한 독립문화가 없었기 때문에 동화됐다. 우리 반도의 동이 嫡系민족은 언어, 문장, 사상 모두 漢化되어 있다. 우리 조선말도 漢語에 유린당하여 수자도 99까지만 자기 것이요, 성도 朴성 밖에는 중국성이다. 금일 조선인의 최선의 의무와 최대의 사명은 종족을 보존하고 자신의 언어를 유지하는 데 있다. 종족을 유지하는 문제는 復國보다 먼저 할 일이요 언어를 유지하는 문제는 종족보다 앞선 문제이다. 우리는 순수한 한글로 글을 작성하여야 하는데 橫書를 써야 하며 필사체도 있어야 되고 한글에 없는 標音을 전달하는 자모도 고안하여야 한다고 하였다. 그의 시안은 이러하다.

그는 또 말한다. 한문은 매우 힘들기 때문에 5억의 중국인 중에서 글을 아는 사람은 얼마 안된다. 만약 한자가 쉬워서 모두 글을 읽게 되면 이 세상은 중국인만 살고 딴 민족이 설 여지가 없겠다. 우리 민족이 가져야 될 혁명이 세 가지가 있는데 첫째가 문화혁명이오 둘째가 정치혁명 셋째가 경제혁명이다. 문화혁명은 정신상의 공작인 까닭으로 어느 때고 가능하니 사상과 정신이 날로 독립성을 가지면 정치혁명의 날이 없다고 말할 수 없다. 즉 박용만은 민족문화(한글, 우리말)를 보존할 수 있으면 독립의 기회는 언젠가 올 수 있다는 생각을 가졌던 것이다.

---

221) 『心山遺稿』 卷五, 331쪽 참조.

이 글은 창졸지간에 썼기 때문인지 글의 구성이 성글고 아호로 '동주(東州)' 박용만이라 하였다가 또 '동향(東都)'라고 하는 등의 혼란이 엿보인다. 그러나 한글 횡서론(橫書論)이나 필사체 시안은 아마 한글사(내지 국어학사)에도 조그마한 위치를 차지할 것으로 생각된다. 발행소는 미령(美領) 단향산(檀香山) 독립단 본부와 북경 독립단 지부이고 출판은 대조선독립단 북경지부 실업부 인쇄국으로 되어 있다. 독립단에 실업부라는 것을 둔다는 발상은 매우 박용만다운 구상이다.[222]

9. 박용만 피살의 의문점

박태원(朴泰遠) 저 『약산(若山)과 의열단(義烈團)』(1947)에는 다음과 같은 서술이 있다.[223]

박용만은 상해임시정부의 초대 외무부장과 다음에 군무부장을 차례로 지냈고 북경에서 군사통일회를 소집한 일도 있어 소위 독립운동의 열렬한 지사로 당시 명성이 가히 혁혁한 바가 있던 사람이다. 그러나 그의 뜻은 굳지 못하였다. 그의 절개는 결코 松竹에다 비길 것이 아니었다. 어느 틈엔가 그가 倭敵들과 비밀히 왕래가 있다는 정보를 받고, 이래, 의열단은 은근히 그의 동정을 감시하여 왔다. 그리고 마침내, 그와 북경 외무성 촉탁 木藤이란 자와 사이에 은밀한 교섭이 있음을 적확히 알았다. 얼마 있다 이 변절한 자는 국내로 들어가 조선총독 齊藤實이와 만났다. 우리는 그들 사이에 있은 밀담의 내용을 알지 못한다. 그러나 전일의 소위 애국지사가 오늘날에는 강도 일본의 주구가 되어 옛 동지들을 왜적에게 팔려는 의논이었음은 다시 의심할 여지가 없는 일이다. 齊藤이와 밀담을 마친 그는, 곧 서울을 떠나 잠깐 해삼위를 들려서 북경으로 돌

---

222) 물론 김규식도 '중국연합석유공사 총재'라는 가공의 단체이름을 사용하기는 하였다. 주 217) 참조.

223) 朴泰遠, 『若山과 義烈團』, 백양당, 1947, 180~182쪽. 제13. 「北京密偵暗殺事件(二)」.

아왔다. 그리고 개척사업을 하겠노라 하여 大陸農墾公司라는 것을 만들어 놓았다. 의열단은 이 추악한 변절자를 그대로 두어 둘 수 없었다. 그들은 이 자에게 마침내 사형을 선고하기에 이르렀다. 이리하여 1928년 10월 16일 밤에 원산 출신의 단원 李海鳴은 이 자를 그의 집으로 찾아가 단총으로 그 목숨을 빼앗았다. 그리고 그는 그 자리에서 중국경찰의 손에 검거되었다. 그러나 중국법정은 그를 애국자라 하여 경하게 4년형을 언도하였다. 형기가 차서 옥문을 나서자 그는 황포군관학교에 입학, 그리고 북벌에 참가, 다음에 조선의용대에서 공작, 뒤에 조선의용대의 일부가 광복군과 合辨하자 이번에는 광복군 제1지대에서 공작, 그리고 그는 해방 후 고국으로 돌아왔다.

그런데 이상의 글을 자세히 읽어보니 모를 점들이 있다. 어떻게 일본총독을 만났다고 단언할 수 있을까. 소식의 원천은 무엇인가. 귀국 후 개척사업을 시작했다고 하였으니, 이에 따르면 대륙농간공사(大陸農墾公司)라는 것은 일본 돈으로 만든 것인데 어찌하여 목등(木藤)이란 인물이 1927년 5월에 박용만을 "배일선인의 영수"라고 하였을까? 설사 박용만이 목등(木藤)을 만났다고 밀정으로 규정할 수 있는가?

또 채근식의 『무장독립운동비사』를 인용하여 보자.[224]

西路軍政署… 총사령관 박용만이 국내에 들어가 조선총독부에 귀화하게 되어 군정서에서는 박용만을 군사재판에 회부하여 사형선고를 내리매 黃學秀도 추천자로서 책임을 느끼고 군사부장의 직을 사면하고 북만으로 방랑의 길을 떠나고 말았다.

그런데 다시 물어본다. 서로군정서가 어느 때의 단체였나? 이 질문으로 무조건 '정죄(定罪)'에 의문을 제기하려는 것이다. 또 있다. 김창숙 회상기에 "朴以通敵事覺 義烈團員射殺之"라고 하였으나,[225] 김창숙은 박용만이

---

224) 蔡根植, 『武裝獨立運動秘史』, 大韓民國 公報處, 1949, 125쪽.
225) 국사편찬위원회, 한국사료총서 제18, 『心山遺稿』 卷五, 331쪽.

죽었을 때는 이미 잡혀 감옥에 들어가 있었으므로 전문(傳聞)을 적은 것이다. 또 이런 서술도 있다.

　　필자, 의열단원 아닌 다른 망명독립운동가의 전언을 종합해보면 박용만이 입국, 재등총독 아닌 그 부하 국과장을 만난 것이 사실이라고? 그리고 대륙농간공사에서 일보는 박용만의 부하직원이 총독부 밀정에게 속아서 30만원 지원을 받겠다고 박용만이 입국했다가 지원은 약속뿐 2만원의 여비를 받아가지고 돌아온 관계로 의열단에서 격분해서 사살한 것이라고!…… 헛된 전언이기를 바란다.226)

　　누누이 지적하지만 1927년 5월에서 1928년 10월까지 박용만의 사적에 대하여서는 필자에게 자료가 거의 없으므로, 딱 잡아서 이 시기에 통적(通敵)했다는 자료가 나오면 할 말이 없다. 그러나 유감스럽게도 그런 자료도 없이 어떻게 단죄하여 버릴 수 있겠는가? 1928년은 구한국 외교관이었던 조용하(趙鏞夏)가 하와이에서 '대한족통일촉성회'를 조직하여 독립단과 동지회의 대동단결을 추진하였던 해이다(『신한민보』, 3. 15, 4. 19, 5. 24, 6. 7). 일본의 『포와(布哇)조선인사정』에 의하면, 조용하는 박용만계열의 인물로 박용만파의 『태평양시사(太平洋時事)』 주필도 맡았던 사람이다. 여기에서 양쪽이 적극 호응하였다는 것은 박용만의 사전공작의 흔적이 안보이는 것이 아니다. 이 촉성회가 계속하여 노력하고 있던 단계에 하와이 독립단 단장 이복기가 북경의 대본농간공사사업을 시찰차 북경에 가서 7월 19일에 하와이에 돌아오고 있어(『신한민보』, 1928. 8. 2, 5. 17) 박용만과 밀담이 있었겠고, 박용만은 이 해 겨울 하와이를 재차 방문할 계획을 세워놓고 있었다. 또 대본공사에는 하와이에서 파견나온 직원과 수전(水田)경작자들이 다수 있었다. 그런데 이들의 눈을 속이고 일본당국에서 돈을 받

---

226) 이종범, 『義烈團部將 李鍾岩傳』, 光復會, 1970, 253쪽.

았다고는 생각이 되지 않는다.

박용만은 1911년 10월 25일의 『신한민보』에서 「果無荊軻一人乎 又無子房一人乎」라는 제목하에 왜왕(倭王)의 암살을 선동하고 나선다.

오호라, 우리 조선에는 참으로 한을 머금은 아이가 몇이나 되며 참으로 분을 품은 아이가 몇이나 되는지 모르거니와 만일 우리 부모국으로 하여금 구만리 장천에 높이 오르게 하고 하루아침에 분을 풀어 버리고자 하면 위선 '목인(睦人)'의 머리를 소반에 바쳐 우리 어머니 제전에 드리지 않으면 능히 그 혼령을 위로치 못할지라. 알지 못해라, 조선 아이들 중에 능히 이것을 할 자 그 누구뇨 (중략). 우리 동포 중에 혹 담대하고 용맹스럽고 협기있는 충성스러운 한 사람 은 능히 일개 서생으로 만승천자를 바꾸어볼지라. 만일 오늘날 목인의 머리를 베어내면 오늘에는 일본신문과 일본잡지에 죽은 목인의 사진을 박혀내면 일인 은 장차 한국합병을 기념하고 우리는 장차 죽은 목인을 조상함이로다.

이에 의하면, 연(燕)의 지도를 휴대하여 완전항복의 의사를 보이는 체하여 진시황을 습격한 형가(荊軻)의 고사를 따르라는 것이다. 이는 박용만이 즐겨 자기의 한시에 써먹었던 것이었고 또 이 논설에서 이를 예로 들어 일왕척살(日王刺殺)을 선동하고 나섰다. 설사, 또는 백에 하나, 그가 죽기 전 1년 4개월간에 총독부를 다녀갔다고 쳐도 박용만의 경우는 재검토할 여지가 충분히 있는 것이다. 그는 윗 논설에서 자기의 일평생 노정기(路程記)는 예비되었다고 선언하고 자신의 왜왕(倭王)을 척살하지 못한다면 10년을 교육하고 10년을 재물 모아 한 번 일만 명 왜인과 자웅을 결할 것이라고 말하였다.

이 글을 쓰는 자는 일찍이 글을 배우고 칼을 배우며 일평생 노정기를 이미 예비한 바라.(중략) 만일 자기 일신을 버려 만승천자를 취하지 못할 때에는 응당 이 글을 쓰는 자의 용렬한 주의를 취하여 십년을 교육하고 십년을 재물 모아 천만 명의 힘을 합한 후에 한번 노기를 드러낼 것이다. 두 가지 길이 원래

다 용이치 않거니와 그 어려운 것을 피하여 아무것도 생각지 않으면 이는 오늘 조선사나이의 천직을 버리는 것이니 우리는 결단코 청천백일을 쓰고 원수와 함께 살기를 꾀하지 말지라. 오호라! 가을바람이 소소함이여! 장사의 머리털이 관을 찌르도다. 칼을 어루만지며 길게 노래함이여, 남은 회포가 끊기지 않도다.

사실상 박용만은 네브라스카에서 하와이 시대에 이르기까지 꼭 10년간 군사교육과 언론활동을 통한 계몽교육을 실시하였다. 그리고는 자객 형가 (荊軻)의 나라 역수(易水) 땅인 북경에서 재물을 모아 양병하려 하였으나, 자객의 손에 [필자의 생각으로는 '오해'로] 죽는 것이다.

『신한민보』는 북경에서 하와이독립단의 김홍범, 노주한 양씨가 10월 22일에 쓴 글을 게재하고 있어 우선 이것부터 소개한다(12월 13일 기재).

통곡 통곡이라!! 박선생 용만씨가 10월 17일에 봉면, 우리가 출타하고 빈 때를 타서 17일 상오 8점에 생소한 무리 두 사람이 大本農墾公司 공관에 와서 박선생을 보기를 청하므로 박선생은 허락하여 방에 들어 앉힌 후 그 온 뜻을 물으니 그 두놈의 말이 우리가 어느 곳을 가고자 하되 노비가 없어 가지 못하므로 당신에게 특별히 와서 노비 1천원을 요구하옵니다. 박선생의 대답이 내가 중국 온 후로 재정에 곤란이 막심하여 우리의 운동하는 일에도 장애됨이 적지 아니하며 또한 일신의 곤궁도 심한 처지에 내 수중에 무슨 돈이 있으며 또한 내 수중에 돈없는 것은 일반 조선사람 사회인물이 다 아는 바라. 만일 돈이 있으면 許給하겠지만 돈이 없어 불청하니 섭섭하다는 말을 누누이 설명하였으나 저놈들은 不顧 인사하고 강청하며 단총을 들어 발사하였다. 박선생은 위급한 경우를 당하여 총알을 피하다가 마침내 선생의 좌우편 가슴을 두 번 맞고 그놈에게 달려들어 단총을 잡다가 또 왼편 손을 맞았다. 그러나 일향 오른손으로 그놈의 머리를 움켜쥐어 섰다. 마침 그날 아침에 천진에 갔던 이만수, 김문팔 양씨(하와이에서 간 사람)가 새벽 넉 점에 천진서 기차를 타고 北平에 와서 下去하여 공사관으로 들어가서 처음 시초부터 증참하다가 이런 변이 생기매 이 두 분도 不顧生命하고 달려들다가 김문팔씨가 왼편손이 총에 맞아 그 자리에 넘어지고 이만수씨는 박선생께서 머리를 쥐고 있는 놈을 두 다리를 틀어 안으셨다. 박선생은 그 강적을 만수씨에게 맡기고 보니 한 놈은 그 사이에 도망질을 하는지라. 선생께서는 아직 남은 기운과 용맹을 다하여 달아나는 놈을 따라 한걸음에 뜰 아래에 뛰어내려 대문 밖을 다다르니 그 악한은 벌써 수백 보 밖에 뛰어가는지라. 능히 잡지 못하실 줄 알 뿐 아니라 그놈을 따르다가 방안에 잡은 놈까지 놓칠까 염려하여 대문을 닫아걸고 마당 안을 들어오니 그 강적과 이만수가 서로 안고 뒤치락엎치락하며 마당까지 나온지라. 그때 선생께서는 하인을 불러 그놈을 결박한 후 선생께서는 양편가슴 두곳 총알구멍에서 솟아오르는 피는 멎지 않고 기운은 진하고 정신은 혼미하여 마침내 마당 가운데서 넘어져서 오른팔을 베개삼아 베고 총알 맞은 왼손으로 가슴의 총알구멍을 움켜쥐고 한마디 긴 한숨소리 '푸—후—' 끝에 그의 미진한 사업을 남겨두시고 참혹히 終命하시었다. 잡아둔 한놈은 중국경관이 잡아가두고 심문 중이되 또한 도망한 놈은 마저 잡기를 중국경찰과 및 北平동포들이 수색 중이다.

이 보고는 일이 일어난 5일 후에 쓴 것이며 보고자들은 당시 현장에 없었으나 자기편의 보고에 의하여 썼으므로 현장에 '있었다는' 2인의 전언(傳言)이 강하게 포함된 것이겠는데 여기에서도 돈을 꾸자고 설왕설래한 점이 강조되어 있는 것이 특징이다. 필자는 박용만 피살 후의 북경시 중국인 신문의 기사 분석에서 더욱 확신 비슷한 것이 생기게 되었다. 이하 중국 신문기사들의 분석에 들어간다. 박이 피살된 후 4일째의 『세계일보(世界日報)』의 기사는 아마 장건상이나 조성환 측에서 취재한 것 같은데 여기에 전재해 본다.

이달 17일 崇外上二條에 살던 박용만 피살사건이 발생한 후 各方에서의 보도가 옳지 못한 점들이 있어 지금 취재하여 얻은 실정을 다음에 게재한다. 박용만은 又醒이라고도 하며 조선 강원도 철원군 사람이다. 甲午 청일전쟁 후 독립협회에 가입하여 많은 활동을 하였으며 나중에 정부가 독립협회를 강제해산시켰을 때 박도 체포되어 감옥살이를 하였고 석방 후 미국으로 도망갔다.

당시 한인사회가 동정하여 박은 도움을 받아 미국 사관학교를 졸업할 수 있

었고 호놀룰루 등지에서 한국독립운동을 위하여 노력하였다. 서력 1919년 구라
파전쟁이 끝난 후 韓人들도 독립을 선포하게 되고 임시정부를 상해에 설립하
게 되었는데 박도 경력관계로 외무부장에 추천되어 중국에 건너와 독립당의
환영을 받은 바 있었다. 그런데 중국에 온 후 독립당에 충성스럽지 못한 행동
이 하나둘이 아니었기에 크게 당의 신용을 잃었고 후에 박은 음밀히 北平주재
일본정보원 某와 연락하여 조선총독부에 항복하여 남몰래 두차례나 조선에 들
어가 타합한 바 있다. 이것이 폭로된 후 韓黨의 간부는 곧 사형선고를 내렸다.
박은 한인사회에 용납되지 못할 것을 알고 또 미영토 호놀룰루에 도망가서 재
미한국인 勞農단체들을 속여 수만금을 빼앗고 北平에 돌아와 소위 大陸農墾公
司를 조직하고 편안한 생활을 도모하고 있었다. 이번 피살사건이 일어나자 많
은 한인들이 잘했다고 하였다. 범인 이아무개가 돈을 꾸려다 못 꾸어 죽였다는
이야기는 마땅히 사실을 엄폐하려는 낭설일 것이다.

이 『세계일보』 기사의 취재원은 박용만이 목등(木藤)과 접선하고 이차
에 걸쳐 총독부에 다녀온 '사실'은 박의 하와이 여행 이전이었다고 인식하
고 있었던 것으로 간주된다. 그러나 이상에서 인용한 목등(木藤)보고에 이
런 이야기는 전혀 반영되어 있지 않고 박을 '배일선인의 영수'라고 못박고
있었음을 누누이 지적했으나, 또 한 번 지적하고자 한다. 이하 『세계일보』
와 『북경일보』 두 가지 이용할 수 있는 신문을 근거로 하여 법정참관기록
을 그대로 번역하였고 법정진술에 대한 필자의 시비나 감상은 주석에 집
어넣었다. 이하 필자나 독자나 같이 검토해 보기로 하자.

朴容萬被殺事件 裁判旁聽記

1928년 11월 7일 『世界日報』(기자가 법정에 도착하였을 때의 시간은 3시 15분
쯤이었고 訊問이 진행 중이었다.)
문 : 당신이 권총으로 박용만을 죽였는가?
답 : 그렇소.
문 : 총을 몇 번 쏘아서 박을 죽였는가?

답 : 두 번 쏘니 죽었소.

문 : 후에 당신은 또 두 번 쏘지 않았소?

답 : 한 번 뿐이었소.227)

문 : 박이 이미 당신에게 맞아 죽었는데 왜 총을 또 쏘았나?

답 : 이때 白이라는 사람이 내 머리카락을 잡으려 달려들었기에 또 한 번 쏘았
　　소.

[필자按 : 白哥는 金哥의 오기이다.]

문 : 당신은 도합 네 번을 쏘지 않았소?

답 : 정말 세 번만 쏘았소.

문 : 당신이 휴대하였던 권총은 총알 여섯 개가 있었던 것이 아니오?

답 : 그렇소.

문 : 당신은 세 방 놓았다고 말하니 마땅히 총알 세 개가 남을 터인데 어찌하여
　　두 개만 남았는가?

답 : 모르겠소.

문 : 그 권총은 어디서 났소?

답 : 천진에서 산 것이요.

문 : 당신은 김가(필자按 : 白哥를 오기한 듯)를 알고 있었던가?

답 : 알고 있지 않았소.

문 : 알고 있지 않았는데 어찌하여 그가 당신이 사람 죽이는 것을 도왔을까?

답 : 그도 명령을 받아 나를 도우려 하던 것이었소.

문 : 그는 지금 어디 있소?

답 : 모르겠소.

문 : 당신은 박용만과 원한관계에 있었던가?

답 : 개인간에는 원한관계가 없었소.

문 : 원한관계가 없는데 왜 죽여야 했나?

답 : 그가 公에 충성하지 않은 까닭으로 내가 명령을 받고 죽이려 왔소.

문 : 그는 어떻게 公에 충성하지 않았는가?

답 : 그가 비밀을 外人에게 7000원에 판 까닭이었소.

---

227) 여기서는 이해명이 합해서 세 번 쏜 것으로 되어 있다.

문 : 당신은 명령을 받아 죽였다는데 그 명령이 어디 있소? 보여주시오.

답 : 불태워버렸소.

문 : 박용만의 부인이 너와 김가가 돈 千元 빌리려다가 주지 않으니 비로소 죽인 것이라 하는데?

답 : 그렇지 않소.

문 : 박용만에게 돈 一千元 빌리자고 말하지 않았단 말이요?

답 : 절대로 말하지 않았소.

문 : 박용만이 벌써 公에 忠하지 않았다면 어째서 현재에 이르러서야 죽여야 되나?

답 : 7~8년 전에 벌써 죽였어야 옳았으나 기회가 없었소.228)

문 : 당신이 北平에 온 것은 박용만을 죽이려고 해서 온 것인가?

답 : 아니오. 공부하러 왔소.

(審問이 끝난 후 李海鳴으로 심문기록에 서명하게 한 후 다음날 재심하기로 하고 퇴정)

1928년 11월 8일 『世界日報』
(開庭후 推事가 李海鳴에게)

문 : 당신은 한국인인가?

답 : 그렇소.

문 : 어디 사는가?

답 : 이 사건 전에는 北平시 北新橋에서 살았소.

문 : 당신 누나가 북평에 시집온 것 아닌가?

답 : 그렇소.

문 : 누나는 지금 어디 사는가?

답 : 達石橋 36호 院內에서 사오.

문 : 매부는 성이 무엇이며 지금 어디 있는가?

답 : 매부는 성이 徐이며 지금은 별세하였소.

---

228) 즉 여기서의 묘사가 대화에 충실한 것이라고 생각한다면 죽인 자는 박(朴)의 통적(通敵) 또는 밀정행위를 1925년 이전에 소상시키고 있다. 그런데 그는 당시 통적하지 않았다.

문 : 당신은 성이 張이 됐다가 李가 됐다 하는데 누나는 어떻게 알고 있나?

답 : 누나는 제가 李姓이라는 것만 아오.

문 : 당신이 이번 북평에 와서 왜 누나집에 살지 않았는가?

답 : 박용만을 죽이려 하였기 때문에 누나집에서 살지 않았소.[229]

문 : 당신이 무슨 단에 가입한 것을 누나가 알고 있는가?

답 : 알고 있었소.

문 : 북평시에서 당신이 무슨 단에 가입한 것을 알고 있던 친구가 있는가?

답 : 있소.

문 : 당신은 그날 박을 죽일 때 몇 방 놓았소?

답 : 세 방이오.

문 : 金應柏이 당신의 권총을 빼앗으려 하였기 때문에 김에게 한방 놓고 그의 손을 상하게 한 것이 아닌가? 이렇게 보면 당신은 네 번 쏜 것이오.

답 : 나는 세 번만 쏘았소. 나는 金應柏을 쏘려는 마음이 없었소.

문 : 당신이 박가집에 갔던 것은 김응백을 쏘려고 갔던 것이 아니라 하여도 김이 당신의 권총을 빼앗으려 하였던 까닭에 그제서야 김에게 한방 쏘았다. 맞지 않은가?

답 : 맞지 않소. 나는 김에게 발사하지 않았소.

문 : 당신이 세 번만 쏘았다면 어찌 박가집 客廳에서 네 개의 彈殼이 나왔는가?

답 : 모르겠소. 혹시는 박가의 권총에서 발사된 것이 남을 가능성이 있소..

문 : 당신이 박가에 가서 박용만을 만났을 때 당신은 박과 무슨 이야기를 했는가?

답 : 많은 말 하지 않았소. 나는 단지 명령을 받들어서 죽이려 왔다고 말하였소.

문 : 당신이 이 말을 하였을 때 중국어로 하였는가, 고려어로 하였는가?

답 : 고려어로 하였소.

문 : 김응백은 중국어를 모르지 않았는가?

답 : 그렇소.

문 : 어제 김응백이 나서서 말이 당신이 고려어로 박용만에게 一千元 빌려 쓰

---

229) 전번 심문에서는 박을 죽이러 북경에 온 것이 아니라 공부하러 왔다고 대답한 것으로 되어 있다.

라고 하였다는데 이것은 김이 친히 들었던 것이요. 그렇다면 당신은 박에
게 돈을 꾸자고 이야기한 것이 아니요?

답 : 결코 그런 일이 없었소. 나는 단체의 명령을 받들어 박용만을 죽이려 온
것이지 돈을 꾸지 못하여 죽인 것이 아니었소.

(이곳까지 訊問하고 推事는 본안을 더 조사하여야 될 점들이 있는 까닭에 재심
한다고 선고한 후 퇴정함)

朴容萬案昨日再審함
―辯論終結, 改日宣告―

『世界日報』1928년 11월 17일

〈원안경과〉 박용만은 한국인으로 현재 崇文門外 上二條에 살고 있었으며 박
의 부인은 熊氏라 하고 금년 삼십 세이다. 그녀는 중국 江西省人인데 남아와
여아 둘을 두었다. 금년 음력 9월 초나흘 중국적에 귀화한 한국인 李海鳴(32세)
과 또 하나의 한국인 백가는 박씨 집을 찾아가 박을 만나자고 요청하였다. 박
은 李白 2인을 알지 못하였던 까닭으로 하루에 두 차례나 찾아갔으나 만나주지
않았다. 다음날에 李白 양인은 또 박씨집을 찾아갔다. 공교롭게 이때 박가의
대문은 열리고 있었기 때문에 두 사람은 고용인의 통지소속을 밟지 않고 박씨
집으로 들어갈 수 있었다. 사랑방에 이르렀을 때 성은 김이고 이름은 應八이라
는(前기사에서는 應白이라고 誤書함) 한국인이 이들이 오는 것을 보고 앞으로
다가서서 한국말로 물었다. 한국말로 회답하자 김은 북평에 온 지 얼마 안되기
때문에 고국사람이 왔다고 환영의 뜻을 표하고 악수까지 하였다. 세 사람은 사
랑방에 앉아서 한담하였다. 李白 2인은 이때에 비로소 박용만이 집에 있는 것
을 알고 꼭 박씨를 만나야 하겠다고 말했다. 박용만은 이 이상 더 속이지 못할
것을 알고 나와서 두 사람을 만나고 또 동전 30개를 꺼내어 고용인 王書더러
燒餅(호떡)을 사서 대접하게 하였다. 朴金李白 4인은 그 후에 얼마 되지 않아
쌍방이 언쟁하기 시작하였다. 이때 李海鳴이 권총을 끄집어내는 것을 본 박용
만은 한쪽 손으로 권총을 빼앗으려 하고 한쪽 손으로 이해명을 잡고 놓지 않았
다. 李는 상황이 급해진 것을 보고 먼저 박의 손목을 향하여 일발 발사하였다.
그런데 박은 여전히 이의 머리틸을 움켜잡고 죽어도 놓으려 하지 않았다. 그래

서 이는 박의 가슴을 향하여 탕탕 두 번 쏘았다. 김응팔은 이가 권총을 쏘는 것을 보고 박이 이의 적수가 아닌 것을 두려워하여 앞으로 도우려 나서 이해명의 권총을 빼앗으려 하였다. 이러한 연고로 이는 또 한 번 쏘아 김의 손목을 다치게 하였다.

이때 여전히 이의 머리카락은 박이 쥐고 놓지 않고 있었다. 성이 백가인 자는 이러한 상황을 보고 황급히 문을 열고 서편으로 도망갔다. 박의 마누라는 사랑방에서 총소리가 연거푸 나서 일이 난 것을 알고 안방에서 탐문하러 나오다 백가가 서쪽으로 뛰는 것을 보고 사정이 어떻게 된 것도 모르고 백 뒤를 쫓았다. 쫓고 쫓기고 백가를 놓친 그녀는 다시 집으로 향하여 뛰기 시작하였고 집의 사랑방 거울 앞에서 남편이 여전히 이의 머리카락을 움켜쥐고 있는 것을 보았다. 박은 상처를 입은 경과를 설명하고 경찰을 불러들이라고 말하였다. 그래서 부인이 경찰을 데리고 있을 때 박씨 집의 요리사 趙永旺이란 자가 이미 이해명을 결박한 후였다. 얼마 안되어서 박은 상처로 인하여 죽었다. 그날 오후 지방법원에서 검찰관을 파송하고 박용만의 시체를 검시할 때 이해명은 談笑自若할 뿐만 아니라 노래까지도 부르고 있었다.

검찰관이 네가 죽였는가를 물었을 때 조금도 주저함이 없이 인정하였다. 검사가 끝난 후 공안국에 넘기고 여기서 지방법원에 넘겨 심리하게 되었다. 후에 검찰처의 張검찰관이 이해명을 심문하였을 때 이는 나는 公을 위하여 박용만을 죽여 목적을 달성하였다, 命으로 命을 갚으라 해도 머리를 잘라도 조금도 개의하지 않는다라고 말하였다 한다. 그래서 張검사관은 형률 제282조에 의거하여 공소를 제기하였고 본안은 初審 復審을 경과하였는데 本報 금월 6일, 7일자에 자세하게 보도한 바 있다. 지금 어제의 재심과 변론 정형을 다음에 기록한다.

〈法庭審査情形〉 본안은 어제(16) 열린 特開법정에서 吳庭長이 主審이 되고 孫·胡 李推事가 部審하였다. 張검찰관과 피고가 청한 변호사도 모두 출석하였다. 개정한 후 오정장은 간수가 데려온 이해명의 연령, 본적, 주소를 묻고 나서

문 : 네가 박씨 집에 간 것은 어떤 이유에서 간 것인가?
답 : 저는 단체의 명령을 받아 간 것이요. 제가 소속한 단체에서 박용만을 사형

에 판결하였기에 저에게 명령을 내려 총살시킨 것이요.

문 : 너 혼자 갔는가?

답 : 저와 백가와 둘이서 갔소.

문 : 네가 박씨 집에 간 후에 어떻게 박을 죽였나?

답 : 저는 박을 만난 후에 사실대로 말했소. 그가 賣黨행위를 하였고 이왕의 일은 용서할 것이니 뉘우치라고.230) 그렇지 않으면 團에서 너를 처벌할 것이라 하였소. 그런데 박은 일어나 자기 알 바 아니라고 하였기 때문에 저는 권총을 꺼내어 박용만에게 일 발을 발사했소.

문 : 몇 번 발사했다고?

답 : 제가 일발만 발사하니 박은 곧 쓰러졌소.

문 : 너는 박에게 세 번 발사하고 또 金應八에게 일발 발사한 것이 아닌가?

답 : 저는 단지 한번만 쏘았소.231) 그리고 김응팔은 쏘지 않았소.

문 : 네가 일발만 발사하였다면 어찌하여 박씨 집에서 네 개의 빈 彈殼이 나왔나?

답 : 그것은 혹시 박의 권총에서 나온 것일 수 있소.

문 : 박씨가 권총을 가졌다면 맞아죽지 않았을 것이다. 나는 너에게 이른다. 법정에서 거짓말 할 수 없어!

답 : 저는 거짓말 할 줄 모르오. 저는 오로지 일발만 발사하였소.232)

문 : 10월 19일에 검찰관이 신문하였을 때 너는 네가 박씨를 쏘았을 때 김이 앞으로 나와 도우려 하였기 때문에 네 권총이 김에게 부딪쳐 김의 손목을 상하게 하였다고 자백하고도 오늘은 왜 이것을 승인 안하나?

답 : 저는 그렇게 이야기한 적이 없었소.

문 : 네 권총은 어디서 났나?

답 : 천진에서 산 것이요.

문 : 박씨 부인 말을 들으니 네가 박씨를 죽인 것은 公事 때문이 아니라 一千元 빌리려다가 안되니 박을 죽였다 하는데?

---

230) 전번 심문에서는 "단지 명을 받고 죽이러 왔다고" 말하였다는데 여기서는 용서할 것도 고려에 넣은 것으로 되어 있다. 즉 조건여하에 따라서를 암시할 수 있다.

231) 여기서는 세 발 쏜 것으로 인정한 전의 법정진술을 번복하였다.

232) 이렇게 거듭 이가 한 번만 쏘았다고 이야기하는 것은 변호사의 충고로 그랬던 것 같다.

답 : 저는 박에게 돈 꾸자는 이야기 하지 않았소. 제가 박을 쏜 것은 전적으로
　　 公事 때문이오.

문 : 너는 어떻게 잡혔나?

답 : 경찰이 잡은 것이요.

문 : 백가는 어디 갔는가?

답 : 도망갔소.

(다음에 박용만부인인 朴熊씨를 부르다)

문 : 당신은 박용만의 부인인가?

답 : 그렇습니다.

문 : 당신은 어느 나라 사람인가?

답 : 저는 중국인인데 제 모친은 한국인이며 제 부친은 중국인입니다.

문 : 당신은 무슨 직업에 종사하는가?

답 : 저와 제 남편은 미국에서 장사하고 있었습니다.

문 : 당신과 朴이 중국에 온 지 몇 해 되었는가?

답 : 온 지 2년 넘었습니다. 전에는 永光寺中街에 살다 지금은 崇外二條거리에
　　 살고 있습니다.[233]

문 : 이가와 백가를 알고 있었는가?

답 : 모르고 있었습니다.

문 : 당신 남편은 알고 있었나?

답 : 그이도 몰랐습니다.

문 : 이백 2인은 언제 당신 집에 갔는가?

답 : 9월초 나흘입니다.(음력)

문 : 당신 남편은 그날 집에 있었나. 또 두 사람을 만났나?

---

[233] 여기서 박미망인의 묘사가 정확하다면 그는 진실을 말하고 있지 않다. 첫째로 2년 전에 미
　　 국에서 왔다는 이야기, 둘째는 미국에서 장사하고 있었다는 이야기가 그것이다. 전술한 바
　　 와 같이 일제정보에 1921년 7월 박용만이 중국여자 장씨와 결혼하였다는 것을 대략 믿는다
　　 면 13세 여아는 우선 박용만의 딸이 아니다. 박용만은 노모의 시중에도 도움이 되라고 먼
　　 저 결혼경력이 있는 여자와 살게 되지 않았나 하는 시각에서 생각해볼 만도 하다. 2월 22일
　　 자 『북경실보』에서는 80노모가 있다고 하였는데 시어머니인지 자신의 친모인지 확실하지
　　 는 않다.

답 : 그이는 집에 있었으나 두 사람을 보지 않았습니다.

문 : 그 뒤에 어떻게 되었나?

답 : 그 뒤에 두 사람은 떠났고 다음날 다시 저희 집에 와서 사랑방에 앉아 남편을 기다렸습니다. 그래서 남편이 나와 두 사람을 만났습니다. 얼마 안되서 두 사람은 제 남편을 죽였습니다.

문 : 이백 2인은 단체의 명령을 받들어 당신의 남편을 죽이려 온 것인가?

답 : 아닙니다. 제 남편인 단체 안에서 일하고 있었고 이 두 사람은 직업이 없는 무뢰한들이고 단체 안에 속하지 않았습니다. 제 남편에게 돈을 꾸려다 못꾸려서 죽인 것입니다. 제 남편은 죽기 전까지도 이의 머리카락을 움켜쥐고 있었고 제게 몇마디 하소연까지 하고 죽었습니다.[234]

문 : 당신의 남편은 어떻게 맞아죽게 되었다고 이야기가 없었나?

답 : 없었습니다.

(다음은 金應八을 부르다)

(김은 중국어를 못하여 통역 金洪凡을 대동)

문 : 당신은 무엇하는 사람이요?

답 : 저는 농사짓는 사람입니다.

문 : 당신은 北平에 온 지 얼마 되오?

답 : 두 달 되고 현재는 박가에서 기거합니다.

문 : 당신은 이백 2인을 알고 있었나?

답 : 몰랐습니다.

문 : 이백 2인이 박용만을 찾아온 것은 무슨 까닭이요?

답 : 돈을 빌리러 온 것입니다.

문 : 이는 단체의 명령을 받고 박을 죽이려 왔던 것인가?

답 : 그렇지 않습니다.

문 : 이는 박에게 몇 발 발사했으며 당신에게 몇발 발사했는가?

답 : 이는 박에게 3발 발사하였고 저에게 1발 발사했습니다.

(李海鳴을 불러 金應八과 대질케 하였는데 이와 김은 각각 자기 주장을 굽히지

---

[234] 상기 『북경실보』에 의하면 "제가 안에 들어가니 남편이 근근히 말하기를 '내 나이 48세에 오직 이 아들 하나만 두었으니 내가 죽은 뒤 부디 자녀를 잘 양육하여주오'라고 말하고 곧 눈을 감았습니다." 옹씨는 여기까지 말하고 오열로 말이 되지 않았다고 되어 있다.

않았음. 庭長은 2인을 내려 보내고 王航書를 불러들이다)

문 : 당신은 박가에서 무엇을 했나?

답 : 사환입니다.

문 : 이백 2인은 자주 박가에 찾아왔나?

답 : 초사일에 두 번 왔었는데 제 주인님을 보지 못하고 초오일 다시 왔습니다.

문 : 이백 2인이 박씨를 죽일 때 알고 있었나?

답 : 당시 저는 西驛에 車票를 사러 갔습니다. 제가 돌아와 보니 주인님은 피살되고 있었습니다.

(다음 趙永旺 불러들이다)

문 : 이백 2인이 박용만을 죽인 데 대하여 무엇을 아는가?

답 : 이는 제 주인을 세 번 쏘았고 주인은 이의 머리를 움켜쥐고 놓지 않았습니다. 뒤에 주인은 저를 불러 결박하라고 하여 그제서야 도왔습니다. 그러나 어떠한 이유하에 이러한 화근을 불렀는지 몰랐습니다.

문 : 당신은 박가에서 무엇을 하고 있소?

답 : 요리사입니다.

(조를 내려 보내고 다시 이를 올려 세우다. 이때 張검찰관이 가로되 : 오늘 被告가 진술한 것이 이전에 진술한 것과 모순이 많다. 만약 그가 公을 받들고 박용만을 죽였다면 참작할 여지가 있겠지만 이자는 함부로 이야기하고 있으며 그 주장에 상응되는 증명은 대지 못하고 있다. 더욱이 박용만은 단체 안에서 外務總長의 자격을 갖고 있다. 만약 그에게 단체에 충성되지 않은 행위가 있었다면 그 단체에서 박에게 公事 일감을 주지 않았을 것이다. 이 상황은 박가에서 제공한 여러 서류가 증명하고 있다. 박이 不忠賣黨하였다는 이의 주장은 貴庭에서 그 증거를 조사하여야 할 것이라고 말했다. 다음에 변호사가 各項目마다 변호하였고 庭長은 辯論의 종결은 선언하고 딴 날에 판결하겠다고 선언하였다.)

일본 측은 한편 조선인도 일본국민이라는 이유로 범인의 인도를 요구했었으나 중국 측은 중국에 귀화했다고 인도를 거절하고(『동아일보』, 11월 29일) 국사범으로 처리하여 가볍게 징역 5년 2개월에 처하였다.(『동아일보』,

12월 2일) 여기에 검찰에서는 불복하여 사건은 다시 고등법원으로 넘어갔
다. 피고 측은 의외의 가벼운 판결과 여론의 호의에 힘입어 변호사를 세
사람으로 증가시키는 등, 후에 언급할 것이지만 뒷공작을 한 흔적이 있다.
한편 박용만 미망인은 정리할 것 정리하고 조용해지고 싶어, 자기 남편이
통적행위가 없었다는 것만 선포하여주면 이해명의 형기에는 상관하지 않
는다는 언동을 벌써부터 하였다. 여기에 재판의 귀추는 이미 정하여진 거
나 마찬가지였다. 박용만 자신은 이미 죽고 미망인 주위는 적의에 찬 교포
의 눈과 반역행위를 하였다는 신문보도에 영향을 받는 중국인의 차가운
시선을 의식할 따름이었을 것이다. 한편 이해명 뒤에는 자금을 대는 어떤
단체가 있었을 듯하다(하와이 모 단체 등). 이러한 분석에 더하여 피고에
게 유리하게 전개된 법정변론의 기록을 모두 옮겨 본다.

法庭旁廳記

『世界日報』1929년 2월 22일~23일

(原案經過의 範譯) ① 박은 마누라가 둘 있었는데 후에 얻은 부인은 본성이
熊이며 이름은 素靑이요 금년 30세이다. 본적은 江西省이다. 朴熊氏와 朴容萬
은 상해에서 결혼하였는데 결혼한 후에야 본부인이 있다는 것을 알았으나 木
材는 이미 배(舟)가 된 후라 박이 그녀에게 잘 대하여 주었기 때문에 이혼하지
않고 슬하에 일남 일녀를 두었다. 장녀는 13세이고 蘭英이라 하고 和平門外 第
1사범학교부속소학교에 다니며 남아는 5세밖에 되지 않았다. ② 박용만을 미국
으로 보낸 사람은 독립당의 수령 李福繼였다. ③ 박과 朴熊氏가 결혼한 제2년
에도 독립당원이 암살을 기도하여 총알이 박의 왼편 허벅다리를 상하게 하였
다. 그래서 박은 상해에서 북경으로 도망온 것이다. ④ 1924년 독립당이 吉林
일대에서 비밀공작을 하고 있었는데 일인에게 7인이 붙잡혀가서 死刑이 되었
다. 독립당에서는 賣黨分子가 적에 밀정행위를 한 것으로 간주하고 뿌리를 캐
어보니 박용만이 일제에 칠천 원을 받고 판 것이었다. 고로 이해명을 파견한
것이다.235)

(本案은 어제(21일) 河北고등법원에서 개정하였다.)

문 : 당신은 정말 이해명인가?

답 : 그렇소.

문 : 당신은 한 사람인데 어찌 이름이 몇십 개나 되는가? 어느 것이 진짜 이름 인가?

답 : 李海鳴이 제 진짜 이름입니다.

문 : 당신은 언제 북평에 왔는가?

답 : 작년입니다.

문 : 당신이 북평에 온 것은 공부때문인가?

답 : 아닙니다.

문 : 당신은 북평의 某中學에서 공부하고 있지 않았소?

답 : 않았습니다.

문 : 그러면 당신은 북평에 와서 무엇하였나?

답 : 저는 본국 독립당의 명령으로 혁명공작하러 왔소. 236)

문 : 당신이 권총으로 박용만을 쏘아 죽이고 지방법원에서 당신을 5년 2개월의 有期徒刑에 처하였다. 당신은 이 범죄에 무슨 한 말이 있는가?

답 : 살인하면 생명으로 보상한다. 이것은 자고로 오늘까지의 진리입니다. 그러 나 제가 박용만을 죽인 사건은 예외에 속하여야 합니다. 법관께서는 상황 을 참작하여 저를 양해하고 마땅히 유죄판결을 하지 않고 속히 저를 석방 하여 내보내야 됩니다. 왜 그러냐 하면 제가 박을 죽인 것은 완전히 박이 賣黨求財하였기 때문이며 黨과 國에 충성하지 않았기 때문입니다. 저는 당의 명령으로 특별히 북평에 와서 박을 죽이려 하였던 것입니다. 237)

---

235) 1924년도에 독립군인사 7명이 일제에 체포된 기사를 찾으면 『現代史資料』 제32권 『滿鐵』 2, 제566면에 「親日鮮人同官史暗殺陰謀」라는 제목하의 기사가 그것일 수 있다. 安東방면에 서 입수한 정보라고 전제하고 관동군참모부는 군정서에서 국내에 밀파된 7인의 결사대원 의 성명, 연령 등을 들고 있어 이 사건을 말하는 것이 아닌가 하지만 박용만과 결부시키는 것은 억지이다.

236) 윗부분에서는 북경에 온 것은 공부하러 온 것이라고 적혔고 또 2월 27일의 최종변론에서는 이는 1919년에 북평에 왔다 갔고 1925년에 와서 북평숭실중학에서 공부하였다고 진술한 바 있다.

237) 3년 전에 북경에 와서 공부하고 있었는데 그러면 그때부터 박용만의 목숨을 노렸다는 말 인지 전후가 맞지 않는다.

문 : 당신은 독립당에 들어간 지 몇 해가 됐소?

답 : 民國 14년(1925)에 저는 독립당에 들어가 지하에서 혁명공작을 하였소.

문 : 당신의 영수는 누구이며 당원은 모두 몇 명이나 되나?

답 : 우리의 영수는 많소. 한 지방에 댓 명 계시고 당원의 수는 잘 모르오.

문 : 북평의 독립당의 지도자는 누구며 당원의 인수는 몇이나 되는가?

답 : 李姓과 曺姓을 가진 분이 북평 독립당의 지도자입니다. 인원수에 대하여
서는 저도 잘 모르는 것은 우리 당의 조직은 약간의 조로 갈라져 있어서
每組에 한 수령이 있습니다. 그러므로 북평에 당원이 몇이나 되는지 저는
잘 알지 못합니다.[238]

문 : 당신과 박은 평시 원한관계에 있었나?

답 : 저와 그 사이에 원한관계는 있었지만 公仇관계일 뿐 私仇관계는 없었습니
다.

문 : 어떠한 公仇인가?

답 : 원래 박용만도 우리 독립당의 당원으로 지위가 매우 높았습니다. 후에 그
는 당과 국가에 충성하지 않고 정보를 외국인에게 팔아 우리 동지 다수를
해하게 만들었고 某국인의 칠천 원을 얻었습니다. 그래서 저와 박용만 사
이에는 公仇관계가 있습니다. 이번에 제가 그를 죽인 것도 이 까닭으로 죽
인 것입니다.

문 : 언제 그를 죽였지?

답 : 작년 10월 17일 죽였소.

문 : 당신 혼자 갔는가 또는 같이 간 사람이 있는가?

답 : 저와 백가라는 친구와 같이 갔소. 그 일 뒤에 그는 가버렸습니다.

문 : 당신이 박을 죽일 때의 상황이 어떠하였는가?

답 : 저와 백이 박가의 객청에 앉아있었는데 후에 박이 내실에서 나와 저와 몇
마디 주고 받고 저는 곧 어찌하여 당과 국가에 충성하지 않고 동지를 모해
하였는가 힐책하였습니다. 그는 제가 이렇게 나오자 사정이 불리한 것을
알고 돌아서 나가려고 했습니다. 그래서 저는 권총을 빼어들고 박에게 말
하였습니다. 내가 오늘 온 것은 당부의 명령을 받들어 너를 총살하러 왔

---

238) 조는 조성환일 것이고 이는 미상.

다. 그리고 총을 쏘았습니다.[239]

문 : 당신 모두 몇 발 발사하였는가?

답 : 3발입니다.

문 : 당신은 또 金應八에 일발 발사하지 않았소.

답 : 그렇습니다.

문 : 피해받은 집사람과 김응팔의 이야기를 들으니 그날 네가 박용만을 죽인 것은 돈을 주지 못해 일을 저지른 것이라고 하는데?

답 : 아니오 저는 公仇관계로 당부의 명령을 받고 박을 죽인 것입니다.

(다음에 朴熊氏와 金應八 2인을 부르다)

문 : 당신은 박용만의 마누라인가?[240]

답 : 예, 그렇습니다.

문 : 당신 남편은 한국인인가?

답 : 예, 그렇습니다. 후에 중국적에 들었습니다.

문 : 당신 남편은 독립당의 당원이 아니였었나?

답 : 그렇습니다.

문 : 후에 당에서 제적당하지 않았는가?

답 : 그런 일 없습니다.

문 : 그러면 독립당은 왜 명령을 나려 이해명을 파견하여 그를 죽였는가?

답 : 이해명은 돈을 꾸려다 못 꾸어서 제 남편을 죽인 것입니다. 지금 저도 이 사건을 추궁하지 않겠사오니 법관께서 어서 속히 매듭내어 주시옵소서. 그렇지만 한 가지만 법관께서는 주의하여 주십시오. 제 남편은 賣黨求財 하다 죽은 것이 아닌 것을 밝혀주셔야 됩니다. 현재 저는 극히 상심하여 修道하러 갈 결심입니다. (實報에 의하면 熊氏는 어떻게 살아가야 될지 모른다. 80세 된 노모도 돌아봐야 되고, 자녀들은 고아원에 보내려 한다 등의 하소연을 하였다 한다.)

문 : 당신은 이사갔는가?

답 : 예 지금은 宣武門外에 살고 있습니다.

---

239) 점심 대접받은 것은 사실 같은데 여기서 다르게 이야기하고 있다.

240) 원문은 노파로 되어있다. 직역하면 "할머니"이지만 북경구어에서는 존칭아닌 부인을 말한다. 20대 부인도 '노파' 또는 '노파자'이다.

(金應八에게)

문 : 당신은 중국어를 할 줄 아는가?

(답 대신 머리만 흔든다.)

庭長 : 당신은 중국말도 못하면서 어찌 통역을 데리고 오지 않았소?

김은 한참동안 머뭇거리다가 통역이 없어 못 데려왔다는 의사를 통하여 다음에 다시 신문하기로 한다.

高等法院辯論終結記

『世界日報』1929년 2월 28일~3월 1일

(原案經過)

박용만은 한국인인데 뒤에 중국적에 들어왔다. 작년 8월에 한국의 독립당에서는 박이 당을 팔아 영화를 누리려 하여 제국주의자의 도구가 되어 당인을 정탐하는 행동을 하였기 때문에 李海鳴을 파견하여 죽이게 하였다. 이는 이때 北新橋의 崇實中學에서 공부하고 있었는데 명령을 접하고 나서 白이라는 사람과 박의 蹤迹을 조사하기 시작하였다. 10월 17일에 이르러 李白 2인은 박의 소재를 알고 박가를 찾고 先禮後兵하고 곧 권총으로 쏘아 죽였다. (중략) 어제 본안은 고등법원에서 또 심리하였고 피고가 고용한 세 명의 변호사가 치밀한 변론이 있었는데 지금 심사정형을 여기에 기록한다.

문 : 당신은 언제 북평에 왔는가?

답 : 저는 민국 8년(1919년)에 왔습니다. 중간에 한 번 북평을 떠나 길림, 광동 등지를 다녀 혁명공작을 하였습니다. 민국 14년(1925년)에 다시 북평에 왔습니다.

문 : 당신은 독립당인가?

답 : 그렇소.

문 : 당신은 북경에서 어떤 일을 하였소?

답 : 저는 북경에서 첫째는 공부하고 둘째는 혁명공작을 하였소.

문 : 작년 10월 16일 당신과 도망간 백가와 박가에 가서 만나지 못하고 다음날 또 백과 같이 박가에 갔는가?

답 : 그렇소.

문 : 당신은 박과 만난 후 방안에서 앉지 않았는가?

답 : 그렇소.

문 : 이때 金應八은 어디 앉고 있었나?

답 : 김은 박의 正室에 있었소.

문 : 당신과 박은 무슨 이야기를 하였는가?

답 : 저는 박이 당을 팔았다고 이야기하였소.

문 : 당신이 박을 욕하였는데 박이 오히려 점심을 먹자고 청하였나?

답 : 박이 우리는 점심을 먹은 후에 다시 이야기하자고 하여 저희들과 박은 점
심을 먹었소.

문 : 그 후에 당신은 어떻게 그를 죽였는가?

답 : 저는 그에게 당신은 왜 賣黨행위를 했습니까. 지금 나는 당의 명령을 만들
어 당신을 죽이려 하오. 만일 당신이 회개하여 우리와 같이 혁명공작을 같
이하면 나는 당신을 용서하겠다고 하였소. 그는 제 말을 듣고 곧 제 머리
를 움켜쥐어 저는 할 수없이 그를 쏘아 죽였소.

문 : 당신은 당의 수령 李靑天의 명령을 받들어 쏘아 죽이려 하였나?

답 : 그렇소.

문 : 그렇다면 당신이 먼저 그를 권면하고 죽이려 하지 않았다는 것은 명령위
반이 아닌가?

답 : 만약 그가 회개하고 다시 혁명공작을 하겠다면 하필 쏘아죽여야만 됩니
까?

문 : 당신이 명령을 받아 그를 죽이려던 것은 길림에서 총살된 7인 때문인가?

답 : 그렇소.

문 : 당신에 대한 명령을 불태웠다고 했지?

답 : 그렇소.

문 : 이 명령은 우편으로 보내왔는가?

답 : 그렇소.

문 : 告訴人과 김응팔의 이야기가 당신들이 그날 박가에 간 것은 박가에게 일
천 원을 꾸자고 한 것인데 후에 꾸어주지 못한다고 하였기 때문에 당신이
총으로 쏘았다는데?

(이는 얼굴에 웃음을 띠우며)

답 : 우리 독립단은 그런 짓을 하지 않소. 또 이런 거동도 없소.[241]

(金霜湖를 부르다)

문 : 당신도 한국인인가?

답 : 그렇습니다.

문 : 당신은 오늘 金桐谷을 대신하여 증언하러 왔는가?

답 : 그렇소.

문 : 金桐谷은 어찌하여 오늘 나오지 않았나?

답 : 일이 있어 못 나왔습니다.

문 : 당신은 중국어를 할 줄 아는가? 김응팔을 위하여 통역할 수 있는가?

답 : 몇 마디밖에 할 수 없습니다. 그래서 張蔭軒이라는 통역을 청하여 왔습니다. 그는 중국어를 참 잘합니다.

문 : 당신은 이해명이 박용만을 쏘아 죽인 사건의 내막을 알고 있나?

답 : 내막을 잘 모르겠습니다.

庭長 : 모른다면 내려가시오.

(김응팔과 통역 張蔭軒이 올라오다)

문 : 당신은 고려인인가?

답 : 그렇습니다.

문 : 당신은 무엇을 하는 사람인가?

답 : 농업에 종사합니다.

문 : 당신과 박용만은 어떤 관계인가?

답 : 박은 제 선생올시다.

문 : 당신이 북평에 온지 얼마나 되나?

답 : 미국에서 북평에 온 지 4개월 좀 넘습니다.

문 : 당신은 박가에 살고 있는가?

답 : 아닙니다. 천진에 살고 있습니다.

241) 당시 독립군의 군자금 강요폐단은 불득이한 것이기는 하였으나 미주신문까지 많이 토론되고 어떻게 이런 폐단이 없이 교포들이 군자금을 댈 수 있는 방책이 없는지 이야기가 오고 갔었다. 박용만의 보합단의 강령에서도 군자금의 징수를 거절할 경우에는 총살할 수 있다고 적혀 있었다.

문 : 이해명이가 박가에 간 날에 당신은 그곳에 있지 않았나?

답 : 그렇습니다.

문 : 그날에 북평에 왔는가?

답 : 그렇습니다.

문 : 이가 그날 박가집에 무엇을 하러 갔나?

답 : 돈을 내라고 했습니다.

문 : 후에 어떻게 됐나?

답 : 박이 거절하니 이는 박이 머리를 쥐고 권총을 꺼내어 쏘았습니다.

문 : 이는 그곳에 간 지 얼마 만에 총을 쏘게 되나?

답 : 가서 오래 지난 후에 점심을 먹고 그 뒤에 쏘았습니다.

문 : 그들은 또 무슨 이야기를 했나?

답 : 딴 이야기는 없었습니다.

庭長 : 그렇게 오래 있으면서 딴 이야기를 하지 않다니.

문 : 그들은 정말로 많은 말을 하지 않았습니다.

답 : 이가 박가에 갔을 때 백가라는 자도 같이 있었나?

문 : 예.

답 : 누가 먼저 돈을 꾸자고 하였나?

문 : 도망간 사람이 먼저 말했습니다.

답 : 누가 총을 쏘았는가?

문 : 이가 쏘았습니다.

답 : 당신은 이가 박에게 돈을 꾸려다 못 꾸어 쏘았다 하는데 그러면 검찰관이
    가서 시체를 검사할 때와 제1차 조사할 때 왜 이 이야기를 하지 않았나?

문 : 이야기를 했습니다.

답 : 李白 2인이 박가에 갔을 때 독립당이야기가 나왔나?

문 : 안 나왔습니다. 저는 농사짓는 사람이라 당의 이름을 어떻게 풀이하는지
    저는 통 알 수 없습니다.

답 : 박용만은 독립당인가?

문 : 그렇습니다. 독립당일 뿐만 아니라 그 영수입니다.

庭長 : 당신의 이 말은 전후가 너무 모순됩니다. 금방 당에 대하여 아무것도 모
    른다 하다 지금 박은 당의 영수라고 하니 박이 독립당의 영수인 것을 어떻

게 알지?

답 : 저도 당원인데 어떻게 알지 못합니까?

문 : 그러면 당신은 왜 당의 이름도 어떻게 설명할지 모른다고 하였나?

(정장의 이러한 질문에 막혀서 대답 못했다.)

정장은 또 묻기를

문 : 이는 왜 당신을 쏘아야 되었나?

답 : 제가 박을 도우려고 권총을 빼앗으려 했기 때문입니다.

문 : 박의 북평생활은 누가 유지시키고 있었나?

답 : 미국에 있는 고려인 교포들입니다.

(다음은 劉金漢을 부르다)

문 : 曹煜은 오늘 왜 안 나왔나? (曺成煥의 중국이름)

답 : 현재 독립당이 改組되어 조는 떠나고 없습니다. 제가 그를 대표하여 왔습니다.

문 : 당신은 독립당의 북경주재 대표인가?

답 : 그렇소.

문 : 이해명이 박용만을 죽인 데 대하여 알고 있었나?

답 : 알고 있소.

문 : 박은 독립당인가?

답 : 그러하오. 그러나 박은 민국 13년(1924년)후로는 독립당이 아닙니다.

문 : 박에 반당행위가 있었는가?

답 : 있었다 뿐입니까. 많소. 약간의 증거는 법정에 제출하기 불편합니다만 민국 14년(1925년)에 하나의 간행물은 박용만을 추방하라 그놈은 개를 죽이듯 죽여 없애라고 하였소. 그 해에 박은 아직까지도 陳大和와 왕래하면서 제국주의를 위하여 봉사하고 있었소. 이것은 증명할 수 있는 것이요.[242]

---

242) 진대화는 총독부 촉탁인 밀정 김달하(金達河)의 음역. 금은 1925년 3월 30일 밤 독립당원에게 처형됐는데 목등 보고는 조성환의 '다물단'이 행동을 취한 것으로 간주하였다. 그런데 김달하는 안창호, 김창숙 등 독립운동가와 교제가 있었고 안창호는 김달하가 밀정인 것을 알면서 교제하였다고 김창숙에게 말한 적이 있었다고 한다. 김창숙의 『心山遺稿』를 보면 이상재(李商在)와 김활란이 세계기독교 청년회대회가 북경에서 개최될 때 북경에 와서 김달하의 신세를 졌고 이상재는 김의 집에서 유숙하였다는 것이다. 김창숙도 이때부터 김달하와 교제하였다. 김달하는 경사(經史)에 밝아 김창숙도 "其人頗富於文學 與李昇薰 安昌浩 友善 稱關西之望也 與之過從 講討經史 喜其博洽 有以相發者"로 평하였고 자기를 매수하

문 : 이해명은 독립당원인가?

답 : 그렇소. 그러나 그의 자세한 경력은 저도 알지 못합니다. 우리 독립당은 한 계열로 통일된 것이 아니오. 그렇지만 이동지의 이러한 見義勇爲의 행동은 실로 탄복할 만하오.

문 : 당신은 박이 당을 배반하였다고 하였는데 어떻게 미국에 있는 독립당이 육칠백 원씩 보내고 있나?

답 : 이것은 완전히 사기로 얻은 돈이오. 지금 이미 조사하여 명백하여졌소. 또 이를 증명하는 편지도 있소.[243]

(다음 張蔭軒을 부르다)

문 : 당신은 독립당이요?

답 : 아니요.

문 : 이해명이 박용만을 죽인 이번 사건을 아는가?

답 : 사건 뒤 들어서 조금 알고 있소. 여론을 보면 일반적으로 이에게 동정하는 것 같소.

(각인의 발언이 끝나자 검찰관이 발언하다)

原初의 판결에서 피고를 預謀殺人罪로 다스린 것은 합당하지 않은 것 같습니다. 이가 박을 죽인 것은 완전히 義憤으로 한 짓입니다. 마땅히 刑律 286조의 죄로 다시 판결하여야 될 것입니다.[244]

(다음에는 삼인의 변호사의 변론이 있었는데 그 요지는 다음과 같다.)

피고가 박을 죽이고 김에 상처를 입힌 것은 숨김없이 자백한 바이다. 살인을 명으로 갚는다는 것은 자고로 정례이다. 그러나 이 사건은 완전히 의분에서 나온 까닭으로 보통법률로 다스릴 수 없고 죄를 줄 수 없는 것이다. 법률을 제정한 것은 사회를 유지하기 위함이요 인정을 참작할 것이며 어떠한 경우에도 인정을 위배할 수 없다. 인정에 위배되는 것은 입법의 본의에 위배되는 것이다.

여 귀국하게 하려다 분연거부하고 김달하가 일본밀정이라고 선포하여 다물단에서 교살하였다고 적었다.(332쪽) 여하간 김달하를 만난다는 것이 즉 밀정행위가 아님이 분명하다.

[243] 이를 '증명'하는 편지가 있다면 이 박사 또는 그 계열의 편지일 것이다.

[244] 鄭爱諏, 『刑法集解』, 上海: 世界書局, 1931을 보면 형률 제286조항은 다음과 같다. "순식간의 의분감에 격하여 살인한 자는 1년 이상 7년 이하의 有期徒刑에 처한다" 이 조의 적용예로 든 것을 보면 처의 간통을 목격하고 죽였을 때, 자기의 존속(尊屬)이 참기 힘든 모욕을 당하여 죽였을 때이었다.

이 사건이 일어나기 전에 박용만의 叛黨賣國의 상황은 사람들이 모두 알고 있었다. 亂臣賊子는 李만이 죽일 수 있는 것이 아니라 사람마다 모두 죽일 수 있겠다. 황차 이는 先禮後兵으로 나와 먼저 권면하다 듣지 않으니 비로소 의분감에 죽인 것이다. 이는 조국의 멸망을 슬퍼하였고 또 당의 명령으로 이런 행동을 저질렀으니 의분이 아니고 무엇인가?

金應八이 돈을 꾸려다 못 꾸어 죽였다는 이야기는 庭長께서 처음 조사할 때 이야기를 꺼내지 않은 이유가 무엇인가 물었듯이 이것은 거짓이고 변론할 가치가 없는 것이다. 다시 김의 증언을 들으면 당의 이름을 이해하기도 힘들다고 말을 내었다, 당원이라 하였다, 자신의 말조차 이렇게 전후 모순되니 어떻게 믿을 수 있겠는가. 이가 김을 상하게 한 것은 정당방위이다. 만약 김이 이와 팔을 잡고 권총을 빼앗으려 하지 않았다면 이는 결코 그를 다치려 하지 않았을 것이다. 정당방위로 다친 것은 죄로 인정할 수 없다.

(변론을 마친 후 庭長은 각인을 돌려보내고 본안의 변론이 종결함을 선포하고 장차 판결이 있겠다 하였다.)

이상『세계일보』에 나타난 재판과정의 묘사를 분석하여 보아도 박용만이가 밀정이었다는 증거는 찾을 도리가 없는 것이다. 박용만의 비위를 지적하려면 1927년 5월 이래 그가 타협하고 돈받고 정보제공하였다는 증거가 있어야 되는데 그런 것을 통 찾을 수 없고 이해명이나 북경독립당의 증인은 군정서의 7인 피착(被捉)사건, 1925년 김달하(金達河) 주살(誅殺) 이전의 그와 교제하였다는 점, 1925년 이전에 총독부에서 돈을 받았다는 '설'들을 들먹였으나 이것들은 모두 1927년 5월의 '목등증언'에 걸려 무력한 것이다. 증거가 발견될 때까지 혐의자는 범죄자라고 할 수 없다는 상식론에 의하여 보아도 박용만을 밀정으로 규정하는 것은 이상하다. 황차 박용만을 혐의자로 만든 것은 그가 피살당한 후에 재판과정을 통하여 형성된 '여론'이었다는 혐의가 짙은 점을 고려에 넣어야 한다.

북경한인사회의 여론이 박용만에 좋지 않았다. 목등보고에서 보듯 딴교포들은 극빈상태에서 허덕이고 있었는데 박용만은 어떠하였는가! 직예파(直隷派) 인사들과도 교제를 하여야 되었고 명색이 사업을 한다니 그만한 차림이 있어야 되겠지만 자신은 중국인 고용인 2명이나 쓰고 있었고 1만석에 달하는 쌀이(팔리지 않아 또는 일제가 팔 수 없게 하여서) 창고에 쌓였고 젊은 여자를 데리고 살고……모두 교포사회의 공분을 사기에 족한 현상들이었다. 즉 그는 교포대책이 미흡하였던 것이 사단발생의 계기가 아니었나 생각해본다. 목등보고에서 보아도(1927년) 북경에서 반일집회가 많이 열렸고 목등은 출석자와 ××회 발기인을 모두 적었지만 박용만의 이름이 없다. 즉 그는 실업으로만 재정을 모으는 데서만 독립운동이 가능하다고 믿고 딴 정치집회는 외면하여 오고 있었던 것이다. 이해명의 뒤에는 이청천 장군이 있을 수 있고 북경의 독립단체가 박용만 방문을 종용하였을 수 있다. 그러나 재판결과 중에 나타나는 것은 이와 백은 군자금을 얻기 위하여 찾아갔다는 상황상 증거가 더 많다. 처형하려면 왜 김달하 처형시와 같이 한밤중에 습격하여 처형하지 않고 대낮에 찾아가 점심까지 얻어먹고 한담을 하다가 일이 생겼나? 이해명 자신도 "혁명대오로 돌아오라" "왜 하필 사람을 죽이고 보나"라는 취지의 발언을 한 것으로 보도되었다. 중국신문기자의 법정방청기에서 얻어진 진상은 다음과 같은 것일 수 있다.

박용만이 사업에 열중하고 있다는 소식에 옛 동료 이청천 등은 지금 몹시 궁색하니 돈을 좀 얻어오라고 명령을 내렸든가 북경의 독립단체에서 역시 그런 명령을 내렸거나 이·백 2인이 자발적으로 군자금을 요청하기 위하여 찾아갔다. 2인은 오늘 온 목적은 군자금 대양은(大洋銀) 1천 원을 빌리자는 것과 긴급하게 써야 된다는 취지의 이야기를 했을 것이다. 이것을 김응팔도 듣고 있었다. 박용만은 그만한 돈을 하루 이틀에 준비할 수 있는 부자가 아니었다. 또 그럴 의향도 없었겠다. 적당히 호떡점심이라도 대접하고 돌려보내려 했을 것이다. 그런데 말이 오가다 박용만은 모욕적인 말을 들었다. 분연히 자리를 차고 일어나 나가려 하자 이해명도 발작적

으로 권총을 빼들고 위협했다. 격노한 박용만은 권총을 빼앗으려다 손을
다쳤다. 박이나 이나 모두 이렇게 사태가 돌변할 줄은 미처 몰랐다. 박용
만이 먼저 이해명의 머리채를 잡았는지 이해명이 먼저 그랬는지 좌우간
박용만은 이해명을 잡으려 했던 것 같다. 권총을 빼앗기지 않으려던 이해
명이 순간적으로 또는 엉겁결에 권총을 발사하였으며 박용만은 이해명의
머리채를 움켜쥐고 놓지 않았다. 자기를 죽이려 온 줄 직감했다면 보다 융
통성 있는 대객(待客)태도를 보였을 것이다. 시간을 끌 계책을 썼을 것이
다. 이해명은 도망가려도 갈 수 없었던 것이다. 총 세 방 맞고도 놓치지 않
으려고 이의 머리채를 움켜쥐고 얼키고 있었다는 것은 그만큼 박용만의
분이 컸다는 증거이다. 2인이 박용만을 죽이러 왔다면 백 씨는 마땅히 이
해명을 돕고 같이 도망갈 수 있게 만들었어야 된다. 그런데 사실은 백씨는
혼자 도망갔다. 어느 모로 보나 이것은 계획적인 주살(誅殺) 기도가 아니
다. 이해명은 결박된 후로는 얼마든지 하고 싶은 말을 할 수 있는 처지였
고 김응팔은 우직스런, 중국말도 통 모르는 농군이었다. 설상가상으로 박
용만의 미망인은 여러 가지 자신의 과거를 숨기려는 경향이 있었다. 따라
서 결말을 빨리 짓고 싶어 하였다. 일본을 미워하는 중국의 민중은 이해명
의 법정진술에 갈채를 보냈고 이해명은 3인의 변호사까지 살 수 있었
다.[245] 박용만은 입이 좀 헤펐다. 하와이에 가서도 어떻게 처자를 데리고
나오고 어떻게 진해군항을 정탐하고 등 많이 자랑했다. 그런 것들이 죽은
후에 역작용했을 가능성도 없지 않다. 즉 자신의 입으로 한국 국내를 수시

---

245) 白文편저, 『日帝 36년 獨立鬪爭史』 제3권, 1972, 165~172쪽를 보면 이 편저자는 박용만 편
에 서서 사태를 보려 한다. 즉 「政敵暗殺命令」이라는 장에서 이해명의 자금을 댄 사람은
존 김이라는 미주에서 온 신사이고 이해명은 후년에 무고한 사람을 죽였다고 후회하더러
는 줄거리였다. 사건묘사에는 그러나 부정확한 면이 많다. 일례를 들면 박용만의 친구 신
채호가 암살 후 달려와서 통곡한다는 이야기가 있는데 신채호는 박용만과 꽤 친하게 지냈
고 박의 둘째 결혼식에도 초대받은 사람이었다. 그렇지만 박이 죽을 때는 이미 체포된 몸
이었다. 이 책의 추천인은 이범석으로 서문을 썼는데 여기 어떤 의미가 있는지도 모르겠
다.

로 드나들었다고 하였고 밀정으로 맞아죽었으니 무엇이 있었겠다는 식의
확신이 생길 수 있다는 것이다. 또 여기에는 정두옥이 주장하듯 일제의
'모략적 역용(逆用)' 전술이 작용하고 있었는지도 알 수 없다. 이해명은 의
열단 소속이라고 알려졌는데[246] 1937년도 조선군사령부의 「北至事變ト朝
鮮革命ト朝鮮革命黨ノ利用方策ニ就テ」라는 극비문서에 의하면[247]

> 在支不逞鮮人의 謀略的 逆用을 목적으로 하여 벌써부터 당부에서 이용하는
> 金尙用(太田, 順天病院長)은……조선혁명당 간부及당원이며 중국군 要路者인
> 몇 사람의 의견을 듣고 왔기에 이로써 여기에 그 요지를 든다. 즉 當軍은 昭和
> 12년 6월 18일부 당군이 調制한 「在支不逞鮮人利用方策」으로 具申한 의견에
> 터하여 다가오는 日蘇戰에서 중국으로 하여금 참전을 단념시키고 또는 참전의
> 시기를 잃게 하기 위하여 본 공작의 구체화를 기도하는 것이라.

라는 전제하에 "김원봉이 요구한 좌기 사항에 대하여 곧 가급적 지원을 주
고"라고 썼다. 김원봉이 김상용에게 요구한 것은 자금조달, 군사기술자 획
득, 군사교관 획득, 김상용 입당의 네 가지였다.

만약 김원봉이 그물에 깊이 빠져들어 어떤 상황적 증거가 생기면 김원
봉은 일본의 밀정이었다라는 역선전도 불가능한 것이 아니었다.

하여간 이해명의 군자금 획득 동기가 순수했듯이 박용만의 군자금 창조

---

246) 그가 義烈團에만 관계되었다고 단언할 수 없다. 金達河를 誅殺한 단체는 일제문서와 김창
숙 등에 따르면 曺成煥의 다물단이었는데 지금은 의열단의 소행으로 낙착되고 있는 듯하
다. 미주에서는 박용만의 죽음에 이승만의 사주가 있었다는 설을 말하는 사람들이 있었다.
예를 들면 이원희가 쓴 「이박사가 조선민족을 위하여 무엇을 하였는가」(『독립』 1946년 5월
1일)에는 다음과 같은 부분이 있다. "박용만군이 상해로 가기 전에는 그를 德國정탐으로
모해하여 박군은 사령부에 불려가서 사흘 동안이나 음식을 구경도 못하고 주린 창자를 졸
라매가며 문초를 당하였으나 그는 무사 방송이 되었다……. 박군은 상해로 갈 때는 이 나
라의 보호를 받아 군용선을 타고 상해로 향하여 떠났다. 그러나 그를 아직 죽일 작정을 하
였던 자객은 하나도 아니고 둘씩이나 상해까지 따라갔던 일도 있다. 그러나 그네들의 재주
로는 어찌할 수 없었든지 하여간 그들은 돌아왔고 다른 놈을 敎唆하여 박군은 종래 兇手의
彈子를 받고 평생의 목적인 독립성공을 못한 원한을 그대로 가지고 세상을 떠나갔다."
247) 『日本陸海軍·政府관계문서』, 686쪽 참조.

활동 동기도 순수했다고 본다. 끝으로, 박용만이 피살될 때 같이 앉아있던 사람들이 4명인지 5명인지 지금으로서는 말할 수 없지만 그리 큰 문제가 되지 않을 줄 믿는다.

10. 맺는말

박용만은 그가 미국에 가서 처음 정착한 곳이 기독교 전통이 강하게 흐르는 네브라스카주의 농촌사회이었으므로 종족문제에 예민한 캘리포니아주나 대도시사회와 달리 이들 미국시민의 격의없는 친절성에 젖어 자연스럽게 친미주의적 성향을 띠게 되고 자본주의적 사고방식에 익숙하여졌다고 생각한다. 그래서 미국에 있을 때나 중국에 있을 때나 미국에 대하여 좋은 감정으로 이야기하곤 하였던 것이다. 즉 그는 친미주의자이었다.

박용만은 러시아에서 일어난 공산주의세력을 이용하여 러시아의 한인을 한데 묶어 광복사업에 결집시키려 하였으나, 볼셰비키는 주의선전과 국익에 더 충실하여 이해가 상충되어서 그는 반공노선을 걷게 되었다.

박용만은 최정익과 더불어 대한인국민회가 대한제국을 계승하였다고 선전하였으며 대한인국민회를 전 세계 한인의 망명정부로 만들려고 꾸준히 노력하였다. 대동단결선언에 자신있게 "彼帝權消滅의 時요, 卽民權發生의 時오" "卽吾人同志가 三寶를 繼承한 八月二十九日이니 其間에 순간도 停息이 無함이라 吾人同志는 완전한 相續者니"라 말할 수 있었던 것도 박용만의 노력이 큰 것이었다. 대한제국에서 대한인국민회로 또 상해임정으로 한민족의 국수(國粹)를 맥맥부절하게 계승하는 데 있어 그의 공적이 컸다.

또한 박용만은 꾸준한 둔전양병주의자(屯田養兵主義者)였다.

그의 삼촌과 더불어 네브라스카에 한인 유학생의 80% 이상을 모을 수

있었다는 것만도 큰 성과인데 그들을 핵으로 하여 둔전양병하려 하였고
파인애플농장에서 둔전양병하려 하였고 러시아 공산정권을 이용하여 땅
을 분양받아 둔전양병하려 하였고 풍옥상 군벌 영향하의 내몽고에서 둔전
양병하려 하였고 만주에서의 둔전양병에 밑천을 만들고자 북경에서 수전
경영을 하였고 직예파군벌과 미국의 도움으로 만주의 조선족에 의한 완충
독립국을 건립하려고 꿈꾸었다. 그의 일생은 둔전양병으로 일관하였고 방
법론에 있어서는 그때그때마다 묘안을 내서 외교적으로 군사적으로 재정
적으로 또 문화적으로 대처해 나가려 하였다.

그는 1911년 10월에 자신이 형가가 못되면 10년 교육에 10년 자금 마련
하고 일본과 자웅을 결하겠다고 선언하였는데 10년 교육하고 자금을 모으
려 6~7년 고생한 끝에 역수와 형가의 나라 연경(燕京)에서 자객의 손에 죽
어간 것이다.

그가 죽자 미국의 교포사회의 많은 지도자들이 진심으로 슬퍼했다. 김
현구는 시로 추도하였고[248] 백일규는 논설로, 심지어 이 박사 계열의 '교
민단'에서조차 대대적으로 추도식을 거행하였다—물론 이 경우에는 '군단'
인사를 가운데 놓고 국민회와 사람 빼가기 경쟁이었지만—.

박용만의 병학교 출신들은 미주교민사회의 중추인물들로 변신하였고
중경에 가있던 김원봉도 미주교포를 의식하여 감히 박용만격살사건(擊殺
事件)을 꺼내지 못했다.[249]

공개적으로 박용만밀정설이 오가는 것은 해방이 된 후의 일이었다.

박용만 평전을 결말지으면서 한마디 하고자 한다. 필자는 박용만에 대
한 자료를 모으면서 몇 년 동안 미국 대륙을 구석구석 누볐다. 또 필자가
모은 자료에는 희귀한 것이 많다. 그러나 모으지 못한 것들이 있다. 즉

---

248) 『신한민보』, 1930년 5월 1일, 「원혼가」.
249) 1945년 봄, 金元鳳이 두 파로 갈라진 朝鮮革命黨 美州支部의 좌파를 두둔하자 郭臨大 등은
곧 그들이 장악하고 있던 『독립』에 박용만의 「國民皆兵說」을 연재하기 시작하였다. 無言
의 시위였다.

1927년 하반기에서 1928년 10월까지의 박용만의 행적이다. 바라건대 이 시기의 자료를 가지고 계신 연구자나 독자가 있으면 얼마든지 그 자료에 의하여 필자를 공격하거나 지지하거나 해달라는 것이다. 필자는 이런 면에서는 면자(面子)가 없다. 만약 필자의 입론에 취약점이 발견될 때는 어느 때건 솔직하게 고칠 용의가 되어 있다는 것을 강조하며 붓을 놓는다.

❖『재미한인의 독립운동』, 한림대 출판부, 1989

이승만(李承晩)과 위임통치안(委任統治案)

1. 머리말

이승만 박사의 재미시절을 시기에 따라 구분하면 유학생 시절이던 1905년에서 1910년까지, 1912년 재도미(再渡美)시부터 1919년 3·1운동 발발 시까지, 3·1운동에서 1931년의 만주사변까지, 이후 태평양전쟁 발발시기까지, 그리고 1945년 환국 시까지로 갈라 볼 수 있다. 그러나 이를 크게 둘로 나눈다면 필자는 서슴지 않고 3·1운동의 발발을 시기 구분의 분수령으로 삼고 싶다. 이 운동을 통하여 독립운동계에 있어서의 이 박사의 위상이 분명해지기 때문이다.

사실 이 박사의 독립운동은 3·1운동을 계기로 시작되었으므로 그 이전이 박사의 사상과 생애를 추구하여 보는 것이 이 박사의 독립운동을 서술하는 것과 마찬가지로 중요하다고 아니할 수 없다. 그런데 이 1919년 이전의 이 박사의 사적(事跡)은 지금까지 잘 알려지지 않았었다. 이에 관한 올리버 박사의 저서가 있기는 하나 이것은 이 박사의 뜻이 짙게 투영된 것에 지나지 않는다.

이 시기 이 박사의 활동무대는 박용만의 활동무대와 거의 중첩되므로 필자는 이 박사의 많은 부분을 이미 이 책(방선주,『재미한인의 독립운동』,

한림대학교출판부, 1989) 제1장 「박용만 평전」에서 서술한 바 있다. 이 논문에서 중점적으로 다루고자 하는 문제는, 이 박사의 정치적 사고의 원류를 캐어 보고 어떠한 사회적 활동을 하였으며 왜 '위임통치청원'이라는 발상에 이르렀는가 하는 점들이다.

　근래에 이르러 이 박사의 이미지 고양을 위한 움직임이 각계에서 서서히 그리고 착실히 구체화되고 있다. 필자는 이 박사가 안창호, 박용만, 김규식의 미국 방문을 막기 위하여 미국 당국에 그들을 공산주의자로 무고하였다는 수많은 서술들의 진상을 확인하여 보려고 기밀이 해제되지 않은 「비자거부당(box)」의 부분적 공개를 요청하였었다. 그리하여 전직 국무부 관리에게 도움을 청하였을 때, "한국의 조지 워싱턴의 신화를 무너뜨리는 것이 현명한가"라는 질문을 받았다. 사실상 미국의 초대 대통령 조지 워싱턴의 수많은 일화도 김일성의 그것에 못지 않게 신화화한 결과라는 것이 근래 미국 역사가들의 견해이다. 그런데 필자는 대한민국 초대 대통령으로서의 이승만을 '한국의 도쿠가와 이에야스(德川家康)'이라고 생각하고 있으며, 이 박사에 대한 자료가 발견되면 그것이 이 박사의 명성을 더욱 높이는 것이 되기를 간절히 비는 마음으로 열람하는 사람이다. 이승만가를 잇고 있는 이인수 교수에게서도 귀중한 자료를 받았다. 그러나 사실은 어디까지나 사실이다. 필자는 자신이 가질 수 있는 편견을 수정해보려고 필요 이상으로 이인수 교수를 '배제'하고 다른 견해를 소화하려 하기도 하였다. 이 박사의 위임통치청원서는 이런 과정에서 1986년 9월 발굴된 것이고 궁극적으로 이 글로 이어진다. 필자의 서술이 있기에 뒷날의 보다 더 바람직한 이 박사 평가작업이 한 걸음 앞선다고 자위하며, 이런 면에서 이인수 교수의 후의와 너그러움에 기대려 하는 것이다. 본론에 들어가기 전에 이 정도로 필자의 의도를 표명한다.

2. 친미반러주의자(親美反露主義者)로서의 면모

이 박사가 1904년 연말에 미국에 건너가기 전과 미국에서 공부할 당시 그에게는 어떠한 국제정세관이 있었을까? 필자는 임의로 두 사건을 골라서 그의 사고의 전개와 형성의 일면을 엿보려고 한다. 하나는 1898년 5월 18일 당시 『매일신보(每日新聞)』의 기자였던 이승만이 러시아공사의 전남 고하도(孤下島) 부근 매점기도를 포함한 조회(照會)내용을 폭로하고 이는 한러통상조약에 위반된다는 의견을 첨부하였다는 것이다. 이 신문이 나돌고 식자 간에 물의가 들끓자 러공사는 당일로 외부대신 조병직(趙秉稷)에 글을 보내서 내밀(內密)로 취급해야 될 비밀문서를 왜 신문기자에게 누설하였는가고 항의견책하였다. 외부대신이 이승만을 불러 힐책하자 그는 조금도 굴함이 없이 논리정연하게 답변하고 자리를 차고 돌아갔다고 일본 신문들은 이승만에게 칭찬을 아끼지 않았다.[1]

이에 앞서 3월 7일 독립협회가 탁지부(度支部) 고문 Alexeiv의 해고와 한러은행의 철폐를 정부에 건의하고 3월 10일 종로에서 만민공동회를 열자 이승만과 홍정후(洪正厚) 등이 이 최초의 민중대회(약 8,000명이 모였다 함)에서 열렬한 연설을 하였다. 잇달아 프랑스공사 Plancy가 외부(外部)에 공한을 보내어 1886년 외부대신 이완용(李完用)이 약속한 3개 처의 광산채굴권을 조속히 획정해달라고 요구하였고 5월 7일 러시아공사도 목포와 증남포(甑南浦) 사방 10리 안의 모든 도서를 매수하겠다고 제의하였다.[2] 이승만의 폭로는 이러한 과정 중에 일어난 것인데, 실상 이권으로 말하면 미국이 단연 많았고, 잔인한 국권유린면에서는 일본이 단연 심했는데도 독립협회가 가상적국으로는 러시아와 그 동맹국을 상정하여 묘한 느낌마저

---

[1] 『中央日報』, 6월 2일 제1면 톱기사 「露國朝鮮諸島를 要求」 ; 『요로즈朝報』, 「韓國特信」 6월 3일, 5일, 7월 4일 등의 기사 참조.
[2] 李光麟, 『韓國史講座(近代篇)』, 일조각, 1982, 428~429쪽.

있다. 요는 보수완고파, 개화파 탄압자들의 뒤에는 러시아가 있다는 인식
이 이런 방향으로 치달았다고 볼 수 있다. 이승만은 이 민권운동의 좌절로
몇 해 동안 감옥에서 지내야 했으니 러시아에 대한 미움은 더 하였을 것이
다. 당시 이 박사의 일본에 대한 감정이 러시아에 비하여 훨씬 낮다고 추
측할 수 있는 근거로서 그의 자필 자서전 고본(稿本)을 들 수 있다.[3]

> 일본인들은 민족주의파의 지도자들과 재빨리 친교를 맺었다. 일본에 망명갔
> 던 사람들을 이용하여 그들은 민족주의자들의 호의를 얻기 위해 온갖 방법을
> 다 썼다. 그들은 한국 독립의 친우이며 주창자로 자처했다. 몇몇 망명객들이
> 일본에서 돌아와 서울 장안의 일본인 거주지역에 살면서 돈을 물쓰듯 썼다. 나
> 는 당시에 너무 어리고 천진난만해서 그들의 돈이 어디서 나왔는가 하는 생각
> 을 못했는데 후에 그들이 미국 영향 밑에 있는 한국지도자들을 자기 쪽으로 끌
> 어들이려고 애를 썼다는 것을 발견했다. 나는 大東合邦論을 주장하는 자들과
> 여러 번 비밀회견을 한 일이 있다. 일본의 정책은 첫째 일로전쟁을 하는 것이
> 었고 그 후에 일미전쟁을 하는 것이었다. 그들에 의하면 일본은 동양을 서구
> 각국으로부터 방어하기 위해서 이러한 전쟁을 할 것이라고 했다. 따라서 한국
> 과 청국은 일본과 손을 잡고 생존을 위한 투쟁에 같이 참가하여야 한다는 것이
> 었다. 나는 이런 주장을 일본사람이 쓴 『日露전쟁과 日美전쟁』이란 책에서 읽
> 은 바 있으며 또 그들이 이러한 전쟁을 위해 준비하는 동기에 **깊이 감명되었**
> **다.** 이 일은 일로전쟁이 일어나기 오래 전인 1896년경이었다.(강조 필자)

이승만은 당시 "너무 어리고 천진난만"하였고 「대동합방론(大東合邦論)」
을 주장하는 자들과 밀회도 하였고 그들의 전쟁준비 동기에 "깊이 감명되
었었다"고 술회했으니 친러 완고당에 반발하는 만치 반사적으로 대동합방
론자에게 호의를 가질 수 있었던 것이다. 더욱이 그가 일로전쟁 덕에 1904
년 8월 7일 감옥에서 풀려났던 것을 유념하여야 한다.

---

3) 李庭植, 「靑年李承晩自敍傳」, 『新東亞』, 1979년 9월호 권말부록, 432쪽 참조.

1904년에 일로전쟁이 발생하였을 때 韓國民族黨은 잠깐 정권을 잡게 되었는데 그들이 한 일 중의 한 가지는 나를 석방해준 일이었다……**일본은 온 세상서 한국의 독립을 위해 싸운다고 선포하고 서방국가들의 정신적 물리적 지지를 받았으나** 그들은 한국을 그들의 손아귀에 집어넣자 그들이 보호한다고 하던 그 생명자체를 말살하기에 이르렀다.(강조 필자)

1911년 4월 5일자 『신한민보』에 게재된 이 박사의 「聞俄日開戰在獄中作」이라는, 옥중에서 러시아와 일본의 전쟁개시를 듣고 쓴 한시는 다음과 같이 시작한다.[4]

男兒尺劍恨無功 萬事隻身在此中
滿天雲意東來雨 動地寒聲北起風

이 시를 이 박사 「자서전」의 구절 : "일본은 한국과 맹우관계를 맺었는데 한국군이 그들을 도와 러시아를 패배시키자 그들의 맹우를 배반하기 시작하였다."라는 정신에서 음미해 보면 "전쟁이 일어나 풍우대작(風雨大作)하는데 이 몸이 감옥에 갇혀 있어 칼을 휘둘러 러시아를 무찌르지 못함을 한(恨)한다"라는 뜻이 되지 않을까 한다. 즉 이 박사는 자신이 말하는 대로 조선의 근대화를 반대한 고종과 그 후원자 러시아를 증오하였으며, 따라서 일본과 러시아를 대비시킬 때 자연히 일본편을 드는 심정을 가졌다고 추정된다. 이것은, 이승만이 한국의 밀사로 선택받아 미국에 가서 미국대통령 루즈벨트를 만나기 하루 전 윤병구와 기자회견을 가졌을 때 기

---

4) 위의 「자서전」 435쪽을 보면 "兪星濬이 나와 같이 감옥에 있었는데 그가 지은 시를 나에게 보여준 일이 있다.……그 시는 곧 전국에 알려졌다"고 적고 영문으로 그 '각운'을 "다일건강옥석동"이라 적었다고 이정식 씨는 전한다. 그렇다면 『신한민보』에 소개된 이승만의 시라는 것의 마지막 두 줄이 "自謀獨善非良計 他日崑崗玉石同"이니 "다일건강옥석동"은 "타일곤강옥석동"이며 유성준의 시를 이 박사의 것으로 착각했을 듯도 하다. 그러나 이런 심정이 옥중의 독립협회 관계 인사들의 공통적인 심정이었다고 생각하여도 무리가 없다고 간주한다.

자가 "만약 한국이 독립을 상실하게 된다면 어느 나라 밑에 예속되기를 원하십니까? 일본? 러시아?"라고 물었을 때의 그의 대답에서 단적으로 나타난다고 생각된다. 물론 답변에는 러시아의 남하를 두려워하는 미국의 여론을 참작하는 외교적 술수도 들어갔으리라 짐작되지만 그는 "제발 두 나라를 비교하지 마십시오. 러시아는 극동의 역사 유구한 민족들의 절대적인 적이라고 인정하고 있습니다. 러시아의 지배에 항거하기 위해서는 아시아의 모든 황인종이 공동 투쟁할 것입니다"라고 했다고 전한다.[5]

다음, 청년 이승만은 미국의 외교정책을 선의로 보고 받아들이려는 경향을 가졌다고 생각한다. 네브라스카 커니지방에 거주하던 박장현(朴章鉉, 박용만의 숙부)은 이승만의 미국 대통령 '회견' 내용을 『황성신문(皇城新聞)』과 『매일신보(每日申報)』에 기고하였는데 박장현의 기사내용은 분명히 이승만의 통지에 의해 작성되었다.[6]

日韓國人民의 대표자요 독립주권을 保全者요 애국열성의 義氣남자요 청년지사라 — 무수 칭송하여 이목을 輻輳하여 한국인민의 행복을 경축하는지라. 翌日에 예복을 着하고 名刺를 통한 후에 대통령을 회견할 새 … 삼천리 강산과 이천만 인민의 길흉화복과 오백년 종사와 이십 팔대의 종묘안위와 영욕을 양개 백면서생의 연약한 肩上에 담부하였으니 豈不競畏며 豈非榮光乎아, 少頃에 대통령이 흔연 영접하여 악수敍禮하고 禮畢 賜座후에 尹·李 兩員이 지원서를 봉정하니 대통령이 흔연 영접하여 覽讀再三에 和悅한 안색과 渾厚한 辭意로 該 지원서를 兩員에게 교부하여 日 귀국의 소원을 余所深察이라 此지원서를 귀국공사의 교섭으로 워싱턴 외무부로 교부하여 公格上 교섭을 成하면 余當盡力 귀국 주권을 방조하겠으며 청국도 만주문제에 대하여 該공관에서 교섭하므로 결과가 타당함을 참조하는 바니 望須公格提出하라 하거늘 兩員이 정중한 성덕을 감사한 후 退歸하니 滿城士女가 악수競廷하여 영광을 칭송하며 爲韓國

5) 『뉴욕타임스』, 1905년 8월 4일 기사.
6) 1906년 2월 23일 奇書로 되었고 4월 17일에 실린 것인데 제목은 「私嫌으로 國權을 失한 事」, 『每日新報』에는 박장현의 이름이 빠졌다.

爭呼萬歲하니 당시에 兩員의 안심쾌락은 不須更道니(下略)

　이상의 글은 또한 이승만「자서전」에서 서술한 줄거리와 대차가 없는데 이 박사는 이 접견일을 7월 5일로 기억했다. 그런데 사실은 8월 4일 오후 4시 반이었다. 이 날짜가 중요한 것은 '가쓰라·태프트 밀약'이 성립한 지 8일째 되는 날이며, 루즈벨트가 태프트의 암호전보를 받고 완전 동의하여 가쓰라에게 알리라고 태프트에 밀전(密電)을 발송한 지 4일 후의 일이었다는 데 있다. 따라서 루즈벨트가 이승만·윤병구를 만난 것은 하나의 외교적 제스추어에 불과하였는데도 당시 이승만은 희롱당하고 있는 것을 몰랐고 미국의 선의를 믿고 있었던 것이다. 전술한 바와 같이 이 박사가 후일 자신의「자서전」을 쓸 때 "일본은 온 세상에 한국의 독립을 위하여 싸운다고 선포하여 서방국가들의 정신적 물질적 지지를 받았으니"라고 쓴 것으로 미루어, 그가 이런 외교 감각을 가지고 있었는지, 아니면 객거인(客居人)으로서 영어로 자서전을 쓸 마당에 하나의 제스추어를 부린 데 지나지 않는지 분명하지는 않다. 단 우리가 여기서 확언할 수 있는 것은, 그가 러시아를 증오했으며 일본에 대하여는 그저 그랬고 미국에 대해서는 매우 좋은 감정을 가졌다는 점이다.

3. 교육우선주의자로서의 면모

　이승만은 우리 민족이 잘 되려면 무력위선(武力爲先)보다는 교육이 중요하다고 믿었고 자기 자신도 교육을 먼저 한 다음 애국운동이 따라야 한다고 믿었다. 1907년 가을 대동보국회(大同保國會)의 간부들이 혈서와 성금을 보내어 가주에 와서 보국회를 영도해 달라고 애원하였을 때 그는 다음과 같은 회서를 냈다.[7]

大同保國會에 보낸 李承晩의 편지

『大同公報』 1907년 10월 3일, 11일, 24일 연재.

동포의 귀한 피를 보내시니 보배보다 중히 여겨 깊이 간수하고 점차 기회를 기다려 나의 피로써 갚기를 힘쓰려 하나이다. 이 글을 보고 이 마음에 어떠한 것은 말씀치 않아도 짐작하실 듯 [약 19자가 裝訂관계로 보이지 않음] 든이 하여 대체를 세울 때라 사소한 말은 제하고 실정을 말씀하리니 비록 피로 쓰지 아니 하였으나 피에 맺힌 말인 줄 아시기 바라며 나의 속을 열어 소상하게 알게 하기 위하여 국문으로 쓰니 살펴보기 바라오.

죽기를 결단하는 여러 동포와 합하여 일하는 것이 일 개인씩 따로따로 죽는 이보다 낫다 하시니 이는 내가 감복하며 極賀 찬성하는 뜻이나 좋은 회춘자생단 ['回春長生丹'을 大同公報社에서 轉寫할 때 자생단이라 한 것이 아닌가 한다]도 두고 먹지 않으면 본시 쓸데없는 물건이라. 세상이 좋은 뜻을 행치 아니 하는데야 홀로 어찌 하오리까. 십여 년 전에 임금께옵서 내말을 들어주셨으면 오늘날 일본의 기반을 면하였을 것이오. 민영환씨가 나의 말을 들어주었다면 구구히 자기 손으로 자기 목을 찌르는 욕을 면하였겠고 미국에 있는 우리 동포들이 나의 말을 들어주었으면 오늘날 족족이 패패이 [?] 갈려서 서로 갈등나는 폐단이 없었을지라. 이놈이 오늘이라도 귀회로 가서 글도 쓰고 말도 하는 날이면 또 일변으로 역적놈이라 도적놈이라 하며 일본공영사관이나 세력변으로 보고와 고발이 분주할터이니 하치않은 생명이 이것을 실로 두려워함이 아니나 남의 고사감되기는 실로 섧고 분한지라. 무수한 경력을 다 치른 후에 태평을 바라거나 구차로이 목숨을 보존하기를 도모함이 조금도 아니라 홀로 내 절개를 굳게 지켜 차라리 남의 음식그릇을 씻어주고 생색있는 면보로 배를 채울지언정 나타난 자의 더러운 음식은 입에 대지 않기로 작정이요. 차라리 홀로 싸우다가 십자가에 달릴지언정 일진회와 합심하여 설령 일조일석에 나라를 회복할 일이 있어도 결단코 행치 않을지라. 이는 나의 사사결의를 중히 하고 일국의 공동한 관계를 가벼이 여김이 아니나 믿는 바는 의리를 돌아보지 않고 일시에

---

7) 『大同公報』, 1907년 10월 3일, 11일, 24일 연재.

성사하는 것만 중히 여기면 그 일이 당초에 될 수도 없거니와 되어도 다 헛것
이라. 나에게 대하여 될 것은 묻지 마시오. 이 천지에 조선을 위하여 될 일이
없는 줄로 믿소이다. 나더러 모든 권리를 다 줄 것이니 무엇을 하려는가 하면
일인도 치지 아니하고 타국인 하나도 건드리지 않겠고 다만 모두 합몰시킬 것
은 조선 놈들이라. 나도 죽고 남도 다 죽은 후 [19자 장정관계로 보이지 않음]
흉험한 뜻이 속에 든 놈과 무슨 될 일은 의논치 말고 다만 각각 자기의 절개를
세워 친형이나 아비라도 의리에 반대되거든 적국으로 대접하며 각각 일 이인
씩 싸우기로 작정합시다. 나는 공부를 좀 더 하자는 작정이요. 이는 일후에 월
급을 더 많이 받자 원도 아니요, 행세를 낫게 하자는 것도 아니라 실로 나라를
위하고 동포를 위하려 싸우려 한즉 내 몸이 먼저 한 강병이 되어야 붓으로 싸
우든지 지혜로 싸우든지 적국의 한 꺼리는 바 될지라. 생각하여 보시오. 설사
일본이 우리에게 대하여 말하기를 너희가 독립을 하겠다 하니 무엇을 가지고
하겠다 하는가. 가령 충군애국과 대포군함은 다 버리고 다만 한일 양국의 인물
만 비교하여 볼진대 그 나라의 정치가나 그 나라 외교가나 그 나라 재정가나
그 나라 저술가나 그 나라 하여[?] 정치상 시비를 논란하든지 각국에 시비를 담
판하든지 하면 선선히 대답하고 나갈 사람이 누구요. 설령, 우리에게 정부와
나라의 일을 다 맡길지라도 조직하고 참으로 들어앉아 일한만한 사람이 누구
누구요. 이것이 실로 한심한 것이오. 이것이 실로 나라 망하는 근본이라. 신문
에 글 한 장을 지어 보내어 조선 사람이 어찌하여 죽는 줄을 알게 하려 하여도
공부가 있어야 하겠고 군사를 가지고 접전을 하려 하여도 세상형편과 공론을
아는 자라야 할지라.

이것은 다 밝게 하고 나의 분한 마음 품고 나가면 눈감고 귀막은 자가 남과
시비한 것 같은지라. 부디 피눈물을 머금고 끓는 피를 굳게 하여 의리와 절개
를 더럽히지 말고 나도 공부하며 남도 공부하게 권면하옵시다.

그곳에 와서 회무를 주장하라 하시니 감사한 마음으로는 즉시 가서 의논이
라도 할 터이나 이때를 당하여 제일 급무는 이곳 여러 회를 합하여 한 단체를
만든 연후에야 무슨 성취가 있을지라. 여러분이 내게 혈서하신 다섯 분 뜻과
같으며 내 말을 들어만 주면 내 목숨 자라는 대로 도우려 하노라고 호통치[노?]
라. 이때에 합하지 못하면 永히 합치 못하리니 합치 못하면 망할지라. 우리 손
으로 망케 하면서 망치 않자 하면 이는 자기 손으로 자기 목을 따면서 살기를

구함과 같은지라. 여러분이 실심으로 힘쓰면 될터이니 모든 개개 생각을 다 버리고 일심으로 합하여 원근내외가 정의를 상통하며 봅시다. 우리들은 노동자라고 정치상에 더불어 의논할 것 없다 하여 물리치지 말라 하신 말씀은 내 속을 실로 알지 못하는 글로 도리어 부족히 여길만 하외다.

나는 노동천역자로 더불어 평생을 상종코자 하는 자라. 소위 상등인이란 자는 거의 썩고 더러운 자들이라. 소위 증경측 주임관(奏任官)이나 혹 현대 직임한 자와는 평생 더불어 말도 않고 지내기를 원하오. 일후라도 나의 처신행사를 보면 알려니와 나는 자초로 금일같이 모든 약하고 천한 자를 위하여 모든 강포를 대적하여 왔으며 또한 평생을 이렇게 마치려 하나 나의 원수는 점점 득승하고 나의 친구는 점점 세력변으로 따라가고 또한 약한 자들은 나의 뜻을 알아주는 자가 없는지라. 내 일신이 이 세상에 외롭고 고적한즉 어떠한 이든지 나와 같은 목적으로 몸을 돌아보지 않는 자는 나의 형제로 자매라. 참 충애로 변치 않는 동포를 존중히 여길 뿐이로소이다. 만일 내가 그곳에 가서 진실로 효험이 있을 터이거든 다시 기별하시옵소서. 가을이나 겨울간으로 한 번 가서 만나보고 수일 유하여 돌아오고자 하오니 생각하여 기별하시오. 로스앤젤레스시에서도 여러 친구가 한 번 다녀가라 하나 나의 재정이 그곳 친구들의 힘을 입어야 반리라도 변통이 될 터라. 불소한 경비를 허비하고 한 가지도 성사하는 것 없이 만나서 수어하자고 가는 것이 나에게 몰렴하여 즉시 결단치 못하였으며 이곳서 남의 집을 보아주고 지내기가 골몰한지라 지금은 학교도 다시 시작할 때가 가까왔고 어찌 주선이 되어 하버드대학교에 들어가서 부지런히 일하여야 명년에 졸업장을 받아볼까 하 [장정관계로 19자 가량 보이지 않음] 저한 즉시로 학교에 들어가는 자가 개학 시에 참여하여야 쓰겠고 개학한 얼마 후에 어찌 주선하여 삼주일 가량 수유를 얻으면 가서 다녀오고자 함이라. 만일 불계하고 지금 가면 학교일은 틀리겠고 학교일이 틀리면 다시 기회를 얻을는지 알 수 없으며 이 학교에서 졸업 한 장 받는 것은 다만 나의 소원으로만 말할 뿐이 아니라 우리 조선에 생광이요 나를 사랑하는 동포의 생색이라. 바라건대 여러분은 나를 도와줄 힘은 못되나 이 일을 아무쪼록 권면하여 성공하도록 도와주시오. 설령 내가 지금이라도 나서서 한 가지라도 내 뜻대로 하여보다가 말 도리가 있으면 이때에 어찌 공부를 힘쓴다 하리오마는 우리 조선 사람이 아무리 개명한 자라도 아직 큰 운동을 행할 정도에 이르지 못한 줄을 분명히 아는 바라 여간 오륙 명이나 십 이십 명의 동심합력으로는 헛된 대답하는 것이 남의 웃음이나 취할 따름이요, 지금이라 행하고 얼마 후에라도 행하여야 될 것은 다만 민심을 발달하고 풍기를 변혁할 학문과 교화가 제일이오. 또한 우리나라 독립기초를 세우고자 할진대 신서적이 있어야 할지라. 이 일이 제일 급하고 또 급하니 진실로 이 일을 하고자 하면 이 일을 권하는 사람들과 동심협력합시다. 고명한 사람이 도와줄 것이오. 지금 급히 큰일을 하겠다고 대답하는 사람들도 또 다 따라올터이니 부질없는 생각말고 이일에 일심합시다. 이 일을 하려면 어디든지 한곳에 활판소를 정하고 각처에 있는 이가 글을 지어 보내면 그곳서는 주장하는 이가 있어 발간하고 각처에 분전하면 될 것이니 구태여 한집에 모여 앉아서만 될 것이 아니라. 이렇게 하고자 하면 로스앤젤레스에 [있는 친구들과 의논하여 기별하시오. 무슨 말씀이든지 다시 기별하고자 하거든 조금도 지체말고 저저히[?] 설명하여 보내시오. 성력(誠力)자라는 대로 의논을 좇아 행할 [것이라. 마음이 조급하여 잠을 못자는 고로 안질이 생겨 괴로운 중이니 대강 수회를 기록하여 보내옵니다.

그는 "우리 조선 사람이 아무리 개명한 자라도 아직 큰 운동을 행할 정도에 이르지 못한 줄을 분명히 아는 바라" "이 천지에 조선을 위하여 될 일이 없는 줄로 믿소이다. 나더러 모든 권리를 다 줄 것이니 무엇을 하려는가 하면 일인(日人)도 치지 아니하고 타국인 하나도 건드리지 않겠다고 다만 모두 합몰시킬 것은 조선 놈들이라"고 선언하였을 때 이 글을 보는 당대인들 누구 하나 이 박사를 욕하는 사람은 없었을 것이다. 그만큼 조선의 근대화와 독립자존을 위하여 헌신하고 희생되었던 사람이 또 몇이나 되었을까고 모두 자문자답하였을 것이다. 이승만은 자기로서는 조국을 위하여 그렇게 노력했는데 나라를 이끌어 가는 사람들, 또 보통 사람들이 하는 꼴을 보니 탄식이 나지 않을 수 없었겠다. 하여간 이 글은 당시 이 박사의 '교육위선주의'를 남김없이 표시한 귀중한 자료가 된다. 또 고종도 민영환도 미국교포들도 자기 충고를 무시하였기에 오늘의 처리를 당하였다고 단언하며 '나', '내'라는 말이 무려 33회나 출현하는 것은 그의 선민의식이 어느 정도였는지를 보여주는 좋은 표본이기도 하다. 이 박사의 심복이었던 김현구(金鉉九)는 그의 자서전이나 「우남약전(雩南略傳)」 「우성유전(又醒遺傳)」에서, 1908년 3월 장인환(張仁煥), 전명운(田明雲) 양 의사(兩義士)에 격살된 스티븐스 사건 당시 이 박사는 법정에서 통역을 맡아달라는 교포들의 간청을 거절하면서 크리스천으로서 사람을 암살한 범죄자를 변호할 생각이 없고 자기 공부가 더 중요하다고 회답하였다고 비난하고 있다.[8] 그러나 그가 말했다고 전하는 이야기들은 이승만의 교육위선주의의 맥락에서 해석할 수가 있겠다. 박용만이 1908년 7월 덴버에서 애국동지회를 소집하였을 때도 이 박사는 교육 일면을 강조하고 있었다.(「박용만 평전」 참조)

4. 기독교 전도자로서의 면모

이승만이 배재학당에 들어가기로 마음먹을 당시 우선 목적은 영어를 배우려는 데 있었다. 하지만 스스로 "기독교국가에 사는 사람들은 법에 의해서 그들 통치자의 독재로부터 보호되어 있다는 말을 처음 들었을 때 이 젊은이의 마음속에 어떠한 혁명이 일어났을 것이라는 것을 쉽게 상상할 수 있을 것이다"라고 회고했듯이 그는 영어학습 목적에서 더 나아가 기독교적 법치국가관에 매혹되고 이후 감옥에서 홀연히 기독교인이 되는 데 토양을 제공받은 셈이 되었다. 그는 이렇게 말한다.

[감옥에서도] 나는 그들이 말하던 예수를 믿고 있지 않았다. 그런데 내가 어디선가 들었던 말이 떠올랐다. "네가 나의 죄를 회개하면 하나님께서는 지금이

---

[8] 김현구, 『又醒遺傳』, 182쪽, 253쪽 참조.

라도 용서하실 것이다"라는 말인데, 그 말이 나의 마음에 떠오르자마자 나는 나
의 목에 걸려 있던 나무칼에 머리를 숙이고 "오오 하나님 나의 나라와 나의 영
혼을 구하여 주시옵소서" 하며 기도했다.

일단 예수를 받아들인 이승만은 옥중전도에 열을 냈다. 이정식(李庭植)
교수의 역주(譯註)에 인용된, 게일선교사가 워싱턴의 거물목사인 햄린에게
쓴 편지를 보면 열성적인 옥중전도에 많은 부분을 소모하고 있어 이승만
의 기독교인으로서의 독실한 인간됨을 볼 수 있다. 그는 미국에서 공부하
는 동안 각 교회를 돌아다니면서 '간증'을 하고 생계비용을 벌었다고 한다.
1910년 기록적인 초단시일(5년 반)에 학사, 석사, 박사학위를 받은 이 박
사는 귀국길에 헤이스팅스병학교를 들른 적이 있다. 이때 병학교의 한 간
부로서 시초지종(始初至終)을 목격한 김현구는 다음과 같이 서술했다.

> 李는 헤이스팅스에 도착하자마자 부흥회식 집회를 열었다. 하루 세 번씩 기
> 도와 찬송 위주의 집회를 가졌는데 李는 1) 桑港에서 스티븐스를 죽인 張仁煥,
> 田明雲 그리고 할빈에서 伊藤을 죽인 安重根은 一國의 명예를 더럽힌 범죄적
> 암살자라고 하였고
> 2) 군사적으로 일본과 같은 강국을 대항한다는 것은 꿈에 지나지 않는다고
> 주장하였다.
> 李는 하루 수차씩 한주일동안 거의 광적인 춤추는 기도회나 찬송과 기도의
> 집회를 기독교 부흥회식으로 가졌다.[9]

물론 이것은, 이 박사에게 부부 함께 테러를 당한 김현구의 미움에서 나
온 공정하지 못한 회고담일 수 있긴 하다. 하지만 이 박사가 기독교에 매
우 열심이었던 것만은 사실이고 명실상부한 전도자였던 것도 사실이겠다.
그는 1905년 김윤정(金潤晶) 대리공사가 민족을 배반하고 일본 측에 붙는

---

[9] 위의 책, 182쪽, 263쪽 참조.

것을 보고,

> 나는 한국 사람들이 그처럼 짐승같은 低劣상태에 빠져있는 한 한국에 구원
> 이 있을 수 없다고 결론을 내렸다. [그래서] 나는 한국 사람들에게 기독교 교육
> 을 베풀기 위해 일생을 바치기로 작정하였다.

고 서술한다. 즉 그는 기독교 교육을 통하여 민족에 봉사할 생각이었던 것
이다.

1920, 30년대 하와이 미국당국의 정보문서들을 보면 이 박사를 목사 즉
Rev. Rhee로 호칭한 것이 많다. 그는 감리교단에서 떨어져 나와 자신의 교
단을 창설하였고 휘하에 많은 목사, 전도사를 거느렸다. 그에게 전도사의
일면이 있었다는 것이 그의 정치를 이해하는 데 매우 중요하다고 생각된다.

5. 1912~18년간의 활동

1915년의 한 신문투서는 이승만 박사를 다음과 같이 묘사했다.[10]

> 오늘날 하와이 우리 사회의 지위가 어디 있느뇨. 한 사람이 호령을 내리매
> 의회議決案이 무효에 돌아가고 한 사람이 약속을 정하매 公會의 헌장이 박멸
> 을 당하였고 한 사람이 욕심을 부리매 공유재산이 사유에 돌아가고 한 사람이
> 기뻐하매 公會의 叛賊이 혁명의 功을 무릅쓰고 한 사람이 성나매 오천동포가
> 서로 원수를 맺었나니, 슬프다. 최면술에 잠들기니 어찌 이다지 심한 경우에
> 이르리요, 이는 明明히 개인의 지위가 공회의 위에 있음이니 실로 기이한 일이
> 로다⋯⋯.
> 자기의 불법행동을 저항하는 자 있으면 곧 사람을 시켜 구타하여 언론행동

---

10) 『신한민보』, 1915년 10월 14일 '한세생'의 기고.

의 자유를 검속하며 공회사건에 대하여 부정당한 짓을 변론하는 자 있으면 곧 각처로 다니며 그 당파를 교육하여 그 글을 압수하라 그 신문을 거절하라 하여 기사출판의 자유를 검속하며 자기의 약속을 맹종치 않고 사리의 조백을 능히 분간하는 자 혹 각 농장에 가서 동포의 이목을 밝혀 자기의 이용하는 길이 끊어질까 염려하여 각 지방으로 돌아다니며 명령을 내리어 만일 민주당회장 홍한식의 빙문이 없는 한인은 동네에 발길을 붙이지 못하게 하라 하여 왕래의 자유를 검속하니 이는 일본총독 寺內가 방금 한국내지에서 우리 동포를 검속하는 정책이오, 미국관리는 우리에게 대하여 이 대우를 주지 않고 이 제재를 않는 바라. (중략) 동포를 어리석고 몽매한 줄로 알아서 윌슨씨의 청첩이니 세계에 둘째가는 박사니 黃口小兒의 언론으로 자기의 위엄을 떨치고 공회를 위하느니 5천 동포의 뜻이니 하는 공중결구의 의식으로 자기의 성세를 확장하니 어시호 무지몰각한 동포들은 자기들을 큰 욕됨을 깨닫지 못하고 날개 없는 천사가 이제야 하강하셨다고 깊이 신앙하는 동시에 씨는 곧 기회를 타서 의회를 호령하여 공회를 무형히 관찰하며 교육을 빙자하여 公錢을 사택에 집어넣고 황언비어를 주작하여 동종相戰을 일으켰으니 심하다, 씨의 정책이여. 가증하다, 금전의 세력이여. 어찌 어진 선배의 마음을 유혹하여 우리 동포에게 이같은 재앙을 내리느뇨.

말이 이에 미치매 한심한 눈물이 사매를 적시도다.

이상에 인용한 혹독·비분강개한 문장은 할인하여 들어야 될 것이긴 하다. 하지만 1915년도의 국민회 쿠데타에서 이 박사는 대성공을 거두어 하와이 5천 교포가 실질적으로 이 박사의 장악하에 들어간 것이 사실이다. 그러면 왜 쟁투가 일어나야 했으며 어떻게 이 박사가 승리를 거두었는가? 둘째 문제의 해답은 간단하다. 이 박사는 한인으로는 처음으로 명문 중의 명문대학에서 석·박사를 받았으며 전도인이었던 것이다. 그래서 「박용만 평전」에 적었듯이 부녀자를 장악할 수 있었다. 또 이 박사는 교육을 강조하고 무장투쟁노선을 경멸하였다. 객거(客居)민족으로서, 이역에서의 호전적 태도는 도리어 민심을 잡지 못할 수가 있다. 이 박사는 명성·종교·교

육을 모두 상징했고 그 위에 대외정치에 관한 온건성과 카리스마를 가졌
다. '박용만'이 몇 있어도 도저히 당해낼 수 없었던 것이다. 또 하와이 한인
정치에 말려든 이 박사의 정치적 수완은 보통이 아님이 증명되었다. 카리
스마와 테러리즘을 적당히 구사할 줄 알고 조직할 줄 알았다.

　하와이에서 왜 쟁투가 일어나야만 됐으며 왜 해방 시기까지 질질 끌어
갔던가? 그 대답은 간단하지 않지만 한 이유로는, 박용만과 이승만의 대립
이 하와이 교포사회가 가지는 특수한 환경 때문에 치열해질 수밖에 없었
다는 점이다. 하와이 교포사회는 섬들에 갇힌 사회였다. 미주본토는 광활
한 토지에 한인이 그야말로 드문드문 있어서 성금·의무금 모집도 거의
자발적인 행동에 의할 수밖에 없는 반면, 하와이 사회는 나갈 곳이 없는
사회였다. 미국본토에 가려고 해도 증명서가 있어야 했다. 또 교포사회의
많은 구성원이 사탕수수농장에 집단거주하고 있어 통제하는데 편하였다.
앞에 인용한 일본총영사관 편 『포와조선인사정(布哇朝鮮人事情)』은 1925년
현재 이천 명의 교민단원 중 각도(各島) 각경지(各耕地)의 유력자(보스)로
하여금 지부장과 기타 역원을 맡게 하여, 이들은 노동자 중에서 "단원 되
기를 거절하든지 또는 연조(捐助)에 협력하지 않는 자는 악평을 일으켜 경
주(耕主)측에 내보(內報)하여 해고공작을 상습적으로 하여 왔기에 노동자
들은 직장을 잃을 것을 두려워하여 불평을 참고 단원이 되어 할 수없이 연
조에 응하고 있는 형편이다"라고 하였다. 또 "단원으로부터 국민담보금 매
년 10불, 의무금 매년 5불, 인구세로서 매년 1불씩 징수하는 외에 기타 각
종 명의로써 기부금을 부과하기 때문에 경지에서 노동하는 교민단원은 거
의 저축할 틈이 없는 상태이다"라고 쓰고 있다.[11]

　이 묘사는 실제사정에 어느 만큼 접근된 이야기인 것 같으니, 『신한민보』

---

[11] 일본총영사관 편, 『布哇朝鮮人事淸』, 73~74쪽 참조 .

1923년 8월 30일자에 게재된 「어쩌면 우리는 살까?」를 보아서 알 수 있다. 하와이 사탕수수 밭에서 일한다는 'ㅂ·ㄷ·ㄱ'은 다음과 같이 쓰고 있다.

> 하와이 5천여 명 동포 중에 고등한 월급을 받고 일하여 생활하는 이도 적지 않습니다. 50달러 내지 150달러를 매삭 받는 이가 종종 있습니다. 이들은 생활난이 그리 심하지 않습니다. 그러나 나와 같이 매일 1달러에 목을 매달고 사탕밭에서 일하는 우리 다수 동포는 참말 살기 어렵습니다. 매달에 주일날 내어놓고 26일을 줄곧 일한대야 25달러 버는 것 가지고 하와이 우리 사회에서 요구하는 모든 것을 다 바치고 보면 남의 빚지기가 쉽습니다. 이것저것 다 주다가 한 가지만 못 주어도 이편사람이니 저편사람이니 하는 명사가 나옵니다.(중략)
>
> 나는 십수 년 동안 홀로 살고 일을 줄곧 하였지만 버는 대로 다 바치고 이제는 바칠 것이 없어 사회의 낙오자가 되었는데 어찌 가정 있는 사람이 되어 저축할 수 있으랴.(하략)

한편 1918년 경제학을 전공한 장래의 북미지방 총회장 백일규(白一圭)는 하와이 분쟁을 경제적인 면에서 분석하고 있었다. 그에 따르면 한정있는 수입에서 한정없는 지출을 지탱하고자 하니 분쟁을 면치 못한다는 것이다. 일리 있는 관찰이다.[12]

지금 그의 통계와 기타인이 제공하는 숫자[13]에 의하여 도시거주자 말고 경지노동자를 표준으로 살펴보면, 일 개월 수입이 평균 25불, 생활비 20불(식비 14불), 차액 5불이다. 그러니 연평균 60불의 돈을 여타지출에 분배하는데 한인공공단체, 예를 들면 학교, 국민회, 신문사 유지비가 년 최소 12,000불가량 들고 이것이 점점 불어나가는 추세에 있으니 농경노동자 2,000명의 부담이 과중하다는 것이다. 이 60불에서 의무금 5불, 담보금 10불, 인구세 1불을 내면 요긴하게 쓸 돈의 4분의 1이 없어지게 되었고, 나

---

12) 『신한민보』, 1918년 6월 3일, 「하와이 시국에 대하여」 참조.
13) 일우, 「하와이 한인의 현상과 장래」, 『신한민보』, 1916년 3월 9일. 또 『布哇朝鮮人事情』 제6절 「在布朝鮮人의 경제상태」.

머지 44불에서 고향 송금, 교회헌금, 병원비, 혼상례, 의복, 오락, 가구 등
에 지출하는 것이었다. 이러한 경제적·심리적 압박감에서의 스트레스 해
소는 악인을 만들어내고 또 과장하여 화풀이하는 것이 한 해결방책이었는
지도 모른다. 무고하게 투서당한 이항우(李恒愚) 주필(主筆)의 자살사건,
김종학 국민회 회장의 자살미수사건 모두 '하와이'라는 섬나라에서나 일어
날 수 있는 특수현상으로서, 미국 본토였다면 이 정도까지 가지 않았을 것
이다. 또 유한한 자원에 두 파에서 피차 큰 몫을 차지하려니 경쟁이 치열
해질 수밖에 없었다. 그밖에 이 박사가 좀더 관후(寬厚)하였다면 그의 경
력과 실력으로 보아서 미주 천하를 통일할 수 있었다는 아쉬움도 없는 것
이 아니다. 요컨대 이 박사는 하와이 섬 사회의 지배권 획득투쟁에서 승리
를 거두었지만 완전한 승리는 아니었던 것이다. 더욱이 그의 사상이 미국
에 와서부터 온건한 종교교육자 지향이었으므로 적극적으로 독립운동을
전개하지는 않았다. 따라서 일부 적극적 독립운동자의 불만이 많았던 것
이다.

이 박사가 적극적으로 독립운동을 펴지 않았다고 애국자가 아니었다는
규탄은 있을 수 없다. 애국에도 여러 방략이 있고 강온급완(强穩急緩)의
차가 있을 수 있는 것이다. 이 박사가 가진 '미덕'의 하나는, 대외관계에서
조심스럽고 인내심이 있어 미국여론의 대세가 대일강경으로 변하지 않는
한 섣불리 움직이려 하지 않았다는 데 있다. 이 점이 바로 필자가 이 박사
를 '德川家康'적 인물이라고 규정하는 근거이다. 중국대륙에 용약 뛰어든
박용만도 죽고 안창호도 가고 했으나 이승만은 안전한 미주에 남아 대한
민국 초대대통령이라는 대권을 장악하게 되는 것이다. 그가 중국에 남아
중경까지 갔었다고 하여도 대한민국 초대대통령에 올라갈 수 있었는지
확언할 수 없다. 여하간 조심성과 분별력이 없으면 이 길도 쉬운 길이 아
니다.

그의 대일 관계의 조심성은 다음 몇 가지에서 단적으로 나타난다.

① 1912년 3월 26일 출국하여 미니애폴리스에서 모이는 국제감리교대회에 한국평신도 대표로 참석한 이 박사는 미국에 남을지 귀국할지 망설이고 있었다. 취직을 하여 보려고 노력하였으나 여의치 않았다. 국내에서는 소위 '105인 사건'이 조작되어 이 박사로서는 귀국하기 위험하다고 느꼈을 수가 있다. 이러는 중에 『워싱턴 포스트』 신문의 인터뷰를 받았다. 그는 「수도에 온 방문자 잡담」이라는 고정칼럼에 등장하게 됐고 다음과 같이 말했다.

> 옛날의 은둔국은 이미 사라졌습니다. (합병 후) 3년 미만에 조선은 전통이 판을 치던 느릿느릿한 나라에서 생기 넘치고 번잡한 산업중심지로 변하였습니다. 철로는 국내를 종횡으로 가로 질렀고 도시는 전기화하였고 공장, 제작소, 백화점이 매일같이 세워지고 있습니다. 서울은 단지 그 주민들의 피부색깔이 다를 뿐 신시내티시와 다를 것이 없습니다. 워싱턴시의 응접실의 잡담에서 여행자들이 보는 산업화된 조선의 분주한 모습이 화제가 되고 있습니다만 조선의 급격한 변화는 상상을 넘는 것이 있습니다.

라고 일제 점령하의 조선의 '눈부신 발전'을 이야기하고 나서 YMCA의 사업에 대하여 화제를 돌렸다.

이 박사의 이러한 서방기자와의 대담양식은 하버드에서 석사학위를 받고 프린스턴에서 박사학위를 받은 그 학문이 몸에 배어서 자연적으로 표현되는 것인지 모른다.

② 1915년 박용만·이승만 2파 상쟁의 소용돌이 중에서 이홍기 등이 매 맞아 중상을 입은 사건이 발생하자 박용만파는 이승만이 사주하였다고 주장하여 나섰다. 이에 『스타·블리틴』지에서 이 박사에게 물으니 그는,

> 나는 종교적 교육적인 공작에만 관심이 있다. 이홍기가 매를 맞은 것은 20불을 주고 新國民會에 출석하라고 지방회에서 임명했는데도 출석도 안했고 돈도

안 돌렸기 때문이다.(6월 9일)

라고 대답하였다고 전한다. 이에 이 발언의 신빙성을 알아보려고 했는지 같은 신문은 이 박사가 경영하던 학교의 남학생의 '투서'라는 것을 같이 실었다. 이 남학생은 이 박사가 지시하여 학생들을 곤봉으로 무장시켜 위혁(威嚇)행동에 나서게 하였고 이번 사건의 장본인은 이 박사라고 고발하였다. 또 6월 15일의 같은 신문은 정권탈취파에서 어떻게 폭력을 행사하였는지 소상히 보도하고 다시 이 박사의 학교 남학생들이 곤봉으로 무장하고 교사의 인솔하에 현장을 배회하였다는 기사와 이 박사의 부인내용을 함께 게재하였다. 다음날 동지(洞紙)는 다시, 두 당파 중에서 하나는 조국의 혁명과 독립을 군사수단으로 쟁취하려는 파이며 그 두령은 이승만이고, 또 하나는 국민회의 일 년간 수입 약 2만 불을 순전히 한인의 교육과 복지를 위하여 쓰자는 파인데 그 수령은 박용만이라 하였고, 이홍구가 19인에게 뭇매를 맞고 중상을 입은 연고는 그가 비합법적으로 횡취(橫取)한 국민회 회의에 참석 못하겠다고 이야기하였기 때문이라고 하였다. 물론 이 기사는 박과 이의 위치를 바꾸어 놓은 착오를 범하였는데, 이것이 이 박사에게는 매우 억울하였던 모양이다. 그는 호놀룰루『Advertiser』지에 성명을 발표하여 "나는 한국 국내에서나 하와이에서 혁명을 책동할 꿈을 꾼 일조차 없다"고 단언하게 된다.(6월 17일) 즉 그는 적극적인 독립운동을 할 생각이 없다는 의사표시인데, 이와 관련하여 올리버 교수는 다음과 같이 적었다.[14]

이 박사는 이와 같은 [박용만 일파의] 호전적 자세는 한국인들이 필요로 하는 친구들을 잃게 하는 것으로 확신하고 있었다. 즉 태평양지역에 있어서 일본

---

[14] Robert T. Oliver, *Syngman Rhee : The Man Behind the Myth*, NewYork : Dodd Mead, 1955, p.129 참조.

의 지배에 터하여 이 지역의 평화를 유지하려던 英美의 제 정책을 전환시키는
데 필요한 친구를 잃게 만드는 결과밖에 되지 않는다는 것이었다.

이 박사에게는 당시 미국의 정책을 전환시키려는 프로그램도 능력도 없
었고 참을성 있게 기독교 교육자의 자세만 유지한 것이었지만, 올리버가
지적하는 대로 영미의 태도는 일본의 힘에 의지하여 해당지역의 평화를
유지하려 하였다는 데는 이의가 있을 수 없다. 이것을 보았기 때문에 이
박사는 박용만과 같은 길을 택할 수 없었다.

③ 또 그러기에 '출운호(出雲號)'에 관한 발언이 있었다는 것으로 생각된
다(「박용만 평전」 참조).

④ 1922년 11월 이 박사가 총감독으로 있던 '한인기독교회'의 헌당식이
있었는데 여기 일본의 야마자끼 총영사가 참석하였으며 축하해주었다. 모
름지기 이것이 계기가 되어 다음해 이 박사는 한인기독학원장의 직함으로
그 학감 민찬호 목사를 시켜 일본총영사관의 증명과 사증을 얻게 하여 민
찬호 인솔하에 남녀학생 20여 명을 고국 조선에 보내어 학교건축비의 부
족액을 국내의 모금으로 해결하려 하였다. 이들은 4개월간 국내에서 모금
행각을 벌이고 하와이에 돌아왔는데 이 순회여행이 가지는 의미는 결코
작지 않다. 첫째, 이승만 박사와 민찬호 목사 양인은 3년 전 3·1운동 당시
외교의 중핵을 맡았던 사람들이었고 한 사람은 임시대통령이었다. 이것은
대일대책에 관한 한 그가 매우 융통성 있게 움직였다는 것을 말해준다. 둘
째, 박용만은 김달하(金達河)를 만났다고 죽일 놈으로 규정되었고 확인하
지도 못한 총독회견설, 금전수수설로 죽일 놈이 되는 것이지만 그렇다면
이것은 무엇인가? 방문단이 귀국하여 총독부 관리의 영접도 받았겠고 협
조도 받았을 것이 아닌가? 이렇게 의심한 재미교포가 많았을 것이다. 그러
나 이 박사의 행동을 그의 인내성 있는 정치철학에 비춰볼 때 하등 잘못된
점이 없다. 그가 조국통일을 위한 제 활동을 포기한 것이 아니고 그의 정

책전환은 시류의 변천에 따른 하나의 전술적 대응이었다고 쉽게 짐작되기 때문이다.

결국 이곳에서 필자가 지적하고 싶은 것은, 1918년에 이르기까지 그는 적극적인 독립운동과는 거의 무관한 인물이었다는 점이다. 하나의 예외는 제1차 소약속국(小弱屬國) 동맹회의에 박용만의 파견을 동의하였기에 이 회의와 한국독립운동과의 관련이 생겼다는 점이다. 그는 기회가 도래할 때까지 섣불리 움직이려 하지 않았던 것이다.

6. 파리평화회의와 이승만

1918년 1월, 윌슨 대통령이 발표한 평화적 해결을 위한 14개조 선언은 유럽의 약소속국뿐만 아니라 온 세계의 약소속국의 민족자결까지 포함될 듯한 인상을 심어주어 아연 재미한인의 독립운동에 생기를 넣어주게 된다. 이것은 『신한민보』 주필 백일규의 시에서도 단적으로 나타나고 있다.

어제밤 읊읊하던 소리
어디서 그 무슨 소리
새 서울 워싱턴으로부터
옛 서울 파리로 건너
작고 약한 나라들이
크고 강한 자와 같이
자유민주 정치 아래
같은 복락으로 살게
윌슨대통령의 목소리
아메리카의 큰 소리
　　　(1918. 12. 19)

제1차 세계대전이 끝나고 파리에서 만국평화회의가 개최되었다. 개최일은 1919년 1월 18일이었고 조약체결은 6월 말이었는데 윌슨 대통령을 비롯한 미국대표들은 12월 중으로는 파리로 향하게 되어 있었다.

11월 25일 안창호(安昌浩)는 북미총회 임원과 유지인사 20여 명을 소집하였다.

1) 평화회의와 小弱屬國동맹회에 한인대표자 3명을 파견할 일
2) 한인대표는 이승만, 민찬호, 정한경 3씨를 擇定할 일
3) 뉴욕 소약속국동맹회에 참가한 각국인이 각기 평화회에 대표자를 파견하는 경우에는 한인대표자 1인을 파리 평화회까지 파견하기로 함.
4) 파리로 대표를 보낼 경우에는 정한경 씨를 파견하기로 함.
5) 제2조의 결의는 중앙총회 대표원회에 묻기로 함.
6) 피선된 대표자가 사임하는 경우에는 중앙총회장이 자벽하여 代充하기로 함.
7) 이에 대한 경비는 북미, 하와이 양 총회로서 담부 판비케 함.

이상 7조항을 결의하여 하와이 지방총회 임원급 해당자들에게 전보를 쳤다. 따라서 민찬호 목사는 11월 30일 나성(羅城)에서 시카고로 가서 정한경과 같이 12월 14일 개최되는 뉴욕 소약속국연맹에 참석하였다. 또한 하와이 국민회 지방총회장 안현경은 11월 30일 회전(回電)하여 대표원 선정을 인정하고 이 박사는 본토로 갈 것이라 하였고, 이 박사는 12월 2일 안창호에게 타전하여 "나는 장차 각하를 회견하겠나이다"라고 하였다.[15]

한편 이 중앙총회의 결의가 공포되자 "누가 누구를 보내는 거냐?" "왜 정한경만 파리에 보내는가?" "왜 박용만은 빠뜨렸는가?" 등 문의가 답지하였다고 한다.[16] 누가 누구를 보내는가는 어떻게 이 박사가 안창호의 지휘를 받아야 되는가의 뜻이었다. 그래서 파리 파견으로 이 박사를 추가하기로

---

15) 『신한민보』, 1918년 11월 28일, 또 12월 5일의 「호외」.
16) 『신한민보』, 1919년 1월 18일의 논설 「우리는 평화회에 대한 여론이 동일한가?」 등 참조.

하였던 것이다. 이 박사와 윌슨 대통령 사이가 친근하다는 이야기가 한인 사회에 퍼져 있었기에 이 박사를 빼어놓을 수는 도저히 없을 터였다. 또 그의 외교식견도 기대하였을 것이다.

이승만, 정한경, 민찬호 3씨의 이름으로 된, 윌슨 대통령에게 드리는 청원서는 12월 미상일에 작성하여 부쳤다. 다시 12월 22일 뉴욕에서, 청원서를 이미 부쳤다는 전보를 구라파에 체재중인 윌슨 대통령에게 쳤다.[17] 이 당시 이 박사는 아직 하와이에 있었고 정한경, 민찬호 양인만 뉴욕에 체재하고 있었다. 때문에 필자는 이 「청원서」를 정한경이 작성한 것으로 판단한다. 그 문체와 내용이 정한경 박사의 다른 문장과 통하는 점이 있는 것 같아서이다.

이 청원서의 내용은 다음과 같다.

加州桑港 1918년 11월 25일

미국대통령 각하

이 청원서에 서명한 사람들은, 미국·하와이·멕시코·중국 그리고 러시아에 살고 있는 백오십만 한인을 대표하는 '대한인국민회' 집행위원회의 지령으로 각하에게 다음과 같은 청원을 올리는 바입니다.

미국·하와이·멕시코·중국 그리고 러시아에 거주하는 우리 한인들은 천오백만 동포의 의사를 대변하여 다음과 같은 사실들을 각하 앞에 개진하려 합니다.

日露전쟁 후 일본은 한국과의 조약의무를 어기고 한국을 병탄하였습니다. 각하께서도 의심할 바 없이 아시고 계실 바와 같이 한국은 일러전쟁이 터졌을 때 일본이 싸움에 이길 것을 돕기 위하여 그 나라와 동맹관계를 맺었습니다. 이 동맹은 일본이 한국의 정치적 독립과 영토의 完整을 명확하게 보장하는 조

---

17) 미국 국회도서관 윌슨문서당은 이들 3씨가 서명한 「청원서」 2통과 전보를 수록하고 있다.

건하에서 이루어졌습니다. 한국을 전리품으로 탈취한 것은 일본의 배신행위입니다. 국민이나 황제 또는 책임진 총리대신 할 것 없이 보호국안과 뒤따른 병합을 인정한 일이 없습니다. 이것은 칼날의 위협하에 정당한 자에 대한 철저한 완력행위로 저질러졌습니다.

일본이 한국을 점령한 후 한국민의 눈에서 볼 때 이 나라는 失政하에 놓였습니다. 자연자원은 개발되었지만 한국민을 위하여 쓰여 지지 않고 일본인의 이익을 위하여 착취되는 형편입니다. 자원을 개발하는 모든 권한은 일본인에게만 주어지고 한국인의 기업은 가장 유치한 기업이라 하더라도 음험한 수단으로 방해되고 있습니다. 일본정부의 일본상인들에 대한 특혜대우로 한국 상인들은 경쟁할 수 없습니다. 일본본토에서 먹고 살 수 없는 수천 수만의 일인을 한국에 이주시켜 한국인의 희생 위에 먹고 살고 있습니다. 이와 같이 한국인은 産業農奴的 존재로 떨어졌으며 경제적 압박을 통하여 일인에 복종하게 만들고 있습니다.

文化開化上의 견지에서 본다면 일본의 점령은 한인에 보다 열악한 재난을 몰고 왔습니다. 총독부는 개인이 소유하거나 공공기관에 있는 한국 역사나 문학에 관한 모든 서적을 계획적으로 거두어서 소각하여 버렸습니다. 지방신문에서부터 과학잡지에 이르기까지 모든 한국 책들은 폐기 당하였습니다. 일본어는 공문에서만 공식언어가 될 뿐 아니라 학교에서도 그렇게 되었습니다. 교육법규는 기독교를 가르치는 것을 금하고 있으나 일본의 국가에 종교인 神道나 불교는 可하며 한국의 언어, 역사, 지리를 가르치지 못하게 되어 있습니다. 더욱이 한국인 학교는 일본인 교육자의 감독하에 있어야 되는 것이고 아동들은 일본 국기에 절하며 일황의 神牌를 숭배할 것을 교육받고 있습니다. 총독부는 교육을 마치기 위하여 학생들이 구미로 가는 것을 금하고 있으며 한국인들은 어떤 종류의 공공집회도 금지되고 있으며 심지어 종교적인 의식까지 헌병들이 주의 깊게 감시하고 있는 형편입니다. 천명이 넘는 기독교도가 감옥으로 가고 저들의 활동이 끝장난 저 유명한 '105인 음모사건'에서 볼 수 있는 것과 같이 한국의 기독교회는 일본당국에 의하여 음험하게 차별받고 있습니다.

위에서 말씀드린 것은 오직 한국인이 받은 언어도단의 불공평 처사 중의 몇몇을 조금만 지적한 것뿐입니다. 스스로 다스리고 정치적 독립을 위한 열정을 가진 우리 한국의 보통사람들은 각하께서 강약을 불문하고 모든 민족의 동등

권리를 위한 제창자이시며 공의를 위한 중재자이심을 알고 바야흐로 개별국가의 특수목적이 인류의 공통된 소원에 양보되려는 의의 깊은 때를 당하여 각하께서 우리에게도 우리가 차지할 공정한 몫을 소유할 수 있게 주선하여 주십사하는 희망으로 각하 앞에 온 것입니다.

우리는 공식적으로 연합군에 관련되지 않은 국민의 운명에 관하여 각하께서 어떠한 제의를 해주시기는 매우 어렵겠다는 사실을 충분히 이해하고 있습니다. 그러나 수천 명의 우리 동포들이 연합군의 목적을 위하여 대전의 첫 2년 동안 러시아전선에서 의용군으로 싸웠으며 또 미국에 사는 우리 동포들도 민주주의를 위하여 인구에 비례하여 병력과 금전으로 공헌하였습니다. 미국이 가진 한국에 있어서의 공업·상업·종교 면에 걸친 국가이익은 한반도에서 일어나고 있는 사태에 무관심할 수 없게 만들고 있습니다. 미국이 우호적인 원조를 서약한 한미조약은 한국인에 의하여 어떤 모양이나 형식으로도 폐기·취소된 일이 없으며 한국민은 하나의 민족으로 미국과의 우호를 빼앗길 아무 죄를 짓지 아니하였습니다.

민족자결을 위한 한국인의 열망은 미국이 도울 도덕적 의무가 있는 외에 미국은 그의 국가이익을 보전하기 위하여 구라파에서는 그 원형이 분쇄된, 극동의 일본—프러시아주의를 허용할 수 없을 것입니다. 또 천오백만의 자유를 사랑하는 한국인이 외국의 멍에하에 살고 있는 한 세계는 민주주의를 위하여 안전하지 못하다고 생각합니다. 만국평화회의에서 문제해결의 지침으로 연합국측이 그 수락을 동의하고 있는 공평하고 영구적인 평화를 위한 각하의 이상 중의 하나는 "모든 내용이 분명한 국가민족의 열망은 끝까지 충족시켜줄 수 있어야 한다"는 것으로 알고 있습니다. 이것은 내용에 있어서 각별히 분명한 한인의 민족적 열망을 제외시킬 수 없을 것입니다. 우리는 각하께서 한국 민족에게도 자신들이 그 밑에서 살고 싶어 하는 정부를 선택할 수 있는 타고나서부터 소유한 권리를 회복할 수 있게 힘써주시기를 간절히 바라고 있습니다.

대한인국민회 대표
이승만·정헨리·민찬호

정한경과 민찬호 2인은 또 미국 국회에도 편지를 쓰고 뉴욕과 워싱턴을 왕복하면서 여권획득운동을 하였다. 그러나 일인들은 두 사람이 가는 곳마다 먼저 가서 방해를 놓아 여의치 않았다고 한다. 또 뉴욕에서 김헌식(金憲植)은 소약속국동맹회(小弱屬國同盟會) 임원으로 선출받아 정씨는 정식 대표가 아니라고 떠들었다는 것이다. 따라서 나중에 이들과 합류한 이 박사는 박용만과 김헌식이 공모하고 있다고 보았다.[18]

이 박사는 안창호 중앙총회장의 전보를 받자 곧 본토행 비자를 신청하였고[19] 1919년 1월 6일 소형기선 엔터프라이즈호로 호놀룰루를 떠나 15일 상항(桑港)에 도착하여 국민회 중앙총회 임원들과 북미지방총회의 환영을 받았다. 그는 지난해 하와이 지방총회에서 소약속국동맹회를 위하여 쓰다 남은 돈 1,119불 50전을 임원들이 입회한 중에 백일규(白一圭)에게 전달하였다. 이것은 중앙총회의 지휘권을 인정한다는 상징적인 의사표시로 간주되는 것이며 금전상 문제에 매우 신경을 쓰고 있다는 증거도 된다.

안총장은 '부인이 아파서' LA에 돌아가 있었던 까닭에 이 박사는 거기까지 만나러 갔다. 전년 안총장이 하와이 분규 중재차 하와이에 갔을 때 이 박사는 만나주지 않았었다. LA에서 안총장은 미주에서는 만 불이 모금되었는데 인구가 수배나 되는 하와이에서 천 불밖에 나오지 않아 하와이로 모금 독려차 떠나겠다는 말을 하였다. 그래서 이 박사는 밀서를 부쳐 협조하지 말라고 당부한다.[20]

안창호씨는 不日中 하와이로 갈 것이고 그 목적은 평화회의 운동비 때문이라고 하였소. 그래서 나는 그곳에서는 나에게 금전이 필요한 경우는 총회에 청구하게끔 되어 있어 총장의 하와이행은 필요없다는 취지의 이야기를 하였는데

---

18) 小尾俊人 編, 『現代史資料』「朝鮮」Ⅰ, 東京: みすず書房, 1964, 443~446쪽, 「在米鮮人獨立運動의 內情」 참조.
19) 국무부문서번호 150. 956/10 참조.
20) 주 18) 443~445쪽.

총장은 미국에서는 만불의 돈을 모금하였는데 하와이에서는 근근히 1천 불에 지나지 않으니 지금 좀더 모금하여야지 균형상 가할지라. 그러므로 이박사는 마땅히 모금할 것을 분부하여 달라고 하여 나는 경비는 차후 써본 후에 필요하면 다시 청구할 것이라고 대답하였소.

……그런데 지금 중앙총장이 의연금 모집을 위하여 하와이로 가는 것이 매우 옳지 못하오. 미국과 하와이에서 모집된 금액이 이미 1만 불을 넘었는데 그 어간 지출한 것을 천여 불로 잡고 아직 8, 9천 불의 잔액이 남았소. 이번 사건에 대하여서는 이 이상으로 더 할 것이 없는 까닭에 이 잔액은 반환하든지 또는 딴 일에 사용할 것인데도 불구하고 성공가능성이 없는 사업을 빙자하여 또 하와이에서 의연금을 모집하려는 것은 우리가 절대적으로 반대하는 바이오. 일이 이렇게 되어나가고 있으므로 이 사실을 인쇄하여 각지방 약간 개소의 지도자 제씨에 분배하여 음밀히 같이 꾀하여(秘密ニ共謀シテ) 중앙총회에서 의연금 모집차 와도 동포들은 그런 줄로 알고 희망자는 별도로 하고 그밖의 사람들은 속지 않을 것을 요합니다. 이 편지는 절대 비밀로 하고 우리 동지들만 알아두고 서로 통하고 꾀하여 교묘히 꾸며두기를 바라오[相通謨シテ巧ニ繕ロイ置カ ソコトヲ望ム].

그러나 이 박사의 심복들은 이 박사의 간절한 분부를 저버리고 멀리 국내까지 이 편지 복사문을 부쳐서 발각된 것이었다. 이 편지에 의하면, 이 박사나 서재필 의사는 만국평화회의에 출석하여도 허사요, 출석하려 하는 것도 허사인 것처럼 말했다.

나는 정씨가 뉴욕에서 나를 기다리고 있다는 소식을 듣고 곧 그를 메갈핀호텔로 방문하려고 2월 1일 도착하였는데 그는 워싱턴에 있다고 하였소. 그래서 전보로 문의하였고 피로를 느껴 주일날은 여관에서 쉬었고 밤에 回電이 도착하였는데 정씨와 서재필 兩氏의 연명이었소. 曰 내일 필라델피아에서 회견하라고 하여 영국에서 대학을 마치고 여기에 체류하는 부호 장모씨와 동행 2월 3일 서재필씨가 있는 곳에 모여 외출하여 저녁을 들고 정씨의 여관에 이르러 철야 회담 하였소. 정씨 曰, 나는 뉴욕, 워싱턴 사이를 2개월간 왕복하여 극력 여권교부를 운동하였지만 일본인은 먼저 앞질러 모모는 불량자이니 여권을 주지 말도록 뛰어다녀 미국정부측도 여권은 도저히 줄 수 없으니 공연히 헛수고하지 말라고 상대하지 않는다고 하였소. 서씨 曰, 今回之事는 만사가 허사라 평화회에 가도 얻는 것이 없을 것이라. 결국 우롱당할 것이 뻔하오. 설사 파리에 가서 유익한 일이 있다고 가정하여도 여권이 나오지 않을 것이라, 고로 헛수고를 하지 말고 딴 좋은 안이 있는데, 그것은 자기가 상점을 개설할 것인데 50만 불의 자본금을 한인들에게서 모집하여 영문잡지를 발간한다 운운하였소. 나는 여기에 대하여 말하기를 과연 그렇다면 평화회의 一件은 사실 그대로 동포들에게 발표하여 이를 완전히 단념하고 선후책을 협의하여야 될 것이라. 단지 좌담에 끝낼 것이 아니노라고 하였소. 그래서 정씨와 상의하여 여기에 그 상황을 發布하는 바요, 나는 당초 하와이에 있을 때부터 이것을 예측한 고로 서서히 일을 추진하려 하였던 것이요, 하와이에서도 제씨는 열광하고 뉴욕·상항의 영자신문에도 모두 기재되었기 때문에, 정씨는 여하튼, 내가 혼자 가려고 하여도 불가능이요, 평화회의의 건을 포기하고 딴 私事에 託하여 가려도 가능치 않소. 미국정부는 일본인과 싸우려 하는 한인의 대표자가 渡歐하려는데 여권을 교부할 형세가 아니므로 정씨에게는 전연 본건을 포기하고 잡지 신문에 기고할 것을 권하였더니, 씨는 이미 많은 문장을 저술하여 각신문에 기고하여 유력한 신문지상에서 갈채를 얻으려 하였지만 목하 미국정부는 외형상에서 일본과 원만한 교섭을 하려는 것 같아 이러한 배일기사는 게재하기 힘들다고 사절되었다 합디다. 그러나 나는 미국사람의 이름을 빙자하여서까지 다시 이것을 계획할 작정이요. 목하 표면에서는 이와 같이 진행하였지만 나는 은밀히 딴 계획이 있소. 일의 성패는 不可豫見이지만 나 혼자 정씨에게도 알리지 않고 음연히 노력하여 보려고 하오. 그것은 목하 미국대통령이 불원간에 귀국할 것이요. 오늘날 우리가 이곳을 출발할 수 있다고 하여도 저쪽에서 대통령을 만나볼 수 없을 것이기에 차라리 이곳에서 대통령의 귀국을 기다려 그와 회견하여 한 번 말이라도 건네볼 생각이요.

이 편지는 2월 6일 뉴욕에서 띄우면서 동지 간에만 배포하라고 거듭 부탁하면서 끝맺고 있다. 이 박사의 성격이 명쾌하게 나타난 문장이다.

이 만국평화회의에 대한 재미교포의 독립청원운동은 통신사와 신문기사를 통하여 일본에 가 있던 우리 유학생들을 자극하였고, 2·8독립선언에 영향을 주고 3·1독립선언에도 영향을 주었으므로[21], 1921년 워싱턴 태평양회의를 상대로 한 이승만·서재필의 청원운동보다 훨씬 역사적 의의가 많은 것인데, 여기서 보는 바와 같이 이 박사는 여기에 동참하는 데 큰 공을 세우지 못했다.

사실상 위에 인용한 편지는 하와이에 산재한 이 박사 심복들에 대한 선전용 편지였다. 이 편지에서 정한경에게도 알리지 않고 하와이 동지들에게만 알렸다는 비책을 정한경이 2월 5일 벌써 안창호 총회장에게 보고하고 있는 것이다.

> 우리 대표자들이 파리에 건너갈 일에 대하여 수시로 교섭하는 때에 첫째 워싱턴을 떠날 허가를 얻으려고 각 방면으로 운동하여 보았소이다. 1은 국무부로 주선하다가 되지 않기로, 2는 공부 이민국으로 주선하여 보았으며, 3은 뿌리텐 대사관으로 주선하여 보았는데 그들이 개인상으로 매우 깊은 동정을 표하여도 공식상으로는 국제관계가 가로 걸려 허락할 수 없노라 하니 이 일에는 아무리 능력을 가진 사람이라도 팔을 펼 수 없는 것이라. 그런고로 방침을 변하여 이에 세 가지 계책을 건의하나니 이 세 가지 중에 可한 자를 취하여 허락하심을 바라나이다 하였는데 그 세 가지 계책은 아래와 같으니,
>
>   1. 캐나다로 돌아 가만히 프랑스에 건너갈 일.
>   2. 만일 본 대표원이 파리에 건너가지 못하는 경우에는 미국인 '헐버트' 박사에게 대리를 위탁하여 한국문제를 평화회의에 제출케 할 것.
>   3. 이상 양책이 다 불가하면 2월 중순에 돌아오는 윌슨 대통령을 보고 한국사정을 진술할 것.

안총장은 이 세 가지 안에 대하여 시일이 촉박하기 때문에 비공식으로

---

21) 방선주, 「3·1운동과 재미한인」, 『한민족독립운동사 3: 3·1운동』, 국사편찬위원회, 1988 참조.

다음과 같이 회서하였다.

제1책은 절대적 쓸 수 없는 것이라 하였으니 그 이유는 가령 캐나다는 건너 갈 수 있다 할지라도 캐나다로부터 프랑스에 상륙은 도저히 능치 못하니 일이 매우 위험하다 함이요.

제2책도 불가한 것이라 하였으니 그 이유는 한국의 독립청원은 대한국민의 일이니 외국인에게 위탁함이 불가라 함이요.

제3책은 가히 쓸 것이다.

한편 이 박사는 다음과 같이 대표직 사퇴를 제의하여 왔다.

나는 열대지방에 있다가 추운 곳에 와서 돌연히 기후가 바뀌는 때에 풍한을 감모하여 병원에 누워 있는데 처음 병원에 들어갈 때에는 한주일 어림을 잡았더니 두주일이 되도록 차도가 없으니 중임을 그르칠까 두려워하는 바라 만일 상당히 대신할 사람이 있으면 나는 물러가기를 원하노라.

이 편지에 의지하여 백일규는 2월 24일 중앙총회 제3차 위원회 가부를 상정하였지만 위원회에서는 "이 의향은 공식으로 제출한 것이 아니라 위원회는 공식으로 받을 수 없는 것이오. 또는 가령 공식으로 제출하였을지라도 여러 동포의 원하는 바에 의지하여 선정한 대표자를 중도에 변경할 수 없는 것이라." 하였고 안총장은 특히 윗 문서를 발신하였다. 그런데 이 박사는 민찬호나 여타 사람들에게 편지를 써서 일을 공연히 시작하였다. 사직한다는 등 이야기를 쓴 모양이었다. 고로 『신한민보』는 중앙총회 안총장의 이번 '만국평화회의 대표파견'건을 변명하여 다음과 같이 썼다.[22]

과연 절망적인가? 우리가 처음 이 일을 시작할 때에 으레히 꼭 될 줄로 믿은

---

22) 『신한민보』, 1919년 3월 13일, 「중앙총회의 독립선언 전보를 받은 후 활동」 참조.

것이 아니오 千載一時의 좋은 기회를 만나서 국민된 양심상에 두 손을 묶고 앉 았음이 불가하여 일어나 국가의 원억한 사정을 말하기로 힘 쓴 바 파리에 건너 가는 것이 첫 목적이었지만 그동안 발표하여 온 것만 하여도 8년 이래의 썩은 가슴을 얼마치 살려놓았으니 가령 대표자의 출국이 아주 절망이 될지라도 우 리가 이번에 얻은 것만 하여도 적다고 할 수 없는 것이다. 그러나 대표자파견 은 바다 밖의 150만 동포가 동일한 목적으로 하여 정신과 물질을 희생하여 앞 으로 나아가는 때에 한 번의 실패로써 의기가 저상하여 손 씻고 물러앉을 까닭 이 없으므로 우리 대표자 양씨는 현금 미국 국무부를 경유하여 직접 프랑스 외 교부를 교섭하는 중에 돌연히 한국독립선언의 전보를 받았으니 우리 대표자의 교섭은 이로부터 힘 있는 빙자거리가 있어서 이왕의 모든 장애를 쓸어버릴 듯 하더라.[23]

이상의 『신한민보』 기사에 반영되고 있는 것과 같이 안총장, 중앙총회 임원, 그리고 미주와 하와이의 많은 유지들은 이 박사와 윌슨 대통령의 면 담에 일루의 희망을 두었고 또 병행하여 프랑스행도 꾸준히 노력하게 하 고 있었던 것이었다. 이 박사로서도 윌슨 대통령과 구면이었고 프린스턴 대학 재학시절 신세를 진 일이 있었던 까닭으로 윌슨 대통령이 만나줄 수 도 있지 않을까 하는 희망이 없을 수 없었겠다. 항차, 교포사회에서는 이 박사와 미국대통령의 친교가 보통이 아닌 것으로 선전되어왔기 때문에 면 담하면 좋은 일이 생길 수 있다고 믿지 않을 수 없었겠다. 윌슨 대통령의 딸이 결혼할 때 하와이에서 청첩장을 받은 두 사람 중의 한 사람이 이 박 사였다는 이야기는 이 박사의 영예를 올리는 데 크게 작용하여 왔었다. 그 렇지만 이 박사로서는 일이 실패하여도 빠져나갈 길을 만들어 놓아야 되 었겠다. 만일 윌슨 대통령을 만날 수 없든가, 만나도 아무 성과가 없어도 만국평화회의 출석소동에 선견지명을 가지고 있었다는 것을 미리 세상에 주지시킬 수 있었으면 박용만파의 공격에 견딜 수 있다고 생각하였던 것

---

[23] 위의 기사 참조.

이 아닌가 한다. 하여간 이 박사는 윌슨 대통령과의 면담을 위하여 진지하게 노력하기 시작하였다. 우선 이 박사로서는 자신이 대국들의 국가이익과 국제간의 현실을 충분히 이해하고 전투적 독립운동가가 아니라는 것을 부각시키고 이 박사의 견해는 온건하고 고려할 여지가 있다는 일면을 보일 필요가 있었겠고 또 이러하여야 대통령도 면접할 시간을 낼 마음이 생길 수 있다고 계산할 수 있었겠다. 또 당시 미국은 일본과 시베리아에서 과격파를 막는데 공동작전을 하고 있었던 것이다. 만주나 노령에서 혈투를 벌이고 있는 독립군의 견지에서 보면 절대로 용서할 수 없는 반역행위일 수 있지만 국제정치의 시각에서 보면 이 박사와 정한경의 '위임통치안'도 애국하는 마음에서 나온 것이라 생각할 수 있다.

3·1운동을 어떠한 눈으로 미국정보기관에서 평가하였던가? 대통령은 국무성 외교관의 보고뿐만 아니라 외국공관에 주재하는 무관들의 정보를 엮은 육군 참모본부의 「매주정보요약」도 읽었다. 국회도서관에 소장된 방대한 「윌슨대통령문서」 중에는 이 "Weekly Intelligence Summary"가 상당량 포함되어 있다. 이 비밀문서는 대통령을 비롯한 18개 처에만 공급된 것으로서, 1919년 3월 이후의 호수를 보면 시베리아 정세, 과격파 정보, 일본군의 동태 등을 소상히 취급하고 있는데 반해 3·1운동 소식은 제59호(3월 16~22일)에서야 처음으로 다음과 같이 소개되었다.

〈코리아의 소요〉

최근에 일어난 서울과 특별히 한국 북쪽에서의 소요는 몇몇의 경찰관과 일본인 관리의 살해를 야기했는데 이것은 일본정부에 대한 공격과 한국의 독립을 선언한, 32인의 한국인이 서명한 바 있는 한 문서의 전파로 비롯된 것이라고 한다. 이 소요로 기독교학생들이 비난받고 있지만 조사 결과 소요참가자의 약 15%만이 기독교신자라고 한다. 그리고 지도자들은 하나의 새로운 정치종교단체의 회원들이라 하며 외국선교사들은 이 운동에 가담하지 않았다는 것이다.

이 시위운동의 진정한 목적은 언론의 자유, 청원의 권리, 학교에서 한국어의 사용, 그리고 약간의 불만의 씨의 제거에 있다고 한다.

이 정보요약에 의하면 3월 중순에 있어서 3·1운동에 대한 미국의 인식은 일종의 속국민 지위개량운동 정도로 보지 않았나 한다. 다음 한국 문제를 다룬 기사는 제104호(5월 24일)인데 이것은 만주 『매일신문』의 논설을 전제하여 일인 측의 3·1운동에 대한 견해를 참고로 하였고 제114호(8월 2일)는 한국인의 열 가지 불만이라는 것을 다음과 같이 열거하고 있다.

1) 경찰의 사찰행위, 불법적 체포, 재판 없는 억류.
2) 행정개혁을 위한 청원권의 거부.
3) 동양척식회사의 토지 병탄.
4) 자유의사 발표권리의 부인.
5) 한국어 사용 금지
6) 한국인의 비판자유권 거부
7) 종교상을 제외한 공공 집회의 금지.
8) 외국여행의 제한
9) 한국인의 차별대우
10) 公娼제도 실시.

또 이 해의 한국관계 기사는 119호(9월 6일)가 마지막인데 이것은 일본 『중앙공론(中央公論)』의 글을 번역한 것이었다.

이 「정보요약」을 통하여 또 하나 엿볼 수 있는 미군 수뇌부의 관심은 공산주의 사상의 침투에 관한 것이다. 시베리아에 출병한 일본 사병들에 대한 공산주의 사상의 침투가능성 등이 많이 기사화되어 있는 것을 발견할 수 있다.

이러한 상황하에서 이 박사가 생각할 수 있는 것은 "온건하게 추진하여 최소한도의 것이라도 얻어보자"는 타산이었을 것이다. 따라서 정한경과 민찬호가 전년 연말에 청원한 문서에 약간의 자구 수정만 하고 위임통치 청원을 여기에 삽입하여 다시 제출하게 된 것이다.

삽입된 위임통치안은 다음과 같다.

> 천오백만의 자유를 사랑하는 한국인의 이름으로 저희들은 동봉한 청원서를 각하께서 평화회의에 제출하여 주시옵고 평화회의에 모인 연합군측이 한국의 장래에 완전한 독립을 보장하는 조건하에 한국을 국제연맹의 위임통치하에 두고 현 일본의 통치하에서 해방하는 조치를 취할 수 있도록 저희들의 자유원망을 평화회의 탁상에서 지지하여 주시기를 간절히 청원하는 바입니다. 이것이 성취되면 한반도는 중립적인 상업지역으로 변하고 모든 나라가 혜택을 받을 것입니다. 이것은 또한 극동에 하나의 완충국을 창립하는 것이 되어 이것은 어떤 특수국가의 확장을 방지하고 동양에 있어서의 평화를 유지할 것으로 알고 있습니다.

동봉한 만국평화회의에 제출한 청원서는 이상의 제의에다 다음 구절을 첨가시키고 있다.

> 이 한국의 국가재건은, 국제적 보장이 한국의 자유를 효과적으로 유지하지 못할 때 일본이 직면할 여러 가지 위험을 제거하여 주기도 할 것입니다.

이 청원서들을 쓴 날짜는 1919년 2월 25일로 되어 있는데 실제로 제출한 날짜는 3월 3일인 것 같다. 즉 이 박사가 3월 3일 백악관 비서실장 Tumulty에게 쓴 편지가 남아있는데 이 편지에서 이 박사는 자신의 편지에 신속한 회답을 주어서 고맙다고 전제하고 금방 해외 150만의 한국인을 대표로 하는 '대한인국민회'의 집행위원회의 지령을 받아 요구하는 것인데 대통령을 2~3분만이라도 만날 수 있게 해달라, 친히 「청원서」를 수교하고 싶다, 만일 워싱턴에서의 면회가 불가능하면 내일 저녁 대통령이 뉴욕에서 아일랜드 대표들을 면접할 직전이나 직후에 만날 수 있게 해달라, 본인의 목적은 오로지 「청원서」를 친히 드리고 파리평화회의에서 한국문제를 제기해달라는 것뿐이다, 동봉하는 「청원서」를 국무부에 보내지 말고 본인에게 돌려 달라 하는 내용이었다(부록 참조). 이 편지로 판단하건대 이 박사는 견본으로 「청원서」 한 통을 Tumulty에게 보내고 정말 간절히 대통령과의 면담을 요구한 것이었다. 대통령과는 구면이니 만날 수 있으면 일루의 희망이 있을 것 같았는지 모르겠다. 또 견본을 보낸 것은 우리가 요구가 이렇듯 온건하다는 것을 보여 안심시키려 하였는지 모른다. 이 이 박사의 2~3분 면담요구에 대한 회답은 다음날 도착하였다. 「청원서」는 대통령에 전했고, 면접은 워싱턴에서나 뉴욕에서나 불가능하다는 것이었다. 이 박사는 같은 날 다시 편지를 썼다. 「청원서」를 드렸다니까 대통령의 회신을 워싱턴에서 기다리겠다는 것이었다. 그러나 윌슨 대통령은 회신을 쓰지 않았다.[24]

3월 7일 이승만과 정한경은 무거운 마음으로 국무차관 포크에게 편지를 써서 파리에 있는 국무장관 랜싱에게 동봉한 청원서를 부쳐달라고 요구하고는 이 교섭극의 막이 내려졌다. 그리고 국무부는 3월 8일 기자들에게 다음과 같은 해명을 전달하였다.

　두 사람의 한국인이 프랑스로 가는 여권을 청구하였는데 미국시민도 아니고 법적으로 미국시민도 될 수 없는 사람들에게 여권을 발급할 수 없었다. 그들은 다시 출입국 허가서류를 만들어 달라 하였는데 이러한 서류가 있다고 하여도 프랑스에서 입국시킬 수 없는 것이다. 이들은 일본국민인 까닭에 마땅히 일본 대사관에서 여권을 받아야 될 것이다.[25]

---

[24] 윌슨문서는 수십만 매의 모든 문서가 색인화되어 있어 찾기 편한데 이 색인으로 판단하면 회답은 없었다.

[25] 『뉴욕타임스』, 1919년 3월 9일, "Korean Case Explained" 기사 참조. 또 정한경은 이미 1918년 12월 20일 일본 주뉴욕총영사관에 나타나 파리행 여권을 신청하여 거절당한 바 있었다.

귀걸이 코걸이식의 자기변명이었다. 12월 초에서 3월 초까지 석 달 동안 정한경은 견마와 같이 뛰었고 이 박사도 툴툴거리면서도 지령대로 최선을 다하여 교섭한 것으로 간주된다. 하와이에 돌아가면 연합회 쪽의 공격이 기다리고 있을 것이라 이 박사의 가슴은 납덩이를 얹어놓은 것처럼 무거웠을 것이다. 몇 년째 윌슨 대통령과 그렇게 친할 수 없다고 선전하더니 단 한 번도 만나보지 못했고 친서 한통 받지 못하고 실패하여 돌아왔다고 하는 소문이 꼬리를 물고 날 것이 뻔했다. 또 그의 위임통치안은 과거에 그가 실질적으로 독립운동을 외면한 것과 결부되어 '출운호 발언사건'에 겹쳐 재정적인 문제와 함께 다시 거론될 가능성이 많을 것이었다. 그러나 이 박사는 정치적으로는 매우 운이 좋은 사람이었다. 3월 9일 3·1독립선언의 소식이 처음으로 미주에 전하여지고 점차 이 박사와 안총장의 위치가 바뀌어간 것이었다. 극동에서는 이 박사의 성가 지명도가 안총장보다 훨씬 높았던 것이다. 이것은 현순(玄楯)의 전보에서 여실히 드러난다.

 桑港 한인 안창호 : 한인 300만 명 독립단은 예수교회 3천과 천도교회 5천과 각 대학교와 모든 학교들과 및 각 단체들이 일어나 조직한 자라. 독립단은 3월 1일 하오 1시에 서울, 평양과 및 그 밖의 각 도시에서 대한독립을 선언하고 대표자는 손병희, 이상재, 길선주 3씨를 파송하였소. 이승만 박사는 어디 있소? 회전하시오.

상해 특별대표원 현순

이 전문은 영문에서 서둘러 한글로 옮긴 것이기에 착오가 좀 있을 듯하나 마지막 "이승만 박사는 어디 있소? 회전하시오"는 실감나는 토막이다. 이 박사는 극동에서 더욱 절실하게 요구되는 이름인 것이었다. 이 전문은 곧 이 박사에게 타전되었고 이 박사는 다음과 같이 회전하였다.

현순씨의 해저전신번호를 알게 하며 다른 소식이 있으면 알게 하시오.
10일 필라델피아 대표자 이승만

이 박사는 3월 16일 워싱턴에서 기자회견을 청하고「한국위임통치청원
서」를 공개하여 각 신문에 보도케 하였으며 또 바야흐로 전개되고 있는
독립시위에 가혹행위가 없도록 미국과 영국정부가 일본에 압력을 가해줄
것을 요구하였다.[26]『신한민보』에서는「드디어 독립」등등 이미 독립된
것처럼 흥분한 보도가 계속되었으나 미국의 정치학을 배운 이승만과 정한
경은 3·1운동을 보는 눈이 보다 차가웠다. 정한경은 한국은 자치능력이
없고 일본의 통치가 적합하다는 Soper 선교사의『뉴욕타임스』지 기고(3/20)
를 반박하여 다시 동지(同紙) 21일자에 위임통치안을 내어놓았다(부록 참
조). 계속하여 그는『ASIA』라는 잡지 5월호에「금일의 한국, 일본식민정책
에 대한 일(一)한인의 견해」를 발표하여「자치론」을 발설하였고 공격받는
근거가 되었다. 지금 이 논문에서 관련된 부분만을 소개한다.[27]

만일 일본이 한국민에 대하여 공정하게 대하고 있다는 주장이 참되고 성립
한 것이라면 일본은 한국에 다음 3자 중의 하나를 택하여야 할 것이다. 즉,
1) 완전독립
2) 자치
3) 자기 나라를 위하여 입법하고 행정하는 요원을 선택하고 자신들의 법을
    관리하고 만드는 데 대한 발언권
첫째 조항의 실시는 가장 도량이 넓은 행위가 될 것이다. 세계사에 있어서
일본 민족의 위대성을 영원히 찬양하게 만드는 행위이다. 그러나 만일 일본의
정치가들이 이 관용을 가져오는 궁극적 이익을 내다보지 못하면 그들은 한국
에 자치정부를 허용하여야 한다. 한국인은 한국의 내부사정을 주관할 권리가

---

26) 『뉴욕타임스』, 1919년 3월 17일 보도.
27) Henry Chung, "Korea Today-A Korean View of Japan's Colonial Policies", *ASIA*, Vol.XIX No.5,
    1919. May, p.467.

있다―비록 그 권리가 종주국하의 권리라 하더라도. 만일 이 권리가 인정만 된
다면 일본인은 세계에서 가장 성공적인 식민국가, 즉 영국의 본보기를 따르는
것이 된다. 만일 일본정부가 동화정책을 주장하여―이 동화정책은 완전히 실패
하였고 나의 의견으로는 성공가능성이 절대 없는 것이지만―이만치의 '공정'함
도 부여하기에 인색하다면 적어도 한국인은 자기들의 진정한 발언권이 있어야
한다. 일본 정치가들은 "대표권이 없는 과세는 폭정이다"라는 것, 또 군인의 총
이나 헌병의 검으로써 한국인을 충성된 일본인으로 만들 수 없다는 것을 명심
하여야 한다.

정한경은 1921년 6월 상해 임정과 각지의 독립군단체에서 위임통치문제
가 시끄러워지자 해명서를 안창호와 이광수에게 보냈는데[28] 이 서간 등에
서 정한경은 청원서를 제출할 당시는 3·1운동 발발 이전이 되어서 이 민
족운동을 예견할 수 없었다는 것, 위임통치문제도 청원할 때 안창호 총장
의 인가장을 받았다는 것, 또 지금도 그 편지를 가지고 있다는 것, 청원서
의 내용을 보내니 판단하라는 것 등을 적었다. 우선 첫 번째 주장은 대체
적으로 정확하다고 보겠으나 3·1운동 후까지 위임통치와 자치를 제창한
데 대하여는 아무 설명이 없어 사실은폐 혐의가 분명히 있다. 둘째 주장은
정한경이 정기적으로 안 총장에 보고문을 작성하고 있었기에 필자는 안창
호가 인가하였을 수도 있지 않나 추정한다. 하지만 1919년 6월 16일 안창
호가 상해에서 국민회 중앙총회 앞으로 타전한 "일본은 자치를 고취하오,
우리는 이 제의에 대하여 절대적으로 반대하노라. 우리는 도무지 금전이
없소 정한경씨의 『아시아』잡지 논문으로 크게 분노가 일어났노라"라는 전
보문을 참고로 한다면[29] 안 총장이 몰랐거나 보고문 중에 있었어도 대수
롭지 않게 생각하였을 수 있겠다. 셋째로, 보낸 청원서가 영어원문과 같은

---

28) 조선총독부 경무국, 『在外不逞鮮人近情』(1921년 9월), 미국 국회도서관 소장 「일본외무성문
서」 마이크로필름 SP 141 74-95쪽 참조.

29) 『신한민보』, 1919년 6월 17일.

가의 문제는 일제문서에 번역 게재한 것과 태평양잡지사에서 1921년 6월
에 반포한 것이 있어[30] 비교하여 본다면 약간 차이점이 있기는 하다.

하여간 이 박사, 정한경 양씨가 위임통치안을 제기한 의도는 선의의 것
이었는데, 중국에서는 비난의 초점이 되어 제2의 이완용이니 한국을 미국
에 팔아넘기려 한다느니 한 때 매우 소란하였던 것이 주지의 사실이다. 필
자는 이러한 비난 중에서 그래도 논리적으로 다루었다고 생각되는 것 하
나를 이곳에 전재하여, 만주에서 혈투를 벌이던 인사들의 시각을 엿보기
로 한다.

3·1 선언 이후에 우리 在滿인사들은 믿기를 內地에서 희생적으로 하는 徒
手시위운동은 장구히 계속 진행할 수 無할 줄로 확신하였습니다. 그리하여 우
리 在滿유지 중에서 敵我의 중과부적도 불관하고 시세의 호불호도 不計하고
군사상 활동으로 內地의 비무장적 운동을 인계하여 독립선언서에 실린 말과
같이 '최후 일각까지 최후 일인까지' 조국광복사업에 모든 것을 희생하려고 결
심하였습니다. 그러나 우리는 재정이 없으므로 내지에서도 거대한 군자금을 모
집하기로 극력하였었으나 적의 가혹한 검열로 인하여 이도 성공하지 못하고
오직 믿기는 美領에서 공채도 모집한다 하며 애국금도 모집하여 기만 원을 수
합한다는 보도를 들은 동시에 으레히 우리의 군비를 다소간 지출할 줄로 확신
하고 군사행동을 계획하였습니다. 우리는 상해임시정부에 이 일로 교섭도 하여
보았습니다. 그러나 임시정부에서 말하기를 미령에서 공채를 기만 원 모집하였
대야 구미위원부에서 외교비로 거진 다 소비하는 모양이고 실상 임시정부에는
몇천 원이 납부되지 않으므로 임시정부의 관청서 줄 돈도 없다고 하였습니다.
(중략)
물론 미령에 계신 인도자 여러 어른 생각에는 외교가 무엇보다도 필요한 줄
로 각오하시고 미령에서 모집한 재정을 군사비로는 한 푼을 예산하지 않고 대

---

30) 하와이 『태평양잡지』사에서 반포한 것으로 생각되는 「위임통치에 대한 사실」은 민찬호, 안
현경, 이종관의 이름으로 되었고, 첨부한 청원문 원본 국역과 「정한경씨 편지」 또 「현순의
행동」을 수록하였다. 1921년 6~7월경에 찍은 것으로 추정된다. 이인수 교수가 제공한 것으
로 여겨서 심심한 사의를 표한다.

다수를 외교비로 지출하였는지 본인이 자세히 알 수 없거니와 우리 재만 인사는 이에 대하여 참으로 낙망되었습니다. 외교가 광복사업에 필요치 않음이 아니로되 만일 누구나 우리 3·1운동 시에 외교문제가 생김도 내지에서 열광적 徒手시위운동을 보혈을 많이 흘린 결과의 출생으로 각오할 것 같으면 우리의 군사상 활동을 부인하거나 냉정시하지 아니하셨겠다. 싸움을 계속하지 않고서야 어찌 외교의 성공을 몽상이나 할 수 있으랴. 혹 어떤 이는 말하기를 우리가 군사상 활동을 한대야 일본의 육해군의 세력을 대항할 수 도저히 불능인즉 군사운동이 소용없는 일이라고 하였다. 이런 언론은 우리 광복사업과 정반대되는 언론이라. 만일 우리가 독립을 원치 않는다면 모르거니와 독립을 하자면 혈전으로 뒤를 받들지 않고야 외교의 무슨 효력을 기도하겠는가. 차라리 뛰어난 외교를 하노라고 거대한 재정을 없이하는 이보다 우리의 뒤를 먼저 충분히 준비함이 낫지 않은가.(중략)

소위 위임통치문제가 자자하니 우리는 이것을 처음에는 미령 인도자들의 한 일이라고 믿지 않았댔소이다. 설마 문명국의 풍기를 맛본 미령 인도자로서야 이것을 외교라고 하였으리라고는 몽상도 안하였소이다. 원동 동포들은 그 빈핍한 재정을 모아서 김규식선생을 파리에 파견하였는데 황차 부강한 미령 동포로서야 평화대사를 파리에 파송하지 못하고 워싱턴에서 위임통치문제를 제출하였을 줄 알았으리오. 그래서 재만 동포 중에서 그 일을 사실하여 보려고 상해에 사람까지 파송한 일도 있었습니다. 그 일이 참인지 우리는 지금도 몽경에 在합니다. (중략)

미령에 계신 동포시여! 형님네 누이님네는 자유롭게 활동할 수 있으며 살 수 있지 않습니까? 우리 임시정부를 만일 당신네 중에서 변개하였었고 무능하게 하였거든 다시 유력하게 발전하게 할 것도 당신네의 책임이 아니겠습니까? 우리는 당신네들을 원망 안할 수 없습니다. 왜 執政官총재제 어떻고 대통령제로 고쳐서 정부의 위권을 자별케 하였는가, 당신네 인도자가 한 일인 즉 당신네들이 교정할 의무와 권리가 있다고 합니다.

대한민국 5년 8월 일
간도에서 리○○

7. 맺는말

3·1운동 시기 이전의 이 박사는 실질적으로 기독교 교육자이자 기독교 포교자였고, 한국을 망친 고종이나 정부집권자나 그 배후의 러시아에 대한 분노를 일본에 대한 분노보다 훨씬 더 강도있게 가지고 있었다. 미국에서 최고학부를 나온 이 박사는 자연스럽게 서구적 시각으로 국제정세를 볼 수 있었으며, 이것 때문에 그는 시기가 올 때까지 인내성 있게 기다릴 수 있었다. 무장투쟁노선을 달리던 박용만은 노출된 까닭에 일본 공관 측과 미국당국의 우회적 방해와 타격을 받아 좌절하였으나 이 박사에게는 그런 일이 없었다. 3·1운동이 일어나자 국내에서나 동아 각지에서나 모두들 이 박사의 이미지—즉 독립협회의 투사, 오랫동안 옥고를 치른 애국지사, 고종의 밀명을 받고 루즈벨트와 회견한 외교통, 미국 최고학부를 나온 한국이 자랑하는 지식인, 미국대통령 윌슨과의 교제 등등 어느 모로 보나 이 박사가 독립운동의 최고지휘자가 되어야 하겠다고 믿게끔 되었다. 그래서 그는 일약 전 세계 한인의 최고지도자가 될 수 있었다.

그가 독립운동을 한다고 공부를 집어치우고 대동보국회나 통솔하고 또는 장인환재판에 말려들었다면 1919년의 이 박사는 없었을 것이다. 그가 꾸준히 하와이 한 구석에서 교육사업에 종사하고 정치기반을 확보하고 병학교나 '대동단결선언'에 적극 호응하고 상해를 왕복하고 하였다면 또 어떠한 길이 그 앞에 있었는지 모를 것이다. 결국 때가 올 때까지 은인자중하는 德川家康적 지향성이 그 자신을 고스란히 보존하게 하여 정상으로 뛰어오르게 한 것이다.

당시나 현금이나 국제정치상에서 망명자들이 독립을 달라고 청원하고 항의하여 독립을 얻게 될 세상은 존재하지 않는다. 여기에는 광범위하게 민중의 의지가 표출되어야 하고 무장독립운동이 뒤따라야 망명자의 항의나 청원이 힘을 가지게 된다. 한국의 경우 3·1운동으로 민중의 의지는 과

시되었으나 강대한 무장운동이 뒤따르지 않았다.

이 박사가 무장활동을 완전 무시한 것은 아니다. 노령의 박처후(朴處厚)와 연락하여 무장독립운동의 가능성도 타진했으나[31] 그의 객관적 진단은 그토록 강대한 일본의 무력에 대항할 수 있을까의 의문이었을 것이다. 이것이 그와 정한경으로 하여금 위임통치안을 제출하게 한 동기이다. 가능하면 온건하게 행세하여 호감을 사고 파고 들어갈 길을 열어보자고 생각하였을 것이다. 어찌 이러한 행동이 이완용의 행동과 똑같이 인식될 수 있을 것인가? 그의 위임통치안은 한국의 독립을 위한 하나의 방략이었고 우국충정의 소산물이었다고 볼 수 있다. 그래서 이 위임통치안은 독립방략론의 하나로 연구대상이 되어야 하는 것이며 또 해방 후 정국에 있어서 어떠한 국제환경하에서 그가 신탁통치안을 받아들였겠는가의 맥락에서 연구대상이 되어야 하는 것이다.

【부기】

이 논고를 끝내면서 문득 이 박사의 구미위원부 활동과 라트비아, 에스토니아, 리투아니아 등 소위 발틱 3국의 주미공관과를 비교하고 싶어졌다. 워싱턴이나 뉴욕에는 이들 3개국의 공사관이나 영사관이 실재한다. 아다시피 이들 3국은 제2차대전 중 독립을 상실하고 소연방의 일부로 편입되었다. 다행히 이들 3국은 미국에 해외재산을 가졌고 공관도 가졌으므로 그대로 공관을 유지하고 있다. 미국은 이들 3국이 주권국가라는 것을 인정하고 있다. 따라서 공관의 존재에 이의를 제기하지 않는다. 그들은 망명정부도 없고 만들 생각도 없다. 서방열강이 좋아하지 않는다는 것이다. 독립운

---

31) 이 책(방선주, 앞의 책, 1989) 1장 「박용만 평전」 제4절 중 '소년병학교의 朴處厚' 소개 참조.

동도 없다. 그들의 국내 사정—공산당의 탄압, 러시아인의 집단이주 등 문제를 홍보하는 정도가 그들의 일이다. 때를 기다린다고 그들은 이구동성으로 말한다.

그런데 우리 이 박사는 거의 독자적 역량으로 재정을 끌어모아 주권도 인정하지 않는 미국의 수도에 구미위원부를 설치하고 4반세기 버티었던 것이다. 미국정부는 그의 존재로 한국민의 독립열망과 존재를 알고 있었다. 그는 만주사변 후 미국이 점차 일본적대정책을 취할 때 대일강경도를 증폭시켰다. 어떤 의미에서 보면 그의 초대대통령 취임은 당연한 인내의 결과라고 할 수 있다.

❖『재미한인의 독립운동』, 한림대 출판부, 1989

홍언(洪焉)과 국민회(國民會)

1. 홍언(洪焉, 1880~1951)은 누구인가

홍언(洪焉, 洪宗均)은 도대체 누구인가? 그의 이름 두 자를 아는 사람은 극히 적을 것이다. 그는 재미한인의 지도자도 아니었고 사업가도 아니었다. 첫째로 그는 40여 년간 언론계에 몸담아 독립고취에 꾸준히 힘쓴 사람이다. 둘째로 그는 '미스터 국민회'였다. 그는 국민회의 실질적인 업무 담당자로서 국민회의 역사와 영욕을 함께 하였다. 셋째로 그는 역사가였다. 그만큼 미주 한인의 역사에 정통하고 역사적 안목으로 서술한 사람은 없다. 넷째로 그는 문인이었다. 그가 남긴 시만도 5, 6백 편 되며 소설, 희곡, 평론 등 많은 작품을 남겼다. 다섯째, 그는 '洪삿갓'이었다. 그는 미주의 명승지, 캐나다, 멕시코, 페루, 칠레 등을 두루 돌아다녔다. 여섯째로 그는 북미한인과 북미화교의 교량역이었다. 중국인신문에 때때로 한시·시사평론 등을 기고하였고 중국인에게서 독립운동자금을 받아내는데 큰 공을 세웠다. 마지막으로 그는 원만한 인격의 소유자였으며 가난뱅이였다. 그의 필봉은 일본에 한하여 날카로웠고 교포사회의 정쟁에는 초연하였다. 혈혈단신에 돈없는 그는 해방 후의 고국방문단에도 끼지 못했으며 병마와 싸우다 1951년 71세로 별세하였다. 물론 그의 무덤에는 비석도 없다.

홍언은 초창기 흥사단의 제7번 단우이다. 즉 (1) 하상옥(河相玉) (2) 강영
소(姜永韶) (3) 정원도(鄭原道) (4) 안창호(安昌浩) (5) 황사용(黃思溶) (6) 양
주은(梁柱殷) (7) 홍언(洪焉) (8) 민찬호(閔燦鎬) (9) 황사선(黃思宣) (10) 김
홍구(金鴻句)로 이어나가는 단우명단에 일곱 번째로 배열되어 있다.[1] LA
흥사단에 남아있는 그의 이력서는 다음과 같이 적혀 있다.

> 출생시 建國紀元 4213년 2월 27일
> 출생지 한국 경기도 京城南部
> 거주지 自出生後至4227년 경성남부
>   自4227년至4235년 廣州及春川
>   自4235년至4237년 중국각지
>   自4237년至4244년 美領布哇
>   自4244년至於今 美州桑港
> 직 업 自4219년至4229년 在家庭修學
>   自4236년至동년 12월 量地事務所修契券文簿
>   自4236년至4237년 敎授私塾
>   自4237년至4240년 布哇砂糖農役
>   自4240년至4241년 『自强會報』편집사무
>   自4241년至4242년 『合成新報』편집
>   自4242년至4243년 『新韓國報』편집
>   自4244년至4245년 『新韓民報』편집
>   自4245년至4246년 印刷役
> 학예 저술 · 인쇄
> 단체 自4240년 爲哇伊自强會. 4241년에 자강회가 合成協會와 합동한 후에 합
>   성회원이 되고 4242년에 합성협회가 共立協會와 합동하여 國民會로 성
>   립한 후에 국민회원이 되고 4242년에 국민회가 大同保國會와 합동하여
>   大韓人國民會로 성립한 후에 대한인국민회원이 되움. 4242년에 爲哇伊

---

[1] 흥사단사 편집위원회, 『흥사단 50년사』, 1969, 부록 참조.

한인기독교청년회에 입회하여 于今까지 到處 청년회원이 되옴.
종교 4241년에 예수교회 學習人으로 4242년에 受洗禮
최장기능 인쇄
개명 본명은 '宗杓'로 통행하다가 도미 후에 '焉'으로 개칭함.
가족 父 淳學 已故
　　　母 李氏 已故
　　　兄 寅杓 現住韓國盈德
　　　　　俊杓 상동
　　　　　峻杓 現住韓國仁川
　　　　　景杓 現在爲哇伊
　　　弟 漢杓 現住韓國京城
　　　妻 金氏 年34 現住韓國盈德
　　　　　입단일 건국기원 4246年 月 日

　이 이력서에 의하면, 그는 1880년 서울에서 출생하여 14년 동안 지낸 다음 1894년부터 1902년까지 경기도 광주와 강원도 춘천에서 살았고 1902년부터 1904년까지 중국에 머물렀다. 그곳에서 1902년에 양지사무소(量地事務所) 일을 보고 1903년 사숙(私塾)에서 가르쳤다고 하니 간도에 갔을 것으로 짐작된다. 1904년 러·일전쟁이 일어난 해에 귀국하여 아마도 4형인 경표(景杓)와 같이 하와이이민을 가게 되었다. 1906년 가와이도(島) 막가월리농장에서 송건, 홍종표, 고석주, 리형기 등이 발기하여 자강회(自强會)를 조직하였다고 했으니 가와이도에 배치받아 막노동에 종사하였다. 당시의 노동환경에 대하여는 일본 『조야신문(朝野新聞)』에 소개한 것이 조금은 참고가 될 듯하여 여기에 소개한다.

〈布哇國出稼〉

愚民들은 마치 하와이소島가 搖錢樹로서 채워진 것으로 착각하여 고국의 부

모처자를 버리고 오직 욕심을 동반삼아 알지도 못하는 이 섬에 가기도 하고 또
士族輩까지도……따라나서고 있다. (중략) 계약체결문에 어떻게 적혀 있다는
것도 무시하고 이른 아침에 늦은 저녁까지 혹사당하고 다다미 6장짜리 방에
7~8인을 집어넣고 질병이 있어도 휴식도 시키지 않고 심지어는 기동도 자유스
럽지 못한 환자를 억지로 취역시키고 만일 듣지 않을 때는 태형을 가하고 또
食物 등의 운임이 심히 비싸기 때문에 16불의 임금을 받는다고 하여도……이익
은 매우 적어 이로써 보건대 餘財를 가지고 고국에 돌아간다는 것은 생각지도
못하고 수년간 고생하여도 이 苦界에서 탈출하기도 힘들다고 한다. 운운.[2]

홍언(洪焉) 즉 홍종표(洪宗杓)도 사족(士族)의 후예이었다. 집이 청한하
여서인지 모험심이 풍부하여서인지 모르지만 사형(四兄)과 같이 하와이
이민을 가서 막노동에 종사하다가 자강회 발기인이 되고 그 월보인『자신
보』를 편집하였다. 이 월보는 원고를 국내로 보내어서 인쇄하여 왔기 때문
에 하와이 지방에서 출중하였다.[3] 자강회는 1907년에 가와이도 3지방에
지회를 설립할 정도로 세력이 커졌다. 1907년 9월, 하와이 각 지방의 24단
체가 호놀룰루에 회집하여 합동발기대회를 열고 '한인합성협회'를 조직하
고 동년 10월 22일『한인합성신보』를 창간하였다. 한인합성협회와 본토의
공립협회(共立協會)가 1909년 합동하여 국민회가 되자 신문이름을『신한
국보(新韓國報)』로 고쳤고 1908년부터 약 4년간 신문제작을 맡았다. 이름
이 주필이지만 사실은 지면제작에서 인쇄까지 온갖 신문출간에 따르는 잡
역을 맡아서 하는 것이 그의 일감이었다. 당시 하와이에도 많은 지식인이
존재했지만 그의 문재(文才)가 출중하였기 때문에 하와이 전체를 대표하
는 신문의 주필자리가 그에게 돌아간 것이다. 이때가 홍종표(언) 29세의
일이었다. 나중에 홍언은 이 당시의 정황을 회상하여 다음과 같이 쓰고 있
다.

---

[2] 『朝野新聞』, 明治 18년 6월 19일 기사. 또 翌 20일의 사설, 「布哇國出稼人을 論함」 참조.
[3] 김원용, 『재미한인 50년사』, Reedley Ca. U.S.A., 1959, 91쪽, 「자강회」 항목 참조.

1908년에는 하와이 한인 각 단체가 통일하여 합성협회를 조직하던 때라 나는 '에리에리'로부터 호놀룰루항에 나와……당시는 하와이 한인사회의 초창시대라 만사가 간난하여 먹을 것도 없었던 것이라 쌀을 얻어다가 양철통에 밥을 지어 나누어 먹고 권연초 한 개를 잘라 나누어 피우며 밤에는 책상 위에 같이 누워 좁은 이불을 서로 잡아 다니므로써 쌈을 하다가 잠들었나니[4]

이러한 고생은 이역만리의 절해고도에서나마 두고온 강산의 자주독립을 위하여 노력해 보려는 거룩한 단심(丹心)에서 나온 것이며 이들 엽민(葉民)의 애국정성은 포오츠머스 러·일강화 담판 때에 그 힘든 경지에서 윤병구를 파견하였던 것에서도 잘 나타나고 있다.

2. 『신한민보(新韓民報)』 주필활동 및 국민회(國民會) 모금여행

홍언은 1909년 세례를 받아 기독교인이 되었고 1911년 11월 박용만이 사직한 『신한민보』 주필자리를 물려받아 미주본토 상항에 갔다. 그는 11월 8일자 『신한민보』에 「집필초일(執筆初日)의 소감(所感)」이라는 논설을 발표하여 우선 제2의 고향 하와이를 떠나는 착잡한 마음을 다음과 같이 적었다.

호놀룰루에서 뱃머리를 돌릴 때에 미리 황홀감이 꿈속같이 아무 생각 없었으니 무양(無恙)히 가라는 손과 다시 오라는 손이 어지러이 흔드는 것은 여러 동지의 간절한 사랑이오……물결이 울면 하와이동포의 소리를 듣는 듯이 구름이 일면 하와이동포의 기상을 보는 듯이 공연히 조조하며 울울하여 돛대를 치며 슬피 노래함이 가장 참담한 세계를 벗어나기 힘들더니

---

4) 『신한민보』, 1934년 9월 6일, 「故蒼海君을 생각함」 참조.

그리하여 해외 가정부(假政府)의 총기관이 소재한 상항에 들어가는 숙연한 마음가짐을 표현하면서 자신의 식견을 '국혼(國魂)'이라는 것으로 강조하면서 북미교포에 선을 보였다.

　　이역풍토를 遊離하면서 5천명이 차지 못하는 적은 우리와 7~8년을 넘지 못하는 짧은 세월을 가지고 윤망한 의관을 보존하여 해외단체를 통일하였으며……힘을 길러 예비하며 때를 보아 움직이면 한 번 들어 국치를 씻을지라. 이것이 뉘의 힘이뇨. 여러 지사의 성심과 일반 동포의 성력으로 좇아나온 일이거니와 그 柱棟은 오직 대한 사람의 國魂이라는 신성한 물건이다. 그런고로 우리를 狂風怒濤에서 건질 자도 국혼이며 금수강산에 편안히 들어 보낼 자도 '국혼'이니 오호라, '국혼'이며, 우리의 '국혼'이 귀한저!

　홍언의 생각으로는 해외동포에게 이 무형지보(無形之寶)의 '국혼'이 있기에 합심단결이 가능하며 조국광복이 가능할 것이라는 희망을 집필초일의 논설란에 장식한 것이었다. 그는 주필자리를 약 5개월밖에 지키지 못하였다. 그것은 국민회를 엄습한 경제난 때문에 1912년 3월에 『신한민보』가 휴간에 들어가게 되었기 때문이다. 또 당시의 국민회 당국은 이광수를 주필로 데려오려고 노력하고 있었다. 1912년도에는 6월 17일에 복간한 것이 다시 휴간하는 것이며 중앙총회 대표회의에 맞추어 11월과 12월에 각 1회씩 출간하다 다시 1913년 6월까지 휴간에 들어가게 된다. 1912년 3월 이후의 신문주필은 정원도(鄭原道)이었다.

　1913년 5월 홍언은 흥사단 창단멤버로서 흥사단 경기도 대표가 되었으며 이후부터 같은 흥사단우이며 국민회 핵심간부가 될 이대위(李大爲) 목사, 백일규(白一圭)와 더불어 『신한민보』를 이끄는 중추적 역할을 담당하게 되었다. 이대위 목사는 당시 가주대학과 산·안셀모신학교를 다니면서 북미지방 총회장과 한인교의 목사일을 보아 무척 바빴고, 백일규도 가주대학에 들어가 공부하느라고 바빴기 때문에 실질적인 지면제작과 인쇄역은 홍언이 도맡아 하다시피 하였다.

1910년대 홍언의 문제는 알아보기 힘든 한문을 간간히 한글로 표현하면서 많은 수식어를 구사하고 그 문장이 좀처럼 끊어지지 않는 특성을 가졌다. 따라서 박용만의 논리성이 풍부하고 명쾌한 문체와 쉽게 구별된다. 원래 그는 온후한 인물로서 남을 예리하게 공격할 줄 모르는 위인이었던 까닭에 하와이 이승만파와의 필전이나 북미교포에 대한 설득력 있는 논설에는 그리 유용하지 못했던 것 같다. 그래서 주요논설은 이대위와 백일규가 담당하게 되었다. 이러한 패턴은 후일에 와서도 종종 있게 되어 홍언은 『신한민보』를 위하여는 없어서는 안 될 Handy Man이었으나 남과 싸울 때는 꼭 싸움꾼을 주필자리에 앉혀놓곤 하였다.

1910년대 홍언이 제작한 지면을 보면 스스로 동해수부(東海水夫, SAILOR OF EAST SEA), 추선 등의 필명으로 수필, 소설, 희곡, 한시 등을 연속 발표하고 있어 창작의욕이 매우 높았던 것을 볼 수 있다. 그가 처음 지은 소설로는 「미인심(美人心)」이라는 제목으로 1912년 1월 15일부터 간간히 13회까지 연재하다가 중단된 것이 있다. 내용은 파란(波蘭) 망국 전의 비화로, 그는 "내가 저술하다가 탕연히 눈물을 뿌리고 붓을 던져 차마 기록하지 못함이 몇 번인지 스스로 깨닫지 못하였노라"라고 그 서언(序言)에 쓰고 있다. 다음은 「철혈원앙」이라는 연재소설을 썼는데 역시 구라파를 무대로 한 이 소설은 1916년 5월 4일에 시작하여 38회째인 1917년 4월 19일에 끝났다. 셋째번 소설은 「옥란향(玉蘭香)」이라는 제목의 단편으로 1918년 5월 16일 시작하여 7월 4일 끝났는데, 내용은 구라파전쟁 당시의 간첩전을 다룬 것이었다. 희곡으로는 「동포」라는 것이 있어 1917년 10월 4일에서 동년 12월 26일에 제13회로 중단되었다. 여기서는 활동사진을 본다는 설정으로 한국독립군의 육해군이 해전, 육전에서 일본군을 대패시켜 동경을 점령하고 일왕의 항복을 받는다는 통쾌한 장면들이 나온다. 다음 역사물로서는 「추정이갑전(秋汀李甲傳)」, 「구주대전란기(歐洲大戰亂記)」, 「동국명장전(東

國名將傳)」, 「국민회사(國民會史)」, 「미국보지사략(美國報紙史略)」 등이 있었고 워싱턴 어빙의 단편소설 번역, 「허생전(許生傳)」의 한글번역 등도 있다. 이러한 번역물이 외국문학번역사 또는 한문학국역사(漢文學國譯史)에는 작은 위치를 가질 수 있을지 모르지만, 그 문장 자체로 논한다면 좀 난해하고 생경한 편이 아니었나 하는 인상을 준다. 모름지기 당시는 현대 한글문학의 모색기여서 마치 일본 명치(明治) 초년(初年)의 문학작품들이 모색하였던 그런 분위기가 아니었나 한다.

당시에 있어서 새로운 방향모색의 가장 기발한 시안은 연세대 총장을 지낸 백낙준(白樂濬) 박사의 한글시에서 볼 수 있을지 모르겠다. 1916년 9월 14일자 『신한민보』에 백성빈이라는 가명으로 발표된 시는 다음과 같다.

8월 29일
(上, ㅁ 자운)
기억해 이날을 못잊을 치욕을
우리로 하여금 씻을터 저희놈
불의의 표본은 승리의 결과는
바빌론 과소돔 이태리 같이롬
힘쓰게 실력을 태극기 날릴때
드리게 우리몸 무궁화 또필봄.
(ㅇㄱㄴㄷㄹㅁㅂ 순서)

그런데 필자의 견해로는 홍언이 1910년대부터 산문 또는 수필문학으로는 남에게 뒤떨어지는 존재가 아닐 것이라고 생각한다. 그는 이 시기에 「게잡이」, 「낚시질」, 「새몰이」 등을 연재하였는데 특히 「새몰이」는 이민사와 교차되어 매우 흥미진진한 읽을거리로 생각된다. 그 내용은 대충 다음과 같다. 블랙버드(Blackbird)라는 새는 원래 나무에 해로운 벌레를 잡아먹던 새였기 때문에 가주(加州)정부는 살상을 금지해 왔는데 일본인이나 한인이 수전(水田)을 경영하여 쌀을 재배하기 시작하니 이 새들이 수천 수만 마리씩 날아들어 곡식에 큰 해를 주게 되었다. 따라서 주정부는 경작지 일대에 한하여 수확기의 살상을 허락하게 된다. 이래서 산탄총으로 무장한 새몰이꾼들이 탄생하게 되고 우리 홍언 씨도 경험삼아 새몰이에 나간다.

내가 총을 어깨하고 일해로 더불어 새무리의 엄습하는 형세를 보니 수천만 두가 나무를 떠나 일시에 날아 공중에 높이 떠서 그 무리를 나누어 한 무리는 수풀을 의지하여 동편에 내려앉고 한 무리는 지엽이 무성한 고목을 金城鐵壁 같이 근거를 삼아 북편에 내려앉고 한 무리는 공격이 쉽지 않은 복판에 내려앉고 또 한 무리는 멀리 몰려가 서편에 내려앉으며 그 나머지의 하나둘씩 오고 가는 새들은 大軍出陳의 정탐대와 같이 서로 연락하여 끊어질 사이가 없더라. (중략) 한 떼는 서로 가서 나의 방위선 속으로 향하는지라. 일해는 급히 동으로 내려가고 나는 빨리 북으로 돌아오니 한 무리 블랙벗이 허재비 세운 앞에 까맣게 내려 앉았더라. 나는 여기서 무궁한 깨달음을 얻었노라. 새무리가 처음 허재비를 볼 때에는 형태가 분명 사람이라. 무슨 권력이 있는 줄 알고 감히 범하지 못하다가 한 번 두 번 시험하여 별 수가 없는 것을 안 후에는 조금도 의심없이 방자히 그 머리에 앉으니 허재비는 말고 곧 영각성 있는 사람이라도 허재비와 같이 죽은 듯 가만히 있으면 새무리가 또한 기탄없이 그 머리 위에 앉을 터이라. 차홉다 요사이 不咸山 밑의 이천 만 허재비가 또한 아무 말도 못하고 南蠻의 적은 새무리에게 성화를 받는도다. 대저 블랙벗은 남만의 적은 새와 다를 것이 없나니 그 적은 것이 같고 그 악한 것이 같고 그 잔인함이 같고 그 야릇함이 같은지라.(하략).

이렇게 그는 낚시를 가도 새몰이를 가도 독자를 교육시키려는 마음으로 관찰하고 썼다.

홍언은 신문제작과 취재에만 시간을 빼앗긴 것이 아니다. 그는 흥사단원으로서 또 국민회 임원으로서, 새로 학생이 상항(桑港)에 도착하면 영접하고 흥사단 입단을 권유하는 일도 하였다. 후세에 많은 유학생들이 자기

들의 트렁크를 들어다 주고 숙소에 안내하는 몸집 작은 홍언을 기억하였
다.[5] 또 그는 신문대금과 국민회비를 수집하고 연조(捐助)를 받아내는 일
을 맡아 곧잘 여행을 하였다. 많은 교포들은 수금자가 자기 얼굴 앞에 나
타나기 전에는 돈을 내려 하지 않았다. 오랫동안 북미지방 총회장과 『신한
민보』 주필을 지낸 백일규의 증언을 들어본다.[6]

> 本記者는 연년히 한두 번씩 가방을 들고 사무실문 밖에 나설 때 백인친구들
> 은 묻기를 Vacation 가는가? 한다.……本記者의 해마다 떠나는 길은 소풍이라기
> 보다 동냥하러 떠나는 길이며 휴가하러 간다기 보다 걱정사러 가는 길이다.……
> 우리 재미동포의 생활정도를 보면 비록 밥을 굶는 자 없다 할지라도 모두가 그
> 날그날의 생활에 불과한즉 좀해서는 공익생활에 금전력을 기울이기 어려울 것
> 이 사실이다. 그러한 생활현상에 있는 형제들을 공익을 위하여 돈 달라기가 사
> 람치고 못할 일같이 보인다. 차라리 서양놈의 집에 가서 똥통을 부셔주고 얻어
> 먹는 것이 이 구차스러운 걸음보다 훨씬 나을 듯하다.

동학잔당 출신이고 경제학자인 백일규는 항상 이러한 미안한 마음가짐
으로 청연(請捐)행각에 나섰다. 그런데 홍언의 경우는 좀더 즐기면서 여행
하고 결과도 더 좋은 경우가 많았다. 이것이 그가 이곳저곳 여행을 많이 다
닌 하나의 이유이기도 하였다. 인품이 표표연하고 세상일에 박식하여 화
제에 궁하지 않았다는 등의 회고담을 많이 채취할 수 있었다. 1919년 12월
그는 안창호와 같은 티켓으로 중앙총회 부회장후보에 거론되었으나 어떻
게 결정되었는지는 확실하지 않다.[7]

1919년 3·1운동이 발발하자 국민회 중앙총회에서는 화교들에게서 지원
자금을 얻어내려고 한문에 능통한 홍언과 강영각(姜永珏), 김영훈(金永勳)

---

5) 예를 들면 임병직, 『임병직 회고록』, 여원사, 1964, 72쪽 참조.
6) 『신한민보』, 1928년 9월 6일, 「남방으로 떠나면서」 참조.
7) 김원용, 앞의 책, 267쪽에는 중앙총회 부회장이었다고 했으나 『신한민보』에는 그러한 기사
　가 없는 것 같다. 3·1운동 전후의 분망한 가운데 기사가 나지 않았을 수도 있다.

3인을 화교위원으로 임명하였다.8) 이들은 화교들이 사는 크고 작은 도시들을 돌아다녔는데 1919년 국민회 중앙총회 결산을 보면 화교부의 지출이 2212불 1센트이었으므로 적어도 수입이 그 10배는 되지 않을까 싶다. 1920년도 북미지방 총회임원은 총무에 황보정걸, 서기에 홍언, 재무에 황사선, 학무원에 한승곤, 법무원 김현구, 구제원 장인환, 실업부원 신광희의 면면이었고 「지방자치규정개정안」은 홍언, 백일규, 송종익에게 위임하여 1년 후에 완성하기로 되어 있다.9) 홍언은 그동안 "캘리포니아주를 중심으로 하고 오레곤, 워싱턴, 유타, 아이다호주 등지에 산재한 지나인 교상(僑商)들을 심방하여 좋은 성적을 얻고 현하 『신한민보』의 편집임무를 받아 다시 본항(本港)에 환정함이더라"10)고 보도된 바와 같았는데, 그는 "작년 11월로부터 지금까지 중앙총회의 일체 경비를 순전히 화교부의 수입을 가져 지용(支用)하였으니 근래 중앙총회의 재정수입은 여간 영성(零星)으로만 말할 것이 아니오, 만일 현재의 형편으로 한달만 더 이을 것이면 일반 재미동포는 나라에 대하여 불충이라는 책망을 사양할 수 없는 것이라"고 책망하였다.11) 이 논설은 임정 재무총장 이시영의 "애국금 모이는 대로 속히 보내라"는 전보를 받고 또 구미위원부에서 매월 경비 3천 원씩 요구독촉이 오는데 교포들의 헌금 의욕은 식어버린 듯한 형세에 일침을 가하려고 쓴 것이었다.

1920년은 대전의 종결과 더불어 엄습한 불경기가 막 시작되는 해였고 쌀농사도 불황으로 교포들이 타격을 받은 해였다. 그는 3·1운동 1주년 기념을 맞이하여 교포들이 밀집하여 사는 '따뉴바'에 파견되어 독립선언일 경축예전을 집행하게 되었고12) 이에 맞추어 그는 「독립1개년」이라는 사설

---

8) 『신한민보』, 1919년 4월 12일 보도.
9) 『신한민보』, 1920년 1월 8일.
10) 『신한민보』, 1920년 1월 24일, 「홍언 본보 편집인 래착」 참조.
11) 『신한민보』, 1920년 2월 12일, 홍언 논설 「긴급한 전보와 통신―재미동포의 반성을 재촉」 참조.

을 발표하기도 하였다.[13] 이 사설에는 지난 일년 동안의 독립운동의 성과를 종합하면서,

> 임시정부의 누차 개조가 불행이오 위임통치설은 수치라 하겠으나 그도 무슨 어느 방면의 악의로 나온 것이 아니오. 다만 그때 사세나 혹 잠시[의] 과실이니 이는 유감이나 과거에 붙이고 미래를 살아갈 일이라.(중략) 비노니 독립의 속성은 민족통일에 있고 민족통일은 우리 수령과 족자들이 부분적 행동을 버리고 구체적 행동을 하는 데 있으며 그 구체적 생활의 전제와 중심점은 내각 통일에 있는 줄 확신하노니

라 역설하고 내각통일과 해외민족 대동단결이 독립쟁취의 첩경이라고 하였다. 그런데 1920년은 국민회로서는 매우 불운한 해이기도 하였다. 그것은, 이 박사가 3·1운동 발발 후 줄곧 자신에게 북미와 하와이지방의 세수권(稅收權)을 주어야 된다고 임시정부를 설득하여 드디어 1920년 임시정부 재무부 포고문 제1호에 의하여 국민회 중앙총회에 위임하였던 애국금 수봉사무가 폐지되고 이 박사가 경영하는 구미위원부가 공채를 발매하고 임정을 대표한 재정수봉권을 획득하였기 때문이다.[14] 이로써 지금까지 독립운동의 핵심이 국민회라는 관념은 점차 엷어지고 매년 받아들이던 회비 5불을 받기조차 힘들게 된 것이다. 이리하여 국민회는 교포뿐만 아니라 화교의 도움을 의지할 필요성을 더욱 느꼈고, 홍언은 다시 미주 방방곡곡을 돌면서 화교 상대로 연조청구활동을 벌였던 것이다. 그런데 홍언이 6월 3일 루이지애나주 뉴올리안즈시에서 아편밀매 혐의로 붙잡혀 감옥에 들어갔다는 소식이 뉴올리안즈의 영자신문들과 상항의 영자신문에까지 게재

---

12) 『신한민보』, 1920년 2월 24일, 「홍언 주필은 따뉴바에 발행」 참조.

13) 『신한민보』, 1920년 3월 4일 참조.

14) 자세한 내용은 방선주, 「1921~22년의 워싱톤회의와 재미한인의 독립청원운동」, 『한민족독립운동사 6 : 열강과 한국독립운동』, 국사편찬위원회, 1989에 자세히 썼다.

되는 일이 생겨 많은 교포들이 수군거리게 되었다. 그러나 사실은 좀 달랐다. 홍언은 원래 미국본토 중국인의 중심지인 상항 화부(華埠)의 교령(僑領)들과 교분이 많았던 사람으로 여러 도시에 가게 될 때마다 이들의 소개편지를 받고 선물도 가지고 가는 습관이 있었던 모양이다. 뉴올리안즈시의 호텔에 투숙한 홍언에게 상항에서 연사(煙絲) 1온스가 포함된 소포가왔는데 우편물 검열과정에서 이것이 드러난 것이다. 이는 우선 우편법규를 위반했고 거기에 아편 소유·매매죄가 붙게 된다. 국민회에서는 곧 당시 시카고대학에서 법학박사과정을 밟던 미래의 국민회 북미지방총회장강영승(姜永昇)을 당시로 파송하여 통역을 맡게 하였다. 그래서인지 증거불충분으로 6월 30일 무죄석방되었고 국민회 북미지방총회 법무원 김현구가 「보고서」를 작성하였으며, 이에 의하여 총회는 홍언의 사과서와 사임서를 받았으나 사임은 보류하기로 결정하였다.[15]

한편, 구미위원부에서도 화교를 상대로 하는 수입의 잠재력에 눈을 뜨고 6월 29일 구미위원부의 화교위원을 발령하였는데 홍언은 캐나다 서부를 맡아 모금행각에 나서게 된다.[16] 따라서 그는 국민회의 증명서 한 장을여권 대신으로 하여 캐나다 국경을 넘나들게 되었다. 그런데 이인성 같은사람은 '신한회' 화교위원을 빙자하여 8천 불을 착복하였다고 신문에 보도되기도 하였은즉[17] 이로 미루어 볼 때 중국인으로부터 자금획득은 어느단체로서나 큰 매력이었음이 틀림없었다. 당시 미국인의 평균적인 한달수입이 50불이었음을 생각하면 이것은 막대한 돈이었다. 임시정부 이시영재무총장이 1921년 6월 서재필 구미부위원장에게 편지하여 "6개월 동안에겨우 5백 달러를 보내니 참 답답하고 민망"하다고 불평하자, 서재필 의사는 "위원부(즉 Korean Commission – 필자주)가 지난 5월까지 부지한 금전의

---

15) 『신한민보』, 1920년 8월 19일, 김현구, 「홍언씨사건 조사한 보고」 참조.
16) 김원용, 앞의 책, 387쪽, 「구미위원부 활동」 참조.
17) 『신한민보』, 1921년 6월 23일, 「독립당 受錢員이라 칭하고 중국인에게 8천원 협잡」 참조.

과반수가 다 중국 사람들에게서 영수한 것이었으며 만일 중국 사람의 보조가 아니었다면 위원부는 오늘까지 부지하기 어려웠겠나이다"라고 대답하고 있는 데서 보듯이[18] 홍언 등의 공헌은 막대한 것이었다.

「在美韓人史略」에 의하면 1921년 1월 1일 홍언은 '매드머레드'호 선편으로 브리티쉬 컬럼비아 각지방을 순회하였고 6월 초순에 뉴욕에서 선편으로 파나마, 에쿠아도르, 페루, 칠레 등 중남미에 거주하는 화교들을 방문하여 이듬해 6월 하순에 멕시코를 거쳐서 회환하였다.[19] 홍언이 페루에서 활약하였던 모습은 당시 중국인 신문에 소상히 소개되었으므로 많은 참고가 된다.

찬조발기문

(『僑聲報』 8월 16일)

한국혁명반란 이래로 2천만 민중이 참혹한 재앙과 총검의 화를 만나 참혹한 지경을 당한 것은 무릇 양심이 있는 자는 마땅히 측은히 여길 것이라. 지금 한국인 홍언군이 워싱턴 駐箚한국위원부의 명을 받들어 미국과 캐나다 각지를 지나 각국인사를 심방하고 구제를 청하였으며 근일에 파나마로부터 本港에 도착하여 한국참상을 슬피 진술하는 것은 사람으로 하여금 신산하게 하여 양심 소감에 어찌 차마 진월(?)의 보는 것과 같이 하리오. 이에 上天의 호생지덕(好生之德?)을 본받아 협조를 허락하오니 우리 교민동포들은 우리를 보아 그 곤란 중에 있는 사람들을 구원하기를 크게 바라나이다.

찬성인 씨명

또 리마시의 『민성보(民聲報)』 8월 9일 기사는,

本港 國民黨은 한국인 홍언군의 국권 회복운동에 대하여 극히 동정을 표하고 있는데 어제 저녁에 특별히 회의를 개최하고 공회재정, 1백 원을 보조하기

---

18) 『신한민보』, 1921년 7월 28일, 「재무부와 위원부의 래왕 공문」 참조.
19) 『신한민보』는 1922년 4월 8일까지 휴간하였으므로 홍언 귀환소식은 게재하지 못하였다.

로 표결하고 의연권고인 2인을 선정하여 동지에게 捐助를 권고하여 捐得한 재
정은 홍언군에게 주어 한국義軍을 접제케 하였다더라.

라고 게재하였고 홍언은 국민당 각지부와 남해회관(南海會館)으로 하여금
자진하여 각시에 연락하게 하고 중국인들이 자진하여 연조를 주선하게끔
만들었다고 한다.[20] 홍언이 후일 회고한 바에 의하면, 페루를 방문하여 잉
카 유적도 두루 구경하였다고 하니 어쩌면 한국인으로서는 처음 잉카문명
의 유적을 보러 돌아다닌 사람이었을 수 있겠다. 홍언의 이 역사적인 대순
회 여행보고는 마땅히 구미위원부에 보냈을 것인데 혹시 남아 있으면 재
미있는 내용이 많으리라 생각된다.

　상항에 귀환한 홍언은 휴식을 취할 사이도 없이 다시 국민회의 순행위
원으로 따뉴바, LA, 스탁턴, 새클라멘토, 맥스웰 위로우즈, 프린스턴 등 캘
리포니아 각지를 다니며 국민회에 대한 지지를 호소하고 회비와 연조를
받아들였다.[21]

　1923년에 들어오면서 홍언은 국민회 총무가 되었다. 1월 18일의 사설
「금년의회입안에 대하여」에서, 중앙총회가 바뀌었으며 교과서 출판으로
빚을 지고 돈이 한 푼 남지 않은 국민회의 현황을 한탄하면서 새 총회장
최진하와 『신한민보』 주필 백일규의 분투에 기대한다고 적었다. 이어 2월
1일부터 희곡 「혈전(熱血)」을 연재하기 시작하였는데, 그 내용은 독립군의
서울진공 수복작전을 그린 것이었다.

　1924년 2월 24일의 『신한민보』는 LA지방회에서 거행한 대한인국민회 제
15회 창립기념식에서 국민회 창립시대부터 금일까지 열심성의를 다하여
힘쓰는 홍언 씨가 「대한인국민회」라는 제목으로 강연한 전문을 실었는데,
대한인국민회의 역사를 약술하면서 자신의 경험담을 간간히 섞고 있어 홍

---

20) 『신한민보』, 1921년 9월 29일, 「홍언위원의 대활동」 참조.
21) 『신한민보』, 1922년 11월 16일, 「순행위원 홍언씨 환착」 참조.

미롭다. 즉,

> 연전 내가 독립운동금 請捐임무를 띠고 캐나다 등지를 밟게 될 때에 그 시는
> 공교히 歐洲戰火가 未盡한 때이므로 평시보다 국경출입에 계엄이 심하였나이
> 다. 그러므로 누구를 물론하고 자기나라 領公使의 방문이 있어야 여행권을 내
> 가지고 발을 옮기던 때에 우리는 그렇지 못하여 만일 그런 일을 하자면 일본영
> 사에게 교섭하는 것 밖에는 없거늘 나는 혁명운동을 위하여 가는 사람으로서
> 그것은 못할 바이므로 국민회 명의로 문중을 만들고 공중소 법증을 얻어가지
> 고 떠나서 영령 뱅쿠버에 전왕하여 이민국 水上검사에게 빙표를 내어놓고 우
> 리의 사정을 말하곤 하였습니다. (중략)
> 연전 내가 구미위원부 화교위원으로 南中美州각처에 순회할 때에 중국 인사
> 들의 과람한 후대를 많이 받았으며 도처에서 나는 할 수 있는대로 우리가 지금
> 형태로는 남에게 속하였지만 정신상 독립은 이미 되었으며 그 더러운 도적들
> 을 聖地 즉 한국에서 몰아낼 일 우리의 경영을 힘써 말하였습니다. ……그이들
> 은 우리의 마음이 썩지 않았음을 공경하더이다.

라고 언급한 대목에서 홍언 대순행의 의의에 대한 편린을 엿볼 수 있다.

1924년 4월 홍언, 강영승, 강창준, 김현구, 백일규, 서병학, 신두식, 오천
석, 최응선, 최진하, 한치관, 한치진, 허규 등 13인이 발기인이 되어 '이문회
(以文會)'라는 문예창작그룹을 조직하기로 하였는데 "허위는 진실로, 맹종
은 자주로, 퇴화는 향상으로, 부패는 신생(生新)으로, 암흑은 광명으로"의
표어를 내걸었다. 간행물의 발행과 강연활동을 목적으로 하였다는데[22] 실
제로 어떠한 활동이 있었는지는 알려지지 않고 있다. 다만 홍언은 흥사단
계열에서 출판한 국내잡지 『동광(東光)』에 한시 등을 발표하고 있기는 하
다.

1925년에 들어오니 홍언은 나이 46세가 되고 미국에 온 지도 20년이 넘

---

22) 『신한민보』, 1924년 4월 24일, 「以文會발기문」, 「이문회 발기에 대하여」 ; 5월 29일, 「以文會
憲規」 참조.

었다. 미국에 와서 학위를 딴 유학생들은 곧장 귀국하여 연희전문이나 숭실에 취직하였고 일찍 미국에 건너와 독립운동에 협조하던 인사들도 하나둘씩 귀국하는 형편이었다. 홍언도 문득문득 일어나는 향수와 하고 있는일에 대한 회의가 머리 속을 스쳐 지나갔을 것이다. 그의 시「고국에 친구를 보내면서」는 다음과 같이 되어 있다.

1. 친구가 가는 시절 춘광도 가니
   뜰아래 떨어진 꽃 향기가 암암
   언덕에 푸른 방초 황혼이 점점
   먼길에 가는 춘광 함께 가시오
2. 부처가 손을 잡아 배에 오르니
   풍상에 남은 것은 다만 흰머리
   고향에 돌아가면 누가 반기오
   청천강 건너편에 두어간 초옥
3. 하늘끝 加州낙원 거의 늙도록
   포도와 귤을 따며 살아왔지요
   고국을 슬퍼하여 눈물뿌렸지
   지금은 돌아보니 벌써 20년
4. 우리와 같이 와서 고생하다가
   우리를 예다 두고 홀로 가시오
   천지에 밝은 달은 두루 비치니
   밝은달 보시거든 우리를 생각.

(『신한민보』, 1925. 1. 29)

1924년 12월 16일 중국에 건너가 5년 넘어 독립운동을 벌이던 안창호가 중국여권을 가지고 미국을 방문하게 된다. 홍언이 안창호를 존경하던 것은 시와 문으로 잘 알 수 있는 터인데 그를 맞이하면서「바다에 솟는 달」을 지었다. 이 시에는 다음과 같은 구절이 들어있다. "나의 곤한 영혼 점점

깨서/홀연히 들으니/어기어차 순풍에 가는 배/어기어차 먼 길에 가는 배/
어기어차 섬산이 보인다/바다에 솟는 달"23)

1925년 크리스마스에 홍언은 상항 하상옥가(河相玉家)의 초대를 받았다.
하상옥은 흥사단우 번호 제1호로 1905년 미국으로 이민 와서 줄곧 상항에
서 세탁업 드라이크리닝업 등을 경영하던 홍언은 그 장녀 플로렌스의 대
부(God father)이기도 했다.

> 나는 이날 입던 옷을 그대로 입고 친구의 '터키 디너'에 오라는 청첩을 거절
> 하고 춘풍이 가득한 방안에 愛女 플로렌스를 무릎 위에 올려놓고……이날에
> 나는 애녀의 뜨거운 사랑의 눈빛 속에 어리어 햇빛이 저무는 줄을 모르고 앉았
> 다가 늦게야 거리로 나섰다.24)

이 플로렌스는 혈혈단신인 홍언의 우상적 존재로 그의 시에 많이 나타
나고 있으며, 북미교포로서 그 시 중의 플로렌스를 모르는 사람이 없을 정
도였다.

1926년 그는 「간디주의」를 연재하였고 「부활」이라는 매우 종교적인 시
도 짓다가, 돌연 멕시코로 행상을 나섰다. 1926년에 들어와서도 국민회의
유지가 매우 힘들어 총회장 백일규는 몇 달 동안은 자신이 총회의 사무를
보면서 신문편집과 식자를 모두 맡아야 유지될 것이라고 선언하였다.25)
따라서 홍언은 얼마동안 국민회에서 해방되는 기분이었는지 모른다. 그는
국민회일을 맡는 어려움을 다음과 같이 쓰고 있다.

> 종이란 본래 어렵고 괴로운 것이지만 국민회의 종과 같은 종은 너무도 턱무
> 하니 설명하기도 싫습니다. 첫째, 어려운 것이 재정수봉이올시다. 그 돈을 갖다

---

23) 『신한민보』, 1925년 2월 26일.
24) 『신한민보』, 1926년 1월 14일, 「크리스마스에 본 것」 참조.
25) 『신한민보』, 1925년 12월 24일, 「총회장 백일규씨에게」 참조.

가 자기가 먹고 쓰는 것이 아니로되 거북한 경우를 당할 적에는 속이 썩을 때
가 많습니다. 둘째로 어려운 것이 조리없는 시비올시다. 아무런 시비를 하여도
까닭이 없으면 귓등으로 듣는다고 하거니와 공연히 시비하는 자에게는 도저히
참기가 어렵습니다. 셋째 어려운 것은 끝없는 심부름이올시다. 국민회 총회장
은 뭇사람의 通辨, 'Messenger Boy', 길라잡이가 되는 것은 물론이오 어떠한 경
우에는 소도 되고 말도 되는 때가 있습니다. 이렇게 어렵고 괴로워도 먹을 것
이 넉넉한 것도 아니오, 누가 교제비를 주는 것도 아니올시다.

　줌치는 항상 말라가지고 있습니다.

그는 오랫동안 국민회에 몸담아 몸소 겪었으니 이렇게 실감있게 이야기
할 수 있었던 것이며 에라, 이 기회에 돈이나 벌어보자고 생각하였을지 모
른다.

당시 글깨나 읽었다는 재미 지식인들의 먹고 사는 행태는 거의 비슷하
였다. 학교를 나와도 대학이나 회사에의 취직은 생각할 수도 없는 시절이
었다. 시카고대학에서 한인으로서는 처음 법학사학위를 받은 강영승(姜永
昇)의 일생을 훑어보면 다음과 같다.

평양 출생의 강영승은 1905년 하와이이민을 갔다. 공부가 하고 싶은 그
는 부인에게 노동을 시키고 중학을 졸업, 1912년에 미국으로 건너와 대학
과 대학원을 마치고 드디어 명문인 시카고대학에서 법학박사학위까지 받
았다. 그동안 그의 학자금은 그의 부인과 모친의 노동으로 지탱되었다. 드
디어 학위를 받았으나 강영승에게는 시민권이 없었고 황인종이라 직업도
없었다. 그래서 그는 다시 부인이 노동하는 곳으로 돌아가 같이 노동할 수
밖에 없었다. 그 노동이란 과수원에서 과일을 따는 일이었다. 후일 그는
한의사로 성공했다. 하지만 십 년 공부 끝에 다시 단순노동으로 돌아간 것
도 사실이다.26) 정한경 박사도 해방되는 해까지 세일즈맨으로 일하였고

---

26) Sonia SUNOO, *Korea Kaleidoscope: Oral Histories, Volume One, Early Korean Pioneers in USA: 1903~1905*, United Presbyterian Church, USA, 1982, pp.139~154.

독립지사 신규식의 조카 신형호도 대학졸업 후 만년필 행상을 하였다.[27]

모름지기 홍언이 멕시코에 가서 벌리려던 사업은 만년필 등 잡화나 인삼 행상이 아니었나 싶다. 그는 1926년 6월에 미국을 떠나 다음해 5월 말경에 미국으로 귀환하였으니 거의 일년 동안 멕시코를 돌아다닌 셈이다.[28] 돌아오자 그는 그의 멕시코 기행문인「꿈결에 반긴 재묵동포(在墨同胞)」를 20회에 걸쳐 연재하였는데 그 내용은 동포들을 만난 이야기보다도 멕시코의 역사와 풍물에 관한 것이 더 많았다. 그는 다음과 같이 적었다.

> 나의 멕시코 여행은 거의 1년이라 이 많은 세월에 멕시코全境을 거의 다 밟았으니 이번 나의 멕시코 여행은 이왕의 남미주 여행보다 더 만족한 것이라.(1927. 11. 3)
> 가을을 만나면 감동이 많은 나는 소슬한 일신을 가지고 요락강산으로 들어오니 마음여절도 처량하여 스스로 슬퍼함을 말지 아니하였나니 이는 이 나라의 역사를 느끼는 때에 아울러 나의 신세를 느껴서 그런 것이라.(11. 17) 대개 무슨 물건이든지 적으면 귀하고 많으면 천한 것이다. 在墨한인은 여자는 적고 남자는 많으니 그들의 귀천은 시장의 물건시세와 같은 것이다. 그런고로 그들은 남의 등급과 품질을 나누어 가로되 "처녀 금덩이, 과부 은덩이, 총각 돌덩이, 홀아비 흙덩이"라 하더라. 대개 재묵한인의 금덩이는 본래 귀하고 은덩이도 나기가 무섭게 없어지는 고로 돌덩이는 금덩이 하나를 얻으려고 6~7년동안 종살이를 하다가 금부스러기만 없애고 말며 흙덩이들은 금덩이 이하의 은덩이도 바라보지 못하고 멕시코 은덩이와 결합하여 멕시칸의 인구를 늘려주니……혹은 백여자와 결합하여 백진주를 산출하거니와 묵국인과 동화되는 결과는 일반이니 흑여자의 결합보다 낫다고 할 수 없는 것이다.(12. 22)
> 한종권 군과 조반을 같이하고 '닥구바'로 가는 전차에 올랐다. 차칸을 들어가며 보니 차표 거두는 자의 코가 주먹 같은 유자코요 자리에 앉으며 보니 이웃 자리에 앉은 자의 코가 또한 유자코라. 이상히 여겨 좌우를 살펴보니 무수한 유자코가 앉아 있는지라. 이때 나는 오늘 아침 꽃장에서 보던 유자코까지 기억

---

27) 『신한민보』, 1926년 9월 23일,「허성씨는 상항에서 만년필 팔아」,「신형호씨도 만년필행상」 참조.
28) 『신한민보』, 1927년 6월 2일 참조.

하며 혼자말로 유자코가 많기도 하다. 墨京의 유행병인가 하며 손을 들어 내 코를 어루만지니 곁에 앉아있던 한종원군이 웃으며 가로되, 墨京의 유자코는 유행병이라 하여도 가한 것이다. 이는 '뿔게' 술의 중독이라 하거늘 뿔게가 무 엇이냐고 물으니 가로되, 뿔게는 '헤네킨'에서 뽑아낸 주정이라. 헤네킨은 '어저 귀'풀의 일종이라. 그 술의 값이 싸고 酒性이 농습하여 능히 배를 불리는 까닭 에 묵경 빈민이 모두 그 술로 연명하여 뱃집을 늘리고 아울러 그 콧망울까지 키우는 것이다.(중략) 나도 한 번 뿔게술을 맛볼 생각이 있었지만 나의 입 위에 있는 코를 위하여 감히 입에 대지 못하다가 돌아오는 길 '와달라하라'로부터 '골 리마'로 나오는 화차에서 뿔게장사를 만나 생각하니 여기를 지나면 다시 뿔게 를 맛볼 기회가 없는 것이라. 한 번 자세히 보기라도 하는 것이 좋을 듯해서 한 바가지를 사서 들고 보니 그 빛이 희기가 우유같고, 무르녹는 춘광이 바가지에 넘친다. 보기에 하등 흉치 아니하며 조금 맛이라도 보려고 점점 입에 가차이 대니 들지근한 냄새를 코가 먼저 맡아들인다. 내가 일찍이 뿔게를 가차이 못한 것은 다만 코를 위함이었다가 이제 코가 동정하고 눈이 또한 동종하는 때에 입 을 야속케 할 까닭이 없어 한 모금을 마시고 입맛을 다시니 융숭한 맛이 우리 나라 청주와 비슷하다. 이때 나는 뿔게를 잊어버리고 청주만 생각하여 한모금 을 또 마시니 영남별장의 오동나무 달이 안전에 비쳐온다. 마시고 또 마시어 한 바가지를 다 들이키고 앉았으니 점점 취하여지는데 그 취하는 힘이 또한 청 주와 같이 머리가 먼저 무거워진다. 정신이 혼혼하여 좀 누우려고 보니 자리가 호피 덮힌 백옥상일다!(이하, 그가 '또르떽가'왕조의 왕으로 태양신전에 앉아 멕 시코 인디언을 다스리다 혼이 난 꿈이야기가 이어진다.)(1928. 1. 12)

그는 멕시코 여행중 시도 많이 지었으나[29] 역시 기행산문이 더 돋보인 다고 할 것이다.

국내에서 '신간회'가 성립된 후로 점차적으로 미주 내 유학생 일부의 사 회주의적 발표욕구가 거세져갔고 여기에 동조한 사람은 다름아닌 국민회 의 최고지도자 백일규였다. 그는 본래 청렴결백하고 강직한 사람으로 홍

29) 예를 들면 「산중에 하루밤—묵국, 버히히얏의 밤」(1927. 10. 27), 「재묵국 탐피코동포를 이별 함」(1927. 6. 23), 「어린 롤로리스에게」(1927. 7. 4) 등이 있다.

사단원이면서 안창호에 비평을 서슴지 않던 구한국 동학잔당이었다. 백일
규는 이들 사회주의 신봉 유학생들에게 가능한 한 많은 지면을 제공하려
고 노력하였고 그 자신 중국을 구원하는 세력은 중국공산당밖에 없다고
쓸 정도였다. 여기에 불만을 가진 사람이 백일규의 동지인 홍언이었다. 홍
언은 매우 온후한 인물이었던 까닭에 대놓고 공격은 못했지만 기회있을
때마다 '주의자'에 일침을 놓았다. 매년 3·1절이 돌아오면 역사가로 인정
받는 홍언의 글을 싣는 것이 『신한민보』의 관례였는데, 1928년에는 다음과
같이 쓰고 있다.

오늘 현상이 전보다 놀랍게 달라진 것은 우리 민족의 사상계올시다. 아홉 해
전 오늘 대한독립을 선언하던 당시 대한민국은 민족주의 혹은 사회주의 혹은
공산주의로 갈라나가는 때에 사회·공산주의자는 가로되 민족주의 같은 것은
시대에 뒤떨어진 사상이라 하며 괴상스러운 자치주의자도 또한 이 틈에서 입
을 벌리려고 합니다.(중략)
만일 우리민족이 한가지주의로 통일하여야 될 경우에는 어떤 주의가 나으냐
가 문제가 됩니다. 이제 각 주의자의 창도자를 보건대 민족주의자는 거의 다
구식인물이요 사회·공산주의자는 신진청년들이니 신진대사의 공례에 의지하
면 늙은이들은 민족사업을 젊은이들에게 맡기는 것이 좋겠지만 우리사회의 국
세가 아직까지도 구식인물이 근거가 든든하고 아울러 세력을 잡았습니다. 그리
하여 신진청년의 주장은 일시 소요에 지나지 못합니다.(중략)
민족주의? 사회주의? 공산주의? 아무려니 우리 민족의 역사를 돌아보고 또
지리를 살펴보고, 또 민족심리 정도에 꼭 맞는 것을 같이 취할 것이오 결단코
時態를 따라갈 것은 아니올시다. 時態는 여자의 갓과 같으니 석 달만 지나면
못쓰게 되는 것이올시다. 민족의 만년대계를 時態로 정하는 것은 불가합니
다.30)

또 1929년 3·1절에서 "3·1선언은 독립운동 역사상 초기반란의 성공이

---

30) 『신한민보』, 1928년 3월 1일, 「3월 1일 오늘에 달라진 현상을 보고」 참조.

오 또 이 다음 국권광복의 성공의 터까지 잡아놓은 것이올시다"라고 규정하고 "혁명반항시대에는 무식하더라도 모험하는 그 사람이 영웅이오, 안다고 공연히 앉아서 입론만 하는 어른은 실상 앞으로 나아가는 길에 장애물이니 이러한 어른은 모두 묶어서 한편 길치에 두었다가 이 다음 독립을 광복한 후에 벼슬이나 하라고 풀어놓았으면 어떠할는지?"[31]라고 공연히 공리공론만 뇌까리는 '어른'들과 '주의자'들에 일침을 가하였다.

그는 또 최린(崔麟)의 미국 방문시 민족주의자와 사회주의자 간의 합작긍정론(合作肯定論)을 듣고 "생각하고 생각하다가 필경 그 진리를 깨닫지 못했다"는 것이다. 반면 그는 "본래 신간회는 민족주의자의 단결체이거늘 중간에 사회주의자와 공산주의자를 섭취하여 사상을 섞어놓기 때문에 필경 힘이 없이 된 것이다"라는 다른 방미인사(訪美人士)의 귀띔에서 깨달은 바가 있다고 단언하며, 이어 "대개 주의는 미술가의 그림이 아니니 푸른 바탕에 붉은 빛을 섞어 조화할 수 없는 것이다. 만일 억지로 섞어 놓으면 서로 조화되지 못하고 다만 그 특유의 색채만 잃어버릴 것뿐이다." "손일선(孫逸仙) 씨의 연아용공(聯俄容共)의 정책이 실패된 후 오늘 중국은 한 수라장을 만들어 놓았고"라고 선언하였다.[32]

그로서는 좌경유학생들이 대거 『신한민보』 기고 작전을 전개하여 첨단의 언어로 독자를 현혹하여 민족주의 일변도의 미주교포들을 분열시키고 또 자신의 지면을 빼앗는 것을 참을 수 없었던 것 같다. 그는 재미교포들은 이민 이래 오로지 민족주의 한 가지밖에 몰랐으므로 동지회니 국민회니 독립단이니 하여 분열하고 있는 것이 매우 불행하다는 것이다. 차라리 기존 단체를 모두 깨어버리고 민중(재미교포)들이 새 통일체를 창조하는 것이 바람직하다고 말하기도 하였다.[33] 그리하여 이 새 단체를 이끌만한

---

31) 『신한민보』, 1929년 2월 28일, 「순국한 무명영웅 이날에 다시 기억」 참조.
32) 『신한민보』, 1931년 4월 23일, 「재미한인 통일촉진의견서를 읽고」 제3 「통일의 주의」 참조.
33) 同上, 이 제목으로 된 논문은 4회에 걸쳐 연재되었다.

영웅의 출현을 「기다리는 중심인물─구름타고 오시려나─」에서 갈망하고
있다. "언제나 오시려나 어디서 오시려나, 오실 터이면 이때야 오셔야 하
겠고 이곳에 오셔야 하겠다"로 시작하여 "아─ 중심인물 언제나 오시려나
어디서 오시려나"로 끝내고 있다.[34]

홍언이 화교위원이 되어 좋은 성적을 올린 것은 단지 그가 한시를 잘 짓
는다는 데 있었던 것이 아니었다. 재미화교는 거의 다 광동인(廣東人)이었
는데 그는 열심히 광동어를 배워 말로도 통하고 글로도 통하는 재간이 있
었기 때문이다. 유백기(劉伯驥)의 『미국화교사(美國華僑史)』에는 다음과
같이 쓰여있다.

> 洪焉이란 사람이 있었는데 로스앤젤레스의 韓僑였다. 廣東語를 잘하고 문장
> 에 뛰어났고 한인의 復國운동에 힘을 많이 써서 항상 항일의 글을 지어 샌프란
> 시스코의 『中西日報』『國民日報』『少年報』에 발표하곤 하였다. 1931년 7월 일
> 본인이 東三省에서 萬寶山사건을 일으키고 한인을 사주하여 排華사건을 일으
> 켰을 때 홍언은 곧 『少年報』에 "중화동포는 고려를 거울로 삼을지어라"라는 일
> 문을 써서 화교들에게 항일을 호소하고 '만보산사건'을 석명하였다. 홍언은 또
> 한시를 잘 썼는데 1933년 2월에 熱河의용군 360명의 영웅이 장렬하게 희생되자
> 七律 36수의 시를 作하여 역시 『少年報』에 발표하였다. 이 시는 정말 강개하고
> 호기있고 창자가 끊기고 가슴이 끓어오르게 하는 작품이었다.[35]

라고 써서 특별히 그를 칭송하였다. 여기서는 그의 한문 풍격(風格)을 들
여다보기 위하여 『請中華同胞以高麗爲殷鑑』의 일부를 원문대로 전재한
다.[36]

홍언의 대화교(對華僑)관계가 밀접하였기 때문에 '만보산사건'의 발생은

---

34) 『신한민보』, 1931년 5월 21일.
35) 劉白驥, 『美國華僑史』 속편, 대북: 민국 70년, 498~499쪽 참조.
36) 『少年中國晨報』, 1931년 10월 1일. 홍언의 만보산사건 시평으로는, 「만보산사건」, 『신한민보』
    (1931년 7월 16일) 등 다수가 있다.

그를 아찔하게 만들었을 것이다. 나중에 그는 회고하기를 만보산사건이 일어나자 당인가(唐人街)에서의 공기가 험악해지고 한인에 대한 불온한 동향이 일고 있었다고 한다. 이렇게 되면 가장 손해보는 사람들이 화교에 인삼을 팔아먹고 사는 사람들이었다. 그래서 홍언은 곧 화교신문들에 글을 쓰고 해명공작을 폈던 것이다. 따라서 윤봉길 의사의 홍구공원의 폭탄 투척사건이 터지자 가장 열광했던 사람은 홍언이었다.[37] 그리고 나서 그는 김구선생의 팬이 되어버렸다.

1934년 백일규 주필의 간접적 방조하에 『신한민보』의 지면을 독점하듯 했던 시카고 '사회과학연구회'가 당시 '국민회' 보수파 인사와 일반 교포의 강경취체 방침으로 지하에 숨어 들어간 후 백일규는 인책사면하지 않을 수 없게 된다. 그는 멀리 캔사스시에 낙향하여 조그만 '촙수이' 중국찬관을 열게 되는 것이다. 10년간 국민회 총회장과 『신한민보』 주필로서 국민회를 통솔해 오던 구 동학잔당, 소년병학교 간부(김현구에 따르면 교목 역할 까지 했다고 한다), 가주(加州)대학 경제학 학사, 흥사단원인 백일규는 이렇게 해서 『신한민보』를 떠나게 되었던 것이다. 나중에 국민회 혁신경향 청년들에게 추대되어 『독립』의 주필이 되어 홍언과 교봉(交鋒)을 하게 되지만 이때까지는 다투면서 같이 일해오던 친구사이였다. 홍언은 캔사스로 간 백일규가 점심을 사먹으라고 보낸 2불로 돼지의 '뇌보'를 사먹은 이야기를 다음과 같이 한다.[38]

백일규형의 홍언과의 의견충돌의 기억으로부터 돈 2원을 보내어 도야지 뇌보를 사다 먹으란 것은 충돌의 혐의를 기억함이 아니요, 실로 서로 충돌하던 본심을 양해함이니 이것이 보통이 다 가지지 못하는 옛 기억이라 하는 것이

---

37) 『신한민보』, 1932년 12월 29일, 「윤봉길義士의 捨生取義」 등 참조. 필자도 청소년시대 20년 간 중국대륙 오지에서 살았다. 尹奉吉거사 사건 때 한국인 행상의 물건을 많이 팔아주었다 는 노인들의 이야기를 들으면서 자랐다.
38) 『신한민보』, 1935년 11월 28일, 「약산형의 옛기억」 참조.

다.(중략)

우리들이 보통 좋아하는 것은 도야지 '뇌보'라는 것이다. 전자 강영소형이 하와이로부터 돌아와서 만나는 때에 첫 번 묻는 말이 도야지 뇌보요…… 우리는 가난한 혁명당들이다. 상등 양찬관에 가서 잘 먹는 가능이 없으므로 매양 땅 아래층 중국인의 찬관에 가서 도야지 뇌보를 사놓고 이야기하는 것이 한 습관이 되었나니 이것이 중국인이 救國大事를 의논하게 되면 반드시 닭과 오리의 고기를 사먹는 것과는 많이 다른 것이다.(중략)

일시의 충돌이나 도야지 뇌보의 기억은 덮어놓고 우리의 하는 일을 들어 말하면 이 시기에 이쓴 우리는 이만치 일하다가 가는 것뿐이니 후인이 우리를 위하여 기억할 수 없는 것이다. 우리가 우리끼리 서로 우리를 기억치 않으면 누가 우리를 기억할 사람이 있으랴!

홍언은 1935년 5월부터 연속시편 「꿈에 고국에 가서」를 연재하기 시작했고 또 「애녀(愛女)의 생각」(12. 12), 「도산의 꽃동산」(12. 26) 등 수많은 시를 발표하기도 했다. 그가 1935년에 쓴 문장으로 주목할 만한 것은, 예술가에 주는 공개장으로 예술가는 작곡으로 소설로 시로 애국심을 고취시키는 책임이 있다고 하였다.[39] 모름지기 이것은 다음해 나오는 안익태의 '애국가'를 예언한 글이 되는 것이다.

1935년 9월 2일 그는 그의 이름을 흠모하는 각지 중국인의 초청을 받아 상항을 떠났고 차후 많은 명승지에서의 시를 『신한민보』에 싣게 되었다.

東海水夫 홍언씨는 지난 4~5삭 동안 본보의 편집에 협력하였으며 금번 국치 기념호에 특히 많은 정력을 경주한 후 년래 加州각처의 중국인사회에서 누차 초청하나 가지 못하였던 바 금번에는 그들의 초청에 응하여 加州각처의 중국인사회를 歷訪하기로 하고 지난 2일 상항을 떠나 북가주방면으로 향하였다더라. 1931년 만주사변 당시부터 씨는 상항에서 발행하는 중국인의 5종 일간신문을 통하여 논문과 시로 한중합작을 제창하며 亡韓의 사적을 원용하여 중국인

---

39) 『신한민보』, 1935년 8월 22일, 「예술가들에게 바라는 것」 참조.

을 警醒하며 애국열과 항일심을 고취하며 또 '高麗通信社'의 명의로 한국혁명운
동의 사정과 인물을 소개함을 하루같이 꾸준히 하여왔다. 그리하여 상항 중국
인타운에서는 尺童유부까지라도 '高麗人 洪焉'을 모르는 이가 없으며 상항에서
발행하는 중국신문은 해외 화교계에 크게 세력이 있으니만치 홍언씨의 문명도
캐나다, 호주, 쿠바, 멕시코 등지의 화교계에 널리 퍼져 斐斐한 문장과 열렬한
정신을 嘆慕하는 사람이 많게 되었다. 그러므로 화교사회에서 그를 願一見之하
여 초청하는 곳이 많으며 또 한 곳에서도 여러 번씩 요청하였으나 오직 가보지
아니하였는데 금년에는 우선 가주의 몇곳을 다녀보기로 하였다더라.

1933년 5월 15일 김규식이 상항을 방문하였을 때 홍언의 주선으로 '중한
민중대동맹(中韓民衆大同盟) 삼번시지부주비처(三藩市支部籌備處)'를 조직
하여 삼번(三藩)주 상항의 중국인 지도자 11명과 김규식, 홍언, 백일규가
회동한 일도 있었으니 가주 일대에서는 홍언을 통하지 않고 화교를 연락
한다는 것은 있을 수 없는 일로 인식되었다.

3. 홍언(洪焉)의 시(詩)와 문(文)

각지 화교사회의 초청을 받고 '홍삿갓'처럼 돌아다닌 홍언은 1935년 10월
에서 1936년 초까지 32곳을 다녀 "이 여러 곳의 한중 양국인의 하는 정형
과 심리취향을 보고 중국인에게 대한 기록은 중국신문사로 보내었나니,
오직 한인동포에 대한 관감은 신한민보사로 보내어"라고 쓴 것을 보면[40]
무척 돌아다녔고 또 돌아다니면서 명승지에서 시를 쓰는 것을 잊지 않았
다.[41] 이하 1936년에 각처에서 쓴 그의 시 일부를 소개한다.

---

[40] 『신한민보』, 1936년 1월 16일, 「가주를 여행하며 보고 들은것」 참조.
[41] 홍언의 시집을 출판했으면 좋겠다. 그가 다닌 명승지 사진과 그의 시를 같이 인쇄하여 내었
으면 한다.

산중의 처녀(Santa Maria 산중에서)

1. 섰는 산 높다랗게 세상을 막아있고
   그 아래 가는 물은 끝없이 세상으로
3. 꽃아래 앉은 처녀 얼굴이 꽃같구나
   말할줄 아는꽃이 흰가슴 다홍수건
4. 두 눈에 괴인 정이 물속을 엿보아야
   네 얼굴 뿐이거늘 무엇을 생각느냐.

인디안의 옛 궁(Cliff Dwelling에서)

2. 무너진 산성안에 부러진 주춧돌은
   옛날의 황새대왕 올랐던 대궐이오
6. 성아래 앉은 노인 처량히 말하기를
   자손이 '유마'에서 바구니 결어 팔아

아리조나 유마 인딜천주교당

1. 거룩한 옛 절이라 탑끝이 높고 높아
   하늘에 닿았으니 여기가 천궁인가?
2. 컴컴한 돌담위에 담쟁이 얽힌 줄이
   굵어서 묵은 빛은 세월이 오랜게라

길(Texas 하이웨이에서)

1. 끝없이 뻗은 길에 수없이 가는사람
   햇귀가 있을 때에 제각기 가는모양
2. 비단을 감은자는 쇠수레 편히앉아
   취도록 술마시고 고기를 짓씹으며

사막의 꽃(아리조나 피닉스에서)

8. 무섭고 쓸쓸하여 인적이 없는 사막
   행인이 꽃을 사랑 자취를 머무노라.

사막의 명월(뉴멕시코 알라모 고도 사막에서)

2. 달빛이 흰 모래를 다정히 입맞출 때
   깨끗이 푸른하늘 구름을 다보내고
   큰 별만 한점두점.
3. 모래가 달빛받아 희기는 눈같으나
   차지는 아니하니 밤빛이 부드러워
   고요한 오경이다.

한쌍의 새깃(아리조나 Apache Trail에서)

1. 지는 해 고운빛이 흙산을 바래주니
   비없는 맑은 하늘 무지개 끝인 듯이
   색채가 이상하여 그럴수 없는게라.

더위(中加州 Taft에서)
(* 옛날에 많은 한인이 일했던 石油井)

1. 기름광 사다리가 하늘에 닿은곳에
   햇발이 다리밟고 내려들 오는건가?
2. 너무도 뜨겁기에 놀라서 쳐다보니
   화경이 낮추걸려 인간을 태우련다.
6. 헤어진 우리형제 흘린땀 받아놓면
   강물도 되련만은 말라서 흔적없소.

새벽 꿈(中加州 Hanford에서)

서늘한 나무아래 팔베고 누웠는데
어디서 풍류소리 바람에 불려온다.
6. 후리쳐 깨고보니 이것이 한꿈인데
밤빛이 거의 새벽 칠성이 앵 돌아져

몬트레이반도 Ocean View호텔의 하루밤

4. 홀연히 나의몸이 갈매기 되었든지
두날개 훨씬 펴고 끝없는 만경창파
맘대로 날라가니 이것이 꿈이런가?

漁村3首(Pacific Grove에서)

1. 위 아래 하늘빛이 쪽같이 푸른 곳에
한점의 하얀 것이 멀리서 가물가물
2. 잠길 듯 떠있으니 물위에 갈매긴가?
가까이 온것보니 고기배 흰돛이라
4. 대 끝에 둘린 사랑 愛妻의 꿈속이매
愛神이 날개덮여 평안이 돌아왔지

조개를 먹으며(Watsonvile Mose Landing)

1. 진주를 품은조개 껍풀이 대접같고
흰살은 백설이며 굴빛이 진주로다.
2. 비슷한 고국풍미 반기는 그리워서
홀연히 생각는 것 南陽의 은섬일세
4. 생으로 회를 치고 익혀서 먹는맛은
정에도 있는게라 안먹지 못할겐데
6. 고향에 있건만은 고향맛 그리워서
금금한 내 고향이 타향과 같다지요?

새벽의 산촌(Oregon 셔스터산중에서)

4. 서리가 덮은초옥 안개는 적시우나
　 보기에 축축하고 차기도 하건만은
5. 그안에 누운몸은 따뜻한 새벽자리
　 병풍과 비단이불 바꾸지 않는게라
6. 사람이 저사는데 만족을 가진까닭
　 빈한한 거지께도 즐김이 있는게니

1936년 12월 중순 홍언은 오레곤주 포트랜드에서 상항에 돌아와 수일 두류하다가 다시 아리조나로 가는 길에 그가 좋아하던 몬트레이 반도와 세인트바바라를 지나면서 시를 짓고 있다. 이후도 종종 명승지에서 시를 남기고 있지만 이 정도로 인용을 끝낸다. 그는 이러한 만유중(漫遊中)에서도 국민회의 회무가 생기면 곧바로 돌아와 일을 보고 다시 떠나곤 하였는데 가주 한인단체 간담회 등이 그것이다. 당시는 미국 교표계에서도 지도자들의 신진대사가 서서히 진행 중이어서 농장, 과수원 등으로 성공을 거둔 40대 인물들이 그 자산을 배경으로 발언권을 더해가고 있었다. 이런 추세에서 군웅할거를 막기 위하여 간담회니 통일회의니가 자주 열리게 되고 홍언도 이런 데 호출되어 기록담당을 맡는 수가 많았다. 이런 경우 거들먹거리는 보기 싫은 사람들에게 일침을 가하려고 「누가 귀족이냐」따위 꽤 신랄한 글도 발표했는데, 이런 데서 불쑥불쑥 보이는 그의 이조 양반관을 볼 수 있어 적어 놓는다.

　별로이 우리는 귀족으로 말미암아 나라를 잃어버렸고 아직 나라를 찾지 못하여 국외에 유리표박하는 가운데 매양 나라를 생각하면 문득 귀족의 죄악을 연상하여 이를 갈며 귀족을 꾸짖어 가로되 國破家亡 하고 인격이 천해진 것이 모두 귀족의 죄업이라 하여 귀족을 미워하고 귀족을 원망하여 귀족은 비류요 사람이 아니라하여 꿈에도 귀족 되기를 원치 않았고 만일 죽어서 귀족이 된다면 차라리 영혼이 없어지기를 바라던 것이다.

홍언은 가계상에서 보면 엄연한 귀족출신이지만 이미 한문(寒門)이 된지 오랜 집안 같고 따라서 의식상 어디까지나 평민이었다. 그는 남과 같이 미국에서 신식교육을 받지 않았으며 그 성격이 공격적이 아니었으니 교포사회의 군소 보스적 지위에 올라가기 힘들었다. 다재다능하면서도 주필자리를 가졌던 시기는 1911~12년의 5개월간이 전부였다. 이러한 그였기에 자기와 비슷하게 서구교육을 받지 못하고도 큰 지도자가 될 수 있었던 도산 안창호에 더 한층 경도하였던 것 같다. 1938년 3월 고국에서 안창호가 별세하자 때마침 아리조나주 피닉스에서 전보를 받고 사실을 안 홍언은 "자못 강한 마음을 가지다가 그날 밤에 홀로 앉아 선생의 재미생활로부터 꽃동산을 생각하는 그대에 비로소 눈물이 떨어져 옷깃을 적심을 깨닫지 못하였나니"라고 쓰고 있었다.[42] 홍언은 「도산의 꽃동산」이라는 제목으로 시를 많이 지었다.[43] 이 '도산의 꽃동산'이라는 것이 지금은 LA의 한복판인 106 North Figueroa ST.에 있었던 2층짜리 목조건물로 홍언에 의하면 1917년에 이 집으로 이사 와서 1층은 흥사단 회의실로 쓰고 2층에 방이 여럿이 있었는데 여기 안창호 가족과 갈 곳 없는 흥사단우들이 살았다는 것이다. 물론 홍언도 그랬다. 그래서 더욱 이 집과 정원이 그리웠을 것이다. 이 집은 1932년 내놓고(전세로 지내왔음) 3421 South Catalina ST.로 이전하였는데 "부인이 심히 애통한 가운데 있고 그 고택후정(古宅後庭)에 있는 팔작나무(白楊木)를 옮겨 심어주기를 청하니 이는 부인이 선생이 심은 나무를 보전하려는 것이라 드디어 선생의 장자 필립군과 같이 도산의 옛 동산에 가서 팔작나무를 꺾어다가 서너 곳에 나누어 심었나니"라고 적힌, 홍언의 손을 거친 백양목이 아직 살아있는지 궁금하다. 도산 안창호도 홍언을 매

우 유념하여 생각하곤 하였다. 안창호가 1934년 4월 9일 대전감옥에서 부인에게 쓴 편지 중에도 "남미주에 재래동양의학을 발전시킬 희망이 있을는지 홍군에게 알아보기를 바란다고 하시오. 오스트리아에서는 동양의학으로 업을 잘하는 중국 사람을 보았나이다."라고 쓰고 있어[44] 홍언의 생활수단을 감옥 안에서까지 걱정해주고 있는 것을 볼 수 있다. 이러한 각도에서 본다면 홍언이 아리조나주로 자주 가서 장기 체류하는 이유는 그곳에서 한의사로 전전했던 때문이 아닌가도 생각된다. 또 도산의 딸 안수산(安繡山)에 의하면 1915년 7월 5일 그녀가 출생했을 때 도산은 홍언에게 딸의 이름을 생각하여달라고 부탁했다고 한다. 도산과 동해수부는 따로따로 이른 새벽에 두산에 올라가 솟아오르는 태양과 같이 정성껏 작명하였다는 것이다. 산에서 내려온 두 사람이 서로 꺼낸 이름이 불기이동(不期而同)으로 '수산'으로 되어 있어 웃고 이 이름으로 낙착되었다고 전한다. 이만치 그와 안창호 가족과는 친근하였던 것이다. 안도산이 사라지자 홍언의 김구에 대한 심취가 가속화되어갔다. 홍언이 상항에 있을 때는 6~7년간 당인가 중심에 있는 '대동여관'에 살았다.

상항의 차이나타운은 고려인(즉 홍언 자신을 칭함)이 6~7년 동안 있으며 득의할 때에 노래하고 슬플 적에 울던 곳이라. 고려인이 중국인을 위하여 논문과 시를 써주기를 버릇할 때는 1931년 7월이라. 그때 만보산사건의 발생을 당하여 우리 국민총회를 위하여 중국인에게 성명서를 발표하였고 그 후로부터 글쓰기를 계속하여 중국인의 배일심리를 고취하였으며 만주의용군 360명의 눈속의 殉節과 이봉창의사의 櫻田門작격과 윤봉길의사의 홍구공원 白川 등의 적괴 징벌을 위하여 시를 써서 그 功業을 노래하였으니 이것이 나의 가장 득의할 때요 매양 붓을 들어 왜적의 죄상을 성토할 때에 머리끝이 있는 대로 다 일어나매 드디어 붓을 던지고 붓끝이 칼끝만 못한 것을 탄식하였고 한중동포의 참혹한

44) 「안도산 서신」, 민병용 편, 『미주이민 100년』, Los Angeles: 한국일보사출판국, 1986, 173쪽 참조.

정형을 그려낼 적에는 눈물이 붓끝을 따라 떨어짐을 금치 못하였더라.

이와 같이 차이나타운에서 고생을 지지리 하였고 일찍이 중국인의 물질적 보수를 받음이 없었지만 그들의 정감상 동정이 자못 농후하여 매양 거리로 지날 때에 남녀노소가 알고 모르고 두손을 다 잡고 묻기를 "우리 중국이 망치나 않겠느냐?"……하였고 모령의 여학생들은 길에서 보고 히죽 웃으며 손짓하는 자가 많았나니 이 모든 동정이 나로 하여금 고생을 잊게 하였더니라.[45]

그는 당인가에 살 때에 김구 선생을 대수장군(大樹將軍) 김구라고 불러 그 "사적을 써서 중국인 각 신문에 소개하였음이 무릇 십여 차이니 오늘 미국에 있는 중국인은 누구나 대수장군을 모르는 자가 없고 국민당의 유력한 당원 '광요보'란 이는 매양 묻기를 '고려 대수장군이 근래 무양(無恙)한가?' 그들도 우리 대수장군을 애증함이 대개 이와 같은 것이라"고 적었다.[46] '대수장군'이라는 말의 유래는 옛날 어느 명장이 싸움에는 앞장을 서고 상 받을 때는 피해서 혼자 큰 나무 아래 앉았다 하여 겸허한 영웅을 일컫는 말이 되었다고 한다. 홍언은 이렇게 그의 영웅 김구 선생을 미주 중국인의 마음에도 심어주려 노력하였고 『신한민보』를 통해서도 소개하였다.

그는 임시정부가 유주(柳州)에서 중경(重慶)으로 피난살이 떠날 때 다음과 같이 읊었다.

> 갈길이 형천극지 그대로 가시다가
> 청산이 앞을 막고 녹수가 끊어져도
> 님계신 봉래풍악을 바라보고 가시오
>
> (곡조, 시조게이수, 1939. 8. 31)

---

45) 『신한민보』, 1939년 10월 26일, 「일년만에 다시 온 상항 차이나타운」 참조.
46) 『신한민보』, 1940년 4월 25일, 「대수장군의 일 봉서」 참조.

1941년에는 「백범형(白凡兄)에게」라는 시를 두 편 지었는데 그것들은 다음과 같다.

오르는 최고봉에 오르고 또 올라서
거진다 올랐거늘 가는길 막는구나.
高峰에 오르는 나는 오르고야 마나니

(1941. 8. 14)

오르는 최고봉에 끝까지 다 올랐다.
가는 길 막던 너는 가맣게 쳐다보고
하늘에 닿는 이손이 별도 딸 수 있나니

(1941. 12. 4)

1942년 「한국광복군(韓國光復軍) 제1로군(第一路軍)의 조직을 듣고 백범형(白凡兄)에게」라는 제목하에 다음과 같이 읊었다.

최고봉 올라서니 풍운이 일어나고
제일로 열린 곳에 將士가 오는구나
지난길 돌아들보니 까마아득 하옵건……

(1942. 6. 4)

즉 자신이 점찍어 응원하던 마음의 영웅이 사실 그대로 임시정부의 대권을 잡고 호령하게 되었으니 이렇게 '백범형'에 대한 시나 문장이 많아진 것이다. 1943년 가을 조선민족혁명당의 김원봉과 김규식이 오해하여 김구 공금횡령사건을 대대적으로 선전하였고 경쟁지 『독립』은 이를 사실로 받아들여 미주에 있어서의 김구 공격의 선봉이 되었을 때 홍언은 끝까지 무고를 주장하여 결국 그가 옳았다는 것이 증명되기도 했다.

1940년 홍언의 나이 60이 되던 해 그는 드디어 주필자리를 다시 찾게 되었다. 실로 28년만이었다. 이로부터 3년간 주필로 있었고 다음 Contributing Editor가 되고 1945년부터 다시 주필자리에 앉았다가 1949년 연초에 너무 늙어 이제는 『신한민보』의 붓을 놓는다는 선언을 하였다. 그에게는 '해동수부(海東水夫), 해옹(海翁), 추선, 리챠드 · 홍' 등의 필명이 있어 어떤 경우에는 시, 평론, 시사해설, 수피, 소설을 한 지면에 각각 딴 필명으로 나누어 쓰면서 채운 것도 발견할 수 있다.

그의 글의 특징은 보수적 정치견해, 온건성, 감상적 분위기, 그리고 고국에 대한 애정과 독립추구심의 고취 등이라고 볼 수 있다. 특히 독립추구심의 고취는 그가 사명감처럼 생각하였던 것으로 어떤 의미에서는, 이 측면만 논한다면 이승만 박사보다 공적이 많을 듯하다. 교포들의 그의 주거지인 국민회 회관 뒷칸에 배추, 묵, 김치들을 들고 가서, 책, 기념노트, 또 기타 물품에 그의 시 한 구절을 받아가지고 나오곤 하였는데 그 시 대부분이 조국의 독립쟁취에 좀 더 노력하라는 것이었다고 LA 노인들은 이야기한다. 일례를 들면 이암(李岩)의 부인은 유리상자에 잘 보존한 수놓은 태극기를 가지고 와서 글을 써달라고 하였다 한다. 이암과 안창호부인은 남매간으로 LA의 유력자였다. 이 태극기는 흰 비단에 수를 놓아 만든 것인데 박경선 씨에 부탁하여 국내에서 만들어진 것이며 1929년부터 1934년까지 밤중에 조금씩 수를 놓아 베개 속에 숨겨서 크리스마스 선물로 미국에 보내온 것이라는 유서있는 '보물'이었다. 홍언은 감격하여 이 태극기에 대하여 한 번 썼으나 이번에도 "이것이 우리의 나라 없을 때에 눈물겨운 사적이니 후인은 이 태극기를 영원히 보존하기를 바라나이다"라고 적으며 태극기 뒷 폭에 한시 한수를 써 주었다. 그 시의 번역은 아래와 같다.

국기를 베개속에 평안히 부쳤다가
문명한 백일하에 옛빛을 날리도다
다섯해 도장방에 밤이면 수를 놓던

예쁜이 연한 간장 얼마나 졸였던가?[47)

이 태극기의 소재를 찾기 위하여 필자는 이암 씨 딸과 접촉하였으나 허탕친 일이 있었다.

1940년대로 들어오면서 재미한인의 정치상황은 급격히 움직이기 시작하였다. 새로운 지도자로 한시대(韓始大), 김호(金乎), 전경무(田耕武), 한길수(韓吉洙) 등이 부상하고 '해외한족연합회'의 이름 아래 모든 재미단체를 통일도 해봤으나 결국 실패하였다. 김구가 계속 이 박사를 옹호하는데 반발한 국민회는 노골적인 반김(反金)노선을 걷기 시작했고 이 정치적인 소용돌이 중에서 홍언은 주필자리를 내놓고 이정근이 주필로 임명된다. 이는 홍언이 백범과 너무 밀착해 있고 대(對)조선혁명당 미주지부 기관지『독립』이나 동지회 기관지『북미시보』와의 필전에 적합지 않다는 고려에서 나온 인사일 것으로 생각된다. 그러나 홍언은 여전히『신한민보』지면을 채웠고 국민회 중견간부로 각종회의에 파견되곤 하였다.

1941년 3월 23일은 홍언 주필의 회갑이었다. 그래서 그의 수양녀 플로렌스(河泰貞), 흥사단원 등 70여 명이 모여 축하해 주고 국민회와 흥사단에서는 유성기를 선물로 드렸다.[48) 그는 이날을 맞이하여 다음과 같은 시를 남겼다.

흰 머리만 남겼노라

시인은 울건만은 세상이 웃는구나
내 몸을 돌아보고 이제야 뉘 웃나니
번뇌로 가는 일생에 흰머리만 남겼노라

(1941. 3. 27)

---

47)『신한민보』, 1940년 7월 18일, 「베개속의 태극기」 또 1939년 5월 18일, 「태극기에 관한 몇가지 眞話」 참조.
48)『신한민보』, 1941년 3월 27일, 「홍언씨의 회갑연」 참조.

그가 무엇을 뉘우쳤는지 분명하지 않지만 그의 입에서는 고향생각, 고향풍미에 대하여 말이 많이 나오기 시작했다.

홍도화 받아쥐고 홀연히 고향생각
한양정 옥동도화 청춘이 깊어있고
백일이 고요한 사리문에
청삽사리 누웠더니

(1941. 3. 23)

홍인문 다나와서 사천을 건너가면
버들이 둘러있고 그아래 수간초옥
문전일수 홍도화를 오매불망하노라.

(1941. 6. 26)

삼각산 푸른산중 백운대 둘린 구름
황난화 피는거기 춘광이 늦어가고
스슬픈 뻐꾹소리는 '불여귀'라 하오니

(1941. 6. 19)

푸른 잎 헤쳐가며 꽃있나 찾아보니
꽃없는 빈 가지에 열매를 맺었으니
청춘은 벌써 갔구나! 열매라도 있다면……

(1945. 5. 4)

그는 분명히 서울 어느 모퉁이의 생가, 홍도화 한그루 있고 청삽사리 넘나들던 그 생가를 생각하며 간절한 향수병에 걸리곤 한 모양이다. 또 자손이라도 있었다면 하는 마음으로 마지막 인용한 '열매라도 있다면'을 지었을 것이다. 그는 또한 고국의 미각을 자주 시로 표현하기 시작하였다.

미나리 강회감고 국화잎 전부치니
청춘의 고향맛을 맛보고 가옵니다.
호박잎 켜져올적에 병아리도 울거던.

(1941. 5. 22)

늘어진 홍제원의 인절미 나 싫어요
말쑥한 연안청포 한그릇 주신다면
해의를 부스려뜨려 탄광차나 하올지.

(1941. 7. 3)

호박잎 쌈을사고 풋고추 절이김치
서늘한 오이생채 파냉국 곁들이니
비스름 여름에 고향 돌아온가 하노라.

(1941. 7. 31)

그는 또 시기에 「해당화」라는 소설을 연재했는데 그 내용은 재미한인과 고국의 애인 사이의 비련을 그린 것이다. 이 소설은 1940년 9월 20일에 시작하여 1941년 12월 11일에 끝맺었다.

필자는 위에서 그의, 고향을 생각하고 고국의 음식맛을 그리는 시와 문은 많이 인용했다. 하지만 사실상으로 그의 시와 문의 8할 이상은 광복군·미군의 승전, 일본의 패전 등 시국에 관한 것들이었다는 점을 지적하고 넘어간다.

드디어 '8·15'가 도착하자 그는 "내 나라로 돌아가게 됐다고" 광희(狂喜)했다.

왜적의 항복을 듣고

붓대를 던지고서 엉덩춤 허튼소리
원수가 항복하니 기뻐서 미쳤노라.

강산이 완정한 날에 내나라로 가거나.

(1945. 9. 6)

1945년 가을 미주 한인대표 고국방문단이 조직되어 인원구성에 착수하게 된다. 홍언은 자신이 분명히 40년간 독립운동을 했고 국민회 신문만 30여 년 돌보아온 공으로 이 방문단에 끼게 될 것을 희망하였다. 그러나 그것은 허사였다. 모두 왕복여비와 고국에서의 숙박비를 마련할 수 있는 사람들이 대표로 가게 된 것이다.

미주에서는 한시대, 김호, 송종익, 김병연, 김성낙, 김용성 등이 가게 되었다. 홍언 노인의 심기가 편안치 않았다.

돈있고 술마시면 '풍류'라 하거니와
돈없이 술마시면 비웃는 '주정뱅이'
저물어 갈곳 없다고 홀로 통곡하더라.

(1945. 10. 4)

꽃없는 이동산 그 누가 찾아오랴
모르고 왔던나비 담넘어 가는구나
줄 것도 없는 집에서 사람올까 바라면……

(1945. 10. 11)

그에게 남은 것은 지조를 지켰다는 자부심뿐이었다. 그래서 다음과 같이 읊었다.

국화의 晚節孤芳 춘색을 자랑하랴
다사한 동풍시절 곱다는 도리화가
춘색을 자랑한후에 피노라니 가을일세

(1945. 11. 8)

줄것이 없는나요 받지도 않는나요
스스로 씻은 마음 가을물 같거니와
사람은 무엇으로나 주고받고 사나니

(1945. 12. 3)

돈있고 勢있으면 만사가 '칭찬'이오
돈없고 勢없으면 만사가 '흉'이로다.
돈없고 세없는 너로 지조까지 없으면

(1945. 12. 20)

4. 만년의 행적

전술한 바와 같이 홍언은 공산주의를 싫어했다. 머리만 붉게 물든 주책없는 유학생들이 공리공론으로 계급이니 대중이니 떠드는 것이 미웠다. 또 중국 국공합작에서 손해 본 쪽이 국민당이었다는 인식에서 그는 반공주의를 표명하게끔 하였다. 그에 의하면, "제3국제공산당이란 것은 소련의 도구로 즉 제나라에 있어서도 파괴를 일삼는 것이 고칠 수 없는 버릇이다"[49] 따라서 1945년 11월 김구가 귀국길에 오르면서 귀국 후 "혼합정부(좌우합작정부)를 조직하기를 희망한다"고 말하였다고 전해지자 그는 매우 불만스러웠다. 민의에만 의한다면 친공국민(親共國民)은 극소수일터인데 왜 혼합정부인가를 묻는다. 절차상으로도 "먼저 남반부의 통일이 있어야 되고 다음 북반부와 의견을 맞추는 동시 미아양군(美俄兩軍)의 동의를 얻어야 하고 미아양군(美俄兩軍)은 각각 명령을 받아야 하고 이것이 언제 될지 모른다는 것이다.[50] 그러나 차차 그는 고국의 좌우정부문제에 있어 관

---

49) 『신한민보』, 1942년 2월 3일, 「누가 우리의 일을 해롭게 하는가?」 참조.
50) 『신한민보』, 1945년 11월 22일, 「혼합정부문제」 참조.

망적 태도를 취하는 것 같다. 이것은 본국 친척과의 편지연락이 닿고 난 뒤에 그렇게 되는 것이 아닌가도 생각한다.

좌우간 1949년 1월 27일의 『신한민보』에서 그는 은퇴 고별사를 쓰고 있다.

이제 『신한민보』에 쓰던 붓을 놓으며 美領동포에게 고하는 것은 가기에 임하여 잘 있으라고 부탁하는 것과 같은 말이다. 내 나이 70이니 쉴 때가 되었고 『신한민보』에 있어서는 누가 하거나 나보다 낫겠고⋯⋯. 그런고로 『신한민보』를 위하여 아무 염려가 없고 다만 美俄 冷戰中 미령 한인의 전도를 위하여 생각이 많으니 이것이 즉 본기자가 『신한민보』에 쓰던 붓을 놓으며 미령 동포에게 고하는 말이다.

이렇게 서두를 꺼내고 난 후에 그는 길게 동포에 대한 '마지막 충고'를 늘어놓고 있다. 그로서는 『신한민보』에 대한 충고보다 일반교포에 대한 충고가 더 긴급했던 것이다. 그의 마지막 충고를 인용하기 전에 우선 독자를 위하여 당시 일반교포의 정치경향에 대하여 몇 마디 쓸 필요가 있다고 생각한다.

1910년대에 있어서 미주교포의 유일한 중심단체는 '대한인국민회'였다. 이 회를 중심으로 모든 정치·사회운동이 추진되어 나갔고 1913년에 결성된 '흥사단'이나, 1920년대 초에 결성된 '동지회'는 모두 국민회 산하에서 움직이는 수양단체, 또는 특정인물 지원 조직체에 불과하였다. 그런데 3·1운동 후 점차적으로 이 박사 대 여타세력 간의 알력이 첨예화하기 시작하고 국민회 내부에서도 2세와 신도(新渡)유학생을 중심으로 하는 진보적 세력이 김원봉의 조선의용군의 후원회를 조직하여 자신들의 당파를 조성하기 시작한다. 미주에 있어서는 시카고 '사회과학연구소'의 변준호, 김강 등이 핵이 된 30~40명의 LA 진보파가 조선민족혁명당 미주지부로 발전시켜 따로 급진적인 신문 『독립』을 창간하는 것이었고 거침없이 마르크스주의 선전란까지 개설하게 된다, 하와이에서는 한길수의 '중한민중동맹단'이 생겼는데 곧 FBI에서 감시받기 시작한다. 이들 단체는 노장보수파가 장악하고 있는 본토의 국민회나 하와이국민회에 반발하고 있었지만 격렬한 반(反)이승만라인으로 그 공통분모를 삼았다. 해방이 되자 미주의 반이승만라인은 이 박사가 미운 나머지 여운형이나 공산정권을 문자 그대로 '반동적'으로 지지하는 경향이 노골화되어가며 『독립』같은 신문은 더욱 친북적 신문으로 변모하여 가게 된다.

그런 가운데 홍언 노인은 이들 젊은이들을 개인적으로 잘 알고 그들의 부형과 친교를 맺고 있는 수가 많았다. 그로 보건대 LA 젊은층의 과격화가 매우 염려스러운 것으로 비쳤음이 역연하다. 벌써 1944년 국민회 통상회에서 홍언은 "미국 전시 정보국에서 조선사람의 모든 인쇄물을 다 검열하고 있다. 그러니 동포끼리 싸우는 것도 다 알고 있다. 그러니 참아야 할 것이다. 아무리 속 싸우는 일이 생긴다 해도 하고 싶은 말을 다 하지 말자 그러니 문인의 붓끝은 파도를 피하고 중용을 지키는 것이 좋은즉 붓대 가진 사람들이 시비를 꺼낼 필요가 없다고 생각한다. 기사를 보면 인격을 알게 될 것이다."라고 『독립』과의 필전(筆戰)싸움에 미국 정보당국을 의식하여 조심하라고 타이르고 있었다. 이 기사는 『신한민보』를 적대시하던 『독립』에 실렸던 국민회 회의 방청 내용이었다.[51]

그래서 홍언은 그 은퇴선언에서 간절히 다시 타이르고 있는 것이다. 즉 우리들의 소속(Identity)은 '미주 교민'이니 미국 당국의 이 위치를 깊이 유념하여 탄압을 자초하는 행동을 삼가자는 것이었다.

一言而敝之하고 미령 한인은 미령 한인이다……. 미령 한인이 진실로 무식하지만 미령 한인도 자체의 가진 것이 있으니 50년 전 우리나라의 고유한 언어·문자·풍속을 그대로 가졌고 생활은 대체가 노동자이다……. 도산 안창호

---

[51] 『독립』, 1944년 3월 22일, 「국민회 통상회 방청기록」 참조.

선생은 우리나라의 제일의 명사이지만 미주에서 못해본 일이 없다. 아무려나 이 식민지에서는 놀고 먹는 자가 천한 사람이고……. 새벽에 일어나 해지도록 혹은 15~6점 일을 하고 매일 이렇게 벌어서 가족이 있으면 가족을 건사하고 單身은 자기가 살고 남은 힘을 가져 사회와 교회에 바치고 이따금 국가민족의 큰 운동이 생기면 거액의 금전을 던져 일을 치러 갔나니 만일 이만치 버는 힘이 없으면 이만치 내놓을 힘이 없겠고 이에 따라 미령 한인에 있어서 절로 세 가지 문제가 생기나니 1. 동포의 안녕보장 2. 박애사업 3. 국가사업원조이다……. 한인의 안녕보장에는 첫째 지대관계 둘째 본인의 제2천성을 보고 그 습성과 환경을 거슬리지 말고 순하게 맞추어 주어야 한다는 것이 즉 정치적 입론이다……. 자기의 좋아하는 것을 남도 하게 하기 위하여 혹은 다 늙은 미령 한인을 별안간에 글을 가르치려고 달려들며 말하기를 모르는 것을 알려주어야 한다. 하고 혹은 일생을 오른편으로 가던 미령 한인을 별안간에 왼편으로 가라고 권하며 말하기를 그리로 가는 것이 좋다고 하고 또 과격한 자는 자기의 분풀이를 위하여 일생을 평화에 늙은 미령 한인을 선동하여 욕설 주먹질까지 하였으면 좋은 줄로 생각하거니와 이것이 모두 미령 한인의 습성과 환경에는 거슬리는 일이라……. 남의 나라 땅에 살며 애국사업까지 하여왔고 재류국의 동정을 얻은 까닭이며 이 앞으로도 여기서 살며 애국사업을 하려면 이 나라의 동정을 얻어야 하고 (中略)

우리가 40년 배일운동 끝에 독립이 올 줄 믿었더니 인제 독립은 오지 않고 고국강산이 美·俄냉전 중에 들어가서 38도선이 끊어지고 두 정부가 수립되었고 이로 인하여 우리의 운동은 '疆土完整'과 '整個獨立'이 남아 있어서 도로 아미타불이 되었고 금후 우리의 전도는 과거 40년에 비하여 더 간난하다………. 우리의 지원은 본래 가진 사상과 능력을 가지고 장래 38선 철폐와 통일정부 수립에 한몫을 당하자는 것이다. 그러니까 누구나 무슨 학식을 가졌거나 무슨 주의를 가졌거나 이 미령 한인 총중에 들어와서는 그도 또한 미령 한인 중 일인이니 동포 안녕보장, 국가사업 원조에 同力합작하기를 바란다. 이것이 『신한민보』의 붓을 놓으며 미령 한인에게 고하는 말이다.

참으로 시기에 알맞은 충고(Timely Advice)였다. 붓을 놓으며 어찌 쓰고

싶은 말들이 많지 않았을 것인가. 40년 넘게 언론에 종사하다가 은퇴선언
하는 마당에 회상하고 싶은 말들이 산더미처럼 쌓였겠으나 그는 한 사람
의 원로로서 미주 한인이 가지는 특수환경을 인정하고 이 '아이덴티티'속
에서 조국의 통일을 위하여 노력하자고 최후의 간곡한 부탁을 한 것이다.
미주에 사반세기 이상 산 필자로서 이 홍언 원로의 충고의 무게가 더욱 현
실미를 띠게 느껴지는 것은 웬일일까. 미주 교포는 마땅히 귀담아 홍언의
충고를 음미해야 할 것이다.

홍언의 '최후의 충고'가 있은 지 몇 해 안되어 철퇴가 내려지고 수많은
한인들이 고난을 당한 것은 잘 알려져 있다. 하기야 6·25가 일어난 후 무
차별 폭력에 대하여는 불평이 많았었다고 전하기도 하였다.[52]

홍언은 1949년에 은퇴선언을 하였지만 가끔 『신한민보』에 기고하였고
거의 매일같이 인쇄기가 있는 국민회 회관에 새벽 일착으로 나타나 배달
된 영자신문을 이정근 주필 책상에 놓고 주필도 식자일 좀 도우라는 등의
핀잔을 주고 받고 하였다고 한다. 그는 40년 동안 주자(鑄字)를 만져와서
그랬는지 동맥경화증을 앓고 있는데다 진행성폐결핵을 앓고 있었다. 설상
가상으로 1949년 말경 가벼운 뇌일혈로 쓰러져 몸이 몹시 불편하였다. 따
라서 성격도 좀 나빠졌다. 이주필(李主筆)은 다음과 같이 적었다.

홍언선생이 살아 뒷방에 계실 적에 즉 (대한인국민회는 『신한민보』 찍는 工
房, 강당, 부엌, 잘 수 있는 방 등 댓 칸으로 구성됐었다.) 내가 경험한 일을 생
각하더라도 인생의 잘못을 증명할 수 있다. 선생의 친구들이 홍선생 생전에 한
말들을 아직도 내 귀에 머물러 있는데 그 말들은 "홍영감이 죽어야 편안하지
살아 무엇해" 하는 말은 홍선생이 이 세상에서 가는 것을 재촉하는 임프레션이
있었던 것이다. 그러나 홍언선생이 별세한 후 Same fellow가 이런 말을 하였다.

"그이 불쌍한데 좀더 살았어야 될 것"[53]

중앙총회 부회장을 역임하고 국민회 조직시대부터 독립운동에 공이 많았던 한재명의 외아들 한규동 씨는 현금 LA에서 작은 인쇄소를 경영하고 있는데, 한때 홍언과 같이 『신한민보』의 인쇄를 맡은 적이 있었다. 그의 회상에 의하면 자기부친이 딴 지방에 출타할 때 홍언 선생께 자신의 처자가 잘 있는지 확인하는 일을 맡겼다고 한다. 그래서 홍언 선생은 매일 아침 한규동의 집 앞을 지나며 "규동이 잘 있나?" 소리를 지르고 회답이 있으면 안심하고 들어오라는 말도 뿌리치고 가곤 하였다는 것이다. 홍언은 『신한민보』에 한규동 씨가 반신불수의 아버지를 잘 모신다고 희대의 효자라고 칭찬을 많이 했으나, 청년 한규동에게는 홍언이 불호령을 지르고 성미가 급하고 술 좋아하는 노인으로 인식되고 있었다. 생각건대 그 말년의 병환과 고독과 빈한 때문에 그가 그렇게 변하지 않았나 한다.

1950년 그가 점차 쇠약해지자 국민회 중견간부들은 구수회합하여 선후책을 서두르게 되었다. 홍언은 사회보험(Social Security)에 들어 있었으므로 여기서 약간의 돈이 나왔고, 모자라는 것은 총회장 김형순, 그리고 돈 있는 중견간부 김호, 한시대, 송종익 등 4인이 1950년 11월에 도합 360불을 만들어 매달 30불씩 보조해 드리기로 하였다. 그러다가 1951년 2월 기동하기 힘들게 되었고[54] 3월 8일 입원하여 25일 오전 6시 15분 드디어 별세하였다.[55] 그의 사망진단서에 의하면[56] 직업은 신문주필, 연령 70세, 사회보험 증명서번호 510-38-6004, 사망주인을 진행성폐결핵, 합병증은 1년 전의

---

53) 『신한민보』, 1951년 4월 5일, 4월 21일, 연재 「동해 수부가 가신 후 나의 느끼는 적막」.

54) 『신한민보』, 1951년 3월 22일, 「홍언씨 입원」 참조.

55) 『신한민보』, 1951년 3월 29일, 사설 「동해수부 홍언선생은 가시다」와 「홍언선생 별세」 보도 참조.

56) 홍언의 「사망증명서」는 LA. USC의 Kleine 박사가 수고하여 얻어주셨다. 여기에서 사의를 표한다.

뇌일혈, 딴 지병으로 동맥경화증이 적혀있었고 장지는 로즈데일 공동묘지로 되어 있었다. 도산 안창호의 딸 수산여사의 증언에 의하면 당시 아시아인은 딴 묘지에서 안 받아 LA의 거의 모든 한인이 여기 묻혔다고 한다.

홍언의 장례식은 그가 매일 찾아들던 국민회 강당에서 약 300명의 교포가 운집한 가운데 거행되었는데 생전에 그와 교제하지 않던 인사들로 다수 참석하였다고 한다. 화환을 보내온 사람들만 70여 인이었으며 이어 고인이 기거하던 흥사단을 경유하여 '로즈데일'묘지 장례식 행진을 가졌고 그곳에 묻혔다고『신한민보』는 보도하였다.[57] 그의 장례에 관한 재정 총결산을 보면 홍언 씨의 재산이 도합 150불 10전, 국민회 4유지가 거출한 360불 중 남은 240불, 부의금 145불(여기는 양녀 하소정 양의 비석값 50불 포함) 자신의 생명보험 200불, 여기다 국민회의 특별보조 300불 등 도합 총수입이 906불 49전이었다. 지출로는 널값에 265불, 장지값에 202불 3전, 비석값에 155불 25전, 전보전화값에 16불 93전, 기타 경비에 67불 28전이었다. 이에 의하면 여재금은 310불로 국민회 상조부에 지출하였다고 되어 있다. 문제는 '로즈데일'묘지에는 홍언 선생의 비석이 서있지 않다는 데 있다. 교포들은 장례식만 성대히 치러주고 누구나 자기 밥벌이에 바빴던 모양이다. 그리하여 오늘에 이르기까지, 이 미주에서 국민회의 역사와 더불어 살았고 미주 한인 독립운동의 일대유공자였던 홍언 선생은 돌보는 사람도 없이 쓸쓸히 묻혀있는 것이다.

아래에는 홍언 선생의 인품에 대한 각계 인사의 감상담(『신한민보』소재)과 필자의 인터뷰를 요약하였다.

선생은 불합리한 논박과 억울한 비평을 무릅쓰고 公筆의 정론을 주장하여 오셨으며 물욕, 재욕, 성욕, 명예욕에 초월하신 생활을 하셨습니다.(김중수)

자기의 모든 사생활을 희생하면서 오직 한 조각 붉은 마음이 사회와 나라뿐

57)『신한민보』, 1951년 4월 5일 기사 종합.

이었다……. 오직 이른 아침부터 밤중까지 사무실 한편의 조만한 책상에서 도수가 높은 안경을 쓰고 또 확대경을 들고 잘 보이지 않는 잔 글자를 찾아보고 쓰는 것이 유일한 취미였고……. 일찍이 선생의 포부였던 평화와 중용주의는 이 인간사회에서 꽃이 피고 열매가 맺어서 그 빛을 나타낼 때가 반드시 있으오리라.(델라노 농부)

자신의 곤란과 부귀영화를 다 잊어버리고 일체 정력을 오직 국권회복과 노예된 동족의 자유회복을 위하여 반세기동안이나 힘썼습니다.(방사겸)

선생님이 일생에 품고 계시던 뜻 조국 삼천리 강산이 완전독립하기까지 우리들의 최선을 다하겠사오니 고결하신 선생님의 영이여, 고통과 슬픔이 없는 영원한 세계에서 고이 계시기를 비나이다.(흥사단 미주위원회)

홍언 선생은 오랫동안 우리 가족과 한 집에서 살았던 분이다. 아저씨와 같이 생각되었다.(안수산 인터뷰)

홍언 선생은 매우 인자한 분으로 1939년 미국에 온 이래 지도 많이 받았다. 그의 전기를 쓴다니 눈물나도록 고맙다.(이화목 인터뷰: 여사는 1898년생으로 애국단총부 단장을 10년간 역임하였던 여걸이었다. 그에 따르면 필자의 姉兄 朴勝白이 1949년 도미유학을 왔을 때 같은 서울사람이라고 홍언은 각별히 친근 감을 가졌다는 것이다. 『신한민보』를 보면 흥사단 주최 추도회에서 이화목 여사 박승백 등이 프로그램을 맡고 있는 것을 발견한다.)

홍언 선생은 나를 친자식처럼 생각했는지 화를 팩팩 내곤 하셨다. 술을 좋아하셨고 나중에 끊으셨으나 이따금 大酒를 하셨다.(한규동 인터뷰)

전술하는 바와 같이 "우리는 이만치 일하다가 가는 것뿐이니 후인이 우리를 위하여 기억할 수 없는 것이다. 우리가 우리끼리 서로 기억치 않으면 다시 누가 우리를 기억할 사람이 있으랴"고 홍언 선생은 그의 친구 백일규를 생각하며 썼다. 이 글을 인용하면서 홍언 약전(略傳)을 끝낸다.

❖ 『재미한인의 독립운동』, 한림대 출판부, 1989

김헌식(金憲植)과 3·1운동

1. 김헌식(金憲植, 1869~?)은 누구인가

김헌식(金憲植)은 3·1운동 당시 '신한회(新韓會, THE NEW KOREA ASSOCIATION)'를 조직하여 '국민회'에 도전하였던 강경파 인물로 알려져 있던 사람이다. 이러한 까닭으로 일본 외교비문서(外交秘文書)에 가끔 나오곤 하였으나 그의 이름 석 자는 그리 알려지지는 않았다.[1]

필자가 그의 독립청원운동이 동경 유학생들을 자극하고 2·8선언의 한 추진력이 되어 3·1선언과 민족운동에 궁극적으로 관련지을 수 있다는 데 흥미를 느껴, 그의 신상을 조사하기 시작한 것은 5년 전의 일이다. 그가 한때 FBI(연방수사국)와 기타 미국 정보당국을 위하여 일해준 정보원이었다는 사실과 그가 미주에서는 초지일관하여 사회주의사상을 가지고 있었다는 점, 중국의 국부로 알려진 손문(孫文)과 뉴욕 망명 시 접촉이 있었다는 점, 그리고 6·25전쟁 당시 북에 동조하여 FBI에 주목받았다는 점들이 새로 확인되었다. 이만하면 왜 필자가 집요하게 그의 생애를 추적하였는지 짐작이 될 것이다.

---

[1] 日本外務省陸軍省文書(제2집), 『韓國民族運動史料(中國篇)』, 국회도서관, 1976에 나오는 金憲植이 金奎植의 誤字로까지 의심받았다.

2. 미국에 건너오게 된 경위

김헌식은 1869년 출생한 청풍 김씨이다. 그의 생부는 김익항(金益恒)이
었으며 김익승가(金益升家)의 양자로 가서 창원 황(昌原 黃)씨와 결혼하였
으나 부인이 1889년 사망하자 1876년생인 경주 김씨를 후취하였다. 족보에
의하면 김익승은 1832년에서 1855년까지 살았던 사람이므로 양모 평산 신
씨를 모시고 있었던 것이다. 이 양모마저 1906년에 사별하였고 자녀가 없
었으니 「청풍김씨세보(淸風金氏世譜)」에 적힌 대로 '道學美國尙未還'이 되
는 환경상의 불우를 고려에 넣어야 된다는 것이다.[2] 즉 미국에 거의 60년
살면서 돌아가지 않은 하나의 이유가 여기에 있었다고 보인다.

김헌식은 나중에 뉴욕의 중국인들에게 자기 소개를 할 때 1894年 "甲午
東學亂이 일어나매 군사 3,000을 거느리고 토벌하였다."고 과장선전을 늘
어놓았다.[3] 따라서 그가 동학에 가담하였다가 해외로 탈출하여 나온 대동
보국회(大同保國會)의 백일규(白一圭)나 문양목(文讓穆) 등 문인들과는 다
른 배경의 사람이었고 같이 대한인국민회를 이끌어 나가지 못하였던 하나
의 이유가 되는 것 같다. 그는 자기 소개에서 다음으로 "다시 대신 서광범
(徐光範), 대장 민영환(閔泳煥)과 더불어 대사를 꾀하였으나 성공하지 못
하여 나라를 떠나 해외로 유랑하였다."고 했다. 그러나 그가 국내에서 감
히 서광범·민영환과 국사를 의논할 처지에 있지 않았으므로 나중 워싱턴
에서 그들에 접근할 수 있었던 때와 혼동하여 허풍을 떨었던 것이다. 김헌
식이 서·민 2인을 같이 만날 수 있었던 해는 1896년과 1897년이었다. 1895
년 그는 일본 경응의숙(慶應義塾)에서 수학 중이었던 모양이다. 1896년 3
월 1일의 『요로즈조보(朝報)』는 다음과 같은 기사를 게재하였다.

---

[2] 金憲植의 族譜上 추적은 하버드대학의 와그너 교수가 도와주었다. 여기에 깊이 사의를 표
한다.

[3] 桑港『少年中國晨報』, 1912년 5월 4일, 「蒼海客答趙哀崖」 참조.

慶應義塾에서 수학중인 조선학생 林炳龜(19), 李範壽(24), 金憲植(27), 安禎植(27), 呂炳鉉(26), 李廈榮(29)의 6명은 去月 27일에서 翌 28일 사이에 同校 기숙사를 은밀히 빠져 나갔던 바 이들은 미국 渡航을 도모하여 在日本朝鮮人親睦會의 會金 7~80圓과 은행예금 400여圓도 휴대하였다고 한다. 또 같은 학생으로 朴義氣라는 자도 牛邊原町 三丁目의 成城學校에서 도주하여 행방이 不明인데 아마도 7명 모두 복장을 바꾸어 벌써 외국에 渡航한 것으로 생각된다.

분명히 김헌식은 이 '도망'한 학생 중에 끼어 있었다. 이들에 대한 다음 뉴스는 『시사신보(時事新報)』 1896년 4월 17일 자에 「도망조선유학생의 곤란」이라는 제목 아래 다음과 같이 소개된 것이 남아 있다.

지난 2월에 慶應義塾을 도망하여 미국에 渡航한 유학생 6명은 晩香坡(뱅쿠버)에 着하여 심히 곤란한 중에 있다는 것으로 某方에 도착한 通知에 가라대 조선인 呂炳鉉, 林炳龜, 李廈榮, 金憲植, 李範壽, 安禎植의 6명은 작년 7월 중 同國에서 일본에 도항하여 금번 조선정부의 유학생으로서 미국 워싱턴에 가는 자들로서 두발을 자르고 양복을 입고 在日本 同國공사로부터 在美공사 徐光範에게 보내는 添書를 소지하여 本年 2월 28일 橫濱발 캐나다 태평양철도회사의 기선 EMPRESS OF INDIA호에 탑승하고 本月 11일 當 뱅쿠버에 도착하였다. 이 6명은 일본 출발시 在東京 同國공사로부터 여비 기타의 수당으로 총계 근근히 일본돈 銀 五百圓을 받았다는 것으로 橫濱에서 當港까지 下等여비 1인당 50원 및 필요한 잡비 등을 지불하였던 고로 當港에 도착한 때에는 각人 이미 지갑이 비게 되었고, 6인 모두 영어를 모르고 오로지 다소 일본어를 解하여 當港 일본 여관 濱村仲藏쪽에 止宿하고 있지만 前述함과 같이 同店에 지불할 食料(매일 1인분 美金 50전)은 물론하고 當港에서 워싱턴行의 여비는 더욱 없는 처지여서 심히 곤란을 당하는 모양으로 때때로 當 일본영사관에 출두하여 隣國의 交誼로서 상응하는 구조 또는 보호를 구하고 있지만 同 영사관에서는 이들 외국인에 대하여 구조 · 보호를 할 길이 없음은 물론이고 이대로 버려두면 이들 6명은 당장에 호구에 궁하고 本邦 여관주에 폐를 끼칠 뿐만 아니라 모두 사리에 소원한 자들인 연고로 거듭 영사관에 출두하여 응대상 폐단이 많으므로, 同 영사관

은 이 사정을 미국주재 徐공사에 통지하여 同공사가 至急 상당한 처치하여줄
취지의 뜻을 在美 栗野公使에 보고하고 또 在本邦 同國공사에도 이렇게 주선
하여줄 것을 전달하게끔 外務省에 보고하였다 한다. 이들 6명은 벌써 在本邦同
國公使의 添書를 封入하고 徐공사에게 私信을 보내어 여비 급 當港체재비로서
1인당 美金 90弗씩 지급 송부해줄 것을 신청하였다고 한다.

3. 하워드흑인대학(黑人大學) 유학

김헌식 등 6인이 영어도 할 줄 모르면서 무턱대고 500엔만으로 북미에
건너온 것은 만용이라는 표현이 어울려 보인다. 다행히 서광범 공사는 일
본 측의 연락을 받자 곧 송금하여 이들은 워싱턴에 도착할 수 있었고 서 공
사는 이들을 흑인대학인 하워드대학에서 특별과 학생으로 공부할 수 있게
만들었다. 서 공사는 미국으로 부임차 동경에 들렀을 때 꽤 오래 그곳에 체
류하였기 때문에 미국 유학의 장점을 크게 강조하였는지 모른다. 좌우간
이들이 하워드대학에서 어떻게 공부하였는가 하는 점은 이 대학의 Foster
교수의 글에서 조금이나마 엿볼 수 있다(*Congregationalist*, 1896년 10월
1일).

이들 7명의 한국청년들은 약 200명의 딴 유학생과 더불어 일본에 보내졌던
사람들이다. 모두 한국의 제일 좋은 가문들에서 선택되었던 것이다.
워싱턴에는 지난 4월에 도착하였다.
故 徐光範公使는 이들에 흥미를 가져 하워드대학에 주선하여 입학시켰고 대
학은 이들에게 교육과 거처할 집을 제공하였고 몇몇 인자한 부인들이 저들의
식생활을 대주었다.
5월에 공부하기 시작할 때는 영어를 통 몰랐으나 두 부인이 지원하여 이들
에 영어를 가르쳤으므로 이들의 진보는 괄목한 바가 있어 가을학기에는 정규
과목을 택할 수 있을 것이다.

이들은 當地의 第一組合敎會의 주일학교를 나가고 있으며 영어와 더불어 기독교신앙을 받아들이고 있다.

Foster 교수는 이들의 영어작문도 소개하고 있는데 미소를 자아내게 하는 유치한 것들이었다. 안정식(安禎植)의 편지와 여병현(呂炳鉉)의 시가 그들의 문법적·철자법적 착오와 더불어 소개되었다.

My Dear Mr. Foster :(친애하는 포스터 선생님 :) Do you has very best?(안녕하십니까?) I hope you so(무고하실 줄 믿습니다). I am not sickliness this is a good thing(저도 건강합니다. 이것은 좋은 일입니다). I cannot speak my would with pen(펜으로 이야기를 제대로 못하겠습니다). I will mail letter to you again (다시 편지를 쓰겠습니다). Your friend Jung S. AHN(당신의 친구 안정식).

새

呂炳鉉 작

I write a question and a answer on a bird.
I see a bird sat on a green tree in the garden.
Yes, I have seen it too.
What is name of that bird?
Well it is looks likke parrot.
Why is it swing the two wings, very much?
Oh yes, it will fly to away!
Do you like the bird singing a song?
Yes, I like it very much.
The bird cannot plant rice and cannot gather the harvest, and neither any barn; it is only flies to come soon go soon; but it can live on this Earth. The God made this earth, to let the all thing which live in this world.

나는 한 마리의 새에 관하여 질문과 대답을 쓰련다.

나는 정원의 푸른 나무 위에 앉은 한 마리의 새를 봅니다.

그렇소 나도 그 새를 보았소.

그 새의 이름이 무엇이죠?

앵무새 같군요.

왜 이 새는 날개를 크게 흔드나요?

오! 그렇소. 이 새는 날아가려는 것입니다.

당신은 새가 노래를 지저귀는 것 좋아하십니까?

그러믄요. 나는 매우 좋아합니다.

새는 벼를 심지도 못하고 거두지도 못하고 광도 짓지 않습니다. 새는 다만 곧 날아오고 곧 날아갑니다. 그러나 그들은 이 땅에 살 수 있습니다. 이 세상에 모든 만물이 살 수 있게 하기 위하여 하나님이 이 땅을 만드셨습니다.

이 시를 쓴 여병현은 나중에 귀국하여 대한자강회(大韓自强會) 회원으로 글을 발표도 한 사람이고, 임병구(林炳龜)는 포스터 교수의 말에 의하면 수학교사의 아들로서 1898년 가을 서울 사립 흥화(興和)학교가 창립되었을 때 교원으로 초빙되었다. 교장이 민영환이었으므로 워싱턴에서의 인연으로 들어간 것 같다.[4] 이 하워드대학에는 위에서 말한 경응의숙 유학생 6명과 이희철(李喜轍)이 있었는데, 이 대학『1896년도 연례보고서』에는 "한 푼 없는 Corean 7명이 본 대학에 들어와 도움을 청하여 직접간접으로 도왔다"고 적혔고 아울러 이들의 사진도 게재하였다. 그러나 1896년에서 97년에 이르는 학년도의 대학요람에는 사범과 특별학생으로 안정식과 김헌식의 이름만 보이니 결국 그밖의 사람들은 이희철을 제외하고 미국을 떠나고 말았던 것이다.

1897년 주미한국공관의 보고는 미국 유학생 21명을 들고 있는데 그 이

---

4) 『皇城新聞』, 1898년 11월 4일 기사 또 방선주, 「徐光範과 李範晉」, 『崔永禧先生華甲記念韓國私學論叢』, 탐구당, 1987, 443쪽 참조.

름은 이승구(李升九), 홍운표(洪運均), 백상규(白象圭), 송영덕(宋榮德), 김
윤정(金潤晶), 김헌식(金憲植), 안정식(安禎植), 이희철(李禧轍), 신성구(申
聲求), 손병균(孫炳均), 오성희(吳性喜), 김상언(金相彦), 김용주(金用柱),
박윤규(朴潤奎), 김규식(金奎植), 박희병(朴羲秉), 서병규(徐丙奎), 현동식
(玄東軾), 박여선(朴汝先), 박여선처(朴汝先妻, 즉 에스더朴)이었다.5) 1901
년 주미공사 조민희(趙民熙)가 미국 유학생 17명의 아사를 면케 하여 달라
고 요청하였을 때의 명단에는6) 다음 유학생들이 보인다. 즉 김규식(金奎
植), 조익원(趙益原), 이규삼(李奎三), 박승렬(朴勝烈), 이재훈(李載勳), 김
윤정(金潤晶), 김용주(金用柱), 하란사(河蘭史), 김별사(金鱉史), 김상언(金
相彦), 김헌식(金憲植), 서도희(徐道熙), 안정식(安禎植), 현순(玄楯), 김윤
복(金允復), 백상규(白象圭), 현동식(玄東植) 등이다.

후일의 일본 외교문서를 보거나 뉴욕 거주 김형린 옹(90여 세)의 이야기
를 들으면 김헌식은 한국공사관원으로 있었다고 들었던 모양인데 구한국
외교기록에는 김헌식이 정식관원으로 나오지 않는다. 모름지기 김헌식의
집안과 조민희(주미공사)의 집안은 인척(姻族)이었던 연고로7) 이런 이야
기가 나올 수 있었던 것이 아닌가 한다. 여하간 그는 1899년 어느 시점까
지는 하워드에 재학하였고 그 후 1907년까지의 종적은 아직 단서가 잡히
지 않는다.

---

5) 『駐美內案』(奎章閣圖書) 卷一. 金源模, 「徐光範硏究」, 『東洋學』15집, 단국대 동양학연구소,
   1985, 262쪽에서 重引.

6) 金泳謨, 『韓末支配層硏究』, 일조각, 1972, 171쪽 주에서 重引함.

7) 金昇壽等編, 『淸風金氏世譜』, 1975에 의하면 金憲植의 長兄 宗植의 子 裕寅은 趙鏞世女와
   결혼하였고 八寸의 아들 裕弘은 趙台熙女와 결혼하였고 趙同熙女도 가까운 일족에게 시집
   왔다.

4. 뉴욕에서의 반일운동

1907년 10월 4일 『공립신보(共立新報)』에 '뉴욕한인공제회(韓人共濟會)'
라는 단체의 기서(寄書)가 게재되고 있는데, 여기에 김헌식의 이름이 나온
다. 즉 이 '공제회'의 황용성 서기(일명 황휴, 후년에 창녀 알선업으로 체포
됨), 서필순(徐弼淳), 안정수(安定洙), 이원익(李源益), 신성구(申聲求), 김
승제(金承濟), 차두환(車斗煥), 안규선(安圭善, 익년에 발광, 정신병원에 수
용됨), 양홍빈, 홍종진, 송현길, 윤석규(尹錫圭) 등 뉴욕시에 사는 한인공제
회 회원 등이 연명하여 『공립신보』와 『대동공보』에 글을 보내어, 당지(當
地) 일본영사관에서 김헌식씨를 찾아가 "한인의 생명 · 재산을 보호"하려
한다는 명목으로 한인 명단의 제출을 요구하였는데 각지 동포들은 이런
종류의 간계를 조심하여야 될 것이라는 내용이었다. 이에 이때부터 김헌
식이 뉴욕에 살고 있었던 것을 알게 되어 뉴욕시와 교외의 주소록을 조사
해보았으나 나오지 않았다. 단 뉴욕에 Kimm이라는 사람의 제본소가 있었
는데 김헌식은 영어로 Seek Hun Kimm을 썼기 때문에 당시 김헌식의 직업
은 제본업이 아니면 후일에 종사하였다는 인삼상이 아니었던가 한다. 김
헌식은 1910년 일본이 한국을 병합한 전후부터 『뉴욕타임즈』 『신한민보』
등에 이름이 나기 시작하였다. 한 예를 들면 1910년 8월 26일의 『뉴욕타임
즈』는 김헌식을 소개하여 말하기를, 그는 현재 뉴욕 브룩클린의 '헤이스팅
스호텔'에 체재하고 있으며 뉴욕한인애국단(Korean Patriotic Association of
New York)의 회장이라 하였고 前한국주재공사관의 공사관원(Attaché)이었
다고 했다. 김헌식은 이 신문사의 기자와의 회견에서 일본에 대항하기 위
하여 도처에 독립군들이 봉기하고 있으며 미국교포가 조직한 군사학교를
거친 의용군 30여 명이 귀국하여 독립전쟁에 참가 중이라고 허풍을 떨었
다. 실은 주미공관의 Attaché였다는 말도 호텔에 체재한다는 이야기도 허
풍일 가능성이 많지만, 하여간 그는 열심히 독립 홍보에 힘썼고 한국문제

가 일어날 때마다『뉴욕타임즈』기자는 김헌식을 찾았다. 동년 10월 5일의
『신한민보』는 또 구한국공관을 매각하는 일본의 대사에 그가 항의전보도
쳤다고 보도하고 있다. 또 105인 사건 때에도『뉴욕타임즈』를 통하여 항의
와 홍보를 거듭하였다. 105인 사건과 관련하여 빠뜨릴 수 없는 김헌식의
관련 사건은 소위 '박승렬(朴勝烈) 납치사건'이다. 1907년 이래 정신병원에
수용되고 있던 박승렬이라는 지명인사를 1912년 여름 일본 외교기관에서
'납치'하여 미국 밖으로 데리고 갔기 때문에 박승렬도 귀국 후 105인 사건
이나 비슷한 사건에 이용당하는 것이 아닌가 하여서, 김헌식은 '뉴욕한인
애국회'의 명의로 국무부에 조사선처를 요망하는 편지를 쓰고 또 신문기자
들에게 조사를 부탁하여 나섰던 것이다.
　그 편지원문의 번역은 다음과 같다.

　　워싱턴시 국무부 국무장관 귀하 :
　　저는 이 편지에 朴勝烈에 관하여 각하에게 알려드리고 싶습니다. 박승열은
잘 알려진 韓人정치가로서 과거 한인 간에 공화주의정당을 조직하려다 某國정
부의 체포대상이 되었었고 기어이 뉴욕주 롱·아일랜드 Central Islip시의 정신
병원에 수용될 수밖에 없었습니다. 그런데 그는 여기서 불법적으로 납치되어
미국에서 出境하게 되었습니다. 박씨는 1907년 한국에서 일어난 비극적인 일들
에 애통하여 정신적 균형을 잃어버렸기 때문에 뉴욕시의 한인회에서 정신병원
에 보냈고 일 년에 적어도 두 번 방문하곤 하였습니다.
　　그런데 지난 6월 한인회는 필라델피아시 Wingohocking Street에 사는 루이스
오가다 교수에게서 편지를 받았는데, 이 편지에서 오가다씨는 그의 협조하에
박씨를 병원에서 데리고 나오게 하도록 요청하였던 것입니다. 이 편지에 대한
회신에서 한인들은 한인 사정에 간섭하지 말라고 말하였던 일이 있습니다. 그
런데 최근 한인회는 박씨에게서 두 통의 편지를 받았는데 그 날짜는 7월 17일
과 7월 23일이었고 보낸 곳은 駐英 일본대사관이었습니다. 이상의 편지들을 받
고 한인회에서 뉴욕시 매디슨가 1번지에 소재한 뉴욕주 强制出境局에 가서 알
아보니 박씨를 병원에서 빼내어 3인의 일본인에 의하여 White Star회사 소속 올

림픽호로 7월 6일 뉴욕에서 영국으로 보내졌습니다. 여기에 관련된 3명의 일인의 성명 주소는 다음과 같습니다.

T. 하야시 뉴욕시 트리뷴 빌딩 내
Hanuel Hahr 41-43 Sands Street, Brooklyn N. Y.

루이스 P. 오가다 교수 펜실버니아주 필라델피아시 Wingohocking가 445번지
저는 각하에게 특별히 다음 사항에 유의하여 주심을 앙망하나이다. 즉 일본인들은 한인회 회원이었던 그를 한인회의 동의없이 미국 땅에서 데려갈 이유가 하나밖에는 없습니다. 그것은 일본이 이 정신나간 사람을 써서 지금 서울시의 법정에서 심리 중인 소위 '음모사건'과 비슷한 또 하나의 '음모'를 조작하는데 도구로 사용하려 하는데 있습니다. '음모사건'도 미친 한국인 농부의 이야기에 터하고 있습니다.

만일 그가 일본인의 손에 의하여 귀국하게 된다면 그는 한국인이나 미국인들에게 크게 해로운 존재가 될 것입니다. 왜 그러냐 하면 정신병원에 들어가기 20년 전부터 그는 기독교 신자였고 한국 내에서 유명한 기독교인을 많이 사귀었기 때문입니다.

이 사건은 수년 전 孫逸仙씨가 유괴되어 영국 런던에 있는 淸國公舘에 감금되었던 사건과 비슷한 것이므로 각하께서 선처하여주심을 앙망하나이다. 영국정부는 이 유괴를 영국법의 위반으로 간주하였기 때문에 청국공관에 압력을 가하여 그를 석방시켰던 것입니다. 저희들은 각하께서 이 박승렬 유괴사건을 한층 더 불법적인 것으로 간주할 것이라고 믿습니다. 왜 그러냐 하면 박씨는 제정신이 아니기 때문입니다.

각하께서 이 사건의 증거를 원하신다면 저는 모두 제공할 수 있다는 것을 말씀드립니다.

1912년 8월 12일
김헌식 드림

이 편지는 '한인애국회'와 그 주소(182 E. 123rd Street)가 인쇄된 편지지

를 썼는데 회장 김헌식, 서기 장인식(張仁植)의 이름으로 인쇄되고 있었
다. 이 편지 안에 적힌 3인의 일본인 중의 Hanuel Hahr는 하(河)한열이라는
이름을 가진 한국인 같은데 확실한 것은 알 수 없다.[8] 이 편지에 대한 국
무부의 내부메모를 보면 박씨는 미국시민이 아니고 또 이미 미국을 떠났
기 때문에 국무부로서는 어떻게 할 수 없다는 입장이었다.[9] 한편 김헌식
은 이 사건을 신문기자들께 발표하여 『월·스트리트 저널』에서는 추적조
사하여 주기로 되어 있었다고 했다.[10] 그런데 이 문제는 미국신문에서 떠
들지 않았으므로 아마 박씨 가족이 운동하여서 이루어진 것이라고 생각되
며, 김헌식으로서는 '105인 사건'과 관련시켜 퍽 성공적인 반일캠페인을 전
개한 것이었다.

이 해에 『뉴욕타임즈』에서 취급한 '105인 사건'에 대한 성명 또는 기사는
꽤 많았는데 다음과 같은 것들이 있었다.

· 6월 6일 미국 장로교 外地선교본부에서 성명을 발표하여 '105인 사건'은 고
 문에 의한 조작이라 하였다.
· 6월 8일 주미 일본대사 이를 부인하다.
· 7월 24일 뉴욕한인애국회에서 '105인 사건'의 목적은 기독교의 박멸에 있고
 혹독한 고문을 자행하였다고 선포한다.
· 7월 25일 일본대사는 다시, 고문은 없었다고 해명하였다.
· 김헌식은 다시 일본대사의 변명을 반박하여 2인이 고문으로 사망하였다고
 선포하였다.

---

8) 1912년도 뉴욕시 주소록에는 Arther Hahr라는 이름을 가진 사람이 부동산업에 종사하는 것
 으로 되어 있고 1907년도에는 H. Y. Hahr라는 인물이 인쇄업을 경영하는 것으로 되어 있다.
 H. Y. Hahr는 河한열이겠으나 이 사람과 河相麟과 同人인지는 알 수 없다. 1907년 『大韓每
 日申報』를 보면 뉴욕 韓人共濟會에서 國債報償義捐金을 보내왔는데 그 氏名은 다음과 같다.
 徐弼淳, 金承濟, 李明辰, 金元章, 安奎善, 申聲求, 河相麟, 庚寓圭, 鄭寅洙, 張秀永, 車斗煥,
 尹錫圭, 孫태龍, 李鍾國, 李源益, 朴鳳來, 張윤熙, 黃休, 禹秦鼎, 張仁植, 申鉉哲, 宋憲柱, 共
 二百拾二圜.
9) National Archives, Diplomatic Branch 소장 Decimal File 311.951 p.21 文件 참조.
10) 『中國少年晨報』, 1912년 8월 10일, 「日本虐治韓人之毒手段」을 소개하면 다음과 같다.

- 7월 29일 뉴욕한인애국회 명의로 성명을 발표하여 '105인 사건'은 고문에 의한 조작이라고 폭로하였다
- 8월 5일 김헌식은 블라디보스톡의 한인신문을 인용하여 일인의 만행을 고발하였다.
- 11월 17일 조선총독부 최고재판소장이라는 '와다나베'가 뉴욕에 나타나 미국 敎界와 언론계 인사 앞에서 자기도 크리스찬인데 믿어달라, 고문은 절대로 없었다고 언명하였다.

이상에서 인용한 기사만 보아도 1912년에 있어서의 김헌식의 활약상을 엿볼 수 있다고 생각된다.

김헌식이 생애에 있어서 특기하여야 될 사항은 그와 중국동맹회(中國同盟會)와의 관계이다. 김헌식은 많은 재미 한국지식인들이 그랬듯이 화교신문을 읽고 또 투고도 하였다. 1909년에『세계보(世界報)』에「충고동아민서(忠告東亞民書)」라는 장문을 발표하였는데 그 내용은, 한한일(韓漢日) 삼민족연립(三民族聯立)하여 세계평화에 기여하며 열국의 아주(亞州) 지배를 막자는 취지의 글이었던 것으로 짐작된다.[11] 또『문영보(文榮報)』에 일본 외무대신에 주는 공개장도 쓴 모양이다.[12] 이러하던 중에 손문(孫文)의 동맹회 조직과 연결되고 동맹회 미국지부들의 거물들과 교제가 생기게 되었던 것이다. '중국혁명동맹회'는 청조를 전복할 목적으로 1905년에 성립한 것인데 1909년 뉴욕에 거주하는 '애애광사(哀涯狂士)'라고 자칭하는 화교가 접촉하여 와서 처음으로 미국 동부에 발판이 생기고 손문이 동년 9월 26일에 유럽에서 뉴욕에 도착하였을 때 같이 처음으로 미주에 동맹회 지부를 결성시켰다(11월 3일). 이 사람은 신문엔 조애애(趙哀崖)라는 이름으로 글을 발표하곤 하였는데, 본명은 조공벽(趙公璧)이라는 사람으로 나

---

[11] 金憲植의 漢文著論,「二十世紀東亞塞翁得失論」(『中國少年晨報』1913년 3월 29일과 3월 30일에 연재됨) 중에 언급되었다.

[12]「蒼海客答趙哀崖」(『中國少年晨報』, 1912년 5월 17일)에 인용되고 있다.

중에 귀국하여 우리 임정인사들에게 적지 않은 도움을 준 사람이었다. 조공벽과 김헌식의 우의는 1911년 김헌식이 손중산(孫中山)을 뉴욕동맹회에 가서 만나본 후에 이루어졌던 것 같다.[13] 조공벽은 양자가 만나게 된 상황을 다음과 같이 말하고 있다.

> 지난해 余는 그를 동맹회에서 만났는데 서로 亡國事를 이야기하게 되자 그는 울분이 복받쳐 팔을 흔들고 전신을 움직여 눈물이 橫流하였다. 余도 또한 통곡하여 목소리가 쉬었는데 이 당시 나도 똑같은 망국민의 부류이었던 연고이다.[14]

김헌식은 미래의 한국은 민주공화제이어야 한다고 확신하고 있었다. 1913년에 쓴 「이십세기동아새옹득실론(二十世紀東亞塞翁得失論)」[15]에서는 일보 더 나아가 삼한에서는 국가사회주의를 사용하여야 한다고 주장하였다. 즉

> 만일 토지가 모두 공공소유가 아니면 국가사회주의를 실행할 수 없다. 국가사회주의를 실행하지 못하면 人民은 평균이익을 얻을 수 없고 반드시 빈부의 차가 심하여 평등한 권리를 얻을 수 없는 것이다. 평등권리가 없으면 평등자유가 없고 평등자유가 없으면 어찌 행복이 있다고 말할 수 있을 것인가? 만일 토지가 공유화되면 만가지 일들은 밭을 나눠 祿을 제정하므로써 앉아서 성공할수 있을 것이다.

이상의 인용문에서 보듯 김헌식은 '국가사회주의'라는 단어를 1913년에

---

13) 上文中의 "趙哀崖君 余中原莫逆交也 中華民國紀元前 余訪革命黨首領某某 遇於中國同盟會 互談恢復事 一年如一日"과 「二十世紀東亞塞翁得失論」(『中國少年晨報』, 1913년 3월 29일) 中의 "西隣有人倡三民政策…幸于年前晤之".
14) 주 12)의 「趙哀崖序文」 중 일절.
15) 주 11)을 볼 것.

이미 사용하고 있는 것이 흥미롭다. 당시 미국 화교의 청조에 대한 충성공작의 일환으로서 강유위(康有爲)와 양계초(梁啓超)가 미국에 파견되어 보황(保皇)노선의 언론활동을 폈으므로 강유위의 영향을 일단 생각하여 볼 필요가 있겠으나 역시 유럽 사회주의사상의 나름대로의 이해가 있었던 것이 아닌가 싶다. 그가 해방 후에도 소련의 공산주의를 '국사주의(國社主義)'란 말로 표현하였고, 좌익을 두둔하여 팔십 노인이 앞장서서 북을 지지한 것을 생각할 때 그의 사회주의적 경향성은 어느 정도 인정하여야 되지 않을까 생각된다. 모름지기 좌절한 엘리트 출신으로서 사회의 신산(辛酸)을 모두 맛본 처지에 남보다 이러한 면에 민감하였는지 모른다. 「이십세기동아새옹득실론(二十世紀東亞塞翁得失論)」은 지금 남아 있는 그의 작품 중 대표적 논설로서, 그 내용은 인간만사가 중국의 이야기에 나오는 새옹(塞翁)의 처지와 같아 무엇이 인연이 되어 어떻게 변할지 모른다는 구도로 한중일(韓中日)의 미래상을 내다본 것이다. 한국의 예를 들면, 일인은 한인지주의 땅을 겸병(兼倂)할 것이며 땅을 빼앗긴 지주 등이 몰락하게 되고 일단 일본이 망하면 한국은 토지국유 공화제를 얻을 수 있으니 이것이 전화위복이 아니고 무엇인가의 이야기이다. 일본이 한국을 삼키고 만주를 침략하니 한(漢)이 이러면 안되겠다고 청조를 뒤집어 엎고 공화제를 실시하여 장차 일본을 누를 것이니 이 또한 새옹고사와 같다는 것이다. 그는 '공리(公理)'를 따라 삼도(三島)로 돌아가는 '상책(上策)'을 취하면 3국 5억 인민의 화목과 단결로 무서울 것이 없다는 것이다. 조공벽의 위인에 대하여는 김헌식은 다음과 같이 쓰고 있다.

趙哀崖君을 소개함

뉴욕 김헌식

조군은 송나라의 후예로 위인이 청아하고 志氣가 고상하여 그 광대한 정견은 公理가 세상에 행치 못함을 탄식하는 터이라. 일찍 일본에 유학하다가 일인의 도덕 없는 습속과 궤휼한 정치를 가히 배울 바 아니라고 다시 북미 自由鄕의 몸이 되어 학식을 넓히며 시세를 지우더니 왕년에 孫逸仙씨가 뉴욕에 와서 동맹회를 조직할 때에 조군의 연치가 약함을 不計하고 評議長을 삼아 동맹회의 비밀사무를 주관케 하였으며 향자에 閩軍이 起事할 때에 결사대를 조직하여 몸을 바쳐 나라에 갚고자 하다가 손씨의 전보로서 그쳤나니라. 그 尋常담화간에라도 대장부가 세상에 나서 초목과 같이 썩을 것이 아니라 이미 내 집일에 죽지 못하였으니 비록 남의 집 일이라도 義가 正하고 理가 順한 곳에는 殺身成仁하기를 원하노라 하매 김헌식 같은 자도 크게 깨달음이 있어 목숨을 내놓고 국가의 치욕을 씻고자 하는 마음이 샘솟듯 하여 이제 조군이 한국동지에서 충고하는 글 한편을 기술하여 보내오니 청컨대 貴記者는 국문으로 번역하여 報面에 한자리를 빌리면 보는 자로 하여금 얻음이 크게 있을 줄 믿노라.

뉴욕 중국인 동지의 편지

지난 주일에 보내신 귀『民報』는 글자가 달라 읽지 못함을 한하더니 다행히 김헌식군의 번역으로써 비로소 제군의 나라사랑하는 苦心을 알았소이다. 바라건대 힘써 나아가며 조금이라도 어려운 것을 인하여 畏縮하는 마음이 생기지 말지라. 무릇 일하는 자의 제일 접흔 것은 어려움을 생각하는 것이다. 진실로 능히 종지를 품고 용맹스럽게 앞으로만 나아갈 지경이면 그 목적을 달하지 못하는 이치가 없도다. 사년 전에 弟가 孫逸仙군으로 더불어 동맹회를 미국 동방에서 조직할 새 그 곤란을 어마나 당한지 알 수 없는 결과로 비로소 오늘이 있었사오니 우리 黨의 여러 번 실패당한 것을 보시면 그중에 얼마나 懇苦가 있었을 것을 가히 짐작하리라. 우리 당을 설립할 당시에 실패당하는 것으로써 마음에 재가 되었더면 中華民國이란 네 글자가 실로 어느 때에 동양에 생겼을는지 알 수 없었겠소이다. 이제 貴國동지가 여러 번 실패하였으나 오직 그 꺾이지 않는 마음은 가히 경애할 만하온즉 이 뒤 □□지라도 마땅히 마음과 정성을 다하여 용감하게 나아가 망국의 치욕을 雪恥하기로써 기약할 따름이니 동양에 같이 서서 적국의 칭호를 벗어버리면 다만 귀국에만 영광이 될 뿐 아니라 우리 동양 전체에 또한 영광이 될지라. 弟가 망국민의 생활 20여 년에 망국의 참담

한 고통을 자세히 아는 고로 망국민에게 극히 동정을 표하며 光復할 뜻이 있는
자에게 가장 뜨겁게 마음을 쓰는 고로 감히 '勿因難生畏' 다섯 글자로 충고하오
니 생각건대 제군은 응당 弟의 말로써 광망(狂妄?)하다 하지 않으리라. 겸하여
『新韓民國機關報』와 및 貴社 동지의 건강을 비노라.

中華民國 元年 6월 23일[16]

弟 趙哀崖 頓

김헌식은 '삼한유민(三韓遺民)', '청민(靑民)', '창해객(蒼海客)' 등의 필명
으로 미주의 화교신문에 자주 기고하면서 1912년 10월 10일 '국민회'에 정
식으로 입회하였다. 동일 대한인국민회 상항(桑港, 샌프란시스코) 지방회
에서 신입회원임을 공포한 인사는 뉴욕의 김헌식과 중국 남경의 한인 6명
이었다.[17] 그는 1908년에도 국민회에 입회하려다 "입회증서에 융희 2년이
라 하였으므로 즉시 입회증서를 환송하고 입회를 거절한 것"[18]이라고 후
일에 주장하였는데, 그는 광무기를 '협잡의 광무'라 불렀고 '융희'는 인정도
하지 않았다. 뉴욕에 있어서의 김헌식은 이강공(李崗公) 의화군(義和君)이
미국 유학시 수행원으로 왔던 공관원 신성구(申聲求)와 더불어 가히 공인
된 수령급 인사였다.

1914년 3월에는 홍콩에 물건을 사러 갔다가 가족을 데리고 뉴욕 입항시
송환될 위기에 처한 국민회원 이경재 가족도 그의 보증으로 풀려났고[19]
동년 9월에는 뉴욕한인애국회의 명의로 독일영사관을 찾아가 20달러를 독
일의 전쟁 목적을 위하여 기부하게 된다.[20] 이것은 일본이 독일에 선전포

---

16) 『신한민보』, 1912년 7월 2일. 趙哀崖는 또 동월 9일의 『신한민보』에도 「中華民國趙哀崖君忠
   告新韓民國同志書」라는 長文의 寄書를 보낸 바 있다.
17) 『신한민보』, 1912년 11월 4일.
18) 『독립』, 1947년 4월 23일, 김헌식 기서 「동포여 깊이 살필지어다」 참조.
19) 『신한민보』, 1914년 3월 12일 참조.
20) 『신한민보』, 1914년 9월 10일 보도.

고를 하였기 때문에 일본이 미워서 취한 행동으로서 김헌식다운 직선적 반일의 표시였다. 1916년, 그는 국무부에 편지를 쓰고 당시 미국에서 막 진행 중에 있던 배아이민법안(排亞移民法案)에서 한국인만 제외하여 주도록 요청하였었다.[21] 이렇듯 그는 뉴욕지방을 바탕으로 하여 폭넓게 반일과 한인 보호의 여러 활동에 열심히 뛰었던 것이었다.

5. 3 · 1운동 전후의 활동

해방 후 김헌식의 좌경적 발언에 익숙해 있었던 필자로서는 미국 연방수사국의 「수사문건색인카드(Investigative Case File Index, 1908~1922)」를 열람 중 김헌식의 이름이 정보원(informant)으로 기록되어 있는 것을 보고 상당히 놀란 바가 있었다.

'informant'라는 말은 '밀고자', '통지자'로 직역되지만 연방수사국 문서 자체로 판단하건대 수사국 요원하에 예속하여 사명을 띠고 목표에 접근하고 일의 해결에 따라 보상금이 결정된다는 따위의 성격이 있었던 것 같다.

1916년 10월 16일 FBI 필라델피아지국에서 본부로 발송한 두 통의 편지에 의하면 김헌식은 필라델피아 주재 일본영사인 미국인에게 가서 여권을 획득하려고 FBI와 양해가 성립된 모양이었다. 즉 그는 그가 가지고 있는 몇 개의 변명 중에서 How Moon이라는 이름으로 여권을 얻어내는 문제이었는데 김헌식 자신은 구한국 여권을 이용할 수 있으면 가장 좋다는 의견이었고, 필라델피아에서 김헌식은 소기의 목적을 달성하지 못하고 뉴욕으로 떠났다는 보고이었다.

다음 1917년 1월 24일 FBI 뉴욕지국 아담스라는 요원의 보고가 있다. 이

---

[21] 국무부문서번호 150,951(5월 26일) 참조.

에 의하면 "임시로 해군정보국에 소속된 한국인 김헌식은 How Moon이라
는 이름으로 오늘 파나마에서 파나마호를 타고 돌아왔읍니다"라고 시작되
고 그에 대한 일종의 '충성검사'를 시도한 모양이다. 뉴욕항구의 세관원과
짠 수사원들은 소지품을 철저히 검사도 하였는데, 그의 파나마에서의 사
명은 파나마를 경유하는 동양인의 마약 밀수 적발에 있었다. 그의 소지품
중에서는 권총, 필묵 그리고 국무부 관리들의 이름, 주소 등이 포함되어
있었다. 이 보고는 김헌식이 적발한 한 피의자에게 단지 벌금 50달러 밖에
부과하지 않아 그가 매우 실망하였을 것이라는 이야기도 첨부하였다. 왜
그러냐 하면 그에게는 벌금의 절반을 획득할 권리가 있다는 것이었다. 그
가 국무부 관리들의 이름을 가지고 있었던 것은 한국 독립운동과 관련이
있어 보인다.

　좌우간 김헌식은 1916년, 17년간에는 분명히 미국 정보당국을 위하여 마
약 밀수 기타 사항에 있어서 돕고 있었다는 것이 사실인 것이다.[22] 그렇다
면 그는 언제부터 미국 정보기관과 관련이 생기는가? 여기에 대하여 확실
한 것은 아직 판명되지 않았지만 그가 1913년 9월 19일 『신한민보』에 기고
하여, 캐나다와 미국 국경을 드나들며 세금 포탈행위와 위법을 저지르는
인삼 장사꾼, 그리고 왜놈의 밀정행위를 하는 한인은 용서할 수 없다고 경
고한다는 것이 있다. 아마 이때도 이미 관련이 있었던 것으로 짐작된다.
1917년 7월 25일 김헌식은 다시 FBI에 '2인의 한국인'에 관하여 신문기사를
읽었는데 자신이 도움을 줄 수 있다고 편지한 모양이다. 여기에 대하여 수
사국에서는 7월 31일 회답을 보내 도움을 요청하게 될지 모른다고 썼다.[23]
필자가 현재 이용할 수 있는 이런 것 중 관계를 보이는 마지막 문서는,
1919년 4월 23일 미 해군 하와이 진주만기지의 Chief Yeoman이라는 위계를

---

22) 이상의 FBI 文件들은 국립공문서관 소장 Investigative Case Files of the Bureau of Investigation
　　1908~1922. (RG 65) 중의 Old German Files, 1915~20. 문서번호 9940 참조.
23) 同上 문서번호 23217 참조.

가진 Burke가 작성한 보고「일본의 밀정행위」로 일본을 위하여 일해준다
고 생각되는 2명의 한인에 대한 것이다. 한 명은 뉴욕의 '장기환'이고 다른
한 명은 LA의 '유계상'으로 되어 있다. 장기환에 대한 혐의는 일정한 직업
도 없으면서 잘 살고 매주 볼티모어, 워싱턴 등지를 여행하고 뉴욕의 일인
YMCA와 접촉이 있다는 것이다. 이 장(張)에 대한 약간의 내용은 뉴욕 동
125가 6번지에 사는 김헌식에게서 얻으면 된다고 하였다.[24] 결정적인 증
거도 없이 흑명단(Black List)에 올리는 하나의 표본인데 김헌식의 이름 석
자는 멀리 하와이에 주둔하고 있는 해군하사관의 보고에까지 나타나고 있
는 것이 주목할 만하다고 생각된다.

1917년 10월 29일 박용만이 뉴욕에서 개최되는 소약속국동맹회에 참석
차 갔을 때 김헌식을 만난 것 같다. 후일 김헌식은 박용만만 칭찬하였는데
물론 그의 노선이 마음에 들었겠으나 또 의외로 박용만파에서도 편지검열
에 참가하고 있었던 것과 관계가 있는지 모른다. 그는 1918년이 소약속국
회의에서 집행위원회 임원으로 선출되기도 하였다.[25]

한편 그는 11월 30일 뉴욕 거주 18인과 같이 '신한회' 총회를 열고 결의
문을 작성하였는데 이 신한회는 11월 25일 안창호 국민회 중앙총회장이
소집한 샌프란시스코회의에 대항의식을 가지고 갑작스럽게 조직하고 청
원운동을 벌인 것이 아닌가 생각된다. 그들의 선언결의문은 1) 일본의 한
국 병합은 위법이고 공정하지 않다. 2) 세계대전의 종결로 약육강식주의는
파탄되었다. 3) 윌슨의 약소국 자결권 부여선언은 국제적인 승인을 받고
있다고 전제하고 12개의 결의항목을 선언하였으며 이 결의문을 미국 대통

---

24) 미국 국립공문서관 소장 해군정보국 문서 E-8-a. 11528호.
25) 이 회의 The League of Small and Subject Nationalities는 종전에는 12월 13일 개최한 것으로
인식되었으나 사실은 14일 오후 McAlpin 호텔에서 열린 것이었고, 다음날 저녁에는 자유극
장에서 열고 폐회는 늦은 밤 호텔에서 거행되었다. 새로 선출된 임원은 인도, 폴란드, 유태
계 러시아인 레토니아, 체코, 아일랜드의 대표들과 김헌식이었다. 이 회의를 보도한 신문은
『뉴욕 헤럴드』와 『뉴욕 월드』 12월 16일에 불과하였다. 특히 후자는 김헌식의 영명 Seek
Hun Kim은 독일군국주의자(Hun)를 두둔한다는 뜻이 아니다라는 농담도 하였다.

령과 상하 양원 및 미국의 강화회의 대표단에게 제출한다는 것이었다. 12월 3일 신성구 회장과 김헌식은 국무부를 방문하여 결의문과 선언을 건네주려다 받지 않아 상원 외교분과위원장에겐 수교하였으나 이곳에서도 상원에서 받아들일 문서가 아니라고 하고 문서를 복사만 하고[26] 국무부로 보내라고 지시하였다는 것이다.[27] 결국 신한회는 그 결의문을 파리에 체재 중이던 랜싱 국무장관에 우송하였고 이것이 원문 그대로 남아있다.[28] 주뉴욕 일본총영사의 보고는 12월 4일 전무술(全武述)이라는 한인이 나타나 자칭 밀정행위를 하겠다 하여 상기한 결의문 등을 건네준 모양인데,[29] 밀정을 잡는 것으로 자기 일을 삼던 그로서는 밀정에 당한 꼴이 되었다. 그러나 이 신한회의 활동은 같은 날(4일) 연합통신사를 통하여 세계 언론기관에 배포되었고,[30] 이 소식을 일본에서는 12월 15일자 일간지와 영자지에서 모두 다루어졌다.[31] 다음 12월 18일 *Japan Advertiser*지에 한국대표를 포함한 소약속국회의 각국대표들이 윌슨 대통령에게 청원서를 보냈다는 보도가 실렸고, 다음 국민회의 강력한 청원운동이 본궤도에 들어가자 미국은 물론 일본신문도 보도하지 않을 수 없게 된다.

　1월 7일 동경에 유학 중이던 한국학생들이 간다(神田)의 YMCA회관에서 토론회를 열다가 경관대와 충돌한 사건은 바로 「재미한인의 메아리」라고 제목을 달아 *Japan Weekly Chronicle*지가 보도한 바 있었다(1월 16일). 1·7 YMCA 독립토론회는 2·8독립선언의 전주곡이었다. 2·8선언이 3·1운동

---

26) 국립공문서관 RG 46 ENTRY 79. Senate Foreign Relation 잡문서철에서 寫本은 볼 수 있다.

27) 前記『韓國民族運動史料』, 5~8쪽, 「在美 조선인 2명이 미국 상원 외교위원장에 手交한 陳情書에 관해 1918년 12월 15일 在워싱톤 일본대사가 외무대신에 전보한 摘要」 및 12월 6, 10, 13일 뉴욕총영사의 보고 참조.

28) 국무부문서번호 895.00/1. 1918년 12월 2일 송부. 1919년 1월 3일 접수로 되어 있다.

29) 『韓國民族運動史料』, 8쪽 참조.

30) 『신한민보』, 1918년 12월 12일 참조.

31) 『ヨロゾ朝報』, 「鮮人獨立運動說」 또 기타 관련자료는 慎鏞廈, 「3·1運動勃發의 經緯」, 『한국근대사론』Ⅱ, 지식산업사, 1977 그리고 방선주, 「3·1운동과 재미한인」, 『한민족독립운동사』 3, 국사편찬위원회, 1989 등을 참조.

에 직결되어 있으므로 따지고 보면, 반드시 일어나게 되는 역사상의 '3 · 1운동'을 하나의 장대한 史劇으로 상정해 볼 대 이 사극무대의 몇 겹의 막을 의식적으로나 무의식적으로 당기는 역할을 담당한 사람 중의 첫 사람이 바로 김헌식이었다고 생각해 볼 수 있겠다. 3 · 1운동은 월슨의 약소국가 자결(自決)이상론, 러시아혁명, 고종의 죽음이라는 여러 요인들이 얼키고 섥켜 2월 말경에는 국내의 일반 분위기가 일촉즉발의 지경이었음은, 미국의 편지 검열문서, 미국의 주서울영사 보고 등을 종합하여 납득이 갈 것으로 생각된다.[32] 특히 미국의 커티스 영사의 「조선독립을 위한 선동보고에 대하여」(1919년 1월 10일발)는 바로 재미한인의 독립운동이 국내한인에게 미치는 큰 영향을 들면서 미국 선교사들의 입장을 논한 것이었다.

신한회 대표 김헌식이 소약속국동맹회의의 집행위원이 되고, 이 회의에 '국민회'의 민찬호, 정한경 2인이 도착하자 김헌식은 그들의 정식대표가 아니라고 주장도 하였고,[33] 국민회 대표단보다 한발 앞서 청원운동을 전개하였다. 그래서 『신한민보』에는 다음과 같은 기사까지 났다.

뉴욕한인공동회의 보고
- 김헌식씨의 협잡을 금지 -

김헌식씨는 한인단체의 대표자라 자칭하고 뉴욕과 워싱톤에 출몰하며 중국인에게 청연하는 글을 돌리어 여간한 돈원도 청연하였으며, 우리 국민회에서 정식으로 뽑아 보내어 일하는 대표자들의 앞길을 막으며 방해하여 무력하게 만드는 고로, 뉴욕에 거류하는 동포들은 이 폐단을 막기 위하여 공동회의를 열고 일치가결로 위원 세 사람(리원익, 김배혁, 리봉수)를 택정하여 그 일을 일일이 조사하여 대한인국민회 중앙총회에 보고하였는데, 우리는 내외국인이 다시

---

32) 방선주, 「3 · 1운동과 재미한인」 참조.
33) 방선주, 『재미한인의 독립운동』, 「이승만과 委任統治案」을 볼 것. 『現代史資料』 『朝鮮』 제 1책, 443~446쪽, 「在米鮮人獨立運動의 內情」 참조.

김씨에게 속지 않기를 바라는 바 김씨의 나라사랑하는 것은 우리가 고마워하
거니와 자칭 대표원이라 하고…공식으로 뽑은 대표자들의 외교상 앞길을 방해
하며 무력하게 만들어 놓는데는 그 죄를 용서할 수 없도다.[34]

이 기사는 김헌식을 공식대표가 아니기에 협잡이라 했지만 김헌식으로
서는 새 단체를 만들고 독자적인 활동을 전개하는 까닭에 매우 분했을 것
이다. 후일 그는 재삼 이 당시의 분규를 들고 나오고 있다.

　13년 죽었던 한미조약을 신한회가 다시 활동시킨 것과 수십 년 적공으로 주
선되었던 한일전쟁을 도로 결단내던 때와 일호도 변치 아니한 흙물이(이승만을
가리킴) 오는 강화담판에서 무슨 별 수 있을 것 같소?(『독립』 1945. 7. 4)

　대저 1918년에 세계전쟁이 정전하매 신한회가 대사를 수창하여 광복운동을
승리발전하여 미국이 한미조약을 진정으로 시행하려 하는 이때에 이것을 파괴
하기 위하여 세상이 꿈도 아니 꾸는 만국위임통치를 자청하고(『독립』 1946. 2.
20).

　또 1919년에 뉴욕 신한회 대표 김헌식과 신성구가 미국 상원의원 외무국장
허버트 히치칵씨와 담판하여 이김으로 13년 죽었던 한미조약이 다시 활동하고
한일전쟁의 기미가 나타나거늘 일본이 근심하는 중이라 이때에 승만이가 신한
회가 하는 조선광복운동을 파괴하기 위하여 만국이 조선을 위임통치하기를 자
청하였으므로(『독립』 1946. 4. 24).

등등 이 박사에 대한 독설을 퍼붓고 있다. 김헌식이 이야기하고 싶었던 것
은 파리강화조약 시에 대세를 먼저 판단하여 "대사(大事)를 수창(首創)"한
것이 신한회였고 한미조약의 부활이 눈앞에 있었고 아마도 자신의 일의
시작으로 3·1운동이 일어나 "한일전쟁의 기미가 나타나거늘" "이승만이가

34) 『신한민보』, 1919년 2월 13일 보도.

신한회가 하는 조선광복운동을 파괴하기 위하여" 위임통치안을 제출하였다는 이야기이다. 아마도 당시 그의 사고 양식도 이러하였던 까닭으로 그는 3월 13일 국무부에 나타나 국민회와 신한회의 독립에 대한 견해차는 절대 상용(相容)할 수 없는 것이다. 이승만과 정한경이 진정으로 한국을 위하는 것인지 의문을 제기하였다는 것이며, 그는 매우 흥분하고 있었다고 하였다. 국무부 내부의 이 메모는 다음과 같이 계속된다.[35]

나는 김씨에게 다음과 같이 말하였다. 이러한 문제로 대표간에 상반된 선언을 하는 것은 당신네들의 내부사정이기는 하지만 적어도 사람들을 혼란시킨다고, 또 그들의 대표권 문제로 왜 단결할 수 없는지 질문하였다. 김씨는 그것은 불가능한 것이다, 이씨의 견해에 굴복하기 보다는 차라리 죽는 것이 낫다고 말하였다. 이들간의 견해상 충돌은 어떠한 개인 간의 이해타산의 충돌에 기인한다고 추리하지 않을 수 없으며 양쪽 모두 조심스럽게 상대하여야 될 것이다.

RSV

6. 만년의 행적

1919년은 그가 만 50이 되는 해이었는데 차후로는 『신한민보』상에서 그의 소식을 찾을 수 없다. 그러나 김현구의 회고록에 의하면 1928년경 그와 몇 차례 만나고 있어 그에 대한 인상을 다음과 같이 적고 있다.

金允植과 종형제인 김헌식은 구한국 워싱턴공관의 일등서기관으로 부임하여 왔고 徐光範 공사 밑에서 총영사의 대우를 받았다. 1905년 한국공관이 폐지되자 그는 귀국하지 않고 영주권자가 되었다. 그는 자신을 봉급받지 않는 무임

---

35) 국무부문서 763.72119/4187호(1919년 4월 14일 작성).

소 외교사절로 간주하였는데 먹고 살기 위하여 주방조수, 급사, 소제군, 배우와 같은 직종에 종사하였다. 매번 한국에 관련된 문제가 제기되면 직접 간접으로 상하원에 증언하겠다고 나섰다. 그는 한국과 동양문제에 관하여 영어, 중국어 또 한국어로 된 잡지에 글을 썼으며 그는 외국인과 한국인의 존경과 호감을 샀다. … 시간이 감에 따라 그의 예언과 견해가 적중하여 나는 그의 애국심과 정치상 통찰을 칭찬 안할 수 없었다.[36]

다음 그가 거의 70세가 되어가는 1930년대 후반기 당시 뉴욕 한인교회를 맡고 있던 후일의 유엔대사 임창영(林昌榮) 목사는 그를 기억하고 있었다. 그에 의하면 김헌식은 교회에도 나오지 않고 교포사회에서 반일데모 등 행사에도 참가하는 일이 없었고, 심방가면 부재인 경우가 많고, 인상으로는 성격에 건달기가 있게 느꼈다는 것이다. 그의 방에는 가구도 적고 살풍경이었으며 행상을 다니는 인상을 받았다고 설명하였으며, 간혹 돈이 생기면 심방 간 자기에게 점심도 사주고 하였다는 것이다.

또 뉴욕에서 가장 오래 살았고 지금(1989년 현재) 90여 세 되는 김형린(金瀅璘) 옹의[37] 회고담에 의하면, 그는 김치를 얻어먹기 위하여 간혹 방문왔으며 1950년 한국전쟁이 났을 때도 들리곤 하였고, 구한국공사관의 외교관이었으며 뉴욕시의 구호대상으로 돈을 받고 있었다고 증언하였다. 그가 공산주의자가 아니었던가고 묻자 그럴 수가 없다고 펄쩍 뛰었으며 반일독립운동과는 아무 관계없는 인물이었다고 재삼 강조하는 것이었다. 그러나 그는 매우 좌경적인 발언을 서슴치 않고 있었다.

1943년에 『독립』이라는 주간지가 LA에 새로 생겨났다. 이 신문은 원래

---

36) 徐大肅 교수 역술, "The Writings of Henry Cu Kim", Center for Korean Studies Paper No.13, University of Hawaii, 1987, p.124. 원문은 국한문으로 되어 있으나 여기서는 서 교수의 영역을 다시 국역하였다.

37) 김옹은 1920년 평양 숭실대학을 졸업하였고 숭실중학에서 교편을 잠깐 잡으면서 日新방직의 金瀅楠 씨 등을 가르쳤다고 자랑한다. 1921년 미국에 건너와 하버드 박사과정을 거의 마치기까지 한 지식인이었다.

국민회의 소장급진파가 원로들의 보수경향에 반발하여 김원봉의 '조선민
족혁명당'을 지원하면서 창간된 주간지이었다. 이 단체의 골수분자가, 시
카고에서 '사회과학연구회'를 조직하였다가 탄압 후 서해안으로 이동하여
온 변준호와 김강이었으며, 이들은 신문지상에 마르크스주의강좌를 개설
하고 신문의 색채를 분명히 하고 있었다. 그런데 이 신문의 발기인의 한
사람으로 김헌식이 들어가 있고 이 신문이 문세(問世)한 후 그의 소견이
자주 발표되곤 하였었다. 팔순 노인이 말하는 것이니 그 문장에 동론서설
(東論西說)식의 체계적이지 못한 것들이 많지만, 그의 만년의 정치관을 살
피기 위하여 단장취의(斷章取義)적이나마 그 특징을 잡아보려 한다.

「신탁통치론」

대저 국제신탁은 자치할 능력이 없는 열등민족에게 쓰는 것이어늘…. 소위 4
국 신탁제도를 조선에 쓴다 하므로 우리가 만구일성으로 반대한 것이 당연한
일이다. 그러나 자고로 영웅군자가 왕왕히 국가와 인민의 장구한 이익을 도모
하기 위하여 … 사세 부득이 하면 잠시 욕을 참고 대사를 이루게 하였으니 越
王句踐이가 그중의 하나이라(『독립』 1946. 2. 20).

여기서는 그와 '위임통치수락론'을 말하던 이 박사의 주장이 결국 똑같
다.

「中立論 美國論」

대저 俄 · 美 양국의 정치가 하나는 國社主義로 빈민을 평균코자 하고 하나
는 자본주의로 경제를 관할코자 하니 이 두 종류 정치가 빙탄과 같으니 한 곳
에 용납 못할 것은 이치요 … 俄 · 美 양국의 형편은 조선을 가지고 다투는 것
보다 조선이 독립국으로 완전한 중립을 지키면 俄 · 美가 用兵할 때에 양편에
이익이 됨이 조선을 반씩 웅거하고 싸우는 것보다 클 것은 지리와 병법에 의심

없는 사실이니(『독립』1946. 4. 12).

이왕에도 말하였고 또 한 번 말한다. 조선이 중립을 하면 오는 전쟁에 俄·美 양국의 大利이다. … 만일 너희의 어두운 정책을 고집하고 이왕에 엎드러진 길을 또 밟아서 조선으로 하여금 중립을 못하게 하면 오는 禍敗는 지난 전쟁에 10배 이상일 것이고…. 필자 개인의 일로 말하면 50년 居生하여 40년 보호를 받은 미국의 신세를 잊을 수 없다. 깽스터들아. 小利를 탐하여 미국을 해롭게 말아라. 미국은 나의 50년 居生國이오 조선은 나의 父母國이다(『독립』1946. 10. 2)

「紅旗·亡旗論」

지금 우리 국민과 적자가 흥망을 앞에 놓고 紅旗, 亡旗 두 깃대를 각각 세우고, 너 있으면 나는 없고 너 없으면 나는 있다고 사생을 무릅쓰고 서로 다투는 것이니 짐승들은 말할 것이 없거니와 적자의 맹종자들은 눈을 뜨고 용맹을 떨치어 괴수 적자들을 잡아가지고 우리 국민의 흥기 밑에 돌아와서 살아서는 광명한 낮을 가지고 죽어서는 옳은 귀신이 되어라(『독립』1946. 5. 22).

필자가 혹시 연방수사국에서 그의 사망에 관한 정보를 알고 있을까, 또 그의 좌경활동에 얼마만큼의 주목을 하고 있었는지 알고 싶어, 그에 대한 자료 제공을 '정보자유법'에 의하여 신청한 것이 약 1년 전 일이었다. 그 후 수차의 통신에 의하면 그에 관한 자료는 거의 없었다는 인상이다. 한 가지 제공받은 문서는 다음과 같은 내용이다. 즉 6·25전쟁이 북한에게 불리하게 돌아가고 유엔군이 한반도를 휩쓸 세(勢)에 있을 때, 공산주의자들은 휴전과 평화를 소리높여 부르짖게 되었고 여기에 김헌식이가 이용당했다는 것이다. 뉴욕 FBI 지국에서 1950년 10월 2일 11시 32분에 발신한 텔레타이프는 마지막 부분에서, '민주적 극동정책을 위한 위원회'가 '아시아에 대한 조명'이라는 집회를 10월 9일 뉴욕시에서 개최할 것인데, 연사는 초기 한인독립운동의 원로인 82세의 김헌식이고 그는 조선은 계속 싸울 것이라고 강조할 것이며, 딴 연사는 미국 노동당의 주지사 후보 맥마누스(McManus)와 민주적 극동정부위의 집행위원장 럿셀(Russell)이라고 되어있다.[38] 이 제공받은 정보에 의하여 Daily Worker지를 찾으니 거의 매일 이 강연회의 광고가 나와 있었고 김헌식을 소개하는 곳에서는 한인 외교관(Korean Diplomat)으로 되어 있었다(사진 참조). 즉 구한국시대의 외교관이었다는 이야기인데, 사실이 아니었던 것은 이미 지적한 바와 같다.

7. 맺는말

김헌식은 그 팔십 평생의 대부분(56년여)을 미국에서 보냈다. 그가 언제 사망하였는지 확실하지 않으나, 김형린 옹의 주거지에 1951년 이후 나타나지 않았다니 그는 이 무렵 별세한 것으로 짐작된다. 그는 부모의 사랑을 맛보지 못하고 양자의 신분으로 사물을 보는 눈이 편벽하게 될 소지를 가졌다고 보았다. 그는 일찍부터 소박한 사회주의사상을 가졌던 것 같다. 또한 손문과 면담하였고 미국 연방 수사국의 정보요원으로 미국을 도왔으며 한인 독립운동도 도왔다고 생각된다. 감정이 격하여지면 일직선의 행동으로 뻗어나갔고, 임창영 박사의 증언대로 건달기가 표출되는 분위기를 가지지 않았나 생각된다. 그는 편벽함과 아집으로 미주에서 반세기 넘게 살았지만, 부지불각 중에 3 · 1운동의 막을 당긴 사람으로 기억될 것이다.

1907년 동지 박승렬을 정신병원에 보내고 헤어진 김헌식은 해방이 되어도 귀국 못하고 이역에서 '옳은 귀신'이 된 것 같다. 그에 반해 '납치'되어

---

[38] 여기에 정중하게 FBI 당국에 사의를 표한다.

귀국한 박승렬도 해방 후까지 생존하여 '대한전국의용단(大韓全國義勇團)'이라는 정치단체를 조직한 것 같다.[39] 실로 김헌식, 박승렬의 일생은 이렇게 큰 대조를 보이면서 또 하나의 「이십세기동아새옹득실론(二十世紀東亞塞翁得失論)」을 연출한 것이었다.

❖ 『재미한인의 독립운동』, 한림대 출판부, 1989

---

[39] 미국 국립공문서관 「제24軍 G-2 軍史室文書」 제30상자에 수용된 미소공동위 제5호 선언문 찬성서명서철 중에 朴勝烈 翁의 것이 있다. 여기에 적힌 내용에 의하면, 그는 1882년생으로 출생지는 京城府 南壯洞이었고 당본부는 京城府 松峴町 44번지로 되어 있다. 추측에 의하면 그의 집안은 부유하였고 국내 그의 가족이 운동하여 그를 정신병원에서 빼내었으며 귀국 후 1920년 12월 다시 방미까지 하였던 것 같다. 『신한민보』, 1921년 1월 27일 보도에 "다년 뉴욕에 거류하던 박승렬씨는 그의 부인 서다복씨와 평양 박강화씨가 본국으로부터 지난 14일 코리아 선편으로 상항에 입항하였으나……지난 22일에 북미총회의 담보로 무사히 상륙하였더라"고 적혀있다.

김호철(金浩哲)과 사회과학연구회(社會科學硏究會)

경제공황기의 미 유학생 사회주의 운동

1. 머리말

한인 공산주의(또는 사회주의) 운동사의 서술을 개관할 때 당장 느낄 수 있는 점은 미국에서의 운동 전개에 대한 서술이 하나도 없다는 점이다. 국내·일본·중국·시베리아에서의 운동 전개는 자세히 소개된 편이지만 미국에서의 것이 보이지 않으니 그런 일이 일어나지 않았기 때문인가? 또는 모르고 있었기 때문인가? 그것은 아마도 자료의 빈곤에서 오는 현상으로 자료 발굴의 중요성이 이곳에서도 단적으로 드러나고 있다고 생각된다. 이에 미국에서의 한인 공산주의 운동사를 발굴하는 의미에서 김호철(金浩哲)을 소개하고자 한다.

2. 김호철(金浩哲)의 '이력서'

필자가 미국에 있어서의 한인 사회주의 운동 또는 공산주의 운동의 가능성에 눈을 뜬 시초는 북한에서 노획하여 온 이력서 등을 정리하다가 북한 외무성 서구부원(西歐部員) 김호철의 자서전이 달린 이력서를 본 후였다. 노획문서 제2005·8·15.2호인 김호철 이력서철은 2개의 각각 다른「이력서—자서전」과 상부에서 내린 1948년 8월 24일과 1949년 1월 15일의 평정서(評定書)로 성립되고 있다. 그의 자서전 서술에서 보이는 그의 미국 유학시절은 필자가 조사하여 그 진실성이 입증되었다. 그러므로 그 서술이 대체적으로 정확하다고 인정하여 그의「자서전」중에서 보다 문학적 표현이 풍부한 것을 골라 여기 소개한다.

자서전

본 적. 함경남도 흥남시 서호리 205번지
현주소. 평양특별시 율리1리 일번지 19호

김호철

나의 아버지는 한국말에 서울에 과거보러 다니다가 세칭 동학난에 관여되어 아버지 한분만 남겨놓고 기타 모든 가족이 관군에게 학살당하였다 한다. 이것이 나에게 친척이라고는 한집도 없는 이유이며 현재 함흥시 성천리 일리에 있는 천도교 종리원은 나의 아버지 칠형제 및 그 가족이 몰살당한 곳이라 하여 나에게는 감개무량하다. 아버지는 서호진에 있는 선산을 지키시면서 백여호 되는 조그만 이 어촌에서 어물장사 하시었다. 그러다가 미국 개발회사가 서호진에 인부 모집하러 왔을 때 백씨 김호연, 중씨 김호식 두 형님을 미국에 데리고 가서 공부하게 하였다.[1] 넓은 세상을 보신 아버지는 그 후 일본 長崎港, 러시아 해삼위, 미국 호놀룰루 등지에 명란, 인삼, 소금 등의 장사를 다니시다가 많은 부채를 진 채로 실패하여 집을 빼앗기고 이집 저집 저피살이하며 돌아다니던 중 삼형 金浩烈, 또 내가 세상에 나왔다. 아버지는 빈한한 사람으로 영 몰락해 버리고 어머니께서 일본인학교 교장집 식모질하시며 밤이면 삯바느질 혹은 농사하는 집에 가서 일하여 주시면서 근근히 생활하여왔다. 가끔 보행군이 와

---

[1] 『신한민보』, 1913년 10월 24일을 보면 김호연은 하와이 힐로중학을 졸업하였고 김호식은 호놀룰루 한국기숙학교를 졸업하였다.

서 부친을 구타하며 밥그릇을 빼앗아 가는 등 살풍경은 아직도 내 기억에 새롭다.

어떤 날 우리 형제는 저녁도 굶고 물론 아침도 굶었다. 주인집 식구들이 밥 한그릇씩 담아놓고 먹는 것을 나는 상 곁에서 바라보았다. "엇다 보기 싫다"하고 복개에 떠주는 밥을 정신없이 먹었다. 어머니 눈에는 눈물이 괴었다. 주인이 개처럼 구는 이 모욕은 나의 어린 가슴에 아픈 모다구를 깊이 박고 있었다. 어머니 우시던 그 광경 — 나도 가끔 그 시를 회상할 때 눈물이 흐르며 이 순간도 역시 그러하다.

내가 8세 되는 때 서호진 사립 동진학교 숙직실로 이사하였다. 여기에 오게 된 이유는 兄任 두 분이 미국에서 공부하시고 셋째 형님이 소학교에서 천재라고 이름이 나고 그리하여 앞으로 유망한 집이라 하여 집없이 돌아다니는데 선생들과 동리 몇몇 분들이 동정하여 학교를 지키는 겸 하여 이사하게 되었다. 칠십여 명 학생들은 매일 공부하며 운동장에서 유쾌히 노는데 나는 바닷가에 나가 게를 잡아 팔며 과실 바구니를 들고 어부와 부두인부들에게 팔기도 하며 지게를 지고 산에 가서 나무하여 어머니의 괴로움을 도왔다. 나무지게를 지고 학교운동장을 지날 적마다 내 가슴은 터지는 것 같았다. 산에 가서 바윗돌 위에 앉아 서호 동해바다를 보며 돈 없으면 공부 못하는 세상을 저주한 적도 한두 번이 아니었다. 학교집에서 살면서도 13세 되는 때에 동진학교에 입학하였다.

15세 되는 1919년 3월에 나는 학생들과 함께 경찰서 앞에서 "조선독립만세!" 하였다. 순사놈들한테 죽기로 얻어맞고 학교선생한테 죽으라고 욕을 먹었다. "너 이따우 만세 부른다고 독립될 줄 아니…" 이렇게 모욕을 당하였다. 나는 기억한다. 분명히 기억한다. 어머니께서 조선이 독립이 된다고 좋아하시며 경찰서장놈이 쫓기어가면 그놈 있던 집에서 우리 살아 보았으면 좋겠다고 하신 말씀을! 나는 반드시 그런 일이 있으리라고 대답하여 어머니를 위로하였다.

1917년 金浩烈 삼형은 부친의 노력을 함흥 영생중학을 졸업하고 경성 연희전문학교 수물과를 거치어 마산 창신학교에 교원이 되시었다. 1920년에 백씨께서 미국으로부터 귀국하여 평양 숭실전문학교에 교수가 되었다. 흰밥 먹어본 적이 열손가락을 넘지 못하며 두부뜨리 어떤 때는 겨를 더 가루를 내 저녁을 때우던 우리집 생활에는 서광이 비치었다. 나에게 한하여서만 서광이 비치었다. 이리하여 나는 1920년에 평양에 와서 숭실중학 5년 숭실전문 2년 합 7년 동안 공부하였다. 1921년에 삼형 김호열은 백씨의 후원을 얻어 호주 멜보른대학에 유학하게 되었다. 이것이 조선 사람으로 호주에 처음 간 사람이다(1926년 27세로 별세). 부친께서 조선 역사, 미국독립사, 월남망국사 등을 나에게 가르쳐 주었고 삼형이 열렬한 애국자인 까닭에 어려서부터 조선의 애국자 되기를 나도 소원하였다. 1926년에 백씨가 고무 연구차로 도미하게 된 기회를 타서 나도 1927년에 미국 유학의 길로 떠났다. 집을 떠날 때 아버지 65세 어머니 50세, 아버지는 산에 가서 나무하지 않을 수 없었고 어머니는 거리시장에서 물고기를 파시어 생활하시는 것을 보고 떠났다. 샌프란시스코항에 도착하니 미화 사불이 주머니에 있을 뿐이었다. 1931년에 미국에 계신 둘째 형님이 아버지께 사천 원을 부송하여 노인들의 생활이 다소간 펴려 하였는데, 1933년 내가 검거되면서 집안은 다시 수라장이 되고 말았다. 1935년 11월에 어머니께서는 나를 면회하러 함흥형무소에 왔으나 놈들은 면회를 시키지 않아 다투다가 집에 돌아와 그날 밤부터 아프시다가 동년 12월 15일 한많은 세상을 떠나셨다. 1938년 11월 7일 출옥하여 집에 돌아와 보니 집은 한쪽이 무너져 있고 80세 된 부친은 눈이 어두워 아들이 와도 잘 보지 못하고 가구는 하나도 없고 다만 한 개의 농 속에 어머니의 약간의 옷과 나의 눈에 익은 약간의 의복들이 잘 간직되어 내가 오기를 기다리는 것 같았다. 부친은 그 후 1940년 6월 13일에 세상을 떠나셨다. 우리 부모는 고생과 씨름하다가 세상 떠났다.

1. 1917~1920년 3월 서호 사립동진학교.

    1920. 4월~1925. 3월 평양 숭실중학 졸업

    1925. 3월~1927. 3월 숭실전문학교 문과 이년 수료.

    1927. 9월 1일~1932. 6월 북미 시카고시 루이스대학 영문과 사년 중퇴.

    1947. 1월~동 6월 함흥시 당부간부 야간학교.

1. 출옥 이후 해방 전까지 처가에서 경영하는 책방에 근무하며 해방을 맞이하였으며 保護看察法에 의해 함흥大和塾에 끌리어 다녔다.

1. 미국 유학 시 학생 신분으로 미국 공산당 지도하에서 혁명적 문화운동에 참가하여 미국 혁명작가동맹, 反帝同盟 등에 가입하였으며 재미 조선인 '사회과학연구회' 조직 등등 활동하다가 체포되어 일본정부에 인도한다고 하는 것을 미국 동지들의 노력으로 30일 이내로 미국 국경만 떠나면 상관

없게 되어 미국 동무들의 보증 또는 우리 동지들 보증으로 석방되어 독일 백림시에 갔다. 1933년 5월 西湖津 혁명자후원회를 조직하고 함흥, 원산, 양양 일대를 일원으로 하여 활동하다가 체포되었다.

1. 혁명자후원회 조직 관계로 1933년 10월 22일에 함흥경찰서에 체포되어 유치장에 1년 6개월 있었다. 당시 유치장에 최경덕, 오기섭, 박세영, 김복만, 한효삼, 한최옥, 유영기, 유영준, 김제봉, 한흥정, 주인규, 정태옥, 전동무 등과 같이 있었다. 징역 3년 반으로 1938년 11월 7일 처가의 보증으로 출옥하였다. 출옥 후 일 년간 병치료하여 몸을 회복한 후 단천에 들어가 광산에 있으려 하였으나 놈들의 감시가 너무 심하여 다시 함흥에 돌아와 학생들과 접촉이 많았다. 해방 직전에 동무들이 많이 검거되었다. 그들이 검거됨에 따라 나의 신변이 위험함을 느끼면서 쏘일전쟁이 일어날 것을 즉시 보았던 까닭에 함흥 시내에 군사시설 또는 쏘군이 함흥에서 일본군 인하고 격전할 때 방조와 함께 죽을 각오를 가지고 활동하였다.

1. 해방되는 그날 즉시 동무들 모아 함남도 인민위원회 결성준비, 노동조합·농민위원회 조직, 청년동맹 조직문제에 착수하여 정달현, 오기섭 동무들 오기를 기다리면서 조직 공작하였다. 1945년 8월 29일에 함남도 인민위원회로부터 함흥시 시정책임자로 박종환씨와 함께 부임되어 시인민위원회를 결성하였으며 교육과장을 겸임하여왔다. 共黨 세포책임자로서 당사업에 솔직하게 말한다면 절반의 시간을 돌리었다(하략).

김호철의 이력서에는 또 1932년 7월 1일부터 8월 10일까지 독일 '모풀(혁명자 원호회)'에서 선전원으로 일하고 1932년 8월 15일부터 1933년 2월 28일까지 소련·모스크바시 국제모풀(혁명자 원호회)에서 공작하였다고 적고 있다.

이만 하면 김호철은 공산주의 운동의 투사로서 부끄러울 것이 없는 듯한데 그가 그의 자서전에서 애써 부각시키려 하던 점은 자기 가정의 동학혁명 전통과 빈곤으로 고생스러웠던 소년시절의 묘사였다. 그러나 간과하여서는 안될 것은 그렇게 고생하면서도 김호철의 부모와 형제간의 협조는 사형제 모두 고등교육을 받게 하였다는 점이다. 따라서 이 면에서 그의 가정은 일반 무산대중과 거리가 있다는 점, 또 그의 가정과 기독교와의 관계를 의도적으로 은폐하려던 점 등이 지적될 만하다. 재미한인 유학생보인 *Korean Student Bulletin* 제5권 4호(1927년 11월호)에 의하면 김호철은 시카고의 무디성서학원에 입학하고 있었다. 그의 이력서에 적은 대로 그 후 루이스대학으로 옮겼지만 그와 그의 가족은 기독교와 밀접한 관계가 있었음을 짐작하고도 남는다. 그의 또 하나의 간략한 「자서전」에는 그의 미국시절에 보다 많은 지면을 할애하고 있어 그 부분을 이곳에 옮겨 놓는다.

> 1927년 5월 31일 샌프란시스코에 상륙할 때 25전의 돈밖에는 없었다. 로스앤젤레스의 세계적으로 유명한 버지니아호텔에서 미국사람에게 착취받기 시작하여 시카고시에 있는 미국인 경영 요리집, 중국 혹은 조선인 경영하는 요리집, 미국인 공장 지배인집 등등에서 일하여주면서 공부하였다. 루이스대학 영문과를 하였다. 1929년 10월부터 미국 혁명작가동맹에 가입하여 주로 흑인문제를 연구하였다. 1932년 3월에 미국 흑인아동 8명 사형 반대운동에 참가한 것이 발각되어 체포되어 시카고 '쿡카운티' 감옥에 수용되어 추방당하였다.

여기서 뚜렷이 나타나고 있는 사실은 김호철의 미국 추방은 당시 미국을 떠들썩하게 하였던 스캇트보로 사건에 말려들었기 때문이라는 것이다.

3. 스캇트보로 사건과 김호철

스캇트보로 사건이란 1931년 3월 15일 앨러버마주의 한 화물열차 안에서 흑인과 백인 청소년들이 패싸움을 벌린 데에서 비롯하였다. 기차에서 쫓겨난 백인 청소년들은 그 보복으로 자기편 여학생 두 명이 강간을 당하였다고 고발한 것이다. 기차가 Paint Rock이라는 곳에 도달하자 정거장에 모여든 군중은 9명의 흑인 청소년들을 끌어내고 스캇트보로의 감옥에 보냈다. 재판은 3일만에 끝나 8명은 사형선고를 받고 1명은 종신형을 선고받았다.

　공산당은 이것을 절호의 기회로 포착하였다. 전 세계의 공산당은 이 사건을 대대적으로 선포하기 시작하였다. 강간을 당하였다는 여학생 중 한 명은 그런 일이 없었다고 부인하였음에도 불구하고 이 사건은 대법원고 앨라버마주의 고등재판소를 왔다갔다 하다 1951년이 되어서야 마지막 죄수가 풀려났다. 이 사건은 미국에 있어서의 흑인 민권운동에서 매우 중요한 위치를 점하는 것이었다(대영백과사전 등에 의함). 김호철은 1932년 1월 28일자 『신한민보』에 「여덟 검둥이 아이에게」라는 시를 발표하게 된다.

여덟 검둥이 아이에게

시카고 김호철

검둥이의 설움을 가슴에
수득히 안고
앨라버마주 넓은 들 위에서
괭이를 들고 땅을 파는 黑奴의
젊은 아들 그대야!
백인의 잔악한 학대
하도 그대 마음을 질러
아프다고 소리 지르매
그대의 생명이
전기의자 위에 놓였구나!

아! 내 사랑하는 그대야!
그대의 아프다고 '으악'한 그 소리

북미 대륙을 휘―돌아
내 귀의 고막을
요란히 두드리누나!
아! 내 사랑하는 그대여!
조선의 젊은 아들이 아프다고
'아규'하는 그 소리
조선의 젊은 아들의 가슴 속에서
뛰노는 그 붉은 피 자유를
부르짖는 그 소리
그대는 그대는 그 소리를 듣고 있느냐.

인간의 참 사랑을 찾으려고
너의 생명을 기르는
그 붉은 피를 찾으려고
너의 생명에다 바느질하는
그 독사의 무리 속에서
벗어나려고
아프다고 부르짖은
그 마음은, 아― 하늘의 해와 같이
노예에서 신음하는 모든 노동자의
마음을 밝히고 있구나!
너의 아름다운 마음은
새벽의 별과 같이
나의 마음을 웃기누나!

너는 킬비감옥에
나는 이 감옥에
이 세상은 감옥이다.
우리 노동자의 아들들은 죄수이다.
우리의 보스는 간수이다.

너는 킬비감옥을 벗어나려고
나는 이 감옥을 벗어나려고
날뛰는 그대야
人間苦를 가슴에 수득히 안고
새로운 생명을 찾으려고
이리저리 방랑하는
나의 황색의 손바닥에서
끓는 붉은 피는
검은 살빛 속에서 뛰노는
그대의 피를 영원히 붙잡고 있으련다.

　이 시가 발표된 지 한 달 약간 너머 3월 5일 그는 이미 Cook County 감옥에 들어가 있었다. 그는 감옥에서 다음과 같은 시를 『신한민보』에 보냈다.

그래 쫓겨 간단 말인가

자유의 나라라 하여
그래 자유에 주린 나
천신만고 무릅쓰고
배우려 왔더니
아— 돈없는 자의
아들이라 하여
桑港에 도착하는
그날 天使島의 철창에
집어넣누나!

철창 철창 나는 힘껏
흔들고 흔들어 보았다.

아! 내 힘이 약하냐
움직이지 않는 철창
두근거리는 가슴
세상이 이렇구나!
지린 냄새나는 똥통을
곁에 놓고
좁은 널판 위에서
둘씩 자라니
앉아 밤을 새야지!
빈대 바퀴 갇혔건만
날 뜯으려고 이 구석 저 구석
오글오글
철창 밖에 철창 또 철창
어린 가슴이 떨린다.

곁에 앉은 유고슬로바키아
화란, 희랍 일꾼들
린큰팍 사자와 같이
왔다갔다 걸을 뿐
그러나 어떤 동지 벽에다 그린 기
우리의 생명을 말하는
그 붉은 별 볼 때
아득하던 내 앞길에
서광을 보았다.
그래 나는 입을 벌려
철창에서 주의선전

어저께는 한 사람의
지나인이 여러 사람을
떠나갔다고 한다

이 철창에서
날 데려갈 사람 누구인고?
오백불 가지고 데려갈
사람 누구인고
이 철창밖의 철창에서
날 구할 자 그 누구인고
아! 저 붉은 별
내 앞에 서광

저녁이라고 주니
사람으로서 먹을 수 있나
밥 위에 눈물만 뚝뚝
아— 이 눈물은 언제나
멎으려냐
내 대신에 그놈들 여기다
집어넣는 그때까지냐?

깨달았다 깨달았다
인제부터 인제부터
동지들이 간 발자취를
따라 그들이
섰던 칼의 위로
그들이 달리었던
교수대로!
내 목이 달리든지
원수의 목이 달리든지
싸워보자!

(시카고 감옥에서, 1933. 3. 23)

김호철의 그의 자서전에 적은 대로 미국 동지들의 노력으로 5월 10일 물러나와 30일 이내로 미국을 떠나라는 명령을 받게 된다. 그가 흑인민권운동에 말려든 것이 발각된 단서는 '미국 혁명작가동맹'이나 '반제동맹'의 활동으로 주목되었던 것인지 한인의 고발로 그렇게 되었는지 속단할 수 없다.2) 한 가지 분명한 것은 그가 공산주의자로 자부하고 그것을 한인신문에 공언하고 있었다는 점이다.3) 6월 6일 그는 『신한민보』를 통하여 「작별」이라는 시를 발표하였는데(게재는 7월 7일)

> 동지 나의 생명인 동지
> 너희를 두고
> 내 앞에 死路를 보니
> 어쩐지 굵은 눈물이
> 흐르는구려!

라는 구절이 인상적이다.

베를린에 도착한 것은 7월 1일이었으며, 이때가 바로 히틀러가 국회에 방화하고 공산당에 책임 전가하여 대숙청을 하였다는 반년 전이었다. 이곳 혁명자원호회에서 한 달여 지내면서 「백림의 두 동지의 죽음을 그리면서」 「정든 님 이별」 두 편의 시를 『신한민보』에 보내고 모스크바에서 반년 머물게 된다. 이곳에서도 『신한민보』에 글을 보냈겠지만 미 정보당국에 압수되었을 가능성이 많다.4)

---

2) 한인의 무고로 이민국에서 출국명령을 받고 떠난 유학생에 이한상이 있다. 그는 "이렇게 환국하기는 천만 뜻밖이올시다. 어떤 동포가 나를 공산당원이라고 이민국에 고자질한 고로 불의에 체포되었습니다. 내가 공부하던 과정이 商科인만큼 공산주의에는 전연 몽매함에도 불구하고 그렇게 몰아 붙이는데야 어찌합니까"라고 말하였다고 한다(『신한민보』, 1932년 7월 14일).

3) 『신한민보』, 1932년 1월 7일을 보면 그는 1931년 12월 19일 한인 '社會科學硏究會' 주최의 토론회에서 「한 공산주의자로 본 만주문제」라는 제목으로 연설까지 하고 있다.

4) 미국 국립공문서관 국무부과 800.60B로 시작되는 문서더미는 공산주의 운동자, 그 동조자,

김호철은 옥살이하기 전에 순수한 애국시 「13주를 맞는 3·1절」을 지었고 (1932. 3. 10) 또 「23주년을 맞는 국민회」라는 시도 지었는데(1932. 2. 28) 이 시 마지막에는 "그 붉은 기를 들고/나가거라 나가거라. 그러면/네 뒤에 젊은이들 그 붉은기를/바라보고 너를 따른다"고 쓰고 노골적으로 국민회의 좌경을 유도하려 들었다. 이같은 현상을 시카고 '사회과학연구회'의 회원들이 자진하여 『신한민보』 시카고지국의 국원과 통신원을 맡아가지고 교포들의 의식화를 위하여 『신한민보』를 집중 공략하였기에 가능했던 것으로 생각된다. 일본공산당의 노사카 산조(野坂參三)가 로스앤젤레스에 잠입하였을 때 일본 이민의 중심적 신문인 『나부신보(羅府新報)』의 공략을 획책하여 아요코 이시가키(石垣綾子)를 불러들여 이 신문을 잠식하기 시작하며 대활약했던 때가 바로 이때 쯤이었다.[5] 그러고 보면 시카고 한인 좌익활동의 중심인물이었던 김호철의 뒤에는 미국공산당 당수 부라우더의 의도와 작전의 그림자가 얼룩졌다고 생각해 볼 필요성이 있게 된다. 알다시피 부라우더가 1930년 봄에 미국에 돌아오기 전에는 중국에서 범태평양노동조합 서기국장에 있었고 많은 한인 부하를 거느린 경험이 있었던 것이다.

4. '재미한인사회과학연구소(在美韓人社會科學硏究所)' 시말기(始末記)

1929년 가을에 증권대파동으로 비롯한 경제공황은 1930년 하반기부터 차츰 일반 서민에 영향을 미치기 시작하여 해를 거듭할수록 심각하여졌다. 백광생(自狂生)이

또는 反帝同盟 被壓迫民族會議 참석자들의 명단들이다. 그런데 웃지 못 할 것은 조선 좌익 단체에서 필리핀의 某人에게 잘못 보내진 편지가 압수되어 某人이 '흑명단'에 오르는 예도 열람할 수 있다.

[5] 大森實, 『戰後秘史 祖國革命工作』, 文庫版, 講談社, 1975, 305쪽 참조.

금전국이라는 미국에
거지떼가 줄을 지어
거리거리에 오르락내리락
밥을 구하는 자 부지기수이다.

(『신한민보』, 1933. 6. 15)

라는 시도 지은 그러한 세상이었다. 한인사회도 예외일 수는 없었다. 사업에 실패하여 자살한 교포 등의 소식들이 신문에 크게 나곤 하였는데 이 시대에 공산주의니 무산대중이니 하는 말들이 공공연히 교포신문에 나오기 시작한 것도 하나의 추세이었다. 우선 가장 타격을 받는 족속이 고학하여 공부하는 한인 유학생들이었다. 이민국에서는 위법노동하는 외국학생 색출에 더욱 힘썼으며 조금만 사회주의적 경향성을 띤 학생을 발견하면 가차없이 송환시키려 하였다. 시카고는 당시 미국에서 가장 번창하였던 대공업도시로 일자리를 비교적 찾기 쉬워 한인고학생들이 몰려드는 도시였다.[6] 따라서 여기서 공개적이고 활동적인 학생 사회주의운동이 일어나게 되었던 것도 지극히 당연한 것이었는지 모른다.

　1930년 10월 11일 저녁 8시 시카고 재류 한인 학생들과 사회청년들이 '사회과학연구회'의 발기 준비회를 개최하였고 18일에는 발기인대회를 열고 정식으로 '사회과학연구회'를 창설하였다. 그 취지서 중에는 "우리는 세계 무산계급의 부르짖음에 보조를 같이 하여 약소민족의 설움을 위하여 투쟁 전선에 나아갈 것이다"라는 대목도 있었으며 발기인은 강해주, 김고려, 김호철, 김태선, 리태호, 리승철, 변민평, 한흑구이었다.[7] 이 단체는 1931년

---

6) 『신한민보』는 1922년 2월 12일에 수록된 「시카고 한인사회 소개」에 의하면 시카고 한인 인구는 다음과 같다.
　(가) 성년, 남자 상업 49인, 노동 38인, 학생 37인, 여자 상업 16인, 노동 3인, 학생 9인
　(나) 아동, 남자 16인, 여자 15인, 총인구수 182인
7) 김태선은 후일의 서울시장이며 당시에는 Northwestern대학에서 교육사를 전공하고 있었다. 韓黑鷗는 한세광(Temple대 신문학과), 남궁인출은 로욜라대학 경제학과에 적을 두고 있었고 남궁탁과 동일인물인 것 같다. 미국국회도서관 소장 『미주한인학생명부』(1934)를 참고하

3월 25일 신간회 해소론에 대한 토론회를 가졌다.

첫째, 현금 신간회는 소시민적 정치운동의 집단인 이유로 해소하자는 주장에 대하여는 1) 다수의 농민 노동대중이 포함되었고, 2) 신간회는 조선 특수정세의 소산물이며, 3) 과거 제 계급집단의 운동이 조선의 특수정세에 미흡하였다는 점, 4) 신간회는 계급적 의식·이해로 대중의 집단을 목적으로 한 것 등의 이유로 해소론을 부인하였다. 또 둘째로, 신간회에 적극적 투쟁욕이 없기 때문에 해소하여야 된다는 주장에 대하여서도 환경을 고려하며 투쟁욕을 고취하여야 한다고 반박하였다. 또 셋째로 노동대중의 투쟁욕을 말살하기 때문에 해소하여야 된다는 주장에도 "신간회 다수가 노동계급층인 이상 앞으로 실제 조선정세에 적응한 역사적 과정상 노동계급이 자연 총집중의 최고역량이 될 것을 인식할 것이다." "노동대중의 투쟁을 말살 운운은 결국 해소론자의 인식 착오의 관념론에서 노동대중을 우롱하는 것이다." 등의 결론을 내리고 사회과학연구회 성명을 발표하였다. 그것은 다음과 같다.

我等의 主張

1. 우리는 '신간회 해소론'을 절대 반대함.

⟨이 유⟩

1. 신간회의 성질상 해소가 문제가 아님.
2. 신간회는 근본적으로 시간적 임무를 정상(?)함으로 기인하여 해소할 시기이냐 아니냐는 시기문제.
3. 조선과 같은 군국적 정치하에서는 별개 계급집단을 특히 허락하여줄 이유는 천만 없음.
4. 언론과 집회의 자유가 없는 그 현실에서 해소를 말하고 분화를 논하는 것

여도 강해주, 김고려, 변민평, 이승철 등의 소속과 신분을 알 수 없었다.

은 관념론적인 착오인 이상 총집중(역량)을 반 분산시키는 것.

5. 신간회의 시간적 임무를 다하는 그 시에는 자연 消去될 것.

6. 만일 노동계급 지도층에서 해소를 주창한다면 이는 그들의 무능을 말하는 것임.

7. 이상에 의하여 我等은 해소론이 시기상조임을 표명함.

재미한인사회과학연구회 일동

(『신한민보』, 4월 9일자 略報를 조정)

1931년 6월 14일에는 시카고 한인교회당에서(갈홍기 목사 시무) 이승칠 사회하에 시국강연회를 가졌는데 김고려의 「현 경제제도에 대한 우리의 태도」, 강해주에 있었던 임원개선에서는 집행위원장에 이응영, 기록부원에 남궁인출, 재무위원에 변준호, 연구부장에 조중철, 선전부장에 김태선, 부원에 변민평과 김호철로 정하고 있다(『신한민보』, 1932. 1. 7). 1931년 12월 19일에 있었던 만주문제 강연회에서의 연제 · 연사는 다음과 같았다.

1. 만주문제와 우리의 태도(남궁인출)
1. 미국과 만주사건(이응영)
1. 만주의 과거 · 현재를 논하며 장래 중국의 취할 태도(김고려)
1. 한 공산주의자로 본 만주문제(김호철)
1. 세계혁명의 도화선의 하나인 일본제국주의의 만몽침략(조중철)
1. 일본의 만주 점령은 제국자본주의에 대한 무산대중의 전쟁 실현시기(변민평)
1. 중일 충돌과 조선인 해결책(김태선)

1933년에 들어와서 임원개선이 있어 위원장에 조중철, 기록부에 남궁탁, 재무에 변준호, 연구부에 김태선, 선전부에 이응영이 맡았고(『신한민보』, 1933. 3. 9), 이해 3월 말일에 미국에 도착한 세브란스 의과대학 졸업생 한

기도가 도착 즉시 입회하여 6월 18일의 강연회에서는 「일본제국주의 반대 투쟁」이라는 제목하에 연설한 바 있었다. '사회과학연구회'의 골수회원이 었던 변준호(卞埈鎬)가 시카고지국의 통신원이었으므로 이 시기의 『신한민보』는 흡사 사회과학연구회의 회지와 같은 느낌이 들 것이다. 매호마다 이 회 회원 변민평, 김호철, 한흑구(韓墨鷗) 등과 오천석(吳天錫), 상한생 (常漢生?) 등의 논전이 길게 실리곤 하였다. 고병남의 「미국 노동운동의 역사적 고찰」, 「노농연방(勞農聯邦) 러시아의 산업조직과 5년계획 진행」 등 보통사람들이 알아듣기 힘든 고답적 논설도 실리고 심지어 『신한민보』 사설에 중국의 유일한 희망은 공산주의뿐이란 논조까지 출현하게 되었다 (1933. 6. 15).

이러한 추세를 보수세력은 가만히 보고만 있지 않았다. 시카고 제일가 는 실업인 김경에 대한 사회과학연구회의 500달러 강청(强請)사건과 미주 교포 지도자들을 '모욕'한 「URL」라는 팜플렛 우송사건을 계기로, 보수세력 은 흥신소에 부탁하여 사립탐정으로 하여금 한 달 반 동안 '사회과학연구 회'를 조사시켰다. 그 결과 이 회의 핵심멤버인 변준호, 황유, 한기도, 이신 명을 '국민회'에 호출하여 경찰 입회하에 이들을 고발·출회 처분하였으며, 경찰이 연행하기 직전에 임시로 용서한다는 제스추어까지 취했다. 이 시 카고 한인사회의 탄압을 계기로 '사회과학연구회'는 더 이상 양지에서 활 동하지 못하게 되었으며 다음해 한기도의 귀국(『신한민보』, 1935. 10. 17), 변준호의 서부 전출과 더불어 이 회는 자연 소멸된 것이 아닌가 한다.

5. 맺음말

결국 '사회과학연구회'의 성원들은 순수한 노동계급 출신도 아니었고 일 과성(一過性) 사회주의 운동자들로서 마르크스주의적 사변유희적(思辨遊

戲的) 경지에서 벗어나지 못하였다고 보인다. 이들 중에 가장 행동력이 있었던 김호철도 장형(長兄)은 해방 후 이남에 거주하고 있었고 차형(次兄)은 미국교포였다. 그도 스캇트보로 사건에만 말려들지 않았던들 무사히 공부를 마치고, 김태선, 유진오 등 당시 지식인들이 한번은 거쳤던 일과성 통과의례로서의 사회주의 신봉자였을 수 있었다. 그는 모스크바에서 혁명자로 육성되지 않고 혁명자 및 가족을 돌보아주는 역할을 맡고 귀국한다. 그의 이력서에 첨부된 평정서를 보아도 노동당에서는 그에게 일정한 거리를 두고 있는 것을 쉽게 볼 수 있다.

결론적으로 말해서 김호철과 시카고그룹이 한국 사회주의 운동에 영향을 끼친 것 같지는 않다. 그러나 변준호를 통하여 김강, 선우학원 등에 연결되고 해방 후 미주교포사회에서의 좌익세력으로 개화되는 것이라고는 볼 수 있겠다. 대체로 이들의 위치와 역사적 의미는 여기에 있을 것이다. 김호철은 한국사에 공산주의자로서의 위치를 점하기보다는 흑인인권운동에 몸소 가담한 유니크한 첫 사례로서 더 알려질 것이다.

❖『재미한인의 독립운동』, 한림대 출판부, 1989

서광범(徐光範)과 이범진(李範晋)

1. 서광범(徐光範)의 망명생활

갑신정변의 주역들 박영효(朴泳孝)·서광범·서재필(徐載弼) 등이 미국 상항(桑港)에 도착한 역사적인 날은 1885년 6월 11일 저녁이었다.[1] 미국도 착 직후 『샌프란시스코 크로니클』지는 인터뷰를 통하여 그들 세 사람의 이력을 크게 소개하였으며, 당초에는 Berkeley에 소재한 가주대학에 입학을 신청할 생각이었으나 금전상의 곤궁과 어학문제로 보다 낮은 곳에서부터 교육을 받을 생각인 것으로 소개하였다.[2] 또 『시사신보(時事新報)』가

---

[1] 徐載弼이 1895년 11월 7일 記載한 한국행 여권신청서에 의하면, 그는 1885년 5월 25일 The City of Peking號로 日本 橫濱을 出航하였다. 이에 근거하여 『朝野新聞』 5월 27일자를 보면, 上記 〈페킹〉號는 5월 26일 乘客 1,170명을 태우고 橫濱을 출항하였는데, 그중에는 조선인 6인이 포함되었다고 기재되어 있다. 또 6월 12일자 桑港, 『ALTA CALIFORNIA』紙를 보면 이 배는 903명의 中國苦力을 태우고 6월 11일 저녁 桑港에 도착하였는데, 航海中 苦力一名이 阿片中毒으로 사망한 바 있다고 적고 있다. 이것은 徐載弼이 펜실베니아州 Luzerne郡에서 1887년 귀화신청서를 적을 때와 1890년 6월 19일 市民證書를 받을 때 기입한 도착일자 〈6월 某일〉과 符合한다. 따라서 金道泰, 『徐載弼博士 自敍傳』을 비롯한 四月下旬 美州到着說과 기타 설은 부정확하다. 또 〈차이나〉號로 渡美하였다는 기술도 사실이 아니다. 5월 28일의 『時事新報』는 '朝鮮의 三士 一昨日 橫濱出帆의 〈페킹〉號로 米國에 가다'라는 기사까지 실렸다. 徐載弼 醫師는 과거를 회상할 때 무책임일 정도로 時日을 혼동하였고 冷嚴한 異國社會에서의 處身上 適時卽應的으로 적당히 호도하는 습성이 있었다. 美西戰爭에서 從軍하여 市民權을 받았다는 『뉴욕타임즈』紙의 기사, 結婚證明書記載, 라파이엣大 入學說 모두 그런 同情할 만한 예이다.

소개한 이들 망명객의 근황으로 다음과 같은 기사도 있다.[3]

　　조선 3명의 망명객은 목하 미국 가주에 체류하고 있으며 미국인의 부조를
　　받고 있다는 것은 이 나라(조선) 국왕에서부터 하역(下役)들에 이르기까지 모
　　다 알고 있을 바인데 미국인으로서 당혹될 것은 이들이 전후의 생각도 없이 국
　　왕과 왕비에 상서하여 종종의 협박 비슷한 글을 쓰고 있는 데 있다.

　　그러나 이들은 전후의 생각을 할 처지의 사람들이 아니었다. 약간의 과
장이 섞였겠지만 『워싱톤 이브닝 스타』지는 조선왕조의 혹독한 고문을 취
급한 특집을 갑신정변 망명객의 가족의 처벌상황에서부터 다루고 있다.[4]
이 특집의 저자 Frank Carpenter 씨는 남자들만 참형을 당하는 것이 아니라
처녀까지도 노비 · 첩으로 팔려갔다고 주장했다. 『매천야록(梅泉野錄)』에
김옥균(金玉均) · 서광범의 처들이 모두 하옥되었는데, 서광범의 부인은 정
절을 보전하였다고 기술하였는 바(82쪽), 이런 종류의 '전문(傳聞)'은 범인
가족에 대한 처참한 형벌의 맥락하에서 이해하여야 할 것이다. 서광범 가
족의 참상을 보면 그의 노부모인 참판(參判) 서상익(徐相翊) 부처(夫妻)는
'견축생(犬畜生)과 같이 포박(捕縛)당하여' 하옥하였고, 부인 밀양 박씨는
양근(楊根)의 친정으로 도망하였으나, 그곳에서도 부모인 박승헌(朴承憲)
부처는 벌써 하옥한 후로 여기서 포박당하여 친부모 · 시부모와 함께 서울
의 감옥에서 굶주리고 고생하다가, 친부는 교수형을 당하고 시부모는 아
사하였다고 전한다.[5] 서광범의 3자매 조한국(趙漢國), 형순형(洪淳馨), 이
의봉(李義鳳) 부인들의 경우를 보면, 조한국 부인은 대원군의 중매로 택정

2) *San Francisco Chronicle*, June 19, 1885의 記事 ; 李庭植, 『서재필』, 정음사, 1984, 209~213쪽.
3) 『時事新報』, 1886년 1월 28일의 記事.
4) *EVENING STAR*, Sept. 8, 1894. "CRIME IN COREA-The Horrible Punishment of Traitors and Rebels".
5) 『時事新報』, 連載 「韓山悲話」, 第11, 12, 13回 參照(明治 28年 12월 28일, 29일, 31일).

(撰定)되었기에 연좌에서 제외되었지만 그 밑의 두 부인은 복독자살(服毒自殺)을 강요당하였다는 이야기이다.[6]

망명삼사(亡命三士)가 언제까지 상항에 체류하였는지 자세하지 않지만 이듬해 3월 21일 『조야신문(朝野新聞)』에 박영효의 미국감상담(美國感想談)이라 하여 미국의 예수교(耶蘇敎)를 극찬한 필담기사를 보면, 그곳에 약 반년은 체류한 것이 아닌가 생각되지만 확실하지 않다.

서재필 『자서전』에 의하면 서광범은 언더우드 선교사의 친형인 언더우드 타자기의 John T. Underwood(1857~1937)에 궁상(窮狀)을 호소하여 뉴욕에 갈 수 있었다고 하였고, 임창영(林昌榮) 박사는 그 다음, 그의 원조로 뉴저지주의 Rudger대학에 진학하였다고 적었는데,[7] 필자는 Rudger대학에 가서 역년(歷年)의 학생명단을 조사하였지만 Rudger대학에는 재학하지 않았다. 그러나 서광범은 Rudger대학이 존재하는 Middlesex군에서 1889년 시민권 예비신청을 하였으니,[8] 그가 이 부근에 살고 있었던 것은 확실하다. Horace G. Underwood 선교사도 이곳의 New Branswick 신학교를 1884년도에 졸업하고 한국에 나갔으므로 Underwood가의 소개로 영어학교나 신학교에 진학했을 가능성도 없지 않다. 후년 서광범이 사망하였을 때 미 육군의 Whitman대령은 그가 한때 기독교 선교사가 되어 귀국할 생각을 가졌었다고 술회하였고,[9] 『한산비화(韓山悲話)』 제13회에 의하면 예수교회(耶蘇敎會)의 음식물 '차입'이 없었다면 서광범 부인의 양친이나 시부모는 벌써 아사하였을 것이라는 기사가 있는데,[10] 여타 정변 관계 연루자들에게서는

---

6) 同上. 단 洪淳馨 夫人만 죽은 것 같다. 趙·洪 등 姻族은 甲申政變 때의 開化黨의 閣僚名單에 들어 있어 주목된다. 폭넓은 支持基盤을 못 만들었던 증거이다.

7) Channing Liem, *America's Finest Gift to Korea*, New York, 1952, p.33.

8) National Archives에 保存되고 있는 市民證發給臺帳에 적혀 있다.

9) *Washington Post*, Aug. 16, 1897, "Rites over Pom Soh" 참조.

10) 『韓山悲話』는 名門中의 名門인 徐相翊 參判을 위하여 그 아들의 罪狀이 판명될 때까지 高宗은 一日銀一兩을 下賜金으로 주어 옥중에서 사용하게 하라고 명하였으나 중간에서 着服되었다 하였고, 3월 7일부 『時事新報』는 퇴임하는 프트 公使도 連座人에 대한 國王의 仁慈

들어볼 수 없었던 서광범 연좌자들에 대한 미국기독교회의 강력한 배려로
필자는 서광범 – 언더우드 connection을 엿볼 수 있다고 생각한다. 아직 증
빙서류는 입수하지 못했지만 필경 서씨는 자기의 근소한 수입의 일부까지
도 다달이 언더우드 선교사를 통하여 입뢰(入牢)한 가족에게 보낸 것이 아
닌가 생각해 본다. 1888년 서광범은 워싱톤시로 이주해 온 것 같다. 워싱
톤 주소록에 의하면 그는 1007 13th Ave. NW에 입주하고 있었으며 직업은
학생으로 표기되었었다.[11]

미국 수도 워싱톤시에는 정변의 동지 변수와 홍콩에서 민영익(閔泳翊)
의 미화 12,000弗 상당의 수표를 사취(詐取)하여 일본으로 도망온 민주호
(閔周鎬)와 윤정식(尹定植)이 벌써 와 있었다. 민 · 윤 2인은 획득한 돈 일
부를 김옥균에게 넘기고 변수와 같이 1896년 1월 24일 영국객선 Belgic호의
특등실에 몸을 실어 2월 10일 상항에 도착, 3인은 Grand Hotel에서 묵었다
가 뉴욕을 경유, 조선왕조의 뉴욕명예영사 Frazar의 소개로 워싱톤의 어학
전수학관에서 영어를 공부하였으며, Belgic호 특별선실에서 사귄 Legendre
(이선득)의 소개로 알게 된 Amman제독의 주선으로 메릴랜드 농대에 (변
수 · 민주호는) 재학, 공부하고 있었다.[12]

민주호는 졸업하지 못한 채 귀국하였고, 변 · 서 2인은 Bureau of Ethology
에서 번역 등 잡일을 맡으면서 면학에 힘쓴 것이 아닌가 한다.[13] 1888년
서재필도 워싱톤시에 정착하여 낮에는 의학박물관에서 일하고, 밤에는 컬
럼비아대학의 야간부에서 불어 · 독어 · 화학을 공부하다 의학부로 옮겨
1892년 졸업했고,[14] 변수는 이보다 일년 전 농대를 졸업하였으나 매우 근

를 거듭 부탁하였다고 적고 있다.
11) Boyd's Directory of Washington D.C.
12) 筆者는 1982년 7월 10일의 『워싱톤신문』에 「구한말 망명객 변수 이야기」를 썼으나, 編輯人
의 恣意의 改修로 原貌를 잃고 잘못쓴 부분이 거듭 인용당하는 형편이므로 변수에 대한 一
文을 다시 쓸 생각에 있다.
13) New York Times, August, 14, 1897, 記事.
14) 1888~89, 89~90, 90~91, 91~92의 大學要覽 參照.

시였던 그는 졸업 후 불과 몇 달 만에 기차에 치어 죽었다. 서광범은 교육국에 옮겨 1891년에는 대논문『조선왕조의 교육제도』를 완성하여 이것이 교육국·내무성·하원 등 4종의 보고집에 게재되었고[15] 또 불어로 번역되어 불란서잡지에 실려 큰 반향을 일으켰다는 것이다.[16]

지금 잠시 이 논문의 내용을 소개하면 위산(緯山)은 첫 장에서 조선의 위치, 지리, 기후, 역사를 개관하였는데, 역대조선의 공예, 학문이 일본에 큰 영향을 끼쳤다고 주장하였으며 제2장 '정부'에서

정부는 절대군주제이다. 성문법은 있으나 헌법은 없으며 행정부의 각부처는 국왕과 국회가 인준한 규정을 따른다. 입법·행정·사법 3부가 있는데 입법권은 국왕이 쥐고 있으며, 3명의 총리대신(Prime Minister)과 미정수(未定數)의 상원의원(Senator)이 항시 집무하고 있다. 국왕의 동의하에 저들은 법을 제정하고 개정할 필요성을 느낄 때는 청문회(hearing)를 요구할 수 있다. 이들 3총리대신은 최고 법정의 구성원이며 국왕의 사행(私行)을 감독하기도 한다.…

문무양반 9계급의 귀족 1,000명이 상하원을 구성하며 저들의 법의(法意)를 환기할 중요사가 있을 때는 회의를 연다. …

조선인을 규제하는 네 가지 도덕원칙이 있는데, 행실에 있어서의 정직, 부녀에 대한 존경, 부모에 대한 공경, 그리고 겸양이다. 일부다처제는 행하여지지 않고 남편의 부정을 허용할 아내도 없다. 족보를 매우 소중히 여기고 혈통이 순수하지 않은 인사는 고관이 될 수 없다.

---

15) *Comprehensive Index to the Publications of the United States Government, 1881~1883*, 제1권에 의하면 이 논문이 收錄된 政府刊行物은 다음과 같다.
Report of Commissioner of Education, 1891, V.1
Report of Secretary of Interior, 1891, V.5, Pt.1
Mess. and Docs., Interior Dept., 1891, V.5, Pt.1
Executive Docs., House, 1st session, 52nd Congress, 1982.
16) Tolman Smith, "The Mission of Pon K. Soh" *Independent* Vol.XLIX No.2550 October 14, 1897, 參照.

등등의 서술을 약 다섯 페이지 내지 200행쯤 소모하고 있다. 미국인이 잘 아는 정치술어를 써 가며 조선왕조의 제(諸) 관제(官制)와 행동규범을 합리화하며 잘 알리게 하려는 의도가 약여(躍如)하다.

다음 장은 '중국과 일본과의 비교'로 조선은 그 지리상의 위치로 현대화가 늦었지만 조선인은 자기들을 '문화국'으로 자랑하며 두 이웃나라를 '야만국가'로 간주한다 하였고, 조선 여인의 의복은 미국 여인의 것과 비슷하나 중국이나 일본 여인은 저들의 남자가 입는 옷과 비슷한 것을 입는다고 은근히 자기 것을 미국 것과 동열에 놓기도 하였다. 그러나 이 장에서 가장 주목되는 서술은 '일본에서는 관정(官庭)에 대한 충성이 도덕규범의 중요한 요소가 되지만 조선에 있어서는 애국이 충군(忠君)보다 상위에 있다'(349쪽)고 단언한 점이다. 이것은 위산(緯山) 서광범이 자기의 정치이념을 조선왕조의 교육을 논하는 마당을 빌어 일반 조선인의 것으로 승화시킨 것으로 간주된다.

이 논문은 계속하여 학방(學房), 글방, 유학교(儒學校), 고등교육, 의학교, 사립군사학교, 불교신학교, 공립고등학교, 왕실학교, 문관고시, 무관고시, 부녀교육, 음악, 근래의 교육상 진보의 항목을 두어 조선왕조의 교육을 논했다.[17] 이 논문은 비단 한국인이 미국에서 쓴 첫 한국학논문이라는 의미가 있는데 그치지 않고 그의 사상을 다소나마 담은 희유(稀有)의 자료로서 귀중하다.

이 논문이 발표된 때문인지 또는 서광범의 위인을 인식하여 글을 쓰게한 것인지 모르겠지만 미연방정부의 교육국장은 서씨와 친밀한 사이가 된 것 같다. 전인(前引) 『뉴욕타임즈』지는

　　서씨는 교육국장의 친구가 되었는데 교육국장은 서씨가 진정한 인재라고 알

---

17) Sunjoo Pang, *Pom Kwang Suh, The Life of an Exile in the United States*, 부록 資料集參考, Amerasian Data Research Service, K-2 1984.

고 있었기 때문에 당시의 수입이 괜찮았던 직책을 포기하고 보다 낮은 직책이
지만 진급하여 올라갈 수 있는 곳으로 옮기도록 종용하였다. 서씨는 이에 따랐
으나 바로 이때 행정부가 바뀌어 국장의 선의는 수포로 돌아가고 서씨는 월봉
30불 받는 문서전달인(messenger)의 직책에서 오도가도 못하게 되고 딴 수입도
없었다. 일언반구의 불평도 없이 그는 상황의 변화를 생활비의 절감으로 감수
하였다. 그는 당시 신지학회(神智學會, Theosophical Society)의 회원이었기 때문
에 어려운 처지를 개선해 보려고 학회건물의 관리인이 되어 도화실 옆의 조그
마한 방을 빌려 살고 동양인만 감당할 수 있는 경제생활을 영위하였다. 추측컨
대 서씨의 폐결핵은 이 곤궁시에 발병하여 그의 사인이 된 것이 아닌가 싶다.

라고 적고 있다. 미국 행정부의 교체는 1893년에 있었고 Tolman Smith는
위산이 교육국 도서관에서 소수 동양서적의 목록작성 등 일을 하였다고
하였기에,[18) Messenger 전의 직종은 월봉 60~70불 정도의 사서조수가 아니
었든가 생각된다.[19)

　　신지학회는 1875년 미국에서 생긴 힌두교·불교 등 인도종교철학의 영
향을 다분히 받은 신흥종교(철학)로 화신(化身), 윤회(輪廻), 업(業)과 같은
관념을 받아들이고 고래(古來) 도통성인(道通聖人)이 받은 우주의 비밀교
지(祕密敎旨)가 도통자간(道通者間)의 형제적 접촉으로 전달된다는 것, 위
산이 이 학회지에 기고한 한·중 득도자에 관한 '설화(設話)'만 보아도 이
단체의 성격을 짐작할 수 있다.[20)

　　생각건대 그가 신지학회에 입회하게 된 동기에는 부모형제의 비참한 사
망과 힘겨운 이국생활의 중압하에서 그래도 동양적 사색을 존중해 주고
동정해 주는 분위기에 끌려 입회한 점이 있지 않나 한다.

---

18) Smith, 前揭 論文 참조.

19) 徐載弼은 醫學圖畫館에서 月俸 百弗을 받았다고 하며(윤치호, 『尹致昊 日記』제3권, 국사편
　　찬위원회, [1973], 147~148쪽) 이것으로 생활하고 醫科大學까지 다녔다.

20) Pom Kwang Soh; "Korean Stories" *The Path* vol.8, Nos 4~5, New York Theosophical Society,
　　1893.

윤치호(尹致昊)가 1893년 8월 14일 서재필을 방문하였을 때, 그가 서광범을 거의 일년 가까이 만나지 않았다는 이야기를 듣고, 그것은 너무도 대조적인 성격의 차가 아니면(윤에 따르면 위산은 관대하고 친절하고 애국자였으며 서재필은 인색하고 이기적이며 비애국적이었다고 단정한다) 겨우 살아가는 친척을 의도적으로 기피한 것이 아닌가 추리했다.21) 여하간 1883~1884년간의 위산의 생활은 매우 힘들었던 것이 아닌가 생각된다.

그러면 위산은 7 · 8년 전에 그가 참가주도한 갑신결기(甲申決起)에22) 어떠한 평가를 주었던가? 1892년 Gordon Haddo라는 필명을 가진 사람이 서광범을 취재하여 『조선진보당의 대두와 몰락』이라는 글을 발표한 바 있어 이 점에서 도움을 줄 수 있다.23)

Haddo에 의하면 청년 서광범 등 몇몇은 청국에서 비밀수입한 도서에 의하여 세계대세와 개국의 필요를 절감하고 우선 국왕의 권력을 제한하여 국민이 선출한 지방의회를 조직하고, 전신 · 철도 등 현대화에 힘쓰고, 약자를 억압하는 악법을 개정하고, 청국의 속박에서 조선을 해방하는 목적을 가지고 활동하였다는 것이다. 창립자는 김옥균과 서광범이며 곧 박영효 · 홍영식 · 한근직 · 변수가 여기 가담하였다는 것이다. Haddo는 계속하여 서광범을 주축으로 한 저들의 활동을 '전설(傳說)'화하고 있는바, 예를 들면 서는 부친에게서 2천 냥의 자금을 얻어 김옥균과 같이 비밀리에 일본에 건너 갔는 바, 후쿠자와 유기치(福澤諭吉)의 학생으로 있던 그는 조선에 군란(軍亂)이 일어나자 사면을 받아 곧 귀국했고24) 대미 개국도 원래

---

21) 윤치호, 『尹致昊日記』 제3권, 국사편찬위원회, [1973], 148~149쪽.
22) 美國駐韓國公館管部 海軍武官 Faulk 中尉는 開化黨人士를 熟知했고 決起를 預知하고 있었던 사람인데 1884년 12월 20일 가족에 보낸 편지에서, '金玉均이 首領이었고, 깊은 思索家인 徐光範은 말없는 劃策者이었고 朴永曉의 地位가 이를 補强하였다'고 말한다(뉴욕市立圖畫館장 Faulk 문서 참고).
23) Gordon Haddo; "The Rise and Fall of the Progressive Party of Korea," *Chautauquan* XVI, No.1, 1892.
24) 이것은 Haddo의 오해가 아니면 緯山의 誇張이다. Smith 前揭論文에도 1875년 그가 17세의 나이에 일본에 새로운 문물을 연구하러 떠나섰다고 하였는데 이도 분명히 緯山에게서 들은

서광범의 창안(創案)이었는데 민족(閔族) 일당(一黨)에 주도권을 빼앗겼다. 정부 재정 책임자가 민당(閔黨)이어서 현대화 개혁자금을 억제하고 청군으로 조선군을 대체하려 하였기 때문에 갑신년에 거사한 것으로 적고 있다.

1894년 일청전쟁이 일어나자 교육국의 시민이었던 위산에게도 분명히 행운이 찾아들었다. 일본은 갑신정변의 잔당을 찾아 나섰고, 위산은 당시 몬타나주에 살던 정난교(鄭蘭敎)·신응희(申應熙)와 같이 주미일본공사관에서 369불 25전의 차금(借金)을 얻어 귀국하게 되었다.[25] 이때 위산은 미국시민권을 얻은 귀화미국인이었는데,[26] 미국시민권을 포기하고 조국을 위하여 일생을 바칠 각오였을 것이다. 서재필이 일 년 후 귀국 시는 미국 여권을 받아 가지고 갔으며 귀국하여서도 외신(外臣)이라고 자칭하였다지만,[27] 필자는 국무성이 1894년에서 1896년까지 발급한 족권발급대장을 철저히 조사하였지만 위산이 여권을 신청한 흔적은 없다.

위산은 귀국 도중 상항에서 기자들과 회견하여 '일본은 정복을 위하여 싸우고 있는 것이 아니고, 사방문명(西方文明)의 전파를 위하여 싸우고 있다. 이것이 바로 청국을 막으려는 것이다. 만약 로서아가 말려든다면 영국은 청을 도울 것이며, 불은 로를 돕고 일본은 조선을 도울 것으로 예기된다. 그리고 결국 우리가 이길 것이다'라고 발설하였다고 기록한다.[28]

귀국 도중의 위산은 아직 완전한 친일가였다.

이야기겠지만 사실 여부는 不明이다. 혹시 金綺秀修信使一行에 變名으로 동행한 일이 있었는지 모르겠다.

[25] 일본 외무성 편, 『日本外交文書』 第27卷 1册, 일본국제연합협회, 1953, 555~556쪽.

[26] 1892년 11월 18일 워싱톤市 高等法院에서 선서하였는 바, 이후 朝鮮國王에 대한 충성을 완전 그리고 절대적으로 포기한다고 적혔다. National Archives에 소장하고 있는 Naturalization Record 第3卷 參照.

[27] 黃玹, 『梅泉野錄』, 국사편찬위원회, [1971], 522쪽. "謁上稱 外臣 着眼鏡 含卷烟 負手而出 舉朝痛憤".

[28] 『뉴욕타임즈』, 1894년 9월 14일 참조.

2. 서광범의 귀국활동과 주미전권공사(駐美全權公使) 부임의 경위

모름지기 위산의 극적인 일생에 있어서 가장 감동적인 장면은 1894년 11월 그가 귀국하였을 때의 부부대면, 그것이 아니었을까 한다. 민영환이 쓴 대한주미공사(大韓駐美公使) 위산서공묘표(緯山 徐公墓表)는,[29]

> 配安東金氏判書孝貞公炳地女 貞靜和淑六親咸服 先公二十三年卒 後配密陽朴氏士人承憲女 內行純備 不幸十年處困 備當艱險 而持身謹飾 終不失女士之範 莫不稱之

라 하여 『매천야록(梅泉野錄)』의 저자가 칭송한 것 같이 부인의 정절을 찬양하였으며, 『한산비화(韓山悲話)』의 기술은 부정확과 문학적 과장이 있겠지만 역시 분위기로서 이해하는데 도움이 될 것 같아 여기 인용한다.

> 〈上略〉…朴氏의 兩親도 이 貪慾의 함정에 빠져 捕縛당하였을 뿐 아니라 별糾明함도 없이 絞罪에 처해져 그 재산도 남김없이 沒收당하였다. 그래도 이처럼 無慘한 境遇에 있으면서도 萬死中一生을 얻은 것은 實로 徐光範氏의 夫人으로써 父親은 絞死당하고 시부모도 餓死하였지만, 男便인 徐光範氏가 數年前 華盛頓 駐在에 赴하여 彼地에 있었든 연고로 이 소란에 있어 京城駐在 米國公使 프트氏가 크게 盡力하여 三度의 食事에서 其他事까지 保助함이 적지 않았다. 特히 入牢初期에는 시부모·양친 모두 飮食을 '差入'하는 사람이 없어 獄內에 있어서의 夫人의 苦心은 말할 수 없었으며 朝鮮의 감옥은 外部에서 '差入物' 없이는 生存하기 힘들게 되어 있음으로 婦人의 손 하나로 四人의 老親을 지고 있기 때문에 (중략) 獄內에서 길을 찾아 他人의 衣服을 裁縫하며 또는 빨래 등 일로 벌어들여 밤잠도 잘 수 없이 노력하였지만 그것조차 일감이 없어지자, (중략) 도움을 받기로 決定하여 耶蘇敎會의 이름으로 '差入' 되는 것을 모두 兩

---

29) 緯山孫子 徐哲源氏 提供.

親 시부모께 드리고 自身은 如前히 손일으로 하루하루를 지내던 중 四人 모두
무덤도 없이 가버렸으니 이제는 外國人의 도움을 받을 수 없다고 그 옛날 徐家
번영 當時 보살펴주던 고용인 老婦가 貞洞에서 바느질로 生計를 삼고 있기에
保釋을 申請하여 他人의 衣服을 바느질하여 가늘게 生命을 잇고 있었던 것이
昨年 여름까지의 일이고 徐光範氏가 돌아와 大臣의 자리에 들어설 때까지 十一
年동안 苦楚嘗盡한 이야기는 古今에 類가 없겠도다.

예수교회가 서씨 부인을 보조하였고 외국인의 눈이 있었기 때문에 부인
의 정절과 생명도 보전됐다고 말할 수 있을지 모르나 전술한 대로 이것을
남편이 모를 수 없는 일이니, 위산의 막후공작이 상당히 주효하였던 것으
로 생각된다. 부인이 정동에 거처를 정한 것도 미국공사관이 그곳에 있어
남편의 소식을 듣고 일감을 얻는 데 편리하였기 때문이 아닌가도 생각된
다. 여하간 십 년 고초 끝에 부부의 상봉은 춘향전의 전설을 웃도는 일면
의 화폭이 될 수 있다.

법무대신이 되자 1895년 1월 11일 혹형지구(酷刑之具)는 범사죄외(犯死
罪外)에 병물허(竝勿許)하게 하였으며, 3월 26일 서재필 · 서재창(徐載昌)
등을 병복관작(竝復官爵)하게 하였는데, 이는 법무대신 서광범이 주(奏)한
것이라 하였다. 4월 12일에 고부군수 조병갑(趙秉甲)을 탐학불법죄(貪虐不
法罪)로 압상사문(押上査問)하게 하고, 18일 경향인민(京鄕人民)의 재산
약탈이 불가승기(不可勝記)인 민영주(閔泳柱)를 나수징판(拿囚懲辦)하게
하였으며, 22일에는 조병식(趙秉式)을 같은 죄목으로 탐문(貪問), 원장(原
贓)을 추징하게 하였으며, 24일 동학의 전봉준(全琫準) · 손화중(孫化中) 등
을 교형(絞刑)에 처하게 하였는데, 『매천야록』에 의하면 참형보다 가벼운
교형을 썼기 때문에 세상이 그 형(刑)의 실(失)함을 한했다 하였고 한편 전
봉준은 형에 임하면서 박 · 서 2인을 역적이라 대매(大罵)하였다.[30]

---

[30] 黃玹, 『梅泉野錄』, 국사편찬위원회, [1971], 173쪽.

Tolman Smith는 법무대신으로서의 위산의 공을 요약하여, '고문을 폐하고 살인죄를 제하고는 사형을 금하고 참형 대신 교형으로 하고, 선교사에 대한 제한을 철폐시켰다'고 말한다. 모름지기 체미(滯美) 10년의 영향이 그의 사법제도개혁에 많이 반영되었을 것이니 순회재판법 같은 구상이 그것이다. 홍범14조(洪範十四條)의 성립에도 그의 의견이 많이 작용하였겠다.

1895년 여름 박영효가 실각하여도 10월 8일 민비시해사건이 일어나도 서광범은 주어진 자리에 주저앉아 있었다. 당면목표를 지위의 보전에 두었던 것이다. 10월 10일 법무대신 겸 학무대신으로 민비를 서인(庶人)으로 폐(廢)한다는 '칙지(勅旨)'에 서명까지 했는데, 지위를 보전할 마음이 없었다면 박정양(朴定陽)과 같은 행동을 취할 수 있었던 것이다. 다음날 그는 법무대신직을 내어놓았으나 근대화 개혁의 좌절을 두려워하였든지 현체제의 계속을 원하였던 것 같다. 10월 28일경 서광범은 국왕측근의 내관(內官)을 통하여 중대한 정보를 입수하였다. 현흥택(玄興澤)이 그 심복인 내관 강석호(姜錫鎬)를 통하여 흑의(黑衣) 두벌을 고종에게 보내어 러시아공사 웨버와 미공관 서기관 알렌의 가마를 이용하여 왕궁을 탈출하여 아관(俄館)에 파천(播遷)하는 계(計)를 올린 것이다. 서는 곧 이를 각의에 올리고 경무사 권영진(權濚鎭)은 내사 끝에 이를 확인하고 강내관은 이범진(李範晉)에게로 도망하였다.31) 권은 서광범의 정보제공에 의하여 Underwood에게서 영어를 배운 군부 참령(參領) 김진성(金振聲)·Dye 장군과 사제지간인 대대장 이진호(李軫鎬)·공병대 참령 한석로(韓錫潞)를 거짓 내응시켰고, 함경도 출신으로 러시어에 능한 한 부인과 한참령부인을 러시아공사 웨버에 접근시켜, 11월 28일 춘생문거사(春生門擧事)를 사전에 숙지하고 있었다. 거짓 내응자로서 파견한 윤석우(尹錫禹)·한원교(韓元敎)·이원창(李原昌) 등은 거사측에 완전내응하여 버렸으나 이것도 사전에 탐지

---

31) 일본 외무성 편, 『日本外交文書』 제28권, 일본국제연합협회, 1953, 618쪽. 『王城事變』 附屬文書 第4.

되어 대세에 차질이 없었다는 것이다.[32] 결국 원천을 따지면 서광범의 정보가 이범진 주도의 춘생문거사를 실패하게 만든 셈이며 또 윤석우가 민비시해사건의 하수인으로 조작되어 사형당하는 이유가 여기 관계된다고 보아야 한다.

정부에 계속 거점을 보지(保持)하려던 서광범도 전개되어 나가는 부정불의와 혼란을 더 참을 수 없었을 것이다. 그는 공석인 주미공사직을 노렸다. 미공사 Sill의 보고에 따르면 춘생문사건 직후 대원군은 구미파 인사 800명의 흑명단(黑名單)을 만들어 살해할 준비를 한다는 소문이 있었으며 그 증거로 11월 30일 각료인 서광범과 윤치호의 체포를 시도하였다는 것이다.[33] 이 보고가 사실이었다면 서는 좌우협공을 받는 처지로 결단할 때가 된 것이다. 동년 12월 12일 서는 주미전권공사로 임명받았고 13일 미공사는 외부조회(外部照會) 제255호로 통지받자 국무성에 다음과 같이 보고를 올렸다.[34]

그는 작년 박영효와 같이 일인에 의하여 내각에 보내어진 인물로 조용하고 보수적으로 처신하였습니다. 그는 악명 높은 폐비칙서에 서명하였지만 강제적이었다고 언명했습니다. 그는 현정부에서 떠나기를 몹시 바라고 있습니다.

또 『시사신보』는 서울 12일발 특파원의 보고를 실었는데 주미공사부임으로 서씨는 '연래(年來)의 소지(素志)가 관철되어 매우 기쁠 것이다'(12월 27일)라고 하였다.

미공사 Sill이 서 공사 부임에 대한 보고를 올린 같은 날, 알렌은 현 내각

---

32) 前揭文書 「11월 28일 王城事變의 顚末詳細報告의 件」, 603~619쪽. 또 『中央新聞』, 1896년 2월 26일 「日本亡命客 權瀅鎭取材記」와 『時事新報』 2월 24일 「朝鮮變亂前의 形勢」 참조.

33) 實公使가 國務省에 보고한 No.175 보고문. 1895년 12월 2일發, Lenson 敎授는 이미 체포됐다고 記述하였지만 근거가 없다. George A. Lenson, *Balance of Intrigue: International Rivalry in Korea and Manchuria, 1884~1899*, University Press of Florida, 1982, p.572.

34) 國務省에서의 報告 제521號(1895년 12월 13일).

의 대신 1명의 방문을 받아 민비시해에 대한 내밀담(內密談)을 들을 수 있어 그 구술을 그대로 기록하였다.[35] 이 내밀담의 주인공은 영어를 구사하며 내각의 대신이니 그가 바로 서광범으로 생각하여도 틀리지 않을 것이다. 도미인사 겸 절차 타협차 공사관을 방문한 것으로 간주된다. 그는 우선 조희연(趙義淵)·권영진(權瀅鎭)과 유길준(兪吉濬)·김홍집(金弘集)의 대결 상황을 길게 설명하고 나서,

당신은 이 음모의 자세한 내막을 아시오? 자! 내가 내밀히 알려드리겠소. 이 음모는 三浦가 소속하고 있는 일본의 무슨 당(일본 이름을 말함)에서 비롯하였소. 그곳에서 이 일을 해치워야 되며 민비는 제거하여야 된다고 결정이 내린 것이오. 三浦는 이 목적으로 여기에 보내진 것이요. 三浦가 생각할 수 있었던 이용인물은 대원군 밖에 없었소. 그런데 다리를 놓을 사람이 필요했소. 그렇기 때문에 유길준, 김홍집, 장박(張博)의 도움을 요하였던 것이요. 음모자 중에서 장박이 가장 분명하게 나타나는데, 그것은 장이 연락책이기 때문에 사람의 눈에 띄었기 때문이요. 조선인 측의 진정한 음모자는 유길준과 김홍집이지요. 그들의 도구가 나중에 조희연 및 기타인이었지요. 저들은 타인에 상담하기 전에 자기들끼리 많은 토론을 가졌지요. 이런 성격을 잘 아는 三浦는 장인(壯人)들과 기타인을 보낸 상부의 지시대로 장인들을 직접 사용한 것이오. 사실은 유길준과 김홍집의 손발에 지나지 않았는데, 주모자로 크게 알려진 데 대하여 조와 권은 매우 불쾌하게 생각하였지요. 그러므로 앙심이 깊고 당한 것을 잊지 않는 조는 김과 조(말한 대로)를 죽인다고 선포했지요. 군부에 있어서의 조의 영향은 그가 군부대신직을 떠난 후 더 커졌고 그의 위협을 실행할 힘을 가졌지요. 그러나 거사하기 전에 국왕에게 사실을 설명하고 자기에게만 씌워진 오명을 벗겨 주도록 국왕에 대한 충성을 보여 거사의 재가를 얻으려 한 것이지요. 그러나 국왕은 너무 삼엄하게 호위되고 있어 접근할 수 없었지요. 그래서 그는 어쨌든 죽여 버린다고 선포하는 것입니다. 그는 다시 각료로 임명될 것입니다.

---

35) Allen: Memorandum of Matter related to H.N. Allen, by a Cabinet Minister, De. 13, 1895, "Confidentially," 國立文書館藏, Miscellaneous Paper of the U.S. Consulate and Legation at Seoul, Korea. Sill Series, 1895.

어떻게 각료가 되어서 같은 각료를 죽여 자기를 업수이 여길 수 있겠는가 하여
서입니다. 당신은 어떻게 생각하오? 나는 모르겠소. 어떻하면 재임명되기 전에
죽어버릴 수도 있지 않습니까?

장면. 1895년 12월 13일. H.N. Allen 씀

을미사변 직후 10월 11일경 알렌은 서광범도 민비시해의 일당이 아닌가
의심하고 그가 작업중이었던 『조선에 적절한 정부를 재건하는 방책』이라
는 메모에서 '서광범은 공범자일 수 있으니 법무대신 자리를 박탈'이라고
썼다가 또 '상기 모의자는 모두 철직시키지만 서광범은 그대로 법무대신'
이라고 썼다가, 또 서는 법무대신 이완용 수하의 협판직으로 각료명단을
작성하여 보기도 했다.[36]

3. 주미공사로서의 서광범

1896년 1월 14일 『중앙신문(中央新聞)』은 '온후박식(溫厚博識)한 서광범
은 서기관 박승봉(朴勝鳳)과 같이 31일 인천을 출항한 현해환(玄海丸)으로
도미의 길에 올랐다'고 보도하였고, 1월 25일 요코하마(橫濱) 출발(出
發)(Japan Weekly Mail 2월 1일), 2월 7일 상항(桑港) 도착(San Francisco
Chronicle), 15일 저녁 워싱톤시에 도착(Washington Post), 19일 대통령에 임
명장을 제출하였다. 박승봉은 서광범 친모의 남동생 박희양(朴熹陽)의 차
남으로(1870~1905)[37] 법부를 관장하고 있을 때는 법부, 학부를 맡고 있을
때는 학부에서 일하고[38] 미국 갈 때 따라나섰다.[39] 서와 박은 워싱톤시 도

---

[36] "A Scheme for restoring a proper government to Korea" 11枚의 원고는 주 35)의 資料檔에 섞여
있다.

[37] 族譜관계는 하버드대학의 와그너 教授의 도움을 받았다.

[38] 12月 2日자 『官報』를 보면 朴勝鳳은 學部 參書官 兼任 成均館長이 되었다.

착 직전에 소위 '아관파천'과 김홍집의 피살 소식에 접하여 매우 착잡한 가운데 있었을 것이다. 그리하여 겨우 자리가 잡혀질 무렵, 즉 공사로 취임한 지 석 달과 3일 만에 그는 중추원일등의관(一等議官)으로 발령되고 주미공사로서 이범진이 부임하게 되는 것이다(6월 22일 관보 호외). 이 넉 달 사이에 서공사가 할 수 있었던 외교활동은 거의 없었다.[40] 그러나 재일유학생 집단도미사건이 벌어져 서공사 사망 후에까지 화제를 제공하였다.

일본신문『요로즈조보(朝報)』1896년 3월 1일의 지면에 다음과 같은 기사가 났다.

慶應義塾에서 수학중이던 조선학생 林炳龜(19)·李範壽(24)·金憲植(27)·安禎植(27)·呂炳鉉(26)·李廈榮(29)의 6명은 去月 27일에서 翌 28일 사이에 동교 기숙사를 음밀히 빠져나왔는 바 이들은 미국도항을 도모하여 재일본조선인친목회의 會金 7, 80圓과 은행예금 400여 圓도 拐帶하였다고. 〈中略〉 朴義氣란 者도 成城學校에서 도주하여 행방불명인바 아마 7명 모두 복장을 바꾸어 외국에 도항한 것 같다.

또 동년 4월 17일『시사신보(時事新報)』를 보면,

지난 이월 慶應義塾을 도망하여 미국에 도항한 유학생 6명은 밴쿠바에 도착하여 비상히 곤난한 처지에 있다고 한다. (중략) 6명은 작년 7월 중 同國에서 일본에 도항하여 금번 조선정부의 유학생으로 미국 워싱톤시에 가는 자들로서 두발을 자르고 양복을 입고 在日同國公使로부터 재미공사 서광범에게 보내는 편지를 소지하고 (중략), 본월 11일 당 밴쿠버시에 도착하였다. 일본출발시 東京同國公使로부터 일본 돈 銀五百圓을 받았다는 것이나 橫濱에서 當港까지 下

---

39) 『官報』211號(12월 27일) 依願免學部 參書官兼成均館長이라 하였으며, 다음날 駐美國三等書記官으로 발령이 났다(『官報』212號).

40) 國務省에서 徐 公使에 照會한 것이 3件(朴勝鳳就任通知接受之件, 駐美公館運營金倒着通告, 財政省小包轉交之件)에 불과했다.

等料金 일인분 五十圓식 그리고 필요한 비용을 지불하여 當港 도착시에는 이미 각자 무일푼이 되어버리고 더욱이 6인 모두 영어를 不解하고 단지 다소의 일어를 解함으로 當港 일본여관의 濱村仲藏에게서 止宿하고 있지만, 同旅館에 지불할 식료(매일 일인분 美金 오십전)는 물론 워싱톤시까지의 여비도 없어 심한 곤경에 있는 모양으로 때때로 當地 일본영사관에 출두하여 隣國의 交誼로 상응의 구조보호를 구하고 있어 (중략) 同領事는 右의 사정을 미국주재 서공사에 통지하여 지급 상당한 처치 있을 것을 栗野公使에게 보고하고 (중략) 右 6명도 이미 서공사앞으로 私信을 보내고 여비와 當港 체재비로서 일인당 美金 90불식 지급송부하여 줄 것을 신청하였다 한다.

전인(前引) Smith논문은 서공사가 이들 6인을 위하여 개인의 생활비까지 희생하며 돕다가 Howard대학에서 공부할 수 있게 만들었고, 일년 후 그가 영국여왕 즉위 60주년 기념식에 참석하였을 때, 영국 Hanley대학과 교섭하여 이들 중 진보가 많은 4인을 유학시켰다는 것이다. 『1896년도 하워드대학연례보고서』는 이들 6인과 하란사(河蘭史)로 지목되는 여인과 여교사와 같이 찍은 사진을 실었고 '한푼없는 Corean 7명이 본 대학에 들어와 도움을 청하여 직접 간접으로 도왔다'고 적혔는데 1896년에서 1897년까지의 학생 명단에는 사범과 특별학생으로 안정식(安禎植)과 김헌식(金憲植)의 이름만 있을 뿐이다.[41]

---

41) *Catalogue of the Officers and Students of Howard University*, Washington, D.C., March 1896 to March 1897(Howard U. 1897), 이상 兩人의 이름은 또 音樂科學生名單에도 보인다. 1898~1899년도 大學要覽에는 이상 양인과 金淵晶, 徐道熙, 송영택, 강응태가 師範科 학생으로 나온다. *The Congregationalist*(Oct 1, 1896) 485면을 보면 하워드大學敎授 Foster氏는 '故徐光範氏가 하워드大에 이들을 입학시키고 大學은 宿所와 敎育을 提供했고 慈善家夫人들이 생활비를 댔다'는 취지의 말을 하였고 이들에 대한 원조금을 呼訴하고 있으니 徐氏가 사망하였을 때는 이들 학생들은 모두 워싱톤에 있었을 가능성이 많다. 또 徐 公使가 英國에 閔泳煥使節의 一員으로 가지도 않았을 가능성이 많다. 워싱톤의 신문들은 처음에는 徐 前公使가 正使로 간다고 떠들다가 나중에는 사절의 一員으로 참석하고 돌아왔다고들 보도했다. 그런데 閔使節 一行이 뉴욕을 떠날 때, 徐 公使가 부두까지 전송나갔었는데(『閔忠正公遺稿』), 이때 徐·閔 양인 사이에 어떤 密談이 있었고(같이 渡英하자느니, 歸國하지 말고 美國에 와서 나와 같이 觀望하자 따위) 왜 귀국 안하고 미국에 머물고 있는가에 대한 주위의 눈초리를 意識하여 徐는 뉴스메디아의 親舊들에게 英國女王卽位 60주년 기념식의 韓國正使로 간다고 선전하였

서공사는 이들 학생의 구제를 위하여 공사관의 공금을 사용하였기 때문
에 차기공사 이범진의 공격이 있었으나, 한편 그의 공적으로 간주된 것이
다. 서공묘표(徐公墓表)에 "命駐劄時 有本國學生十餘人 自日本轉至者 公
憫其失學流離 捐奉銀貳千元以爲資學 美人亦無不感歎 至今傳爲美談"이라
한 것이 이러한 시각에서 본 대표적 예이다.

4. 이범진(李範晉)이 주미공사로 밀려난 이유

이범진(1853~1911)과 서광범(1859~1897)은 여러 면에서 매우 대조적 일
생을 가졌고, 출생하면서 적수가 될 운명에 있었다고 하여도 과언이 아니
다. 서공사가 명문거족의 '순혈' 귀공자인 반면, 이공사는 무장(武將) 이경
하(李景夏)의 서자(庶子)였다고 하며, 황현(黃玹)의 『매천야록(梅泉野錄)』
은 그의 폭리적(暴吏的) 일면과 시정소민(市井小民)의 방패노릇하는 의협
호걸적(義俠豪傑的) 면모를 동시에 소개한 바도 있다.[42] 갑신정변 때 그는
민비를 업고 노원(蘆原)에 출피(出避)하였다고 하며 민비는 이범진을 "吾

고 어떤 지방에서 조용히 지내다가 워싱톤에 돌아와 사망한 것이 아닌가도 생각하여 본다.
왜 그러냐하면 『使歐讀草』에 徐光範이 런던에 나타났다는 대목이 없으며, 1897년의 뉴욕港
入港乘客簿에[國立公文書館藏] 그의 이름이 없기 때문이다[알파벳順으로 姓氏가 배열되어
있어 찾기 便하다. 물론 보스톤으로 또는 다른 港口로 歸美可能性을 배제할 수는 없으나
일반적으로 가장 빠르고 出入數가 많고 가격이 싼 것이 뉴욕港 경유이다. 閔泳煥은 영국에
서 귀국하지 않고 미국에 들어 徐光範과 어울렸고 徐光範의 病床을 자주 문병하였고 그가
죽은 후 워싱톤에 눌러앉아 1335 12th NW에 住居를 정하였다(1898년도 워싱톤住所錄 MIN,
PRINCE, Y.W 條). 그래서 朝廷에서는 그를 免官한 바 있었다. 왜 閔公이 미국에 눌러앉았던
가? 여기에 徐 前公使의 內外 情勢分析의 영향이 있었지 않았나 한다.

42) 範晉者景夏庶子也 景夏爲晉州兵使 畜一妓而生 故名範晉 範晉矯勇超橋屋 浪湯無賴 …甲午
之變 方直闕中 負中宮 出避于蘆原. …其在順天也 騍群妓爲風馬之戲 刑富民不棍不笞 但枷
之 拱立于庭 膝少屈則祗亂筆之 立數日無不脚腫乞死 非蕩其産 不得釋. …及李範晉爲內殿別
入侍也…中宮屬泳詔 泳駿等曰, 李範晉吾甚愛之 汝曺勿苟拘 可相用也 然範晉瑟縮 竟不敢
朋…是時閔泳柱號'亡亂'者十數年 凡坊曲賣餠賣漿者 稍貯幾貫錢 無不被其掠奪 夜輒率其從
圍獎湯店大歠數十椀 不給一文而去 如是幾度店必破 範晉聞而唾曰 醜哉 雛盜耳吾必有以制
之…範晉大喝曰 汝識範甫否 抽燒曲不追扑之 泳柱窘急 呼爺乞命 縱之去 自是不敢數出

甚愛之汝曹勿荷拘"라고 제민(諸閔)들께 당부하였다는 황현의 기술이 있어 민비피살 후 그의 분노와 복수의욕의 원천을 엿보게 한다. 그와 민비와의 상호경애감 또는 platonic love는 있었으면 극히 자연스러웠을 것으로 춘생문사변(春生門事變)이 일어났을 때─일본 신문은 그 사건의 주모자는 민비의 3정부(三情夫)의 1인인 이범진이라고 비방한 것으로서 엿볼 수 있을지 모른다(『中央新聞』 1895년 12월 3일 제2면).

을미왜변(乙未倭變)에 이은 을미아변(乙未俄變)이 국왕의 자발의사에서 일어난 것인지(스페이어 露公使는 2월 2일 고종이 이범진을 통하여 俄館에 播遷할 의사를 표명할 때까지 공사관 제공을 꿈에도 생각하지 못했다고 공식보고에서 말한다), 이범진의 공작이 주요원인인지 (황현은 其實李範晉潛謀連絡也), 또는 소련 연구자 니카민이나 미국연구자 렌센이 생각하는 것처럼 웨버나 스페이어가 고종을 꾀였던 것인지 보는 각도에 따라 달리 해석할 수 있겠지만,[43] 한국인측의 가담자 중에서는 이범진이 거사의 견인차요 중심인물임은 당시의 일본 공문서나 신문을 보아서 틀리지 않을 것이다.[44] 법무대신 겸 경무사가 된 이범진은 권재형(權在衡)으로 하여금 민비살해사건의 진범 관계를 밝히게 하고 12월 29일에 동대문 내 구좌포도청(舊左捕盜廳)에서 교형(絞刑)당한 박선(朴銑)·이주회(李周會)·윤석우(尹錫禹)의 억울한 죽음을 평반(平反)하고 장박(張博)·유길준(俞吉濬)·김홍집(金弘集) 등의 추악한 면을 만천하에 폭로하였다. 이것이야말로 그가 주도한 을미아변(乙未俄變)에서의 가장 긍정적 사적이 되었다.[45]

이범진의 정력적인 행동에 당황한 일본은 이범진 거세계획을 다각도로

---

43) Lensen, 前揭書, 580~589쪽에 자세한 討論이 있다.

44) 일본 외무성 편, 『日本外交文書』 제29권, 일본국제연합협회, 1954, 692~693쪽, 小村 公使부터 西園寺 外務大臣에 「新露派李範晉等의 陰謀에 대한 報告의 件」(2월 17일 발). 『中央新聞』, 3月 12日發 『韓山近信』(3月 22日자), 『時事新報』 3월 27일 社說 참조.

45) 權在衡法部協辨의 조사보고서는 1896년 3월의 Korean Repository에 英譯되었고 다시 서울, Trilingual Press에서 單行本으로 찍어 해외에 널리 뿌려졌다.

추진하였는데, 내각각료들의 내홍(內訌)과 반이(反李) 감정을 조장하는 동시에 다음 3개 조목을 노국(露國)측과 협상하도록 시달하였다.[46] 즉,

1. 일본정부는 조선국왕의 안전을 보장하니 환궁 종용을 노국에 설득할 것.
2. 조선의 신정부는 관대 온화한 인사로 조직할 것.
3. 민비시해사건 관련자에 잔인한 보복형벌을 가하지 말 것.

제2, 제3은 이범진을 주대상으로 한 것임은 명약관화한 것이었다. 노국은 영·미의 움직임을 주시하면서 여기서 협상하는 것이 현명하다고 판단, 곧 2·3조목을 받아들였다. 이것은 곧 신문보도에도 반영되어 갔다.

李範晉 不安定한 位置에 놓여 辭表 제출예정 (朝野新聞 3/17),

李充用·李完用 兄弟와의 對立, 日·露 兩公使의 會合, 閣外有志의 運動이 合하여 李로 하여금 자리를 떠나게 할 趨勢 (同 3/31),

李範晉 駐露公使되고 싶어함 (時事 4/1),

다음 內閣의 入閣할 만한 人士 : 金允植·徐光範·趙義淵·朴泳孝·俞吉濬·徐載弼·尹致昊·權瀯鎭·張博·李采淵 (時事 4/1),

八方醜夫 만화 (時事 4/8),

排李範晉熱 逐日如熾 (時事 4/11) 등등

이상에 인용한 4월 초순까지의 일본신문만 보아도 사면초가의 경지에 들어간 이범진의 곤경을 짐작할 것이다. 드디어 6월 21일 주미공사로 발령되는데, 『중앙신문(中央新聞)』 6월 27일은 한성통신원(漢城通信員) 추측을 다음과 같이 기록하고 있다.

생각건대 美國駐劄公使는 그가 露國公使에게서 받은 遁身法이며 또한 그 자

---

46) 일본 외무성 편, 『日本外交文書』 제29卷, 文書番號 410, 일본국제연합협회, 1954, 743쪽. (2월 25일 발).

신이 구하고 얻은 것이 아닐까 한다. (중략) 미국공사도 친히 이해를 설명하여 이범진을 납득시키고 (중략) 이범진을 미국공사로 보내는 것은 그의 경성에 있어서의 세력을 빼앗는 이익과 현임 미국공사인 서광범을 招還하는 이익이 있다고도 한다.[47]

미국공사 Sill은 국무성에 올린 이범진 주미공사 발령보고 뒤에 '나는 이 정부가 미국에 오래 살고 있던 서씨의 경험에서 이득을 취하기를 원하고 있는 것으로 이해합니다'라고 적었는데,[48] 서 공사는 러일 간에 약속된 온화한 인물을 등용한다는 원칙에 적합한 인물로 미국공사도 친미파인 그가 내각에 들어 있으면 여러모로 편리하다고 생각한 것이 아닐까 한다. 요는 이범진의 주미공사 발령도 서광범의 갑작스러운 소환도 모두 주한 외국세력이 결정한 것이 아닌가 한다.

5. 워싱턴시에서의 이범진과 서광범

이범진은 김홍집과 장사 또는 일인 낭인에 암살될까 두려워 몹시 신경을 쓴 것으로 보도되었다.[49] 7월 16일 인천 착(着) 서상거(徐相渠)댁에 투숙, 새벽 3시에 불함(佛艦) 〈바이야아르〉호에 승선, 17일 오후 3시경 상해로 직항하였다고 한다. 9월 9일 이범진은 부인 박씨와 차자 위종(緯鍾), 서기관 이의담, 수행원 이개석과 더불어 워싱톤시에 도착하였는바, 서광범은 9월 10일 박승봉 서기관, Jennings(서씨가 전임명령을 받은 뒤 공사관에 attaché란 직함을 주고 채용했다)는 그대로 남는다고 국무성에 알렸고,[50]

---

47) 『李範晉轉任의 原因과 韓庭의 前途』(6월 21일).

48) Diplomatic Series No.224(6/23/96) Despatches from United States Ministers to Korea, 1883~1905 (M134 No.34).

49) 『中央新聞』, 1896년 7월 28일, 7월 15일 參照.

이어 9월 15일 며칠 안으로 귀국한다고 마지막 작별인사를 국무성에 띠웠
다. 그러나 그는 귀국하지 않고 그곳에 눌러앉아 관망하다가 귀국을 포기
하고 집을 한 채 사들였다.[51] 그의 집은 곧 워싱톤 재류(駐留) 한국 유학생
들의 집합담론장으로 化하여 이공사로서는 몹시 재미가 없었을 것이었다.
서재필은 귀국하지 않은 이유로

　불행히 팔월변이 났으며 정부가 변혁이 되어 새 정부에 서씨가 있기가 위태
하게 되었는지라 거기서 서씨가 다시 쫓겨나 주미공사로 다시 미국에 가 있다
가 몇 달 못되어 다시 공사는 갈리고 중추원 일등의관이 되었으나 정부에서 공
사 갈린 후에 회환할 노자도 보내주지 아니한 고로 미국에 막혀 있어 다시 정
부에서 부르는 날을 기다리고 있더니 십년 미국서 고생할 때에 얻은 폐병이 다
시 성하여 금년 팔월 십사일에 만리타국에서 친척도 없고 처자도 없고 돈도 없
이 죽었으니 그 사람이 나라를 위하여 애쓴 것과 백성을 위하여 한 사업과 이
렇게 불쌍히 죽은 정상을 생각하면 흙으로 만든 사람의 눈에도 눈물이 날지라
(現代文으로 고침)

하였지만[52] 죽은 후에 3,000불 상당의 공채도 가진 것이 알려져 귀국을 주
저한 것은 돈 문제가 아니었던 것으로 생각된다. 오히려 악화되는 폐병과
미국에 보낸지 몇 달만에 소환하여야 되는 정부의 불안정, 을미왜변을 통
하여 본 일본의 흉계와 그 주구들의 작태를 똑똑히 본 이상 서둘러 귀국할
이유가 없었을 것이다. 혹시는 주조선미국 공사관에서까지도 자기를 이용
하려 하였다고 감지하고, 불쾌하게 생각하였는지 모른다. 선유대원(宣諭大
員) 최익현(崔益鉉)같은 사람은 서 공사 부임 후 '彼倭賊 不思鄰誼 先焉以

---

50) Notes From the Korean Legation in the United States to the Department of State, 1883~1906, (M166).

51) 필자가 Office of Recorder of Deeds of D.C. Government에서 열람한 바에 의하면 우선 3,500
　弗 선불하고 1897년 3월 20일 계약을 성립시켰다. 집은 西北區 14가 2819번지로 白堊館에서
　북쪽으로 걸어서 약 35분 하워드大學에서 서쪽으로 약 10분 거리에 위치하고 있었다.

52) 『독립신문』, 1897년 9월 7일, 106호. 「전 주미전권공사 서광범씨의 행적」.

泳孝, 光範 後焉以義淵, 吉濬 皆莫不協謀同逆 李成累年之變'[53]이라고 탄핵
하였지만 귀국하면 이런 형의 적개심도 문제가 되었을 것이다. 구라파 여
행에서 돌아오자 돈이 떨어진 유학생 5명과 의친왕이 그의 집에 매일같이
모여 들었다 한다(Smith). 8월 7일 무더운 여름 저녁에 서광범은 '격렬한 자
전거 운동'이 병세를 악화시켜 불길하다는 날인 13일 금요일 오후 4시에
사망하였다.[54] 사망증명서에는 직접 사인은 '객혈 뒤의 쇠약'이라고 적혀
있다.[55] 그의 사망기사는 미국 내 주요 신문들이 모두 실었으며, 그의 경
력도 소개하였다. 장례는 그의 유언을 따라 신지학회장으로 화장했으며,
장례식에는 신지학회 인사들과 민영환·의친왕·박승봉·서병규·유학생
몇 명이 참석하였고, 관 위에는 미국 국기, 고(故) 서공사의 예복 그리고
박승봉과 민영환이 보낸 2개의 백홍색 장미꽃 십자가가 놓여졌으며 화씨
2,500도의 노중(爐中)에서 두 시간 태운 뒤 몇 줌의 재가 되어 나왔다고 보
도되었다.[56] 『워싱톤 포스트』지는 또 유골이 고국에 보내어지면 성대한
장례식과 많은 경비가 소모되므로 서씨는 고국에 보내지는 것을 원치 않
았다고 적고 있으며 장례식에 출석 예정이었던 이 공사는 '신체가 불편하
여' 출석을 중지하였다고 전했다.

이 공사는 곧 미국 동북단의 메인주 해변에 휴양하러 떠났고, 귀환 후
왜 장례식에 참석하지 않았는가의 기자 질문에 고 서 공사는 법부대신으
로 민비폐비에 서명한 연고이었고, 서 공사 같은 고관이 지위에 상응한 장
례식을 고국에서 가지지 못하고 불교식으로 하는 데 실망하였다고 덧붙였
다.[57] 한편 워싱톤 거주 유학생들은 이 공사 소환운동을 벌였다. 이유는

---

53) 『高宗實錄』 卷34, 建陽元年 2月 15日.

54) *Washington Evening Star* 1897년 8월 14일.

55) 필자는 그의 死亡 證明書를 워싱톤市 Dept. of Human Resources, Vital Record Section에서 複
寫할 수 있었다.

56) 자세한 장례식 기사는 8월 16일 *Washington Post*, *Washington Times*, 8월 16일 기사를 參照.

57) *Washington Post*, 8월 24일, *New York Times*, 同日자 參照.

공사이면서 전 공사의 장례식에 참가 안 할 뿐만 아니라 공사관원의 참석
도 금하였으며 태극기를 빌려 주지 않아 미국국기만 관 위에 덮여졌다는
것이다. 또 양복도 입지 않고 단발도 하지 않는 점에 대하여 매우 못마땅
하게 여겼다고 보도되었다.[58]

한편 8월 17일 박승봉 서기관은 법원에 서광범 임종구두유언을 제출하
였는데, 이에 따르면 서 공사는 가옥과 부수되는 일절 재산을 인척인 박씨
에게 넘긴다는 것이며 증인으로서 서병규, 이의담, Sung K. Seen, 그리고
미국퇴역군인 Whitman이란 사람이 서명하였다.[59] 신문은 보도하기를 구
두유언으로는 가옥은 이양될 수 없으며 삼천불 상당의 채권이 가옥 내에
있으면 박씨의 소유가 되고 가옥 외에 저장되어 있다면 서씨부인에게 간
다는 것이며 가옥은 서씨부인이 물려받을 자격이 있고 그가 사망한 경우
조씨부인(趙韓國)과 이씨부인(李義鳳)이 상속할 자격이 있다. 단 이 부인
들은 한국 내에 살고 법적으로 법정에 가서 선서할 수 없으므로 누가 이
가옥을 소유하게 될지 흥밋거리라고 하였다.[60] 서씨의 미국 친구들은 국
회의원들을 동원하여 서광범 씨 미망인을 위하여 특별히 입법하여 가옥을
상속할 수 있도록 운동하였다. 그 결과 이 입법안(S.2764호)은 상원을 통과
하고 하원도 통과하고(1898년 2월 14일) 3월 18일 법으로 확정되어, 대통령
의 재가를 얻었다.

그런데 이 과정에서 이 공사가 방해하여 나섰다. 이 공사가 1898년 1월
25일에 국무성에 보낸 편지에 의하면 공사관 운영비에서 지출된 4,500불로

---

58) 同上 또 *New York Tribune* 1897년 10월 2일 pt 3는 一面의 거의 반을 徐 公使 찬양기사를
    게재하고 李範晉 攻擊記事를 화려하게 편집하였다. 李範晉 公使의 복장에 관하여는 가끔
    新聞記事化가 되었는데 初期는 韓裝이다가 洋裝으로 차츰 바꾸어졌으며(*New York Tribune*
    1900년 2월 4일) Roanoke 大學 前總長 Dreher 氏의 기억에 의하면 1899년 1월 그가 李 公使
    에게 호텔에서 저녁식사를 초대받았을 때 食事中 李 公使의 갓이 계속하여 기울어지기 때
    문에 크게 고생하더라는 것이었다(*Boston Glove*, 1904. 3. 26, "Korean in America").
59) 필자는 워싱톤市 高等法院에서 이 遺言狀이라는 것을 찾아냈다. 이 複寫文은 Pang 前揭論
    文에 資料로서 소개하였다.
60) 각주 57) 참조.

고 서공사가 가옥을 구입했을 것이니, 그 가옥을 팔면 공사관에 돌려달라는 내용이었다. 여기에 대하여 군부주사 서광식(徐光軾)은 외부대신에게 청원서를 제출하였으니 서 공사는 어찌할 수 없는 처지에 빠진 유학생들을 구해내기 위하여 사용목적은 공사관 장부에 분명히 적고 긴급 사용했으며 정부에 거듭 비용을 신청했지만 오지 않았다는 내용이었다. 여기에 서재필, Allen 공사가 끼어들어 노력한 결과 서광범 미망인은 1899년 11월 25일 일화(日貨) 2,656.26원(약 1,300불)을 Allen 공사에게서 받아냈다.[61]

6. 이범진 공사의 전임(轉任)과 사망

이 공사는 자의반타의반으로 외국에 밀려난 월급받는 유배인이었다. 일본이 한국에서 세력을 유지하고 있는 한, 그의 귀국은 무망(無望)이었다. 그가 4년 동안 워싱톤에 주재하고 있으면서 노력한 것은 유학생을 돕는 대신, 인삼행상을 많이 도왔다는 인상이 짙다. 우리는 이공사가 국무성과의 통신문 중에서 인삼행상의 항의를 접하고 또는 인삼상 피살의 보고에 접할 때 강력히 거듭 국무성에 항의나 조사를 요구한 것을 발견한다.

1900년 3월 이범진은 공사관 서기관으로 있던 그의 장자 기종(璣鐘)과 위종(瑋鐘), 부인 박씨와 같이 주로(駐露) 겸 주불(駐佛)·주오(駐墺) 전권공사로 전임했다. 『매천야록』에 '自美而俄 全家隨往 十年不歸國'(307쪽)이라 하였지만, 부인과 기종은 입국왕래(入國往來)하였다. 『황성신문』 1901년 11월 11일에 '주아공사(駐俄公使) 이범진의 부인 아경(俄京)에 전왕차(前往次)로 작일 한성을 발하고 이기동(李基東)씨가 전송함'이라는 기사가 있고,

---

61) 徐光範遺産關係文書로는 고려대학교 아시아문제연구소, 1967, 『舊韓國外交文書』第11卷, 고려대학교 출판국, 487~494쪽, 676~678쪽. 뉴욕市立圖書館 Frazar 文書中 徐載弼, Allen과의 交信. 國務省 文書 Notes from the Korean Legation in the United States to the Dept. of State, 1883~1906, 李公使 來信관계 참조.

이기종(李璣鐘)은 처음 프랑스에서 공부하면서 공사관 삼등 참서기직에 있다가 광무 6년 포공국장(砲工局長), 다음 해 중추원의관(中樞院議官)으로 있으며 고종의 총(寵)을 받았다. 해아특사사건(海牙特使事件)이 일어나자 일헌병대에서 가혹한 고문을 받고 폐인이 되었다가 정신이상으로 노방(路傍)에서 객사하였다고도 한다.[62]

러일전쟁에서의 이공사의 역할·활동 등에 관하여는 당시의 노국신문에 자세할 것으로 생각되며 해아특사사건 때에도 배후에서 역할을 담당하였을 것으로 추측되며, 이위종은 사실상 모든 회의·기자회견에서 주역과 간판 구실을 하였다.[63] 1910년 일본이 한국을 합병한 몇 달 후인 1911년 1월 26일 이범진 공사는 노국 수도 St. Petersburg 교외의 초라한 사무실 겸 숙소에서 시체로 발견되었다. London Times지는 '전 주러 전권공사 이범진 씨는 그의 주소에서 목매어 죽은 시체로 발견되었다. 전 한국황제에 보내는 서한과 자신의 장례를 위한 2,500루블(250파운드)을 남겨놓았다'(1911년 1월 27일 제7면)하였고, Washington Post지는 '노제(露帝)와 한제(韓帝)에 보내는 서간들과 자신의 장례비용을 남겼다'(1911. 1. 27). 또 일본 척식국 문서는 '모스코바에는 고 이범진(주로 한국공사로 병합에 분개하여 자살한 자)의 아들 이위종이 있어 선인 측의 대표적 인물로서 활동하고 있는데, 일설에는 이위종은 과격파 군선인부대(軍鮮人部隊)의 사령관으로 기 부하 약사천인 선병(鮮兵)을 이끌고 이르크츠크 이서(以西) 각지에서 활동한다고 한다'[64]고 적은 것을 보면 분개자살인데, 『뉴욕 타임즈』지와 『뉴욕 트

---

62) 이강훈 편, 『獨立運動大事典』, 대한민국광복회, 1985, 370쪽.

63) 李瑋鍾은 父親이 駐美公使時節에 Janson de Lailly 學院을 다녔고, 다음 파리의 ST. Cyr 軍事學校를 다니고 海牙에서는 불어를 유창하게 구사하여 연설하였다 한다. 歐美新聞은 그를 李王子(prince)로 호칭하였고 三人中의 대표로 취급하였다. 宗敎는 러시아正敎會, 露西亞 夫人 사이에 一女가 있었고 海牙事件 때 23세였다. "A Plea for Korea" (by Ye We Chong), *Independent*, No.3064 Aug.22, 1907에 저자 紹介와 *New York Times*, August 7, 1907 제3면 참조.

64) 大正九年 五月 在浦潮 菊地義郎, 「鮮人의 行動에 關한 件」報告 ; 『現代史資料』 27, 『朝鮮』 3, 1970, 290쪽.

리분』지 1911년 1월 27일의 기사들을 보면 자살로 단정되기 전까지 우여곡절이 있었다. 『트리분』지는 '이범진의 사망은 수수께끼. St. Petersburg의 경찰은 전 한국공사가 피살된 것으로 간주'라는 제하에 다음과 같은 기사를 실었다.

聖彼得堡 교외의 셋방에서 교살시체로 발견된 전 주러 한국공사 이범진공의 사망에는 많은 풀리지 않은 수수께끼가 남아 있다. 처음에는 자살로 간주됐다. 탁자 위에서 한국과 노국 황제에 드리는 사망자의 편지와 그가 자살하는 이유를 적은 편지도 놓여 있었다. 경찰은 그가 먼저 피살되고 다음에 발견됐을 때와 같은 위치로 옮겨졌다고 의심하고 있다. 고인의 비서가 잠겨진 방에서 총성을 듣고 경찰을 불러들였다. 문을 열고 보니 시체는 천정의 고리에 걸린 밧줄에 목매어져 있었으며 한손에는 권총을 쥐고 있었다. 벽에서 세 군데의 탄흔을 발견하였는데 검시 결과 척추골 1처가 골절되고 있었다. 블라디보스톡시까지 시체운반하는 장의사비용의 영수증이 전 공사의 몸에서 발견되었고 장의사 측에서는 며칠전 일인(一人)의 자칭 일본왕족이 돈을 주고 갔다고 했다. 자살의 이유를 설명한다는 편지가 영어로 적혔는데 고인은 영어를 몰랐다. 고인은 나라의 치욕과 독립의 상실을 더 이상 참을 수 없었다고 편지에 설명했다. 이공은 황제의 사촌벌이며 지난 몇해동안 조그마한 셋방에서 곤궁 속에서 살아왔었다. 가구는 몇 개의 의자와 탁자 하나에 휴대용 침대 하나뿐이었다. 고인의 비서는 구속되었고 가능한 한 사인을 규명하려고 명일 시체해부가 있을 예정이다.

『뉴욕타임즈』지에서도 대동소이한 기사가 제일면에 크게 났으나 피설설을 뒷받침할 후속기사는 보이지 않는다.

『아버님 추정(秋汀) 이갑(李甲)』에 의하면 이공 자살 1일 전 회견하였을 때 안중근(安重根)·민긍호(閔肯鎬) 유가족·미주국민회·신한민보·하와이의 신한민보에게 남은 재산을 희사하는데 합의하였다고 적고 있는데[65]

---

[65] 李正熙, 『아버님 秋汀 李甲』, 人物研究所, 1981.

『신한민보』 동년 6월 7일에 다음과 같은 그의 증송(贈送) 취지문이 적혀
있다.

> 謹頌大安
> 陽一月二十日 罪弟 李範晉頓
> 俄貨六千元換票付送依後錄均分如下∶
> 一. 二千元 貴新報社以開同胞耳目 益進中與報讐之策事
> 二. 二千元 大同會總社付送以助同胞周急哀慶事
> 三. 桑港在 俄國小學校教育小兒二十年內可雪復讐 方遺在僉同胞用力之勤注
>   事 今番所來 貴報中 僉學童能唱愛國槿歌云 聞不勝勯聲萬倘耳

이상의 친필 증문(贈文)에 의하면 러시아화(俄貨) 6천 원, 즉 미화(美貨)
3천 불을 미주동포를 위하여 남겼는데, 1천 불은『신한민보』에 주어 더욱
위국복수지선전(爲國復讐之宣傳)에 쓰게 하고, 1천 불은 동포간의 구제경
조사(救濟慶吊事)에 쓰게 하고, 1천 불은 20년 후에는 위국복수(爲國復讐)
의 일꾼이 될 수 있는 소학교 아동들의 교육비에 보태어 써달라고 하였다.
더욱이 신문보도에 소학생들이 애국무궁화 노래를 부를 줄 안다고 하니
몹시 기쁘다고 적었다.

『신한민보』 동년 2월 15일의 기사를 보면 중국신문에서 전재한 듯[66]한
이공(李公) 사세(辭世)의 시문(詩文) 2수(二首)가 실렸는데 그 내용은 다음
과 같다.

---

[66] 인용하였을 듯한 신문은 찾지 못하였으나『資料獨立運動』제4권 下 No.511에 上海『民族報』
1911년 2월 5일. 韓國遺臣死俄記에 다음과 같은 기사가 있다.
「鄭步米(譯音) 前奉命駐使俄國 自韓被日本倂後 鄭頗不欲歸 惟俄國待遇大不如前 以故鬱鬱
不得志 竟於去臘自行終死於俄都 聖彼得堡矣 噫! 亡國人可憐」 鄭步米은 露西亞式 Chin
Pomm Yi의 音譯. Tchin-pomii의 中國式 譯音이다. "晉"은 自己 이름이고 "範"은 돌림이니 英
名의 Middle name으로 看做하는 것인데 이것은 徐光範이가 이렇게 시작한 開祖이며 그가
또 李範晉公使의 미국 부임시 國務省에 그렇게까지 通報한 후 어쩔 수 없이 이 綴名型을
따르게 된 것이다. 李公使가 죽을 때까지 徐公使의 그림자가 따라 붙은 셈이다.

國亡君失我何歸
支廈擎天事事非
萬里孤臣忠膽裂
北風淅歷雪霏霏
歐美捿遲十六年
忽看宗　破無全
國讎未報生何益
一劍劈腸亦快然

　마지막으로『신한민보』편집인 박용만이 쓴 듯한 논설「리범진씨의 죽음과 세상 사람들의 평론」을 전재한다(1911년 6월 7일).

리범진씨의 죽음과 셰샹사룸들의 평론

◎ 싱명을 츙셩으로 발이고
◎ 직산을 의리로 씀

　리범진씨는 황실지친으로 쇼년시되부터 국亽에 참예ᄒ다가 1896년 12월에 특명전권공亽로 미국에 츌쥬ᄒ야 1901년 신지 와셩톤 공亽관을 직혓고 그후에 곳 아라사공亽로 쳔쳔되여 나라가 망ᄒᄂ 날신지 태극국긔를 피득보셩즁에 보호ᄒ다가 필경에는 국권이 업셔지고 외교가 신허짐으로 분홈을 익이디 못ᄒ야 그동안 닉외국유지쟈로 서로 의론ᄒᄂ바 잇더니 맛춤닉 일은 뜻을 쌀오디안코 슯흠은 죽음을 직촉홈으로 본년 일월 이십륙일에 아라사 셔울에서 스스로 몸을 죽여 만리이역에 외로운 혼이 다시 됴션산쳔을 구경ᄒ디 못ᄒ엿더라.
　리친왕이 즈쳐ᄒ기를 결단ᄒ후에 위션 즈긔의 직산을 헤쳐 한 부분은 희삼위 동포에게 보닉여 공익샹에 쓰게 ᄒ고 또 한 부분은 미국에 잇ᄂ 동포를 위ᄒ야 신문과 공亽와 교육비에 쓰게 ᄒ엿ᄂ디 미국으로 보닌 것은 아화 6,000원이니 곳 미금으로 3,000원이러라.
　나라를 일흔 한이여 목에셔 찬바람이 불도다. 강토를 쎅앗긴 근심이여 눈에

셔 더운비가 날이도다. 오호—라 거룩한 반도와 신명한 됴션민족이 이제 토디
도 업고 나라도 업고 정부도 업고 군쥬도 업게 된 것은 오천년 됴션력사에 오
늘이 처음이라 그 슈치와 그 원통홈은 엇더케 참을길이 업스되 다만 다힝히 됴
션에 됴흔 사나희가 잇고 유조한 빅셩이 잇셔 하로아츰에 몸과 마음을 밧쳐 됴
션국가를 빗나게 회복하기를 긔약하는바—라. 아모커나 뜻을 일우디 못하야 츙
셩스러운 쟝부가 다돌아 가고 계획을 다힝디 못하야 어진군주들이 그되로 썩
으니 우리 빅셩들은 쟝츠 누구를 의지하며 어듸로 돌아가리오. 말하야한을 익
이다 못하미 차랄히 그만 두는 것이 가홀시라.

오늘날 우리가 리범진을 일흔 것은 곳 됴션에 됴흔사나희를 일흠이요 유조
한 빅셩을 일흠이요 또흔 츙셩스러운 쟝부와 어진군주를 일흔것이라. 허믈며
리공은 유신의 션진이요 외교의 거벽이라 전일에 성공한 것은 적으나 크나 엇
더하던지 오늘날 됴션빅셩을 털어노코 둘지 리범진을 골으고져하면 과연 몃사
름이나 될는지 아디못할 쏀더러 또흔 비록 됴션남아들을 몰아다노코 셋지 리
범진을 만들고져 하여도 실로 세월이 창창하도다.

사름들이 말하되 새가 쟝츠 죽음엔 그 울음이 슯흐고 사름이 쟝츠 죽음엔 그
말이 착하다 하니 만일 오늘날 엇던사름이 리범진씨를 가지고 이만치만 평론
코져하면 이는 오히려 오희하는 것이라.

대뎌 사름이 일평싱을 허비하다가 그 죽는날 당하야 말이라도 착하게 하면
오히려 가히 공경홀만 하거던 만일 말은 고샤하고 그 힝하는것까지 착하게 하
면 그 비교가 과연 엇더하뇨. 그윽히 싱각건되 리범진씨는 그 죽음이 남과 달
으고 그 힝동한 것이 남과 달은지라 대뎌 한나라의 망한한을 품고 한사름의 싱
명을 슨할 쎄에 그 죽음이 엇지 심샹한 죽음이라 하며 만금의 지산을 헤쳐 만
민의 리익을 도모홀 쎄에 그 뜻이 엇지 심샹한 것이라 하리요. 박고아 말하면
리범진씨는 뜻이 착하고 말이 착하고 힝한 것이 또흔 착하야 하늘을 올녀다 보
고 짜흘 굽어보아도 실로 붓글어움이 업는바—라. 그런고로 그이는 싱명을 발
이되 츙셩으로써 하엿고 지산을 쓰되 의리로써 하엿다홀지며 기외에 달은말은
더홀것이 없도다.

시방 사름들은 혹 말하기를 리아모도 됴션국가를 망하게 만든 사름듕에 하
나—라 하나 그러나 오늘날 당하야 만일 리범진을 죄인으로 알면 닐곱역적
과 다섯간신은 쟝츠 어느디위로 몰아야 그 죄에 합당하며 또흔 셜령 리범진으

로 ᄒ여곰 죄인이라고 명ᄒ면 우리 일반인민은 쟝ᄎ 어ᄂ디위로 ᄌ쳐ᄒ리요. 나라를 구원티 못ᄒᆫ것은 리범진이나 우리나 일반이요 나라를 망ᄒ게 ᄒᆫ것은 우리나 리범진이나 일반이니 대뎌 리공은 나라를 쩌난지가 이 믜 십여년이요 ᄂᆡ졍을 참예티못ᄒᆫ지가 거의 이십년이라. 십년 이십년을 밧게셔 보ᄂᆡ면셔 국ᄉ를 바로 잡을쟈―과연 누구며 쏘ᄒ ᄂᆡ디에잇셔 날마다 망ᄒᄂᆫ 모양을 목격ᄒ며 잇던쟈도 오히려 바로 잡기를 시험티 못ᄒ엿거던 허믈며 공ᄉ의 일홈을 빙쟈ᄒ고 외국으로 쫏겨 나간 사름의게 이것을 칙망ᄒᆷ은 더욱 합당티 못ᄒ도다.

　아모커나 리범진씨는 일쭉이 관직의 디위를 가지고 빅셩의 명망을 담부ᄒ엿던 쟈―라. 만일 리공이 참쟝부된 긔빅이이고 큰 영웅ᄀᆞᆺ흔 슈단이셔 일쭉이 일을 시험ᄒ다가 죽엇스면 국가에 다ᄒᆷ이요 인민에게 다ᄒᆷ이요 쏘ᄒ ᄌᄀᆡ에게 다ᄒᆷ이 되엿스련만은 우리의 아ᄂᆫ바와 ᄀᆞᆺ히 리공이 과연 참쟝부는 안히요 큰 영웅도 안히요 다만 한 문관이요 한 외교관이라 긔회를 기다리다가 긔회가 맛ᄎᆞᆷ ᄂᆡ 오디안코 긔회를 만들고져 ᄒ다가 ᄉ혼 셩취티 못ᄒ엿스미 그를 쟝ᄎ 엇지ᄒ리요. 그러면 우리는 차랄히 리범진씨가 오ᄂᆯ 죽ᄂᆫ 마음을 젼일에 쓰디못ᄒᆫ 것을 한ᄒ고 앗갑게 녁일법ᄒ거니와 그의가 일쭉이 죽기를 피ᄒ엿다ᄒᆷ은 불가ᄒ고 쏘ᄂᆫ 차랄히 리범진이 므슨슈단이 업셧다ᄒᆷ은 괴이타안ᄒ되 결단코 그이가 뜻이 업셧다 ᄒᆷ은 원통ᄒᆫ 평론이라 사름이 한번 목슴을 발이ᄂᆫ 것은 사름마다 아ᄂᆫ바―요 쏘ᄒ 영웅렬ᄉ들의 갑어치잇게 죽ᄂᆫ 것을 보면 다 한번 ᄒᆷ모ᄒ나 그러ᄒ나 그 죽ᄂᆫ쟈들을 보면 그것이 결단코 하로아ᄎᆷ의 싱각이 안히라 반ᄃᆞ시 일년 이년으로 ᄌᄀᆡ의 일평싱에 그 마음을 양ᄒ야 ᄂᆡ죵에 한시각으로 결단ᄒᄂᆫ 것이라 누구던지 영웅렬ᄉ되기를 원티안ᄂᆫ자―어디잇스리요만은 필경에는 그 긔빅이 약ᄒ고 심디가 약ᄒ고 쏘한 마음과 긔운을 일쭉이 양혼것이 약ᄒ야 필경에는 한 용렬흔 아희로 귀신의게 잡혀가는 것이라 이졔 리범진씨의 죽음으로 말ᄒ면 그 이가 비록 쳔금보다 즁흔 몸을 들어ᄂᆡ노아 우리의 강포ᄒᆫ원수와 칼날을 사귀디 못ᄒ고 죽은고로 혹 엇던사름이 평론ᄒᄂᆫ바―잇스나 그러ᄒ나 그이로 말믜암아 우리가 무형ᄒ리익을 밧ᄂᆫ것은 다만 하로 이틀과 너와 나 쑨안히라 곳 십년 빅년을 지나 우리의 후진들ᄭᆞ지 밋ᄂᆫ바―라. 그런고로 우리는 만일 리공을 평론코져ᄒ면 다만 그 긔빅이 약ᄒ고 슈단이 부족흔 것을 한홀쑨이요 차랄히 하ᄂᆞ님을 원망ᄒ야 리공으로 ᄒ여곰 참쟝부와 큰 영웅으로 됴션에 주시디 안흔것을 물을 짜름이로다.

원릭 사름을 은근히 평론ᄒ고 귀먹은 욕을 잘ᄒᄂ 것은 어리석은 사름의 ᄒᄂ 일이요 못싱긴 자들의 본쇠이라 남을 평론ᄒᄂ쟈를 보면 흔히 ᄌ긔ᄂ 한푼 어치 되기도 싱각디안코 나만 남다려 만량ㅅ자리 안된다고 비방ᄒᄂᄂ니 세샹에 사름이 만일 하ᄂ님과 가치 온젼ᄒᄒ쟈—잇스면 응당 허믈도업고 단쳐도 업스려 니와 이는 도무지 긔약디 못ᄒᄂ 일이니 대뎌 동셔양ㅅ긔를 들쳐노코 공ᄌ밍 ᄌ 나파륜 쎄스막ᄌᆺᄒᆫ 사름을 보아도 다 단쳐가잇고 신구약 셩경을 들쳐노코 력뎍렬왕 대벽왕 쏠로믄ᄌᆺᄒᆫ 사름을 샹고ᄒ여도 다 허믈이 잇ᄂ바—라. 그런 사름을 일평싱은 그사름의 죽ᄂ날에 판단이 나ᄂ니 만일 당시에는 영용로걸과 셩현군ᄌ의 일을 힝ᄒ다가도 죽기를 구챠히ᄒ면 다만 미믈이요 당시에는 쥬싀 잡기와 살인도적의 일을 힝하다가도 죽기를 영광스럽게 ᄒ면 곳 잘ᄂ인믈이라 [이 말은 사름다려 므슨 즛이던지 ᄒ라고 권ᄒᄂ것이 안히라 고금력ㅅ를 보면 이런일이 즁즁ᄒ고로 이계문ㅅ의 셰력을 더ᄒ기 위ᄒ야 적극뎍으로 셩현군ᄌ 와 쇼극뎍으로 살인도적을 취ᄒ야 말ᄂᄂ 것이라 낡ᄂ쟈 조실ᄒᆯ진뎨] 이제 리 범진씨로 ᄒ여곰 역적이라던지 츙신이라던지 ᄒᄂ 것은 구타여 분간ᄒᆯ 필요가 업거니와 오늘날 ᄌ긔의 싱명을 나라를 향ᄒ야 발이고 ᄌ긔의 지산을 국민을 위ᄒ야 헤친 것은 됴션빅셩된 직분을 다ᄒ 것이라 비록 젼일에 잘못ᄒ 것이 잇 슬지라도 그죄를 가히 속ᄒ겟거든 하믈며 리공이리오. 아모커나 죽은쟈를 가지 고 착ᄒ니 악ᄒ니ᄒ며 쏘 잘죽엇ᄂ니 못죽엇ᄂ니 ᄒ며 평론만 일숨ᄂ 것은 도 무지 쓸디업ᄂ 것이라 허믈며 그런 말을 일삼ᄂ 자는 원릭 됴션국가에 디ᄒ야 그만치도 리익을 주디 못ᄒᄂ쟈니 만일 ᄌ긔가 능히 그 착ᄒ고 악ᄒ고 잘죽고 못죽ᄂ리치를 투렬히 알앗스면 엇지 그믐을 발이ᄂ디 나아가 리범진을 압세우 고 ᄌ긔가 아즉 뒤에 잇스리요. 이는 다만 삼국지에 말ᄒᆫ바 좌담긱이요 량계쵸 의 말ᄒᆫ바 방관쟈뿐이라. 오흥—라 우리 됴션사름은 리공의 뜻을 취ᄒ야 싱명 과 지산을 츙셩으로 쓰고 의리로써셔 쟝싱붙ㅅᄒᄂ 슈젼노가 되기를 싱각디안 ᄒ면 국가에 다힝이요 국민의 다힝이로다.

7. 결론

서광범과 이범진은 각기 제 나름대로의 생의 진로를 달리면서 누차 그 행선(行線)이 교차되었다. 서씨가 갑신정변을 주도하였을 때 이씨는 민비를 업고 출피(出避)하였다 하며, 의일독립노선(依日獨立路線)에 섰어야만 됐던 서법부(徐法部)와 인아거일노선(引俄拒日路線)의 이궁내부대신(李宮 內府大臣, 후의 農商工部大臣)은 김홍집 내각 안에서 대립하였으며, 을미왜변으로 쫓겨난 이씨의 1895년 11월 28일 거사책모(擧事策謀)의 실패에는 서학부(徐學部)도 알게 모르게 한몫 끼였으며, 서주미공사(徐駐美公使)가 4개월 밖에 임직(任職)못한 것은 국제간의 타협이 이씨를 주미공사로 밀었었기 때문이며 워싱톤에 남은 서씨는 유학생과 미 여론의 뒷받침으로 이공사를 웃도는 영향을 가졌었다. 위산이 귀국을 안한 것은 보이지 않는 줄로 조종하려는 세력을 의식하여 아애 항거한 것으로 평가되며 그가 귀국하여도 이용만 당했을 것이니 차라리 깨끗한 처신이 아니었던가 한다.

서재필은 위산의 갑신결기(甲申決起)의 의의를 논하면서(현대문으로 고침),

> 大君主陛下께서 世界에 賤한 淸國 사람의 절제를 받으시며 朝鮮이 淸國屬國
> 된 것을 憤하여 아모쪼록 그것을 變하여 나라이 自主獨立되여 政府人民이 同
> 時合力하여 世界에 대접을 받는 나라이 되기를 願하여 自己 목숨과 父母와 妻
> 子와 財産을 내어버리고 일을 시작

운운하였는데(『독립신문』, 1897년 9월 7일), 타당한 평가인 것으로 생각되며 미국 망명 시에는 문필로 조국문화의 소개 선전에 힘썼고 자신의 일상 생활로서 조선왕조 사대부의 신사적 면모를 미국 사람들에게 널리 알린 사람이었다. 그는 여론대응책에 뛰어났으며 따라서 미국신문 논조들은 그를 호의적으로 찬양하곤 하였다.

한편 이범진은 야성적인 굵직한 행동인으로 서씨가 국가를 군주 위에 놓은 반면 충군과 애국을 동등하게 인식하고 행동한 감이 있으나 박용만 지사가 말하듯 '오늘날 조선백성을 털어 놓고 둘째 이범진을 고르고자 하면 과연 몇 사람이나 될지' 모르는 영웅의 죽음으로 일생을 끝마쳤다. 을 미세말(乙未歲末)의 정변[아관파천]은 한국 역사에 남을 그의 事蹟이 될 것이다. 우선 정변을 성사시켰기에 을미왜변의 진정한 흑막과 법부대신 장박 등이 조작한 무고한 사람의 사형극의 진상이 정착되는 것이며 장박 식의 사고전통이 계속 흐르는 한국근현대사에 귀중한 의미를 부여하고 있다. 그의 일가인 이범윤(李範允), 아들 형제 모두 독립운동에 헌신하다 고문 등으로 죽었으며 그 자신 민영환에 못지 않는 장렬한 우국자살을 감행하였다.

앞으로의 남은 과제는 그의 묘소의 소재, 한러(韓露)황제에 드린 편지의 내용, 러일전쟁시의 그의 활동, 이위종 자손의 존부(在否)의 연구 등이겠는데, 이러한 작업은 소련 거주 교포연구자의 조력이 꼭 필요할 것이다. 이범진이 주미공사시절의 많은 일화와 사진도 수집해 놓았지만 적절하게 사용 못하였다. 또 서광범·장박·이범진 3대의 법부대신의 공과(功過) 일면에 좀더 조명을 던졌어야 됐을 것이라는 자성도 가진다. 일본에 완전부역하고 법부대신 자신이 법을 완전무시한 장박(李錫周)만 작위에 영화에 장수를 가졌다면, 진실로 서광범·이범진 양 법부대신의 비극적 일생에 대비하여 좋은 역사연구의 제목이 될 수 있는 것이었다.

【부기】

서광범에 대한 자세한 내용은 졸저의 다음 논문을 볼 것.

Pom Kwang Soh, "The Life of an Exile in the United States", Data & Research Series K-2, 1984.

【후기(後記)】

이 글을 쓴 후에 서재필 회고록『나의 고국시절』을 발견하여 정리 중인 바, 서재필은 이범진을 '기생충'이라고 매도하고 있다. 또, 노재연(盧載淵) 저『재미한인사략(在美韓人史略)』상권 98면을 보면 '전 주아(駐俄) 한국공사 이범진씨가 망국의 치욕을 분한(憤恨)하여 단총(短銃)으로 자결하였는데 그 생전에 소유재산을 원동과 미주 한인단체에 분배할새 미주국민회에 미화 3천원을 기부하다'라는 기록이 있어 재미교포였던 노재연은 분명히 1911년의 교포신문에서 상문(上文)을 인용한 것이다. 미주국민회는 도산이 설립한 한인노동자들의 애국단체로 이공사의 큰 뜻을 알리는 귀중한 자료가 될 것이다.

❖『최영희선생화갑기념한국사학논총』, 탐구당, 1987

재미 3·1운동 총사령관 백일규(白一圭)의
투쟁일생

1. 머리말

백일규라는 이름은 일제에 대한 한인독립운동사를 공부하는 사람들에게도 그리 알려진 이름이 아니다. 그의 독립운동과 일생은 멀리 막막한 대해의 저쪽에서 시종되었기 때문이다. 1880년생 또는 1879년생으로 알려지고 있는 그는 원래 동학 백도(白道)의 접주이었고, 미국 이민 후에는 기독교로 개종하여 나이 30세에 미국 소학교의 교문을 두드린 열성적인 만학가(晩學家)이었으며, 1918년 명문 캘리포니아대학(Berkeley Campus)을 졸업하고 한국인으로는 처음으로 1920년에『한국경제사』라는 책을 저술한 위인이었다.

한편 독립운동으로는 1908년 스티븐스 저격사건이 일어나자 장인환·전명운 양 의사의 후원회장에 선임되어 활약한 바 있고, 미주 대동보국회(大同保國會)의 회지인『대동공보(大同公報)』의 주필로 있다가 네브라스카주 한국인 군관학교인 '소년병학교' 설립에 참가하였으며, 1913~14년에는『신한민보』의 주필, 다시 1918년부터 1934년까지 이 신문의 주필 또는 편집을 맡아 항일언론을 주관하였으며 3·1운동이 일어난 1919년 4월에 안도산을 이어서 대한인국민회 중앙총회장이 되어 미주본토, 하와이 그리고 멕시코

의 독립운동을 총지휘하였다. 1926년 북미 대한인국민회 총회장에 피선된
후 1933년까지 8년간 연임하였고, 좌경 유학생들과의 합작수혈로 국민회
의 체질을 개선하려다 실패하고 낙향, 캔사스에서 구멍가게를 운영하면서
계속 기고활동을 벌였다.

1939년 미주의 진보적인 인사들이 조선의용군 후원회를 조직하자 이에
동조하였으며, 1943년 조선민족혁명당 지지세력이 중심이 된 혁신적인 신
문『독립』발기인의 일인으로 원로적 존재로 변했으며, 1946년 거의 칠십
이 된 노구를 움직여 하와이 대한인국민회『국민보』주필로 부임했었고,
본토 귀환 후에는 북미 대한인국민회 중앙 감찰원으로 있으면서 1962년
서거 시까지『신한민보』에의 기고를 게을리하지 않았다. 그는 매우 강직
한 인물로 알려지고 있었으며 서북 출신이면서 흥사단 가입 얼마 후 곧장
퇴단(退團)해버리는 파골적(破骨的) 인물로 도산의 신임을 더욱 받았었다.
백일규의 일생에 대한 연구는 비단 한인 독립운동사연구에 중요할 뿐만
아니라, 그의 인물 됨됨을 통한 이민사나 문화인류학적 연구시각에서도
자못 중요하리라고 본다.

2. 자필이력서의 검토

LA에 소재한 흥사단 미주본부에는 1914년 8월에 작성된 백일규의 자필
이력서가 있어 여기에 소개한다.[1]

---

[1] 이 글을 쓰기 위하여 특히 LA 흥사단 책임자 안재훈 선생의 도움을 받았다. 여기 감사의 뜻
을 표한다.

第五十二團友白一圭履歷書

出生時　建國紀元 4213年 3月 11日

出生地　韓國 平安南道 甑山郡 聖陶面 五和里

居生地　自4213年 至4238年　右出生地

　　　　自4238年 至4239年　荷蛙伊

　　　　自4239年 至4247年　美國加州南北

　　　　自4241年 至4246年　美國네브라스카

　　　　自4246年 至4247年　美國桑港

織　業　自4219年 至4232年　漢文書塾

　　　　自4231年 至4234年　營農

　　　　自4234年 至4235年　漢文書塾

　　　　自4235年 至4238年　旅行 平南·咸北·江原·京畿·黃海道

　　　　自4238年 至4239年　勞動

　　　　自4239年 至4241年　大同公報主筆

　　　　自4241年 至4242年　英語準備

　　　　自4242年 至4244年　大學豫備科修業

　　　　自4244年 至4245年　官立中學卒業

　　　　自4245年 至4246年　官立大學一年級

　　　　自4246年 至4247年　新韓民報主筆

學　藝　漢文·英文·中學卒業·大學一年級

最長技術　著術(필자주－著述)

所　肯　運動式·兵式

團　體　白道接主·親睦會·大同保國會·國民會·居留民會

宗　敎　儒敎·耶蘇敎

改　名　次孫 靈祖 允祖 現 一圭

家　族　父 麟故·母 宋氏故·兄 樂祖 農·妹 出嫁於朴氏·妻 朴氏 改嫁·

　　　　子 承澤 年十三

入團日　4247年 8月 15日

　이상의 이력서에 의해 고찰한다면 약산 백일규는 1880년 백린(白麟)의
차남으로 출생 후 1905년까지 고향 오화리(五和里)를 중심으로 살았는데 7
세에서 20세까지 서당교육을 받고 농사를 지었으며, 1902년에서 1905년까
지는 여행을 많이 다녔다는데 이것은 동학 백도(白道)의 접주(接主)이었다
는 기술과 관련된다고 생각된다. 자신의 종교로서는 유교와 기독교를 들
고 동학을 들지 않았는데 동학 백도를 종교로 간주하지 않았는지 또 딴 이
유로 생략했는지 알 수 없다.

　하와이에 이민 간 것이 나이 26세 되는 해이었으며, 1년 남짓 노동하면
서 에와 친목회에도 들었다가 캘리포니아로 이주, 대동보국회의 창립멤버
로 활약하다가 그 기관지인 『대동공보』의 주필로 언론인으로서의 첫 발을
내딛었다. 1908년 그가 29세인 해에 늦게나마 공부하여야 되겠다는 집념으
로 네브라스카주에 이전하고 영어를 배우기 시작하였다는데 그의 후손의
이야기를 들으면 소학교에 다녔다는 것이다. 1909년에서 1911년까지는 대
학 예비과에 다녔다는데 이 시기가 그와 박용만이 같이 소년병학교를 경
영하던 때이라 이 군관양성 여름학교에서와 그 지방의 대학 예비과에서
공부한 것을 말한 것이다. 이어서 헤이스팅스중학교를 일년 만에 졸업하
고 네브라스카대학에 들어간 해가 1912년 가을의 일이고, 이 대학에서 일
년간 지난 후 『신한민보』 주필로 초빙받았다는 것이다.

　그러나 이 이력서는 단기(檀紀)의 계산에 착오가 있다. 『신한민보』를 들
춰본다면 그의 주필 취임이 1914년 7월 하순이고 네브라스카대학 재학이
1913~14년이었다. 고향에는 개가한 부인 박씨 소생으로 1914년 현재 13세
의 승택(承澤)이라는 남아가 있었다. 이상이 그의 이력서에서 찾아 볼 수
있는 사적인데, 그의 이력서를 통하여 느낄 수 있는 점은 그의 강인한 학
구의지이며, 나이 30에 소학교부터 공부하면서 독립운동을 하고 노동을 하
며 그만큼 미주 한인사회에 이름이 알려지고 봉사생활을 할 수 있었다는
것은 그의 강인한 마음가짐을 고려하지 않고서는 생각할 수 없다는 것을

시사한다고 하겠다.

3. 왜 이민 대열에 끼었나

백일규는 만년에 그의 고향시절을 회상하면서 다음과 같이 적고 있다.

> 자나 깨나 나의 고향이 눈앞에 떠오르며 선하게 생각난다. 증산골 뒷산 옥녀
> 봉 상봉에 올라서서 4면 8방을 휘둘러보니 황해바다에 오고 가는 風帆船은 고
> 기잡이도 하고 물건을 운송도 하는데 그와 같은 배들이 황해도 장산곶 험악한
> 파도에 깨어지는 것이 무수한 것이다.[2]

그는 2회 연재인 「고향이 그리워」의 말머리를 옥녀봉에서 바라 볼 수
있는 황해바다의 돛단배의 묘사에서부터 시작했다. 이것은 어려서부터 옥
녀봉에만 오르면 멀리 바라볼 수 있는 저 수평선 저쪽의 세계에 대한 꿈을
키우는데 중요한 요소가 됐다고 생각된다. 그의 고향은 "극히 작아서 옥녀
봉에 올라가서 나팔만 불면 일반 고을사람들이 큰 일이나 난 듯이 몰려 온
다"는 크기였으나 명승고적이 퍽 많아 시기암 위에는 조선 500년 계속되었
다는 봉화대가 있고 그 밑에는 기암괴석 사이에 맑은 샘물이 솟고 있으며,
그 고을 부근의 석다산(石多山)은 을지문덕장군에 연계된 전설들이 많은
곳이며, 옥녀봉 뒤에 있는 청룡산 청룡사(靑龍寺)의 철훼(撤毀)사건을 통
하여는 그 일대에 움틀거리기 시작한 새 사조의 흐름도 짐작할 수 있다.

> 당시의 일본유학생 김인식씨가 증산군수로 취임한 후에 청룡사를 심방하고
> 말하기를 '소위 절간의 중놈들은 아무것도 하는 것 없이 민간에 작폐가 많다'하

---

[2] 『신한민보』, 1961년 8월 10 · 17일에 연재된 수필 「고향이 그리워」 참조.

고 그 절간에 안치되어 있는 부처님을 자기가 타고갔던 말안장에 붙들어 매고 돌아오다가 신강불에 집어던지고 즉시 증산시민에게 훈령을 발표하여 그 절간의 재목을 헐어다가 학교를 건축하라고 하였으나, 당시 일반 시민은 구사상의 미신으로 절간 재목으로 집을 지으면 무슨 죄책을 당할까봐 겁이 나서 감히 절간 재목을 가져올 생각을 못 하던 때에 예수교회의 문명을 받은 절불이라는 동리가 그 동리에 있는 소들을 총출동시켜 이상에 말한 청룡사의 재목을 전부 운반하여 학교를 건축하였다 한다.

그러나 그는 서양 신사조나 예수교에 관심을 가지는 대신 토생(土生) 동학 백도에 경도하여 그 접주까지 되는 것이며 이러한 경향성은 미국본토에 이주하여도 다름이 없었던 것 같다. 즉 그는 안도산 영도하의 친목회에 들지 않고 좀더 국수적이며 보황노선(保皇路線)을 강조한 것으로 알려지고 있던 대동보국회에 들어가 활약하는 것이다. 그 당시의 백도와 후세의 백백교(白白敎)와의 관계 또는 전통 천도교와의 관계 등 파헤쳐야 될 것이 많지만(일반적으로 백도교는 1912년 평북 영변의 전정운(田廷芸)이 창시한 것으로 되어 있다), 그의 두드러진 경향성의 하나는 어떤 사조에 좌우되어 쉽게 동조하는 것보다 자주적으로 생각하고 그 생각에 의하여 과감히 어떠한 새 것을 수용한다는 면이라고 생각된다. 30대에서의 소학 입학 결정, 흥사단에의 가입과 퇴단, 동지회와의 불편한 관계, 혁신유학생들에 대한 보호격려, 조선민족혁명당 지원신문 『독립』에의 적극협조, 6·25전쟁에 있어서의 무차별폭격에 대한 불만토로 등등이 그것이다.

그의 동학관의 편린은 비록 그가 나이 60에 쓴 것이지만 그의 대동보국회 시절부터의 친구인 문양목(文讓穆)의 서거 시 쓴 애도문에서 찾아 볼 수 있을지 모른다. 문양목은 유명한 스티븐스 저격사건 때의 알려지지 않은 주역의 일인으로 스티븐스를 구타한 사람이며, 한때는 북미 대한인국민회 총회장도 지낸 분이다. 백일규는 그의 글에서 "본국 계실 때에 우리 정부의 부패함을 개탄하시고 혁명사상을 가지시고 갑오동학혁명군에 참

가, 그 혁명이 실패된 후에 선생은 하와이로 건너오셨다가 1906년 미주로
건너오셔서"[3]라고 쓰고 있어 동학난이 아니라 동학혁명군으로 기술하며
동학군에의 참여 즉 혁명운동으로 인식하고 있었다. 따라서 그의 동학백
도에의 참여 또는 접주라는 직분의 수락도 동학을 통한 하나의 구국혁신
운동의 일환으로 생각해 볼 수 있지 않나 생각된다. 부모나 형이 생존하고
있는데 동학의 접주가 된다는 것은 가족적인 이해와 동조가 없으면 어려
웠을 것이다. 이런 의미에서 많은 미국 재주 이민노인들이 그를 문양목과
더불어 동학잔당이었다고 회고하는 것은 일리가 있는 것으로 생각된다.

그는 그의 고향에서는 꽤 잘사는 가문에서 태어난 것 같다. 자신의 글로
기와집에서 태어나고 대들보 보땅에는 '수복다남자(壽福多男子)'라는 글이
대서(大書)되어 있어 "그 집을 쓰고 사는 우리들도 모다 장수하고 돈이 많
은 부자도 되고 과거를 보아서 진사 급제를 하여 차츰 승차되어 영의정까
지 지내게 될 욕망이 있다는 것이다"라고도 적고 있다. 그는 또 증산고을
앞에 있던 연당(蓮堂)에서 술을 마시며 친구들과 한시를 짓고 "우후청산여
천벽(雨後靑山如天碧) 취중인면여화홍(醉中人面如花紅)" 운운의 시도 지
었다고 기억하니 증산군에서는 지식계급에 속해 있었던 것도 사실일 것이
다.

그러면 이러한 배경을 가진 백일규가 이민선을 타게 되는 동기는 무엇
이었을까. 다시 그의 다른 글을 인용해 본다.[4]

그때에 우리 고을사람 중에 '이민'이라는 글자 뜻도 모르는데 오직 강명화선
생이 공립학교의 부교원으로 계시면서 서울왕방을 하실 때에 하와이 이민 길
이 터진 것을 알게 된 바 강선생이 필자에게 말씀하시길 '나는 불원간에 하와이
이민가기로 작정하였으니 한동안 서로 만나 볼 수 없게 되었네' 그리하여 본기

---

3) 『신한민보』, 1941년 1월 23일, 「고 문양목선생추도문」 참조.
4) 『신한민보』, 1962년 4월 3일에 연재된 「오늘날 정부에서 뿌라질 이민정책을 읽고 필자가 회
상되는 미주 초기의 몇 가지 잡상록」 참조.

자가 놀랍게 그 말씀을 듣고 반문하기를 '나도 하와이에 같이 갈 수 있는가?' 이
에 강선생 답변인즉 '그대가 부모슬하를 떠나 나를 쫓아 하와이로 가게 되면 그
대의 부모가 나를 원망하지 않겠는가?' 나는 이에 대하여 반문하기를 '왜 선생
님은 부모슬하를 떠나서 하와이로 가시는데 나도 가지 못할 것이 무엇입니까?'
이에 대한 강선생 답변은 '그대가 참말로 나를 따라가기 원한다면 명일 아침에
삼화 진남포가는 길로 향하여 가도록 준비하오' 했던 것이다. 그 당시 필자의
성명은 '백윤조'로 또 지금 국민회 중앙집행위원장인 박재형씨는 '박을목'씨로
행세하였는데, 필자가 박군을 오화리 서당에서 서로 만나 '내가 하와이 이민을
떠나기로 작정하였노라' 한즉 박군 역시 마찬가지로 '나도 같이 갈 수 있는가?'
이에 대한 필자의 대답은 '박군이 나와 같이 가기를 원한다면 명일 아침에 진남
포로 가는 길 옆에 내가 신었던 신짝을 벗어 놓고 갈 터이니 그 신을 보고 쫓아
오시오'

　그래서 광무 9년 5월 7일(음력) 진남포에서 강명화선생의 친자식 영소군 부
처와 7, 8세 된 영상군과 강영호군 부처와 康永昇씨의 부부와 그의 모친 맏누
이 임혜원 여사 등 이상 12인이 진남포에서 서로 만나 여관에서 하루저녁 피곤
한 잠을 자고 그 이튿날 이른 아침에 '청룡환'이라는 火輪船을 타고 부산항에
도달한 즉 당시는 러일전쟁이 끝나고 일본국이 승전한 후에 부산항 물속에 잠
긴 러시아병선을 건지려는 공작을 일본해군의 수선대가 착수하여 그 배가 거
의 해면에 떠오르기 시작하던 때이다.

　이때는 '을사보호조약'이 눈앞에 다가온 때이며 광풍노도 도래 직전의
불안감이(sturm und drang) 유식인사들로 하여금 국외에 가서 무엇을 하여
야 되겠다는 사명감으로 연결될 수 있는 그러한 때이었다. 박용만과 그의
숙부 박희병(장현)·유일한·정한경 일행의 도미 등도 이 무렵에 이루어졌
던 것이다. 백일규 일행의 도미를 예로 들어 보면, 이 일행의 인솔자격인
강명화는 생전 육체노동 한번 해본 일 없는 지방유지였고[5] 미국 이주 후
『신한민보』에 반일논설을 게재하다가 1911년 2월 북미 대한인국민회 부회

5)『신한민보』, 4월 19일 연재분 참조.

장에 당선된 바 있었고, 그의 아들 강영소는 1916년 총회장이었고 같이 동행한 강영승(姜永昇)(법학박사, 강명화는 姜씨이지만 이민과정에서 한때 편리상 동족으로 행세하였다)은 1922년 총회장, 백일규는 1919년 중앙총회장 대리와 1926~33년의 북미국민회 총회장으로 봉사하며 반일운동을 지도한 지도급 인사들이었다. 이렇게 이 일행의 미국 도착 후의 동포들과 조국을 위한 활동을 보면 이들의 미국행이 단순한 도피행이나 교육열 때문이 아닌 것으로 짐작하게 된다.

백일규는 한말 제국시대에 불리우던 애국가를 소개하고 있는데, 그 제2절은 "동해물과 황해바다 동서남북 3면에 6대양과 상통하니 처사국은 안일세"로 되어 있고, 후렴은 "건곤감리 태극기가 반공에 날릴제 충의남녀 손들어 이혈보국 맹세하네"로 되어 있는데 유의할 필요가 있는지도 모른다. 한말에 이미 6대양과 상통하는 은둔국이 아닌 국제적인 한국을 강조하고 있으며, 이들이 이 애국가를 실천에 옮겼고 태극기 휘날리는 곳마다 "충의남녀 손들어 이혈보국 맹세하네"는 바로 이들 북미 이민들이 실천했던 것이었다. 백일규의 회상록은 다시 다음과 같이 계속된다.

　　당시 新戶港에서 통역관으로 시무하는 송종익 군이 우리 일행에게 권고하기를, 누구나 하와이로 이민가는 자는 반드시 한국 국문을 알아야 하며 의복에 싸인 이잡이를 하지 않아야 하고 또한 머리 위의 상투를 잘라 버려야 한다는 것이다. 그런고로 필자와 박재형군은 한국을 떠날 때에 우리 몸에 걸친 옷 한 벌 뿐인 고로 강영승의 입고 남아지 옷을 빌려 입고 부인들이 우리 두 사람의 입었던 옷을 세탁하여 주던 것을 우리는 지금까지 기억하는 것이다.

이역만리에 이민가는 것을 마치 옆 동리에 놀러가는 것처럼 오늘 듣고 내일 가기를 결정하여 단벌옷 한 벌로 갔으니 가도 쉽게 돌아올 수 있다는 오산이 없지 않았을 것으로 생각된다. 당시의 노동이민의 학식정도에 대하여는 그의 다음 기술을 본다.

그때에 송종익 군이 우리에게 묻기를 누구든지 국한문을 아는 사람을 손을 들라 하는고로 필자는 무슨 상금이나 찾아 먹는 것 같아서 좌우 손을 번쩍 처들었다. 그 다음에 송군이 또 일반에게 묻기를 누구나 국문을 쓰고 읽을 줄 모르는 사람은 손을 들라 한즉 손을 처드는 자의 수효가 약 3분의 2가 되는 것은 과연 놀라운 일이었다. 그런고로 필자는 국문을 길치는 선생으로 뽑히었다. 그래서 국문을 가르칠 때에 필자 역시 어느 것이 모음이요 어느 것이 자음인지 분석은 못하나마 가갸거겨와 나냐너녀를 익숙히 하는 고로 학생들에게 묻기를 '호'자에 'ㅁ'을 어떻게 발음하는가 한즉 대답을 못 하는 고로 필자가 다시 묻기를 "범이 물도랑을 것너 뛸 때 소리치듯 하라" 한즉 한사람의 배울자가 '앙!' 한즉 일반이 박장대소를 한 것은 결과적으로 선생도 무식하고 학생도 무식했던 것이다.

여기 나오는 이민회사 통역 우강 송종직(1887~1956년)은 대구사람으로 그도 곧 미주로 이주하여 안도산의 막역한 친구이자 꾸준한 재정원조자로 남아 흥사단과 국민회의 발전과 독립운동에 헌신한 분이다. 그는 거듭 백일규일행 이민들께 상투를 자르라고 했었고 이 분부에 저항한 사람은 자신과 그의 동행자 박재형뿐이었다고 쓰고 있는데도(하와이도착 전에 결국 잘라버린다), 무조건 대세를 따르지 않겠다는 그의 마음가짐을 관찰할 수 있을 것 같다.

4. 향학열

한국나이로 26세 되는 해 하와이에 도착한 백일규가 처음 느낀 점은 "스스로 한탄하기를 무엇 하러 하와이로 왔는가?"의 실망이었다.[6] 지상의 낙원인 줄만 인식하였다가 현실에 부딪힌 것이다. 그러나 모든 이민들이 그

---

6) 위와 같음.

랬던 것처럼 적응이 따르고 노력이 따라 일 년 후에는 미주 본토 캘리포니
아주를 밟게 되었다. 2년 동안 정신없이 노동으로 또 교포봉사 활동으로
분망하였다.『대동공보』1908년 2월 6일의 사설난에서는 백일규의 주필취
임을 알리면서 다음과 같이 적고 있다.

　　회원 백일규는 본래 유지인사로 국세민정이 날로 급업함을 분개하여 국가와
　국민을 한번 광제할 큰 뜻을 품고 미국에 건너와, 낮이면 서양집에 고역을 종
　사하고 밤이면 학문을 연구하여 대용지재를 자양하더니 원수의 세력이 점점
　창궐하매 조국의 위태한 형세가 날로 심하여…… 지금 구원치 아니하면 후일
　에 어찌할 수 엇을 줄을 황연이 선각하고 번연 대호왈 "우리가 금일에 처하여
　각기 지식과 성심을 다하여 동포의 정신을 활동하여 조국을 報치 무하면 엇지
　국민의 도리라 하리오……" 미주에 공립신보는 자유한 정신과 자유한 언론으로
　동포를 잇그러 악독한 기반을 벗기고저 하여 노심초사하니 내외동포가 일반
　감사하는 바어니와, 본보는 보국하는 직책을 자담하였으니 시급한 정략이 본보
　확장하는데 없지않다 하고 개연히 붓을 잡고 천하를 징청할 정신으로 본보가
　자 책임을 자담하니(하략)

즉 백일규는『공립신보』는 '리버랄'하다고 규정하고, 보국(報國)을 사시
(社是)로 하는『대동공보』와 공존 공조할 수 있다는 입장에서 누군가가 지
금 나서지 않으면 안되겠다는 절박한 마음으로 주필자리를 승낙했다는 것
이다. 낮에는 서양집에서 하우스보이 노릇하고 밤이면 곡구과 동포를 생
각하면서 노심초사했다는 것이다.

　그러나 이러한 백일규도 미국에서는 교육을 받아야 더 큰 일을 할 수 있
다고 생각한 모양이다. 아마도 1908년 가을에는 네브라스카주로 옮겨 갔
다. 박용만과 그의 숙부 박장현의 한인학생 네브라스카주 집중공작이 주
효한 듯싶다.[7] 그의 이력서에서는 1908~1909년을 영어준비기로 적었으나

───────────
7) 방선주,『在美韓人의 獨立運動』, 한림대학교, 1989, 16~17쪽 참조.

영어준비기하는 것은 초기 이민들에게는 소학에 들어갔다는 이야기에 지나지 않는다. 영어를 어떻게 준비하는가? 돈주고 개인교사를 고용할 능력은 없고 미국친구를 사귀어 영어를 배운다는 것도 너무 시간이 들고, 가장 첩경은 돈 안들고 미국 소학교에서 받아주기만 하면 어린 애들이 ABC를 배울 때 따라서 독법 단어 쓰기를 배우고 나서 단김에 대학 예비과나 고등학교에 들어가는 방법이었다. 여기 이용규라는 사람의 행적을 본다면 그는 1906년 26세 되는 해에 소학을 일 년 다니고 대학 예비과에 들어갔다가 네브라스카대학 화학과를 1917년에 졸업했는데 그를 묘사한 홍언의 기사는 다음과 같다.[8]

> 이용규는 하와이로부터 미주에 건너온 농민이니 이전 사적은 자세히 알기 어려울 뿐 아니라 또한 기록할 필요도 없는 사람이라. 저가 미주에 건너온 후 가주로부터 점점 구을러 나아가는 거름이 뗀버에 이르니, 때는 1906년인데 당년이 26세요 키가 6척 이상이요 중량은 160여 근이니 한 건장한 농부라(중략). 독본 제1권을 끼고 교수실로 들어가니 병아리 틈에 타조가 섞인 듯하다. 저는 키가 커서 모든 학생을 내려다 보는데 모든 학생은 학년이 높아서 어른으로 자초하니…… 그럼으로 허리를 구부정하고 맨 끝의 자리를 찾아 들어가 앉으니 다리가 책상과 걸상 틈에 끼어서 동작을 임의로 못하니 모든 학생이 입을 가리우고 웃는다. (하략)

1909년부터 1911년까지 그는 박용만을 도와 네브라스카 소년병학교의 간부로 있으며 대학 예비과정을 준비했다. 소년병학교가 존재하던 사립 헤이스팅스대학의 잔존 기록에 의하면, 김현구는 1910년 가을에 입학하고 있으며 1913년에 백일규와 같이 고등학교를 졸업했다고 적었는데, 헤이스팅스대학 예비과의 학점이 그대로 고등학교에 적용되었던 것이다. 김현구는 백일규가 우등으로 졸업했다고 적고 있다.[9] 백일규는 다음 링컨에 소

---

8) 『신한민보』, 1917년 9월 13일부터 5회 연재된 「자랑할 청년 리용규」 참조.

재한 네브라스카 주립대학에 들어가 일 년을 마치고, 1914년 7월 23일부터 연말까지 샌프란시스코에 소재한 신한민보사의 주필을 맡고 다시 명문인 버클리에 소재한 가주 주립대학 경제학과를 1918년에 졸업하였다. 이때 그의 나이는 39세이었다. 그는 『신한민보』 주필 취임과 함께 흥사단원이 되었으나 일 년도 못되어 탈퇴해 버린다. 그 이유는 고학을 하면서 점심도 굶는 판에 흥사단원이 준수하여야 될 동맹저금을 못했고 경제학공부가 바빠서 동맹독서를 못했기 때문이었다.

　가주대학에 입학하려고 신한민보의 주필을 사면하고 째니터(janitor)잡의 매삭 19딸라를 받고 일을 하면서 상항만을 배타고 매일 왕래하고 보니 샌드위치 한조각을 사서 먹을 돈이 없어서 점심을 굶고 학교에 다니었다…… 필자가 경제전문과를 공부하는 것은 필자의 직업이니 그 외에 다른 서적을 읽지 못한다면 동맹독서의 위반이라 함으로 이상 말한 것과 같이 실행 못하였으니 자연 흥사단에서 자퇴한 것이다.10)

이상의 삽화적 사건은 그의 향학열이 얼마나 치열했는가를 말하여 주는 단적인 예가 된다. 당시의 환경으로는 흥사단원으로 남는 것이 유리했음직한데 실행 못하면서 어물쩍하기 싫어 깨끗이 퇴단해 버렸던 것이다.

5. 한국경제사의 저술

백일규는 대학에서 경제학을 전공하면서 한국경제사(韓國經濟史)라는

9) Dae-Sook Suh(ed), *The Writings of Henry Cu Kim: Autobiography with Commentaries on Syngman Rhee, Pak Yong-man, and Chong Sun-man*, University of Hawaii Center for Korean Studies, 1987, p.117.
10) 『신한민보』, 1962년 5월 10일부터 3회 연재된 「추억! 안도산선생」 참조.

제목에 관심을 가지기 시작하였다. 1919년 3 · 1운동이 일어나는 달 『신한민보』에 한국경제사를 연재하기 시작하였고, 다음해 1920년 2월 8일 동경청년독립단 독립선언 제1주년기념일 발행으로 부기한 한글책자를 신한민보사에서 간행하였다. 백일규가 『한국경제사』를 저술한 목적은 그 책의 서론에서 간단 · 명료하게 설명되고 있다.

> 국가의 경제사는 그 국가의 정치사보다도 더 필요한지라. 정치의 혁명을 먼저한 법국(프랑스)보다 공업의 혁명을 먼저 한 영국이 오늘날 세계적 국가를 일우었고 민사형법을 먼저 발전한 법국보다 통상상법을 먼저 발전한 영국이 오늘날 세계의 상권을 잡았은즉 이것만 보아도 어느 것이 더 필요한지 가히 알지라. 정치혁명이나 민사형법은 곧 정치사에 관한 일이며 공업혁명이나 통상상법은 경제사에 속한 일이라. (중략)
> 국가의 역사도 정치사와 경제사의 두 종류가 저술되었는데 나라마다 정치사가 있고 나라마다 경제사가 있으나 홀로 한국에는 정치사는 있으되 경제사는 없으니 이는 오늘날 세계 각국 인민들이 경제전쟁과 경제독립을 주장하는 시대에 가장 유감되는 바이라. (중략) 후에 오는 학자들이 본 기자의 미진한 뜻을 계속하여 우리의 경제역사를 더 연구하여 발전시키면 우리국민의 경제적 교육과 경제적 독립에 관건이 될까하며 인하며 국가독립이 신속히 성취되며 영원무궁할가 하노라.

그 내용은 실업편 · 재정편 · 정치편으로 대분하고, 첫 편은 어업 · 목축과 유럽, 농업 · 상업 · 공업 등 장으로 되어 있고, 제2편은 화폐 · 쇠돈 · 조선돈 · 은전과 금전 · 주전소 · 사주전 · 당백전 · 지전 · 상민의 지전 · 은행 · 한아은행 · 한국은행 · 농공은행 · 보통은행 · 금융조합 · 우체저축은행 · 조세 국채 · 광산으로 분류하고, 제3편은 국계 · 북부 · 동부 · 서부 · 남부 · 3국 · 민족 · 노동 · 경제적 단체 · 민요와 동학으로 구분된다. 특기할 것은 「경제적 단체」 장에서는 계(契)와 유교 · 불교를 논한 데 있다. 1928년 아시아에서는 처음으로 『조선경제사』라는 책이 경성제대의 저곡선일(猪谷善

一)에 의하여 출간되면서 '계' 문제를 전적으로 다루었는데 우리『한국경제사』에도 들어가 있는 것이다. 이 책의 말미는 동학과 민란을 논한 것인데 동학전쟁을 프랑스대혁명에 맞먹는 것으로 비정하여 놓고 그 발생 원인으로 다음과 같이 기술하고 있는 것이 흥미롭다.

　　외국과 통상수호조약을 체결한 뒤에 서양의 문명파도가 점점 내지에 흘러 들어와 부지중에 민권평등주의가 발전되는 데도, 정부 당국자들은 완고의 구습을 개혁치 않고 여전히 逡悶 고택하여 비기지책으로 능사를 삼는 때문에 국민의 경제상 공황과 생활상 곤란이 극심하여, 필경 사처에서 민요가 일어나며 동학이 강성하여 정부의 존망이 일조일석에 있게 된 즉, 외국의 군병을 정하여 들어 마침내 일청전쟁의 혼단을 열어주고 또 일본으로 하여금 한국의 주권을 침범할 기회를 가지게 하였은 즉 국가정치의 책임이 있는 자 마땅히 그 국민의 경제를 먼저 주의하여야 됨이라 하노라.

한국의 전면적인 경제사를 다룬 첫 번째 것으로는 1933년 『경제학전집(經濟學全集)』 제61권으로 출간된 백남운(白南雲)의 『조선사회경제사(朝鮮社會經濟史)』를 누구나 들 것이지만, 미숙한 점은 많을지라도 저 멀리 미국 땅에서 거의 30이 되도록 소학교에도 다녀보지 못한 동학인이 각고 끝에 첫 『조선경제사』를 저술하였다는데 의미가 있다. 백남운은 저곡선일의 경제사를 "내용은 어떠하던 적어도 책이름에 있어서는 그것이 조선경제사의 효시였다"고 단정했지만, 그 효시는 일본인의 저술이 아니라 우리 독립운동의 거인 백일규의 저서 『한국경제사』이었다는데 주저할 필요가 없으며, 후세에 백일규가 알려질 근거는 이 책의 저술과 또 3·1운동 당시 재미한인 독립운동의 사령탑이었다는 두 가지에 있다고 본다.

6. 독립운동과 사회봉사활동

백일규는 하와이 에와농장에서 노동하면서 에와 친목회에 가입하고 있었는데 그 목적은 항일운동 · 일화배척 · 동족상애였다고 하며,[11] 1906년 미주로 이주해 가서는 동학잔당 출신의 문양목, 대동교육회의 장경 · 방사겸 등과 어울리면서 노동생활하다가 이 그룹의 장인환 · 최윤백 · 이병호 등과 1907년 3월 대동보국회를 조직하였다. 동년 10월『대동공보』를 발행하고 1908년 2월 최윤백과 주필자리를 교체하면서 백윤조라는 이름을 백일규로 고쳤다.[12] 이 무렵 장인환 · 전명운 양씨의 스티븐스 저격사건이 발생하자 백일규는 미주 한인의 양의사(兩義士)후원회장을 맡기도 했고, 지금 남아 있는 대동공보로 보건대 그의 논설은 「의병(義兵)과 한국(韓國)의 관계」(1908년 3월 5일)와 「재미한인사회지대주의(在美韓人社會之大注意)」(3월 19일)인데 전자는 의병을 지지하라는 것이며, 후자는 박용만이 소집한 덴버의 애국동지회에 나도 너도 참석하자는 것이었다. 이 덴버의 애국동지회에서 결정한 것 중의 하나가 소년병학교의 설립이었으며, 이러한 목적으로 백일규는 이듬해 초 정간되는 대동공보 주필자리를 사직하고 네브라스카주로 향하는 것이다.

네브라스카에서의 백일규에 대하여는 그와 같은 고등학교에 다니고 같이 졸업한 김현구의 회고록이나 박용만의 기록에서 인용한다면, 헤이스팅스시의 소년병학교는 장로교대학인 헤이스팅스대학을 빌리고 있었음으로 호상 양해하에 기독교 과목이 소년병학교의 여름학교에서 가르쳐지고, 또 헤이스팅스에 유학한 학생들은 백일규를 기도회와 예배인도하는 '목사'로 선출했다는 것이다.[13] 백일규는 1910년 일본이 한국을 병탄한 직후『신한

---

11) 김원용,『재미한인 50년사』, Reedley ca. USA, 1959, 90쪽 참조.
12) 하와이대학에서 찍은 신한민보사 보존『신한민보』의 마이크로필름 1929년 뒤에 大同公報철이 찍혀 있다. 이것을 참조.

민보』에 기고하여, 목적의식 없이 자신의 안락만 생각하고 공동노력 안하는 동포들을 비난하며 입헌공화정부를 위하여 힘쓰자고 논하고 있다.[14] 이것은 간접적으로 소년병학교를 위한 지원활동이라고 추측된다.

1914년 7월 백일규는 네브라스카주립대학 일학년을 끝내고 신한민보사의 간청에 못 이겨 반 년에서 일 년 동안만 주필로 돕겠다고 선언했다. 그것은 국민의 의무감에서 돕는다는 것인데 『대동공보(大同公報)』의 주필자리를 맡을 때도 비슷한 말을 했었다.

이 사람도 또한 국민의 한 분자가 되었은즉 그 자격이 크나 작으나 그 재주가 많으나 없으나 다 물론하고 자격대로 상당한 의무가 없지 아니하며, 또한 이 사람이 제일 미워하고 싫어하는 자는 곳 우리 동포 가운데 무삼 책임이 돌아올 것 같으면 '나는 못 하겠다 아니 하겠다' 하는 자이라. 그럼으로 신한민보가 달리 좋은 친구를 얻는 날까지 이 글 쓰는 붓대를 기쁘게 잡고 충성스럽고 용맹하게 나아가기를 기약하거니와 청컨대 신한민보는 속히 좋은 친구를 구할진저.[15]

1914년 4월에서 연말까지의 주필논설 중에서 흥미있는 글은 다음 글 두 편이다. 즉 7월 30일의 「대한국혼을 불으노라」와 11월 5일의 「30년이나 50년 후 황백충돌」인데, 전자는 "산이라도 한국을 위한 신령이 없으면 한국명산이 아니요, 물이라도 한국을 위하는 귀신이 없으면 한국명수가반성을 아닌" 것처럼 한국의 수토로 생장한 사람이 되어 아라사혼·미국혼·일본혼 들린 자는 대한국혼으로 돌아오라는 간절한 호소며, 후자는 역사발전의 대세가 장래 황백충돌이 있을 것을 내다보고 황인종의 대동단결과 일본의 반성을 호소한 글이었다. 특히 후자와 같은 논지의 글은 이미 김헌식

---

13) Henry Cu Kim(김현구), 『又醒遺傳』, 106쪽 ; 방선주, 앞의 책 중 「朴容萬評傳」 참조.
14) 『신한민보』, 1910년 12월 7일, 「寄在加同胞書」 참조.
15) 『신한민보』, 1914년 7월 23일, 「신한민보와 본기자」 참조.

(金憲植)의 1909년 논문에 나타나고 있어,[16) 재미교포 지식인들의 복잡한
심리상을 보여 주고 있다.

1918년 6월 가주대학에서 경제학으로 학사학위를 받은 백일규는 다시
신한민보 편집사무를 보게 되었으며, 동년 11월 25일 국민회 중앙총회 임
원의 한 사람으로서(총회장 안창호, 임원 문양목 · 곽림대 · 백일규), 그 역
사적인 파리 평화회의 청원대표 파견과 뉴욕에서 열리는 '소약속국동맹회
의(小弱屬國同盟會議)'에 대표파견을 결정하고 대대적으로 모금운동에 나
선다는 결정에 참여하여, 3 · 1운동 불길 확산에 큰 공헌을 하였다. 1919년
은 백일규가 40이 되는 해이었다. 그는 어느 모로 보나 국민회의 제2인자
였다. 이승만 박사가 하와이에서 상항에 도착했을 때 하와이 지방총회에
서 쓰다 남은 돈 1,119.50달러를 임원들이 입회한 중에 백일규에게 전달했
다. 백일규는 10년 전 이 박사의『독립정신』을 편집하고 출판할 돈을 모금
하느라고 동분서주한 사람이었다.[17) 안창호가 상해로 떠나자 명실공히 미
국 · 하와이 · 멕시코 3지역 독립운동의 사령탑으로 지휘하였다. 미국대통
령 · 국무장관대리, 프랑스 · 영국 · 이태리수상 등에 호소편지도 썼으며 일
화(日貨)배척 · 한인 인구등록 등 중앙총회 명령을 계속 발령하였다. 또 미
주에 있어서의 독립운동과 임시정부 지원자금 8만여 달러를 모집한 일에
있어서도[18) 그의 공이 컸다.

그는 1915년경 시베리아 독립운동계의 거두이며 안창호와 결의형제라는
김성무(金成武)의 여동생(1891년생)과 재혼했으며, 늘어나는 가족을 위하
여 아리조나에 이주하여 석유회사에서 노동했다고 한다.[19) 한때 미국에서
의 독립운동을 주도하던 국민회는 점차 쇠퇴의 길로 접어들고 1926년 소

---

16) 방선주, 앞의 책, 313쪽 참조.
17) 김현구, 앞의 책, 116~117쪽 참조.
18) 국민회 중앙총회공문 193호(『신한민보』, 1919년 4월 17일) 205호(4월 25일) 등 참조. 또 방선
　주, 「3 · 1운동과 재미한인」, 『한민족독립운동사』3, 국사편찬위원회, 1988, 384~515쪽 참조.
19) 김현구, 앞의 책, 117쪽 참조.

환되어 북미 대한인국민회 회장과 신한민보사장 겸 주필 겸 식사 발송인
으로 거의 혼자서 모든 일을 처리해 나갔다. 경제공황이 일어나자 재미유
학생 중에는 사회주의사상이 퍼져갔고, 백일규는 이들의 에너지를 이용하
여 국민회에 수혈하려 했으나 실패했고 또 대 멕시코 교민대책에도 실패
한 점이 있어 공직을 사퇴하고,[20] 한인들이 거의 살지 않는 캔사스시로 이
사하여 중국 춥수이찬관(餐館)을 열고 쿡(cook)노릇을 한다고『신한민보』
에 몇 번씩이나 썼다. 이 말에 필자도 현혹되었었으나 이번 캔사스시티에
까지 가보았더니 시의 기록에는 음식점을 경영했다는 기록은 못 찾고 대
신 동양상품 겸 야채가게를 경영한 것으로 나온다. 아마 자조적으로 그랬
을 것이다.

당시 미국에는 황인종이 자영업이나 근육노동의 취직시장이 거의 닫혀
진 때이었다. 그는 이곳에서 태평양전쟁이 일어날 때까지 살았으며 다시
LA에 이주하여 조선민족혁명당 미주지부 젊은이들의 후원자로 존경받았
다. 캔사스에 있을 때부터 간간이 진보적인 견해를『신한민보』에 기고하
기도[21] 했고, 또 1943년 조선민족혁명당 미주지부가『독립』이라는 신문을
발간했을 때 이 신문 발기인의 일인도 되고 주요 논객도 됐다. 자신은 어
디까지나 국민회원 백일규라는 이름 아래 현 국민회 보수세력을 통박하곤
하였으며 1945년 6월에는 이 신문의 사장 겸 총무로 봉사했다.

그런데 이 당시의『독립』은 흡사 마르크스주의의 선전장이었고 해방직
후 이『독립』을 경영하던 동인(同人)들은 거의 미국공산당에 입당했으므
로[22] 필자는 은근히 그도 물결에 휩쓸려 공산당원이 된 것이 아닌가 했지

---

[20] 방선주, 앞의 책,「金浩哲과 社會科學研究會」참조.

[21] 예를 들면 중국을 구원할 수 있는 세력은 중국 공산당 뿐이라는 주장. 첫 주장은 1933년
6월 15일의『신한민보』에 게재.

[22] 미국 국가기록보존소에서 근래 필자가 찾은 미국공산당원 선우학원 · 李思民이 연명하여
1948년 11월에 김일성 · 박헌영에게 쓴 편지를 보면, 조선민족혁명당 미주지부와『독립』의
동지들이 대거 미국공산당에 입당했음을 말하고 있으며 그 수는 26인이라고 했다. 이 문서
는 미국군이 평양에 들어갔을 때 노획한 것이었다.

만 결국 그는 공산당에 입당한 일도 없고 마르크스주의를 들먹인 일도 없었다.[23] 해방이 되고 1946년 하와이국민회 신문인『국민보』의 주필 자리로 초빙받아 단신 하와이로 이주했으나, 1950년 71세에 가족이 사는 LA로 귀환하여 점차 온건화 되어지면서 국민회 중앙감찰위원 등 봉사생활을 하면서, 계속『신한민보』에 별세하기 두 주일 전까지도 기고활동을 게을리 하지 않았다. 1952년 5월 31일로 별세하였는데 향년 83세이었고 마지막 기고는 5월 24일자 신한민보에 실린 「추도 안도산선생」이었다.[24]

그가 1905년 이민와서 한인사회와 독립운동에 기여한 큰 공은 미주이민 1세들은 모두 소상히 아는 것이다. 유족으로는 부인 김낙희여사, 1남 2녀와 손자들을 두었는데 이들은 모두 고등교육을 받았고 1991년 7월 현재 모두 건재하다. 아들은 미생물학 박사이며 손자들은 모두 기술자들이니 백일규의 60년 미국생활도 유종지미를 거두었다고 할 수 있다.

7. 맺는말

필자가 이글을 쓰기 위하여 인터뷰한 모든 사람들은 한결같이 약산 백일규는 일생동안 가난에 허덕이고 살면서도 강직한 삶을 살았다고 증언한다. 실로 그의 일생은 사회와 국가를 위한 노력의 연속이었으며『한국경제사』와 미주 3·1운동의 총지휘는 후세에 남을 그의 2대 공헌이었다고 확신한다.

---

[23] 필자는 백일규가 이들 26인에 끼었는가 알아보려고 미 연방수사국에 의뢰할까 했으나, 시간이 일 년쯤 걸릴 전망이므로 鮮于學源 박사에게 직접 전화 인터뷰했다. 그는 단호하게 백일규는 미국 공산당원이 아니었고 자기들의 동지도 아니었다고 알려주었고 여러 가지 당시의 상황을 설명해 주었다. 진심과 성의로 응해주었다고 생각하며, 선우 박사에게 사의를 표한다.

[24] 『신한민보』, 1962년 6월 7일, 「약산 백일규선생 영면」 기사 참조.

이 글을 끝맺으면서 그의 시 두 편을 소개하는 바이다.

어제밤 욹욹하던 소리　　　　어디서 그 무슨 소리
새서울 워싱톤으로부터　　　　옛 서울 파리로 건너
작고 약한 나라들이　　　　　　크고 강한 자와 같이
자유민주정치 아래　　　　　　같은 복락으로 살게
월슨대통령의 목소리　　　　　아메리카의 큰 소리

(『신한민보』, 1918년 12월 19일)

이 시가 매우 상징적인 것은 하나의 재미 한인독립운동자가 윌슨의 민족자결주의에 얼마나 고무되었었나를 단적으로 보여주고 있기 때문이다. 암흑시대가 거의 다 가고 여명이 찾아오려는 듯 희망에 가득 찬 백일규와 국민회지도자들의 모습이 훤하다. 국민회와 신한회가 미주에서 1918년 12월에 독립운동의 깃발을 크게 들었음으로 인하여 3·1운동에 적지 않은 영향이 있었다고 보는 것이 필자의 지론이며, 이 시는 강하게 필자의 생각을 뒷받침한다고 생각한다.

고향생각

1. 내 배꼽 떠러진 땅덩어리
　눈앞에 암암코 맘 바쳐 버렸네
　무거운 육신은 여기에 있으나
　가벼운 심혼은 저기에 가 있다
3. 봄바람 동산에 꽃전노리
　두흘식 세히식 짝패를 지었네
　이 동무 청하고 저 동무 불러다
　꽃 꺽어 줌차게 줬섰다.
5. 찬 가을 서리에 배밤이

2. 참대말 타고서 달니든 벗들이
　반가히 만나도 낯 알수 없겠지
　그 아범 장손이 또 무엇이든가?
　꿈속에 보기에 지금껏 아회더라.
4. 여름철 석양녁 서늘한 바람이
　선들 선들 할 때 누런 소 멕였네
　청파임 베어서 총피리 만들나
　牧牛曲 지어서 화창했도다.
6. 구시월 찬 기운 생길제 글읽기

무르 무르 익을때 광지에 주섰네
배 갈꼬 밤 구어 먹을 그때가
참으로 生平의 쾌락한 시었다.

7. 내고향 떠난지 어언간 꿈같아
열이오 아홉해 정없이 되었네
머리털 쉬염은 세이지 안했으기
强將時지나고 知命時닥쳤다.

시작해 하늘천 따디 불렀네
건들 건들 등불넘 졸다가
사업든 선생의 채쭉을 맞아섰다.

8. 내 고향 내 고국 화려한 면목이
엇지나 되었나 참말로 그리울세
전설을 듣건데 왜놈이 떼지어 들어가
땅 뺏고 집 뺏고 탄없이 산다고 하노라

(『신한민보』, 1923년 12월 13일)

❖『수촌박영석교수화갑기념한민족독립운동사논총』, 탐구당, 1992

한길수(韓吉洙)와 이승만(李承晚)

1. 머리글

한길수는 누구인가?

그는 태평양전쟁 시기 미대륙에서 이 박사보다 오히려 지명도가 앞섰던 이 박사의 정치적 라이벌이었다. 그는 이 박사에 앞서 미국 양대 주간지의 하나인『뉴스위크』에 크게 보도되었고(1942년 8월 24일, 이 박사는 타임지 1943년 12월 13일), 그를 소개하고 그의 주장의 보도한 대신문들의 기사는 이 박사에 대한 기사보다 월등히 많았다. 그는 일본의 진주만 공격을 예언하고 적중시킨 인물로 미국 조야와 교포사회에 알려졌던 인물이었다. 그는 재미 일계인(日系人)들이 일본제국에 충성한다고 미 언론 정부고관 또 군에 누누이 진언 선전을 일삼았고 전쟁이 일어나자 일본인은 모조리 수용소행이 마땅하다고 소리를 높여 재미 일본인들로 하여금 아직까지 이를 갈게 만든 장본인이었다. 그는 또 반일 스파이망과 저항조직의 두령으로 자처하여 거의 매달 그의 지하공작원들의 전과를 미국신문에 대대적으로 발표하던 인물이었다. 뉴욕타임스를 비롯한 미국신문들은 그의 보도자료 (press release)를 충실히 보도하곤 하였다. 그는 그의 중한민중동맹(中韓民衆同盟)단의 대표로서 또 한족연합회의 선전원으로써 미국 수도 워싱턴을 본거지로 삼고 사사건건 이 박사를 미국정부와 교포사회에 비난공세를 퍼부었던 이 박사의 제자이었다. 혹자는 그를 희대의 영웅으로 받들었으며 혹자는 그를 2중 3중의 스파이로 간주하였으며 혹자는 그가 한인독립운동에 크나큰 해악을 가지고 온 악당으로 평가하고 있으며 필자는 그를 "희희낙락의 대허풍한"(jolly charlatan)으로 간주한다. 제정러시아 니콜라이 2세 황제시대 혜성처럼 나타나 일세를 풍미하다 꺼꾸러진 요승(妖僧) 그레고리 라스푸틴처럼 그는 미주 한인사회와 미국정치인 일부 인사들에게 대환영을 받았다. 또 그리고 전쟁의 종식과 더불어 사라졌다. 이렇게 태평양전쟁시기 재미 한인사회에 큰 영향을 미친 인물에 대한 연구는 없다 해도 과언이 아니다. 태평양전쟁 시기의 이승만을 연구하려면 한길수 연구도 필수적이라 할 수 있다. 미국 정부문서 중에서 한길수에 관한 문헌을 찾으라면 이 박사와 모든 한인 지명인사의 것보다도 월등히 많아 정신을 차리지 못할 정도이다. 미연방수사국 문서만 해도 방대한 분량이다. 필자는 능력껏 이들 문서를 중심으로 가능하면 공정하게 한길수의 내력을 추적하고 그를 이 박사와의 관련하에 재평가해 보려한다.

2. 1935년까지의 한길수

미국 노동부 이민국 하와이 호놀룰루지부가 1938년 9월 한길수의 본토 도항증명으로 내어준 증명서류사본에 의하면 한은 1905년 5월 29일 『China』호로 하와이에 이민왔고 1938년에 38세라고 되어 있으니 공식적으로는 그가 1905년생인 것이 된다. 그는 그의 말년에 자신의 『한국지하공작보고집』(Korean Underground Report)을 스탠포드대학 구내의 후버 대통령문서관에 기증했을 때 그의 이력서와 함께 이상의 증명카드도 첨부한 것이다.[1] 그의 이력서는 다음과 같이 되어 있다.

* 한국 장단에서 1900년 5월 31일 출생
* 5살에 부모 따라 하와이 도착
* 10살부터 Oahu 섬 Waijahu에서 오아후 설탕회사에 소속되어 노동에 종사
* 15살에 한인중앙학원(기숙학교)에 입학했는데 교장은 이승만 박사이었다
* 18~19세에 오아후 설탕회사와 계약하여 296에이커의 땅에 설탕수수를 재배
* 19세에 하와이 방위군(National Guard)에 참가
* 1921~22간에 샌프란시스코市 所在 구세군훈련학교에 다님
* 1922~1926 구세군에 대위로 임관하여 하와이 각지에서 봉사
* 1926년에 호놀룰루의 윤 스텔라 양과 결혼
* 1932년에 중한민중동맹단(한국 내 지하공작을 위한)에 가입하고 美布의 대표가 됨
* 1934년부터 캘리포니아 롱비치 선출 하원의원 윌리스 블라드리의 비공식 고문이 됨
* 1933년에 김규식 박사와 하와이 미 육군 정보당국간의 회담을 주선. 회담은 호놀룰루 Fort Shafter에서 1933년 7월에 집행함
* 1927~1936 부동산 주선사업에 종사
* 1933~1937 하와이소재 미육군정보당국(G-2)과 미해군정보부(ONI)에 협조
* 1937년 미 상하원합동조사위원회에 호출되어 재 하와이 일본총영사관의 음모를 폭로하고 증언함
* 1939년 미 국무부의 권면에 의하여 중한민중동맹단의 워싱턴 외국인 로비 대표로 등록(327번)
* 1938~1947 워싱턴에 주재하면서 미국회청문회에 출석(1939 1941 1943)
* 1942 미 정보부인 OSS의 요청으로 미 서해안 군사시설지대의 일본인문제를 조사
* 1945년 샌프란시스코의 국제연합회의에 참석
* 1946~47 유엔을 위한 비공식 위원회인 "Speakers Research Committee"의 부의장이 됨
* 1950~1956 나성의 동양식품주식회사의 북가주 판촉원으로 일함

---

1) Hoover Institution Archives. Collection title: Korean Underground Report, 1 box.

* 1956년 4월 10일 미국시민권획득(7545555호)
* 1956~1965 Chun king Corp.에서 서부 8주의 외판부장으로 재임
* 1965년 6월 1일 은퇴하여 한인 지하공작운동에 전념함(필자주 이번에는 對중공 對소련 첩보공작을 말함). 강연초빙은 계속 환영할 것.

필자는 구고(舊稿)에서, 연방수사국의 한길수 인터뷰에 한이 Changkow 출생이라 했다는데 주목하여 장곳(長串)이 아닌가 했으나[2] 곽림대(郭林大)의 기술: "한길수는 개성에서 인삼농업을 경영하는 가정에서 태어나 유년 시대에 자기의 부친과 같이 하와이에 이민하여 고생하다가 그의 부친은 귀국하고"[3]를 참조한다면 경기도 장단이 맞을 것이다. 이승만의 고문이었던 올리버 박사가 이승만의 전기 *Syngman Rhee: The Man behind the Myth*를 Dodd Mead & Co.를 통하여 출판하면서 한길수를 매도하여 "시베리아에서 태어난 한길수는 그의 생애의 많은 부분을 중국과 일본에서 지냈는데" "자칭 일본 흑룡회원(黑龍會員)이었다는 한은" 운운했을 때 그는 출판사에 장문의 항의편지를 보내고 자기의 이력을 늘어놓은 문서들이 남아 있다.[4] 여기에서도 한길수는 이민국 문서를 사진판으로 만들어 자기의 출생을 증명하고 있으며 나아가 10세에서 14세까지 사탕수수 농장에서 노동하면서 돈을 모아 올리버의 친구 이승만 교장의 학교에 들어갔는데 무슨 낭설인가고 항의를 하고 있다. 이곳에서는 17세에 호놀룰루의 "카리히와이나" 소학교를 졸업하고 주립사범학교에 입학했지만 때마침 외국인학생은 하와이주의 교사로 채용될 수 없다는 입법이 통과됨으로 퇴학할 수밖에 없었다고 적고 있다. 이를 보면 어릴 때부터 그 나름대로 사회

---

[2] 방선주, 「1930년대의 재미한인독립운동」, 『한민족독립운동사』 8, 국사편찬위원회, 1990, 449쪽, "한길수의 대두" 참조. 인용 원전은 RG 165 육군정보국(MID)문서 1766-S-146철 안의 "Survey of Public Opinion Among the Japanese in the Territory of Hawaii" FBI Honolulu Field Report by J. P. MacFarland, 5/6/33.

[3] 곽림대, 『못잊어 華麗江山－在美獨立鬪爭半世紀秘史』, 서울: 大成文化社, 1973, 186쪽.

[4] 국무부문서번호 795B.00 /12-3154 한길수통신문철(1954 12월 31일) 참조.

지위 상승을 위하여 고생도 노력도 많이 한 사람이었다. 26세부터 시작하였다는 복덕방업은 연방수사국의 주위 인물 인터뷰 등에 의하면 불법과 법 사이의 경계선에서 맴돌았다는 인상이 짙다.

한길수가 독립운동에 투신한 계기는 그와 이용직 목사의 만남에서 시작된 것이 아닌가 하는 것이 필자의 느낌이다. 이용직 목사가 뉴욕에서 하와이 호놀룰루의 한인기독교회목사로 초빙되어 하와이 도착이 1929년 12월 10일이었으며 정식 부임한 것이 1930년 1월 1일부터였고 이 박사가 세운 교회에서 이승만 세력을 몰아냈고 김현구, 김원용 등과 손을 잡은 것이 화근이 되어 분규 폭동 끝에 다음해 1월 19일에 파면되었다.[5] 그러나 교민단의 대세를 장악한 반이승만파는 재판에 이기고 1933년에 대한인국민회로 환원하는데 이 과정에서 정두옥이 대두하고 한길수는 정두옥이 교민단 내에 "사설(私設)"한 홍보부(Korean National Information Bureau)를 통하여 대외 활동을 하기 시작하였다. 1931년 11월 3일자 『호놀룰루 스타 불레틴』을 보면 회장 정두옥, 구미위원부 한길수, 한국부위원 승용환, 원동부위원 김현구의 이름으로 일본의 만주침략을 규탄하고 있다. 한길수는 이 회에 1932년까지 참가했었다고 말하고 있는데 그 까닭은 한길수 등의 반일조사 활동에 연방수사국의 손길이 닿자 교민단/국민회에서 또 하나의 사설독립 단체가 조직내부에서 제멋대로 움직이는 것을 우려하여 거부했기 때문이라는 것이 미 정보당국의 견해이었다. 또 미 정보당국에 의하면 이 홍보부의 설립목적은 만주사변이 발발하여 미일(美日)전쟁의 일어날 것을 기대한 정두옥일파가 일본의 죄악을 선전하며 미 정보당국에 일본에 관한 정보를 제공한다는 두 가지 목적이 있었다는 것이다. 한길수는 이 단체에서 가장 적극적이었으며 거마비 30달러를 받으며 수집한 하와이 일본인에 관한 정보를 미 주둔군 정보당국(Fort Shafter소재)과 미 해군정보부에 보고서

---

[5] 육군정보국문서철 1766-S-133호 중 이용직 목사의 14매 法庭선서진술서(affidavit) 참조.

형식으로 제출하곤 했다.6)

1933년 3월 초 미 정보관련기관들은 큰 소동이 일어났는데 그것은 한길수가 일으킨 것이었다. 하와이 대한인국민회회장 이정근과 정두옥의 공동명의로 하와이 육군정보당국에 "하와이 일본인 여론조사"라는 보고서를 제공하였는데 제출자는 한길수로 되어 있었다. 이 조사보고의 내용은 다음과 같았다.

1) 하와이 일본 이민들은 일미전쟁이 불가피하다고 생각하고 있으며 일본의 필승을 믿고 있다.
2) 하와이 일본이민들은 남자 50% 여자 80%가 일본제국에 충성하고 있다.
3) 일본해군은 선전포고 없이 기습으로 하와이와 필리핀의 미국기지를 강타하려 하고 있다.
4) 하와이에는 특공대를 포함한 3종의 일본 지하조직이 있다.
5) 한인은 일본인이 아니다.

이 기나긴 문장 중 세 종류의 첩보공작조가 있다는 단언은 미 당국을 몹시 긴장시켰고 이 문제를 처리하기에 하와이 육군당국은 너무 역부족이라고 느껴져 연방수사국에 상주요원의 파견을 요청하게 되었다. 이에 FBI는 요원 맥파랜드를 파견했고 그는 치밀한 조사와 추궁 끝에 한길수가 이용직 목사의 지도와 감수로 이 논문을 작성한 것을 캐어냈다. 이 요원의 중간보고에서는 일본인 첩보조직에 대한 조사가 그 기축이 되었고 일본어학교, 불교승려, 그리고 일본어 신문기자들 속에 그들이 숨어있는 것으로 단정하고 특히 미국 측의 일본인정보원들을 인용하면서 일본어신문 *Nippu Jiji*(日布時事)는 첩자들의 소굴이라고 단정하여 한길수 등의 주장에 일단

---

6) RG 319 Army Intelligence Decimal File, 1941-1948, Box 394 내에 수집된 연방수사국 한인동정 보고집 내의 Survey of Korean Activities in the Honolulu Field Division, Reported by J.S. Adams, 3/20/43 Page 21 참조.

동의하였다.[7)

   그러나 5월 6일의 최종 보고에서는 한길수 등의 조사가 세상에 알려지면 심한 사회불안을 조성할 것을 감안하고 한길수를 무섭게 추궁하여 한과 이가 미일정쟁을 가상한 Hector Bywater의 *The Great Pacific War*와 정한경의 *The Oriental Policy of the United States*을 주로 참고했고 주먹구구식 조사와 상상으로 보고서를 작성한 것을 고백받았다. 그는 또 일본과 미국이 전쟁을 시작할 경우 법적으로 일본인의 범주에 들어가는 한인을 보호하기 위하여 취한 행동이었다고 말했다.

   미국정보당국은 이 대규모의 조사과정의 한 고리로 제네바에서 활동 중인 이승만에게도 조사의 손길을 뻗쳤으며 이정근과 정두옥의 신원에 대하여 문의하였고 이승만은 이원순을 통하여 이 두 사람은 인망없는 무식자들이고 뒤의 조종자가 김현구와 김원용이라고 대답하였다.[8) 결국 연방수사국에서 알아낸 것은 한길수와 정두옥의 배후인물은 이용직 목사이며 그가 동생회(同生會)라는 단체를 조직하여 매일같이 그의 집에 한길수 정두옥들이 모였었다는 것이다.

   동생회라는 것은 저마다 동생이 되어 딴 회원을 형님으로 모시고 겸손하게 남의 발을 씻어주는 우애로 단결하고 민족을 위하여 나아가겠다는 것인데 연방수사국에서는 동생회의 음밀한 뜻이 동산회(同産會)=공산회(公産會)=공산주의(共産主義)지향이 아닌가 하는 각도에서도 조사했었다. 이 사건조사의 결과로 동생회원의 반일 리포트 작성활동이 세상에 공표되지 않는 한 환영안할 것도 없다는 당국의 태도를 읽은 이 목사와 한길수는 다음부터는 두 사람의 이름을 합성하여 W.K. Lyhan(William Lee Yongchik & Kenneth Haan)이라는 별호를 만들고 이 이름하에 리포트를 계속 양산하였다. 1933년 4월 20일에는 40매에 달하는 "한국의 호소"(Korea's Appeal)라

---

7) 上引 연방수사국문서철 중의 1933년 4월 24일의 보고서 3매 참조.
8) MID1766-S-146철 제7번 문서.

는 장문(長文)을 미 육군장관에게 우송하였는데 이 글의 골자는 미일전쟁
이 불가피한데 여기에 반일 성향의 한국인의 이용이 필수적일 것이라는
것이었다.[9]

이용직 목사는 1894년 2월 28일 평양에서 출생했으며 1911년 숭실중학
을 졸업하고 1914년까지 평남순천에서 교편을 잡았고 일시 숭실대학도 다
녔고 1914년 도미, 미조리주의 파크대학(숭실대학교장 맥퀸선교사의 모교)
고등부에서 성경 영어 독일어를 공부하다가 1917년 대학부에 입학하였고
3학년까지 마치고(백낙준은 1922년 졸업) 미국 수도 워싱턴시의 조지 워싱
턴대학을 1921년에 졸업하고 1922년에 석사학위까지 받았다.[10] 그가 전학
한 이유는 이승만 박사의 구미위원부를 돕는데 있었으니 구미위원부의 통
신문의 일부는 이용직의 서명으로 발송되기도 하였고 1921~22년의 이승만
서재필 등의 태평양회의 독립청원운동 때에 구미위원부에 살면서 사무일
을 보았다. 특기할 것은 미 정보당국이 3·1 독립선언문을 처음 검열 번역
할 수 있었던 것도 파크대학의 이용직 학생에게 보낸 선언문을 하와이에
서 뜯어보았기 때문이며[11] 당시 미 정보당국에서 일본어를 영어로 번역할
수 있는 한국인 찾기에 나섰을 때 백낙준이나 이용직은 몇 안되는 '가장
신용할 수 있는 인물'로 분류되었었다.[12]

1929년 유니언 신학교를 졸업하여 호놀룰루 한인기독교회로 부임했으며
여기서 파면된 이후 국민회관 내에서 동조자들과 예배를 드리면서 동생회
를 조직했다. 1935년 그의 동생 이용로(1902~35)가 상해에서 흑색공포단
(黑色恐怖團) 계열 엄순봉(嚴舜奉)과 이순호(李圭虎)에게 주살(誅殺)당했

---

9) RG 165. Correspondence of the Military Intelligence Division Relating to General, Political, Economic
and Military Condition in Japan, 1918-1941. 2657-H-312철 이것은 미공문서관의 마이크로필름
M1216에서도 볼 수 있다.
10) 파크대학과 조지워싱턴대학교의 아카이브스 문서 중에서 찾음.
11) 방선주, 『재미한인의 독립운동』, 한림대학교출판부, 1989, 111쪽 참조.
12) RG 165 MID정보문서 1766-BB-7 참조.

다. 숭실중학을 졸업(1921)하고 상해 Eastern College를 1924년에 나와 1925
년 형이 다녔던 파크대학에 입학했으나 등록을 하지 않았고 다시 상해에
나타나 친일 상해거류 조선인회(朝鮮人會)의 부회장에 취임(1933) 사무실
에서 영어를 가르쳤는데 이 회가 재상해조선인거류민회로 발전(1935)하자
분격한 항일지사들에게 처형된 것이다.[13] 이 소식에 접한 이용직 목사는
노부모문제, 유가족문제로 급거 귀국했고 아마도 재출국이 허용되지 않아
평양에서 안경점을 경영하였으나 해방 시까지 4차 투옥당하고 마지막 유
치장행은 1945년 8월 초에서 8월 16일까지었다고 술회하고 있다.[14] 그는
미군정 당국과의 회견에서 자신의 하와이 시절을 서술하면서 젊은 청년들
을 조직하여 한국의 역사와 저항사를 가르쳤고 일본인에 관한 보고를 미
당국에 제출하게 했으며 또 첩보망을 조직하여 하와이와 극동의 일본인을
사찰했으며 본인이 지하공작 차 1935년에 귀국한 후도 우리회의 청년들은
꾸준히 지하공작을 수행하여 미국에 이바지했다고 은근히 한길수의 공적
을 추켜세웠고 특히 1933년에 일본이 진주만을 기습할 것이라는 리포트를
보내어 태평양전쟁을 예언한데 대하여 큰 자부심을 보였다.

사실상 첩보공작을 한다는 이야기는 적을 가장한다는 것도 되며 적의 돈
을 받는다는 것도 되며 적에게 정보를 제공한다는 것도 되며 적에 역이용
당한다는 위험성도 내포하는 것이다. 이런 맥락에서 하와이 일본영사관측
의 한인공작을 개괄해보자.

태평양전쟁 발발 직후 일본 주호놀룰루 영사관을 덮친 미 당국은 많은

---

13) 일본총영사관 경찰부 보고서에서 추려낸 「1939年代 上海居住韓國人의 實態」,『신동아』1979
년 8월호 卷末附錄(해설 方善柱) 참조.

14) "Meeting Between 'Representatives of Korean People's Civil Mobilization Union' and Members of
Joint Commission. Minuets of Meeting, April 4, 1947. RG 338 USAFIK Unit 11071 Box 4. 이 회
의 회장인 이용직은 이 회의 회원 21명을 인솔하고 덕수궁에서 웨커링 준장과 회견한 속기
록. 같이 동행한 인사는 김동근, 김용완, 박리완, 김종환, 이민구, 강환학, 정환선, 김경린,
이정관, 안규환, 이병민, 문태섭, 김우정, 김승섭, 윤봉리, 진구술, 정인과, 전수조, 황학수,
조득승(문서에 나타난 순서대로).

문서를 압수했는데 그중에는 한인밀고자/밀정에 대한 보수액을 담은 장부
가 있었다. 이 장부에 의거하여 미 당국은 돈을 받은 것으로 되어 있는 한
인들을 일일이 접촉하여 따져들었다. 한인성공회의 조광 신부의 경우, 협
조를 안하면 조선에 있는 부모 처자가 불이익을 받을 것이라는 위협하에
1932년부터 1941년까지 한인 신문기사의 일역, 한인들의 동향 등을 보고했
다는 것이다.

이 장부에 의하면 1932년부터 여러 사람에게 돈이 지급되었는데 그중에
는 정두옥의 이름이 보인다. 정두옥은 상술한 바와 같이 한길수의 상사이
었고 한길수의 중한민중동맹단의 가장 열렬한 지원자이었는데 1933년 5월
22일 영사관에서 80달러를 받은 것으로 되어 있었다. 그는 연방수사국에
격렬히 부인하였고[15] 그의 원고본『재미한족독립운동실기(在美韓族獨立
運動實記)』에서도 연방수사국 아담스 씨에 문초당한 이야기, 완강히 부인
한 이야기, 또 일본영사관 문서의 정두옥 영수증 서명과 아담스 앞에서 서
명한 것이 달랐다는 이야기를 쓰고 있다(91쪽). 물론 한길수는 1936년 3차
에 걸쳐 110달러 받았다는 기록이 있고 자신도 부인하지 않아 정두옥이 받
았다는 돈도 실은 한길수가 출입하면서 자기 상사 이름으로 서명한 것이
아닌가 한다. 당시 정두옥은 옷 재단사이었고 일본 영사관을 출입할 처지
의 인물이 아닌 것으로 생각된다. 한길수는 분명히 적아(敵我)의 경계선을
넘나들며 정보를 캐려는 경계선족이었다면 이용직은 경계선족의 사주자
이었다. 여기에 한길수 노선의 방향이 설정되는 것이며 이용로도 이 경계
선족 멘탈리티의 희생물이었는지 모를 일이다.[16]

---

15) 앞에 인용한 FBI 1943년의 하와이한인보고서 35쪽.
16) 이용직, 이용로 형제의 사촌이 되는 이용설 의사는 3·1운동에 참가했고 동우회사건에도 연
루된 적이 있으며 미국에 유학 왔을 때는 자주 도산 안창호를 수행했었다. 이용직도 미국에
서 독립운동을 많이 한 사람이었다. 그러나 유학생은 미국에 있어서의 신분이 불안했다. 학
업을 마치면 귀국해야 했다. 이러한 이유로 新渡유학생들의 재미 항일운동이나 그 연장선
상인 일제 점령구에서의 공작은 항상 조심스러울 수밖에 없었을 것이다. 이러한 각도에서
본다면 이용로의 친일 행각도 친형의 첩보공작의 일환으로 가장된 행동이 아니었든가의 관

3. 태평양전쟁 발발시점까지의 한길수

한길수의 전설적 업적 중에서 가장 사람들을 황홀하게 만든 사건은 한길수의 "진주만기습 예측" 선전임에 틀림없다. 미국의 전쟁사저술가 John Toland는 『치욕(恥辱) – 진주만기습사건전말기(眞珠灣奇襲事件顚末記)』라는 책에서 한길수의 진주만기습 예측사건이 완전 사실인 것으로 받아들여 다음과 같이 기술하였다.[17]

* 10월 하순 한길수는 질레트 상원의원에게 12월이나 1월에 일본은 진주만과 필리핀 괌 등을 공격할 것이라고 알렸고 질레트는 국무부뿐만 아니라 육해군에도 통지하였다(261쪽).
* 12월 4일 한길수는 국부의 맥스웰 해밀턴에 전화를 걸어 일본은 이 주말 하와이를 기습할 것이라고 지하공작원의 경고가 들어왔으며 또 호놀룰루 日布時事 신문에 미 육군비행기의 작전연습은 11~12월간 일요일과 공휴일을 제외하고 수행된다는 기사를 귀띔해 주었다(289~290쪽).
* 한길수는 해밀턴에서부터 전화를 받았는데 당신이 5일에 이야기한 그 내용을 신문에 공표하기만 하면 얼마간 구류해 버린다고 위협해서 한은 동의할 수밖에 없었다(311쪽).

또 수십 년간 미국에서 독립운동을 한 곽림대의 『못잊어 화려강산』은 한길수에 대하여 많은 지면을 할애하고 있는데 진주만 사건에 대하여는 대략 다음과 같이 서술하고 있다.

* 1941년 12월 5일(금요일) 한길수는 중한동맹단총무 차신호로부터 일본인 신문

점을 일단 가져볼 수 있다.
[17] John Toland, *INFAMY Pearl Harbor and Its Aftermath*, Doubleday & Co. Garden City, New York, 1892.

지상에 기재된 광고란 한 조각을 받았다. 보통광고란에 기재하지 않고 가옥 세차광고 중간에 기입한 것이 이상하니 주의하여보라는 것. 한길수는 곧 국무부 극동부부장 혼벡을 만나 이 광고를 보였으나 주말 지나 월요일에 다시 보자고 하여 물러났는데 2일후 일이 터졌다 운운(198~199쪽).

1954년 올리버가 이 대통령의 전기를 출판하면서 한길수를 공격하니 한길수는 출판사에게 조목조목 반박하는 장문의 편지를 보내고 또 그 복사본을 국무부에 보냈다. 이 편지 속에서 한길수는 진주만기습 예보사건의 전말을 길게 쓰고 있어 주목된다.[18] 그 요약은 다음과 같다.

* 1941년 3월 25일 나 한길수는 국무장관 헐에 글을 쓰고 한달 이내에 소일 불가침조약이 체결될 것이며 6월까지 남진 정책을 실행할 것이라고 천명했다. 또 『三國同盟과 日米戰爭』이랑 책자에 진주만 기습언급이 있는 것을 지적한 바 있다.[19]
* 1941년 10월에 육관장관 스팀슨과 헐국무장관에 편지를 썼는데 여기서 미국에 전쟁을 도발하는 최적시기로 1941년 12월이나 1942년 2월로 본다는 의견들이 있다고 지적하였다.
* 1941년 12월 5일 가장 중요한 보고를 국무부에 올렸는데 그것은 日布時事新聞에 난 미 항공대 연습이 12월에 계속적으로 있는데 일요일과 공휴일이 제외될 것임으로 다음 일요일이 위험하다고 본다. 이 정보를 대통령과 하와이 군당국에 전달해 주기를 바란다.

1944년 9월 30일 한길수는 샌프란시스코 Commonwealth 구락부에 초대되어 상기 서술된 내용을 진술했는데 미 국무부에 보고한 날짜를 진주만

---

18) 주 4) 자료와 같음.
19) 이 날짜에 한길수가 헐 국무장관에 일본의 공격을 대비하여야 된다는 글을 쓴 것은 사실이었다. 단 진주만을 명시하지 않았고 일본이 1940년 출판한 책에 필리핀 하와이 미드웨이 섬을 기습공격 한다고 인용하고 있었다. 한길수가 미국 정부 측과 통신한 주요문서들은 중한민중동맹단을 마크한 IRR 조사문서 제35상자에 들어 있다.

공격 하루 전인 12월 6일로 잡았고 전쟁개시가 12월이 될 가능성이 높다는 보고를 한국 지하조직에서 받은 바 있었으며 진주만 기습공격을 위하여 일본은 8월 26일 남양군도에 연합함대를 집결시켰었다고 주장했다.[20] 전쟁이 일어난 지 2달째 1942년 2월 7일 질레트 상원의원은 한길수가 작년 10월에 벌써 미국정부에 하와이기습 등 경고를 주었는데도 불구하고 무시하여 노발대발하였다고 각지 신문에 게재되었다.

이상 인용한 한길수 전설의 진실은 어떤 것이었나. 필자는 우선 『닛뿌지지(日布時事)』를 조사할 필요를 느껴 하와이대학 도서관을 찾았다. 11월 22일 제4면을 보면 그 기사는 광고란에 실린 것이 아니라 기사란에 그것도 제일 상단면에 실리고 있어 광고란에 실렸다는 주장과 상치된다. 최상면의 제일 기사는 사탕수수 경작자조합에서 노동자들의 보너스를 13%로 정했다는 기사이고 다음에 오아후섬 모카부갑(岬)에 육군병영을 건설 중이라는 기사가 있고 다음에 어머니가 그리워 60마일을 걸어서 찾아간 8세와 3세 형제의 이야기가 있고 다음에 문제의 기사가 있다.

"육군공군 폭격사격 선박은 주의"라는 제목하에 "하와이 육군항공대는 11월 20일부터 12월 31일까지 일요일과 공휴일을 제외하고 매일 오전 8시부터 오후 3시까지 공중폭격과 사격을 행하여 위험하기 때문에 선박과 비행기는 주의를 요한다"라고 하고 9개 폭격해면과 7개 공중사격해면(海面)과 지면(地面)을 공시했다. 또 계속하여 "11월 20일부터 12월 31일까지 일요일과 공휴일을 제외하고 매일 오후 5시부터 자정 12시까지 가와이섬 남해안면의 표적에 대하여 야간폭격을 가하니 해당지역 수평방 마일의 면적은 위험함"으로 되어 있다. 이 기사는 특히 어선이나 유람선박 또 개인소유 비행기들이 다치지 않게 하기 위하여 정부가 공시한 회문(回文)을 기사화한 것이 지나지 않는다는 것을 쉽게 알 수 있다.

---

20) *Chicago Tribune*, 1944 Oct. 1. Page 18 "Korean Tells How Japs paved Way for Dec. 7" 기사 참조.

이것이 한길수가 비난하는 것처럼 무슨 국가기밀의 유출행위도 아니고 일본인 신문사만이 표절하여 임박한 일본군에 알리기 위한 첩보행위도 아닐 것이다. 똑같은 날짜와 영자지『호놀룰루 스타 블레틴』스포츠 소식 최종판 제2면과 일반 뉴스최종판 제10면에도 똑같은 기사가 실리고 있는 것이다. 물론 일본영사관 안의 무관이나 첩보원은 이 기사를 보고했을 것이다. 같은 신문 12월 5일자에도 "실탄연습 경고"라는 기사가 있고 토·일요일에만 제외된다는 것도 있는 것이다. 기습이란 공휴일이나 새벽 미명이 가장 적격임은 상식적인 것이다.

문제는 당시의 신문만 보아도 전쟁은 일촉즉발의 분위기 속에 있었다는 것이다.『닛뿌지지』전쟁발발 전 2~3주의 기사만 보아도 명료하다. 11월 19일에는 하와이 계엄령 시행안에 관한 기사가 크게 있고 11월 29일의 톱 기사는 "태평양화전(和戰) 관두(關頭) 일본정부의 최후적 태도 72시간 내에 결정될 것"이었고 "루즈벨트 대통령의 속마음은 아직 절망이라고 보지 않는 것 같음" "전쟁은 아직 피할 수 있다" "버마 루트의 방위 초계" 등이 일면을 크게 장식했다.

12월 4일자에는 일미전쟁의 전망에 관한 칼럼이 있는데 결론은 "전쟁은...재주동포 자신의 책임도 죄가 아닌 큰 불가항력이다. 누구를 원망해도 할 수 없다. 이런 시세하에 이러한 처지를 만나는 것도 하나의 운명이라고 체념하며 대오철저(大悟徹底)하는 수밖에 없다"고 전쟁을 기정사실화 하는 느낌이다. 12월 5일에는 일독 양국에 대한 미국의 작전계획이 대서특필되고 거의 매일같이 임박한 개전을 느끼게 하는 기사가 넘쳤다. 그러니 하와이 주재 우리 한인동포 중에 전쟁발발을 예측하려는 사람들이 있어도 이상할 것이 없는 것이고 아마도 이런 맥락하에서 차신호는 미 공군의 연습기사를 딴 기사들과 같이 한길수에 보냈고 한길수는 12월 4일(목요일)인가 5일(금요일)에 국무부에 전화를 걸었을 때 언급하였을 수도 있는 것이다. 단 혼벡이나 해밀턴이 한길수에게서 전화를 받았다는 문헌은 남아있지 않다. 또 한길수의 주장 즉 일본함대가 8월 26일 남양군도에 집결하고 드디어 하와이 공격에 나섰다는 지하공작 보고도 사실이 아니다. 주지하다시피 일본함대는 쿠릴열도 에토로프섬의 히도쯔가부만에서 11월 26일 출격한 것이었다. 이용직과 한길수는 이미 1933년 일본해군의 하와이 공격시나리오를 박진미있게 묘사하고 있었다. 하와이 재주(在住)일본인들이 진주만 입구와 그 안의 수도(水道)에 어선들을 자침시켜 군함의 길을 막고 일본 해군은 대포격을 가하여 미함대를 궤멸시키고 일본 이민들은 무장하여 요지를 점령한다는 것이었다. 그 당시는 항공모함과 항공기의 이용을 생각 못했을 시대임으로 항공기의 공습이 빠졌을 뿐이었다. 결국 늑대가 온다 늑대가 온다고 경고해 오다가 진짜 오고 말았으니 득의만면하여 자꾸만 부풀려 선전한 것이 그 진실이었다고 간주된다.

한길수는 엄밀한 의미에서 이중첩자가 아니었다. 그는 1932년부터 자부심을 가지고 미 정보 당국에 보고를 하면서 일본 관변 측과 접촉했다. 그렇기에 그의 양심은 평안한 것이었으며 그의 끝없는 황당무개한 극동공작원 보고도 사기진작용 'white lies'로 받아들이려는 사회와 언론의 관용적 묵인에 힘입어 "희희낙낙의 허풍꾼"으로 자리매김한 것이었다. 그는 이용직 목사가 귀국한 다음해에는 본격적으로 일본 영사관 안에 파고 들어갔다. 파고 들어가면서 미국 측에 사전 통고하는 용의주도함을 물론 보였다. 그 대상은 다름이 아닌 미 국무장관 헐이 포함된다. 그는 1936년 5월 22일 헐 장관에게 보낸 편지에 "저는 드디어 일본영사관 내부권(inner circle)에 포함되는데 성공했습니다. 90일간의 시험기간이 지나면 더 높은 내부권에 침투할 수 있습니다" "해군중령 커패트릭이 새 정보장교로 부임한 이후 그는 저에게 한달 약 30달러씩을 지급하고 있는데 저는 이중에서 석달에 한번식 30달러 즉 100엔을 극동의 공작원들에게 보내고 있습니다"라고 전제하고 국무부에서도 자신에게 금전적인 지원을 줄 수 없는가를 문의하고 있다.21) 이 무렵 그는 일본영사관에서 첩보비/수고비로 60달러(5/25), 40달러(8/15), 10달러(8/25)를 받고 있었다.

1935년에서 태평양전쟁 발발 때까지 한길수의 중심 주장은 하와이의 일본이민은 믿을 수 없다. 일본은 하와이 일본이민들을 이용하려한다. 일본은 하와이를 점령하려 한다는 일본인 하와이 위협론이었다. 1935년 12월 14일 "하와이에 있어서의 일본인 농업협동조합운동"이라는 리포트를 제출했고 1937년 10월 6일에서 22일까지 "하와이 주(州)승격문제를 위한 상하원 합동청문회"에 미·일·중·비 한인 등 75명 중 한 사람으로 출석하여 가장 조직적으로 주 승격에 반대하였다. 그 이유는 현금의 하와이는 일본계가 가장 단결이 잘 되었고 일본화를 지향하고 있는데 주로 승격하면 위험하다는 것이었다.[22] 이 주장은 주(州)승격반대파 의원들의 대환영을 받아 한길수는 이런 경향성을 가진 정치가들의 총아가 되는 감이 있었다. 주 승격 반대자들은 또한 일본의 하와이 영향력에 가장 우려를 표시하던 사람들이었다. 이것이 계기가 되어 한길수는 워싱턴에서 보다 큰 그림을 그리고 싶어졌다. 따라서 1938년 겨울 한길수는 미국의 수도를 중심으로 활동을 시작하는 것이며 그의 재정을 지원하기 위한 중한민중동맹단이 정식으로 결성되었다. 지금까지는 한이 개인적으로 이 이름을 사용했을 뿐이었다. 그는 1939년 7월 25일 하원의 외교 육해군관계위원회에 『하와이를 위협하는 일본화(Japanization)』라는 글을 보냈고 해링턴 하원위원은 한길수의 호소문을 친히 읽고 의회기록에 보존하였다.[23] 또 같은 경향의 한길수의 편지들이 두 통 의회 기록에 보존되었는데 모두 논리적으로 은근하게 미국 국회의원들을 마음을 잡으려는 명문들이었다.[24] 미국 수도에서의

---

21) 上述한 육군정보국문서(마이크로필름) 2657-H-392 철의 제13문서 참조.

22) Statehood For Hawaii, Hearing before the Joint Committee on Hawaii, Congress of the United States, 75th Congress 2nd Session. U.S. Government Printing Office, Washington, 1938.

23) 76th Congress. Appendix to the Congressional Record. Letter from representative of the South-Korean People league. Page 3592.

24) Congressional Record, Proceedings and Debates of the 76th Congress, 3rd Session. Appendix Volume 86 Part 13, January 3, 1940 to March 5, 1945. Page 647~648. 단 이 편지들은 해링턴의

한길수의 활약은 이 박사를 자극하여 4년간 조용히 하와이에서 신혼생활을 즐기던 것을 포기하고 1939년에 워싱턴으로 이주하고 다음해 주택도 마련하였다. 이것은 미국정치계를 향한 두 사람의 라이벌 관계의 시작이기도 하였다.

4. 샌프란시스코회의까지의 이 박사 - 한길수 관계

태평양전쟁이 일어나기 훨씬 전부터 미국 수도의 두 사람은 서로 헐뜯기 시작하였는데 누가 먼저고 누가 뒤 따랐는지 모를 정도이었다. 미국 관리들에게 이 박사는 한을 공산주의자 이중첩자라고 매도했고, 한은 노욕(老慾)의 보수정객으로 묘사하며 김구 임시정부의 실력부족론을 폈고 이 박사의 임시정부 승인운동에 방해만 놓았다.25) 필자가 보기에는 손해는 이 박사쪽이 더 많아 보았다.

첫째로 한길수는 첩보공작의 경력을 자랑하는 사람이었으니 이중첩자라고 아플 것도 없었고 공산주의와는 인연이 먼 사람이었는 데다 당시 미국 官界인사들은 공산주의에 매우 관대했으며 소련에 호의를 가지는 경향이 농후하였고 공산주의자도 관계에 더러 숨어 있었다고 간주되었다.26) 러시아계인 재무차관보인 H. D. White, 국무부의 A. Hiss, 대통령행정보좌관 L. Currie 등이 계속 혐의자로 남아있는 것이 그 예이다. 우선 속이 깊은 루즈벨트 대통령부터가 공산주의와 소련에 매우 관용적인 태도를 가졌었

원이 수정한 듯한 느낌이 남는다. 한길수의 문장치고는 너무 세련되었다.

25) Michael C. Sanduasky, *America's Parallel*, Old Dominion Press, Alexandria VA, 1983에 양자의 관계가 잘 요약되어 있다.

26) Earl Latham, *The Communist Controversy in Washington: From the New Deal to McCarthy* Havard University Press, 1966 ; Harvey Klehr, John E. Haynes, and F.I. Firsov *The Secret World of American Communism* Yale University Press, 1995 등 참조.

다. 이 박사는 20년대부터 잘 알려진 보수적인 인물이었는데 반하여 젊은 한길수는 격렬한 반일자태와 진보적인 구호를 내걸고 워싱턴에 뛰어든 새 얼굴이었다. 적어도 1942년 초까지는 워싱턴 정관가(政官街)의 한길수에 대한 시선이 보다 호의적이었다고 볼 수 있다.

둘째로 이 박사의 당면 목표는 미국의 임시정부승인과 원조이었는데 미국이 촉각을 가동하여 중경임시정부의 실태를 조사하는 과정에서[27] 한길수의 훼방이 극성을 부려 찬물만 끼쳐 미국정부의 임시정부관이 고정화하는데 일조를 하였다. 이 박사가 구미위원부와 그 법률고문들의 힘을 총동원하여 추진하는 목적이 초반부터 한길수의 적극적인 방해로 휘청거리는 것이었다.[28]

한길수는 이 무렵 대외선전에 김약산과 조선의용대 노선과 친사회주의적 색깔을 강화하여 이 박사의 노선과의 차별화를 시도한 것 같다. 즉 1942년 5월 5일 한은 헐 장관에 중한민중동맹단의 11개조 정강을 통고하였

---

[27] 미국정부는 태평양전쟁이 발발하자 김구와 이승만이 주장하는 임정의 대표성과 실력을 평가하려고 주중대사관 해군정보부 그리고 OSS를 통하여 조사의 손길을 뻗쳤으며 임정에 도청장치까지 설치하여 조사 중이었다.

[28] 김원용 저, 『재미한인50년사』, 218쪽에 다음과 같은 서술이 있다. 즉 "1941년 4월에 중한민중동맹단이 재미 한족연합위원회에 참가하던 때에 참가의 대상조건으로 한길수 수용을 요구하였고 연합위원회는 한길수를 국방봉사원으로 임명하였다. 그러나 한길수가 회의 정책을 따르지 않고 자기의 주견대로 행동하여 리승만과 충돌하여 혼란이 발생하므로 1942년 2월에 한길수를 면직시키니 중한민중동맹단이 연합위원회에서 탈퇴하였다." 한길수를 국방봉사원으로 임명한 것은 한길수의 장기인 첩보공작 또는 적후(敵後)공작으로 미국의 국방을 도와보라는 명분일 것이지만 임명직의 묘한 점은 "봉사원"인데 있다. 너는 정식 임직원이 아니라 "봉사원"이며 네 월급 150달러는 숙식비를 보태라는 수고비 정도인 것으로 알아라 하는 것이 연합회의 꿍꿍이 속이었고 실제적으로 연합회는 국무부 등 관변에 한길수가 연합회의 정식임직원이 아니라고 편지를 썼다. 국무부는 그를 연합회의 대표로 인정할 수 없다고 했고 한이 연합회에 조회하니 당신은 봉사원이니 보내는 돈은 수고비에 지나지 않는다고 통고했다. 한이 이 박사를 찾아가니 이 박사는 웃으면서 "뭐, 말을 잘듣고 돈을 받아두면 어때"(Well, Why don't you keep the $150.00 and be a good boy) 하였다고 분통을 터트리며 탈퇴하게 되었다는 것이다. 한은 자기의 조직에서 그만한 돈은 얼마든지 매달 받을 수 있었다. 미국사람들이라면 한의 가족이 먹을만큼 넉넉히 주고 법적인 서명을 받아 계약위반일 경우 꼼짝달싹 못하도록 만들었을 것이다. 당시 연합회나 이 박사가 한을 제대로 다루었다면 이 박사의 운동에 훨씬 유리했을 것이었다. 국무부문서번호 795B.00/12-3154 18쪽.

는데 이 정강은 시베리아 만주 화북 한국 일본의 한인을 대표하는 4개 정당의 대표들이 만장일치로 결정한 것이라고 천명하였다. 그것은 1) 민주공화국의 건립, 2) 보통선거제의 실시, 3) 봉건잔여세력의 숙청, 4) 친일주구의 재산몰수, 5) 반파쇼 기업경영의 보호, 6) 토지개혁의 단행과 소작농민에 대한 토지분여, 7) 노동시간의 단축과 사회보험사업실시, 8) 남녀동권, 9) 언론 출판 집회 결사 신앙의 자유, 10) 국가경비로 의무교육 직업교육 또 사회보험, 11) 평등 호조(互助)를 기축으로 세계평화체제의 확립이었는데 이것은 1941년 12월의 민족혁명당 제6차 전당대표회의 결정이었다.[29] 김약산은 이달 한길수를 조선민족전선연맹의 미국대표로 임명한 바 있었다. 또 동년 7월 29일 소련 주미대사에 장문의 편지를 쓰면서 "워싱턴시에는 자기 자신을 이 박사라는 사람이 사는데 이 사람은 중경의 소위 '임시정부'의 대표라고 자칭하며 오랫동안 일본과 싸워온 한인을 공산주의자라고 매도하고 있습니다." "저들이 일본인과 합세하여 우리를 공산주의자라고 부르는 이유는 때로는 반공주의자라고 하면 평판이 좋았기 때문입니다." "만약 이 박사이나 임장이 소련정부를 접촉해 온다면 그의 정부에 공산주의자도 포함시키라고 말해주십시오. 수락하지 않으면 그들의 교섭을 무시해 주십시오." "러시아는 전쟁종결 전후에 세워질 한국정부에 공산주의자가 참가할 수 있게 강제할 수 있는 열쇠를 쥐고 있습니다"이라고 종용했었다.[30]

동년 6월 22일 한길수는 자기가 사용하는 남미의 지하공작원에게서 받은 정보라고 전제하고 2월 2일에서 6일까지 북한에서 민중봉기가 일어나 일본군경 680명 민간인 400명이 사망했고 한인은 2,185명 사망 18,500명이 부상했거나 체포당했다는 등 자세한 각지 폭동보고를 발표했고[31] 7월 17

---

29) 강만길, 『조선민족혁명당과 통일전선』, 서울: 화평사, 1991, 338~339쪽 참조. 한길수의 편지는 상술한 연방수사국 아담스 요원의 호놀룰루한인 사찰보고 제40쪽 참조.

30) 위의 FBI 사찰보고서 38~39쪽.

31) 『뉴욕타임스』, 1942년 6월 23일 기사 "Uprising in Korea Feb. 2-6 Reported" 참조.

일에는 조선민족전선연맹 지하조직의 보고라고 전제하고 제주도에서 한인폭동이 일어나 일본공군조종사와 정비사 142명이 사망하고 약 200명이 부상했었다고 발표하였다.[32] 미국 신문계에 가장 센세이션을 일으킨 한의 발표는 8월 중순에 있었다. 즉 일본수도 동경에서 6월 17일 '박수원'이라는 한인청년이 일본수상 도조(東條)를 저격하여 가벼운 부상을 입히고 전수상 히로다(廣田)에 중상을 입혔다는 것. 이 발표는 미국 모든 신문이 대서특필했으며 뉴스위크 8월 24일자는 한의 명함판 크기의 사진까지 게재한 바 있었다. 눈 한 번 깜짝하지 않고 '새빨간' 또는 '새하얀' 거짓을 선포한다는 것은 어떻게 보면 미국 정치계의 하나의 용서할 수 있는 관습일 수는 있다.

'국민의 여론을 격발시켜 대독(對獨)선전포고를 선포하고 싶었던' 루즈벨트 대통령은 1941년 10월 28일의 기자회견에서 독일이 미국의 선단(船團)을 호위하던 구축함 커니호를 격침시키고 11명을 죽게 만들었고 또 남미와 파나마를 5개의 가신봉토국(家臣封土國)으로 분할하려는 지도를 노획했다고 선포했었는데도 국민여론이 전쟁 쪽으로 기울지 않은 사례가 있었다. 당시 기자들이 그 지도를 보여 달라고 하니 대통령은 정보원이 신분이 탄로날 것이기에 불가하다는 한길수식 회답을 하였다. 결국 독일과의 전쟁은 진주만 기습사건이 난지 4일만에 독일쪽이 먼저 선전포고하는 형식으로 대독전쟁이 정식으로 시작되었었다.[33] 한길수의 '첩보'행동은 부분적으로는 미국 정부의 기대에 부응해 보려는 유치한 반응이었다고도 생각할 수 있다.

미 국무부의 랭던이 이 박사가 주최한 '한인자유대회'(2. 27~3. 1)를 참관하고 나서 만든 '대회 인상기'에 의하면 모든 것을 미국의 힘에 의지하고

---

32) 『뉴욕타임스』, 1942년 7월 18일 제3면, 기사 "Korean Damage Big Japanese Base -Workers kill 142 of Air Force in attack on Quelpart" 참조.

33) Irwin F. Gellman, *Secret Affairs -Franklin Roosevelt, Cordell Hull, and Sumner Welles*, Baltimore: Johns Hopkins University Press, 1995. Chapter 10 "Provoking War" pp.259~260 참조.

자력으로 신국면을 개척하려는 의지가 보이지 않았다는 식의 비평이 보이 며[34] 이 박사의 참모 제임스 크롬웰이 헐 장관에게 "임정의 대통령이며 주 미대표인 이 박사는 한반도와 일본에서 방화에 의한 폭동을 일으킬 청사 진을 만들어 놓았으나 미국의 임정승인을 필요로 합니다" "한인청년들은 목표물에 덮치려는 맹견(猛犬)처럼 대기하고 있습니다만 이 박사는 풀지 않고 있습니다─미국이 실질적인 한국정부를 승인할 때까지."라는 편지를 5월 5일 썼을 때 헐장관의 회답은 조소적인 것이었다.[35] 즉 자기 나라를 질곡에서 해방하려는 데도 타국이 먼저 값을 지불해야 되는가고.

It is difficult to believe that, as you imply, the group for whom you speak does not intend that nation which they represent shall act on behalf of its freedom until this government shall first have recognized your group as the de facto government of the nation for which they undertake to speak. Would this not imply ⁻that the service of which you speak is "for sale" that the price is recognition of a certain group by the United States government, this price to be paid in advance of any action by the nation?

한길수의 오산은 미국의 정보력을 너무 과소평가했는데 있다. 미국은 일본의 외교암호를 완전 해독하고 있었으며 동경에서 발신되는 스위스 독 일 포르투갈 스웨덴 로마법황청 등의 공관통신문을 해독하고 있었다. 따 라서 한길수가 일본이 초대형 잠수함을 개발 완료하여 미국 서해안 상륙 작전을 시도하고 있다는 등의 민심소란형 뉴스를 마구 양산해내자 정보 군관계 기관에서는 이놈을 어떻게 하여야 되겠다는 기류가 生成됨은 자연 스러운 것이라 할 수 있다.

---

34) 국무부문서 FW 895.01/83. 또 방선주, 「1930-40년대 구미에서의 독립운동과 열강의 반응」, 『한 국독립운동과 윤봉길의사』, 윤봉길의사의거 제60주년기념국제학술회의 논문집, 334쪽 참조.

35) 국무부문서번호 795B.00 /12-3154. 또 RG 353 895.01/96와 Sandusky의 앞의 인용 책, 84~85쪽 참조.

　　연방수사국의 후버 장관은 아마도 구미위원부의 설득을 받고, 1942년 6월 26일, 국무차관에 보낸 편지에서 한길수는 자기의 수단방법을 다하여 미국이 대한민국(Republic of Korea)을 승인하는 것을 방해하고 있으니 일본의 정보원으로 간주될 수 있다. 미국이 한국정부를 승인하면 한국인 2,300만이 궐기할 것이 자명한데도 한길수는 국무부에 미치는 영향이 너무 커서 국무부가 주저하고 있다는 정보를 받았다고 은근히 국무부를 협박했다.[36] 1943년 8월 23일 해군정보부의 일문서는 다음과 같이 적었다. "한길수는 꾀가 많고 무절조(無節操)한 자기선전자이다. 정보부의 OP-16-FE철은 그의 선정적인 예고와 불필요한 정보가 담긴 메모나 보고서로 범람하고 있지만 그것들은 하나같이 일말의 진실성도 없는 것들이다. 이 자는 철두철미하게 믿을 수 없는 자이다." "이 자의 선정적인 소문내기 활동은 때로 명백한 (국가)전복행위이므로 육군과 해군모두 한을 체포할 것인가 숙려(熟慮)해본 적이 있었다."[37] 한은 1943년 8월 16일 워싱턴 군사기지사령부에서 위협적인 다음과 같은 통지문을 받았다.[38] "다음과 같이 귀하에게 통고함. 귀하에 대한 조사가 진행 중에 있습니다. 귀하를 미 동부 군사지역에서(필자주 즉 워싱턴, 뉴욕 등을 말함) 접근금지령을 내릴 군사적 필요성이 있는지 고려 중에 있습니다." 그러나 한길수에게는 상원하원에 강력한 원군들이 뒷받침하고 있었다. 자기들의 구미에 맞게 일본이민 위협론을 줄기차게 제창하고 확성기 노릇을 해 주었기에 우선 자신들의 선거구민들에게 면목이 서고 아마도 일계(日系)이민들을 위한 대책을 소홀하지 않을 충분한 시간을 주어 그 위험도를 경감시켰다는 그런 감정이었을 것이었다. 한길수는 청문회를 무난히 넘겼는데 한은 이 음모 뒤에 OSS의 이박사 친구 굿펠로우 대령이 있었다고 보았다.

---

36) 국무부문서번호. 894.20211 HAAN,KILSOO/9 참조.

37) R.H. Boone이 쓴 메모 카드. RG 38 Office of Naval Intelligence, Foreign Intelligence Branch, Far Eastern Section, China-Malay Desk(OP 16 FE-2) Box 5.

38) 국무부 795B.00 /12-3154 Letter to E. H. Dodd Jr.from Kilsoo Haan, page 24 참조.

제2차 세계대전 시 재미독립운동의 대미를 장식하는 가장 중요한 활동
무대가 이른바 샌프란시스코에서 1945년 5~6월에 개최된 유엔결성대회이
었다. 여기에서 이 박사와 반대파의 마지막 싸움이 붙었는데 한길수는『독
립』신문의 기자신분으로 회의장에 처음으로 출입할 권리를 얻고 이 박사
공격에 열을 올린다. 샌프란시스코의 신문들은 두 파의 싸움을 흥미진진
하게 보도하였다. 과연 시(是)와 비(非)는 어느 쪽에 있었던가? 우선 김원
용의 저서를 인용한다(442~444쪽).

세계 제2차 대전의 전후평화준비로 1945년 4월 25일에 57개국 대표들이『쌘
프란시스코』에 모여서 국련을 결성하던 때에 한국대표단을 파송하려고 노력하
였다. 일즈기 재미한족 연합위원회 와싱톤사무소에서 미국 국무부를 연락하여
국련 결성에 한국대표의 참가를 요구하였으나 이때는 일본이 항복하기 전이고
한국이 해방되지 않아서 국제적 지위가 없다는 이유로 한국대표의 참가를 허
락하지 않았다.

그러나 전후평화를 위하여 국제회의가 열리는 때에 활동이 없어 방관할 수
없는 까닭에 대표단 파송을 결정하였으니 그 의사가 대표단이 국련 결성에 참
가하지 못하더라도 그곳에 가서 한국을 선전하며 각국대표로 하여금 한국에
대한 동정과 관심을 가지게 하자는 것이었다. 재미한족연합회 집행부주최로 하
와이와 미주 각단체 대표회의를 열고 한족대표단을 조직하여 국련 결성대회에
파송하였다. 이때에 리승만이 동지회 회원으로 임시정부대표단을 조직하여 가
지고 쌘프란시스코에 도착하니 국련 결성에 참례한 권리도 없던 한인대표단이
둘식이나 있어서 대립상태를 보이게 되었으므로 대표단을 합하여 대외체면을
보존하자고 리승만에게 제의하였다. 리승만의 대답이 자기가 임시정부대표인
즉 한인은 누구나 지도를 받을 것이오 한족대표단을 위하여 자기의 의사를 희
생하지 않겠다고 하여서 합작하지 못하였다.

우선 지적할 것은 재미한족회가 미국국무부를 연락하여 한국대표 참석
을 요구했다고 하였는데 재미한족연합회는 어떠한 자격으로 대표가 되어

참석을 요구할 수 있는지 하는 '자격론'의 의문이 떠오른다. 다음에 이 박사가 "동지회회원으로 임시정부대표단을 조직하여 가지고...도착했다"고 서술하였는데 중경임시정부가 이 박사에게 전권을 맡겼다면 이 박사는 임정의 대표성을 가진 것이며 임정 부인(否認)단체의 인사를 포함시키지 않았다고 공격할 권리도 없는 것이었다. 하물며 김원용이 인용한 임정대표단 인원명단(리승만 윤병구 리살음 림병직 4명)은 사실이 아니다. 임정대표단에는 위의 4명의 동지회회원과 송헌주, 류경상 목사, 정한경, 황사용 목사가 포함되어 있는데 황사용은 유명한 도산 계열인물로 흥사단원이었을 것이다. 이 박사는 원래 임정대표단에 반대파까지 포함시켜 김호, 김원용, 전경무, 한시대 등 한족연합회인사와 변준호(민족혁명당), 또 리살음, 송헌주, 정한경, 윤병구 9명을 대표단원으로 선정했는데 한족연합회인사와 변준호는 거절했음으로 진용을 다시 짠 것이다.[39] 흥사단계열인 황사용은 한족연합회의 분열행동을 비난하고 그 보고 말미에[40] 해외에 나온 한인들이 모두 이렇게 분열하여 싸우기만 하면 전쟁 후에도 "열강들은, 너희들은 독립할 자격이 없다고 최후 선고를 내리고 말 것이다"라고 뼈있는 경고를 했던 것이다. 진실로 힘을 실어주어야 할 때는 비록 미워도 힘을 실어 주어야 하는데 지금껏 한국민이 반성할 점은 바로 여기에 있다고 느껴진다.

5. 맺는말

본고는 가능하면 한길수라는 인물을 전생(全生)을 부각시켜 보려하였

---

39) 『독립』, 1945년 7월 25일의 기사, 「상항대회에 관한 림정 대표단의 보고」 또 『신한민보』, 1945년 6월 28일 기사. 「재미한족련합회대표단의 보고」 참조.
40) 上述한 『독립』, 「림정대표단의보고」 중 황사용보고 중에서 인용.

다. 주어진 발표시간에 맞추어 이 정도로 하고 자세한 것은 딴 곳에서 서술할 예정이다.[41] 한길수는 고아와 같이 자라나면서 각고의 노력 끝에 이박사의 라이벌로 지목되기까지 성장했다. 이용직 목사와의 만남에서 경계선족으로 기발한 독립운동을 수행했다. 어떤 이는 그가 이중첩자이었다고 하나 첩자 노릇하기 전에 모두 당국에 보고했으니 자원공작원이라 부르면 불렀지 두 쪽에 충성하던 인물을 아니었다. 따라서 일제의 스파이라는 규정은 당치 않는 소리다. 그는 10년간 늑대가 온다고 경종을 계속 울렸다. 하와이나 서해안의 일개 시민들이 위험한 존재라고 거듭 경고했다. 미국의 일본 이민신문치고 미주의 한인독립운동을 조소하고 경멸하지 않는 신문이 없었은 즉 한인교포들의 분개심은 당연한 것이었으나 그는 조금 지나쳤다. 그러나 그의 활동은 반일 미국정치가의 구미(口味)에 맞는 것이었고 그들의 비호를 받을 수 있었다. 그의 진주만 습격 예보사건은 자세히 내용을 들여다보면 의심스러운 점이 많은 사후과장(事後誇張)의 소산물이라는 것이 본고의 연구결과이다.

　태평양전쟁이 일어나면서 그의 이용가치는 떨어지기 시작했고 그는 이박사 공격에 전력을 집중하였다. 그나마 전쟁이 끝나자 반이 박사 교포들이 그를 두둔할 이용가치가 없어져 그는 완전히 망각의 역사 속에 파묻혀버린다. 그는 1965년까지 '한인지하공작보고'를 부정기로 미국 요로에 우송했다. 1930~40년대의 허언벽(虛言癖)이 생활화한 것이다. 그는 총명하고 재능있던 인물이었다. 마치 꾀가 많고 장난기 많은 검은 가마귀와 같은 존재이었다. 이 박사는 백조와 같은 존재이었다. 순백한, 우아한, 또 고고한 자태를 가졌다. 그러나 백조는 자기 영역을 침범한 물새들에게는 매우 잔인한 공격자로 알려져 있다. 이 박사 자신을 위하여 또 교포사회의 독립운동을 위하여 한길수를 잘 처분 요리만 할 수 있었다면 좀 다른 국면이 전

---

41) 방선주, 『재미한인의 독립운동 2』 수록 예정.

개될 수도 있었지 않나 생각된다.

❖ 『이승만의 독립운동과 대한민국 건국』, 연세대학교 국제대학원 부설
현대한국학연구소 제2차 국제학술회의, 1998
(유영익 편, 『이승만 연구』, 연세대출판부 재수록, 2000)

Yousan Chairu Pak, 1868~1900

Yousan Chairu Pak, 1868~1900

On the first woman physician in Korea, Mrs. Esther Kim Pak, *The Korea Mission Field* (Vol.VII, No.5, May, 1911, pp.139~140) described as follows,

The likeness on our cover is that of Esther Kim Pak, M. D., born in Seoul March 16th, 1877. She was one of a family of four sisters, one of whom is now the Chief of the Korean nurses in Severance Hospital, Bessie Kim; one is, and has been for years, the principal Korean teacher and helper in the Presbyterian academy and the their parents at first objected they finally consented to allow them to attend this school. Esther Kim was seven when she entered, and was reported faithful and bright. She son learned English, in fact was the first Korean girl to accomplish this, and became interpreter for Dr. Hall, then Miss Sherwood. While doing this she seized every opportunity to preach the gospel to sinners. In her leisure hours she studied medicine. She had a great desire to go abroad and study, but force of Korean custom prevented until after her marriage to Mr. Pak, at the age of 16.

She and Miss Sherwood were married on the same day, and at the age of

27 after Dr. Hall's death, she went to America with Mrs. Hall. She entered a public school in New York for one year, then a nurses training school for six months, to prepare somewhat for the study of medicine. She then entered a Medical College in Baltimore the youngest of 300 students.

Her husband the ill was during this time working in New York to help pay for her education. Mrs. Pak worked very hard as all medical students can well understand, studying, nursing her husband at times, and working summers and whenever possible to help pay for their living, and her college expenses.

Twenty-one days before her graduation her husband died, having done his part nobly and given all his strength and best effort to prepare a Christian woman physician to go back to poor Korean women, with the gospel in one hand and healing in the other. The his life was not long it was not indeed in vain.

Although Mrs. Pak had openings to practise in America she never changed her purpose to go back and serve her own people, and returning went to Pyeng Yang where she worked till her death, practising medicine, nursing, teaching in school and preaching the gospel.

She fell at length a victim of tuberculosis in April 13th, 1910. Faithful unto death, she has gone to join the innumerable company of angeles, the general assembly and church of the first born, which are written in Heaven, the spirits of just men mad perfect, and Jesus the mediator of the new covenant, whom she loved, for whome her life was given.

In addition to the above quoted description of her career, *Ewha p'alsibnionsa* (Ewha University Press, 1967) stated that Mrs. pak studied two years at the Baltimore Women's Medical college which later became the School of Medicine, University of Maryland, and that Mr. Pak ha died from the cerebral haemorrhage (p.659).

With these information in hand, this writer wanted to locate the tomb of Mr. Pak in the vicinity of Baltimore city. He twice went to the Division of Vital Records, Maryland State Department of Health & Mental Hygiene without any result. Finally, the Mayor of Baltimore City extended a helping hand, and he was able to locate the certificate of Pak's death. According to the certificate, Yousan Pak died on April 28th of 1900 at the age of 30, born in Seoul, Korea, student in the United States, resided 15 months in Baltimore, died from tuberculosis of the lungs which had lasted about 3 years, and was buried at the Lorraine Cemetery.

Baltimore American (May 1, 1900) recorded his death as follows:

The funeral of Mr. Y. C. Pak, who died on last Saturday, took place yesterday from 1008 McCulloh street. Rev. Dr. Taylor, a retired minister of the Methodist Episcopal Church, officiated. Interment was at Lorraine cemetery. About six years ago Mr. Pak left his native country – Korea – for this country. He was accompanied by his bride of a year. When he arrived here his plans were to prepare for the ministry, which while his wife took a course in a medical college. But all of the Korean's plans fell to the ground when he found that his knowledge of the English language was insufficient to enable him to take a clerical course. He then went to work to enable his wife to keep up her studies at the Woman's Medical college, where she is a student, and from which institution she will graduate with honor in a few days. About three years ago, his health began to fall, and last Saturday he fell a victim to consumption. Besides his wife he leaves two sisters and a brother, in Korea.

The epitaph of Pak's tombstone reads as follows:

Yousan Chairu Pak

Born in Korea

Sept. 21, 1868

Died in Baltimore

April 28 1900

I was a stranger

And Ye took me in.

Matthew 23:35

We may note at the Lorraine Cemetery that there are no tombstones around the tomb of Pak Yousan, although the map of cemetery indicates that the lots are all filled up with tombs. This indicates that Pak was buried among the pool people's lot.

for his own life in Korea, Pak described through the translation of his wife as follows when he was in Liberty, N. Y., on August 18, 1897.

While my father was living on this earth he was a prominent men of education, and he tried faithfully to teach me in our country home in Korea. But I often ran away, and I let the devil lead me into all kind of sins, yet I did not realize it at the time.

Once I ran away to our capital, Söul, and a friend of our family who keeps horses to hire out, seeing I was so fond of travel, offered to let me go to take care of the horses upon these trips into the country, as is our custom in

Korea. I liked this, but my father was so grieved about my being a hostler instead of an educated gentleman, he was ashamed of me, and he worried about me and sent for me many times to return, but I did not.

At last my father's loving, immortal soul departed from his mortal body. After I had buried him I again came up to Sŏul, and took up the same work.

In the fall of 1892 I made my first trip with a foreign gentleman. It was Dr. Hall, and I went down with him to Pyong Yang. When I first started out with him I had a little fear, but he was go gentle and had such a loving voice that my fear soon left, and it proved the most delightful journey I had ever made.

It was upon this trip that I first learned about prayer. At the close of each day we would stop at a Korean inn. These are very uncomfortable as compared with American inns, yet Dr. Hall enjoyed all for our Saviour's sake. Before he ate his supper, tired as he was, Dr. Hall would always pray with us and read the Bible, which is the bread of life. Sometimes the people would laugh and mock, and the owner of the inn would ask, "Why do you kneel down and pray before you eat?" Dr. Hall would then explain to them. Once when Dr. Hall asked one of the boys to pray he began to laugh instead of to pray, and so he prayed himself; when he had finished he asked the boy, "Why do you laugh? Would you do so before the king and his officers?" The boy answered, "No," and the doctor said, "Then why do you laugh before our Lord, who is the King of kings?" And thus he taught us with gentle manners and loving words. O, he was so sweat and pure and filled with God's wondrous love.

Another important lesson I learned was not travel on Sunday. On Saturday evening we would put up at an inn over the holy Sabbath. Everybody would ask why he did not go on his journey such a fine day; then he would tell them about how God made heaven and the earth and everything, and rested on the seventh day and blessed it, and asked us to keep it holy; therefore we should rest from our work and worship God with a thanksgiving heart this day. And then he would tell how God made heaven and the earth and everything, and rested on the seventh day and blessed it, and asked us to keep it holy; therefore we should res from our work and worship God with a thanksgiving heart this day. And then he would tell how much God loved the world and gave His only Son to die for us. Then he would ask us to pray with him. Some thought there was no use of praying, yet more than half would kneel down and pray.

And this is the way Dr. Hall scattered the precious seed by the wayside, and I know some day that many of the individuals that received his teaching will become following of our Christ. It was thus that I became interested in the Bible and desired to learn more about my Saviour. O, how willing Dr. Hall was to help those in ned, either spiritually or temporally. I can't begin to tell all he did for me.

One time after we came up to Sŏul he told me to come and see him. This I did, and he asked me, "Do you love God in your heart?" I told him yes, I had learned to do so while with him. And then he wanted to know what he could do to help me, and I chose to stay with him, and helped him in the house and went down with him to Pyong Yang several times. Once he asked me if I didn't want to marry, and I promptly answered I did. He asked me what kind of a bride I preferred – one who worked faithfully to serve God, or one who could only cook and sew well for em. I told him I preferred the bride that could work for the Lord. I suppose readers of this will think it very strange that Dr. Hall should ask me these questions, but in our country the custom is that we cannot choose our bride ourselves, but if we have no parents some friend chooses for us. I hope some day this will be changed in Korea. But in this way I became engaged to a young lady in the Methodist Episcopal mission school, who was a very earnest Christian. The more I thought of this matter the more determined I was to become a earnest Christian man, and I repented of all my sins, and the Holy Spirit witnessed in my heart that I was no more Satan's, but I was the child of God.

May 24, 1893, I was married, and though I did not choose my own bride and never saw her before, yet I found I had a sweet, loving, faithful wife. She read the Bible and prayed with me, and has taught me many lessons of patience and self-denial.

As others have told so much about Dr. Hall I will not add more, but I cannot close without thanking his good wife for allowing me to write these few lines to put in his book.

- Rosetta Sherwood Hall, *The Life of Rev. William James Hall, M. D.* New York: Press of Eaton & Mains (1897), pp.392~395.

Some more information on Pak Yousan are contained in the above quoted book by Mr. Hall.:

"In April 1894, she and her husband accompanied Dr. and Mrs. Hall to Pyong Yang.... Mr. Pak and Esther proved faithful helpers at Pyong Yang. They were quite brave during those three days of severe persecution when Chang Likey, Mr. O, and other Pyong Yang Christians were thrown into prison. One day Mr. Pak was seized by his topknot, beaten and kicked, and ordered to be carried off to prison; but Dr. Hall was able to rescue him, to Esther's great relief." (pp.206~207)

After Dr. Hall's death, Mrs. Hall decided to return to America for a season, and accompanied the Paks. "Mr. Pak is most industriously pursuing the study of English, and at the same time has saved enough from his earnings to help his wife quite substantially in preparing for her medical studies. On February 1, 1895, Mrs. Pak entered the public school at Liberty, N. Y.... September, 1895, Mrs. Pak entered the Nursery and Child's Hospital of New York city, where she was able to earn her way for over a year, and at the same time was kindly allowed to pursue her studies in Latin, physics, and mathematics, under the institution of Mrs. Walberg, so that she became fairly well prepared to enter a medical college last autumn." (pp.207~208)

Also, *With Stethoscope in Asia: Korea*, authored by Sherwood Hall (1978), mentions that while Esther was studying, her husband worked on Roosevelt Sherwood's farm at Liberty, and that "Mr. Pak still wore his long hair rolled up in a top knott, concealed by a bowler hat! he created almost as big a sensation in the West as the 'Western barbarians' had in the Far East" (p.161) We assumed that Pak worked at the farm while his wife was studying at Women's Medical College of Baltimore, and he went to Baltimore in 1899 to reunite with his wife. Sherwood Hall writes that "Her husband, Yousan, who had remained in the U.S. to help support Esther through medical school, became a victim of tuberculosis while working in a Baltimore restaurant. Esther nursed him through his illness until his death which occurred during her final year at the Women's Medical College at Baltimore (Johns Hopkins University)"(p.196). However, Pak probably got his tuberculosis while he was working as a farm hand, and besides, the Women's Medical College closed it's door in the early 20th century, that is, it was nothing to do with the Johns Hopkins University. Actually, the college had no more than 25 matriculated students when Esther was there. When the 18th Annual Commencement was held on Monday, May 14th, 1900, only 4 students including Esther Pak were conferred the degree of Doctor of Medicine out of 6 students registered in 1896 (see annual announcements and catalogues of the college preserved at the Maryland Historical Society). It was a tiny college consisted of a remodelled three-story dwelling house at McCulloh street. But, in it's 18 years' history up to 1900, it had graduated 73 out of 339 matriculated students. However, "With but one exception, none has failed in twelve state examinations, and that failure, about 5 years ago, was because the applicant was a foreigner" (see *Baltimore American*, May 15, 1900, "Woman's Medical Graduates"). Anyway, Esther Pak was the first woman from Korea who had ever graduated from any American or Western college (see *Baltimore American*, May 10, 1900, "A Korea woman to graduate here"; May 15, 1900, "Woman's medical college graduates"; *Baltimore Morning Sun*, May 14, 1900, "A Korean woman doctor to graduate today from Womans' Medical College"). Actually, she was the first Korean who had graduated from a western medical school with the full four years's courses. The records at the George Washington University show that Dr. Phillip Jaisohn (Jaip'il Suh) attended only three years at the medical school (graduation 1892). Thus, we find that the sacrifices of self by Yousan Pak should occupy a special place in the history of modern Korean education and of the movement of enlightenment.

Postscript: It seems that there are at least several facts to be clearified in the future researches. That is,

1) Was his name 여산 or 유산?
2) Was "Chairu" his pseudonym or his childhood name?

3) *New York Tribune* recorded (July 13, 1900) that "Mrs. Pak's first instruction was received at the Methodist school in Seoul, and she subsequently wen to Nagasaki, Japan for more advanced teaching than that school could give. Although her husband was not at that time a Christian, he sent her to the latter school and paid her expenses while there," Can somebody verify this account?

Commencement 1900

The Eighteenth Annual Commencement was held in Lehmann's Hall, on Monday, May 14th, at S.P. M.. when the degree of Doctor of Medicine was conferred by the President of the Board of Trustees upon the following ladies, after which an address was delivered by Rev. John B. Van Meter, D. D., Dean of the Woman's College, Baltimore:

SARAH AllES CASTLE,	Mississippi
MARY ANNIE HOWE,	Massachusetts
ESTHER KIM PAK,	Korea
WILLENA ANNY PECK,	Massachusetts

a. Tombstone inlaid on the ground level

b. The seemingly vacant lot is actually filled with graves of underprivileged persons.

c. The Directory of Baltimore in 1900 showed that Esther Pak lived here. The building still stands at 1200 McCulloh Street.

d. Mr. & Mrs. Pak in their wedding costumes, *New York Tribune*, July 13, 1900.

e. A Composite photo from Sherwood Hall's work, Sept. 1895.

f & g. Taken from *Baltimore American*, June 24, 1894.

6

a. Tombstane inlaid on the ground level.

b. The seemingly vacant lot is actually filled with graves of underprivileged persons.

c. The Directory of Baltimore in 1900 showed that Esther Pak lived here. The building still stands at 1200 McCulloh Street.

WOMAN'S MEDICAL COLLEGE.

EXHIBIT TABLET AT WORLD'S FAIR

f.

g.

d. Mr. & Mrs. Pak in their wedding costumes. *New York Tribune*
July 13, 1900.
e. A composite photo from Sherwood Hall' work. Sept. 1895.
f & g. Taken from *Baltimore American* June 24, 1894.

American Data Research Services Data & Research Series

K-1. *Su Pyŏn (1861~1891)*

A life of a revolutionary in exile. The first Korean college graduate from America with the BS degree. His article, *Agriculture in Japan* (1891), included.

K-2. *Kwang Pŏm Sŏh (185?~1897)*

A life of a revolutionary in exile and at the office of ambassadorship. The Second, U.S. Citizen from Korea. The first Korean to write a research paper, *Education in Korea* (1890), in a U.S. government publication. This paper as well as his interpretation of 1884 coup d'etat are included here.

K-3. *Yousan Chairu Pak (1868~1900)*

A life of an ex-guide in America. A first Korean Christian to die in America for the education of this wife Esther Pak, the first Korean woman medical doctor as well as the first Korean to finish 4 years' courses of medical school in the North America.

K-4. *The Katsura-Taft Memorandum and the Kennan Connection*

The draft of the memorandum as well as various texts are reproduced. The meaning of the "secret pact" is discussed.

J-1. *The Life of Otokichi Yamamoto*

New Data on the account of the drifting of Hŏjun Maru in the Pacific ocean between 1832 to 1834, on the life among Amerindians, and the life in China as a Christians and an opium dealer are discussed here.

❖ Amerasian Data Research Services, Data & Research Series

▌ 찾아보기 ▌

ㄹ

ㅇ